DUDAS Y
ERRORES

DE LENGUAJE

JOSE MARTINEZ DE SOUSA

DUDAS Y ERRORES

DE LENGUAJE

EDITORIAL BRUGUERA, S. A.
BARCELONA - BOGOTA - BUENOS AIRES - CARACAS - MEXICO

La presente edición es propiedad de
EDITORIAL BRUGUERA, S. A.
Mora la Nueva, 2. Barcelona (España)

1.ª edición: febrero, 1974

Impreso en España - Printed in Spain

ISBN 84-02-03400-4
Depósito legal: B. 49.129 - 1973

Impreso en los Talleres Gráficos de
EDITORIAL BRUGUERA, S. A.
Mora la Nueva, 2 - Barcelona - 1974

A mi mujer y a mis hijos

PRÓLOGO

La ortografía, maraña de reglas y excepciones, terreno resbaladizo en el que uno se mueve con grandes precauciones, ha sido siempre una materia difícil de dominar por completo, y a ello concurren varios factores: su dificultad intrínseca, la casi imposible memorización de sus normas (sobre todo para recordarlas en el momento preciso), así como la dificultad que supone no sólo poner a la Academia de acuerdo consigo misma, sino a ésta con los mejores tratadistas del tema (Bello, Cuervo, Unamuno, Rosenblat, María Moliner, Seco, por citar sólo algunos) y a éstos entre sí.

Si grande era la confusión en este terreno particular antes de 1952, cuando la Real Academia hizo públicas sus «normas», mayor fue después, y sobre todo en 1959, cuando la docta corporación, tras retocarlas aumentando y disminuyendo, volvió a lanzarlas al ruedo hispanoparlante con la advertencia de que eran «de aplicación preceptiva» para cuantos acatan sus decisiones, que de una forma o de otra somos todos.

Si bien las «Nuevas normas de prosodia y ortografía» de 1959 vinieron a resolver algunos de los problemas planteados, la verdad es que ni los resolvieron todos ni todas las normas eran claras y concretas. Subsistieron, pues, muchas dudas, y hubo otras de nueva creación.

Los tratadistas modernos, entre los que destacan María Moliner y Seco, han salido al paso de no pocas de estas dificultades, a las que han tratado de dar solución. Ésta, sin embargo, no siempre coincidente, tampoco es, por otra parte, definitiva, pues la última palabra la tiene, naturalmente, la Academia;

7

palabra que o no llega, o lo hace en forma inadvertida por aquellos que tienen que utilizar la lengua y sus normas. Un botón de muestra, quizá el más reciente, se tiene en las palabras agudas terminadas en -ns (*Orleans, Amiens,* etc.), a las que la Academia suprime el acento sin que el hecho conste en norma alguna de las por ella publicadas; es necesario, pues, para advertir esta nueva postura académica, consultar detenida y comparativamente todo el cuerpo de su Diccionario, más sus publicaciones oficiales.

Naturalmente, esta búsqueda de la norma no escrita pero reflejada en la práctica no está al alcance de todos, y de ahí que las dudas y vacilaciones se multipliquen. Incluso quienes a diario han de manejar el idioma como instrumento de trabajo tropiezan con dificultades a la hora de desmadejar los embrollos de este tipo que sin cesar se les presentan: acentos, plurales, géneros, etc.

Todo ello explica someramente las dificultades que comporta tratar este tema, así como el cuidado con que lo he tratado en esta obrita; me he basado para ello no sólo en las ediciones de la Real Academia, sino en los mejores autores actuales; con su ayuda he compuesto esta serie de normas y reglas, clara y sencillamente expuestas, con el fin de facilitar a todos un prontuario que resuelva rápida y efectivamente la mayor parte de sus dudas. Así pues, los criterios aquí reflejados son fiel exponente de las más recientes normas académicas —escritas y no escritas—, del parecer comparado de varios autores y de la propia experiencia de quien esto escribe.

Me sentiré satisfecho de mi trabajo, pagado por los desvelos que éste entrañó, si esta obrita logra despertar o aumentar el interés por estas cuestiones. La ortografía, no se olvide, aun con sus inherentes dificultades o defectos, es la mejor tarjeta de presentación para quienes la dominan y cumplen sus reglas. Pero para ello hay que conocerla, recordarla, mantenerla al día.

Tal es el objeto de este sencillo trabajo que hoy ofrezco a cuantos hispanohablantes se interesan por el tema.

J. Martínez de Sousa

PLAN DE LA OBRA

1. *Disposición general.* Cada materia se trata en capítulo aparte, divididos éstos en secciones y apartados para su mejor asimilación y comprensión por parte del lector; cuando se ha creído oportuno se han hecho remisiones de unos capítulos a otros, con el fin de completar la información acerca de un tema concreto.

Los capítulos se han dispuesto por orden alfabético, sin otro objeto que el de facilitar las consultas.

2. *Orden alfabético.* Cuando un capítulo trata materias en las que entran listas de voces, éstas se han colocado por orden alfabético, realizado de forma que cada palabra, aunque esté constituida por una sola letra, ocupe su lugar correspondiente en la lista.

3. *Obras consultadas.* En la confección de esta obra he tenido como base las siguientes:

ACADEMIA ESPAÑOLA DE LA LENGUA, *Diccionario manual ilustrado de la lengua española*, 2.ª ed., Espasa-Calpe, S. A., Madrid, 1950.
— *Diccionario de la lengua española*, 18.ª ed., Espasa-Calpe, S. A., Madrid, 1956.
— *Gramática de la lengua española*, nueva edición, reformada, de 1931, Espasa-Calpe, S. A., Madrid, 1959.
— *Ortografía*, Imprenta Aguirre, Madrid, 1969.

ACADEMIA ESPAÑOLA DE LA LENGUA, *Diccionario de la lengua española*, 19.ª ed., Espasa-Calpe, S. A., Madrid, 1970.
— *Boletín de la Real Academia Española* (varios números).
DÍAZ-RETG, ENRIQUE, *Diccionario de dificultades de la lengua española*, 2.ª ed., Editorial Marín, S. A., Barcelona, 1963.
FERNÁNDEZ CASTILLO, JOSÉ, y otros, *Normas para correctores y compositores tipógrafos*, Espasa-Calpe, S. A., Madrid, 1959.
MARTÍNEZ AMADOR, EMILIO M., *Diccionario gramatical y de dudas del idioma*, Ramón Sopena, S. A., Barcelona, 1960.
MARTÍNEZ DE SOUSA, JOSÉ, *Diccionario de tipografía y del libro*, Editorial Labor, S. A., Barcelona, 1974.
MOLINER, MARÍA, *Diccionario de uso del español*, 2 t., Gredos, Madrid, 1966 y 1967.
SECO, MANUEL, *Diccionario de dudas y dificultades de la lengua española*, Aguilar, Madrid, 1966.

He consultado también, cuando ha hecho falta constatar un dato, otro tipo de documentación, como son, por ejemplo, las normas UNE del Instituto Nacional de Racionalización y Normalización, así como varios diccionarios enciclopédicos: CREDSA, Labor, Larousse, Salvat, Sopena, etc.

ABREVIATURAS Y SIGLAS ESPECIALES
UTILIZADAS EN ESTA OBRA

Acad. *Academia.*
al. *alemán.*
alb. *albanés.*
amer. *americanismo.*
angl. *anglicismo.*
ant. *antiguo.*
apóc. *apócope.*
ár. *árabe.*
arab. *arabismo.*
arc. *arcaísmo.*
arch. *archipiélago.*
austr. *austríaco.*
barb. *barbarismo.*
birm. *birmano.*
BRAE *Boletín de la Real Academia Española.*
camb. *camboyano.*
cat. *catalanismo.*
chec. *checoslovaco.*
dan. *danés.*
defect. *defectivo.*
desus. *desusado.*
dim. *diminutivo.*
DRAE *Diccionario de la Real Academia Española.*
EE. UU. *Estados Unidos.*
esl. *eslavo.*
eslov. *esloveno.*
est. *estoniano.*

farm. *farmacia.*
fem. *femenino.*
finl. *finlandés.*
fl. *flamenco.*
fr. *francés.*
fut. imp. *futuro imperfecto.*
gal. *galicismo.*
gall. *galleguismo.*
ger. *gerundio.*
germ. *germanismo.*
gr. *griego.*
grec. *grecismo.*
hebr. *hebreo.*
hol. *holandés.*
húng. *húngaro.*
imp. *imperfecto (Pretérito)*
imper. *imperativo.*
ind. *indicativo.*
ing. *inglés.*
interj. *interjección.*
irl. *irlandés.*
it. *italiano.*
ital. *italianismo.*
jap. *japonés.*
lat. *latín, latinismo.*
let. *letón.*
lit. *lituano.*
malg. *malgache.*
masc. *masculino.*
neol. *neologismo.*

nor. *noruego.*
part. *participio.*
pl. *plural.*
pleon. *pleonasmo.*
pol. *polaco.*
port. *portugués, portuguesismo.*
pot. *potencial.*
pref. *preferible.*
pres. *presente.*
pret. ind. *pretérito indefinido.*
RDA *República Democrática Alemana.*
reg. *regionalismo.*
RFA *República Federal de Alemania.*
RU *Reino Unido.*
rum. *rumano.*
serv. *servio.*
solec. *solecismo.*
subj. *subjuntivo.*
sust. *sustantivo.*
t. *también.*
tib. *tibetano.*
tur. *turco.*
URSS *Unión de Repúblicas Socialistas Soviéticas.*
v. *véase.*
vulg. *vulgarismo.*
yug. *yugoslavo.*

CONTENIDO

1

ABREVIACIONES

La lengua castellana usa muy a menudo varios tipos de abreviaciones, no sólo en las palabras consideradas aisladamente (abreviaturas), sino en grupos de ellas que expresan conceptos (acrónimos), representan entidades, organismos, etcétera (siglas), o se usan en la ciencia y la técnica (símbolos). Cuando se pretende escribir correctamente, es conveniente conocer estas distintas formas de abreviar, así como sus signos o símbolos. Incluimos aquí un resumen de las más importantes formas de abreviación existentes hoy en español.

I. Abreviaturas

Abreviar una palabra es representarla con menos letras de las que la constituyen; puede constar de una sola de estas letras, o de varias.

Las abreviaturas se vienen usando desde la Antigüedad; las encontramos en los ladrillos de los antiguos sumerios, en los papiros egipcios y en las tabletas enceradas de los romanos. Podemos decir, pues, que nacieron con la escritura misma.

En la actualidad, sin embargo, han decaído bastante, sobre todo en lo impreso, a pesar de que en los primeros tiempos de la imprenta muchos libros contenían gran cantidad de abreviaturas al estilo de los manuscritos.

No obstante, ciertas abreviaturas aún siguen usándose, aunque cada vez menos, lo que demuestra que, en general, se pre-

15

fiere la claridad a la brevedad, sobre todo cuando ésta, obviamente, puede inducir a confusión.

A este respecto, véase lo que dice E. Oliver en su obrita *Prontuario del idioma*, página 18:

> «Las abreviaturas constituyen un vicio ortográfico al que no conviene dar pábulo; y por esto no se deben usar sino cuando lo exige la costumbre, o la necesidad de reducir la escritura para más aprovechar el papel.»

Y añade en nota a pie de página:

> «Tan exageradamente se prodigaron las abreviaturas en la Antigüedad, por los romanos sobre todo, que Justiniano hubo de prohibir su uso.
> »Nuestras leyes, desde las de Partidas, que las prohibían, contienen multitud de disposiciones encaminadas a evitar el desmedido empleo de las abreviaturas en documentos, actas y asuntos de los registros, etc.»

La abreviatura en textos impresos suele ser detestable, salvo cuando se trata de las consagradas por el uso y según ciertas normas tipográficas para su empleo.

Según su uso, podemos dividir las abreviaturas en tres grupos principales: *comunes, técnicas* y *de tratamiento*.

A) ABREVIATURAS COMUNES. Son las que se forman de una palabra cualquiera y se suelen escribir con letra minúscula la mayor parte de ellas, sobre todo cuando corresponden a palabras que se escriben normalmente con minúscula.

Una abreviatura común puede comprender:

a) media palabra: *proc.* (proceso);
b) letra inicial y sílaba final: *gral.* (general);
c) sílaba inicial más la final: *comte.* (comandante);
d) puede o no llevar una parte voladita: *art.* o *art.º* (artículo).

Sin embargo, en casi todos los casos se tiende actualmente a suprimir la parte voladita en las abreviaturas, salvo cuando se trata de º u º, especialmente en abreviaturas de números: *1.º, 2.º,* etc. Pero incluso en este caso, estas letras voladitas se suprimen en cifras ordinales superiores a 9; o sea, que no debe escribirse *10.º, 75.º,* sino *10, 75,* sobre todo en artículos de leyes,

16

reglamentos, etc. (sabido es que a partir de diez, tanto los números ordinales como los romanos pueden leerse como cardinales). Se observa a veces que algunos no usan el punto en este tipo de abreviaturas con número; escriben, pues, *1°*, *2°*, etcétera; la costumbre ha impuesto para estas abreviaturas, al igual que se hace con las otras, su correspondiente punto; omitirlo, por otra parte, puede inducir a confusión, puesto que no es lo mismo *4°* (cuatro grados) que *4.°* (cuarto).

1. *Cómo se forman las abreviaturas.* Aunque no hay normas fijas, deben respetarse unas reglas generales con el fin de evitar confusiones. He aquí algunas:

a) Debe seguirse el orden de las letras de la palabra que trata de abreviarse: *priv.* (privado).

b) No acabar en vocal una voz abreviada, salvo que sea la última de la voz: *gralte.* (generalmente), o bien que sea voladita: *D.ª* (doña), *af.ᵗᵒ* (afecto).

c) No se acostumbra abreviar una voz si sólo se le ha de suprimir una letra, salvo aquellas, como *loc. cit.* (*loco citato*, lugar citado), que se usan así desde antiguo. Por consiguiente, es incorrecta la abreviación *vid.*, que correctamente debe escribirse *v.* (*vide*, véase).

d) Ninguna abreviatura común debe acabar sin punto. En idiomas extranjeros, particularmente en inglés, se suelen usar la mayor parte de ellas sin punto, pero no hemos de copiarles en esto, puesto que el punto, en nuestra lengua, no sólo sirve para indicar que se trata de una palabra abreviada, sino que, como dice Martínez Amador en su *Diccionario gramatical*, página 31, «Esta regla [la de colocar "en lo manuscrito una raya, tilde o rasgo encima, puesto a la larga, cruzando los palos de letras altas", como manda la Academia] en la escritura a máquina se sustituye por punto después de la abreviatura, como *admón., gral., pral.*, etc.»

e) Cuando una palabra se abrevia por una sílaba de dos o más consonantes, es conveniente poner todas estas consonantes, con lo que se gana en claridad; por ejemplo, la abreviatura de *superficie* no debe ser *super.*, sino *superf.*, con lo cual evitamos que se pueda interpretar como abreviación de *superior*; asimismo, la de *imprenta* no debe ser *imp.*, sino *impr.*, puesto que la primera también podría interpretarse como abreviación de *imperio, importe, importante*, etcétera.

f) Cuando una abreviatura expresa pluralidad de una voz que se abrevia con una sola letra, ésta se repite y se pone un

17

solo punto; por ejemplo, *MM.* es la abreviatura de *madres* (religiosas); *PP.,* la de *padres* (religiosos); *EE. UU.,* la de *Estados Unidos* (no *E. U.* o *E.E. U.U.,* como hacen algunos erróneamente).

g) En líneas generales, una abreviatura debe llevar su *s* final si expresa un plural (por ejemplo, *pág.* será la abreviatura de *página,* y *págs.,* la de *páginas*), así como su acento correspondiente cuando la letra acentuada entre en la abreviación; por ejemplo, *ár.* es la abreviatura de *árabe.* (Esto no reza, como más adelante se verá, por lo que respecta a los símbolos usados en la ciencia y la técnica, y así *m* es tanto la abreviación de *metro* como de *metros,* y *a,* la de *área* y *áreas.*)

h) Tanto las abreviaturas como los símbolos nunca deben quedar, en la escritura, separados de los términos a los cuales van ligados o que son sus complementos; de aquí que la abreviatura *etc.* (etcétera) pueda quedar a fin de renglón, pero nunca al principio (salvo que en este caso se escriba la palabra entera, con lo cual se evita la abreviación), pues quedaría separada de la voz que le antecede; en los demás casos, una abreviatura puede quedar a final de renglón siempre y cuando le acompañe su complemento; por ejemplo, *23 m* a final de renglón sería correcto, pero no lo sería separar *23 / m,* aun cuando esta abreviación se evitase poniendo la palabra *metros,* con todas las letras, en la línea siguiente; la expresión debe pasar entera al renglón siguiente.

i) Nunca debe acabarse un párrafo con abreviatura (salvo, una vez más, el *etc.*); suele hacerse a veces una excepción cuando tales abreviaciones van entre paréntesis.

j) En lo impreso (y lo mismo debe hacerse en lo manuscrito o mecanografiado), voces como *figura, tomo, volumen,* etcétera, sólo se abrevian cuando van entre paréntesis, o en nota o cita a pie de página, pero no en texto seguido.

k) Por lo que respecta a *a. de J. C.* y *d. de J. C.* («antes de Jesucristo» y «después de Jesucristo»), se escriben abreviadas siempre que vayan inmediatamente después de cifra, sea árabe o romana, entre paréntesis o no; si no hay expresión numérica, habrán de escribirse con toda la letra.

2. *Lista de abreviaturas comunes.* Sin pretender ser exhaustivo, he aquí un conjunto de abreviaturas comunes que nos serán útiles, divididas por materias.

18

a) Comunes propiamente dichas

(a) alias.
A. A. antiguo alumno.
AA. AA. antiguos alumnos.
abr. abreviatura.
admón. administración.
admor., adm.ᵒʳ administrador.
alcde. o *alc.ᵈᵉ* alcalde.
br. bachiller.
c., cént., ct., cts. céntimos.
cir. cirugía
coc. cocina.
Cod. Codex.
cód. código.
col. colonia.
comps. compañeros.
cons. consejo.
Cons. Constitución.
constr. construcción.
convte. conveniente.
corrte., cte. corriente.
cost. costura.
cto. cuarto.
c/u. cada uno.
dcho., dro. derecho.
dep. deporte.
DD., dres., Dres. doctores.
dib. dibujo.
D. m. Dios mediante.
dpdo. duplicado.
dr., Dr. doctor.
E. P. M. en propia mano.
entlo. entresuelo.
escrit. escritura.
esq. esquina.
etc., etcétera.
F. Fulano.
f. c., F. C. ferrocarril.
F. de T. Fulano de Tal.
fam. familia; familiar.
farm. farmacia.
ff. cc., FF. CC. ferrocarriles.
Gob., Gobno. Gobierno.
gral. general.
h. hijo.
hnos. hermanos.

ing. ingeniero; ingeniería.
izq. izquierdo.
jr. júnior.
l. ley.
L., Lic., Ldo. licenciado.
m., mañ. mañana.
máx. máximo.
mín. mínimo.
m/n. moneda nacional; moto-nave.
mtro. maestro.
mús. música.
ntro. nuestro.
núm. número.
O. M. orden ministerial.
ord. orden.
pat. patente.
P. D. posdata.
p. ej. por ejemplo.
P. S. post scríptum (posdata).
pdo. pasado.
pen. península.
perg. pergamino.
pl. plural.
ppdo. próximo pasado.
pral. principal.
priv. privado; privilegio.
proc. procurador.
prof. profesor.
prov. provincia; provisional.
R. C. rescríptum (rescrito).
R. D. real decreto.
R. O. real orden.
R. S. real servicio.
s. siglo.
S. N. servicio nacional.
sr. sénior.
tel., teléf. teléfono.
telegr. telegrama.
V., vers. versículo.
vdo. viudo.
vg. vulgar.
vgm. vulgarmente.
V.º B.º visto bueno.
vtro. vuestro.

19

b) *Bibliografía*

A. autor.
AA. autores.
ap. aparte; apartado; apéndice.
art. artículo.
art. cit. artículo citado.
ca., cir. circa, círciter, círcum (alrededor de).
cap. capítulo.
cf., cfr. cónfer (confróntese, compárese).
cf., conf., confr. confirma.
cit. citado.
col. colección; columna.
cuad. cuaderno, cuadro.
dic. diccionario.
e. g. exempli gratia (por ejemplo).
ed. editor.
ed., edic. edición.
edit. editado; editorial.
enc. encuadernación.
f., f.°, fol. folio.
fasc. fascículo.
fig. figura.
h. e. hic est, hoc est (esto es).
i. e. id est (es decir).
i. q. ídem quod (lo mismo que).
ib., ibíd. ibídem.
íd. ídem.
impr. imprenta; imprimátur.
intr. introducción.
ít. ítem.
l., lib. libro.
l., lín. línea.
l. c., loc. cit. loco citato (lugar citado).
l. l., loc. laud. loco laudato (lugar citado).
lám. lámina.
Ms., Mss. manuscrito, manuscritos.
n. nota.
N. B. Nota bene (nótese bien).

N. del A. Nota del autor.
N. del E. Nota del editor.
N. del T. Nota del traductor.
N. Recop. Nueva Recopilación.
non seq. non sequitur (no sigue).
Nov. Recop. Novísima Recopilación.
o. c., o. cit., ob. cit. obra citada.
op. opus (obra).
op. cit. opus citato (obra citada).
P. pregunta.
p., pág. página.
p. e., p. ej. por ejemplo.
pról. prólogo.
pte. parte.
q. v. quod vide (véase).
R. respuesta.
rev. revista.
rúst. rústica.
s. siguiente.
s. a. sin año.
s. f. sin fecha.
s. i. sin imprenta.
s. l. sin lugar.
s. l. f. sin lugar ni fecha.
s. l. i. sin lugar de impresión.
s. l. n. a. sin lugar ni año.
s. p. i. sin pie de imprenta.
s. v. sub voce (en el artículo, dicho en los diccionarios).
sec. sección.
sig. siguiente.
sq. sequentes (siguientes).
t. tomo.
tít., tít.° título.
v. vide (véase); verso; versículo.
v. g., v. gr. verbi gratia (por ejemplo).
v.° vuelto.
vol. volumen.
vv. versos; versículos.

c) *Comercio*

A. aceptada (en las letras de cambio).

a. debe a.

a/ aceptación; aviso.

a/c. a cuenta; a cargo.

a/f. a favor.

alm. almacén.

atta. atenta (carta).

b/, btos. bultos.

B/L Bill of Landing (póliza de embarque).

c/ cajas.

c/, cta. cuenta.

c/a. corresponsal acreedor; cuenta abierta.

c/1/2. cuenta a medias.

c/1/3. cuenta al tercio.

C. A. D. Cash Against Documents (pago a la presentación de los documentos de embarque).

caf, CAF Coût, assurance, frêt (coste, seguro y flete).

cap. capital.

c/c. cuenta corriente.

c. d. con descuento.

c/ en part. cuenta en participación.

C. & F. Cost & freight (coste y flete).

c. f. & i. Cost, freight and insurance (coste, flete y seguro).

cfs. coste, flete, seguro.

cgo. cargo.

C. & I. Cost & insurance (coste y seguro).

cía., Cía. compañía.

cje. corretaje.

c/m. cuenta a mitad.

c/n. cuenta nueva.

c.° cambio.

c/o. carta orden.

com. comercio; comisión.

comp., Comp. compañía.

comta. comandita.

cont. contado.

corr., corret. corretaje.

cte. corriente (mes).

cts. céntimos.

ch/ cheque.

d., din. dinero.

d/ días.

d. cc. dinero con corretaje.

d. d. dicho día.

desc. descuento.

d/f días fecha.

e/ envío.

ef., efect. efectivo.

ef. a cb. efectos a cobrar.

ef. a rec. efectos a recibir.

f. b., F. B. franco bordo.

f.ª, fact. factura.

fab, FAB franco a bordo.

fas, FAS Free along side (precio de la mercancía puesta en el muelle).

fha. fecha.

fir. en firme.

for, FOR Free on rail (precio de la mercancía puesta en vagón).

fow Free on wagon (franco sobre vagón de ferrocarril).

fra. factura.

f/s. fardos.

g/ giro.

g/p., g. p. giro postal.

gros. géneros.

g. v. gran velocidad.

imp. importe.

inv. inventario.

l/, L/ letra; libranza.

líq. líquido.

Ltda. limitada.

m/ mi; meses.

m/a. mi aceptación.

m/c. mi cuenta; mi cargo; mi casa.

m/cc. mi cuenta corriente.

m/cgo. mi cargo.

m/cta. mi cuenta.

m/e. mi entrega.

merc. mercancía.
mercd. mercadería.
m/f. mi favor.
m/fact., m/fra. mi factura.
m/fha., m/fh. meses fecha.
m/g. mi giro.
m/L. mi letra; mi libranza.
m/o. mi orden.
m/p. mi pagaré.
m/r. mi remesa.
m/t. mi talón; mi trato.
m/v. meses vista.
m/vta. mi venta.
n/ nuestro.
n/a. nuestra aceptación.
n/c. nuestro cargo; nuestra casa; nuestra cuenta.
n/cc. nuestra cuenta corriente.
n/cta. nuestra cuenta.
n/f. nuestro favor.
n/g. nuestro giro.
n/L. nuestra letra; nuestra libranza.
n/o. nuestra orden.
n/p. nuestro pagaré.
n/r. nuestra remesa.
n/t. nuestro talón; nuestra trata.
o/ orden.
op. operación.
P. protestada (en las letras de cambio).
p. a., P. A. por autorización; por ausencia.
p. b. peso bruto.
p. n. peso neto.
p. p. porte pagado; por poder; próximo pasado.
P. S. M. por su mandato.
p. v. pequeña velocidad.
P. V. P. Precio de venta al público.
pag. pagaré.

p/c. por cuenta.
p c/o. por cuenta y orden.
p/cta. por cuenta.
pl. plazo.
p/o, p. o., P. O. por orden.
ptas., pts. pesetas.
r/ remesa.
R. recibí.
s/ sobre; según; su; sus.
S. A. sociedad anónima.
s. e. salvo error.
S. en C. sociedad en comandita.
s. e. u o. salvo error u omisión.
s/a. su aceptación.
S. A. E. sociedad anónima española.
s/c. su casa; su cuenta; su cargo.
s/cc. su cuenta corriente.
Sdad. sociedad.
s/f. su favor.
s/g. su giro.
s/L. su letra; su libranza.
S. L. sociedad limitada.
s. m. g. sin mi garantía.
s. m. r. sin mi responsabilidad.
s/n. sin número.
s/o. su orden.
s/p. su pagaré.
S. P. M. sociedad privada municipal.
s/r. su remesa.
S. R. L. sociedad de responsabilidad limitada.
s/t. su talón; su trata.
t/ talón.
v/ valor.
V.º B.º visto bueno.
v/c. valor en cuenta.
v/d. valor de.
vencto. vencimiento.
v/r. valor recibido.
vta. venta; vista.

d) *Cortesía*

A L. P. de V. A. a los pies de vuestra alteza.

A L. R. P. a los reales pies.

A L. R. P. de V. M. a los reales pies de vuestra majestad.

afmo., affmo. afectísimo.

afto. afecto.

atto. atento.

b. l. m., B. L. M. besa la mano.

b. l. p., B. L. P. besa los pies

c. m. b., C. M. B. cuyas manos beso.

c. p. b., C. P. B. cuyos pies beso.

q. b. s. m., Q. B. S. M. que besa su mano.

q. b. s. p., Q. B. S. P. que besa sus pies.

q. D. g., Q. D. G. que Dios guarde.

q. e. g. e. que en gloria esté.

q. e. p. d. que en paz descanse.

q. e. s. m. que estrecha su mano.

q. s. g. h. que santa gloria haya.

S. c., S/c., S. C. su casa.

S. D. se despide.

s. s. seguro servidor.

s. s. s. su seguro servidor.

e) *Cronología*

A. C., A. de C. año de Cristo; antes de Cristo.

a. de J. C. antes de Jesucristo.

A. E. C. años de la era cristiana.

a. m. ante merídiem (antes del mediodía).

A. R. anno regni (año del reinado).

A. R. R. anno regni regis (*o* reginae) (en el año del reinado del rey, *o* de la reina).

A. U. C. ab urbe condita (desde la fundación de la ciudad [Roma, -753]).

abr. abril.

ag., agt. agosto.

D. domingo.

D. C., d. de C. después de Cristo.

d. de J. C. después de Jesucristo.

dic., dicbre. diciembre.

dom. domingo.

E. C. era cristiana.

en., en.º enero.

feb., febr. febrero.

J. jueves.

juev. jueves.

jul. julio.

jun. junio.

L., lun. lunes.

M. martes; miércoles.

mart. martes.

miérc. miércoles.

mrz., mzo. marzo.

nov., novbre. noviembre.

oct. octubre.

p. m. post merídiem (después del mediodía).

S., sáb. sábado.

sept., set., setbre. septiembre.

T. U. tiempo universal.

V., vier. viernes.

f) *Deportes*

C. A. club de ajedrez.

C. B. club de baloncesto.

C. D. club deportivo; centro de deportes.

C. F., C. de F. club de fútbol.

C. N. club náutico; club de natación.

G. P. gran premio.

K. O. Knock out (fuera de combate).
K. O. T. K. O. técnico.
R. C. D. real club deportivo.

S. D. sociedad deportiva.
U. C. unión ciclista.
U. D. unión deportiva.

g) *Farmacia y medicina*

A. T. S. ayudante técnico sanitario.
C. I. coeficiente de inteligencia.
C. R. casos rebeldes.
C. S. cantidad suficiente.
Dp. despáchese.
F. S. A. fac (o fíat) secúndum ártem (hágase según las reglas del arte).

m. manipulus (puñado); misce (mézclese).
m. f. p. misce, fac púlverem (mézclese y pulverícese).
q. s. quántum súfficit (lo que baste).
q. v. quántum vis (la cantidad que quieras).
R., Rp. récipe (tómese).
U. I. unidades internacionales.

h) *Geografía (estados norteamericanos)*

Ala. Alabama.
Alas. Alaska.
Ariz. Arizona.
Ark. Arkansas.
Cal. California.
Colo. Colorado.
Conn. Connecticut.
Del. Delaware.
Fla. Florida.
Ga. Georgia.
Ia. Iowa.
Id. Idaho.
Ill. Illinois.
Ind. Indiana.
Kan. Kansas.
Ky. Kentucky.
La. Luisiana.
Mass. Massachusetts.
Md. Maryland.
Me. Maine.
Mich. Michigan.
Minn. Minnesota.
Miss. Mississippi.
Mo. Missouri.
Mont. Montana.
N. C. North Caroline (Carolina del Norte).

N. D. North Dakota (Dakota del Norte).
N. H. Nueva Hampshire.
N. J. Nueva Jersey.
N. Méx. Nuevo México.
N. Y. Nueva York.
Neb. Nebraska.
Nev. Nevada.
O. Ohio.
Okla. Oklahoma.
Oreg. Oregón.
Pa. Pensilvania.
R. I. Rhode Island.
S. C. South Caroline (Carolina del Sur).
S. D. South Dakota (Dakota del Sur).
Tenn. Tennessee.
Tex. Texas (Tejas).
Utah Utah.
Va. Virginia.
Vt. Vermont.
W. Va. West Virginia (Virginia occidental).
Wash. Washington.
Wis. Wisconsin.
Wy. Wyoming.

i) Música

A. contralto.
a. t. a tempo (a tiempo).
acc., accel. accelerando (acelerando).
ad. adagio.
and. andantino.
B. bajo cantante.
B.C. bajo continuo.
C.B. con basso (contrabajo).
C.F. canto fermo (canto llano).
cres., cresc. crescendo.
d. dolce (suave).
D.C. da capo (aparte, de nuevo).
decresc. decrescendo.
dim. diminuendo.
dol. dolce (dulce).
f. forte (fuerte).
Fag. fagot.
ff. fortissimo (muy fuerte).
fp. forte piano (fuerte e inmediatamente piano).
leg. legato (ligado).
legmo. legatissimo (muy ligado).
M. teclado manual.
M.D. mano destra (mano derecha).
m. iz. mano izquierda.
m. s. mano siniestra (mano izquierda).
m. v. mezza voce (a media voz).
mf. mezzo forte.

mod. moderato (moderado).
mp., m. p. mezzo piano.
ob. oboe.
op. opus (obra).
ott. ottava (octava).
p. piano.
p. f. più forte (más fuerte).
P.P.P. extremadamente piano.
ped. pedal.
pf. piano forte (primero piano e inmediatamente fuerte).
pizz. pizzicato (punteado).
pp. pianissimo.
rf., rinf. rinforzando (reforzando).
rip. ripresa (repetición).
s. solo; soprano.
s. t. senza tempo.
s. v. sotto voce.
sf., sfz. sforzando (reforzando el sonido).
sop. soprano.
sor. mettere la sordina.
sost. sostenuto.
stac. staccato (ejecutando sueltas, destacadas, las notas).
T. tutti; tempo (tenor).
ten. tenuto.
tr. trillo.
V. violín.
VS., V. S. volta subito.

j) Religiosas

— Comunes

A. T. Antiguo Testamento.
ab. abad.
abs. gen. absolución general.
anac. anacoreta.
ap., apóst. apóstol.
arz., arzbpo. arzobispo.
B. M. V. Beata María Virgen.

b. p. bendición papal.
card. cardenal.
cap. capellán.
cf., conf. confesor.
D. E. P. descanse en paz.
e. p. d., E. P. D. en paz descanse.
ermit. ermitaño.

ev. evangelista.
Evang. Evangelio.
fd., fund. fundador.
I. P. indulgencia plenaria.
J. C. Jesucristo.
márt., mr. mártir.
mrs. mártires.
N. S. Nuestro Señor.
N. S. J. C. Nuestro Señor Jesucristo.
N.ª S.ª, Ntra. Sra. Nuestra Señora.
N. T. Nuevo Testamento.
ob., obpo. obispo.
P. papa; padre.
P. G. padre general.
patr. patriarca.

pbro., presb. presbítero.
proc. procesión.
prof. profeta.
ps. salmo.
R. I. P. requiéscat in pace (descanse en paz).
S. A. I. C. Santa Apostólica Iglesia Catedral.
S. I. C. Santa Iglesia Catedral.
S. P. Santo Padre.
S. R. Sacra Rota.
S. R. I. Santa Romana Iglesia.
S. S. Santa Sede.
SS. PP. Santos Padres.
vg., virg. virgen.
xptiano. cristiano.
Xpto., Xto. Cristo.

— *Órdenes religiosas*

C. M. Congregationis Missionis (paúl).
C. M. F. Congregationis Missionariórum Filiórum Immaculati Cordis B. M. V. (del Corazón de María, o claretiano).
C. O. Congregationis Oratórii (filipense).
C. SS. C. Congregationis Sacrórum Córdium (de los Sagrados Corazones).
F. S. C. Fratres Scholárum Christianórum (Congregación de Hermanos de las Escuelas Cristianas).
M.S.C. Missionariórum Sacratissimi Cordis Jesu (misionista).
O. C. Ordinis Carmelitárum (carmelita).
O. C. D. Ordinis Carmelitárum Discalceatórum (carmelita descalzo).
O. Cart. Orden cartuja (cartujo).
O. Cist. Orden cisterciense (cisterciense).

O. Cist. Ref. Orden Cisterciense Reformada.
O. F. M. Ordinis Frátrum Minórum (franciscano).
O. M. Orden de la Merced (mercedario).
O. M. C., O. M. Cap. Ordinis Minórum Capuccinórum (capuchino).
O. M. Con. Orden de Frailes Menores Conventuales.
O. M. I. Congregationis Obratórum B. M. V. Immaculatae (oblato).
O. P. Ordinis Praedicatórum (dominicos).
Op. D. Opus Dei.
O. Praem. Ordo Praemonstraténsium (premonstratense).
O. S. A. Ordinis Sancti Augustini (Orden de San Agustín, agustino).
O. S. B. Ordinis Sancti Benedicti (benedictino).
O. S. M. Ordinis Servórum Mariae (servita).

O. SS. T. Orden de la Santísima Trinidad.
S. D. B. Salesianos de Don Bosco (salesiano).
S. F. Congregationis Filiórum Sacrae Familiae (de la Sagrada Familia).

S. I., S. J. Societatis Jesu (jesuita).
S. M. Societatis Mariae (marista).
Sch. P. Ordinis Scholárum Piárum (escolapio).
V. O. T. Venerable Orden Tercera.

B) ABREVIATURAS TÉCNICAS. Por lo que respecta a este tipo de abreviaturas, hoy llamadas *símbolos*, obedecen rigurosamente a unas normas dictadas por los organismos internacionales competentes, y deben usarse tal como han sido establecidas. No cabe, pues, plantearse la cuestión de si con punto o sin él, con mayúscula o con minúscula. (Véase *Símbolos*, más adelante.)

C) ABREVIATURAS DE TRATAMIENTO. Estas abreviaturas se escriben siempre con letra mayúscula. He aquí las más importantes.

A. alteza.
A. R. alteza real.
AA. altezas.
AA. RR. altezas reales.
AA. SS. altezas serenísimas.
B. beato.
Bmo. P. beatísimo padre.
D. don.
D.ª doña.
Em., Em.ª eminencia.
Emmo. eminentísimo.
Exc.ª excelencia.
Excmo. excelentísimo.
Fr. fray; frey.
H. hermano (religioso).
HH. hermanos.
I., Il. ilustre.
Ilmo., Iltmo. ilustrísimo.
M. madre (religiosa); monsieur (señor).
M. I. Sr. muy ilustre señor.
M. P. S. muy poderoso señor.
M. R., M. Rvdo. muy reverendo.
Mgr. Monseigneur (monseñor).
Mlle. mademoiselle (señorita).

MM. madres; messieurs.
Mme. madame (madama, señora).
Mmes. mesdames (madamas, señoras).
Mn. mosén.
Mons. monseñor.
Mr. míster (señor).
Mrs. mistress (señora).
P. padre (religioso).
PP. padres.
R. reverencia; reverendo.
R. M. reverenda madre.
R. P. reverendo padre.
R. P. M. reverendo padre maestro.
Rdo., Rvdo. reverendo.
Rmo. reverendísimo.
RR. reverendos.
RR. MM. reverendas madres.
RR. PP. reverendos padres.
Rvda. M. reverenda madre.
Rvdmo. reverendísimo.
S. san.
S. A. su alteza.

S. A. I. su alteza imperial.
S. A. R. su alteza real.
S. A. R. I. su alteza real e impe-
rial.
S. A. S. su alteza serenísima.
S. B. su beatitud.
S. C. C. R. M. sacra, cesárea, ca-
tólica, real majestad.
S. C. M. sacra, católica majes-
tad.
S. D. M. Su Divina Majestad.
S. E. su excelencia.
S. Em. su eminencia.
S. M. su majestad.
S. M. B. su majestad británica.
S. M. C. su majestad católica; su
majestad cristianísima.
S. M. F. su majestad fidelísima.
S. M. I. su majestad imperial.
S. P. santo padre.
S. R. M. su real majestad.
S. S. su santidad.
S. S.ª su señoría.
Sermo. serenísimo.
Smo. santísimo.
Sr. señor; sir (señor).
Sra. señora.
Srta. señorita.
SS. santos; santísimo.

SS. AA. sus altezas.
SS. AA. II. sus altezas imperiales.
SS. AA. RR. sus altezas reales.
SS. AA. SS. sus altezas serenísi-
mas.
SS. MM. sus majestades.
SSmo. santísimo.
SSmo. P. santísimo padre.
Sta. santa.
Sto. santo.
U., Ud. usted.
V. usted (1); venerable.
V. A. vuestra alteza.
V. A. R. vuestra alteza real.
V. B. vuestra beatitud.
V. E. vuestra excelencia; vuece-
lencia; vuecencia.
V. Em. vuestra eminencia.
V. I. vuestra señoría (usía) ilus-
trísima.
V. M. vuestra majestad.
V. P. vuestra paternidad.
V. R. vuestra reverencia.
V. S. vueseñoría (usía).
V. S. I. vueseñoría ilustrísima
(usía ilustrísima).
Vd. usted.
Vm. vuestra merced.
VV. ustedes.

II. Acrónimos

Esta palabra, no registrada por el Diccionario oficial, está formada por dos voces griegas: *akros* (extremo) y *ónvma* (nombre), y significa, según la *Nueva enciclopedia Sopena,* «Palabra formada de las letras o sílabas iniciales de las sucesivas partes de un término compuesto, o de letras iniciales más las letras terminales de la parte final». Actualmente, muchas de las palabras que a diario aparecen en los periódicos y los libros están formadas como acrónimos; éstos se escriben

(1) Las abreviaturas *V.,* *Vd.* y *VV.* (*usted* las dos primeras y *ustedes* la última) suelen usarse poco, siendo sustituidas por *U.* y *Ud.,* más acordes con la palabra que abrevian; sin embargo, aquéllas, aunque responden mejor a *vuestra merced,* las registra la Academia, y no deben tenerse por incorrectas.

con mayúscula o minúscula, según le corresponda; por ejemplo, se escriben con mayúscula si forman un nombre con características de propio: *Domund* (*D*omingo *Mund*ial de la Propagación de la *F*e), *Talgo* (*T*ren *a*rticulado *l*igero *Go*icoechea *O*riol), y con minúscula si la voz constituida es un nombre común: *rádar* (*Ra*dio *D*etecting *a*nd *R*anging), *sial* (*si*lex y *al*uminium), *sima* (*si*licio y *ma*gnesio), *láser* (*L*ight *A*mplification by *S*timulated *E*mission of *R*adiation), *máser* (*M*icrowave *A*mplification by *S*timulated *E*mission of *R*adiation), *ovni* (*o*bjeto *v*olante *n*o *i*dentificado), y otros que designan aparatos, unidades de medida, etc.

III. Siglas

Las siglas son una forma de abreviación moderna; hay varios tipos de siglas: según la Academia, la «letra inicial que se emplea como abreviatura de una palabra» es una sigla, y pone como ejemplo *S. D. M.* (Su Divina Majestad), que aquí se ha registrado como una abreviatura de tratamiento (compuesta de varios términos, pero abreviatura al fin). Según otra acepción de la palabra, sigla es un «rótulo o denominación que se forma con varias siglas: *INRI*»; ésta parece que refleja exactamente lo que en general se entiende por sigla. Hay una tercera acepción académica: «cualquier signo que sirve para ahorrar letras o espacio en la escritura». Aquí nos interesa la segunda acepción, que vamos a comentar brevemente.

A) Reglas para la confección y uso de las siglas. Las siglas, por lo general, se forman con las iniciales de nombres y adjetivos de un título o denominación; por ejemplo, *ONU* (*O*rganización de las *N*aciones *U*nidas). Sin embargo, cuando conviene lograr una palabra más o menos pronunciable, puédese echar mano de otras letras de las palabras con que aquél está formado, como, por ejemplo, *RENFE* (*RE*d *N*acional de los *F*errocarriles *E*spañoles); si no se hubiese hecho así, hubiera resultado esta sigla: *RNFE*, impronunciable. Esto no quiere decir que se haga en todos los casos, pues hay siglas que sólo constan de consonantes.

Las siglas se escriben siempre con mayúsculas y sin punto alguno ni espacios; no obstante, existen algunas siglas que tienen mezclada entre las mayúsculas alguna letra minúscula.

Las siglas carecen de plural; éste, si acaso, vendrá implícito en el título de que está formada; por ejemplo, se escribe *las JOC* (*J*uventudes *O*breras *C*atólicas), pero no *las JOCS* ni *las JOCs*.

El género gramatical de las siglas viene asimismo determinado por el de la formación de que procede; se dice, pues, *la ONU* y no *el ONU*, *el COI* (*C*omité *O*límpico *I*nternacional), y no *la COI*.

En la escritura tipográfica no es correcto dividir una sigla a final de renglón; por ejemplo, no debe dividirse REN- / FE; debe escribirse entera o ponerla con toda su letra, si se conoce, o dar un giro distinto a la oración o período en que aquélla entre.

B) TRADUCCIÓN DE LAS SIGLAS. Por regla general, las primeras siglas internacionales fueron traducidas al español; por ejemplo, la *NATO* (*N*orth *A*tlantic *T*reaty *O*rganization) se ha convertido en *OTAN* (*O*rganización del *T*ratado del *A*tlántico *N*orte); pero esto no se hizo con todas, en especial las modernas, y así tenemos que unas pueden (y deben) usarse en forma españolizada y otras en su idioma original; este problema no tiene fácil solución, pues no es correcto traducir sin más cualquier sigla, si no existen precedentes en aquel caso concreto. Naturalmente, cuando una sigla tenga forma española, es preferible usar ésta y no la extranjera, tanto más cuanto que muchas siglas internacionales tienen su forma en varios idiomas; por ejemplo, la sigla *ISPW* (*I*nternational *S*ociety for the *P*sychology of *W*riting) es inglesa, pero en español y francés se escribe *SIPE* (*S*ociedad *I*nternacional de *P*sicología de la *E*scritura; *S*ociété *I*nternationale de *P*sychologie de l'*É*criture); en alemán, *IGSP* (*I*nternationale *G*esellschaft der *S*chriftpsychologie), y en italiano, *SIPS* (*S*ocietà *I*nternazionale di *P*sicologia della *S*crittura); lógicamente, la forma que debemos usar es la española. En otros casos, una sigla es internacional y se usa así en todos los idiomas, o en varios de ellos; por ejemplo, la sigla francesa *CITI* (*C*onfédération *I*nternationale des *T*ravailleurs *I*ntellectuels: *C*onfederación *I*nternacional de los *T*rabajadores *I*ntelectuales) se escribe *CITI* también en inglés, cuyo enunciado (*I*nternational *C*onfederation of *P*rofessional and *I*ntellectual *W*orkers) no coincide ni por asomo con el francés.

Cada día nacen nuevas siglas en muchos campos: ciencia, técnica, comercio, industria, relaciones internacionales, etcétera. Dada su gran cantidad, no es posible dar aquí ni siquiera un resumen, que a todas luces sería parcial y apenas resolvería dudas a este respecto.

a) *Siglas de la Biblia*

— *Castellanas*

Abd	Abdías.	*Jon*	Jonás.
Act	Actos de los Apóstoles.	*Jos*	Josué.
Ag	Ageo.	*Jue*	Jueces.
Am	Amós.	*Lam*	Lamentaciones.
Ap	Apocalipsis.	*Lc*	Lucas.
Bar	Baruc.	*Lev*	Levítico.
Cant	Cantar de los Cantares.	*Mac*	Macabeos.
Col	Colosenses.	*Mal*	Malaquías.
Cor	Corintios.	*Mc*	Marcos.
Dan	Daniel.	*Miq*	Miqueas.
Dt	Deuteronomio.	*Mt*	Mateo.
Ecc	Eclesiastés.	*Nah*	Nahúm.
Eci	Eclesiástico.	*Neh*	Nehemías.
Ef	Efesios.	*Núm*	Números.
Esd	Esdras.	*Os*	Oseas.
Est	Ester.	*Par*	Paralipómenos.
Éx	Éxodo.	*Pe*	Pedro.
Ez	Ezequiel.	*Prov*	Proverbios.
Flm	Filemón.	*Re*	Reyes.
Flp	Filipenses.	*Rom*	Romanos.
Gál	Gálatas.	*Rut*	Rut.
Gén	Génesis.	*Sab*	Sabiduría.
Hab	Habacuc.	*Sal*	Salmos.
Heb	Hebreos.	*Sam*	Samuel.
Jds	Judas.	*Sant*	Santiago.
Jdt	Judit.	*Sof*	Sofonías.
Jer	Jeremías.	*Tes*	Tesalonicenses.
Is	Isaías.	*Tim*	Timoteo.
Jl	Joel.	*Tit*	Tito.
Jn	Juan.	*Tob*	Tobías.
Job	Job.	*Zac*	Zacarías.

— *Latinas*

Abd	Abdías (Abdías).	*Agg*	Aggaeus (Ageo).
Ac	Actus Apostolórum (Actos de los Apóstoles).	*Am*	Amós (Amós).
		Apoc	Apocalypsis (Apocalipsis).

Bar Báruch (Baruc).

Cant Cánticum Canticórum (Cantar de los Cantares).

Col Epístola ad Colossenses (Epístola a los Colosenses).

1 Cor 1 Epístola ad Corinthios (1 Epístola a los Corintios).

2 Cor 2 Epístola ad Corinthios (2 Epístola a los Corintios).

Dan Daniel.

Deut Deuteronómium (Deuteronomio).

Ecci Ecclesiastés (Eclesiastés).

Eccli Ecclesiásticus (Eclesiástico).

Eph Epístola ad Epphesios (Epístola a los Efesios).

Esdr 1 Esdrae (1 Esdras).

Esth Esther (Ester).

Ex Éxodus (Éxodo).

Ez Ezechiel (Ezequiel).

Gal Epístola ad Gálatas (Epístola a los Gálatas).

Gen Génesis (Génesis).

Hab Habácuc.

Hebr Epístola ad Hebraeos (Epístola a los Hebreos).

Iac Epístola Iacobi (Epístola Santiago).

Ier Ieremías (Jeremías).

Io Evangélium sec. Ioannem (Evangelio según Juan).

1 Io 1 Epístola Ioannis (1 Epístola Juan).

2 Io 2 Epístola Ioannis (2 Epístola Juan).

3 Io 3 Epístola Ioannis (3 Epístola Juan).

Iob Iob (Job).

Ioel Ioel (Joel).

Ion Ionas (Jonás).

Ios Iosue (Josué).

Is Isaiae (Isaías).

Iud Iúdices (Jueces).

Iudae Epístola Iudae (Epístola Judas).

Iudith Iudith (Judit).

Lam Lamentationes (Lamentaciones).

Lc Evangélium sec. Lúcam (Evangelio según Lucas).

Lev Levíticus (Levítico).

1 Mach 1 Machabaeórum (1 Macabeos).

2 Mach 2 Machabaeórum (2 Macabeos).

Mal Malachías (Malaquías).

Mc Evangélium sec. Márcum (Evangelio según Marcos).

Mich Michaeas (Miqueas).

Mt Evangélium sec. Matthaeum (Evangelio según Mateo).

Nah Nahum (Nahúm).

Neh Nehemías seu 2 Esdrae (Nehemías o 2 Esdras).

Num Númeri (Números).

Os Osee (Oseas).

1 Par 1 Paralipómenom (1 Paralipómenos).

2 Par 2 Paralipómenom (2 Paralipómenos).

1 Petr 1 Epístola Petri (1 Epístola Pedro).

2 Petr 2 Epístola Petri (2 Epístola Pedro).

Phil Epístola ad Philippenses (Epístola a los Filipenses).

Philem Epístola ad Philemónem (Epístola a Filemón).

Prov Proverbia (Proverbios).

Ps Psalmi (Salmos).

3 Reg 3 Régum (3 Reyes).

4 Reg 4 Régum (4 Reyes).

Rom Epístola ad Romanos (Epístola a los Romanos).

Ruth Ruth (Rut).

1 Sam 1 Samuelis seu 1 Régum (1 Samuel o 1 Reyes).

2 Sam 2 Samuelis seu 2 Régum (2 Samuel o 2 Reyes).

Sap Sapientia (Sabiduría).

Soph Sophonías (Sofonías).

1 Thess 1 Epístola ad Thessalonicenses (1 Epístola a los Tesalonicenses).

2 Thess 2 Epístola ad Thessalonicenses (2 Epístola a los Tesalonicenses).

1 Tim 1 Epístola ad Timotheum (1 Epístola a Timoteo).

2 Tim 2 Epístola ad Timotheum (2 Epístola a Timoteo).

Tit Epístola ad Títum (Epístola a Tito).

Tob Tobías (Tobías).

Zach Zacharías (Zacarías).

Normas para el uso de estas siglas. Es de advertir que existen algunas de estas siglas que se usan de otra forma, aunque en todos los casos bastante parecidas. Aquí se dan las que parece que tienen más adeptos. En segundo lugar, los números, que aquí se dan arábigos, en otros casos se utilizan romanos (por ejemplo, la Vulgata registra estos últimos). En tercer lugar, los capítulos suelen separarse de los versículos por coma, así: Jn 10, 15 (Juan, capítulo 10, versículo 15); si la cita corresponde a dos versículos seguidos dentro del mismo capítulo, éstos se separan por un guión, así: Jn 10, 15-16 (Juan, capítulo 10, versículos 15 y 16); y si los versículos no son seguidos, por punto, así: Jn 10, 15. 19 (Juan, capítulo 10, versículos 15 y 19). Estas reglas también suelen variar a veces según los autores.

b) *Siglas bibliográficas*

Actualmente se usan muy a menudo, sobre todo en publicaciones especializadas, siglas bibliográficas cuya formación no obedece a reglas fijas; por otra parte, pueden estar formadas por letras mayúsculas o por mayúsculas y minúsculas. Por ejemplo, *BAC*, Biblioteca de Autores Cristianos; *BRAE*, Boletín de la Real Academia Española; *DRAE*, Diccionario de la Real Academia Española; *GRAE*, Gramática de la Real Academia Española; *BACol*, Boletín de la Academia Colombiana; *BACostL*, Boletín de la Academia Costarricense de la Lengua; *CuA*, Cuadernos Americanos; *EduM*, Educación (México); *EstA*, Estudios Americanos, etc.

Generalmente este tipo de abreviaciones se colocan al principio de cada trabajo o publicación para guía del lector.

IV. Símbolos

Símbolo es la letra o grupo de ellas que representa una voz correspondiente a la ciencia o a la técnica. Se escriben sin punto y con mayúscula o minúscula, según hayan sido establecidos.

a) *Astronómicos (constelaciones)*

And Andrómeda (Andrómeda).
Ant Antlia (Máquina Neumática).
Aps Apus (Pájaro Paraíso).
Aql Áquila (Águila).
Aqr Aquarius (Acuario).
Ara Ara (Altar).
Ari Aries (Carnero).
Aur Auriga (Cochero).
Boo Bootes (Boyero).
Cae Caélum (Buril).
Cam Camelopardalis (Jirafa).
Can Cáncer (Cangrejo).
Cap Capricornus (Capricornio).
Car Carina (Quilla o Carena).
Cas Cassiopeia (Casiopea).
Cen Centaurus (Centauro).
Cep Cepheus (Cefeo).
Cet Cetus (Ballena).
Cir Circinus (Compás).
Cma Canis Máoir (Can Mayor).
Cmi Canis Mínor (Can Menor).
Col Columba (Paloma).
Com Coma Berenices (Cabellera de Berenice).
CrA Corona Australis (Corona Austral).
CrB Corona Borealis (Corona Boreal).
Crt Cráter (Cráter).
Cru Crux (Cruz).
Crv Corvus (Cuervo).
Cvn Canes Venátici (Lebreles).

Cyg Cygnus (Cisne).
Cha Chamaeleon (Camaleón).
Del Delphinus (Delfín).
Dor Dorado (Dorado).
Dra Draco (Dragón).
Equ Equuleus (Caballo).
Eri Erídanus (Erídano).
For Fórnax (Horno).
Gem Gémini (Gemelos).
Gru Grus (Grulla).
Her Hércules (Hércules).
Hor Horológium (Reloj).
Hy Hydra (Hidra Hembra).
Hys Hydrus (Hidra Macho).
Ind Indus (Indio).
LMi Leo Mínor (León Menor).
Lac Lacerta (Lagarto).
Leo Leo (León).
Lep Lepus (Liebre).
Lib Libra (Balanza).
Lup Lupus (Lobo).
Lyn Lynx (Lince).
Lyr Lyra (Lira).
Men Mensa (Mesa).
Mic Microscópium (Microscopio).
Mon Monoceros (Unicornio).
Mus Musca (Mosca).
Nor Norma (Escuadra).
Oct Óctans (Actante).
Oph Ophiurus (Serpentario).
Ori Orion (Orión).
Peg Pegasus (Pegaso).

Pav	Pavo (Pavo).	Sex	Séxtans (Sextante).
Per	Perseus (Perseo).	Sg	Sagitta (Flecha).
Phe	Phoénix (Fénix).	Sgr	Saggitarius (Sagitario).
Pic	Píctor (Caballete del Pintor).	Tau	Taurus (Toro).
PsA	Piscis Australis (Pez Austral).	Tel	Telescópium (Telescopio).
		Tra	Triángulum Australe (Triángulo Austral).
Psc	Piscis (Peces).		
Pup	Puppis (Popa).	Tri	Triángulum (Triángulo).
Pyx	Pyxis (Brújula).	Tuc	Tucana (Tucán).
Ret	Retículum (Retículo).	UMa	Ursa Máior (Osa Mayor).
Scl	Scúlptor (Escultor).	UMi	Ursa Mínor (Osa Menor).
Sco	Scorpius (Escorpión).	Vel	Vela (Velas).
Sct	Scútum (Escudo de Sobieski).	Vir	Virgo (Virgen).
		Voy	Vólans (Pez Volador).
Ser	Sérpens (Serpiente).	Vul	Vulpécula (Zorra).

b) *Elementos químicos*

A	argón.	Dy	disprosio.
Ac	actinio.	E	Einstenio.
Ag	plata.	Er	erbio.
Ah	Atenio.	Eu	europio.
Al	aluminio.	F	flúor.
Am	americio.	Fe	hierro.
As	arsénico.	Fr	francio.
At	astato.	Ga	galio.
Au	oro.	Gd	gadolinio.
B	boro.	Ge	germanio.
Ba	bario.	H	hidrógeno.
Be	berilio.	He	helio.
Bi	bismuto.	Hf	hafnio.
Bk	berkelio.	Hg	mercurio.
Br	bromo.	Ho	holmio.
C	carbono.	I	yodo.
Ca	calcio.	In	indio.
Cd	cadmio.	Ir	iridio.
Ce	cerio.	K	potasio.
Cf	californio.	Kr	criptón.
Cl	cloro.	La	lantano.
Cm	curio.	Li	litio.
Co	cobalto.	Lu	lutecio.
Cr	cromo.	Lw	laurencio.
Cs	cesio.	Mg	magnesio.
Ct	centurio	Mn	manganeso.
	(o *Fm*, fermio).	Mo	molibdeno.
Cu	cobre.	Mv	mendelevio.

N	nitrógeno.	*Ru*	rutenio.
Na	sodio.	*S*	azufre.
Nb	niobio.	*Sb*	antimonio.
Nd	neodimio.	*Sc*	escandio.
Ne	neón.	*Se*	selenio.
Ni	níquel.	*Si*	silicio.
No	nobelio.	*Sm*	samario.
Np	neptunio.	*Sn*	estaño.
O	oxígeno.	*Sr*	estroncio.
Os	osmio.	*Ta*	tantalio.
P	fósforo.	*Tb*	terbio.
Pa	protactinio.	*Tc*	tecnecio.
Pb	plomo.	*Te*	telurio.
Pd	paladio.	*Th*	torio.
Pm	prometio	*Ti*	titanio.
	(o *Il*, ilinio).	*Tl*	talio.
Po	polonio.	*Tu*	tulio.
Pr	praseodimio.	*U*	uranio.
Pt	platino.	*V*	vanadio.
Pu	plutonio.	*W*	wolframio (o tungsteno).
Ra	radio.	*X*	xenón.
Rb	rubidio.	*Y*	itrio.
Re	renio.	*Yb*	iterbio.
Rh	rodio.	*Zn*	cinc.
Rn	radón.	*Zr*	circonio.

c) *Grados*

°B	Beckman.	*°F*	Fahrenheit.
°Bé	Baumé.	*°K*	Kelvin.
°C	Celsio.	*°R*	Réaumur; Rankine.
°E	Engler.		

d) *Matemática*

ang	ángulo.	*cot*	cotangente.
arc cos	arco coseno.	*coth*	cotangente hiperbólico.
arc cosec	arco cosecante.	*log*	logaritmo decimal.
arc cot	arco cotangente.	*Log*	logaritmo neperiano, o logaritmo natural.
arc sec	arco secante.		
arc sen	arco seno.	*proy*	proyección.
arc tg	arco tangente.	*sec*	secante.
cos	coseno.	*sen*	seno.
cosec	cosecante.	*tg*	tangente.
cosh	coseno hiperbólico.	*tgh*	tangente hiperbólica.

e) *Meteorología*

a altas presiones.
A anticiclón.
Ac altocúmulos.
As altostratos.
b bajas presiones.
B borrasca.
C collado isobárico; ciclón.
Cb cumulonimbos.
Cc cirrocúmulos.
Ci cirros.
Cs cirrostratos.
Cu cúmulos.
CuNi cumulonimbos (Cb).
D depresión.
d dorsal.

FA frente ártico.
FAL frente de los alisios.
FP frente polar.
FPD frente polar derivado.
FS frente sahariano.
Nb nimbos.
Ns nimbostratos.
Pc polar continental (masa de aire).
Pm polar marítima (masa de aire).
Sc estratocúmulos.
St estratos.
Tm tropical marítima (masa de aire).

f) *Metrología*

a arroba; área; atto; año.
A amperio.
Å angström.
ac acre.
Ah Amperio-hora.
Am amperio-minuto.
As amperio-segundo.
at atmósfera técnica.
atl atmósfera litro.
Atm atmósfera normal (atmósfera física).
Atml atmósfera normal litro.
Av amperio vuelta.
avdp avoirdupois.
awu Atomic Weight Unit (unidad de peso atómico).
b bar.
B belio.
br atm British Atmosphere (atmósfera británica).
bu bushel.
c centi; quilate; ciclo (hoy, hercio); curio (radiactividad); capacidad (electricidad).
C culombio.
c h caballo hora.

ca centiárea.
cal caloría (caloría gramo).
cc centímetro cúbico.
cd candela (o bujía nueva).
cg centigramo.
cgr centígrado.
CGS cegesimal (sistema).
Ci curie.
cl centilitro.
cm centímetro.
cm/s centímetros por segundo.
cm/s/s centímetros por segundo por segundo (pref., *cm/s²*).
cP centipoise.
cps ciclo por segundo (hoy, *kHz/s*).
cSt centistoke.
CV caballo de vapor.
d deci; día.
da deca (10).
dag decagramo.
dal decalitro.
dalm decalumen.
dam decámetro.
dB decibelio.
dg decigramo.

37

dgr decigrado.
dl decilitro.
dm decímetro.
dmh diezmilésima de hora.
dst decistéreo.
dyn dina.
erg ergio.
erg/s ergio por segundo.
eV electronvoltio.
f femto (10⁻¹⁵).
F faradio.
fcem f u e r z a contraelectromo-
triz.
fem fuerza electromotriz.
fg frigoría.
*F*ₘ fuerza magnetomotriz.
ᵍ grado centesimal.
g gramo.
g gravedad (2).
G gausio; giga (10⁹).
gAM gramo, área, mes.
GeV gigaelectronvoltio.
gr grado (para medir ángulos);
grain (grano).
h hecto (10²); hora.
H henrio.
ha hectárea.
hg hectogramo.
hl hectolitro.
hm hectómetro.
HP Horse Power (caballo de
vapor).
hpz hectopieza.
Hz herzio.
J julio.
k kilo (10³).
kA kiloamperio.
kc kilociclo (hoy, *kHz*).
kcal kilocaloría.
keV kiloelectronvoltio.
kg kilogramo.
kgf kilogramo-fuerza (del sistema técnico).
kgf/cm² kilogramo-fuerza por
centímetro cuadrado.

kgf.m kilogramo - fuerza - metro
(momento).
kgfm kilográmetro.
kgf/m² kilogramo-fuerza por
metro cuadrado.
kgfm/s kilográmetro por
segundo.
kgm kilográmetro (hoy, *kgfm*).
kgp kilogramo peso.
kHz kilohercio.
kHz/s kilohercio por segundo.
kJ kilojulio.
kl kilolitro.
km kilómetro.
km/h kilómetro por hora.
km/m kilómetro por minuto.
km/s kilómetro por segundo.
kN kilonewton.
kt kilotonelada.
kV kilovoltio.
kVA kilovoltamperio.
kvar kilovar.
kW kilovatio.
kWa kilovatio-año.
kWh kilowatio-hora.
kWR kilovar (kilovatio-amperio-
reactivo).
l litro.
lb libra.
lm lumen.
lm/h lumen hora.
lx lux.
m metro; mili (10⁻³); minuto
(t., *min*).
M maxvelio; mega (10⁶).
ma miria (10⁴).
mA miliamperio.
mal mirialitro.
mam miriámetro.
mbar milibar.
Mc megaciclo (hoy, *MHz*).
mc media cuadrática.
mCi milicurio.
MeV megaelectronvoltio.
mg miligramo.

(2) En este caso, la *g* se escribe de cursiva, o subrayada en lo manuscrito.

mgr miligrado.
MHz megahercio.
min, m minuto.
m.kgf metro kilogramo.
m.kN kilonewton-metro.
MKS metro, kilogramo, segundo.
MKSA metro, kilogramo, segundo, amperio.
ml mililitro.
mm milímetro.
Mm megámetro.
m.N newton metro.
mol molécula-gramo.
Mpc megaparsec.
mph millas por hora.
mR milirroentgen.
ms milisegundo.
m/s metros por segundo.
m/s² metros por segundo por segundo.
Mt megatonelada.
mth militermia.
MTS metro, tonelada, segundo.
mV milivoltio.
MVA megavoltamperio.
mW milivatio.
MW megavatio.
mμ milimicrón.
MΩ megohmio.
n nano (10^{-9}).
N newton.
NK Neue Kerze (nueva bujía).
Np néper.
N/m² newton por metro cuadrado.
N.s/m² newton-segundo por metro cuadrado.
º grado sexagesimal.
oz ounce (onza).
p pico (10^{-12}).
P poise.
Pa pascal.
pc parsec.
pF picofaradio.
ph phot (fot).
pH potencial de hidrógeno.

phon phon (fon, fono).
Pl poiseuille.
pm por minuto.
pz piezo.
q quintal métrico.
R roentgen.
R' radiante en minutos centesimales.
R" radiante en segundos centesimales.
Rˋ radiante en minutos sexagesimales.
Rˋˋ radiante en segundos sexagesimales.
Rº radiante en grados sexagesimales.
rad radiante.
rad/s radiante por segundo.
Rₑ Número de Reynolds.
Rᵍ radiante en grados centesimales.
r/m revoluciones por minuto.
rpm revoluciones por minuto (mejor, *r/m*).
r/s revoluciones por segundo.
r/s² revoluciones por segundo por segundo.
s segundo.
S spin; siémens.
sb stilb.
sn estenio o esteno.
sr, str estereorradiante.
st estéreo.
St stoke.
t tonelada.
T tera (10^{12}); tesla.
Th termia.
t/km toneladas por kilómetro.
Torr torricelli.
V voltio.
VA voltamperio.
VC voltioculombio.
W vatio.
Wb wéber.
Wh vatio-hora.
Wr var (voltio-amperio-reactivo).

Ω   ohmio.
μ   micro (una millonésima: 10⁻⁶).
μba microbar (o baria).

μm   micra.
μs   microsegundo.
μth microtermia.

g) *Monetarios*

B balboa (Panamá); t., ℬ.
BOLB boliviano (Bolivia).
BOLV bolívar (Venezuela).
₵ colón (El Salvador).
CHY yen de oro (China).
COL peso colombiano (Colombia); t., $COL, SCOL.
CU peso cubano (Cuba); t., $CU, SCU.
DIK dinar iraquí (Iraq).
DIN dinar (Yugoslavia).
DJO dinar jordano (Jordania).
DM marco (Alemania).
DR dracma (Grecia).
DTU dinar tunecino (Túnez).
ESC escudo (Portugal).
F, FF franco francés (Francia y Unión Francesa) (hoy, NF).
FB franco belga (Bélgica).
FL florín (Holanda).
FLUX franco luxemburgués.
FOR florín (Hungría).
FS franco suizo (Suiza).
G guaraní (Paraguay); t., ₲.
ICS piastra indochina (Indochina); t., IC$; IC$.
KCS corona checa (Checoslovaquia).
KIS corona inglesa (Islandia).
KRD corona danesa (Dinam.)
KRN corona noruega (Noruega).
KRS corona sueca (Suecia).
L Lempira (Honduras).
L libra esterlina (Reino Unido); t., y pref., £.
LA libra australiana (Australia); t., y pref., £A.
LEG libra egipcia (RAU); t., y pref., £EG; t., PEG.

LEI leu (pl., lei) (Rumania).
LIR libra irlandesa (Irlanda); t., y pref., £IR.
LIS libra israelí (Israel); t., y pref., £IS.
LIT lira (Italia).
LLIB libra libanesa (Líbano); t., y pref., £LIB.
LNZ libra neozelandesa (Nueva Zelanda); t., y pref., £NZ.
LSA libra surafricana (Rep. de Suráfrica); t., y pref., £SA.
LSYR libra siria (Siria); t., y pref., £SYR.
LTQ libra turca (Turquía); t., y pref., £TQ.
LVA lev (pl., leva) (Bulgaria).
MF marco finlandés (Finlandia).
MSN peso (Argentina); t., y pref., MN, MN.
NCrS cruzeiro novo (Brasil); t., y pref., NCr$; NCr$.
NF nuevo franco (Francia).
₱ peso (Filipinas).
PEG piastra egipcia (RAU); t., Pt: piastra de tarifa.
PTA peseta (España).
Q quetzal (Guatemala).
RBL rublo (URSS).
RD$ peso dominicano (República Dominicana).
RUPI rupia india (India).
RUPP rupia del Paquistán (Paquistán).
S dólar (Estados Unidos); t., SUSA y pref., $, $.
SCAN dólar canadiense (Canadá); t., y pref., $CAN, $CAN.
SCH chelín (Austria).

40

SCH peso chileno (Chile); t., y pref., $CH, $CH (3).
SCOL véase COL.
SCR cruzeiro (Bras.); hoy, NCrS.
SCU véase CU.
$MEX peso mexicano (México); t., $MEX.

SOL sol (Perú).
SUC sucre (Ecuador).
SUR peso uruguayo (Uruguay); t., y pref., $UR, $UR.
SUSA véase S.
Y yen (Japón).
ZL zloty (Polonia).

h) *Puntos cardinales*

E este.
ENE esnoreste.
ESE estesureste.
N norte.
NE noreste.
NNE nornoreste.
NNO, NNW nornoroeste (4).
NO, NW noroeste.

O, W oeste.
ONO, WNW oesnoroeste.
OSO, WSW oessuroeste.
S sur.
SE sureste.
SSE sursureste.
SO, SW suroeste.
SSO, SSW sursuroeste.

---

(3) Si en el mismo escrito se habla del chelín austríaco, el símbolo $CH no debe utilizarse para el peso chileno.
(4) La W, símbolo inglés de *West* (oeste), es de uso internacional; la Academia lo admite en este sentido.

2

ACENTO

I. Clases de acentos

En español, hoy, sólo se usa un acento, el agudo (´), pero en voces de otros idiomas suelen usarse otros, como el circunflejo (^) y el grave (`).

Otros signos que pueden incluirse aquí, aunque propiamente no sean acentos, son la diéresis (¨), que en español se coloca sobre la *u* de las sílabas *gue* y *gui* para indicar que esta vocal debe pronunciarse, como en *pingüino*, *vergüenza*, y, en portugués, muy a menudo se usa una virgulilla (~) para indicar la nasalización: *curação* [kurasaun].

II. El acento en español

Las palabras tónicas, según la sílaba en que recae el acento, se dividen en *agudas*, *llanas*, *esdrújulas* y *sobresdrújulas*.

A) PALABRAS AGUDAS son aquellas cuyo acento recae en la última sílaba.

1. *Se acentúan:*

   a) cuando terminan en vocal: *acabará, ambigú, changüí, landó;*

   b) cuando terminan en *n* o *s*: *ladrón, maltés;*

43

c) cuando sea necesario deshacer un diptongo, sea cual fuere la letra en que termine la palabra: *Cafarnaúm, Saúl, baúl, raíz;*

d) las terminadas en *-ais* o *-eis* se acentúan cuando lo requiera la pronunciación, pues se trata, en este caso, de voces agudas terminadas en *s: amáis, volvéis* (véase III, 5, *a*);

e) también se acentúan las palabras terminadas en *-iais, -ieis, -uais, -ueis: desliáis, estudiéis, fraguáis, actuéis,* pero no se acentúan *liais* y *lieis,* que son monosílabos.

2. *No se acentúan:*

a) las palabras terminadas en *s* o *n* si a éstas les antecede otra consonante: *Isern, Casals, Orleans, Rubens, Bordons, Molins* (1);

b) las terminadas en *-ay, -ey, -oy, -uy: caray, Camagüey, estoy, Espeluy, Tuy* (2);

c) las procedentes del catalán terminadas en *-au, -eu,- iu: Feliu, Dalmau, Palau, Masdeu, Bertomeu* (3);

(1) En cuanto a las palabras agudas y llanas terminadas en *-ns,* existe algo de confusión en los textos oficiales; por una parte, puede apreciarse que en aquellos textos siempre se habla de *n* o *s* precedidas de otra consonante, pero nunca se dice concretamente que reza lo mismo para las acabadas en *n* y *s* (*-ns*). (Puede comprobarse en Gramática, § 538, 2.ª, *c;* Ortografía, § 34, 1.ª, *b* y *d;* Diccionario académico, 19.ª ed., p. 1.423, II, 1.ª, *b* y *d.*) Sin embargo, Salvador Fernández, en "Para la futura Gramática. El acento ortográfico", en el *Boletín de la Real Academia,* t. XLIV, cuad. CLXXIII, arroja alguna luz al escribir en el párrafo 8: "Las reglas de los apartados 2 a 7 suelen aplicarse también a los patronímicos de fonética no castellana cuando tienen uso en territorios donde se habla castellano y sus dialectos, especialmente a los apellidos que proceden de lenguas de la Península. Se escriben, pues, sin tilde nombres agudos como: *Domecq, Baldrich, Burell, Palop, Baralt, Molins, Mayans, Arranz, Isern, Liniers, Balart, Hartzenbusch* y con tilde nombres graves como: *Doménech, Bécquer, Ráfols, Cónick, Camóens* y agudos como: *Foxá, Mompó".* Esto es lo que nos parece lo más correcto; sin embargo, en publicación posterior cual es la Ortografía, en su párrafo 41, *b,* la Academia inserta, entre los nombres propios extranjeros que pueden acentuarse a la española, *Amiens* o *Amiéns.* Acudimos a la 19.ª edición del Diccionario académico, publicación posterior aún, y hallamos que, sin variar la doctrina, la docta corporación ha suprimido, en su página 1.424, IX, *b,* de entre los nombres propios extranjeros, el ejemplo de *Amiens* o *Amiéns.* Se puede deducir, pues, esperando no haber tomado el rábano por las hojas, que lo correcto es escribir *Orleans, Molins, Mayans, Amiens,* en cuanto a las voces agudas, y *Camóens* en cuanto a las llanas. La misma Academia, en su Diccionario (voz *orleanista*), escribe *Orleans* sin acento, y en *delírium trémens* (que anteriormente escribía *delírium tremens*), acentúa *trémens,* con lo cual queda definitivamente confirmada esta regla, aunque los textos oficiales no lo digan explícitamente.

(2) La Academia, en su Diccionario (1970), la registra acentuada: *Túy* (voz *tudense*), pero es erróneo, pues ella misma dice, en las normas de acentuación situadas al final de aquél: "IV, *b*: Los vocablos agudos terminados en *-ay, -ey, -oy, -uy,* se escribirán sin tilde: *taray, virrey, maguey, Uruguay, Espeluy, Sanuy".*

(3) Esto ha de entenderse forzosamente de sólo las voces de procedencia catalana, puesto que en voces castellanas, aunque pocas con estas terminaciones, debe colocarse el acento; tenemos ejemplos en las voces *nullius* y *teníu,* registradas con acento en el Diccionario académico; deben considerarse agudas, acentuadas en el primer elemento del diptongo *-iu-;* sin embargo, tiene la Academia ejemplos de voces llanas de la misma formación, como *mildiu* [*míldiu*]; si esta voz fuese aguda podría adoptar

B) PALABRAS LLANAS son aquellas cuyo acento recae en la penúltima sílaba.

1. *Se acentúan:*

   a) cuando terminan en consonante que no sea *s* ni *n*: *débil, tándem, Sánchez;*

   b) cuando, aun terminando en vocal, *s* o *n*, haya necesidad de deshacer un diptongo: *hacía, actúan, debían.*

   c) cuando, terminando en diptongo seguido de *s*, si antes se halla una vocal débil tónica, ésta se acentúa: *debíais, seríais;*

   d) cuando terminan en *s* o *n* precedidas de otra consonante: *bíceps, tríceps, fórceps, Guíxols, Camóens.*

2. *No se acentúan:*

   a) cuando terminan en vocal: *marta, conspicuo, perpetuo* (4);

   b) cuando terminan en *n* o *s:* casas, cazaron;

   c) los paroxítonos terminados en *-oo: Campoo, Poo, Feijoo;*

   d) cuando sea necesario deshacer un diptongo, sea cualquiera la letra en que termine la palabra: *Zahúrda, prohíbo, rehúso.*

C) LAS ESDRÚJULAS son aquellas cuyo acento recae en la antepenúltima sílaba. Se acentúan todas: *cántaro, cuídate* (5), *fuímonos.*

D) LAS SOBRESDRÚJULAS son aquellas cuyo acento recae antes de la antepenúltima sílaba. Se acentúan todas: *cuídamela, ampáresele.*

---

las grafías *mildíu* o *mildiú*, máxime pudiéndose escribir también *mildeu* [mildeu], que si fuese aguda habría que escribir *mildéu* o *mildeú*; este hecho lleva a confusión en *Feliu*, por ejemplo, que leída rectamente, con sujeción a las reglas, es palabra llana [*Féliu*], cuando en realidad es aguda [*Felíu*]; otro tanto ocurre con voces como *Bertomeu, Dalmau*, etc., que por ser voces agudas debieran llevar el acento que no llevan por respetarse su grafía catalana (es común ver escrito, y bien por cierto, *estadio Bernabéu*, castellanizando la grafía de este nombre de procedencia catalana).

(4) Muchas personas cometen error al escribir voces de este tipo, como *conspicuo, perpetuo, continuo*, etc., porque erróneamente creen que son palabras esdrújulas; si las deletrearan por sílabas advertirían que son llanas: *cons-pi-cuo, per-pe-tuo, con-ti-nuo*, y por terminar en vocal no se acentúan; a la inversa, estas mismas personas dejan de acentuar voces como *espontáneo*, por creer que son llanas; pero si las deletreamos: *es-pontá-ne-o*, resulta que es esdrújula, pues dos vocales fuertes (*e* y *o*) nunca pueden formar diptongo, y, por consiguiente, es necesario acentuarlas.

(5) Es común ver escrito *cúidate*, grafía errónea. (Véase la nota 7.)

45

III. Otras normas de acentuación

Además de las enunciadas, deben tenerse en cuenta las siguientes normas:

1. Los paroxítonos con pronombre enclítico se acentúan siempre: *acabóse* (6), *recíbile, dispónte.*

2. Cuando dos vocablos se juntan para formar un compuesto, el primero no lleva el acento que como simple le correspondería: *balonmano, tiovivo, piamáter, decimoséptimo.* Se exceptúan las voces acabadas en *-mente,* en cuyo caso se dan los dos acentos, el del nombre y el del adjetivo: *hábilmente, dócilmente.*

3. Los compuestos de dos o más adjetivos unidos por guión conservan cada uno su grafía propia y, por consiguiente, su acento: *cántabro-galaico, histórico-crítico.*

4. Los compuestos de verbo con enclítico más complemento no llevan acento: *metomentodo, zampalopresto, sabelotodo.*

5. En aquellas palabras en que se dé el encuentro de vocal fuerte con vocal débil, o débil con fuerte, el acento se coloca de acuerdo con las siguientes normas:

a) si recae en la vocal fuerte, se acentúa de acuerdo con las normas generales de acentuación: *óigasele, cáustico, diástole, adoráis, paipái* (7);

(6) Salvador Fernández, *op. cit.,* p. 437, dice que a los compuestos "se aplican las reglas generales ortográficas de acentuación", pero puede ocurrir: "3.º, que haya de omitirse la tilde que se escribiría si fuese palabra libre", y pone como ejemplo *penseque* (pensé que), *cargareme* (cargaré me), y *acabose* (acabó se). El Diccionario de la Academia (1970) registra sin acento las dos primeras, y con acento la última, tratándose en los tres casos de sustantivos, no de tiempos verbales. Por consiguiente, podemos considerar: *a)* que la forma *acabóse* académica es errónea; *b)* que no se acentúan este tipo de voces cuando son sustantivos, y *c)* que deben acentuarse en todos los casos cuando son tiempos verbales; por ejemplo, *esto es el acabose,* pero *acabóse de imprimir...* A este respecto, es necesario aclarar que palabras como *deténte, dispónte, compónte,* etc., deben acentuarse, según preceptúa la Gramática, § 541, *a:* "Los tiempos de verbo que llevan acento ortográfico lo conservan aun cuando acrecienten su terminación tomando un enclítico".

(7) *Paipái,* registrada sin acento por Salvador Fernández (*op. cit.,* p. 434), y por la Academia en el cuerpo de su Diccionario (1970), ha sido debidamente corregida en el suplemento de éste, pues su acento era erróneo; efectivamente, la norma 12 *a* de las "Nuevas normas de prosodia y ortografía" (1959) dice: "El encuentro de vocal fuerte tónica con débil átona, o débil átona con fuerte tónica, forma siempre diptongo, y la acentuación gráfica de éste, cuando sea necesaria, se hará con arreglo a lo dispuesto en el número 539, letra *e,* de la Gramática". (Este apartado dice así: "Si hay diptongo en la sílaba de dicciones agudas, llanas o esdrújulas que, según lo prescrito, se deba acentuar, el signo ortográfico irá sobre la vocal fuerte, o sobre la segunda si las dos son débiles".) En el caso de la palabra que nos ocupa, tenemos un diptongo con una vocal fuerte tónica (*a*) y una débil átona (*i*), y, por consiguiente, debe acentuarse.

b) si el acento recae en la débil, se deshace el diptongo acentuando esta vocal: *maíz, debía;* esta regla es válida incluso si entre las vocales hay interpolada una *h*: *búho, tahúr, ahínco, prohíbo.*

6. La combinación *ui* se considera diptongo y sólo se acentúa, sobre la segunda vocal, cuando así lo prescriban las reglas de acentuación: *cuídate, casuístico, benjuí,* pero no se acentúa ninguna de esas vocales en voces llanas: *fluido* (8), *jesuita, destruido,* así como tampoco en los infinitivos acabados en -*uir*: *destruir, influir, argüir.* De los verbos con esta terminación sólo *inmiscuir* tenía (y conserva) conjugación regular: *inmiscúo, inmiscúes* (9), etc., pero también se autorizan dichas formas con *y: inmiscuyo, inmiscuyes,* etc.

7. No se acentúan los monosílabos *dio, vio, fue, fui,* pero sí cuando, por adición de enclíticos, formen palabras esdrújulas: *dióseme, fuímonos, viósele.* Los restantes monosílabos verbales deben llevar acento: *pié* (de piar), *lió, fió, rió,* etc., pues la tilde colocada sobre la vocal fuerte equivale a una diéresis en la débil (*pïé, rïó*), es decir, cual si estas voces tuvieran efectivamente dos sílabas, aunque aparentemente no las tienen. Compárese, por ejemplo, *pie* (nombre) con *pié* (de piar) y se comprenderá la diferencia entre ambas pronunciaciones (10).

8. Las voces y locuciones latinas se acentúan según las normas de acentuación españolas: *paternóster, ídem, ibídem, réquiem, per cápita, sui géneris.*

(Aunque esta norma se refiere especialmente a los términos latinos admitidos por la Academia, la regla se ha extendido y hoy día se acentúan todas las locuciones latinas, admitidas o no, así como los nombres latinos o latinizados usados en ciencias.

(8) Es absurda la pretensión de algunos de hacer distinción entre [fluído] (gas, etcétera) y [flúido] (electricidad); olvidan, por lo visto, que la electricidad también es un fluido, y la pronunciación y escritura correctas de la palabra es *fluido* [fluído].

(9) Aunque a veces se ha escrito *inmiscuo, inmiscues,* etc., sin deshacer el diptongo, lo correcto es deshacerlo, con lo que la pronunciación se aproxima a la de la otra forma, mucho más utilizada (por no decir exclusivamente), *inmiscuyo, inmiscuyes,* etcétera.

(10) El Diccionario manual (1950) todavía registraba *püado, püar,* que en el general de 1956 ya fue convertida en *puado, puar,* pero con tres y dos sílabas, respectivamente; un caso similar ocurre con *ruán,* que se acentúa por tener dos sílabas, esto es, por pronunciarse en dos emisiones de voz, a diferencia de *Juan,* que se pronuncia sólo en una, y por ello no se acentúa. Por otra parte, aún puede verse en la Gramática académica (§ 551, 3.°): "Convendría también usar la diéresis en aquellas palabras que, de no puntuarse con ella, se pudieran pronunciar indebidamente, como, por ejemplo, *pïé,* pretérito indefinido del verbo *piar,* que de este modo se diferenciaría con toda claridad del imperativo o subjuntivo del mismo verbo, *píe,* y del nombre *pie".* Esto, naturalmente, ya no se lleva a la práctica si no es en poesía (Gramática, § 551, 2.°) sobre la primera vocal de un diptongo para deshacerlo y dar a la voz una sílaba más: *fïel, rüido, süave.*

47

Es de aclarar que el latín normalmente no utiliza nuestros acentos; sin embargo, y a pesar de ser ésta una lengua muerta, son muchos los términos y locuciones usados en español, y su acentuación castellana es no sólo admisible, sino recomendable, pues no habiendo nada en contra, ayuda a pronunciar una lengua de la cual se deriva, entre otras, la nuestra.)

9. Los nombres extranjeros se escriben, en general, con la grafía original de la lengua de que procedan, sin ponerles ni quitarles acentos, pero pueden acentuarse a la española aquellos cuya pronunciación y grafía originales lo permitan; así, puede escribirse indistintamente *Andersen* y *Andersen, Brístol* y *Bristol, Édison* y *Edison, Hannóver* y *Hannover, Lyón* y *Lyon, Mánchester* y *Manchester, Mózart* y *Mozart, Múnster* y *Munster, Wágner* y *Wagner, Wáshington* y *Washington,* pero no se acentúan en caso alguno *Amiens, Rubens* y los de pronunciación aguda acabados en *-ns.*

(En este caso, al revés que en el de las locuciones latinas, generalmente se tiende a no ponerles el acento a estas voces, por cuanto su grafía original no lo lleva ni lo admite [aunque sí en español]; aquí se presenta, además, el caso de la escritura de nombres propios extranjeros, que examinaremos en otro capítulo; en él volveremos a tratar este tema con más extensión. Hay, por otra parte, al menos dos nombres geográficos que suelen escribirse mal; se trata de *Francfort* y *Munich,* dos topónimos de pronunciación llana que no suelen llevar el acento que por su grafía les corresponde. No son, como en el caso del párrafo anterior, nombres con grafía original, sino castellanizaciones del alemán *Frankfurt* y *München.* Su grafía correcta, en función de la pronunciación alemana, debiera ser *Fráncfort* y *Múnich,* pero nunca se ven escritos así.)

10. En algunos casos, al dividir a final de línea o renglón ciertas palabras, pierden éstas el acento; se dan, por ejemplo, con *reúno* y *reúne,* que al ser divididas etimológicamente pierden el acento gráfico: *re-/une, re-/uno;* igual sucede con otras voces que tienen *h* intercalada en un diptongo: *prohíbo, rehúso: pro-/hibo, re-/huso.*

IV. Voces biacentuales

La Academia acepta una serie de palabras con doble acentuación, esto es, con dos formas de acentuación y pronunciación (por ejemplo, *período* y *periodo*). Reciben el nombre de *biacentuales* precisamente por esta circunstancia (11).

Facilitamos a continuación una lista de estas palabras para conocimiento del lector, advirtiéndole que si bien la Academia considera correctas por igual las dos formas, prefiere la que aquí se ha situado en segundo lugar.

acne – acné
aeromancía – aromancia
afrodisíaco – afrodisiaco
¡ajo! – ¡ajó!
alectomancía – alectomancia
aloe – áloe
alvéolo – alveolo
ambrosia – ambrosía
amoníaco – amoniaco
anafrodisíaco – anafrodisiaco
anemona – anémona
antiafrodisíaco – antiafrodisiaco
apolonida – apolónida
aréola – areola
armoníaco – armoniaco
atmosfera – atmósfera
atríaca – atriaca
auréola – aureola
austríaco – austriaco

balano – bálano
balaústre – balaustre
beisbol – béisbol
bereber – beréber
bímano – bimano
bosníaco – bosniaco
bronquíolo – bronquiolo

cántiga – cantiga
capnomancía – capnomancia
cardíaca – cardiaca
cardíaco – cardiaco
cartomancía – cartomancia
catroptomancía – catroptomancia
caudímano – caudimano
celíaco – celiaco
celtibero – celtíbero
centímano – centimano
ceraunomancía – ceraunomancia
cercen – cercén
ceromancía – ceromancia
ciclope – cíclope
cleptomaníaco – cleptomaniaco
cónclave – conclave
cordíaco – cordiaco
cuadrúmano – cuadrumano

chofer – chófer

demoníaco – demoniaco
demonomancía – demonomancia
dínamo – dinamo
dionisíaco – dionisiaco
dipsomaníaco – dipsomaniaco

---

(11) Aunque *biacentual* no está incluida en el Diccionario oficial, es palabra utilizada repetidamente por don Julio Casares, precisamente cuando presentó al pleno de la Academia esta modalidad en la acentuación; la creemos, pues, palabra correcta y adecuada, y por ello la usamos libremente.

disenteria – disentería
dómino (desus.) – dominó (juego)

egida – égida
egipcíaco – egipciaco
electrodo – eléctrodo
elefancíaco – elefanciaco
elegíaco – elegiaco
elíxir – elixir
endosmosis – endósmosis
espatulomancía – espatulomancia
etiope – etíope
exegesis – exégesis
exosmosis – exósmosis

farrago (desus.) – fárrago
frijol – fríjol
futbol – fútbol

genesíaco – genesiaco
genetlíaca – genetliaca
genetlíaco – genetliaco
geomancía – geomancia
gladiolo – gladíolo
gradiolo – gradíolo
gráfila – grafila
gratil – grátil

helespontíaco – helespontiaco
helíaco – heliaco
hemiplejia – hemiplejía
heteromancía – heteromancia
hidromancía – hidromancia
hipocondríaco – hipocondriaco

íbero – ibero
ilíaco – iliaco
isíaco – isiaco

lauréola – laureola
lecanomancía – lecanomancia
lipemaníaco – lipemaniaco

mamá – mama
maníaco – maniaco

médula – medula
metempsícosis – metempsicosis
metéoro – meteoro
métopa – metopa
mísil – misil
monomaníaco – monomaniaco
mucílago – mucilago

necromancía – necromancia
nerolí – neroli
nigromancía – nigromancia

ole – olé (interj.)
olimpíaco – olimpiaco
olimpíada – olimpiada
omoplato – omóplato
onicomancía – onicomancia
oniromancía – oniromancia
onomancía – onomancia
orgia – orgía
ornitomancía – ornitomancia
osmosis – ósmosis

pábilo – pabilo
papa – papá (padre)
paradisíaco – paradisiaco
parasito – parásito
peciolo – pecíolo
pediatra – pedíatra
peloponesíaco – peloponesiaco
pénsil – pensil
pentágrama – pentagrama
período – periodo
piromancía – piromancia
pitora – pitorá
plebano – plébano
podiatra – podíatra
policíaco – policiaco
poligloto – polígloto
prácrito – pracrito
presago – présago
prócero – procero
psiquiatra – psiquíatra
pulmoníaco – pulmoniaco

quiromancía – quiromancia

rail – raíl
réptil – reptil
resoli – resolí
reúma – reuma
robalo – róbalo
rosolí – rosoli

sanscrito – sánscrito
semiperíodo – semiperiodo
simoníaco – simoniaco
siquiatra – siquíatra
siríaco – siriaco

tarará – tarara (toque)
termostato – termóstato
torticolis – tortícolis
tríglifo – triglifo

uromancía – uromancia
utopia – utopía

várice – varice

zabila – zábila (en las Antillas)
zodíaco – zodiaco

NOTAS. En esta lista se han omitido intencionadamente voces como *Adonay – Adonaí, aguay – aguaí, caranday – carandaí, saxofón – saxófono, tipoy – tipoí,* que, aun con dos acentuaciones, tienen grafías distintas.

Como puede observarse, las voces terminadas en *-iaco, -iatra, -iodo, -mancia* (adivinación) cambian el acento; las demás no siguen regla fija.

Algunas de estas voces biacentuales son escasamente usadas, al menos en España; por ejemplo, poca gente pronuncia *ambrosia, atmosfera, ciclope, orgia, parasito, rail, várice, utopia;* otras se reparten geográficamente; por ejemplo, en Cataluña muchos tienden a pronunciar *futbol,* pero en el resto de España se suele usar *fútbol,* y lo mismo pasa con *chofer,* forma poco usada ya, por lo menos en España entre gente culta.

Por regla general, estas voces no suelen influir, de momento, en otras de parecida formación; por ejemplo, el hecho de que se admita *pentágrama* no presupone que se pueda decir *telégrama,* y el hecho de que se admita *atmósfera* no quiere decir que sea correcto escribir *biósfera, estratósfera* y otras de formación semejante.

V. Otras voces biacentuales

Hay una serie de voces, académicas y no académicas, a las que la etimología o el uso confieren la cualidad de biacentuales. He aquí una lista de ellas, de las cuales la segunda forma es la más utilizada hoy:

acolutia – acolutía
acrótera – acrotera
alérgeno – alergeno
aupa – aúpa
cartel – cártel
Císter – Cister
cóctel – coctel
Diésel – Diesel
ecúmene – ecumene
estilobato – estilóbato
exégeta – exegeta
exonfalía – exonfalia

fisíatra – fisiatra
geiser – géiser
geríatra – geriatra
láser – laser
máser – maser
Náser – Naser
polícromo – policromo
rádar – radar
siémens – siemens
sóviet – soviet
taigá – taiga

Examinemos estos casos.

ACOLUTIA – ACOLUTÍA. Los recoge Salvat en su nueva enciclopedia (veinte tomos, de los cuales diecisiete publicados); aunque en esta edición da preferencia a la forma con diptongo, en la anterior sólo registraba *acolutia;* la Academia no recoge la voz.

ACRÓTERA – ACROTERA. La Academia registra la forma etimológica, *acrotera;* sin embargo, Seco dice que «los tratadistas de arte suelen usar la forma esdrújula *acrótera*»; éste es un caso en que el uso (en esta ocasión precisamente por los especialistas) impone una forma no etimológica.

ALÉRGENO – ALERGENO. La forma esdrújula está registrada por María Moliner y Salvat (12.ª ed.); también la registra el BRAE (t. XLVII, cuad. CLXXXIII, p. 8), incluso dando por incorrecta la forma llana *alergeno*: «alergeno. [Enmienda.] alérgeno». Sin embargo, esta enmienda, contrariamente a las demás del mismo número del boletín, no pasó al suplemento de la 19.ª edición del DRAE (1970); el cuerpo de dicho Diccionario sigue registrando *alergeno;* ¿quiere esto decir que la Academia, al no registrar formalmente la enmienda, se vuelve de su acuerdo? Seco, por otra parte, sólo registra la forma llana, y añade: «La acentuación de esta palabra es grave, no esdrújula»; pero la publicación de su obra es anterior (1966) a la del boletín de marras (1968); por todo ello, lo mejor, de momento, es considerar correctas las dos acentuaciones. Además, téngase en cuenta que la mayoría de las voces castellanas terminadas en -geno son esdrújulas, como alógeno, cancerígeno, cianógeno, gasógeno, glicógeno, hidrógeno y nitrógeno; sólo una, fosgeno, es llana, aunque pueden existir otras.

AUPA - AÚPA. Registradas por María Moliner, la Academia sólo registra aúpa. Sin embargo, como papa y mama, los niños pronuncian más aupa que aúpa, por lo cual ambas formas debieran considerarse correctas.

CARTEL - CÁRTEL. Referida a un tipo de asociación comercial, la Academia sólo registra cartel, aguda, pero los diccionarios y enciclopedias o recogen las dos acentuaciones (cártel - cartel) o dan solamente la forma llana, que es, en este sentido, la preferida.

CÍSTER - CISTER. La Academia sólo recoge la forma aguda, Cister (o su sinónima Cistel), pero el uso la hace llana en todos los casos, Císter. De esta voz dice Seco: «la pronunciación grave [zíster] es la más frecuente». Si en español las palabras se pronuncian tal como se escriben, es lógico que también se escriban tal como se pronuncian (salvo los casos en que claramente se pronuncian mal, y las excepciones de rigor).

CÓCTEL - COCTEL. La Academia sólo registra la forma aguda, coctel; sin embargo, el origen inglés de la palabra (cock-tail) aconsejaría escribir cóctel, tal como registra María Moliner y recomienda Seco, aparte el hecho fehaciente de que pocas personas pronuncian hoy coctel.

DIÉSEL - DIESEL. La Academia registra la forma aguda, Diesel; sin embargo, la palabra debiera ser llana, Diésel, puesto que lo es en la pronunciación normal y en el origen (en alemán se pronuncia dísel); no debe, pues, considerarse incorrecta la escritura Diésel, sino al contrario.

53

ECÚMENE – ECUMENE. Aunque no registradas por la Academia, ambas formas son admisibles, si bien se usa más la segunda; también es correcta la forma *ecumeno*, pero no tan usada como *ecumene*.

ESTILOBATO – ESTILÓBATO. En este caso pasa algo parecido a *acrótera – acrotera*: la Academia registra *estilóbato*, «pero los tratadistas de arte usan la forma llana *estilobato*», apunta Seco.

EXÉGETA – EXEGETA. La Academia sólo registra la forma llana, *exegeta*, pero dado que recientemente admitió la grafía *exégesis* (junto a *exegesis*, ya existente), es de suponer que su derivado *exégeta*, ya usado por los tratadistas, puede considerarse tan correcto como *exegeta*.

EXONFALÍA – EXONFALIA. Salvat (12.ª ed.) registra las dos formas; curiosamente, Salvat Universal no registra ninguna, al igual que Larousse y la Academia. Sopena registra *exonfalia*, que parece la preferible.

FISÍATRA – FISIATRA. La Academia ha admitido recientemente esta voz en su forma llana, *fisiatra*; sin embargo, puesto que todas las palabras que terminan en *-iatra* (*pediatra, podiatra, psiquiatra, siquiatra*) admiten la dualidad en el acento (*pediatra, podiatra, psiquíatra, siquíatra*), no vemos por qué casos semejantes como *fisiatra* y *geriatra* sólo se admiten con un acento; aplicando aquí un poco de lógica, las formas *fisíatra* y *geríatra* deben considerarse igualmente correctas.

GEISER – GÉISER. La *Gran Enciclopedia Larousse* registra las dos formas, *geiser – géiser*; María Moliner sólo registra *geiser*, pero como anglicismo; el Diccionario manual (1950) la registraba también aguda; el DRAE de 1956 no la registra, pero sí el de 1970, como llana, *géiser*, que es la pronunciación normal de la palabra en español; por consiguiente, aunque por su origen pudiera considerarse correcta la forma *geiser*, hoy sólo debe usarse la llana, *géiser*.

GERÍATRA – GERIATRA. Véase lo dicho en *fisíatra – fisiatra*.

LÁSER – LASER. *Laser*, aguda, es la escritura actual de esta voz; sin embargo, su origen inglés y la pronunciación normal

54

la hacen llana, *láser*, y así la ha admitido recientemente la Academia; en el mismo caso se halla *máser*.

MÁSER – MASER. Véase lo dicho en *láser – laser*.

NÁSER – NASER. Aunque lo más común es escribir *Naser* (o *Nasser*, a la inglesa), Salvat registra también *Náser*, grafía quizá más correcta pero menos usada.

POLÍCROMO – POLICROMO. La Academia sólo registra la forma llana, *policromo*. María Moliner incluye las dos, y dice de *polícromo* que «resulta más natural porque iguala esta palabra con las demás de la misma forma —segundo elemento formado por dos sílabas directas— que figuran en el DRAE: *polífago, polífono, polígala, polígamo, polígloto, polígono, polígrafo, polímita*». Seco dice que «es incorrecta la pronunciación esdrújula *polícromo*, aunque está bastante extendida». Así pues, la grafía esdrújula *polícromo*, también registrada por otros diccionarios, no debe tenerse por incorrecta, aunque se prefiera, según la Academia, la forma llana.

RÁDAR – RADAR. La Academia sólo registra la forma aguda, *radar*; sin embargo la palabra debiera ser llana, *rádar*, y así apareció impresa en el BRAE (t. XLIV, cuad. CLXXIII, p. 422). (A este respecto, es interesante recordar que la voz *tótem*, admitida como aguda [totem] en el Diccionario manual de 1950, fue rectificada y convertida en llana [*tótem*], en la edición 18.ª [1956] del Diccionario general.) María Moliner registra las dos grafías.

SIÉMENS – SIEMENS. *Siemens*, forma aguda, es la registrada actualmente por la Academia, pero la palabra debe escribirse con acento, *siémens*, pues es llana. (Véase la nota 1 al pie de la página 44).

SÓVIET – SOVIET. La Academia registra *soviet*, aguda; pero como advierte Seco, «la pronunciación habitual es llana, *sóviet*». Parece, pues, lo más congruente escribir *sóviet*.

TAIGÁ – TAIGA. *Taiga*, voz llana, es la registrada por la Academia; sin embargo, hasta el presente no he visto traductor de ruso que no escriba, sin excepciones, *taigá*, aguda.

Hay, además, una serie de nombres propios que podríamos considerar biacentuales, pues por una u otra razón se usan de ambas formas; he aquí una lista de los más importantes, de los cuales se usa más actualmente la forma situada en segundo lugar:

Antares – Antares
Antioco – Antíoco
Antiope – Antíope
Arístides – Aristides
Aristobulo – Aristóbulo
Arquimedes – Arquímedes
Asclepíades – Asclepiades
Átila – Atila
Basilides – Basílides
Caliope – Calíope
Cesarea – Cesárea
Égica – Egica

Éolo – Eolo
Espártaco – Espartaco
Hesiodo – Hesíodo
Herodoto – Heródoto
Iliada – Ilíada
Niobe – Níobe
Rumanía – Rumania
Samósata – Samosata
Sardanápalo – Sardanapalo
Tiberiades – Tiberíades
Trastamara – Trastámara

A éstos hemos de añadir los de los personajes de la mitología, que últimamente se han venido utilizando con dos acentuaciones, especialmente a partir de la publicación de *La transcripción castellana de los nombres propios griegos*, de Manuel F. Galiano (Madrid, 1961), obra fundamental en este terreno; esta transcripción se atiene con más rigor a la etimología de los nombres mitológicos, y modernamente ha sido seguida por varios autores, traductores y editores (los expuestos a continuación han sido tomados del *Diccionario de la mitología griega y romana* [Editorial Labor, Barcelona, 1966], cuya transcripción se debe al profesor Pedro Pericay, de la Universidad de Barcelona); en esta selección se ha situado en primer lugar la forma moderna, que hoy se prefiere por muchos conceptos, y en segundo lugar la clásica, registrada aún por la mayoría de enciclopedias y diccionarios.

Áctor – Actor
Aedón – Aedon
Alcátoo – Alcatoo
Alcínoe – Alcinoe
Alcínoo – Alcinoo
Alcíone – Alcione
Ámico – Amico
Ámpelo – Ampelo
Arsínoe – Arsinoe
Artemis – Artemis(a)

Calírroe – Calirroe
Cánace – Canace
Cástor – Castor
Cíniras – Ciniras
Cípselo – Cipselo
Clímene – Climena
Clímeno – Climeno
Cránao – Cranaos
Creúsa – Creusa
Crisótemis – Crisotemis

56

Décelo – Decelo

Éaco – Eaco
Élato – Elato
Enómao – Enomao
Épafo – Epafo
Épito – Epito
Érebo – Erebo
Erisictón – Erisicto
Érito – Erito
Ésaco – Esaco
Esténelo – Estenelo
Estérope – Esterope
Éstige – Estige
Estínfalo – Estínfalo
Eurínomo – Eurinomo
Éurito – Eurito

Femónoe – Femonoe
Fílira – Filira
Fítalo – Fitalo

Harpálice – Harpalice
Héleno – Heleno
Hércina – Hercina
Hermíone – Hermione
Híamo – Hiamo
Hipodamía – Hipodamia
Hipómenes – Hipomenes
Hípotes – Hipotes
Hipsípila – Hipsipila

Ínaco – Inaco
Ítalo – Italo

Jápeto – Japeto

Lábdaco – Labdaco
Laodamía – Laodamia

Laódice – Laodice
Lélege – Lelegos
Leucótea – Leucotea
Leucótoe – Leucotoe

Mégara – Megara
Mérope – Merope
Mnemósine – Mnemosina

Nausícaa – Nausicaa
Nausínoo – Nausinoo
Nausítoo – Nausitoo
Nictímene – Nectimene

Ocírroe – Ocirroe
Ónfale – Onfalia
Oritía – Oritia

Pandáreo – Pandareo
Pándroso – Pandrosa
Panfilo – Pánfilo
Pasífae – Pasifae
Periclímeno – Periclimeno
Pirítoo – Piritoo
Políxena – Polixena

Quíone – Quione

Sémele – Semele

Támiris – Tamiris
Télefo – Telefo
Tindáreo – Tindareo
Tisámeno – Tisameno
Tisífone – Tisifone
Triptólemo – Triptolemo

Yálmeno – Yalmeno

57

VI. Voces mal acentuadas

No hemos de confundir el hecho de que la Academia o el uso admitan algunas voces con doble acentuación, con la acentuación incorrecta de algunas palabras. He aquí una lista de ellas para que, conociéndolas, huyamos de barbarismos y vulgarismos. La forma incorrecta se sitúa en primer lugar.

Abigail – Abigaíl
Acatéchili – acatechili (12)
accesit – accésit
acrobacía – acrobacia
adefagía – adefagia
Aden – Adén
aerodromo – aeródromo
aerostato – aeróstato
afono – áfono
agacé – agace (13)
Agatocles – Agátocles
agnusdei – agnusdéi
ahinco – ahínco
aimará – aimara (14)
alcalí – álcali
Alcamenes – Alcámenes
alcánfor – alcanfor
álfil – alfil
alguién – alguien
almoravid – almorávid
Amiéns – Amiens (15)
ampère – ampere (16)

anágrama – anagrama
anahuac – anáhuac
Anaximenes – Anaxímenes
anecdota – anécdota
Anfítrite – Anfitrite
antigas – antigás
antilogia – antilogía
antinomía – antinomia
Antipatro – Antípatro
Antistenes – Antístenes
antitesis – antítesis
apoplejia – apoplejía (17)
apud – ápud (18)
Arabia Pétrea – Arabia Petrea
arteríola – arteriola
ástil – astil
arcades – árcades
árdido – ardido
Areusa – Areúsa
Arístipo – Aristipo
áster – aster
Ataulfo – Ataúlfo

(12) La Academia ha convertido en llana esta palabra, que anteriormente registraba esdrújula.
(13) Registrada anteriormente como aguda, la Academia la ha convertido últimamente en llana.
(14) Esta voz, anteriormente aguda, pasa a ser llana por reciente acuerdo académico. Téngase en cuenta que su plural ya no es *aimaraes, sino amaras*. (Sin embargo, algunos escritores siguen utilizando la grafía aguda, e incluso con *y: aymará*.)
(15) En relación con esta palabra, véase anteriormente la nota 1.
(16) La Academia, que registra en la 19.ª edición de su Diccionario este acento grave impropio de nuestra lengua, recientemente lo ha suprimido.
(17) Habiendo admitido la Academia *hemiplejia* junto a *hemiplejía*, no se comprende fácilmente que el resto de voces acabadas en *-plejia* 'golpe' no admitan la forma *-plejia*.
(18) La voz *apud* viene registrada sin acento no sólo por la Academia en todas sus publicaciones, sino por todas las enciclopedias y autores que he consultado; sin embargo, debe de tratarse de una inadvertencia colectiva, pues en latín no existen voces agudas, y las de dos sílabas son siempre llanas, como *ibídem, ídem, réquiem, quórum*, etc.; sólo Fernández Castillo escribe correctamente esta voz: *ápud*.

átrida – atrida
áuriga – auriga
ávaro – avaro (19)
Ayax – Áyax

balompie – balompié
batiscafo – batíscafo
bélitre – belitre
biceps – bíceps
bilbaino – bilbaíno
biósfera – biosfera
boína – boina
boreas – bóreas
bronconeumonia – bronconeu-
monía
buho – búho
buído – buido

cábila – cabila
caliga – cáliga
Calicrates – Calícrates
Campóo – Campoo
cardiógrama – cardiograma
casuísta – casuista
catalisis – catálisis
catodo – cátodo
Cátulo – Catulo
cénit – cenit
centígramo – centigramo
centílitro – centilitro
centimetro – centímetro
climax – clímax
Ciríaco – Ciriaco
Clazomene – Clazómene
Cleóbulo – Cleobulo
clorófila – clorofila
cólega – colega
condilo – cóndilo
condor – cóndor
cónsola – consola
córola – corola

cremor – crémor
cronlech – crónlech
cruor – crúor
cuádriga – cuadriga
culí – culi

chiclé – chicle
Chopín – Chopin

Danao – Dánao
decágramo – decagramo
decálitro – decalitro
decametro – decámetro
decígramo – decigramo
decílitro – decilitro
decimetro – decímetro
décimotercero – decimotercero
delirium tremens – delírium trémens (20)
dialisis – diálisis
Dinamene – Dinámene
Diómedes – Diomedes
disenteria – disentería

ecbatana – ecbátana
Efeso – Éfeso
electrolisis – electrólisis
electrolito – electrólito
elefancia – elefancía
elefantíasis – elefantiasis
endócrino – endocrino
epíglotis – epiglotis
epigono = epígono (21)
epígrama – epigrama
epizootía – epizootia
épodo – epodo
Erífile – Erifile
Erostrato – Eróstrato
erúdito – erudito
Espelúy – Espeluy
estratósfera – estratosfera

(19) No se refiere esto al antiguo pueblo de origen asiático conocido con el nombre de *ávaros*, grafía correcta, sino al vulgarismo de los que pronuncian o escriben
ávaro por *avaro* (el que oculta o reserva algo).
(20) La Academia, que en la 18.ª edición de su Diccionario escribía *delírium tremens*, en la 19.ª escribe *delírium trémens*, lo cual confirma lo expuesto en la nota 1.
(21) El Diccionario manual de 1950 registraba *epigono*, llana, pero las ediciones
18.ª (1956) y 19.ª (1970) registran *epígono*, que es la grafía correcta.

Etéocles - Eteocles
expédito – expedito
Eufrates – Éufrates

Feijóo – Feijoo
feretro – féretro
feucho – feúcho
fluor – flúor
foliolo – folíolo
forceps – fórceps
fórmica – formica

Ganímedes – Ganimedes
grágea – gragea
grimpola – grímpola
gumia – gumía

habeas corpus – hábeas corpus
habitat – hábitat
hecatónquiros – hecatonquiros
hectógramo – hectogramo
hectólitro – hectolitro
hectometro – hectómetro
heráclidas – heraclidas
heróico – heroico
heroina – heroína
hidrolisis – hidrólisis
hidrocefalía – hidrocefalia
hidróxilo – hidroxilo
hiperdulia – hiperdulía
hipocondria – hipocondría
hipógrifo – hipogrifo
Hispalis – Híspalis
histolisis – histólisis
homilia – homilía
hóstil – hostil

íbais – ibais
ibidem – ibídem
ícono – icono
idem – ídem

interín – ínterin
intérvalo – intervalo
ión – ion
isobara – isóbara (22)
Itaca – Ítaca
item – ítem

játib – jatib
jesuíta – jesuita
junior – júnior (23)

kaiser – káiser
kilógramo – kilogramo
kilólitro – kilolitro
kilometro – kilómetro
kirieleison – kirieleisón

Laquesis – Láquesis
laringoscopía – laringoscopia
latex – látex
líbido – libido
litósfera – litosfera
Lísipo – Lisipo
Lisistrata – Lisístrata
lóriga – loriga

magnetofono – magnetófono
Mali – Malí
mámpara – mampara
manícura(o) – manicura(o)
Melquíades – Melquiades
méndigo – mendigo
metalurgía – metalurgia
metamórfosi(s) – metamorfosi(s)
midríasis – midriasis
milíbar – milibar
milígramo – miligramo
milílitro – mililitro
milimetro – milímetro
míope – miope
miriada – miríada

(22) La Academia, que en la 18.ª edición de su Diccionario registraba *isobara*, llana, en la 19.ª registra *isóbara*, esdrújula; Seco, cuya obra es de aparición anterior a la de esta edición del Diccionario oficial, dice que "Es incorrecta la acentuación esdrújula".

(23) En su acepción de "juvenil", aplicada modernamente en deportes, es un anglicismo de origen latino; sin embargo, su creciente uso aconsejaría escribirlo con acento y atribuirle un plural totalmente regular: *iuniores* (con desplazamiento del acento). (Lo mismo es aplicable a *sénior* [señor], cuyo plural es *seniores*.)

mastil – mástil
miriágramo – miriagramo
miriálitro – mirialitro
miriametro – miriámetro
mohino – mohíno
Mondáriz – Mondariz
monócromo – monocromo
monodía – monodia
monógrama – monograma
mosen – mosén

nádir – nadir
naguatle – náguatle (24)
nahuatle – náhuatle
narguilé – narguile
nartex – nártex
necrologia – necrología
necroscopía – necroscopia
neon – neón
neumonia – neumonía
nictalopia – nictalopía
nilon – nilón
nailón – nailon
Nóbel – Nobel
noumeno – noúmeno

óboe – oboe
oceano – océano
oftalmia – oftalmía
óleoducto – oleoducto
ópimo – opimo
Orcadas – Órcadas
Orleáns – Orleans (25)

paipai – paipái
palántidas – palantidas
palindromo – palíndromo
pápiro – papiro

paralelógramo – paralelogramo
paralisis – parálisis
paraplejia – paraplejía (26)
Parmeno – Pármeno
Pasifae – Pasífae
patina – pátina
payagua – payaguá (27)
pécari – pecari (28)
pedícuro – pedicuro
peonia – peonía
per capita – per cápita
perifrasis – perífrasis
périto – perito
peró – pero
píamadre – piamadre
pié – pie (nombre)
piroscafo – piróscafo
pitecantropo – pitecántropo
poliester – poliéster
polifono – polífono
Polínices – Polinices
Póo – Poo
Priapo – Príapo
pristino – prístino
propíleo – propileo
psícosis – psicosis
Puenteáreas – Puenteareas
púpitre – pupitre

¡quiá! – ¡quia!
quidam – quídam
quorum – quórum

radioscopía – radioscopia
Rávena – Ravena
reostato – reóstato
requiem – réquiem
retahila – retahíla

(24) *Naguatle* y *nahuatle*, que la Academia admitía llanas en la 18.ª edición de su Diccionario, han sido convertidas en esdrújulas en la 19.ª edición.
(25) En la 18.ª edición de su Diccionario, la Academia escribía *Orleáns* (voz *orleanista*); en la 19.ª escribe *Orleans*; ello confirma, una vez más, lo dicho en la nota 1.
(26) Véase la nota 17 anterior; esta voz se halla en el mismo caso.
(27) La Academia, en el cuerpo de su Diccionario (19.ª edición) registra *payagua*, pero la voz es corregida en el suplemento de éste y convertida en *payaguá*. Su plural, en consecuencia, no será *payaguas*, sino *payaguaes*.
(28) *Pécari* es la grafía registrada por la Academia en su Diccionario (19.ª edición); sin embargo, recientemente convirtió en aguda (*pecarí*) la voz que antes era esdrújula. Su plural cambia también; de *pécaris* pasa a ser *pecaríes*.

reune, reuno – reúne, reúno
Río de Janeiro – Rio de Janei-
ro (29)
Rubéns – Rubens

sábelotodo – sabelotodo
Sahara – Sáhara (30)
samurai – samurái (31)
sánalotodo – sanalotodo
sauco – saúco
saxifraga – saxífraga
Seul – Seúl
sicómoro – sicomoro (32)
sién – sien
síguemepollo – siguemepollo
sinantropo – sinántropo
sinó – sino
Sisifo – Sísifo
supremacia – supremacía
sútil – sutil

tahur – tahúr
tandem – tándem
tedéum – tedeum (33)
telégrama – telegrama
Tiber – Tíber
Tibet – Tíbet
Tíbulo – Tibulo

tilburí – tílburi
tíovivo – tiovivo
Tokío – Tokio
totem – tótem
trailla – traílla
Trasíbulo – Trasibulo
triceps – tríceps
Tucidides – Tucídides
Túy – Tuy

Utica – Útica

vahido – vahído
vesanía – vesania
vizcaino – vizcaíno

wolfram – wólfram

Yusuf – Yúsuf

záfiro – zafiro
zahina – zahína
zahurda – zahúrda
zaíno – zaino
zámpalopresto – zampalopresto
Zaraúz – Zarauz
zénit – zenit
Zenódoto – Zenodoto

(29) Los topónimos portugueses y brasileños escritos en portugués y cuyo primer elemento sea la voz *Rio* se escriben sin acento; si este nombre se castellanizase (cosa que resultaría inédita) sería *Río de Enero.*

(30) En relación con este topónimo, véase NOMBRES GEOGRÁFICOS, pág. 272.

(31) Esta palabra, registrada por los dos últimos diccionarios académicos (1956 y 1970), aunque no en el manual de 1950, viene escrita *samurai;* se trata de una palabra aguda, como *paipái* (véase la nota 7), por lo cual la escritura correcta es *samurái*, con tilde. (Lo mismo podría decirse de nombres rusos como *Tolstoi* y *Yenisei*, cuyas grafías correctas son *Tolstói* y *Yeniséi*, pero éste es un terreno particular poco fijado todavía, y los ejemplos, hoy casi inéditos, se multiplicarán en lo futuro, cuando las autoridades académicas se decidan a confeccionar y castellanizar una lista de nombres propios y de lugar de tal procedencia.)

(32) El Diccionario manual (1950) y el general (1956) registran *sicómoro;* el general de 1970 le ha suprimido el acento: *sicomoro.*

(33) La Academia, en su Diccionario (1970) acentúa esta palabra: *tedéum;* puesto que es aguda y terminada en *m*, no debe acentuarse: *tedeum.* (Comprobémoslo: supongamos que es llana: *tédeum*, debe acentuarse, ya que termina en consonante que no es *s* ni *n;* supongamos que es aguda y deshace el diptongo: *tedéum*, también debe acentuarse; supongamos, finalmente, que es aguda, pero no deshace el diptongo, y, además, termina en *m*: *tedeum;* por consiguiente, no debe acentuarse, como no se acentúan *Zarauz* ni ninguna de las palabras agudas terminadas en diptongo seguido de consonante que no sea *s* ni *n;* si se acentúa *Cafarnaúm* y voces parecidas, es porque hay que deshacer el diptongo.) Tampoco comprende uno por qué Salvador Fernández, *op. cit.*, p. 433, dice que se acentúan *Arnáiz* y *Herráiz*, puesto que son palabras agudas terminadas en consonante que no es *n* ni *s*, y menos aún se puede comprender que a éstos añada *Sáiz* y *Sáinz*, a los cuales, además, se suma la particularidad de ser monosílabos. ¿Para qué sirve el acento en estas voces?

62

VII. Acento diacrítico

Se da este nombre al acento que se coloca en una palabra para distinguirla de otra de igual grafía pero de distinto significado. Reciben este acento las siguientes voces:

SE ACENTÚA	NO SE ACENTÚA
AÚN. Cuando pueda sustituirse por «todavía» sin alterar el sentido de la frase: *aún le quiere; no ha llegado aún.*	AUN. Cuando signifique «hasta», «también», «inclusive» (o «siquiera», con negación): *no es correcto, aun cuando se admite; aun los desharrapados tienen cobijo en esta casa.*
CÓMO. Cuando es adverbio interrogativo de modo: *¿cómo lo conseguiste?; aún no sé cómo lo conseguiste.* 2. Cuando equivale a «por qué»: *¿cómo no te presentaste a lista?* 3. Cuando forma parte de una exclamación para expresar encarecimiento: *¡cómo corre!; cómo te ves por tu mala cabeza.* 4. Cuando denota extrañeza o enfado: *¡cómo! ¿Es que no piensas ir?* 5. Cuando se usa sustantivado: *el cómo y el porqué.* 6. En frases adverbiales: *¿Vienes? —¿Cómo no, si nos espera Purita?*	COMO. Cuando es adverbio de modo: *me siento como muerto.* 2. Cuando oficia de preposición con el significado de «en concepto de» o «alrededor de»: *lo usa como abrigo; costó como diez mil pesetas.* 3. En cualquiera de sus otros oficios.
CUÁL. Cuando es pronombre interrogativo: *¿cuál te gusta más?; ¿cuáles prefieres?; no sé cuál elegir.* 2. Cuando es pronombre indefinido: *todos, cuál más, cuál menos, son responsables.* 3. En la frase ponderativa *a cuál más: son un par de tarambanas a cuál más tonto.*	CUAL. Cuando es pronombre relativo: *vi a Pedro, el cual tiene un brazo escayolado.* 2. Cuando es adverbio relativo de modo, equivalente a «como»: *aquellas viejas, cual aves de rapiña...* 3. Cuando es pronombre relativo usado como correlativo: *los pobres suelen mostrarse tales cuales son.*

CUÁN. Cuando es adverbio exclamativo, apócope de *cuánto*: *¡cuán simpático está hoy!* (No es correcto usarlo antepuesto a *mayor, menor, mejor, peor, más, menos.*)	**CUAN.** Cuando es adverbio, apócope de *cuanto*: *cayó cuan largo era; estudiaba cuan aplicadamente podía.* (No es correcto anteponerlo a *mayor, menor, mejor, peor, más, menos.*)
CUÁNDO. Cuando es adverbio interrogativo de tiempo: *¿cuándo llegas?; no sé cuándo llegas.* 2. Cuando es conjunción distributiva: *cuándo por una cosa, cuándo por otra, siempre están discutiendo.* 3. Cuando oficia de sustantivo: *quisiera saber el cómo y el cuándo de ese accidente.*	**CUANDO.** Cuando es adverbio relativo de tiempo: *llegó cuando estábamos cenando.* 2. Cuando equivale a «durante»: *cuando la guerra yo estaba en el extranjero.* 3. Cuando es conjunción condicional: *cuando tú lo dices...*
CUÁNTO. Cuando es pronombre interrogativo o exclamativo de cantidad: *¿cuánto tienes?; dime cuánto tienes; ¡cuánto tarda en venir!* 2. Cuando es adverbio interrogativo de cantidad: *¿cuánto ha gastado?*, o exclamativo: *¡cuánto ha gastado!*	**CUANTO.** Cuando es pronombre relativo: *quería que le comprase todo cuanto veía; cuanto sé se lo debo a mi madre.* 2. Cuando es adverbio relativo de cantidad: *escribo cuanto me permiten mis débiles fuerzas.* 3. Cuando es adverbio relativo temporal: *el matrimonio durará cuanto dure su cariño.*
CÚYO. Cuando es pronombre interrogativo; equivale a «¿de quién?», y hoy no se usa: *¿cúyo es este sombrero?* (¿de quién es este sombrero?).	**CUYO.** Cuando es pronombre relativo posesivo: *he visto a Antonio, cuya madre se encuentra enferma.*
DÉ. Cuando es tiempo del verbo dar: *no le dé esos consejos al chico; dígale que me dé un par de habanos.*	**DE.** Cuando es preposición: *uno de los cuatro; aquel de la derecha; Miguel de Cervantes.*
DÓ. Cuando es apócope del adverbio interrogativo *dónde*: *¿dó vas, triste de ti?* (es muy poco usado actualmente).	**DO.** Cuando es apócope del adverbio *donde* (su uso actual, muy restringido, sólo aparece en poesía).

SE ACENTÚA	NO SE ACENTÚA
DÓNDE. Cuando es adverbio interrogativo de lugar: *¿dónde está tu padre?; no sé dónde está tu padre.*	**DONDE.** Cuando es adverbio relativo de lugar: *estaba donde lo dejé; donde fueres, haz lo que vieres.*
ÉL. Cuando es pronombre personal de tercera persona: *¿sales con él?; él lo sabía; ha llegado él.*	**EL.** Cuando es artículo determinado: *el chico de ayer; el hasta ayer amigo mío; el por suerte hallado tesoro.*
ÉSTE, ÉSE, AQUÉL (con sus femeninos y plurales). Dice la Academia en sus normas publicadas en 1959: «Los pronombres *éste, ése, aquél,* con sus femeninos y plurales, llevarán normalmente tilde, pero será lícito prescindir de ella cuando no exista riesgo de anfibología». Lo cierto es que ella misma sigue acentuándolos normalmente, exista o no aquel riesgo. Se acentúan precisamente cuando son pronombres demostrativos: *éste lo sabe; ése ha llegado tarde; aquél me gusta.* 2. Además, se acentúan en los siguientes casos: *ésta* y *ésa,* cuando equivalgan a «la ciudad donde estoy» y «la ciudad donde estás», respectivamente: *hoy salgo de ésta para llegar mañana a ésa.* 3. *Ésas* se acentúa en la frase *a mí con ésas* (a mí con exigencias, a mí con bravatas). 4. También cuando equivale a «estas horas» y en casos análogos: *si nos hubiésemos decidido, a éstas ya estaríamos lejos; te lo juro por éstas* (... por estas barbas, o cruces, etcétera). 5. En un ejemplo como el siguiente: *lo supe por boca de aquel que se enteró de todo,* si la persona de que se habla está	**ESTE, ESE, AQUEL** (con sus femeninos y plurales). No se acentúan cuando son adjetivos demostrativos: *este niño es simpático; ese perro muerde; aquel paraguas está roto.* 2. Cuando, aun siendo pronombres, pueden sustituirse por los artículos *el, la, los, las: este que te habla* (el que te habla); *ese que llora* (el que llora); *aquel que tenía el pelo largo* (el que tenía el pelo largo); *estos que gritan* (los que gritan); *esos que miran* (los que miran); *aquellos que corren* (los que corren). 3. En el caso en que se sitúen inmediatamente detrás del nombre, existen partidarios de no acentuarlos; sin embargo, dado caso de que se trata de verdaderos pronombres y no de adjetivos, es preferible acentuarlos: *tratado éste que no tiene por objeto...; el niño aquél lloraba a moco tendido...*

presente o al alcance de la mirada se acentúa el pronombre y se le pospone coma; *lo supe por boca de aquél, que se enteró de todo;* pero si está ausente sobran el acento y la coma: *lo supe por boca de aquel que se enteró de todo* (esto es, por boca del que se enteró de todo) (34).

MÁS. Cuando es adverbio de cantidad: *más de diez personas; más alto que un poste.* 2. Cuando es pronombre indefinido: *tiene más dinero que yo.*

MAS. Cuando es conjunción adversativa: *traía gran cantidad, mas no era suficiente* (generalmente equivale a «pero»).

MÍ. Cuando es pronombre personal: *se refiere a mí; tengo para mí que esto no va bien.*

MI. Cuando es adjetivo posesivo, apócope de *mío, mía: deme mi cuenta; a mi padre no le gusta.*

PORQUÉ. Cuando es sustantivo que significa «causa, razón o motivo», o bien «ganancia, sueldo, retribución»: *ignoro el porqué de su conducta; cada cual merece su porqué.*

PORQUE. Cuando es conjunción causal: *vengo porque quiero.* 2. Cuando es conjunción final (equivale a «para qué»): *porque puedas ser alguien, me sacrifico con gusto.*

POR QUÉ. Cuando *por* es preposición y *qué* pronombre indefinido con el significado de «cuál motivo»: *¿por qué te vas?; no sé por qué te vas.*

POR QUE. Cuando *por* es preposición que a veces significa «para», y *que* pronombre relativo equivalente a «el cual, los cuales, la cual, las cuales»: *ésta es la norma por que me rijo; los motivos por que cometió el crimen nos son desconocidos.*

---

(34) ESTO, ESO, AQUELLO. A pesar de que muchas personas los acentúan, estos pronombres neutros no deben tildarse en caso alguno; es, pues, incorrección ortográfica escribir *ésto, éso* o *aquéllo.*

SE ACENTÚA	NO SE ACENTÚA

QUÉ. Cuando es pronombre interrogativo: *¿qué quieres?; dime qué quieres; ¡qué quieres que te diga!; ¡qué vida!; no sabía qué hacer.*

QUE. Cuando es pronombre relativo: *la anciana, que estaba sentada al sol, fue atropellada.* 2. Cuando es conjunción: *me dijo que me quedara; ¿que lo haga yo?; ¡que se cree usted eso!*

QUIÉN. Cuando es pronombre interrogativo: *¿quién viene hoy?; no sé quién viene hoy; ¿quiénes son ésos?; no sé quiénes son.* 2. En la frase distributiva *quién más, quién menos: quién más, quién menos, todos estaban preocupados.*

QUIEN. Cuando es pronombre relativo: *quien quiera, puede venir a verme; Antonio se lo dijo a Juan, quien confesó no saber nada.*

SÉ. Cuando es tiempo del verbo saber: *ya sé que no debo ir; sólo sé que no sé nada.*

SE. Cuando es pronombre: *se ha marchado; se vive bien; se vende esta casa; se le quiere.*

SÍ. Cuando es adverbio de afirmación: *le dijo que sí; el sí de las niñas.* 2. Cuando es pronombre personal de tercera persona: *se dijo para sí; volver en sí.*

SI. Cuando es conjunción condicional: *si vienes lo pasaremos bien.* 2. Cuando es conjunción anunciativa: *le pregunté si lo quería.* 3. Y en otros casos similares: *si una vez efectuado...; si hoy vas, mañana no podrás quedarte.*

SÓLO. Dice la Academia, en sus normas publicadas en 1959: «La palabra *solo*, en función adverbial, podrá llevar acento ortográfico si con ello se ha de evitar una anfibología». El Diccionario académico de 1970 registra *sólo* (en artículo aparte) con la acepción de «únicamente, solamente»; ninguna de las acepciones de *solo* (sin acento) se refiere a este sentido, y ni siquiera existe remisión de una forma a otra; debe

SOLO. Cuando es adjetivo calificativo: *estoy solo, vino solo; solo estaba y solo se murió.* En estos casos es variable en género y número: *estaban solos; vinieron solas; se quedó sola.* En *tan solo*, si *solo* no equivale a «solamente» no debe acentuarse: *tan solo estaba que se desesperó; se fue tan solo como vino.*

SE ACENTÚA	NO SE ACENTÚA

entenderse, pues, que cuando *sólo* esté en ese caso debe acentuarse, incluso cuando se refuerza con *tan: tan sólo había una persona; sólo tengo dos.*

TÉ. Cuando es el nombre de una infusión: *la hora del té; el té es caro.*	TE. Cuando es pronombre personal de segunda persona: *te marchas; no te había visto.*
TÚ. Cuando es pronombre personal de segunda persona: *tú no sabes lo que dices; de tú a tú; entre tú y yo.*	TU. Cuando es adjetivo posesivo, forma apocopada de *tuyo, tuya: me he puesto tu abrigo; tu libro es interesante.*

Debe advertirse que estas voces no requieren acento si varían de estructura: *dele, deme, den, dese;* como se comprende fácilmente, si varía la forma no existe anfibología, razón que aconseja el acento en los casos de acento diacrítico.

Tampoco deben llevar acento alguno las voces siguientes, que a veces se ven erróneamente acentuadas: *a, da, dale, dame, dan, di* (de *dar* y *decir*), *dile* (de *dar* y *decir*), *dime, e, fe, he, i, no, o* (35), *sal* (nombre; de *salir*), *sed* (nombre; de *ser*), *ser, sol, son* (nombre; de *ser*), *tan, ti, u, ve* (de *ir* y *ver*), *ven* (de *ir* y *ver*), etc.

---

(35) La *o* manuscrita entre dos guarismos debe llevar acento, pero en lo mecanografiado, donde se usa la *O* mayúscula en función de cero, es prácticamente imposible confundir uno con otro; en lo impreso sólo debe llevar acento en aquellos tipos, escasísimos, en que la *o* y el *0* se asemejan mucho; en los restantes casos es superfluo, pues el cero nunca va entre dos espacios, como la *o*, aparte de la distinción por la figura.

3

AFIJOS

I. Qué son afijos

Los afijos son partículas que pueden colocarse de tres maneras: al principio de una voz *(prefijo)*, en medio *(infijo)* o al final *(sufijo)*; en cualquiera de los tres casos, los afijos modifican el significado de la voz a que se añaden; por ejemplo, si a *confiar* le anteponemos el prefijo *des-* la habremos convertido en *desconfiar,* cuyo significado es totalmente opuesto al de la voz simple; si a *metro* le anteponemos *kilo-* habremos multiplicado su significado por mil *(kilómetro),* y si le posponemos *-logía,* la habremos convertido en un tratado o una ciencia *(metrología).* De aquí la importancia de conocer los prefijos y sufijos, puesto que ello nos permitirá inferir el significado de un término sin necesidad de manejar un diccionario.

Los prefijos y sufijos se escriben siempre unidos inseparablemente al término al cual modifican; constituye, por consiguiente, falta de ortografía escribir *extra-plano, neo-formación, anti-británico,* cuyas grafías correctas son *extraplano, neoformación* y *antibritánico*; por otra parte, cuando uno de los prefijos terminado en vocal se junta a una voz que comienza por *r,* esta letra se dobla; por ejemplo, *contrarrevolucionario*; pero si al dividirla a final de renglón se hace precisamente por sus partes compositivas, no se escribirá *rr,* sino *r: contra-/revolucionario.* (En lo que respecta a la división de estas voces, véase el capítulo ACENTO.)

II. Lista de afijos

Por su utilidad en el conocimiento de la propia lengua, incluimos a continuación un conjunto bastante considerable de afijos castellanos y los constituidos por raíces cultas.

A) Afijos castellanos

-A. Acción: *caza*. ‖ Estado: *pena*. ‖ Terminación de nombres de origen griego usados en forma invariable en cuanto al género: *autócrata, burócrata, demócrata, déspota, egoísta, ególatra*. (Sin embargo, otros nombres de igual origen admiten actualmente la dualidad en el género: *autodidacto -a, estratego -a*, etc.) ‖ Terminación femenina de nombres y adjetivos: *abogada, jefa; buena, mala*.

-ABLE. *v.* -BLE.

-ÁCEO. Adjetivos de aproximación, pertenencia o semejanza: *arenáceo, grisáceo*. ‖ Familia botánica: *acantáceo, gramináceo*.

-ACIÓN. *v.* CIÓN.

-ACERO. *v.* -ERO.

-ACO. Diminutivos despectivos: *libraco*. ‖ Gentilicios: *austriaco, polaco*. ‖ Relación o pertenencia: *cardiaco, policiaco*. (Combinado con *-ico* da *-icaco: hominicaco*, y con *-arro* da *-arraco: tiparraco*.)

-ACHAL. *v.* -AL.

-ACHÍN. *v.* -ÍN.

-ACHO. Despectivos: *hombracho*. (Puede adoptar la forma *-chón: ricachón*, y *-che: pitoche*.) (Combinado con *-ar* da *-aracho*: *dicharacho, hilaracho*; con *-arro* da *-arracho: mamarracho*.) (*v.* -AL, -ÍN, -ÓN.)

-ACHÓN. *v.* -ÓN.

-ACHUELO. *v.* -UELO.

-ADA. Afluencia: *riada*. ‖ Gran cantidad: *panzada*. ‖ Abundancia: *goleada*. ‖ Contenido: *cucharada*. ‖ Bebida o comida hecha con: *naranjada, costillada*. ‖ Golpe: *navajada* (t., *-azo*). ‖ Hecho de: *alambrada*. ‖ Propio de: *guarrada*. ‖ Acción y efecto: *llegada*.

-ADERA. *v.* -DERAS.

-ADERO. *v.* -DERO.

-ADO. Aspecto: *avejentado*. ‖ Conjunto: *arbolado*. ‖ Dignidad: *marquesado*. ‖ Empleo: *doctorado*. ‖ Jurisdicción: *obispado*. ‖ Lugar: *estudiantado, teologado*. ‖ Semejanza: *perlado*. ‖ Tiempo: *reinado*. ‖ Acción: *rasurado*. ‖ Cualidad: *colorado*. ‖ Abundancia: *salado*. (Combinado con *-arro* da *-arrado: nubarrada*; con *-ar* da *-arado: llamarada*, y con *-ujo* da *-ujado: papujado*.) (*v.* -DO.)

-ADOR. *v.* -DOR.

-ADURA. *v.* -DURA.

-ADURÍA. *v.* DURÍA.

-AGO. Nombres (escaso en español): MUÉRDAGO.

-AICO. Cualidad o condición: *mosaico*. || Término geográfico: *pirenaico*. || Gentilicios: *galaico, hebraico*.

-AINA. Multitud: *azotaina*. || Adjetivos: *tontaina*.

-AJAR. Combinado con -*ajo*, forma verbos: *estirajar*.

-AJE. Acción y efecto: *anclaje, hospedaje*. || Conjunto: *correaje*. || Derechos: *corretaje, almacenaje*. || Importancia: *personaje*.

-AJERO. *v*. -ERO.

-AJO. Diminutivos: *migaja*. || Despectivos: *colgajo*. (A veces adopta la forma -*strajo*: *comistrajo, bebistrajo*. Combinado con -*ar* da -*arajo*: *espumarajo*; con -*arro* da -*arrajo*: *pintarrajo*.) (*v*. -AJAR, -ÓN, -OSO.)

-AJÓN. *v*. -ÓN.

-AJOSO. *v*. -OSO.

-AL. Lugar, plantación: *erial, cañaveral, maizal*. || Conjunto: *peñascal*. || Abundancia: *dineral*. || Árbol, planta de: *peral, rosal*. || Variante del objeto designado por el nombre primitivo: *pañal*. || Relación o pertenencia: *educacional, arbitral, verbal*. (Combinado con -*edo* da *edal*: *bojedal*; con -*azo* da -*azal*: *lodazal*; con -*acho* da -*achal*: *lodachal*; con -*izo* da -*izal*: *barrizal*, y con -*orro* da -*orral*: *matorral*.) (*v*. -AZAL, -IAL.)

-ALO. Nombres derivados: *óvalo*.

-ALLA. Despectivos: *antigualla*.

-ALLO. *v*. -ÓN.

-ALLÓN. *v*. -ÓN.

-AMBRE. *v*. -AMBRERA, -MBRE.

-AMBRERA. Combinación de -*ambre* y -*era*: *pelambrera*.

-AMEN. Conjunto: *velamen*.

-AMENTA. *v*. -MENTA.

-AMENTO. *v*. -MENTO.

-AMIENTO. *v*. -MIENTO.

AN-. Derivados de año: *aniversario, anual*.

-ÁN. Nombres y adjetivos: *haragán, sacristán, capitán*. || Gentilicios: *alemán, catalán*. (Combinado con -*azo* da -*azán*: *holgazán*.)

-ANCIA. *v*. -NCIA.

-ANCO. *v*. -NCO, -ÓN.

-ANCÓN. *v*. -ÓN.

-ANCHÍN. *v*. -NCHA, -ÍN.

-ANCHO. *v*. -ONCHO, -ÍN.

-ANDA. *v*. -NDO.

-ANDERO. *v*. -ERO.

-ÁNEO. Relación o pertenencia: *instantáneo, sucedáneo, pedáneo*.

-ANGO. Despectivos: *bullanga, charanga*.

-ANO. De, propio de: *cortesano, urbano*. || Origen: *pagano*. || Gentilicios: *sevillano, alcoyano, serrano*. || Adhesión, partidario de una doctrina: *arriano, luterano, cartesiano*. || Profesión: *cirujano, hortelano*. || Relación o pertenencia: *humano*. (A veces adopta la forma -*iano*: *darviniano*, o -*tano*: *ansotano, sitgetano*.)

-ANTE. *v*. -NTE.

-ANZA. Acción y efecto: *cobranza, mudanza*. || Conjunto: *mezcolanza*. || Persona mediante la cual se realiza la acción que se indica: *ordenanza*. (*v*. -ANCIA.)

-AÑA. *v*. -AÑO.

-AÑO. Tiene el mismo significado que -*áneo*; forma nombres y adjetivos: *huraño, montaña*.

-AR. Terminación del infinitivo de los verbos de la primera conjugación: *apartar*. || Condición: *regular*. || Pertenencia: *auricular, caballar*. || Lugar en que abunda algo: *yesar, pinar*.

|| Numeral colectivo: *centenar, millar*. || Variante del nombre primitivo: *solanar*. || Conjunto: *tejar*. (*v.* -AZAR, -ACHO, -ADO, -AJO, -ASCO, -ARRAR, -IZAR, -UCO, -UJO, -ULLAR, -ULLO, -USCAR, -UTO.)

-ARACHO. *v.* -ACHO.

-ARADO. *v.* -ADO.

-ARAJO. *v.* -AJO.

-ARASCA. *v.* -ASCO.

-ARAZ. *v.* -AZ.

-ARDÍA. *v.* -ÍA.

-ARDO. Forma adjetivos: *gallardo, bigardo*. || Con significación aumentativa: *moscarda*. (Combinado con -*ón* da -*ardón: moscardón*.)

-ARDÓN. *v.* -ARDO.

-AREDA. Combinación de -*ar* y -*edo*. Acumulación: *polvareda, humareda*.

-ARIEGO. *v.* -IEGO.

-ARÍA. *v.* -RÍA.

-ARÍN. *v.* -ÍN.

-ARIO. Pertenencia: *ordinario, fraccionario*. || Profesión: *bibliotecario*. || Persona a quien se cede algo: *arrendatario, beneficiario*. || Lugar: *santuario, balneario*. || Conjunto: *binario, novenario, recetario*. || Despectivo: *estrafalario, perdulario*. || Relativo a: *horario, campanario*. || Adherido a una doctrina u opinión: *revolucionario*. (*v.* -AZ, -ÍN, -IZO.)

-ARIZO. *v.* -IZO.

-ARO. Muy raro en España; se aplica a nombres: *cáscara*.

-ARRACO. Combinación de -*arro* y -*aco: tiparraco*.

-ARRACHO. Combinación de -*arro* y -*acho: mamarracho, moharracho*.

-ARRADO. *v.* -ADO.

-ARRAJO. *v.* -AJO.

-ARRAR. Combinación de -*arro* y -*ar: despatarrar*.

-ARRO. Despectivos: *pequeñarro*. (*v.* -ACO, -ADO, -ARRAR, -ARRÓN, -USCAR, -UTO.)

-ARRÓN. Aumentativos: *vozarrón*, (*v.* -ÓN.)

-ARRUTO. *v.* -UTO.

-ARUCO. *v.* -UCO.

-ARUTO. *v.* -UTO.

-ASCO. *v.* -SCO. (Combinado con -*ar* da -*arasca: hojarasca*.)

-ASTRE. *v.* -ASTRO.

-ASTRO. Despectivo: *poetastro, camastro*. (A veces adopta la forma -*astre: pillastre*.)

-ATA. Terminación de algunas palabras procedentes del italiano, generalmente indicativas de acción, como *caminata* (de *camino*), *serenata* (de *sereno*), etc.

-ATARIO. Persona a cuyo favor se realiza la acción: *arrendatario*. || Persona a la que afecta la acción: *mandatario, consignatario*. (Se une a verbos de la primera conjugación.)

-ATE. Nombres relacionados con bebida o comida: *calabazate, piñonate*.

-ATICIO. Aptitud: *acomodaticio*.

-ÁTICO. Relación o pertenencia: *fanático, lunático, catedrático*.

-ATIVO. *v.* -IVO.

-ATO. Agente: *candidato*. || Cría: *corvato, cervato*. || Empleo, jurisdicción: *cardenalato, canato, califato*. || Acción: *caminata, perorata*. || Calidad de: *pacato*.

-ATORIO. *v.* -TORIO.

-ATURA. Empleo, jurisdicción: *judicatura, magistratura*. || Nombres abstractos: *candidatura*. (*v.* -URA.)

-AVO. Numeral partitivo: *octavo, dozavo*.

72

-AZ. Cualidad: *c a p a z, fugaz.* (Combinado con *-ario* da *-araz: lenguaraz.*)

-AZA. Producto (con idea de residuo): *linaza, melaza.*

-AZAL. *v.* -AL.

-AZÁN. *v.* -ÁN.

-AZAR. Forma verbos de la primera conjugación equivalentes a *-ecer: acarrazarse.*

-AZGO. Acción: *hartazgo.* || Dignidad: *arciprestazgo, padrinazgo.* || Jurisdicción: *almirantazgo.* || Tributo: *portazgo.*

-AZO. Aumentativos: *perrazo.* || Golpe: *paraguazo, tortazo, navajazo.* || Aumentativo y despectivo: *animalazo.* (Combinado con *-ón* da *-onazo: bajonazo, encontronazo;* con *-ote* da *-otazo: picotazo.*) (*v.* -AL, -ÁN, -ÓN.)

-AZÓN. *v.* -AZO, -ÓN.

-BILIDAD. Merecimiento: *respetabilidad.* || Posibilidad: *comparabilidad.* || Propensión: *susceptibilidad.*

-BLE. Merecimiento: *adorable.* || Capacidad o aptitud para recibir la acción expresada por el verbo: *despreciable, temible.* || Posibilidad: *pasable.* || Propensión: *irritable.* (Los de verbos de la primera conjugación terminan en *-able,* y los de la segunda y tercera, en *-ible.* A veces se usa acomodaticiamente.)

-BUNDO. Condición: *meditabundo, vagabundo.*

-CIA. Cualidad: *audacia, pericia.*

-CICO. *v.* -ICO.

-CILLO. *v.* -ILLO.

-CIO. Despectivos: *estrapalucio.*

-CIÓN. Acción y efecto: *combinación.* || Estado: *desesperación.*

(Los procedentes de verbos de la primera conjugación terminan en *-ación,* como *operación,* y los de la tercera, en *-ición,* como *preterición;* los de la segunda, unos acaban en *-ición,* como *aparición,* y otros en *-miento, -dura,* etc.; los derivados directamente del latín, en *-ición,* como *lección, revolución,* etc.)

-CITO. Diminutivos: *vaporcito.* (*v.* -ITO.)

-CO. Terminación común de voces en *-aico, -iaco, -ico, -nco, -tico, -uco.*

-CULO. Suele tener valor diminutivo: *cubículo, receptáculo, minúsculo, ridículo.*

-CHE. *v.* -ACHO.

-CHÍN. Despectivos: *borrachín, parlanchín.* || Agente: *espadachín.*

-CHÓN. *v.* -ACHO.

-DAD. Terminación común de voces en *-edad* o *-idad.* Forma nombres abstractos de cualidad: *levedad, maldad, agilidad.*

-DERA. Utensilio: *tapadera, lanzadera.*

-DERAS. Terminación común de *-aderas, -ederas, -ideras,* que indican: Facilidad: *tragaderas.* || Facultad o poder: *absolvederas, entendederas.*

-DERO. Agente: *barrendero, panadero.* || Susceptible de: *hacedero, abridero.* || Utensilio: *agarradero.* || Instrumento: *regadera.* || Lugar: *vertedero.* || Cualidad: *casadero.*

DES-. Acción inversa: *deshacer,* equivalente a *es-: descoger,* y a *ex-: desplanar.* || Carencia o privación: *desconfianza, desfon-*

73

dado. || Exceso: *deslenguado.* || Intensificación: *despecho.* || Desarrollo del significado de la raíz: *descansar.* || Equivale a «mal»: *desconceptuar.*

-DIZO. Susceptible de: *antojadizo, asustadizo, movedizo.*

-DO. Acción: *segado, corroído.* (*v.* -ADO, -IDO.)

-DOR. Terminación común de *-ador, -edor, -idor,* que indican: Agente: *valedor, reidor.* || Empleo: *celador.* || Profesión: *tejedor.* || Lugar: *corredor.* || Utensilio: *tenedor, colador, rallador.* || Derivados de nombres: *aguador.* (*v.* -DURÍA.)

-DURA. Útil, o utilizable, para: *cerradura.* || Acción: *rozadura.* || Efecto: *añadidura.* || Cosa hecha: *hechura.* || Señal: *hendedura.* || Conjunto: *botonadura.* || Desperdicios, restos: *peladura, mondadura, raedura.* (*v.* -URA.)

-DURÍA. Terminación común de *-aduría, -eduría, -iduría,* que indican: Acción: *habladuría.* || Lugar: *pagaduría, contaduría, expendeduría, freiduría.* (Se derivan de voces terminadas en *-dor: hablador, pagador, contador,* etc.)

-E. Acción: *saque.* || Efecto: *toque.* || Estado: *insomne.* || Miembro colectivo: *cofrade.* || Utensilio: *cierre.* (Ciertos nombres populares adoptan igualmente esta terminación: *despiece, tueste.*)

-EAR. Frecuentativos: *lagrimear, rumorear.*

-ECECICO, -ECECILLO, -ECECITO, -ECEZUELO. Diminutivos de nombres y adjetivos monosílabos acabados en vocal: *piececito.*

-ECER. Forma verbos derivados de nombres o adjetivos, generalmente de acción paulatina: *favorecer, agradecer, palidecer, oscurecer.* (Muchos de estos verbos se forman con *en-* y *re-: enronquecer, recrudecer, reverdecer.*)

-ECICO, -ECILLO. Diminutivos. (*v.* -ICO, -ILLO.)

-ECINO. Aproximación a la cualidad expresada por el adjetivo primitivo: *mortecino.*

-ECITO. *v.* -ITO.

-ECO. Despectivos: *muñeco.* || Gentilicio: *greco.*

-EDA. Abundancia: *polvareda.* || Conjunto: *arboleda.* || Acción: *búsqueda.*

-EDAD. *v.* -DAD.

-EDAL. Combinación de *-edo* y *-al.* Lugar: *robledal.*

-EDERAS. *v.* -DERAS.

-EDERO. *v.* -DERO.

-EDO. Lugar de árboles o plantas: *alameda, viñedo.* (Se combina con *al:* -edad, y con *ar:* -areda.)

-EDOR. *v.* -DOR.

-EDUMBRE. *v.* -MBRE.

-EDURA. *v.* -DURA.

-EDURÍA. *v.* -DURÍA.

-EGA. Forma nombres, pero esta terminación es muy rara en castellano: *alfábega, aljábega.*

-EGO. Cualidad: *paniego, nocherniego.* || Gentilicios: *manchego, gallego.*

-EJAR. Forma verbos: *cortejar, cotejar.* (Equivale a *-ear.*)

-EJO. Diminutivos con cierto matiz despectivo: *gracejo, lugarejo, caballejo, calleja.* (*v.* -ÓN.)

-EJÓN. *v.* -ÓN.

-EL. Forma sustantivos y a veces adjetivos: *pastel, mantel, novel.* (*v.* -ERO.)

-ELA. Acción: *corruptela, franca-chela.* || Conjunto: *clientela.* || Actitud: *cautela.*

-ELO. Forma sustantivos con significado que en su origen (generalmente latín e italiano) era diminutivo: *novela, libelo, pasarela.* (*v.* -UELO.)

-ELLÍN. *v.* -ÍN.

-ELLO. *v.* -ÍN, -ÓN.

-ELLÓN. *v.* -ÓN.

-EMENTO. *v.* -MENTO.

-EN. *v.* -AMEN.

-ENA. Numerales colectivos: *docena, treintena.*

-ENCIA. *v.* -NCIA.

-ENCO. *v.* -NCO.

-ENDA. *v.* -NDO.

-ENDERO. *v.* -ERO, -NDERO.

-ENDO. *v.* -NDO.

-ENGO. *v.* -NGO.

-ENO. Numerales ordinales: *noveno.* || Semejanza: *moreno.* || Naturaleza: *sarraceno, agareno.* || Hidrocarburos: *benceno.* || De, hecho con: *terreno.* || Gentilicios: *chileno.*

-ENSE. Gentilicios: *almeriense, oscense.* || Propio de: *castrense, hortense.*

-ENTE. *v.* -NTE.

-ENTO. Cualidad o condición: *amarillento, avariento.* (Suele adoptar las formas -*iento,* como en *avariento;* -*olento,* como en *friolento;* -*oliento,* como en *soñoliento,* y -*ulento,* como en *fraudulento.*)

ENTRE-. Situación intermedia: *entrecano.* || En sitio intermedio: *entretela.* || Cualidad o acción no completa: *entreacto, entreoír.*

-EÑO. *v.* -ÑO.

-EO. Acción: *sondeo.* || Estado: *mareo.* || Cualidad: *momentáneo.* || Aspecto: *níveo.* || Propio

de: *férreo, broncíneo.* || Semejanza: *grisáceo.* || Gentilicios: *europeo.*

-ER. Desinencia de los verbos de la segunda conjugación: *temer.* || Agente: *mercader.* (*v.* -ERO.)

-ERA. Lugar: *cantera.* || Recipiente: *papelera.* (*v.* -AMBRERA, -ERO.)

-ERAL. Lugar: *cañaveral.*

-ERÍA. *v.* -RÍA.

-ERIO. Acción: *vituperio.* || Estado: *cautiverio.* || Lugar: *monasterio.*

-ERIZO. Oficio: *cabrerizo.*

-ERO. Árbol: *limonero.* || Causa: *gotera.* || Lugar: *matadero, pudridero.* || Agente: *librero.* || Posibilidad: *llevadero.* || Utensilio: *fregadero.* || Pertenencia: *ganadero.* (Adopta a veces la forma -*er,* como en *mercader,* o -*el,* como en *lebrel* [de *lebrero*]. Combinado con -*ajo* da -*ajero:* *vinajera;* con -*azo* da -*acero:* *aguacero;* con -*ando* da -*andero: curandero,* y con -*endo* da -*endero: barrendero.*) (*v.* -ÓN.)

-ERÓN. Aumentativos: *caserón.* (*v.* -ÓN.)

-ÉRRIMO. Superlativos: *misérrimo* (de *mísero*), *paupérrimo* (de *pobre*); es variante culta de -*ísimo.*

-ÉS. Gentilicios: *inglés, francés, portugués.*

-ESA. Terminación femenina de nombres que indican empleo, dignidad, profesión: *abadesa* (de *abad*), *alcaldesa* (de *alcalde*), *condesa* (de *conde*).

-ESCA. Conjunto, con matiz despectivo: *soldadesca, rufianesca.*

-ESCO. Pertenencia (con cierto matiz despectivo, a veces): *caballeresco, principesco, churrigueresco, rufianesco.* (Adopta

75

también las formas -asco, -isco, -usco, -uzco.) (v. -SCO.)

-ESTRE. Pertenencia: *campestre, rupestre, ecuestre.*

-ETE. Diminutivos despectivos o jocosos: *vejete, regordete.* (Es de uso acomodaticio.) (v. -ÍN, -ÓN.)

-ETÍN. v. -ÍN.

-ETIVO. v. -TIVO.

-ETO. Diminutivos: *boleto, papeleta.* (v. -ÍN.)

-ETÓN. Aumentativos: *mocetón.* (v. -ÓN.)

-EZ. Nombres abstractos que indican cualidad: *pesadez, sensatez.*

-EZA. Nombres abstractos que indican cualidad: *limpieza, grandeza.*

-EZNO. Diminutivos que generalmente se aplican a animales jóvenes: *lobezno, osezno.*

-EZUELO. v. -ECICO.

-f. Gentilicios (generalmente de países árabes): *ceutí, marroquí, paquistaní, bengalí.*

-IA. Nombres abstractos: *vigilancia, vigencia, angustia.*

-ÍA. Lugar: *comisaría, secretaría, panadería.* || Acción: *tropelía.* || Conjunto: *morería.* || Cualidad: *cobardía.* || Dignidad, cargo: *alcaldía.* || Jurisdicción: *capitanía.* || Multitud: *cofradía, algarabía.* (Cuando la palabra original acaba en -or, a veces la cambia en *u: pagaduría.* Combinado con -ero da -ería: *bellaquería.*)

-IACO, -ÍACO. Adjetivos derivados de nombres: *demoniaco* o *demoníaco.* || Gentilicios: *austriaco* o *austríaco.* || Perteneciente o relativo: *cardiaco* o *cardíaco.*

-IAL. v. -AL.

-IANO. Gentilicios: *asturiano.* (v. -ANO.)

-IANTE. v. -NTE.

-IBLE. v. -BLE.

-ICA. Forma nombres (raro en castellano): *fábrica, música.*

-ICACO. v. -ACO.

-ICIA. Cualidad: *malicia.*

-ICIO. Acción: *perjuicio.* || Cualidad: *novicio.* || Dignidad: *patricio.*

-ICIÓN. v. -CIÓN.

-ICO. Diminutivos: *tontico.* (Equivale a -ito, -illo, -uelo. Su uso está restringido actualmente a la región aragonesa: *baturrico.*) || Adhesión a doctrinas u opiniones: *platónico.* || Gentilicios: *caucásico.* || Relación o pertenencia: *histórico.* (v. -ACO, -OSO.)

-ICOSO. v. -OSO.

-IDAD. v. -DAD.

-IDERAS. v. -DERAS.

-IDERO. v. -DERO.

-IDO. Forma adjetivos: *cálido, tórrido, sórdido.* || Familia zoológica: *cérvido.* || Sonido: *balido, chirrido.* (v. -DO.)

-IDOR. v. -DOR.

-IDURA. v. -DURA.

-IDURÍA. v. -DURÍA.

-IEGO. v. -EGO. (Combinado con -acio da -ariego: *vinariego.*)

-IENTE. v. -NTE.

-IENTO. v. -ENTO.

-IGUAR. Añade valor causativo o factitivo: *santiguar.*

-IFICAR. V e r b o s derivados de nombres y adjetivos: *dosificar.*

-IJO. Despectivos: *enredijo, revoltijo.* || Diminutivos: *clavija.*

-IL. Pertenencia (con cierto matiz despectivo, a veces): *abogadil, mujeril, civil.* || Lugar: *toril.* || Sustantivos: *candil, pretil.*

-ILLO. Diminutivos (con cierto matiz despectivo, a veces): *panecillo, torerillo, maestrillo.*

-IMBRE. Resultado de la acción: *urdimbre, escurrimbre.*

-IMENTA. *v.* -MENTA.

-IMIENTO. *v.* -MIENTO.

-ÍN. Agente: *bailarín.* || Diminutivos: *angelín.* || Gentilicios: *menorquín, mallorquín.* (A veces se transforma en *-achín, -anchín* o *-inchín.* Combinado con *-ete* da *-etín: cafetín;* con *-eto* da *-etín: calcetín;* con *-ello* da *-ellín: faldellín;* con *-ito* da *-itín: chiquitín;* con *-ario* da *-arín: andarín;* con *-orro* da *-orritín: chicorritín;* con *-acho* da *-achín: matachín,* y con *-ancho* da *-anchín: hablanchín.*)

-INA. Propio de: *marina.* || Insistencia, intensidad: *regañina.* || Nombres informales derivados de verbos: *degollina, escabechina.*

-INCO. *v.* -NCO.

-ÍNEO. *v.* -NEO.

-INO. Gentilicios: *argentino, granadino.* || Diminutivos: *neblina.* || Relación o pertenencia: *dañino.* (*v.* -INA.)

-IÑO. Diminutivos: *corpiño, morriña.* (Es de procedencia gallega, donde tiene más vitalidad que en español.)

-IO. Pertenencia: *patrio.* || Dignidad: *magisterio.* || Lugar: *falansterio, monasterio, eremitorio.* || Adjetivos: *agrio, vario.* (*v.* -ORIO, -TORIO.)

-ÍO. Aptitud: *labrantío.* || Conjunto: *caserío, gentío.* || Cualidad: *señorío.* || Ejercicio: *poderío.* || Adjetivos: *bravío, amorío.*

-IÓN. Acción y efecto: *petición, promoción.* (*v.* -CIÓN, -SIÓN.)

-IONDO. *v.* -NDO.

-IR. Desinencia del infinitivo de los verbos de la tercera conjugación: *partir.*

-IRRÍTICO, -IRRITILLO, -IRRITÍN. Diminutivos de «chico»: *chiquirrítico, chiquirritillo, chiquirritín.*

-ISA. Femeninos que indican ocupación o dignidad: *poetisa, sacerdotisa.*

-ISCO. *v.* -SCO.

-ISMO. Actividad: *ciclismo.* || Adhesión a una doctrina u opinión: *liberalismo, comunismo, cristianismo.* || Cualidad: *abstencionismo.* || Modo: *galicismo.* || Actitud: *pesimismo, optimismo.*

-ISTA. Forma sustantivos y adjetivos derivados de las palabras que terminan en *-ismo* o de otras que indican dedicación, empleo, profesión: *ciclista, comunista, abstencionista, galicista, pesimista.* (Hay algunas excepciones, pues como puede verse, de *liberalismo* no se deriva *liberalista,* sino *liberal.* Por contra, se aplica a nombres que indican actividad pero que carecen de la palabra terminada en *-ismo;* por ejemplo, *libelista* es el que escribe *libelos,* pero no existe *libelismo* [aunque, dado que *-ismo* es una terminación de uso acomodaticio, podría formarse si hiciera falta].)

-ÍSTICO. Forma adjetivos correspondientes a sustantivos acabados en *-ismo* o en *-ista: automovilístico, ciclístico, cabalístico.*

-ISTRAJO. *v.* -AJO.

-ITA. Gentilicios: *estagirita, israelita, ismaelita.*

-ITÍN. *v.* -ÍN, -ITO.

-ITIVO. *v.* -IVO.

-ITO. Diminutivos: *bajito, cojito* (en el caso de *lejos* hace *lejitos*, no *lejito*). De uso acomodaticio, es el más utilizado en nuestro idioma para formar diminutivos, los cuales a veces tienen carácter afectivo: *piececito, arbolito*. (*v.* -ÍN.)

-ITORIO. *v.* -TORIO.

-ITUD. *v.* -TUD.

-IVA. Facultad: *inventiva.*

-IVO. Forma adjetivos derivados de verbos: *acumulativo, reflexivo, intuitivo.* (Si proceden de los verbos de la primera conjugación toma la forma -*ativo: paliativo*, y si de la tercera, -*itivo: repetitivo.*)

-IZ. Agente: *aprendiz, actriz.*

-IZA. Lugar: *caballeriza.*

-IZAL. *v.* -AL.

-IZAR. Forma verbos derivados de nombres o adjetivos: *electrizar, armonizar, patentizar.* (Equivale a -*ejar.*)

-IZO. Aspecto, proximidad, parecido: *cobrizo, enfermizo.* || Propensión: *caedizo.* || Lugar: *cobertizo.* (*v.* -IZA.) || Empleo, ocupación: *cabrerizo, porquerizo.* || Hecho de: *cañizo.* (Combinado con -*ario* da -*arizo: albarizo.*) (*v.* -AL.)

-JAR. Verbos, generalmente despectivos: *sobajar, cotejar.* (*v.* -UJO.)

-LENTO. *v.* -ENTO.

-LIENTO. *v.* -ENTO.

-MBRE. Terminación común de -*ambre*, -*edumbre*, -*umbre*, que indican: Acumulación, conjunto: *fiambre, herrumbre.* || Cualidad: *mansedumbre, podredumbre.*

-MENTA. Conjunto: *cornamenta, impedimenta.* (En algunos casos toma la forma -*mienta: herramienta.*)

-MENTE. Terminación de los adverbios de modo: *comúnmente, absolutamente* (por lo general es de uso acomodaticio, y se antepone siempre a adjetivos).

-MENTO. Acción y efecto: *armamento, cargamento.* (Tiene el mismo uso que -*miento.*)

-MIENTA. *v.* -MENTA.

-MIENTO. Estado, acción o efecto: *corrimiento, asolamiento, embalsamiento, enterramiento.* (*v.* -MENTO.)

-NCA. Colectivos: *binca, trinca.*

-NCIA. Acción: *influencia.* || Actitud: *prudencia.* || Cualidad: *fragancia.* || Empleo o dignidad: *presidencia.* || Estado: *vagancia.*

-NCO. Terminación común de -*anco* y -*enco*, que indican: Despectivos: *azulenco, cojitranco, mostrenco.* || Gentilicios: *ibicenco, flamenco.*

-NDA. *v.* -NDO.

-NDERO. Agente: *barrendero.* (*v.* -ERO.) || Capaz de realizar la acción: *volandero, lavandera.*

-NDO. Forma adjetivos: *hedihondo, sabihondo o sabiondo.* || Los terminados en femenino tienen generalmente cierto matiz despectivo: *parranda, cuchipanda.* || Objeto o sujeto en que ha de realizarse la acción expresada por el verbo: *examinando, doctorando.*

-NEO. Forma adjetivos: *coetáneo, mediterráneo, sanguíneo.*

-NGO. Despectivos: *bullanga*. || Relación o pertenencia: *abadengo*.

-NTE. Terminación c o m ú n de *-ante, -ente, -iente,* que indican: Nombres o adjetivos verbales de agente: *objetante, impelente, sobresaliente.* || Condición: *congregante, luciente, vergonzante.* || Empleo: *ayudante, comandante, suplente.* || Adhesión a doctrinas u opiniones: *protestante.* || Abundancia: *pestilente.*

-ÑO. Aspecto de: *paredaño.* || Hecho con: *barreño.* || Gentilicios: *algabeño, alcalareño, madrileño.* (*v.* -IÑO.)

-O. Nombres verbales: *acarreo.* || Gentilicios: *sueco, noruego.*

-OCHE. Despectivos: *pitoche.*

-OJO. Despectivos: *matojo, añojo, rastrojo.* (Es poco frecuente, y equivale a *-ocho* o *-ujo.*)

-OL. Diminutivos: *farol.* (Equivale a *-uelo.*) || Gentilicios: *español, mongol.*

-OLENTO. *v.* -ENTO.

-OLIENTO. *v.* -ENTO.

-ÓN. Aumentativos: m o z a ll ó n, *mocetón, hombrón, bonachón.* || Despectivos: *caserón.* || Gentilicios: *gascón.* || Abundancia exagerada: *cabezón.* || Falta: *pelón, rabón.* || Aumentativo con matiz afectuoso: *tontorrón, tristón.* || Acción brusca y rápida: *empujón, apretón, chapuzón.* (Combinado con *-arro* da *-arrón:* abejarrón; con *-orro* da *-orrón:* coscorrón; con *-urro* da *-urrón:* santurrón; con *-acho* da *-achón;* corpachón; con *-ajo* da *-ajón:* cerrajón; con *-ejo* da *-ejón:* cepejón; con *-allo* da *-allón:* mozallón;

con *-ello* da *-ellón:* dentellón; con *-anco* da *-ancón:* pollancón; con *-azo* da *-azón:* capazón; con *-ero* da *-erón:* caserón; con *-ete* da *-etón:* mocetón; con *-ujo* da *-ujón:* pegujón.) (*v.* -ARDO, -AZO, -CIÓN, -SIÓN.)

-ONAZO. *v.* -AZO.

-ONCHO. Aumentativo: *rechoncho.*

-ONDO. *v.* -NDO.

-ONGO. *v.* -NGO.

-OR. Nombres abstractos: *amargor, dulzor.* (Equivale a *-ura.*) || Agente, instrumento: *cavador, inspector, lavador.* (Equivale a *-dor.*) || Acción y efecto: *temblor.* || Estado: *verdor.* || Lugar: *comedor.*

-ORIA. Nombres: *divisoria, trayectoria, palmatoria.*

-ORÍA. *v.* -RÍA.

-ORIO. Despectivos: *vejestorio, envoltorio.* || Acción o efecto: *jolgorio.* || Lugar que sirve para: *mingitorio, locutorio.* || Relación o pertenencia: *ilusorio, mortuorio.*

-ORRAL. *v.* -AL.

-ORRIO. Despectivos: *villorrio.* (Equivale a *-orio* y *-orro.*)

-ORRITÍN. *v.* -ÍN.

-ORRO. Despectivos: *ventorro, tintorro.* (*v.* -AL, -ÍN, -ÓN.)

-ORRÓN. *v.* -ÓN.

-OSO. Presencia de: *cariñoso.* || Abundancia: *pringoso.* || Acción: *quejoso.* || Estado: *ansioso, tormentoso.* || Cualidad: *mentiroso, asqueroso.* (Combinado con *-ajo* da *-ajoso:* espumajoso; con *-ico* da *-icoso:* quejicoso.) (*v.* -UOSO.)

-OTAZO. *v.* -AZO.

-OTE. Aumentativos despectivos: *papelote, librote.* (A veces tiene matiz afectuoso: *infelizote, brutote;* otras, diminutivo: *islote.*) (*v.* -AZO.)

-OTEAR. Despectivos derivados de verbos: *parlotear, gimotear.* || Acción informal: *pelotear.*

-R. *v.* -AR, -ER, -IR.

-REDA. *v.* -AREDA.

-RÍA. Terminación c o m ú n de *-aría, -ería, -oría, -uría,* que indican: Abundancia, conjunto: *mayoría, gritería.* || Acción: *tontería.* || Efecto: *galantería.* || Lugar: *secretaría, freiduría.*

-RIO. Despectivos: *vejestorio.* (*v.* -ORIO.)

-RRIO. Despectivos (muy raro): *bodorrio.*

-RSE. Terminación común de los verbos pronominales: *romperse, amarse, partirse.*

-SCO. Terminación común de voces despectivas terminadas en *-asco: peñasco; -esco: rufianesco; -isco: pedrisco; -usco: pardusco; -uzco: blancuzco,* que indican «propio de».

SIN-. Forma prefija de la preposición *sin: sinsabor.*

-SIÓN. Forma sustantivos abstractos: *profesión.* || Acción: *inmersión.* (Equivale a *-ción.*)

-STRAJO. *v.* -AJO.

-TAD. Nombres abstractos: *lealtad, amistad.* (Por lo general equivale a *-dad.*)

-TANO. *v.* -ANO.

-TARIO. Propio de o perteneciente a: *alimentario.* (*v.* -ARIO, -ATARIO.)

-TICIO. Capaz o susceptible de: *alimenticio.*

-TICO. Gentilicios: *asiático.* || Diminutivos. (*v.* -ICO.)

-TIVO. *v.* -IVO.

-TO. Precedido de una vocal indica despectivos: *pazguato, mojigato.* (En *lobato* equivale a *-ezno.*)

-TOR. Agente: *conductor.* (*v.* -DOR.)

-TORIO. Aptitud: *aprobatorio.* || Lugar: *locutorio, mingitorio.* (Deriva de nombres acabados en *-tor* o en *-dor,* que asimismo provienen de verbos que expresan aptitud; si los verbos son de primera conjugación adopta la forma *-atorio: evacuatorio,* y si de la segunda y tercera, *-itorio: dormitorio.* Si el verbo termina en *-ver,* adopta la forma *-utorio: absolutorio,* con alguna excepción: *envolver: envoltorio.*)

-TRIZ. Agente: *motriz.* || Profesión o dignidad: *actriz, emperatriz.* (En algunos casos sustituye a *-dora* o *-tora,* que son las formas normales del femenino de estas voces.)

-TUD. Actitud: *lentitud.* || Estado: *senectud.* || Cualidad: *beatitud.*

-TURA. *v.* -URA.

-UALLO. Despectivos: *gentualla.*

-UCAR. *v.* -UCO.

-UCIO. *v.* -CIO.

-UCO. Diminutivos despectivos: *ventanuco, mujeruca, tabuco.* (Puesto que su uso queda casi reducido a la región santanderina, su carácter despectivo debe considerarse generalmente superado, puesto que allí se utiliza con un matiz marcadamente afectuoso, sin pizca de desprecio.) (Combinado con *-ar* da *-aruco: abejaruco,* o *-ucar, besucar.*)

-UCHO. Despectivo: *casucha, tenducho.* || Atenuativo: *debilucho.*

-UD. Nombres abstractos: *laxi-tud, gratitud.*

-UDO. Abundancia: *barbudo, pe-ludo.*

-UELO. Diminutivos: *picaruelo, riachuelo.*

-UGIO. Despectivos: *artilugio.*

-UEÑO. Agente: *pedigüeño.*

-UJADO. *v.* -ADO.

-UJAR. *v.* -UJO.

-UJO. Despectivos (poco usado): *pequeñujo.* (Equivale a *-ucho* o *-ugio.* Combinado con *-ar* da *-ujar: apretujar.*) (*v.* -ADO, -ÓN.)

-ULENTO. *v.* -ENTO.

-ULLAR. Combinación de *-ullo* y *-ar: mascullar.*

-ULLO. Diminutivos despectivos (p o c o u s a d o): *z u r u l l o.* (*v.* -ULLAR.)

-UMBRE. *v.* -MBRE.

-UNCHO. Despectivos (poco usa-do; por lo general, en palabras acabadas en *-o*): *carduncho.*

-UNO. Propio de (generalmente con matiz despectivo): *perru-no.* || Clase de animales: *bo-yuno.*

-UOSO. Forma adjetivos: *tempes-tuoso, luctuoso, untuoso.*

-URA. Parte invariable de los su-fijos *-adura, -edura, -idura, -atu-ra, -tura,* que indican: Cosa he-cha: *hilatura.* || Que sirve para: *envoltura.* || Derivados de ver-bos: *añadidura.* || Variante de lo designado por el nombre pri-mitivo: *llanura, altura.* || Nom-bres abstractos: *frescura, gala-nura.*

-URÍA. *v.* -RÍA.

-URRIA. Nombres y adjetivos des-pectivos: *mamandurria.*

-URRO. *v.* -ÓN, -ORRO.

-URRÓN. Aumentativos despecti-vos: *santurrón, mansurrón.* (*v.* -ÓN.)

-USCAR. Combinación de *-usco* y *-ar: apañuscar.* (Tiene sentido despectivo.)

-USCO. *v.* -SCO, -USCAR.

-UTO. Despectivos (bastante ra-ro): *cañuto.* (Combinado con *-arro* da *-arruto: cagarruta;* con *-ar* da *-aruto: langaruto.*)

-UZCO. *v.* -SCO.

-UZO. Despectivos: *gentuza.*

-ZÓN. Acción o efecto: *ligazón, desazón.* (Equivale a *-ción.*)

B) AFIJOS CULTOS

A- (gr.). Falta, negación: *acéfalo, amoral.* (Ante vocal adopta la forma AN-: *analfabeto.*) || (lat.) Semejanza de aspecto: *acana-lado, atigrado.* || Proximidad: *acostar.* || Forma verbos para-sintéticos: *apostar, asustar.*

AB- (lat.). Intensidad: *absorber.* || Exceso: *abusar.* || Separa-ción: *abducción.*

ACANT-, ACANTO- (gr. *ákantha*). Es-pina: *acantocéfalo.*

ABS- (lat.). Deducción o separa-ción: *abstraer, abstenerse.*

ACET-, ACETO- (lat. *acétum*). Vina-gre: *acetato.*

ACR-, ACRO- (gr. *akros*). En el pun-to extremo o más alto: *acro-mion.*

ACTIN-, ACTINO- (gr. *aktis, aktinos*). Radio, rayo: *actinofito, actino-bolismo.*

ACU-, ACUO- (lat. *aqua*). Agua: *acuarela, acuoso.*

AD- (lat. *ad*). Unión, proximidad: *adyacente*. || Tendencia: *administrar*. || Cercanía: *adjunto*.

-ADELFO (gr. *adelphós*). Hermano: *diadelfo*.

ADELO- (gr. *ádelos*). Invisible: *adelópodo*.

ADEN-, ADENO- (gr. *adén*). Glándula: *adenitis, adenología*.

AERO- (gr. *aer, aeros*). Aire: *aerocarpia*.

AGAM- (de *a* y *gam*). Falta de diferenciación de los sexos: *ágamo*.

-AGOGIA, -AGOGÍA (gr. *agogé*). Conducción, dirección: *demagogia, pedagogía*.

-AGOGO, A (gr. *agogós*). El que conduce: *pedagogo*.

AGON-, AGONO- (gr. *agón*). Lucha: *agonista, agonoteta*.

AGR-, AGRI- (lat. *ager*). Campo: *agrario, agricultura*.

AGRO- (gr. *agrós*). Campo: *agronomía*.

AL- (lat. *álere*). Alimentar: *alible, alumno*.

AL-, ALO- (gr. *allos*). Otro: *alotrópico*.

-ALGIA (gr. *algós*). Dolor: *cefalalgia*.

ALTI- (gr. *altus*). Alto: *altiplano*.

ALV- (lat. *alvus*). Vientre: *alvino*.

AMIGDAL- (lat. *amygdala*, gr. *amygdale*). Almendra: *amigdaláceo*.

AMIL- (lat. *ámylum*, gr. *ámylon*). Almidón: *amiláceo*.

AMNI- (lat. *amnis*). Río, corriente: *amnícola*.

AMPEL- (gr. *ámpelos*). Vid: *ampelídeo*.

AN-. *v.* **A-.**

ANA- (gr. *aná*). Hacia arriba, en alto: *anatema*. || Contra: *anacronismo*. || Hacia atrás: *anapesto*. || De nuevo: *anabiosis*. ||

Conforme: *analogía*. || Separación: *anatomía*.

ANDR-, ANDRO- (gr. *anér*). Varón: *androide*.

-ANDRIA (gr. *andr*). Varón: *poliandria*.

-ANDRO, A (gr. *andr*.) Varón: *monandro*.

ANEMO- (gr. *ánemos*). Viento: *anemografía*.

ANFI- (gr. *amphi*). Alrededor de: *anfiteatro*. || A ambos lados: *anfímacro*. || Ambigüedad: *anfibología*.

ANG- (lat. *ángere*). Estrechar: *angosto, angustia*.

ANGIO- (gr. *aggeion*). Vaso circulatorio: *angiología*.

ANGL- (lat. *angli*). Ingleses: *anglicismo*.

ANGUI- (lat. *anguis*). Serpiente: *anguiforme*.

ANISO- (gr. *ánisos*). Desigualdad: *anisocarpio*.

ANTE- (lat. *ante*). Antes, delante de: *anteayer, antealtar*. (Es de uso acomodaticio).

ANTERO- (gr. *antherós*). Florido: *anterozoide*.

ANTI- (gr. *anti*). En lugar de: *anticristo*. || Contra: *anticatólico*.

ANTO- (gr. *anthos*). Flor: *antocarpo*.

ANTRA-, ANTRAC-, ANTRACO- (gr. *ánthrax*). Carbón: *antracita, antracnosis, antracosis*.

ANTROP-, ANTROPO- (gr. *ánthropos*). Hombre: *antropofagia*.

-ÁNTROPO, A (gr. *ánthropos*). Hombre: *sinántropo*.

APER- (lat. *aper*). Abrir: *aperitivo*.

API-, APIC- (lat. *apis*). Abeja: *apio, apícola, apicultura*.

APICO- (lat. *apex, apicis*). Ápice, vértice: *apicodental, apicólisis*.

APNE-, APNEO- (gr. *ápnoos*). Falto de respiración: *apnea, apneosfixia*.

APO- (gr. *apó*). Lejos de, separado de: *aponeurografía*.

ARACN- (gr. *arakne*, lat. *aránea*.) Araña: *arácnido*.

ARC-, ARCHI- (gr. *archo*). Preeminencia: *arconte, arcángel, archiduque*. ‖ Muy: *archisabido*. (Puede adoptar las formas *arci-*: *arciprestazgo*; *arce-*: *arcedianato*; *arz-*: *arzobispo*, o *arqui-*: *arquitectura*.)

-ARCA. (gr. *archo*). Mandar: *etnarca, exarca*. (Ante *e* o *i* adopta la forma *arqu*: *anarquía, jerarquía*.) (v. -ARQUÍA.)

ARCE-. v. ARC-.

ARQUI-. v. ARC-.

ARGENT- (lat. *argentum*). Plata: *argentífero*.

ARGIR-, ARGIRO- (gr. *árgyros*). Plata: *argirismo, argiropirita*.

ARGO- (gr. *argós*). Brillante, blanco: *argonina*.

ARISTO- (gr. *aristós*). El mejor: *aristócrata*.

ARITM-, ARITMO- (gr. *arithmós*). Número, cálculo: *aritmografía*.

ARUI-. v. ARC-.

ARQUEO- (gr. *archaios*). Antiguo: *arqueocito, arqueología*.

ARQUI-. v. ARCHI.

-ARQUÍA (gr. *archo*). Mandar: *monarquía, jerarquía*.

ART-, ARTO- (gr. *artos*). Pan: *artocárpeo*.

ARTERI-, ARTERIO- (gr. *artería*). Arteria: *arterialización, arteriología*.

ARTO- (gr. *artos*). Pan: *artoclasia*.

ARTR-, ARTRO- (gr. *arthron*). Articulación: *artritis*.

ARUND- (lat. *arundo*). Caña: *arundíneo*.

ARV- (lat. *árvum*). Campo: *arvense, arvicultura*.

ARZ-. v. ARC-.

-ASTENIA (gr. *asthéneia*). Debilidad: *psicastenia*.

ASTER-, ASTERO- (gr. *aster*). Astro, estrella: *asteroide, asterometría*.

ASTR-, ASTRO- (gr. *astron*). Astro: *astrodinámica*.

ATMO- (gr. *atmós*). Vapor: *atmología*.

ATR- (lat. *áter, atra, átrum*). Negro: *atrabilis*.

ATTO-. La trillonésima p a r t e (10⁻¹⁸): *attogramo*.

AUC- (lat. *augere*). Aumentar: *aucción*. (Adopta también las formas *au*: *aumentar*; *aug-*: *augmentar*, y *aux-*: *auxología*.)

AURI-, AURO- (lat. *áurum*). Oro: *aurífero*.

AUTO- (gr. *autos*). Mismo, propio: *automóvil, autógeno*.

AX- (lat. *axis*). Eje: *axoideo*.

BACIL- (lat. *bacillus*). Bastoncito, sarmiento: *bacilar*. (Raramente, equivale también a *bacel-*: *bacelar*.)

BAPT- (lat. *baptismus*). Bautismo: *baptisterio*.

BAR-, BARO- (gr. *baros*). Pesadez: *barómetro*.

BAT-, BATI-, BATO- (gr. *bathys*). Profundo: *batimetría, batíscafo*.

BELI- (lat. *béllum*). Guerra: *beligerancia*.

BENC- (cat. *lobenjuí* [*benjuí*], del ár. *luben yawi*, incienso de Java). Benjuí: *benceno*. (Adopta también la forma *benz-*: *benzoico*.)

BENT-, BENTO- (gr. *benthos*). Bajo el agua, fondo del mar: *bentónico, béntico*.

83

BENZ-. v. BENC-.

BI- (lat. *bis*). Dos: *b i ó x i d o*. || Dos veces: *bimensual*. (Adopta también las formas *bis-: bisabuelo, bisnieto* y *biz-: bizcocho*.) (v. DI-.)

BIBLIO- (gr. *biblíon*). Libro: *bibliología, bibliomanía*.

BIO- (gr. *bíos*). Vida: *biólogo*.

-BIO. (gr. *bíos*). Vida: *anaerobio*.

BIS-. v. BI-.

BIZ-. v. BI-.

BLEN-, BLENA-, BLENO- (gr. *blénnos*). Mucosidad: *blenoftalmía*.

BLEFAR-, BLEFARO- (gr. *blépharon*). Párpado: *blefaroplastia*.

BRADI- (gr. *bradys*). Lentitud: *bradicardia, bradilalia*.

BRAQUI-, BRAQUIO- (gr. *brachys*). Corto: *braquiópodo*.

BRIO- (gr. *bryon*). Musgo: *briología*.

BRONCO- (lat. *brónquium*). Bronquio: *broncorragia*. (Ante *i* toma la forma *bronqui-: bronquitis*.)

BULBI-, BULBO- (lat. *bulbus*). Bulbo: *bulboso*.

CACO- (gr. *kakós*). Malo: *cacogástrico*. (Ante *e* toma la forma *caqu-: caquexia*.)

CAL-, CALI-, CALO- (gr. *kalós*). Hermoso: *caligrafía, calocéfalo*.

CALAMI-, CALAMO- (lat. *calamus*). Cálamo, caña: *calamiforme*.

CALCI- (lat. *calx*). Cal: *calcinar*.

CALCO- (gr. *chalcós*). Cobre, bronce: *calcografía*.

CALI-, CALO- (gr. *kalós*). Bello: *caligrafía, calocéfalo*.

CAP- (gr. *kephalé*). Cabeza (v. CEFAL-). || (lat. *caput*). Cabeza: *capataz, capilar*. || (lat. *capillus*). Cabello: *capilar*. || (lat. *cappa*). Capa: *capea, caperuza*. || (lat.

cápere). Coger, caber: *capacho, capazo*.

CAPIL- (lat. *capillus*). C a b e l l o s (v. CAP-).

CAPN-, CAPNO- (gr. *kapnós*). Humo: *capnomancia* o *capnomancía*.

CAPR- (lat. *capra*). Cabra: *caprino*.

CARCINO- (gr. *kárkinos*.) Cangrejo: *carcinoma*.

CARDI- CARDIO- (gr. *kardía*). Corazón: *cardialgia, cardiograma*.

-CARDIO, A (gr. *kardía*). Corazón: *pericardio, miocardio, estenocardia*.

CARFO- (gr. *karphós*). Copo, brizna: *carfología*.

CARIO- (gr. *karyon*). Nódulo, núcleo, nuez, hueso de las frutas: *cariocinesis, cariofiláceo, cariocarpo*.

CARN-, CARNI- (lat. *caro*). Carne: *carnicería*.

-CÁRPEO, -CARPIO, -CARPO (gr. *karpós*). Fruto: *endocárpeo, pericarpio, estefanocarpo*.

CARPO- (gr. *karpós*). Fruto: *carpología*.

CATA- (gr. *kata*). Hacia abajo: *cataclismo*.

CATEN- (lat. *catena*). Cadena: *catenaria, cateniforme*.

CATOPTR- (gr. *kátoptron*). Espejo: *catroptomancia, catóptrica*.

CAUD- (lat. *cauda*). Cola: *caudatario, caudatrémula*.

CAUL-, CAULE-, CAULI-, CAULO- (gr. *kaulós*). Tallo: *caulículo*.

CEFAL-, CEFALO- (gr. *kephalé*). Cabeza: *cefalalgia, cefalópodo*.

-CEFALIA, -CÉFALO (gr. *kephalé*). Cabeza: *hidrocefalia, cinocéfalo*.

CEL-, CELO- (gr. *koilos*). Vacío: *celoma*.

-CELE (gr. *kele*). Tumor: *hidrocele*.

CENO- (gr. *kainós*). Nuevo: *ceno-zoico*. ‖ (gr. *kenós*). Vacío: *ce-notafio*. ‖ (gr. *koinós*). Común: *cenobio*.

-CENO (gr. *kainós*). Nuevo: *oli-goceno, mioceno*.

CENTI- (lat. *céntum*). Ciento. La centésima parte: *centímetro*.

CER-, CERA-, CERAT-, CERATO- (gr. *ké-ras*). Cuerno: *ceratogloso*. (Adopta a veces la forma *que-rat-*: *queratina*.)

CERAUNO- (gr. *keraunós*). Rayo: *ceraunita*.

CERO- (gr. *kerós*). Cera: *cerogra-fía*.

CET- (gr. *ketos*). Monstruo acuá-tico: *cetáceo, cético*.

CIAN-, CIANO- (gr. *kyanos*). Azul: *cianofíceo, cianógeno*.

CICL-, CICLO- (gr. *kyklos*). Círculo, rueda: *ciclista, ciclomotor*.

-CICLO (gr. *kyklos*). Círculo, rue-da: *biciclo*.

-CIDA, -CIDIO (lat. *caedo*). Matar: *uxoricida, regicidio*.

CIL-, CILI-, CILIATI- (lat. *cílium*). Ceja, pestaña: *ciliar, ciliola, ci-liatifoliado*.

CIMO- (gr. *kyma*). Ola: *cimopo-lia*. ‖ (gr. *zyme*). Fermento: *ci-mógeno*.

CIN-, CINE-, CINO- (gr. *kyon, kinós*). Perro: *cinegética, cinocéfalo*.

CINAM- (lat. *cinnamum*). Canela: *cinamomo*.

CINE-, CINEMA-, CINEMATO-, CINET- (gr. *kínema*). Movimiento: *ci-neísta, cinematografía, cinética*.

CINER- (lat. *cinis*). Ceniza: *cine-ración*.

CIR- (gr. *cheir*). Mano: *cirugía*.

CIRCUM-, CIRCUN- (lat. *círcum*). Alrededor: *circumcirca, cir-cumpolar, circunnavegación*.

CIRRI-, CIRRO- (lat. *cirrus*). Fle-co: *cirrípedo, cirroso*.

CIRRO- (gr. *kirrós*). Amarillento: *cirroteutio*.

CIS- (lat. *cis*). De la parte de acá: *Cisjordania*.

CIST-, CISTI-, CISTO- (gr. *kystis*). Vejiga: *cistoide*.

-CISTO (gr. *kystis*). Vejiga: *ma-crocisto*.

CITO- (gr. *kytos*). Cubierta (célu-la): *citocroma*.

-CITO (gr. *kytos*). Cubierta (célu-la): *fagocito*.

CITRA- (lat. *citra*). De la parte de acá: *citramontano*.

CIV- (lat. *civis*). Ciudadano: *cí-vico*.

CLA-, CLADO-, CLAST- (gr. *klao*). Romper: *cladócero, clástico*.

CLEIDO- (gr. *kleís*). Clavícula: *cleidorresis*.

CLEPTO- (gr. *kléptein*). Robar: *cleptomanía*.

CLORO- (gr. *chlorós*). Verde: *clo-rofila*.

CO- (lat. *co*). Unión o compañía: *coedición, colaborador*. ‖ Par-ticipación con otro: *coadjutor, coetáneo*. (Equivale a *con-*: *con-venir*, y ante *b* o *p* se convierte en *com-*: *componer*.)

COL-, COLE- (gr. *cholé*). Bilis: *có-lera*.

-COLA (gr. *colere*). Habitar: *ca-vernícola*.

COM-. v. CO-.

CON-. v. CO-.

COLOMB-, COLUMB- (lat. *columba*). Paloma: *colombófilo, columbi-no*.

COLP-, COLPO- (gr. *kolpós*). Plie-gue, seno, vagina: *colpitis, col-popexia*.

CONDR-, CONDRIO-, CONDRO- (gr. *chondros*). Grano, cartíla-go: *condritis, condrómetro*.

CONI- (lat. *conus*). Cono: *coni-forme*.

CONQUI-, CONQUIL-, CONQUILIO- (gr. *konchylion*). Concha: *conchiliología, conquiliófago*.

CONTRA- (lat. *contra*). Oposición o contrariedad: *contraindicar*. || Duplicación o refuerzo: *contrabarrera, contraventana*. || Segundo lugar en categoría o grado: *contralto, contramaestre*.

COPR-, COPRO- (gr. *kopros*). Excremento: *copremia, coprofagia*.

CORDI- (lat. *cor*). Corazón: *cordicia*.

-CORDIO (lat. *chorda*). Cuerda: *monocordio*.

COSM-, COSMO- (gr. *kosmós*). Mundo: *cósmico, cosmogonía*.

-COSMO (gr. *kosmós*). Mundo: *microcosmo*.

COX-, COXO- (lat. *coxa*). Cadera: *coxastropatía, coxodinia*.

-CRACIA (gr. *kratos*). Fuerza, dominación: *teocracia, plutocracia*.

-CRATA (gr. *kratos*). Fuerza: *demócrata, plutócrata*.

CRESTO- (gr. *chrestos*). Útil, bueno: *crestomatía*.

CRIN- (lat. *crinis*). Cabello: *crinifloro*.

CRINO- (gr. *krino*). Separar: *crinógeno*.

CRIO- (gr. *kryos*). Frío: *criómetro*. || (gr. *kriós*). Carnero: *crióforo*.

CRIPT-, CRIPTO- (gr. *kryptós*). Oculto: *criptandro, criptoanálisis*.

CRIS-, CRISO- (gr. *chrysós*). Oro: *crisargirio, crisógeno*.

CROC- (lat. *croceus*). Azafrán: *croceína, crocino*.

CROM-, CROMAT-, CROMATO-, CROMO- (gr. *chróma*). Color: *cromatina, cromatoplasma, cromógrafo*.

CRONI-, CRONO- (gr. *chronos*). Tiempo: *crónico, cronoginia*.

-CRONO (gr. *chronos*). Tiempo: *isócrono*.

CRUCI- (lat. *crux*). Cruz: *crucifijo*.

CUADRI-, CUADRU- (lat. *quadri*). Cuatro, cuatro veces: *cuadrifolio, cuadrienal*. (Adopta a veces la forma *cuatri-*: *cuatrimestre*.)

CUASI- (lat. *cuasi*). Casi: *cuasicontrato, cuasidelito*.

CUATRI-. *v.* CUADRI-.

CUB-, CUMB- (lat. *cubare*). Acostarse: *cubículo, incumbir*.

-CULTOR (lat. *cultor*). Cultivador: *agricultor*.

-CULTURA (lat. *cultura*). Cultivo, cuidado: *agricultura*.

DACR-, DACRI-, DACRIO- (gr. *dakryon*). Lágrima: *dacriadenalgia, dacriocistalgia*.

DACTIL-, DACTILI-, DACTILO- (gr. *dáktylos*). Dedo: *dactilado*.

-DÁCTILO (gr. *dáktylos*). Dedo: *pentadáctilo*.

DAFN- (gr. *daphne*). Laurel: *dafnéforo*.

DASO- (gr. *dasos*). Bosque: *dasocracia*.

DE- (lat. *de*). Disociación, dirección de arriba abajo: *denegrecer, decaer*. (v. DES-.)

DECA- (gr. *deka*). Diez: *decagramo*.

DECI- (lat. *decimus*). Décima parte: *decilitro*.

DEI- (lat. *deus*). Dios: *deidad, deificar*.

-DELO (gr. *delos*). Visible: *urodelo*.

DEM-, DEMO- (gr. *demos*). Pueblo: *demagogia, democratizar*.

-DEMIA (gr. *demos*). Pueblo: *epidemia*.

DEMONO- (gr. *daimón*). Demonio: *demonolatría*.

DENDR-, DENDRI-, DENDRO- (gr. *dendron*). Árbol: *dendrita, dendrografía*.

DENT-, DENTI-, DENTO- (lat. *dens*). Diente: *dentiforme, dentología*.

DERM-, DERMAT-, DERMATO- (gr. *derma*). Piel: *dermatología*.

-DERMIS, -DERMO (gr. *derma*). Piel: *epidermis*.

DES- (lat. *dis*). Negación, privación: *desconfiar, desalojar.* ∥ Exceso: *descarado.* ∥ Fuera de: *desterrado.* ∥ Afirmación: *despavorido*.

DESIDER- (lat. *desiderare*). Desear: *desiderativo*.

DEUTER-, DEUTERO-, DEUTO- (gr. *deúteros*). Segundo: *deutocarbonato*.

DEXIO- (gr. *dexiós*). Diestro, derecho: *dexiocardia*.

DEXTR-, DEXTRO- (lat. *dexter*). Diestro, derecho: *dextroquero*.

-DEXTRO (lat. *dexter*). Diestro, derecho: *ambidextro*.

DI- (gr. *dis*). Dos: *diprósopo*.

DI-, DIA- (gr. *diá*). Separación: *diacrítico.* ∥ A través de: *diacentro.* ∥ Entre: *diatónico.* ∥ Con: *dialtea*.

DI-, DIS- (lat. *di* y *dis*). Oposición o contrariedad: *disentir.* ∥ Origen y procedencia: *dimanar.* ∥ Extensión o dilación: *difundir.* ∥ Separación: *difamar, discordancia*.

DIALI- (gr. *dialyo*). Disolver: *diálisis*.

DICO- (gr. *dicha*). En dos partes: *dicotiledón*.

DIDACT- (gr. *didaskein*). Enseñar: *didáctica*.

DIGIT-, DIGITI- (lat. *digitus*). Dedo: *digitiforme*.

DINAM-, DINAMO- (gr. *dynamis*). Fuerza: *dinámica, dinamómetro*.

DINO- (gr. *deinós*). Terrible: *dinornis*.

DIPLO- (gr. *diplóos*). Doble: *diplogénesis*.

DIPS-, DIPSO- (gr. *dipsa*). Sed: *dipsomanía, dipsoterapia*.

DIS- (gr. *dys*). Mal, trastornado: *disfagia, disnea*.

DOC- (lat. *docere*). Enseñar: *docto*.

DODECA- (gr. *dódeka*). Doce: *dodecágono*.

DOLICO- (gr. *dolichós*). Largo: *dolicocéfalo*.

DOM- (lat. *domus*). Casa: *domicilio*.

DOMIN- (lat. *dóminus*). Dueño: *dominico*.

-DOXIA, -DOXO (gr. *doxa*). Opinión, doctrina: *heterodoxia, heterodoxo*.

DOXO- (gr. *doxa*). Opinión, doctrina: *doxógrafo*.

DROM- (gr. *édramon*). Correr: *dromedario*.

-DROMO (gr. *dromos*). Carrera: *autódromo*.

DUC- (lat. *dúcere*). Conducir: *dúctil, ductor*.

E-. *v.* ES-.

EC- (gr. *ek*). Fuera de, sin, aparte: *ectopia*.

EC-, ECO- (gr. *oikos*). Casa: *ecología*.

ECO- (gr. *echó*). Eco: *ecopatía*.

ECTO- (gr. *ektós*). Extremo: *ectógeno*.

-ECTOMÍA (gr. *ektomé*). Corte, amputación, separación: *gastrectomía*.

ECU- (lat. *équus*). Caballo: *ecuestre*.

EDAF- (gr. *édaphos*). Suelo, fundamento: *edafología*.

-EDRO (gr. *hedra*). Cara: *romboedro, poliedro.*

EGO- (lat. *ego*). Yo: *egoísmo.* ‖ (gr. *aix, aigós*). Cabra: *egócero, egofonía.*

ELAIO-, ELAYO, ELEO- (gr. *élaion*). Aceite: *elaiococa, elayómetro, eleófago.*

EM-. *v.* EN-.

-EMIA (gr. *haima*). Sangre: *anemia.*

EN- (gr. *en*). Dentro de: *encéfalo.* ‖ (lat. *in*). *v.* IN-. (Toma la forma *em-* cuando precede a *b* o *p*: *embeber, emplazar.*)

ENDECA- (gr. *éndeka*). Once: *endecasílabo.*

ENEA- (gr. *ennea*). Nueve: *eneagino.*

ENDO- (gr. *endon*). Dentro: *endopleura.*

ENO- (gr. *oinos*). Vino: *enología.*

ENT-, ENTO- (gr. *entós*). Dentro: *entómera.*

ENTER-, ENTERO- (gr. *énteron*). Intestino: *enteritis, enterocolitis.*

ENTOM-, ENTOMO- (gr. *éntomon*). Insecto: *entomótilo.*

EO- (gr. *eós*). Aurora: *eojurásico.*

EP-, EPI- (gr. *epí*). Sobre: *epigino.*

EPISCOP- (lat. *episcopus*). Obispo: *episcopado.*

EQU- (lat. *équus*). Caballo: *equitación.*

EQUI- (lat. *aequus*). Igual: *equilátero.*

E Q U I N O- (gr. *echinos*). Erizo: *equinodermos.*

ERIO- (gr. *erion*). Lana: *eriotecnia.*

ERIS-. *v.* ERIT-.

ERIT- (gr. *eréutho*). Enrojecer: *eritema.* (A veces adopta la forma *eris-*: *erisipela.*)

ERITR-, ERITRO- (gr. *erytrós*). Rojo: *eritrina, eritrocito.*

EROT-, EROTO- (gr. *eros*). Amor: *erótico, erotopatía.*

ES- (lat. *ex*). Fuera o más allá: *estirar, espurgar.* ‖ Privación: *esperezarse.* ‖ Atenuación: *escocer.* (*v.* EX-.)

ESCAF- (gr. *skaphe*). Barco: *escafranda.*

ESCATO- (gr. *skor*). Escremento: *escatología* (estudio de los escrementos). ‖ (gr. *áschatos*). Último: *escatología* (destino del hombre y del mundo).

ESCI-, ESCIO- (gr. *skiá*). Sombra: *esciagrafía, esciófilo.*

ESCLER-, ESCLERO- (gr. *sklerós*). Duro: *esclerodermo.*

ESCOL- (lat. *schola*). Escuela: *escolaridad.*

ESCUT- (lat. *scútum*). Escudo: *escutiforme.*

ESFEN-, ESFENO- (gr. *sphén*). Cuña: *esfenión, esfenómetro.*

ESFERO- (gr. *sphaîra*). Esfera: *esferómetro.*

ESFIGMO- (gr. *sphygmós*). Pulso: *esfigmófono.*

ESO- (gr. *eso*). Dentro: *esoterismo.*

ESPEL- (gr. *spélaion*). Cueva, caverna: *espeleología.*

ESPLACN-, ESPLACNO- (gr. *splagchnon*). Víscera: *esplacnectopía, esplacnología.*

ESPLEN-, ESPLENO- (gr. *splen*). Bazo: *esplenización.*

ESPOR-, ESPORO- (gr. *sporá*). Semilla: *esporófito.*

ESQUIZ-, ESQUIZO- (gr. *schizo*). Disociar, dividir en dos: *esquizonto.*

ESTAT-, ESTATO- (gr. *estatós*). Parado: *estatoblasto.*

ESTEA-, ESTEAR-, ESTEATO- (gr. *stéar*). Sebo: *esteatopatía.*

ESTENO- (gr. *stenós*). Estrecho: *estenocordia.*

ESTEREO- (gr. *estereós*). Sólido: *estereóbato*.

ESTESIO- (gr. *aisthesis*). Sentido: *estesiómetro*.

ESTET-, ESTETO- (gr. *stethos*). Pecho: *estetoespasmo*.

ESTILO- (gr. *stylos*). Estilo, punzón: *estilodio, estilográfico*.

ESTOMAT-, ESTOMATO- (gr. *stoma*). Boca: *estomatalgia*.

ETIMO- (gr. *étymon*). Sentido real: *etimología*.

ETIO- (gr. *aitía*). Causa: *etiología*.

ETNO- (gr. *ethnos*). Raza: *etnógrafo*.

EU- (gr. *eu*). Bien, bueno, bello: *eufonía, eufemismo*.

EX- (lat. *ex*). Fuera, más allá: *extemporáneo, extender*. || Negación o privación: *exheredar*. || Encarecimiento: *exclamar*. || Separación: *exponer*.

EXO- (gr. *exo*). Fuera de: *exotérico*.

EXTRA- (lat. *extra*). Fuera de: *extramuros*. || Sumamente: *extraplano*.

FAG-, FAGO- (gr. *éphagon*). Comer: *fagocito*.

-FAGIA (gr. *phágomai*). Comer: *antropofagia, disfagia*.

-FAGO, A (gr. *phágomai*). Comer: *antropófago*.

FALC-, FALCI- (lat. *falx*). Hoz: *falciforme*.

FANERO- (gr. *phanerós*). Visible: *fanerógamo*.

-FANO (gr. *phanós*). Claro, manifiesto: *diáfano, quirófano*.

FEMTO-. La milbillonésima parte (10^{-15}): *femtogramo*.

FENO- (gr. *phainein*). Aparecer: *fenología*.

-FERO, A (lat. *fero*). Llevar, producir: *calorífero*.

FERR-, FERRO- (lat. *férrum*). Hierro: *ferricianógeno, ferroso*.

-FÍCEA, -FÍCEO (gr. *phykos*). Alga: *feofíceas*.

-FICIO (lat. *facio*). Hacer: *maleficio*.

FICO- (gr. *phykos*). Alga: *ficología*. || (lat. *ficus*). Higo: *ficoliquen*.

-FICO, A (lat. *facio*). Hacer: *maléfico*.

FIL-, FILO- (gr. *philos*). Amante: *filodramático*. || (gr. *phylon*). Raza: *filogénesis*.

FILI- (lat. *fílum*). Hilo: *filirrostro*.

-FILIA (gr. *philía*). Amor: *bibliofilia*. || (gr. *philos*). Amigo: *hemofilia*.

FILO- (gr. *phyllon*). Hoja: *filomanía*.

-FILO, A (gr. *philos*). Amante: *anglófilo*.

FIM- (gr. *phym*). Tubérculo: *fimia*.

FISI- (lat. *fissus*). Hendido: *fisidáctilo*.

FISIO- (gr. *physis*). Naturaleza: *fisiografía*.

FITO- (gr. *phytón*). Vegetal: *fitotaxia*.

-FITO, A (gr. *phytón*). Vegetal: *talofita, palafito*.

FLABELI- (lat. *flabéllum*). Abanico: *flabelado*.

FLAG- (lat. *flagítium*). Delito: *flagicioso*. || (lat. *flamma*). Llama: *flagrar*.

FLAG-, FLAGELO- (lat. *flagéllum*). Azote: *flagelar, flageliforme*.

FLEB- (lat. *flere*). Llorar: *flébil*.

FLEB-, FLEBO- (gr. *phlebs*). Vena: *flebitis, fleboanestesia*.

FLOG- (gr. *phlego*). Inflamar: *flogisto*.

-FLORO, A (lat. *flos*). Flor: *multiflora*.

FLORI- (lat. *flos*). Flor: *florícola*.
FLUVIO- (lat. *fluvius*). Río: *fluviómetro*.
-FOBIA (gr. *phobos*). Aversión: *hidrofobia*.
-FOBO, A (gr. *phobos*). Aversión: *hidrófobo*.
FOL- (lat. *fólium*). Hoja: *foliáceo*.
FON-, FONO- (gr. *phoné*). Sonido: *fonografía*.
-FONÍA (gr. *phoné*). Sonido: *afonía, eufonía, polifonía*.
-FONO, A (gr. *phoné*). Sonido: *micrófono*.
FOR- (lat. *foras*). Fuera: *foráneo*.
-FORO, A (gr. *phorós*). Llevar: *cromatóforo*.
FOS- (gr. *phos*). Luz: *fósforo*.
FOTO- (gr. *phos*). Luz: *fotobiótico*.
FRENO- (gr. *phren*). Inteligencia: *frenología*.
-FUGO, A (lat. *fugare*). Ahuyentar: *vermífugo*.

GALACT- (gr. *gala, gálaktos*). Leche: *galáctico*. (A veces adopta la forma *galax-: galaxia*.)
GAMO- (gr. *gamos*). Unión: *gamosépalo*.
GALAX-. *v*. GALACT-.
-GAMO, A (gr. *gamos*). Unión: *criptógama*.
GASTERO-, GASTR-, GASTRI-, GASTRO- (gr. *gaster, gastrós*). Vientre, estómago: *gasterópodo, gastrectomía*.
GEMI- (lat. *gemma*). Yema: *gemíparo*.
GEN-, GENE- (lat. *genus*). Género, linaje: *genealogía*.
-GENO (gr. *guennân*). Producir: *somatógeno*.
GEO- (gr. *ge*). Tierra: *geocerita*.
-GEO (gr. *ge*). Tierra: *androgeo*.

GERONT-, GERONTO- (gr. *guéron, guerontos*). Anciano: *gerontismo, gerontofilia*.
GIGA- (lat. *gigas*, gr. *guigas*). Gigante. Mil millones (10^9): *gigalitro*.
GIMN-, GIMNO- (gr. *gymnós*). Desnudo: *gimnóstomo*.
GIN-, GINEC-, GINECO- (gr. *gyné*). Mujer: *ginecotomía*.
GINGIV- (lat. *gingiva*). Encía: *gingivitis*.
-GINIA (gr. *gyné*). Mujer: *androginia*.
-GINO (gr. *gyné*). Mujer: *misógino*.
GIRO- (gr. *gyros*). Giro: *giroscopio*. || (lat. *gyrus*). Giro: *girómetro*.
GLAD- (lat. *gladius*). Espada: *gladiador*.
GLIC-, GLICO- (gr. *glykys*). Dulce: *glicifilina, glicogenia*.
GLIPTO- (gr. *glyptós*). Grabado: *gliptografía*.
GLOS-, GLOSO- (gr. *glossa*). Lengua: *glosoplejia*.
GLOT-, GLOTO- (gr. *glotta*). Lengua: *glótico*.
-GLOTO, A (gr. *glotta*). Lengua: *políglota*.
GLUC-, GLUCO- (gr. *glykys*). Dulce: *glucina, glucosa*.
GNOS- (lat. *gnóscere*). Conocer: *gnosticismo*.
-GNOSIA (gr. *gnosis*). Conocimiento: *farmacognosia*.
-GNOSIS, -GNÓSTICO (gr. *gnosis*). Conocimiento: *prognosis, agnóstico*.
GON-, GONO- (gr. *gonos*). Esperma: *gonococo*.
GONIO- (gr. *gonia*). Ángulo: *goniófito*.
-GONO (gr. *gonia*). Ángulo: *eneágono*.
GRAM-, GRAMA- (gr. *gramma*). Es-

crito, letra: *gramófono, gramática.*

-GRAMA (gr. *gramma*). Escrito, letra: *anagrama, diagrama.* || (gr. *grammé*). Línea: *pentagrama.*

-GRAFÍA, -GRAFO (gr. *grapho*). Escribir: *gamografía, polígrafo.* || Descripción, tratado descriptivo: *geografía.* (*v.* -LOGÍA.)

GRAFO- (gr. *grapho*). Escribir: *grafología.*

-GRAFO (gr. *graphein*). Grabar, escribir: *actinógrafo.*

HAGIO- (gr. *hagios*). Santo: *hagiografía.*

HALO- (gr. *hals, halos*). Sal: *halografía.*

HAPLO- (gr. *haplous*). Simple: *haplolalia.*

HEBDOM- (gr. *hebdomás*). Semana: *hebdomadario.*

HECT-, HECTO- (gr. *hectaón*). Ciento: *hectómetro.*

HELI-, HELIO- (gr. *helios*). Sol: *heliograbado.*

HELMIN-, HELMINTO- (gr. *helmins*). Gusano: *helmintiasis.*

HEM-, HEMA-, HEMAT-, HEMATO-, HEMO- (gr. *haima*). Sangre: *hemafobia, hematímetro, hematocéfalo, hemoglobina.*

HEMER-, HEMERO- (gr. *hemera*). Día: *hemeralopía, hemeroteca.*

HEMI- (gr. *hemi*). Medio: *hemiciclo, hemisferio.*

HEPAT-, HEPATO- (gr. *hêpar, hépatos*). Hígado: *hepático, hepatitis.*

HEPTA- (gr. *heptá*). Siete: *heptaginia.*

HERB- (lat. *herba*). Hierba: *herbaje.*

HETER-, HETERO- (gr. *heteros*). Otro: *heterómetro.*

HEX-, HEXA- (gr. *hex*). Seis: *hexabásico.*

HIAL-, HIALO- (gr. *hyalos*). Cristal: *hialografía.*

HIDR-, HIDRO- (gr. *hydor*). Agua: *hidráulica, hidroario.*

HIER-, HIERAT-, HIERO- (gr. *hierós*). Sagrado: *hierático, hierocracia.*

HIGRO- (gr. *hygrós*). Húmedo: *higrometría.*

HIL-, HILO- (gr. *hyle*). Materia: *hiloma.*

HIMENO- (gr. *hymen*). Membrana: *himenodonte.*

HIP-, HIPO- (gr. *hippos*). Caballo: *hipocampo.* || (gr. *hypó*). Debajo: *hipocolia.* || Inferioridad, disminución: *hiposfixia.*

HIPER- (gr. *hyper*). Exceso, superioridad: *hiperfísico.*

HIPN-, HIPNO- (gr. *hypnos*). Sueño: *hipnotismo.*

HIPSO- (gr. *hypsos*). Altura: *hipsoptenos.*

HISTO- (gr. *histós*). Tejido: *histólisis.*

HODO-. *v.* ODO-.

HOG- (lat. *focus*). Fuego: *hogar.*

HOLO- (gr. *holos*). Todo: *hololeuco.*

HOMEO- (gr. *hómoios*). Semejante: *homeomorfo.*

HOMO- (gr. *homós*). El mismo: *homodino.*

HOPLO- (gr. *hoplon*). Arma: *hoploteca* (t., *oploteca*).

HORO- (gr. *hora*). Hora: *horografía.* || (gr. *horos*). Límite: *horópter.*

HUR- (lat. *fur*). Ladrón: *hurón, huronear.*

I-. *v.* IN-.

ICNO- (gr. *ichnos*). Traza, huella: *icnógrafo.*

ICONO- (gr. *eikón*). Imagen: *iconografía, iconoclasta.*

ICTER- (gr. *ikteros*). Amarillo: *ictericia.*

ICTI-, ICTIO- (gr. *ichthys*). Pez: *ictiofobia*.

IDEO- (gr. *idea*). Idea: *ideograma*.

IDIO- (gr. *idios*). Propio, especial: *idioma, idiomorfo*.

IDOL-, IDOLO- (gr. *eidolon*). Imagen: *idolatría*.

IGN-, IGNI- (lat. *ignis*). Fuego: *ignición, ignífugo*.

IM-. *v.* IN-.

IMBR- (lat. *imbrex*). Teja: *imbricado*.

IN- (lat. *in*). En: *inmutar, incluir*. ‖ Privación o negación: *inculto, inseguro, inmoral*. ‖ Lugar en donde: *insistir*. ‖ Forma verbos o derivados verbales: *incrementar, insolación*. (A d o p t a las siguientes formas: ante *b* o *p*, *im-*: *imposible, imberbe;* ante *l* o *r*, *i-*: *ilógico, irrefrenable*.)

INFRA- (lat. *infra*). Debajo de: *inframaxilar*.

INTER- (lat. *inter*). Entre: *intercostal*. ‖ En medio: *intercambio*.

INTRA- (lat. *intra*). Dentro de, en lo interior de: *intracerebral, intráneo*.

ISO- (gr. *isos*). Igual: *isómero*.

-ITIS (gr. *itis*). Inflamación: *cistitis*.

JORN- (lat. *diurnus*). Diurno: *jornada, jornal*.

JUD-, JUIC-, JUR-, JURIS-, JUZG- (lat. *jus, juris*). Derecho, justo, juzgar: *judicatura, juicio, jurado, jurista, juzgado*.

KILI-, KILO- (gr. *chilioi*). Mil: *kiliárea, kilolitro*.

LACT-, LACTI-, LACTO- (lat. *lac, lactis*). Leche: *lacteína, lactiforme, lactómetro*.

LACU- (lat. *lacus*). Lago: *lacustre*.

LAMEL-, LAMELI- (lat. *lamella*). Lámina: *lamelicornio*.

LAPARO- (gr. *lapara*). Flanco: *laparostato*.

LARING-, LARINGO- (gr. *larinx*). Laringe: *laringoforma*.

LATER- (lat. *latus, láteris*). Lado: *lateral*.

-LÁTERO (lat. *latus, láteris*). Lado: *multilátero*.

LATI- (lat. *latus*). Ancho: *latifoliado*.

LEG- (lat. *lex, legis*). Ley: *legal, legislación*.

LEP-, LEPIDO- (gr. *lepís*). Escama: *lepidina*.

-LEPSIA, -LEPSIS (gr. *lambano*). Coger: *analepsia, prolepsis*.

LEPT-, LEPTO- (gr. *leptos*). Delgado: *leptoclino*.

LEUC-, LEUCO- (gr. *leukós*). Blanco: *leucofermento*.

LEVO- (lat. *laevus*). Izquierdo: *levoversión*.

LEXIC-, LEXICO- (gr. *lexis*). Lenguaje: *lexicógrafo*.

LIGN- (lat. *lígnum*). Leño: *lignito, lignario*.

LINF-, LINFO- (lat. *lympha*). Agua: *linfedema, linfovascular*.

LIO- (gr. *leios*). Liso: *lioderma*.

LIP-, LIPO- (gr. *lipos*). Sustancia grasa: *lipocito, lipocromo*.

LIPE- (gr. *lype*). Tristeza: *lipemanía*.

-LISIA, -LISIS (gr. *lysis*). Disolución: *diálisis*.

LIT-, LITO- (gr. *lithos*). Piedra: *litólisis*.

-LITO (gr. *lithos*). Piedra: *megalito*.

LOC-, LOCO-, LOG- (lat. *locus*). Lugar: *localidad, locomóvil, logar*. ‖ (lat. *l o q u i*). Hablar: *locuaz, locución*.

-LOGÍA (gr. *logos*). Tratado teórico, ciencia: *geología*. (*v.* -GRAFÍA.)

LOGO- (gr. *logos*). Palabra: *logoneurosis*.

-LOGO (gr. *logos*). Que versa en: *fisiólogo*.

LONGI- (lat. *longus*). Largo: *longiflero*.

LOX-, LOXO- (gr. *loxos*). Oblicuo: *loxótico*.

LUM- (lat. *lumen*). Luz: *lumbre*, *lumbrera*.

LUP- (lat. *lupa*). Loba, ramera: *lupino, lupanar*.

MACRO- (gr. *makrós*). Grande: *macromolécula*.

MAL- (lat. *málum*). Manzana: *málico*. ‖ (lat. *mala*). Mejilla: *malar*.

MALAC-, MALACO- (gr. *malakós*). Blando: *malacoplasia*.

-MANCIA, -MANCÍA (gr. *manteía*). Adivinación: *cartomancia o cartomancía*.

MAST-, MASTO- (gr. *mastós*). Pezón: *mastoiditis*.

MATER-, MATERN-, MATR- (lat. *máter*). Madre: *maternal, matriz*.

MED- (lat. *mederi*). Gobernar, curar: *médico*.

MEGA- (gr. *megas*). Grande: *megadonte*. ‖ Un millón: *megámetro*.

MEGALO- (gr. *megalo*, de *megas*). Grande: *megalospermo*.

MEL-, MELI- (lat. *mel*). Miel: *melificar*. ‖ (gr. *meli*). Miel: *mélico*.

MELAN-, MELANO- (gr. *melas*). Negro: *melanina, melanocito*.

MELO- (gr. *melos*). Música: *melografía*.

MEN- (gr. *men, menós*). Mes: *menopausia*.

MERO- (gr. *meros*). Parte: *merodiastólico*.

MES-, MESO- (gr. *mesos*). Medio: *mesoblastema*.

MET-, META- (gr. *metá*). Más allá, después, por el medio, cambio o mutación: *metaflogosis, metafonía, metacronismo*.

METEOR-, METEORO- (gr. *metéoros*). Elevado, en el aire: *meteorología*.

METRI-, METRO- (gr. *méter*). Madre: *metritis, metrópoli*.

-METRÍA, -METRO (gr. *metron*). Medida: *altimetría, cronómetro*.

METRO- (gr. *metron*). Medida: *metropolar*. ‖ (gr. *metra*). Matriz: *metrodinia*.

MI-, MIO- (gr. *mys*). Músculo: *miameba, miomalacia*.

MICE- (gr. *mykes*). Hongo: *micelio*.

MICRO- (gr. *mikros*). Pequeño: *microtono*.

MIEL-, MIELO- (gr. *myelós*). Medula: *mielosis*.

MILI- (lat. *mille*). Milésima parte: *miligramo*.

MIO- (gr. *mys*). Ratón: *miomancia o miomancía, miosota*.

MIRIA-, MIRIO- (gr. *myríos*). Innumerables: *miriacanto, miriópodo*. ‖ Diez mil: *mirialitro*.

MIS-, MISO- (gr. *myseo*). Odiar: *misógamo*.

MIT-, MITO- (gr. *mythos*). Fábula: *mitografía*.

MIX-, MIXO- (gr. *myxa*). Mucosidad: *mixocondroma*.

MNEMO- (gr. *mneme*). Memoria: *mnemónica*. (Las palabras que empiezan con *mn*- también pueden escribirse suprimiendo la *m*-: *nemónica*.)

-MNESIA, -MNESIS (gr. *mneme*). Memoria: *anamnesia o anamnesis*.

MON-, MONO- (gr. *monos*). Uno solo: *monarca, monocentro.*

MONIT- (lat. *monere*). Amonestar, avisar: *monitor, monitorio.*

MORF-, MORFO- (gr. *morphé*). Forma: *morfometría.*

-MORFO, A (gr. *morphé*). Forma: *actinomorfo, idiomorfo.*

MULTI- (lat. *multus*). Mucho: *multicapsular.*

NANO- (gr. *nannos*). Pequeñísimo. La milmillonésima parte (10⁻⁹): *nanolitro.*

NECRO- (gr. *nekros*). Muerto: *necrobiosis.*

NEFEL-, NEFELO- (gr. *nephele*). Nube: *nefelismo.*

NEFO- (gr. *nephos*). Nube: *nefómetro.*

NEFR-, NEFRO- (gr. *nephrós*). Riñón: *nefrólisis.*

NEMAT-, NEMATO- (gr. *nêma, nématos*). Hilo: *nematelmintos, nematoblasto.*

NEMO-. *v.* MNEMO-.

NEO- (gr. *neós*). Nuevo: *neología.*

NEUMAT-, NEUMATO- (gr. *pneuma*). Aliento, aire, espíritu: *neumatemia, neumatocardia.*

NEUMO- (gr. *pneumon*). Pulmón: *neumoterapia.* ‖ (gr. *pneuma*). Aire: *neumotórax.*

NEUR-, NEURO- (gr. *neuron*). Nervio: *neurilema, neurocirugía.*

NOCT-, NOCTI- (lat. *nox*). Noche: *noctifobia.*

-NOMIA, -NOMÍA (gr. *nomos*). Ley: *antinomia, taxonomía.*

NOMEN-, NOMIN- (lat. *nomen*). Nombre: *nomenclatura, nómina.*

NOMO- (gr. *nomos*). Ley: *nomocanon.*

NOSO- (gr. *nosos*). Enfermedad: *nosohemia.*

NOV- (lat. *novus*). Nuevo: *novatada, novedad.*

O-. *v.* OB-.

OB- (lat. *ob*-). Por causa de, en virtud de, en fuerza de: *obstruir, obligación, oblongo.* (Adopta la forma o-: *oponer.*)

OCTA-, OCTE-, OCTI- (lat. *octo*). Ocho: *octano, octeto, octifolio.*

OCTA-, OCTO- (gr. *októ*). Ocho: *octástilo, octógino.*

-ODIA, -ODÍA, -ODO (gr. *oda, ode*, de *aeido*). Cantar: *parodia, melodia, epodo.*

-ODINIA (gr. *odyne*). Dolor: *miodinia.*

ODO- (gr. *odos*). Camino: *odógrafo.* (También, *hodo*-.)

ODONT-, ODONTO- (gr. *odoús*). Diente: *odontagogo, odontología.*

OFI-, OFIO- (gr. *ophis*). Reptil: *oficleido, ofiología.*

OFTALM-, OFTALMO- (gr. *ophthalmós*). Ojo: *oftalmitis, olfalmómetro.*

-OIDE (gr. *eidos*). Forma: *androide.* (A veces adopta estas formas: *-oides: esfenoides; -oideo: mastoideo*, y *-oidal: esferoidal.*)

OLIG-, OLIGO- (gr. *oligos*). Poco: *oligarquía, oligoceno.*

-OMA (gr. *oma*). Tumor: *epitelioma.*

OMNI- (lat. *omnis*). Todo: *omnipotente.*

ON- (gr. *onós*). Asno: *onagro.*

ONCO- (gr. *ogkos*). Tumor: *oncografía.*

ONER- (lat. *onus, óneris*). Peso: *oneroso.*

ONFAL- (gr. *omphalós*). Ombligo: *onfálico.*

ONICO- (gr. *ónyx*). Uña: *onicofima.*

-ONIMIA (gr. *ónoma*). Nombre: *toponimia.*

-ÓNIMO, A (gr. *ónoma*). Nombre: *topónimo.*

ONIR-, ONIRO- (gr. *óneiros*). Sueño: *oniroscopia.*

ONOMA- (gr. *ónoma*). Nombre: *onomatología.*

ONTO- (gr. *on, ontos*). Ser: *ontogonia.*

OO- (gr. *oos*). Huevo: *oocito.*

OP- (lat. *ops, opis*). Riqueza: *opulento.*

-OPE, -OPÍA (gr. *ops*). Vista: *nictálope, nictalopía.*

OPER- (lat. *opus*). Obra: *operación.*

-OPIA (lat. *ops, opis*). Riqueza: *copia, inopia.*

OPO- (gr. *opós*). Jugo: *opotimia.* || (gr. *opos*). Aspecto: *opocéfalo, opodidimo.*

-OPSIA, -OPSIS (gr. *opsis*). Visión: *biopsia, sinopsis.*

OR- (lat. *os, oris*). Boca: *oral.*

-ORAMA (gr. *órama*). Lo que se ve: *cineorama.*

-OREXIA (gr. *orexis*). Apetito: *anorexia.*

ORNIT-, ORNITO- (gr. *ornis*). Pájaro: *ornitívoro, ornitología.*

ORO- (gr. *oros*). Montaña: *orógrafo.*

ORQUI- (gr. *orkhis*). Testículo: *orquitis.*

ORTO- (gr. *orthós*). Recto, derecho: *ortografía, ortofrenia.*

-OSIS (gr. *osis*). Enfermedad: *tuberculosis, cirrosis.*

OSTE-, OSTEO- (gr. *osteon*). Hueso: *osteomalacia.*

-ÓSTEO (gr. *osteon*). Hueso: *teleósteo.*

OT-, OTO- (gr. *ous*). Oreja: *otemorrea, otocráneo.*

OVA-, OVI-, OVO- (lat. *óvum*). Huevo: *ovalbúmina, oviducto, ovocentro.*

OXI- (gr. *oxys*). Agudo: *oxiacanta.* || Óxido, ácido: *oxibase, oxígeno.*

PAIDO-, PED- (gr. *paîs, paidós*). Niño: *paidología, pediatría.*

PALATO- (lat. *palatus*). Paladar: *palatógrafo.*

PALEO- (gr. *palaios*). Antiguo: *paleolítico.*

PALIN- (gr. *palin*). Nuevamente, de nuevo: *palinfrasia.* (Ante *b* o *p* adopta la forma *palim-:* *palimpsesto.*)

PAN-, PANT-, PANTO- (gr. *pan*). Todo: *pansinusitis, pantóstato.* (Ante *p*, a veces adopta la forma *pan-*, y otras, *pam-*, en la misma palabra: *panplejía, pamplejía; panpacífico, pampacífico.*)

PAQUI- (gr. *pachys*). Grueso, espeso: *paquidermo.*

PARA- (gr. *pará*). Junto a, próximo, a un lado: *paraestatal, paralelo.* || Contra: *parafrenia, parageustia.*

PARI- (lat. *par*). Igual: *paridígito.*

-PARO, A (lat. *pario*). Parir: *multípara, vivíparo.*

-PATÍA (gr. *pathos*). Enfermedad: *frenopatía.*

PATO- (gr. *pathos*). Enfermedad: *patolepsia.*

PATRI- (lat. *patri*). Padre: *patripasianos.* || (lat. *patres*). Padres: *patrística.*

PATRO- (gr. *patér, patrós*). Padre: *patrología.*

PAUPER- (lat. *páuper*). Pobre: *pauperismo.*

PECO-, PECU- (lat. *pecus, pécoris*). Ganado, bienes: *pécora, pecuario, peculio.*

PECTIN-, PECTINI- (lat. *pecten*). Peine: *pectináceos, pectiniforme.*

PED-. *v.* PAIDO-.

PED-, PEDE- (lat. *pes*). Pie: *pedestal, pedicuro.*

-PEDIA (gr. *paideía*). Educación: *ortopedia.*

PEDR- (lat. *petra*). Piedra: *pedrada.*

-PELER (lat. *péllere*). Empujar: *impeler, compeler, expeler, repeler.*

PEN-, PENI- (lat. *paene*). Casi: *península, peniplanicie.*

PENI-, PENNI- (lat. *penna*). Ala, pluma: *penígeno, peninervado, penívoros, penniforme.* (*v.* PINNI-.)

PENT-, PENTA-, PENTE- (gr. *pente*). Cinco: *pentágono, penteno.*

PEPS-, PEPT- (gr. *pesso*). Digerir: *pepsina, peptona.*

-PEPSIA (gr. *pepto*). Digerir: *dispepsia.*

PER- (lat. *per-*). Intensidad: *pernoctar.* ‖ Falsedad, infracción: *perjurar, perjuro.*

PERI- (gr. *peri*). Alrededor, cerca de: *perinefrio.*

PETR-, PETRI-, PETRO- (lat. *petra*). Piedra: *petrificación, petraria, petróleo.*

-PEYA (gr. *poieo*). Hacer: *epopeya.*

PICO- (ital. *piccolo*). Pequeño. La billonésima parte (10^{-12}): *picofaradio.*

PICN-, PICNO- (gr. *pyknós*). Denso, compacto, espeso: *picnómetro.*

PIEZ-, PIEZO- (gr. *piedsein*). Comprimir: *piezómetro.*

PINNI- (lat. *pinna*). Pluma: *pinnípedo.* (*v.* PENI-.)

PIR-, PIRO- (gr. *pyr*). Fuego: *piromanía.*

PIRET-, PIRETO- (gr. *pyretós*). Fiebre: *pirético, piretografía.*

-PIRÉTICO (gr. *piretikós*). Fiebre: *antipirético.*

PISC- (lat. *piscis*). Pez: *piscicultura.*

PITEC- (gr. *pithekos*). Mono: *pitecántropo.*

-PITECO (gr. *pithekos*). Mono: *australopiteco.*

PLAGI-, PLAGIO- (gr. *plagios*). Oblicuo: *plagiodonte.*

PLASMA-, PLASMO- (gr. *plasma*). Formación: *plasmacito, plasmoterapia.*

-PLASMA (gr. *plasma*). Formación: *citoplasma.*

-PLASTIA (gr. *plastós*). Modelado: *quiroplastia.*

PLAT-, PLATI- (gr. *platys*). Ancho: *platibásico.*

PLE-, PLEI- (lat. *plenus*, gr. *pleión*). Pleno, más: *pleiandro, pleistoceno.* (*v.* PLI-.)

-PLEJÍA (gr. *plegé*). Golpe: *apoplejía.*

PLENI- (lat. *plenus*). Lleno: *plenipotencia, plenilunar.*

PLEO- (gr. *pleos*). Lleno: *pleomorfo.*

PLEUR-, PLEURO- (gr. *pleurá*). Costado: *pleurodonto.*

PLI-, PLIO- (gr. *pleión*). Más: *plioceno, pliotrón.* (*v.* PLE-.)

PLUMB- (lat. *plúmbum*). Plomo: *plúmbico.*

PLURI- (lat. *plus*). Más, varios: *pluricelular, pluriempleo, plurilingüe.*

PLUTO- (gr. *ploûtos*). Riqueza: *plutocracia.*

PLUV- (lat. *pluvia*). Lluvia: *pluviómetro.*

PNEUMO-. *v.* NEUMO-.

POBL- (lat. *pópulus*). Pueblo: *poblacho, población.*

POD-, PODO- (gr. *pous*). Pie: *podocarpo, pododinia.*

-PODO, A (gr. *pous*). Pie: *antipoda.*

POLEM- (gr. *pólemos*). Guerra: *polémica, polemizar.*

POLI- (gr. *polys*). Mucho: *polibásico.*

-POLI, -POLIS (gr. *polis*). Ciudad: *metrópoli.*

POPUL- (lat. *pópulus*). Mucho, muchos, muchedumbre, pueblo: *populacho, popular, populoso.*

POS-, POST- (lat. *post*). Detrás o después de: *posponer, posdata, posdiluviano.*

PRE- (lat. *prae*). Delante, delante de: *prehistoria, prevenir, preeminente.*

P R E T E R- (lat. *praeter*). Fuera, más allá de: *preternatural, pretervértebra.*

PRO- (lat. *pro*). Por, en lugar de: *pronombre.* || Ante, delante: *proponer.* || Publicación: *proclamar.* || Continuidad de acción: *procrear.* || Impulso: *promover.* || Negación o contradicción: *proscribir.* || Sustitución: *procónsul.* || Partidario: *prochino, procomunista.* (En la acepción de «en favor de», se escribe separado: *campaña pro paz, cupón pro ciegos.*)

PROT-, PROTO- (gr. *prótos*). Primero: *protomédico, protoimpresor.*

PSEUDO-. *v.* SEUDO.

PSIC-, PSICO-, PSIQU- (gr. *psyché*). Alma: *psicología, psicógrafo, psiquiatría.* (Aunque no tan usadas —e incluso discutidas—, también son correctas las formas académicas *sic-, sico-, siqu-.*)

PTERIDO- (gr. *pteris*). Helecho: *pteridografía.*

-PTERO, A (gr. *pterón*). Ala: *coleóptero.*

PTERO- (gr. *pterón*). Ala: *pterofrontal.*

PTI- (gr. *ptyo*). Escupir: *ptialismo.*

PTOM- (gr. *ptoma*). Cadáver: *ptomaína.*

POTAM-, POTAMO- (gr. *pótamos*). Río: *potamología.*

-PÓTAMO (gr. *pótamos*). Río: *hipopótamo.*

PROCT- (gr. *proktos*). Ano: *proctalgia.*

PROSOP-, PROSOPO- (gr. *prósopon*). Cara, aspecto: *prosopopeya, prosopografía.*

PSITAC- (gr. *psittakós*). Papagayo: *psitacismo.*

PUNC-, PUNCH-, PUNG-, PUNT-, PUNZ- (lat. *púngere*). Pinchar: *punción, punchar, pungente, puntería, punzar.*

PUERI- (lat. *puer*). Niño: *puericultor.*

QUERAT- (gr. *keras, kératos*). Cuerno: *queratina.*

QUILI-, QUILO- (gr. *chylos*). Jugo: *quilificar.* || (gr. *cheilos*). Labio: *quilognatos.* || (*v.* KILI-.)

Q U I N-, QUINQU- (lat. *quinque*). Cinco: *quinterno, quinquenio.*

QUIR-, QUIRO- (gr. *cheir*). Mano: *quiropastia.*

RABDO- (gr. *rhabdos*). Varilla: *rabdomante.*

RADI-, RADIO-. Radio (hueso, metal, rayos X, radiotelefonía, radiotelecomunicación): *radiohumeral, radiopatía, radiología, radiofalangético, radiodetector, radioemisor.*

RADIC-, RADICI- (lat. *radix*). Raíz: *radical, radiciforme.*

RAQUI-, RAQUIO- (gr. *rachis*). Columna vertebral: *raquigráfico, raquiodonte.*

RE- (lat. *re*). Repetición: *reembarcar.* || Aumento: *recargar.* || Oposición, resistencia: *rechazar.* || Movimiento hacia atrás: *refluir.* || Encarecimiento: *realegrarse.* || Negación o inversión del significado: *reprobar.* (Añadiéndole *-te* o *-quete* encarece el valor superlativo: *retebueno, requeteguapa.*)

REN-, RENI- (lat. *renes*). Riñones: *renipuntura.*

RES- (lat. *re-* y *ex-*). Atenúa el significado de la voz a la que se une: *resquemar.* || Encarecimiento: *resguardar.*

RETE-. *v.* RE-.

REQUETE-. *v.* RE-.

RETRO- (lat. *retro*). Hacia atrás: *retrovisor.* || Tiempo anterior: *retrotraer.*

RIN-, RINO- (gr. *rhis*). Nariz: *rinolaringitis.*

RIZO- (gr. *rhiza*). Raíz: *rizópodo.*

RODO- (gr. *rhodon*). Rosa: *rododendro.*

ROTO-, ROTU- (lat. *rota*). Rueda: *rotor, rótula.*

-RRAGIA (gr. *rhégnumi*). Brotar: *blenorragia.*

-RREA (gr. *rheo*). Fluir: *gonorrea.*

-RRINO (gr. *rhis*). Nariz: *platirrino.*

-RRIZO, A (gr. *rhiza*). Raíz: *micorriza.*

SACAR-, SACARI-, SACARO- (lat. *saccharum*). Azúcar: *sacarina, sacaroscopio.*

SAPON- (lat. *sapo, saponis*). Jabón: *saponaria.*

SAPR-, SAPRO- (gr. *saprós*). Podrido: *saprofito.*

SARC-, SARCO- (gr. *sarx*). Carne: *sarcosoma.*

-SARCA, -SARCIA (gr. *sarx*). Carne: *anasarca, polisarcia.*

SAX- (lat. *sáxum*). Piedra: *saxífraga.*

-SCAFO (gr. *skaphe*). Barco: *piróscafo.*

-SCELES, -SCELIO (gr. *skelos*). Pierna: *macroscelia, megascelio, isósceles.*

-SCENDER (lat. *scándere*). Escalar: *condescender, descender, trascender.*

-SCIO (gr. *skiá*). Sombra: *ascio, anfiscio, heteroscio.*

-SCOPIO, -SCOPO (gr. *skopeo*). Observar: *laringoscopia, verascopio o veráscopo.*

SEC-, SEG- (lat. *secare*). Cortar: *secante, segmento.*

SECR- (lat. *secérnere*). Segregar: *secreción.*

SECT-, SECU- (lat. *sequi*). Seguir: *sectario, secuaz.*

SECUL- (lat. *saéculum*). Siglo: *secular.*

SELEN-, SELENO- (gr. *selene*). Luna: *selenólogo.*

SEM- (lat. *semen*). Semilla: *semental, sementera.*

SEMA- (gr. *sema*). Signo: *semático.*

SEMASIO- (gr. *semasía*). Significado: *semasiología.*

SEMI- (lat. *semi*). Medio: *semicírculo.* || Casi: *semidormido.*

-SEMIA (gr. *sema*). Signo: *polisemia, disemia.*

SEMIO- (gr. *semeion*). Signo: *semiología.*

SEPS-, SEPT- (gr. *septós*). Podrido: *séptico, septicemia.*

-SEPSIA, -SÉPTICO (gr. *sepsis*). Putrefacción: *asepsia, antiséptico.*

SEPT-, SEPTI-, SEPTU- (lat. *séptem*). Siete: *septingentésimo, septuagenario.*

SEQU- (lat. *siccus*). Seco: *sequedad.*

SER- (gr. *xerós*). Seco: *serófilo.* || (lat. *serus*). Tardío: *serano, serondo.*

SERIC-, SERICI- (lat. *sericum*). Seda: *sericicultura.*

SERO- (lat. *sérum*). Suero: *seroneumotórax.*

SESQUI- (lat. *sesqui*). Una mitad más: *sesquimodio, sesquicentenario.* || En cuanto prefijo de un ordinal, significa la unidad más una fracción cuyo numerador es la unidad y el denominador el número ordinal: *sesquiséptimo,* «uno y un séptimo».

SEUDO- (gr. *pseudos*). Falsedad: *seudocristo, seudociencia.*

SICO-. *v.* PSICO-.

SEX- (lat. *sex*). Seis: *sexagenario.*

SIAL- (gr. *síalon*). Saliva: *sialorrea.*

SIDER-, SIDERO- (gr. *sideros*). Hierro: *sioeromancia, siderografía.*

SILIC-, SILICI-, SILICO- (lat. *sílex*). Sílice: *silicato, silicicloroformo, silicobenzoico.*

SIMIL-, SIMILI- (lat. *similis*). Semejante: *similigrabado.*

SIN- (gr. *syn*). Unión o simultaneidad: *sincronismo, sincéfalo.*

SINAP- (gr. *sinapi*). Mostaza: *sinapismo, sinapolina.*

SO-. *v.* SUB-.

SOBRE- (lat. *super*). Sirve para aumentar o reforzar la significación de la voz simple a la que se une: *sobrealimentar, sobrecarga.* || Posición superior: *so-*

brecopa. || Anterior en el tiempo: *sobredicho.*

SOF- (gr. *sophós*). Sabio: *sofisma.*

-SOFÍA (gr. *sophós*). Sabio: *filosofía, teosofía.*

SOLD- (lat. *sólidus*). Sólido: *soldar, soldado.*

SOLEN- (gr. *solén*). Tubo: *solenoide.*

-SOMA (gr. *sôma, sómatos*). Cuerpo: *macrosoma.*

SOMAT-, SOMATO- (gr. *sôma, sómatos*). Cuerpo: *somático, somatógeno.*

SOMN-, SOMNI- (lat. *somnus*). Sueño: *somnal, somnílocuo, somnolencia.*

SON-. *v.* SUB-.

SOS-. *v.* SUB-.

SOR-. *v.* SUB-.

SOTA-, SOTO- (lat. *subtus*). Debajo, bajo de: *sotabarba, sotoministro.*

SOZ-. *v.* SUB-.

-SPORIO, -SPORO, A (gr. *spora*). Semilla: *magasporo.*

-STASIA, -STASIS (gr. *stasis*). Detención: *hemostasia, hemostasis.*

-STENIA (gr. *esthéneia*). Debilidad: *psicastenia.*

-STILO (lat. *stilus*, gr. *stylos*). Tallo, punzón para escribir, columna: *ciclostilo, peristilo, anfipróstilo.*

-STOMÍA (gr. *stoma*). Boca, abertura: *nefrostomía.*

-STOMO, A (gr. *stoma*). Boca: *macróstomo, fisóstomo.*

-STRUIR (lat. *strúere*). Amontonar, construir: *construir, destruir, instruir.*

-STROFE (gr. *strepho*). Volverse: *catástrofe, apóstrofe.*

SU-. *v.* SUB-.

SUB- (lat. *sub*). Debajo: *subál-*

veo. || Acción secundaria: *subsanar.* || Inferioridad: *subandino.* || Atenuación o disminución: *subestimación.* (Puede adoptar las siguientes formas: *cha-*: *chapodar*; *sa-*: *sahumar*; *so-*: *soasar*; *son-*: *sonsacar*; *sor-*: *sorprender*; *soz-*: *sozcomendador*; *su-*: *suponer*; *sus-*: *suspender*; *za-*: *zabullir*; *zam-*: *zambullir.*)

SUD. *v.* SUR-.

SULF-, SULFO- (lat. *súlphur*). Azufre: *sulfito, sulfuro.*

SUPER- (lat. *súper*). Sobre: *superponer, superior.* || Indica preeminencia o grado sumo: *superintendente, superfino.* || Exceso, demasía: *superacidez, superalcalinidad.*

SUPRA- (lat. *supra*). Sobre, arriba, más allá: *suprasensible, supraintestinal.*

SUR- (ing. *sud*). Punto cardinal; actualmente, la Academia autoriza la utilización de la forma *sur-* en compuestos, que antes sólo podían formarse con la partícula anglosajona *sud-*; en general se prefiere hoy la partícula castellana: *suramericano, surcoreano.*

SUS-. *v.* SUB-.

SUSPEC-, SUSPIC- (lat. *suspicere*). Examinar: *suspección, suspicacia.*

SUT- (lat. *sutus*). Coser: *sutura.*

TALASO- (gr. *thálassa*). Mar: *talasocracia.*

TAQUI- (gr. *tachys*). Veloz: *taquigrafía.*

TAUR-, TAURO- (lat. *taurus*). Toro: *taurino, tauromaquia.*

TAUTO- (gr. *tautó*). Lo mismo: *tautología.*

TAXI-, TAXO- (gr. *taxis*). Orden, colocación: *taxodontos, taxólogo, taxímetro.*

-TECA (gr. *theke*). Caja, depósito: *hemeroteca, biblioteca.*

TECN-, TECNO- (gr. *techne*). Arte, industria: *técnica, tecnocracia.*

TEL- (gr. *telos, téleos*). Fin, cumplimiento, culminación: *telonio, teleología.*

TELE- (gr. *têle*). Lejos: *telecomunicación, televisión.*

TEMPER-, TEMPES-, TEMPL-, TEMPOR-, TEMPR- (lat. *tempus*). Tiempo: *temperatura, tempestad, templar, temporada, temprano.*

TENEBR- (lat. *tenébrae*). Tinieblas: *tenebroso.*

TEO- (gr. *theós*). Dios: *teodicea.*

TER-, TERC- (lat. *tres, tría*). Tres: *tercero.*

TERA- (gr. *terás*). Prodigio, monstruo: *teratópago* (*v.* TERATO-.) || Un billón (10^{12}): *teragramo.*

-TERAPIA (gr. *therapeia*). Curación: *raditerapia.*

TERATO- (gr. *terás, tératos*). Prodigio, monstruo: *teratología.* (*v.* TERA-.)

TERM-, TERMO- (gr. *therme*). Calor: *termal, termosifón, termóstato.*

-TERMIA (gr. *thermós*). Caliente: *atermia, diatermia.*

TEST- (lat. *testis*). Testigo, testículo: *testamento, testicular.*

TETRA- (gr. *téttara*). Cuatro: *tetravalente.*

TEXT- (lat. *téxere*). Tejer: *textil, texto.*

-TIMIA (gr. *thymos*). Alma, sentido: *lipotimia.*

TINC-, TING-, TINT- (lat. *tíngere*). Teñir: *tinción, tingible, tintura.*

TOC-, TOCO- (gr. *tokos*). Parto: *tocología*.

-TOCIA (gr. *tokos*). Parto: *distocia, xerotocia*.

-TOMÍA, -TOMO (gr. *tomos*). Porción, división: *fibrotomía, neurótomo*.

-TOPIA, -TOPÍA (gr. *topos*). Lugar: *ectopia, utopía*.

TOPO- (gr. *topos*). Lugar: *topografía, topónimo*.

TOXI-, TOXO- (gr. *toxikón*). Veneno: *toxicidad, toxicografía*.

TRA-. *v.* TRANS-.

TRANS- (lat. *trans*). Del otro lado o a la parte opuesta: *transalpino*. || A través de: *transparente, transpirar*. || Cambio, mudanza: *transliterar, translinear*. (Puede adoptar l a s formas *tras-*: *trasandino*, o *tra-*: *tramontana*.)

TRAS-. *v.* TRANS-.

TREMA- (gr. *trêma*). Abertura, agujero: *trematobranquio*.

-TREMA (gr. *trêma*). Abertura, agujero: *monotrema*.

TRI- (lat. *tris*). Tres: *triadelfo, trifásico*.

TROC- (gr. *trokhós*). Rueda: *trocisco*.

TROF- (gr. *trophós*). Alimentación: *trofología*.

-TROFIA, -TROFO (gr. *trophé*). Alimentación: *atrofia, autótrofo*.

TROMB- (gr. *thormbos*). Coágulo: *trombosis*.

TUR- (lat. *tus, turis*). Incienso: *turiferario*.

ULM- (lat. *ulmus*). Olmo: *ulmáceo*.

ULT- (lat. *últer, últimus*). Último: *ulterior, ultimar*.

ULTRA- (lat. *ultra*). Más allá, al otro lado de: *ultramar, ultrapirenaico*. || Con adjetivos indica idea de exceso: *ultraliberal*. || En sentido figurado tiene significación ponderativa e indica exageración, demasía: *ultrafamoso, ultraderechista*.

UND- (lat. *unda*). Onda: *undoso*.

UNGU- (lat. *unguis*). Uña: *unguiculado, ungulado*.

UNI- (lat. *unus*). Uno solo: *uniangular, unicuspídeo*.

URANO- (gr. *ouranós*). Cielo: *uranorama*. || Paladar: *uranoplejía*. || Óxido de uranio: *uranófana, uranoniobita*.

-URIA (gr. *ouron*). Orina: *disuria, anuria*.

URO- (gr. *ouron*). Orina: *uromancia* o *uromancía, uroscopia*. || (gr. *ourá*). Cola: *urócero, urodelo*.

-URO (gr. *ouron*). Orina: *coluro, macruro*.

URB- (lat. *urbs, urbis*). Ciudad: *urbe, urbano*.

-URGIA, -URGO (gr. *ergon*). Obra: *teúrgia, taumaturgo*.

URTIC- (lat. *urtica*). Ortiga: *urticáceo*.

VENT- (lat. *ventus*). Viento: *ventolera*.

V E N T R- (lat. *vénter*). Vientre: *ventral*.

V E R M I- (lat. *vermis*). Gusano: *vermívoro*.

VI-. *v.* VICE-.

VICE- (lat. *vice*). En vez de: *vicecónsul*. (Adopta las formas *vi-*: *virrey*, y *viz-*: *vizcondado*.)

TROMB- (gr. *-thrombos*). Coágulo-

VIZ-. *v.* VICE-.

-VOMO (lat. *vomere*). Vomitar: *ignívomo*.

-VORO, A (lat. *voro*). Devorar: *vermívoro*.

VULP- (lat. *vulpes*). Zorra: *vulpécula*.

XANTO- (gr. *xanthós*). Amarillo: *xantocarpo*.

XENO- (gr. *xenós*). Extranjero, extraño: *xenófobo, xenogénesis*.

XERO- (gr. *xerós*). Seco: *xerotribia*.

XILO- (gr. *xylon*). Madera: *xilografía*.

YUXTA- (lat. *iuxta*). Junto, cerca de, junto a: *yuxtaponer*.

ZA-, ZAM-. *v*. SUB-.

-ZOICO, AB, -ZOO (gr. *zoon*). Animal: *mesozoico, mesozoo*.

ZOO- (gr. *zoon*). Animal: *zootecnia*.

4

APELLIDOS

I. Grafía de los apellidos

Hay quienes aseguran que los apellidos no tienen ortografía. Esto no es totalmente exacto; más acertado sería decir que cada apellido tiene su particular grafía, que en la mayor parte de los casos es semejante a la de los que tienen la misma formación, y en otros difiere; por ejemplo, el señor que se llama *Sánchez* se llama así, y no *Sanchez* [*Sanchéz*]; sin embargo, el apellido *Jiménez* adopta tres formas, por lo menos: *Jiménez, Giménez* o *Ximénez*; aquí sí es obligado respetar la grafía de los apellidos; por ejemplo, si un señor escribe su apellido con *G (Giménez)*, no debemos ponerle *J (Jiménez)*, por más que también sea correcto; pero lo inadmisible, y de ahí la falsedad de la afirmación que encabeza estas líneas, es que un señor que se llama *Martínez* diga que se escribe sin acento en la *i*; entonces no sería palabra llana, sino aguda. Queda, pues, sentado que los apellidos «también» tienen ortografía.

II. Apellidos extranjeros

En otros tiempos se traducían al español los apellidos extranjeros, y por esta razón la reina de Escocia *Mary Stuart* vino a convertirse para nosotros en *María Estuardo*.

Actualmente, los apellidos extranjeros deben escribirse con la misma grafía de su lengua de origen, pero deben respetarse los que, por tradición, como el antes apuntado, se vienen traduciendo (hoy quizá muchos alumnos de ayer no sabrían quién es Mary Stuart, pero sí recuerdan algo de María Estuardo). Sin embargo, cuando se trata de apellidos procedentes de lenguas cuyos alfabetos son distintos del latino (cirílico, griego, chino, etcétera), deben transcribirse a nuestra fonética, pero directamente, no a través de idiomas intermedios, como podrían ser, y habitualmente son, el inglés y el francés principalmente; así tenemos que *Tchaikowsky*, transcripción foránea, es en español *Chaicovski*, y *Krushchef* (u otra de las varias transcripciones que nos han llegado a través de otros tantos idiomas) debe ser en español *Jruschov*, que es la pronunciación rusa de este apellido.

III. Partículas en los apellidos

Hay apellidos, tanto españoles como extranjeros, que van acompañados de partículas (*de, de los, de las, del, du, von, van, al, zum, ben, ibn*, etc.); cuando el nombre y apellidos se ponen por entero, estas partículas se escriben con minúscula; pero cuando se nombran aquéllos precedidos de la partícula, ésta se escribe con mayúscula; por ejemplo, *Charles de Gaulle*, pero *De Gaulle*; *Harún al-Raschid*, pero *Al-Raschid*; *Albert zum Felde*, pero *Zum Felde*, etc.; en el caso de *de la, de las, de los*, la partícula que lleva la mayúscula es la primera: *señor De la Torre*.

IV. Género de los apellidos

Se les otorga el de la persona que lo lleva: *la Martínez, el Sánchez*. (V. ARTÍCULO.)

V. Plural de los apellidos

En esta debatida cuestión no existe acuerdo total entre los autores, debido sobre todo a que desde hace ya tiempo se tiende popularmente a suprimir el plural de los apellidos en muchos casos, a lo que se oponen algunos preceptistas. En general, el plural de los apellidos se forma como el de los nombres comu-

nes: *la época de los Góngoras y la de los Calderones.* Los apellidos terminados en *-az, -anz, -ez, -enz, -inz* carecen de forma
en plural, salvo aquellos en que esta terminación lleva acento:
los Ruices, los Muñoces.

Los apellidos históricos de casas reinantes tienen siempre
plural, y así se dice *los Austrias, los Borbones,* pero en cuanto
a los que se aplican a las familias, muchas personas tienden a
pluralizar el artículo, mas no el apellido, y así dicen *los Garri-
ga, las Caro.* ¿Es esto correcto? Según apunta Martínez Amador
(p. 152), la cuestión viene planteada nada menos que desde el
año 1864, y así se refleja en *los Madrazo, los Quintero,* que se
usa incluso en la denominación de calles. Cuervo se opuso ya
en su tiempo a esta costumbre de evitar pluralizar los apellidos,
y decía: «[...] No falta quien, para aclarar este punto, embuta
entre *los* y *Guevara* una larga cáfila de palabras diciendo: los
señores o sujetos que tienen por apellido Guevara: explicación
tan ingeniosa que preconiza disparates como *los árbol* = los
objetos que tienen por nombre árbol» *(Apuntaciones críticas
sobre el lenguaje bogotano,* citado por Martínez Amador); en
el caso de los apellidos precedidos de un apelativo, como en
los hermanos Quintero, se suele usar en singular, pero no hay
que olvidar que en la historia de España se habla de *los hermanos Carvajales,* aquellos que fueron despeñados por la peña de
Martos en tiempos de Fernando IV el Emplazado *(emplazado*
precisamente por estos mismos hermanos Carvajales, y de ahí
el sobrenombre de este rey). Los apellidos compuestos en una
sola palabra *(Montenegro)* hacen el plural en el segundo elemento: *los Montenegros,* pero si los dos términos van separados *(Pardo Bazán)* carecen de forma en plural: *los Pardo
Bazán.*

En resumen, si seguimos a los preceptistas haremos el plural de los apellidos como el de las voces comunes, con las salve-
dades apuntadas; pero si seguimos la tónica modernista, en
muchos casos sólo pluralizaremos el artículo. Parece ser que
la Academia se ha abstenido hasta ahora de pronunciarse al
respecto, según hace constar María Moliner (I, 211).

5

ARTÍCULO

En cuanto al aspecto práctico del uso del artículo, que es lo que nos interesa, conviene conocer las siguientes peculiaridades de cada uno de ellos:

Al

La contracción no se realiza ante nombres de ciudades, títulos de obras literarias (salvo que estén abreviadas: *se refería al Quijote*) y rótulos de firmas comerciales; *voy a El Escorial; se refería a El ingenioso hidalgo don Quijote de la Mancha; voy a El Corte Inglés.*

Tratándose del instrumento con que se ejecuta un trabajo, se suprime el artículo cuando las locuciones reclaman la preposición *a: pintar a pincel* (*no al pincel*), *bordar a mano* (no *a la mano*), pero será correcto decir que *se borda al tambor* (o *a tambor*, en este caso), *se pinta al óleo* o *a la aguada*, puesto que en estos casos, a diferencia del primero, se trata no del instrumento, sino de la materia o el procedimiento.

(V. LOCUCIONES.)

El

Usado ante nombres propios es vulgar, pero se usa correctamente si se trata del lenguaje judicial (incluso delante del apellido: *el Antonio, el Gómez*), o si los nombres están en plural:

la casa de los Borbones; es amigo de todos los Manueles; la dinastía de los Omeyas.

Se usa ante los apellidos y los apodos de artistas italianos antiguos, como *el Petrarca, el Perugino,* etc., pero no se utiliza aplicado a los modernos, ni ante los nombres propios; por ello es incorrecto decir *el Dante* (Martínez Amador [p. 182] dice que «está mal dicho también "el Ticiano"»).

En cuanto a los nombres geográficos, hay algunos que admiten el artículo *(Asia, Africa)*, aunque generalmente prescinden de él, otros que lo llevan por eufonía *(el Perú, el Peloponeso, la India, la Carolina,* etc.), y otros, la gran mayoría, que no deben llevarlo *(Francia, España, Inglaterra, Egipto,* etc.); sin embargo, hay algunos casos en que, por lo general, se pone el artículo:

a) Los nombres dobles: *los Estados Unidos, la Gran Bretaña, la Unión Soviética, el Franco Condado, los Países Bajos,* así como los que van acompañados por alguna determinación: *la Francia de nuestros días, la España imperial, la Europa occidental, el Africa oriental.* En cuanto a *Estados Unidos* y *Gran Bretaña,* muchos les suprimen el artículo, generalmente influidos por el hecho de que al tratarse de una sola nación con nombre doble, la costumbre impone la supresión del artículo; dado que lo conveniente es seguir la norma general, a lo cual nada se opone en los dos casos citados, mejor sería usarlos con su correspondiente artículo, aun a riesgo de utilizar, en el caso de *los Estados Unidos* (como asimismo en otros, como *los Países Bajos*), verbo en plural para una entidad que se considera unitaria: *los Estados Unidos resolvieron...*

b) En cuanto a los nombres de regiones geográficas naturales, por lo general llevan todas el artículo: *las Landas, los Monegros, la Mancha, el Milanesado, las Marismas,* etc., en cuyo caso aquél habrá de escribirse con minúscula. (Se escribe también con minúscula cuando se aplica a los sobrenombres de personajes célebres: *el Empecinado, Fernando IV el Emplazado.*)

El artículo *el* se antepone a nombres femeninos que comiencen con *a* tónica (v. GÉNERO), excepto los nombres propios de mujer, el nombre de la ciudad de *La Haya* y la palabra *haz* en el sentido de «faz, cara»; sin embargo, si entre el artículo y el nombre va interpolada otra voz, el artículo habrá de ser femenino: *la mucha agua del océano.*

Del

La contracción no se efectúa ante un nombre propio de ciudad (*de El Ferrol*), un título de obra literaria (*de El ingenioso hidalgo*...) o de un rótulo comercial (*de El Imperial*). En los títulos de obras literarias abreviados no se deshace la contracción: *interesado en el estudio del Quijote* (no *de El Quijote*). Los nombres geográficos referidos a ríos o mares no se escriben con la contracción *del*, sino con la preposición *de: San Adrián de Besós, Hospitalet de Llobregat, Miranda de Ebro, Premiá de Mar, Arenys de Mar*, etc. (Sin embargo, hay excepciones: *Villanueva del Huerva, Páramo del Sil* y algún otro, y *Santillana del Mar*.) En cuanto a los nombres extranjeros en el mismo caso, no es válida para ellos la regla, y así debe escribirse *Francfort del Main* (o *Meno* o *Mein*), y no *Francfort de Main*.

La

No es corriente usarlo antepuesto a nombres propios de mujer, salvo en los casos especificados en *El* (véase anteriormente). Dice un autor que «el artículo se aplica a las mujeres de vida airada [...] y en España a tres clases de mujeres: a las altas y distinguidas, a las bajas y humildes, y a las traídas y llevadas». (Cit. por E. Oliver, *Prontuario del idioma*, p. 167.) No obstante, se admite ante nombres de algunas escritoras y artistas, especialmente bailarinas: *la Duncan*.

Antepuesto a nombres de región, nación, etc., véase lo dicho anteriormente en *El*.

Antepuesto a nombres femeninos que comiencen por *a* tónica, véase asimismo *El* anteriormente.

Un, una

Ante palabras femeninas que comiencen por *a* tónica, se usa el artículo masculino *un*, no *una*: *un alma, un hacha*. Sin embargo, la Academia, en el párrafo 79, *c*, de su Gramática, dice: «El numeral o el indefinido *una* pierde a veces la *a* final ante palabras que empiece por *a* acentuada, y así se dice: *un alma.* Debe, sin embargo, preferirse, en general, *una,* para distinguir siempre la forma femenina de la masculina». Realmente, el texto académico le deja a uno sin saber a qué atenerse, pero el criterio general de los autores consultados está de acuerdo en que debe usarse *un* ante palabras que llevan *a* o *ha* tónicas, y *una* en los demás casos.

El abuso inconsiderado de estos artículos suele constituir una forma de galicismo, y en general resta fluidez y elegancia a la oración o período; suele usarse indebidamente en casos como *una comedia de Fulano, una película de Zutano,* cuando lo correcto es *comedia de Fulano, película de Zutano,* cuando se usa inmediatamente detrás de los títulos de las obras. En casos como: *era un hombre de unos modales y una educación exquisitos* sobran todos los artículos; véase: *era hombre de modales y educación exquisitos.*

6

BARBARISMOS

I. Clases de barbarismos

En este capítulo se incluye una serie de formas incorrectas agrupadas en la rúbrica *barbarismos*, pero alguno de los cuales (por ejemplo, los solecismos) no son tales, aunque también sean incorrecciones de lenguaje. Veamos a vuela pluma en qué consisten cada uno de estos vicios.

AMERICANISMOS. Los pocos recogidos aquí se refieren no a las palabras importadas de allende el océano (como *patata, tabaco, alpaca, cóndor,* etc.) y cuyo uso hoy es general y muy útil, sino a voces que por mala formación o por tomarse de otros idiomas deben considerarse incorrectas. Es de advertir que la Academia ha incluido últimamente gran número de voces americanas de pura cepa (y a veces antiguas voces castellanas que aquí ya no se usan, pero que allá tienen vida floreciente), lo cual debe aceptarse como símbolo de una simbiosis saludable, cuyos resultados no pueden sino beneficiar el tesoro común que es nuestra lengua.

ANGLICISMOS. Los anglicismos (voces o modos de hablar propios de los ingleses) campan por sus respetos en nuestra lengua. Ello tiene su explicación en el hecho de ser el inglés uno de los idiomas más traducidos al español. No menos influye en la entrada de estos vocablos el hecho de que las noticias periodísticas tengan su origen generalmente en agencias de prensa inglesas o anglosajonas; de aquí que muchos nombres de per-

111

sonas y lugares se escriban en inglés o con grafías influidas por esta lengua; por otra parte, el hecho de que los mayores adelantos de la técnica y la ciencia se produzcan, por lo general, en países de habla inglesa, hace que los neologismos necesarios a su terminología pasen a nuestra lengua unas veces tal cual, sin el menor asomo de traducción o acomodación, y otras con adaptaciones inadmisibles, y así se difunden con más celeridad que si se tratase de neologismos propios. Digamos, en honor a la verdad, que quien tiene sobre sí la misión de velar por la pureza de nuestra lengua los deja sueltos, sin preocupación alguna, hasta que cuando están arraigados trata de traducirlos o adaptarlos, precisamente cuando ya es demasiado tarde; tal ha sucedido, sin ir más lejos, con la voz *container*, popular en España desde hace más de diez años, y sólo ahora se ha «decretado» que debe sustituirse por *contenedor*; otro tanto pasa con *marketing*, cuya adaptación en *comercialización* es adecuada, pero también llega con demasiado retraso; y así podríamos seguir con *quanto* (cuanto), *maser* (máser) y otras, a las cuales aún no se les ha buscado equivalente en nuestra lengua, aunque las apuntadas entre paréntesis se usan ya muy a menudo.

Hay, por otro lado, una serie de voces (*hall, living-room, parket, office, parking, standing*, etc.), cuya extirpación total de nuestra lengua es, si no imposible, sí al menos muy difícil; en un intento que espero no resulte vano, he incluido aquí una serie de anglicismos para que, conociéndolos, sepamos rechazarlos y sustituirlos por las voces castellanas que se indican.

ARABISMOS. Por razones históricas, los árabes influyeron poderosamente en España en todos los órdenes, y extraña un tanto que ocho siglos de dominación no hayan cambiado por completo la lengua española; sin embargo, el español se enriqueció con muchas voces de procedencia árabe, pocas de las cuales pueden tenerse por viciosas.

ARCAÍSMOS. Los arcaísmos son voces, frases o giros anticuados que no deben usarse actualmente; los diccionarios oficiales y las enciclopedias los registran precedidos de la abreviatura *ant.* (anticuado), que significa que son voces o términos que se usaron en la Edad Media, pero que ya raramente se usan. Hay miles de arcaísmos; aquí se recogen sólo algunos, los que más a menudo aparecen, pero dado que su construcción, aunque castellana, siempre resulta un tanto rara según las tendencias actuales de la lengua, toda voz que nos ofrezca duda debe ser comprobada en un diccionario, y rechazada (salvo razones especiales) si se comprueba que no es de uso habitual.

BARBARISMOS. Vicio que consiste en escribir mal las voces (*expontáneo* por *espontáneo*); en acentuarlas mal (*intérvalo* por *intervalo*); en usar voces de otras lenguas intermedias (*pachalik*, voz árabe en su origen, tomada del francés, en vez de *bajalato*); en usar los nombres latinos con terminación latina y no española, como *Flavius Josephus* por *Flavio Josefo*; en usar nombres geográficos en forma francesa en vez de la española, como *Mayence* por *Maguncia*; en utilizar voces anticuadas (arcaísmos) en lugar de las modernas; en usar en dioma extraño nombres geográficos castellanizados, como *London* por *Londres*; en utilizar, igualmente, nombres y apellidos de lenguas extrañas a través de formas intermedias, como *Tchekhoff* por *Chéjov*, o *Krushchef* por *Jruschov*; en utilizar vocablos nuevos (neologismos) contrarios a la índole de nuestra lengua; en usar voces y expresiones cuyo verdadero significado nada tiene que ver con el que se le da, como sucede con *detentar* por *poseer*, *bajo este punto de vista*, por *desde este punto de vista*.

Debe procurarse evitar siempre las formas de barbarismo, que aunque a veces se oculten bajo ropajes de pretensa corrección, no pasarán inadvertidos al lector y escritor pulcros; con este fin, en la lista que sigue se han recogido gran cantidad de ellos, y aunque no agota el tema, constituye un conjunto apreciable para comenzar a separar la paja del grano.

CATALANISMOS. Voz, giro o modo de hablar propios de la lengua catalana. El catalanismo se da con más frecuencia en frases que en voces sueltas. El escritor o traductor catalán que construye el castellano según la forma de construir el catalán cae en este defecto. A veces no es fácil advertir el catalanismo, aunque en ocasiones, dada la diferencia de ambas lenguas a pesar de sus similitudes, aquél se evidencia fácilmente; ocurre esto con más frecuencia en lo relativo al uso de las preposiciones, como *se ha trasladado en el tercer piso*, en vez de *se ha trasladado al tercer piso*; *las tenemos de mejores*, en lugar de *las tenemos mejores*; *da gusto de verlos*, por *da gusto verlos*; el uso incorrecto del pronombre relativo *que*: *¡qué bonito que es!*, por *¡qué bonito es!*; *el amigo que fue Fulano*, en vez de *el amigo Fulano*; viene a continuación el uso de algunos verbos, como *ir* por *venir*, y viceversa, así como la conjugación de algunos tiempos. De la misma manera que el catalanismo afea el castellano, el castellanismo afea el catalán, pero esto es ya harina de otro costal; uno y otro, sin embargo, deben evitarse.

GALICISMOS. De todas las lenguas extranjeras, la que más ha influido en la nuestra —para mal y para bien— ha sido, sin duda alguna, la francesa; el gran número de traducciones del francés al español ha sido una de las causas de este fenómeno, y no precisamente la de menor importancia.

Contra el galicismo reaccionaron no sólo Baralt (con su *Diccionario de galicismos*), sino muchos escritores de ayer y de hoy; sin embargo, como apuntábamos antes, no sólo males nos ha traído esta masiva influencia del francés en nuestra lengua, pues muchísimas de las palabras que hoy utilizamos como perfectamente correctas tuvieron su origen al otro lado de los Pirineos. Opinamos que el galicismo, como cualquier otro extranjerismo, debe ser rechazado en tanto sea inútil por poseer en nuestra lengua una voz mejor o, cuando menos, de valor igual para expresar lo que se pretende; sin embargo, rechazar las voces admisibles y necesarias sólo porque provengan de fuera es una actitud de cerrazón a la realidad difícil de comprender y de compartir; es un hecho que todas las lenguas han necesitado del auxilio de las demás para desarrollarse, y si hoy suprimiéramos de nuestro idioma todas las palabras que no han nacido en nuestro suelo, lo empobreceríamos hasta extremos insospechables. Esto no quiere decir que lo mejor sea cerrar los ojos y admitirlo todo, sino estudiar profundamente las necesidades de nuestra lengua por una parte, y adecuar los términos extraños que puedan hacernos falta, por otra; de ese sereno examen saldrá la regla de oro para tratar los galicismos y demás extranjerismos.

GALLEGUISMOS. Los galleguismos, como los portuguesismos, han tenido también su parte de influencia en nuestra lengua, aunque no tanta, ni mucho menos, como los galicismos o los catalanismos; actualmente puede decirse que apenas es posible señalar galleguismos o portuguesismos viciosos en el español. Sí, en cambio, pueden descubrirse algunas voces que han pasado con su sello característico a engrosar nuestro caudal, como *chopo, chumacera, aindamáis* y, sobre todo, *morriña* y *muñeira* (voz ésta mal adaptada, puesto que en gallego es *muiñeira*, de *muiño* 'molino').

GERMANISMOS. También la influencia del alemán en el español ha sido considerable, pero hoy apenas se advierte, tan diluida está. Los germanismos viciosos son pocos, y fácilmente se descubren.

GRECISMOS. El idioma de Cervantes está lleno de voces que o proceden del griego o tienen algo de griego (una muestra evidente puede hallarse en la lista de afijos, en la que, como puede comprobarse, casi todos los prefijos y sufijos tienen su origen en el griego). Sin embargo, pocas son las voces, si alguna, que procediendo del griego sean incorrectas en castellano.

ITALIANISMOS. Como el francés, el italiano influyó y sigue haciéndolo en nuestra lengua, aunque en menor cantidad que aquél; sin embargo, se usan italianismos, unos admitidos por la Academia y otros no; en la lista que sigue se han recogido algunos.

LATINISMOS. El latín, madre de muchas lenguas, lo es también del español; ello abona la facilidad para tomar o formar voces o grafías incorrectas en nuestra lengua, y que, por consiguiente, hemos de rechazar. Sin embargo, como dice Martínez Amador en su obra (p. 823), «proscribir los latinismos cultos sería dejar el lenguaje en esqueleto».

NEOLOGISMOS. *Neologismo* quiere decir «voz nueva», y también se aplica al «uso de estos vocablos o giros nuevos». ¿Es incorrecto usar o crear neologismos? Pues no, todo lo contrario; pero no basta que sean voces nuevas; es necesario, en primer lugar, que estén bien formadas de acuerdo con la índole de nuestro idioma, y en segundo lugar, que sean necesarias y no haya otra voz en castellano para dar nombre a aquello a que trata de aplicarse; esto no es fácil, y de aquí que, por una de estas dos razones, muchos neologismos sean inútiles, innecesarios o francamente rechazables.

PORTUGUESISMOS. Véase GALLEGUIMOS.

SOLECISMOS. Aunque los solecismos no son propiamente barbarismos (pues mientras éstos se refieren a las palabras aisladamente, esto es, a la analogía, aquéllos se refieren a la agrupación de palabras, o sea, a la sintaxis), hemos querido recoger aquí algunos de ellos (completados en LOCUCIONES, 2) por ser muy a menudo utilizados no sólo en la conversación, donde suelen pasar inadvertidos, sino en lo escrito, donde es más fácil hallarlos. Hay multitud de solecismos, lo cual refleja fielmente la falta general de estudio de la sintaxis castellana.

VULGARISMOS. Los vulgarismos no son sino los barbarismos más evidentes, utilizados por personas que carecen, por regla general, de toda formación gramatical; es fácil descubrir el vulgarismo en una voz mal acentuada, o mal pronunciada, o en un verbo mal conjugado; sin embargo, en este caso no es sólo la gente vulgar; muchas personas que presumen de cierta cultura dicen *inapto* por *inepto*, y *cabo* por *quepo*, y *andó* por *anduvo*...

II. Lista de barbarismos

En la lista que sigue se ha puesto un asterisco (*) al principio de las voces que, consideradas incorrectas hasta hace poco, han sido recientemente admitidas por la Academia, lo cual indica que su uso es absolutamente correcto; las voces por las que antes se sustituían sirven de telegráfica definición.

A DÓNDE (barb.) adónde.

ABANDONO (gal.) gracia, sencillez en el vestir.

ABANICO ELÉCTRICO (angl.) ventilador.

ABANIQUEAR (barb.) abanicar.

ABATIDA, ABATIS (gal.) tala.

ABATELENGUAS (barb.) depresor.

* ABERRANTE (gal.) anormal, anómalo.

ABESTIARSE (barb.) embrutecerse.

ABOCATERO (gal.) aguacate.

ABOCHORNANTE (barb.) bochornoso.

ABOGACIÓN (vulg.) abogacía.

ABORÍGENA, ABORÍGENE (barb.) aborigen.

ABOTARGAMIENTO (barb.) abotagamiento.

ABOTIJARSE (vulg.) abotagarse o abotargarse.

* ABOTONADURA (vulg.) botonadura.

ABRIGAR (gal.) guardar, tener (pensamientos, sentimientos).

ABRÍO (barb.) haberío.

ABRUMAMIENTO (barb.) opresión, agobio.

ABSENTEÍSMO (barb.) absentismo.

ABSENTA (gal.) ajenjo, o absintio.

ABSOLUTEZ (barb.) lo absoluto.

ABSORVER (barb.) absorber.

ABSURDEZ (barb.) absurdo, absurdidad.

ABSURDIDEZ (barb.) absurdidad.

ABUTAGAMIENTO (vulg.) abotagamiento.

ABUTAGAR (vulg.) abotagarse o abotargarse.

ACANCERARSE (barb.) cancerarse.

ACCESIS (barb.) ascesis.

* ACCIDENTADO (gal.) quebrado, fra-

goso, escabroso, montuoso; que ha sufrido un accidente.

ACEITE DE OLIVO (barb.) aceite de oliva.

ACEITE RICINO (vulg.) aceite de ricino.

ACORDAR (gal.) conceder, otorgar: *le acordaron mil pesetas mensuales.*

ACOSTARSE EL SOL (gal.) ponerse el sol.

ACOTEJAR (barb.) cotejar.

ACOTEJO (barb.) ordenación, acomodamiento.

ACRIDAD (barb.) acritud.

ACRIMONIOSO (vulg.) acre, áspero.

ACUÁRIUM (lat.) acuario.

* ACUATIZAJE (amer.) amaraje.

* ACUATIZAR (amer.) amarar.

ACUSADAMENTE (gal.) manifiestamente, señaladamente, evidentemente.

* ACUSAR (gal.) revelar, anunciar, manifestar, descubrir.

ADDENDA (lat.) adenda (1).

ADEFESIERAMENTE (vulg.) extravagante, ridículamente.

ADEFESIERO, ADEFESIOSO (vulg.) ridículo, extravagante.

ADIÁFANO (neol.) opaco.

ADICTO (angl.) aficionado, drogado.

ADIFÉS (barb.) adrede.

ADIOSES (gal.) despedida.

ADJETIVIZACIÓN (barb.) adjetivación.

* ADJUNTAR (barb.) acompañar o remitir adjunto.

ADMINISTRAR (vulg.) propinar, dar, aplicar: *administrar un castigo.*

ADOLECENCIA (barb.) adolescencia.

* AEDA (gal.) aedo.

AEREACIÓN (barb.) aeración.

AERÓPAGO (barb.) areópago.

AFECCIONADO (gal.) aficionado, querido, amado.

AFECCIONARSE (gal.) quererse, tenerse afecto.

AFECTADO (gal.) indignado, conmovido, dañado.

AFECTAR (gal.) alterar, modificar.

* AFECTO (gal.) destinado: *afecto al Ministerio Tal.*

AFECTUOSÍSIMO (barb.) afectísimo.

AFFAIRE (gal.) caso, asunto, negocio, cuestión, suceso; escándalo comercial o político.

AFFICHAGE (gal.) fijación de carteles.

AFFICHE (gal.) cartel, aviso, anuncio, bando, edicto.

AFICIÓN POR (solec.) afición a.

AFICHE (*v.* AFFICHE).

* AFIEBRARSE (vulg.) acalenturarse (es correcto en América).

AFINAJE (gal.) afinado (admisible).

AFLUXIONARSE (vulg.) acatarrarse, constiparse.

* AFLUYENTE (barb.) afluente.

AFUETAR (gal.) azotar.

AFUETEADURA (gal.) azotaina

AFUETEAR (gal.) azotar.

AFUSILAR (vulg.) fusilar.

AGENCIA (vulg.) casa de empeños. (En este sentido es correcto en Filipinas.) ‖ (angl.) organización, organismo, dependencia.

AGENCIERO (vulg.) dueño de una casa de empeños.

* AGENDA (angl.) orden del día, temario.

AGGIORNAMENTO (ital.) aplazamiento, dilación.

AGILAR (vulg.) abreviar, darse prisa.

AGILEZA (vulg.) agilidad.

---

(1) *Addenda* es la terminación femenina de la voz latina *addendus*, y significa "lo que se agrega a una obra para completarla"; la forma *adenda* es la castellanización propuesta por algunos autores, ya que el término se usa bastante en libros.

AGITAMIENTO (barb.) agitación.

AGÍTESE AL USARLO (barb.) agítese antes de usarlo.

AGRADACIÓN (angl.) sedimentación, fase de sedimentación, fase sedimentaria.

AGRESIVO (angl.) activo, dinámico, emprendedor.

AGRICULTURAL (angl.) agrícola, agrario.

AGUA DE LAVANDA (gal.) agua de espliego o de alhucema.

AGUA NAF (cat.) agua de azahar o aguanafa.

AGUAMANIL (vulg.) pistero.

AGUARDIENTOSO (barb.) aguardentoso.

AGUARDIENTERÍA (vulg.) aguardentería.

AGUARDIENTERO (vulg.) aguardentero.

* AGUDIZACIÓN (barb.) agravación, agravamiento.

AGUJADOR (barb.) alfiletero.

AGUJA SEGUNDERA (barb.) segundero.

* AGUJETERO (barb.) alfiletero (en América).

AHORRANTE (neol.) ahorrador.

AHORRAR LOS TÉRMINOS (gal.) medir las expresiones, ser circunspecto en el hablar.

AHORRISTA (barb.) ahorrador.

AIJARES (barb.) ijares.

* AIREAR (angl.) ventilar (examinar una cuestión).

AJUSTAJE (gal.) ajuste.

ALBOROTISTA (neol.) alborotador.

ALBOROTOSO (vulg.) alborotador.

ALCALINIZAR (barb.) alcalizar.

ALEGRAMIENTO (vulg.) alegría.

ALEGRARSE QUE (barb.) alegrarse de que.

* ALEVÍN (gal.) cría de pez.

ALEVINO (gal.) alevín.

ALEVINAJE (gal.) producción de ale-

vines para repoblar (es admisible).

* ALFABETIZAR (barb.) enseñar a leer y escribir.

ALFAKÍ (barb.) alfaquí.

ALFAÑIQUE (vulg.) alfeñique.

* ÁLGIDO (barb.) crítico, culminante, máximo (momento, período, punto, etc.); en la acepción de «ardiente, caluroso, acalorado», sigue siendo incorrecto.

ALGUIEN (barb.) alguno: *alguien de los presentes.*

ALHAJERA (vulg.) estuche (para joyas).

ALHAJERO (neol.) cajita, estuche (para joyas).

ALIAGE, ALIAJE (gal.) mezcla, liga, aleación, unión.

* ALIANZA (gal.) anillo de boda, anillo matrimonial.

ALIBI (gal.) coartada.

ALIGATOR (gal.) caimán.

ALINDERAR (vulg.) deslindar, amojonar.

ALTA AUTORIDAD (gal.) indiscutible, reconocida, valiosa autoridad, autoridad en la materia.

ALTA POLÍTICA (gal.) razón de Estado, buen gobierno.

ALTIELOCUENCIA (barb.) altilocuencia.

ALTIELOCUENTE (barb.) altilocuente.

ALTISA (gal.) altica (insectos).

* ALTOPARLANTE (gal.) altavoz.

ALTOS HECHOS (gal.) hazañas.

ALUVIONAL (gal.) aluvial.

ALZAR LAS ESPALDAS (gal.) encogerse de hombros.

ALLEGRO (ital.) alegro.

ALLEGRETTO (ital.) alegreto.

AMACHAMBRAR (barb.) machiembrar; amancebarse.

AMARIZAJE (amer.) amaraje.

AMARIZAR (amer.) amarar.

AMASANDERÍA (amer.) panadería, tahona.

AMASANDERO (amer.) panadero, tahonero.

AMASAR (gal.) amontonar, acumular, reunir: *amasar una fortuna.*

AMATEUR (gal.) aficionado, no profesional, apasionado.

AMBAJES (barb.) ambages.

AMBIGÜIDAD (barb.) ambigüedad.

AMBOS SEXOS (barb.) de uno y otro sexo: *personas de ambos sexos.*

AMELIORAR (gal.) mejorar.

AMERIZAJE (gal.) amaraje (o, en América, acuatizaje).

AMERIZAR (gal.) amarar (o, en América, acuatizar).

AMICAL (gal. o lat.) amistoso.

AMOHOSARSE (vulg.) enmohecerse.

ANATEMIZAR (ital.) anatematizar.

* ANCESTRAL (gal.) atávico; perteneciente o relativo a los antepasados.

ANCESTRO (gal.) antepasado, antecesor; estirpe.

ANCIANO (angl. y gal.) antiguo.

ANEROBIO (barb.) anaerobio.

ANEXIONAMIENTO (barb.) anexión.

ANILLA DE SERVILLETA (barb.) servilletero.

ANLAGE (germ.) territorio germinal (en medicina).

* ANONIMATO (barb.) lo anónimo.

ANTELAR (barb.) anticipar.

ANTICIPAR (angl.) prever, barruntar: *anticipar los acontecimientos.*

ANTICUALLA (barb.) antigualla.

ANTIDILUVIANO (barb.) antediluviano.

ANTIFEBRÍFUGO (barb.) febrífugo.

ANTIHUMANO (barb.) inhumano.

ANTISUDORAL (barb.) antisudorífico, desodorante.

ANTITÉSICO (barb.) antitético.

ANTIVERMÍFUGO (barb.) vermífugo.

ANTONOMÁSICAMENTE (barb.) antonomásticamente.

ANTONOMÁSICO (barb.) antonomástico.

APACHAR (vulg.) despachurrar.

APARCAMENTO (barb.) aparcamiento.

APARENTAR (gal.) emparentar.

APARENTE (angl.) evidente, notorio, ostensible, patente.

* APARTAMENTO (ital.) apartamiento (habitación, vivienda).

APENAS SI (gal.) apenas.

APERCIBIDO (gal.) advertido.

APERCIBIRSE DE (barb.) reparar en.

APESCOLLAR (barb.) apercollar.

* APLIQUE (gal.) lámpara adosada a la pared.

APOLOGETA (barb.) apologista.

APOLOGÍA (angl.) petición de perdón, excusas, disculpas.

APRECIABLE (angl.) considerable, cuantioso.

APREHENDER (angl.) temer.

APROCHES (angl.) cercanías, proximidades, vías de acceso.

APROVECHAR DE (gal.) aprovechar, o aprovecharse de.

APRUDENCIARSE (barb.) templarse, moderarse, reprimirse, contenerse.

AQUIJOTADO (barb.) quijotesco.

ARDIENTÍSIMO (barb.) ardentísimo.

ARENGUE (vulg.) arenque.

* ARISTOCRATIZAR (gal.) ennoblecer.

ARMÓNIUM (lat.) armonio.

ARRELLENADO (vulg.) arrellanado.

ARRELLENARSE (vulg.) arrellanarse.

* ARRIBISTA (gal.) advenedizo, persona sin escrúpulos.

ARRIVISTA (gal.) arribista.

ARROJARSE AL AZAR (gal.) aventurarse, arriesgarse.

ARROW-ROOT (angl.) arrurruz.

ARRUINAR (angl.) estropear, eliminar.

ASAETAR (barb.) asaetear.

ASCENDENCIA (angl.) ascendiente: *tener mucha ascendencia sobre los demás.*

ASEGURAR (gal.) dar, proporcionar: *esta máquina asegura un gran rendimiento.*

ASEQUIBLE (barb.) tratable, accesible.

ASERTAR (neol.) afirmar, asegurar, aseverar.

ASGAR (barb.) asir, coger.

ASPERÍSIMO (barb.) aspérrimo (es admisible).

ASPERJACIÓN (barb.) aspersión.

ASPIRADOR (barb.) aspiradora (máquina para quitar el polvo).

ASTRIGENTE (barb.) astringente.

ASUMIR (angl.) opinar, presumir, suponer.

ASUNCIÓN (angl.) presunción, suposición.

ATELIER (gal.) taller.

* ATOMIZADOR (neol.) pulverizador.

ATRÁS DE TI (barb.) detrás de ti.

ATRÁS TUYO, SUYO, etc. (barb.) detrás de ti, de él, etc.

ATRICCIÓN (barb.) atrición.

ATTACHÉ (gal.) agregado, adjunto.

ATTELIER (barb.) taller.

AUDIENCIA (angl.) auditorio, concurrencia, público.

AUDIOESPECTADOR (neol.) televidente, telespectador.

AUDITÓRIUM (lat.) auditorio.

AUGURIO (barb.) felicitación, pláceme.

AURISTA (neol.) otólogo.

* AUTENTIFICAR (neol.) autenticar.

AUTENTIZAR (barb.) autenticar, autentificar.

AUTOBAHN (germ.) autopista.

AUTOCAPITONÉ (gal.) camión acolchado.

AUTOMACIAR (neol.) automatizar.

AUTOMACIÓN (neol.) automatización.

AUTOMATICIDAD (angl.) automatismo.

AUTOMOCIÓN (angl.) automovilismo.

AUTOPULLMAN (angl.) autocar de lujo; autopulman.

AUTORRUTA (gal.) autopista.

* AVALADOR (barb.) avalista.

* AVALANCHA (gal.) alud.

AVALANCHE (gal.) avalancha, alud.

AVANZAR (gal.) adelantar, anticipar: *avanzar el salario.*

AVARIOSIS (neol.) sífilis.

* AVATAR (gal.) transformación, reencarnación, vicisitud, fase, cambio.

AVINADO (barb.) ebrio, borracho.

AVIÓN A REACCIÓN (gal.) avión de reacción, o reactor.

BABUINO (gal.) zambo, mono americano.

BABY (angl.) niño, pequeño, nene; delantal, guardapolvo de colegial; uniforme, babador.

BACCARA, BACCARAT (barb.) bacará o bacarrá (juego de naipes).

BACON (angl.) tocino entreverado (es admisible, quizá, en la forma *bacón*).

BAGAJE (barb.) equipaje (es correcto en lo militar).

BAIGNOIRE (gal.) palco de platea.

BAJEAR (barb.) vahear.

BALANCE (vulg.) negocio, asunto; mecedora.

BALANDRÓN (barb.) baladrón.

BALANDRONEAR (barb.) baladronear.

BALIZACIÓN (barb.) balizamiento, abalizamiento.

BALLET (gal.) bailete, bailable.

BALLET ESPAÑOL (gal.) danza española.

BAMBINO (ital.) niño.

* BANAL (gal.) trivial, insustancial, vulgar.

* BANALIDAD (gal.) vulgaridad, trivialidad, generalidad, perogrullada, insustancialidad.

BARAT (cat.) caballa, estornino.

BARCO A VELA (gal.) barco de vela.

BARMAN (angl.) mozo de bar.

BARRAGE, BARRAJE (gal.) barrera, empalizada.

BARRECHA (cat.) mezcla de cazalla y moscatel.

BARROSO (gal.) estrambótico.

BASEBALL, BASEBOL (angl.) béisbol o beisbol.

BASKETBALL, BASQUETBOL (angl.) baloncesto.

BASTARDEAMIENTO (neol.) bastardía, degeneración, depravación, alteración.

BASURIENTO (vulg.) sucio, inmundo.

BASURITA (vulg.) propina.

BATIR (gal.) latir, palpitar.

BATRÁCEO (barb.) batracio.

BAZOOKA (angl.) bazuca.

* BEBÉ (gal. y angl.) nene.

BECASINA (gal.) agachadiza, becada.

* BECHAMEL (gal.) besamela.

* BEDANO (gal.) escoplo grueso.

BEGOÑA (barb.) begonia (flor).

BEIG (barb.) v. BEIGE.

BEIGE (gal.) amarillento, color café con leche (es admisible).

BEL CANTO (ital.) bello canto.

BELEMNITES (gal.) belemnita.

BELVEDERE (ital.) mirador.

BELLA EDAD (gal.) edad florida.

BELLO GESTO (gal.) bello rasgo; noble acción.

BELLO MIRAR (gal.) dulce mirar.

BELLO MOMENTO (gal.) instante feliz, ocasión u oportunidad propicia.

BELLOS AÑOS (gal.) flor de la edad, edad temprana, mocedad, juventud.

BELLOS DÍAS (gal.) edad florida, flor de la edad.

BEMBRILLO (vulg.) membrillo.

BENDICENTE (barb.) bendiciente.

BENEFICIENCIA (barb.) beneficencia.

* BENEVOLENTE (neol.) benévolo.

BENEVOLÍSIMO (barb.) benevolentísimo.

BERI-BERI (barb.) beriberi.

* BESAMEL (barb.) besamela.

BESTIEZUELA (barb.) bestezuela.

BIANUAL (barb.) bienal.

BIBELOT (gal.) figurilla, muñeca, muñeco, juguete, bujería.

BIDET (gal.) bidé.

* BIDÓN (gal.) lata, bote.

BIDONVILLE (gal.) ciudad de latón, barrio de chabolas.

* BIES (gal.) sesgo, oblicuidad.

* BIFE (angl.) bistec, filete, (correcto en Argentina, Chile y Uruguay).

BIFTEC (barb.) bistec.

BIOQUIMIA (barb.) bioquímica.

BIS A BIS (barb.) vis à vis (véase).

BISCUIT (gal.) bizcocho, galleta.

* BISUTERÍA (gal.) buhonería, joyería, orfebrería, platería.

BISUTERO (gal.) buhonero, joyero, orfebre, quincallero (es admisible).

BITTER (angl.) bíter.

BIZARRÍA (gal.) extravagancia, capricho.

BIZARRO (gal.) caprichoso, extravagante.

BLANCUCHO (vulg.) blancuzco.

BLOC (angl.) bloque (el de papel, taco) (es admisible).

BLOCKHAUS (germ.) blocao.

BLOCK (angl.) v. BLOC.

BLONDO (gal.) rizado, ondulado, crespo.

* BLOQUE (angl.) manzana de casas.

BLUFF (angl.) baladronada, fanfarronada, ficción, faramalla; noticia falsa; falsa apariencia; farol.

* BOCAL (gal.) jarro, tarro.

BOCK (germ.) vaso de cerveza.

BOÎTE (gal.) salón de baile.

BOMBA A MOTOR (gal.) bomba de motor.

BOMBARDEAMIENTO (barb.) bombardeo.

* BOMBÁSTICO (angl.) altisonante, grandilocuente.

BONETERÍA (gal.) mercería, camisería.

BONHOMÍA (gal.) bondad, franqueza, candor, ingenuidad, candidez, credulidad.

* BONITURA (vulg.) hermosura, lindeza.

BOOM (angl.) auge súbito, prosperidad repentina.

BOOMERANG (voz australiana) bumerán.

BORDEL (gal.) burdel.

BORDURA (gal.) arriate.

BOSJOMÁN (gal.) bosquimán.

BOSQUIMANO, BOSQUÍMANO (barb.) bosquimán.

BOTADA (vulg.) botadura.

BOTAMIENTO (barb.) botadura.

BOTELLERÍA (barb.) botillería.

BOUDOIR (gal.) camarín, saloncito, tocador.

BOULEVAR (barb.) bulevar.

BOULEVARD (gal.) bulevar.

BOUQUET (gal.) ramo, ramillete; perfume, aroma, gustillo (de los vinos).

BOUTADE (gal.) salida, ocurrencia.

BÓVEDA GLACIAL (gal.) casquete glacial.

BOYCOT (barb.) boicot.

BOYCOTEO (barb.) boicoteo.

BOY-SCOUT (angl.) explorador.

BRANDY (angl.) coñac (es admisible *brandi*, castellanización adecuada del término inglés; por otra parte, *coñac* no siempre es acertado, pues otros licores también son brandis).

BRASILEIRO (barb.) brasileño o brasilero.

BRASSERIE (gal.) cervecería, bar.

BREMA (gal.) sargo.

BREVE (gal.) en una palabra, en suma, en fin.

BREVEMENTE (gal.) en una palabra, en suma, en fin.

BREVET (gal.) patente, despacho, diploma, privilegio de invención.

BREVETAR (gal.) patentar.

BRIGBARCA (barb.) bricbarca.

BRIQUET (gal.) encendedor.

BRODEQUÍN (gal.) borceguí.

BRODERÍ (gal.) brocado, encaje fino.

BUAT (gal.) v. BOÎTE.

BUDGET (angl.) presupuesto.

BUDUAR (gal.) v. BOUDOIR.

BUEN DIOS (gal.) Dios.

BUENOS MOMENTOS (gal.) momentos sublimes, momentos admirables.

* BUFÉ (gal.) convite, merienda, refresco; mesa para servirlos; restaurante de estación ferroviaria; fiesta; oficina; bar.

BUFET (gal.) bufé.

BUFFET (gal.) bufé.

BULEVARD (barb.) bulevar.

BULLANGUERÍA (barb.) bullanga.

BULLARANGA (barb.) bullanga.

BUMERANG (barb.) bumerán.

BUQUÉ (gal.) v. BOUQUET.

BUQUE A VAPOR, O A VELA (gal.) buque de vapor, o de vela.

BUQUET (barb.) v. BOUQUET.

BUQUETERO (gal.) florero.

BUREAU (gal.) buró.

* BURÓ (gal.) Mueble para escribir. (Es galicismo en el sentido de *oficina, negociado*.)

BURSAL (gal.) bursátil.

BUSA (gal.) pava (fuelle grande).

CABALLERICERO (neol.) caballerizo.

CABARET (gal.) restaurante alegre
o galante, café concierto, café
cantante; sala de fiestas.

CABÁS (gal.) cartera (de libros),
cierto bolso de señora (admitido en esta acepción).

CABE A (solec.) cabe (sin preposición).

CABELLOS BLANCOS (gal.) canas.

CABEZA CORONADA (gal.) testa coronada.

* CABINA (gal.) locutorio; recinto
donde funciona un proyector;
espacio reservado al piloto,
conductor, etc.

CABRIOLET (gal.) cabriolé.

CACARAQUEAR (barb.) cacarear.

CACARAQUEO (barb.) cacareo.

* CACTUS (lat.) cacto.

CACHAR (angl.) coger, tomar.

CACHENÉ (gal.) bufanda.

CACHET (gal.) personalidad, estilo
propio; sello, cápsula; honorarios (de cantantes y concertistas).

CADA QUE (amer.) cada vez que.

CADA QUIEN (amer.) cada cual.

CAER EN CUENTA (gal.) caer en la
cuenta (2).

CAER EN EL RIDÍCULO (gal.) caer
en lo ridículo.

CAFÉ NEGRO (gal.) café, café puro,
café solo.

* CAIRINO (barb.) cairota.

CALAMBUR (gal.) retruécano, juego
de palabras, equívoco.

CALAMIDAD PÚBLICA (gal.) desastre
nacional.

CALCAMANÍA (vulg.) calcomanía.

CALDERA A VAPOR (gal.) caldera de
vapor.

CALEFACCIÓN A GAS (gal.) calefacción de gas.

CALEFACCIONISTA (barb.) calefactor.

CALENTADOR A GAS (gal.) calentador
de gas.

CALÍGINE (barb.) calor excesivo,
bochorno, calina (el significado
correcto de calígine es «niebla,
oscuridad, tenebrosidad»).

CALIGINOSO (barb.) calinoso, caliente, cálido, caluroso (el significado correcto de caliginoso
es «denso, oscuro, nuboso, tenebroso»).

CALOTA (gal.) casquete.

CALOTE (vulg.) engaño, estafa.

CALOTEAR (vulg.) robar, engañar,
estafar.

CAMA DE MATRIMONIO (cat.) cama
grande (es admisible).

CAMBIAR DE AIRES (gal.) mudar aires, mudar de aires (es admisible).

CAMBIAR IDEAS (gal.) comunicarse,
relacionarse.

CAMBODGIANO (gal.) camboyano.

CAMERAMAN (angl.) operador; el
cámara, camarógrafo (México e
Hispanoamérica).

CAMERINO (ital.) camarín; tocador.

CAMINO A (solec.) camino de.

CAMIONETA (vulg.) coche de línea,
autobús, autocar.

CAMOUFLAGE (gal.) camuflaje.

CAMPO A TRAVÉS (solec.) a campo
traviesa (v. LOCUCIONES).

CAMPOSTELANO (barb.) compostelano.

CAMUFLAGE (gal.) camuflaje.

* CAMUFLAJE (gal.) disfraz, enmascaramiento, disimulo, ocultamiento.

* CAMUFLAR (gal.) desfigurar, dis-

(2) Dice Martínez Amador (p. 227) que no se trata de un galicismo, sino, al
parecer, de una errata del Diccionario académico de 1869 (voz acordar).

frazar, disimular, ocultar, enmascarar.

CANALÉ (gal.) acanalado, estirado.

CANARD (gal.) patraña, bulo, bola, embuste, noticia falsa en los periódicos.

CAN-CAN (barb.) cancán.

CENELONIS (barb.) canelones.

CENELLONI (ital.) canelones.

CANEVÁ (gal.) cañamazo.

CANOTIER (gal.) canotié.

CANSO (barb.) cansado (es correcto dicho de cosas que declinan o decaen).

CANTÁBILE (ital.) cantable.

CANTINAS ESCOLARES (angl.) comedores escolares.

CANZONETA (ital.) cancioncita, canción breve.

CANZONETISTA (ital.) cancionista.

CAOUTCHOUC (gal.) caucho.

CAP-I-CUA (cat.) capicúa.

* CAPITALINO (neol.) metropolitano (perteneciente o relativo a la capital del Estado).

CAPITONÉ (gal.) acolchado, almohadillado.

CAPITOSO (gal.) espirituoso, embriagador.

CAPITOSTE (vulg.) caporal, jefecillo.

* CAPÓ (gal.) cubierta del motor del automóvil.

CAPOT (gal.) capó.

CAQUÉXICO (barb.) caquéctico.

CAREADO (barb.) cariado.

CAREAR (barb.) cariar (producir caries).

CARGAR EL ACENTO (angl.) hacer hincapié, dar mucha importancia (es admisible).

CARICATURAL (barb.) caricaturesco.

CARNECERÍA (vulg.) carnicería.

CARNE Y HUESOS (cat.) carne y hueso.

CARNET (gal.) carné (v. SINÓNIMOS).

CARRILLÓN (barb.) carillón.

CARROUSEL (gal.) carrusel.

* CARRUSEL (gal.) tiovivo, recreo de feria.

CARRUSSEL (barb.) carrusel.

* CARTA (gal.) minuta.

* CÁRTER (angl.) cubrecadena.

CASABA (gal.) alcazaba.

CASBAH (gal.) alcazaba.

CASI, CASI (barb.) casi casi.

CASI QUE (vulg.) casi.

CASOLIDAD (vulg.) casualidad.

CASTAÑEAR (barb.) castañetear.

CASTAÑEO (barb.) castañeteo.

CATALEPSIS (barb.) catalepsia.

CATALEXIS (barb.) catalepsia.

CATAPLÚN (barb.) cataplum.

CATCH, O CATCH-AS-CATCH-CAN (angl.) lucha libre.

CAUCIOSO (angl.) cauto, cauteloso.

CAUCHÚ (gal.) caucho.

CAUCHUT (gal.) caucho.

CAUSIBILIDAD (barb.) causalidad.

CAUSAR EFECTO (gal.) impresionar, producir efecto (es admisible).

CAUSEUR (gal.) conversador.

CAUSTIFICAR (barb.) causticar.

CAUTCHÚ (gal.) caucho.

* CAZURRERÍA (barb.) cazurría.

* CEGATÓN (barb.) cegato (es correcto en América).

CEJO (arc.) ceño, sobrecejo.

* CELEBRIDAD (gal.) persona famosa.

CELENTERIO (barb.) celentéreo.

CELIBATARIO (gal.) célibe, soltero.

CELOFANA (barb.) celofán.

CEQUÍN (barb.) cequí.

CERCA A (solec.) cerca de.

CERCA MÍO, TUYO, etc. (solec.) cerca de mí, de ti, etc.

CERCANO DE (solec.) cercano a.

CERCANO NUESTRO (solec.) cercano a nosotros.

CERCIORARSE QUE (solec.) cerciorarse de que.

CERTENIDAD (vulg.) certeza.

CIBELLINA (barb.) cebellina o cibelina.

* CICATRICIAL (barb.) cicatrizal.

CICLOSTIL (barb.) ciclostilo.

CIEN POR CIEN (barb.) ciento por ciento.

CIEN POR CIENTO (barb.) ciento por ciento.

CIENCIA-FICCIÓN (barb.) ciencia ficción.

CIENPIÉS (barb.) ciempiés.

CIENTIFISMO (barb.) ciencismo, cientificismo.

CIENTISMO (barb.) ciencismo, cientificismo.

CIERNES (barb.) cierne.

CINAMONO (barb.) cinamomo.

CINCO EN RAMA (barb.) cincoenrama.

CINEMASCOPE (angl.) cinemascopio, cinemascopia.

CINTILACIÓN (barb.) centelleo.

CIRCUNCIRCA (barb.) circumcirca.

CIRINAICO (barb.) cirenaico.

CIRUJÍA (barb.) cirugía.

CITADINO (gal.) urbano, ciudadano.

* CLAQUE (gal.) conjunto de los que aplauden en un teatro, a cambio de la entrada.

CLARO-OSCURO (barb.) claroscuro.

CLAROOSCURO (barb.) claroscuro.

CLAVECÍN (gal.) clave (instrumento músico).

CLAVELINA (barb.) clavellina.

CLAVICORNIO (barb.) clavicordio.

* CLAXON (angl.) bocina.

CLEARING (angl.) sistema comercial de compensación.

CLIP (angl.) clipe (sujetapapeles).

CLIPPER (angl.) clíper.

CLOWN (angl.) clon, payaso.

CLOWNESCO (angl.) clonesco, payasesco.

CLUBMAN (angl.) clubista.

CLUBMEN (angl.) clubistas.

* COACCIONAR (barb.) violentar, forzar, ejercer coacción.

COACTAR (barb.) forzar, coaccionar.

COALICIONAR (neol.) coligar.

COALIGAR(SE) (gal.) coligar(se).

COÁLTAR (gal.) brea, alquitrán.

COBAYA (barb.) cobayo.

COC (barb.) coque, cok.

COCINA A GAS (gal.) cocina de gas.

COCK (barb.) coque, cok.

COCKTAIL (angl.) coctel.

COCOTA (gal.) ramera.

COCOT(T)E (gal.) ramera.

COGNAC (gal.) coñac.

COGNITIVO (angl.) cognoscitivo.

COJINETE A BOLAS (gal.) cojinete de bolas.

COLA DE PEZ (barb.) cola de pescado, colapez, colapiscis.

COLCREM (angl.) crema.

COLEGIO INTERNO (barb.) internado.

COLERÍN (barb.) colerina.

COLISÉUM (lat.) coliseo.

COLISIONAR (barb.) chocar, entrar en colisión (es admisible, y se usa mucho).

* COLMADO (cat.) tienda de comestibles.

COLOR BURDEOS (gal.) color málaga.

COLOR DE LUTRE (gal.) color de nutria, de nutra o de lutria.

COLOR UNIDO (ital.) color liso.

COLORIDAD (barb.) color, colorido.

COLLA (cat.) grupo.

COMBINA (vulg.) combinación.

COMENTARIAR (barb.) comentar.

COMETIMIENTO (barb.) comisión (acto de cometer).

COMO (barb.) cuanto: *como mayor sea, mejor*.

COMO QUE (cat.) como, dado que.

COMO UN TODO (angl.) en conjunto.

COMPACTO (gal.) denso, apretado, lleno (aplicado a personas o cosas inanimadas).

COMPANAGE (barb.) companaje.

* COMPARTIMENTO (barb.) compartimiento.

* COMPETITIVO (gal.) competidor.

COMPLETUD (barb.) compleción.

COMPLITUD (barb.) compleción.

COMPLOTAR (gal.) conspirar.

C O M P R A - V E N T A (barb.) compraventa.

COMPTOIR (gal.) mostrador, escritorio; factoría.

COMPULSATORIO (barb.) compulsorio, o compulsivo.

COMUNA (gal.) ayuntamiento, municipio (es correcto en América aplicado al municipio, en cuanto conjunto de los habitantes de un término).

* COMUNAL (gal.) municipal.

CONCADENACIÓN (barb.) concatenación.

CONCEPTAR (barb.) conceptear.

CONCEPTUACIÓN (neol.) concepto, idea.

CONCESIONADO (barb.) concesionario.

CONCIENTE (barb.) consciente.

CONCRETIZACIÓN (barb.) concreción.

CONCRETIZAR (barb.) concretar.

CONCURRENCIA (gal.) rivalidad, competencia.

CONCURRENTE (gal.) rival, competidor.

CONCUSPICENCIA (barb.) concupiscencia.

CONDOTTIERE (ital.) condotiero.

CONDOTTIERO (ital.) condotiero.

CONDUNCENTE (barb.) conducente.

CONECTOR (barb.) conectador.

CONEXIONAR (barb.) conectar, enlazar, ligar (es correcto *conexionarse*, «contraer conexiones»).

* CONFECCIONAR (gal.) componer, hacer, etc., cuando se aplica a obras inmateriales.

* CONFERENCISTA (barb.) conferenciante.

CONFETTI (ital.) confeti.

CONFLUYENTE (barb.) confluente.

CONFORT (gal.) comodidad, regalo, bienestar (es admisible).

CONFRATERNAL (barb.) fraternal.

CONFRATERNIZAR (barb.) confraternar, fraternizar (es admisible).

CONFUCIANISTA (barb.) confucionista, confuciano.

CONFUSIONAR (barb.) confundir.

CONFUSIONARIO (barb.) confusionista.

CONFUSIVO (barb.) confusionista.

CONGREGACIONISTA (barb.) congregante o congreganta.

CONGREGANISTA (barb.) congregante o congreganta.

CONGRESACIONAL (barb.) congresista.

* CONGRESAL (barb.) congresista (es correcto en América).

CONGRESANTE (barb.) congresista.

CONJUNTAMENTE CON (solec.) juntamente con.

CONJUNTAR(SE) (arc.) juntar(se), unir(se).

CONLINDANTE (barb.) colindante.

CONMUTA (barb.) conmutación.

CONNATO (barb.) nacido al mismo tiempo que otro.

CONSAGRAR (barb.) destinar, dedicar, emplear (aplicado a cosas vulgares).

CONSANGUINEIDAD (barb.) consanguinidad.

CONSCIENCIA (arc.) conciencia (3).

CONSCIENCIACIÓN (barb.) concienciación (4).

---

(3) *Consciencia* es correcta en el lenguaje filosófico, pero no en el uso corriente.

(4) No la registran los diccionarios, pero se usa en cierto tipo de obras, sobre todo en las científicas.

* CONSCRIPCIÓN (gal.) quinta, reclutamiento (es correcto en Argentina).
* CONSCRIPTO (gal.) quinto, soldado (es correcto en Argentina y Chile).
CONSECUENTE A (gal.) consecuente con, o consecuente en.
CONSEGUIR AL (gal.) conseguir del.
CONSERVATISMO (barb.) conservadurismo, conservadorismo.
CONSERVURISMO (barb.) conservadurismo, conservadorismo.
* CONSOMÉ (gal.) caldo consumado.
CONSOMMÉ (gal.) consomé.
CONSPUIR (gal.) rechazar, vilipendiar, mofar, despreciar.
CONSPIRATIVO (barb.) conspirador.
* CONSTATACIÓN (gal.) comprobación, verificación.
* CONSTATAR (gal.) comprobar, verificar.
CONSTELADO (gal.) estrellado, lleno de estrellas; sembrado, cubierto (es admisible).
CONSTELAR (gal.) llenar, cubrir (es admisible).
CONSTRINGIDO (barb.) constreñido.
CONSULTATIVO (barb.) consultivo.
* CONTABLE (gal.) contador, tenedor de libros.
CONTACTAR (barb.) hacer contacto, establecer contacto (es admisible).
CONTAINER (angl.) contenedor.
CONTAJE (gal.) cuenta, conteo.
CONTAR CON (tantos años) (solec.) contar (tantos años).
CONTRACEPTIVO (angl.) anticonceptivo.
CONTRADICCIONAL (barb.) contradictorio.
CONTRAFACCIÓN (gal.) falsificación, contrahechura, imitación.
CONTRASENTIDO (gal.) dislate, necedad, despropósito.

CONTRICANTE (barb.) contrincante.
CONTRICCIÓN (barb.) contrición.
* CONTROL (gal. y angl.) comprobación, revisión, examen, intervención, inspección, dirección; mandos, regulación; dominio, mando, preponderancia.
CONTROLAJE (gal.) control.
* CONTROLAR (gal.) comprobar, revisar, examinar, intervenir, fiscalizar.
CONTROLLER (angl.) interventor, contralor, director, vigilante, inspector.
* CONTROVERSIAL (angl.) polémico, relativo a la controversia.
CONTROVERSIBLE (barb.) controvertible.
CONTROVERTER (barb.) controvertir.
CONTUSIONAR (barb.) contundir, lesionar, herir, magullar (es admisible).
CONVALECENTE (barb.) convaleciente.
CONVALESCENCIA (barb.) convalecencia.
CONVALESCENTE (barb.) convaleciente.
CONVALESCIENTE (barb.) convaleciente.
CONVENCER QUE (solec.) convencer de que.
CONVENCERSE QUE (solec.) convencerse de que.
CONVENIENCIAS SOCIALES (gal.) decoro, respeto.
CÓNYUGUE (barb.) cónyuge.
COOLEY (angl.) culi.
COPIA (angl.) ejemplar (de un libro, periódico, revista, etc.)
COQUELUCHE (gal.) tos ferina.
COQUILLAGE, COQUILLAJE (gal.) marisco, concha.
CORBEILLE (gal.) canastilla.
CORIFEO (barb.) secuaz, partidario, sectario, adepto.

CÓRNER (angl.) ángulo, esquina (es admisible en fútbol).

* CORNÚPETO (barb.) cornúpeta.

CORONELATO (barb.) coronelía.

CORRABORAR (barb.) corroborar.

*CORRECCIÓN (gal.) finura, dignidad, cortesía.

* CORRECTAMENTE (gal.) pulcramente, aseadamente, dignamente, cortésmente.

* CORRECTO (gal.) fino, cortés, intachable, digno.

CORREÍSTA (barb.) correo.

CORRIOLA (cat.) polea.

CORROSIONAR (barb.) corroer.

CORSET (gal.) corsé.

CORTAR CAMINO (gal.) atajar.

CORTE DE JUSTICIA (angl.) tribunal de justicia.

CORTE SUPREMA (angl.) Tribunal Supremo.

CORTOCIRCUITO (barb.) corto circuito (5).

COSERÍ (gal.) charla, conversación amena.

COSTILLA (cat.) chuleta.

COSTILLETA (cat.) chuleta.

COSTIPADO (barb.) constipado.

COSTIPARSE (barb.) constiparse.

COSTREÑIR (arc.) constreñir.

COUCHÉ (gal.) cuché.

COUPÉ (gal.) cupé.

COUPLET (gal.) cuplé.

CRAC (angl.) quiebra comercial.

CRACKAGE (gal.) craqueo.

CRACKING (angl.) craqueo.

CRAWL (angl.) crol.

CRAYÓN (gal.) carboncillo de dibujar.

CREDENCIAR (barb.) acreditar, autorizar.

* CREMA (barb.) betún.

* CREMA (gal.) lo selecto, la flor y nata, lo escogido, lo principal.

CRIMINALOGÍA (barb.) criminología.

CRIMINÁLOGO (barb.) criminalista.

CRIMINALOGISTA (barb.) criminalista.

CRINOLINA (gal.) miriñaque, zagalejo.

CROCHÉ (gal.) ganchillo, gancho; labor con aguja de gancho.

CROCHET (gal.) v. CROCHÉ.

CROISSANT (gal.) medialuna.

CRONOMETRISTA (neol.) cronometrador.

CROUPIER (gal.) ayudante del banquero (en las casas de juego).

CRUGIR (barb.) crujir.

CRUPIÉ (gal.) v. CROUPIER.

CUADRIGÉSIMO (barb.) cuadragésimo.

CUANTÍSTICA (gal.) cuántica.

CUARZITA (barb.) cuarcita.

CUBREFUEGO (TOQUE DE) (gal.) toque de queda.

CUCHUFLÍ (vulg.) calabaza.

CUENTAS A PAGAR (gal.) cuentas por pagar.

CUESTIÓN DEL MOMENTO (gal.) asunto del día.

CUIDADOS (gal.) desvelos, esfuerzos, inquietudes.

CULOT (gal.) braga o bragas.

CUMA (vulg.) madrina, comadre.

CUMPLIMENTOSO (barb.) cumplimentero, obsequioso.

* CUPÉ (gal.) berlina.

* CUPLÉ (gal.) copla, tonadilla, canción.

* CUPLETISTA (gal.) tonadillera, cancionista.

CURAÇAO (port.) curasao o curazao.

---

(5) Hay que establecer la diferencia entre *corto circuito* y *cortacircuitos* (éste siempre en plural): lo primero se produce por contacto entre dos conductores y suele producir una descarga ("funden los plomos", se dice generalmente); lo segundo es el aparato que interrumpe automáticamente la corriente eléctrica cuando ésta es excesiva.

CÚRIUM (lat.) curio.
* CURRÍCULUM VITAE (lat.) currículo.
CURRIOLA (cat.) polea.
CURSAR (barb.) correr, regir: *el día 30 del que cursa.*
CÚRSILES (vulg.) cursis.
CYCLOSTYLE (angl.) ciclostilo.
CZAR, CZAREVITZ, CZARIANO, CZARINA (barb.) zar, zarevitz, zariano, zarina (respectivamente).

CHAFARDEAR (cat.) chismorrear.
CHAGRÉN (gal.) zapa (piel).
CHAGRIN (gal.) zapa.
CHAISE LONGUE (gal.) meridiana.
CHAMÁN (voz rusa) brujo.
CHAMPAGNE (gal.) champaña.
CHAMPANIZADO (barb.) achampañado.
* CHAMPIÑÓN (gal.) seta comestible.
CHAMPIGNON (gal.) champiñón.
CHAMPOO (angl.) champú.
CHANCE (gal.) suerte, ocasión, oportunidad, contingencia, probabilidad; chanza.
CHANGUEAR (vulg.) bromear.
CHANGUERO (vulg.) chancero.
CHANSONNIER (gal.) cancionista, cupletista.
CHANTAGE (gal.) chantaje.
CHANTAGISTA (gal.) chantajista.
CHANTILLY (gal.) chantillí.
CHAQUE (barb.) achaque.
CHAQUET (barb.) chaqué (v. JAQUETTE).
CHARCUTERÍA (gal.) salchichería, tienda en la que se venden embutidos (es admisible).
CHAROLADOR (barb.) charolista.
CHAROLERO (barb.) charolista.
* CHASIS (gal.) bastidor, autobastidor.
CHASSIS (gal.) chasis.
CHATEZ, CHATEZA (barb.) chatedad.
CHAUVINISMO (gal.) patriotería.

CHAUVINISTA (gal.) patriotero.
CHECKUP (angl.) chequeo.
CHEF (angl. y gal.) primer cocinero, jefe de cocina.
CHEF D'OEUVRE (gal.) obra maestra.
CHEIK (gal.) jeque.
CHEQUEAR (angl.) controlar.
CHEQUEO (angl.) control. (En el sentido de «reconocimiento médico» es correcto.)
CHICANEAR (gal.) obstruir, dificultar, embrollar, sofisticar, sutilizar, tergiversar.
CHICANERÍA (gal.) dificultad, embrollo.
CHISPORREAR (barb.) chisporrotear.
CHISPORREO (barb.) chisporroteo.
CHISPORRETEAR (barb.) chisporrotear.
CHISPORRETEO (barb.) chisporroteo.
CHOUCROUTE (gal.) chucruta (en alemán, *sauerkraut*).
CHOVINISMO (gal.) v. CHAUVINISMO.
CHOVINISTA (gal.) v. CHAUVINISTA.

DANCING (angl.) sala de baile, baile.
DANDI (angl.) petimetre, caballerete, lechuguino (es admisible).
DANDY (angl.) v. DANDI.
DANDYSMO (angl.) dandismo.
DAR EL TONO (gal.) imponer el gusto.
DAR LA SEGURIDAD (gal.) dar palabra, prometer, asegurar.
DAR LECTURA (gal.) leer (es admisible).
DAR OÍDAS (barb.) dar oídos.
DAR PALABRA QUE (solec.) dar palabra de que.
DAR PENA (gal.) causar aflicción.
DARSE CUENTA QUE (solec.) darse cuenta de que.

DARSE LA PENA (cat.) tomarse el trabajo.

DARSE TIEMPO (gal.) tomarse tiempo.

DÉBÂCLE, DEBACLE (gal.) desastre, ruina, quiebra, hecatombe, desquiciamiento, confusión caótica, el acabose.

DEBAJO MÍO, TUYO, etc. (solec.) debajo de mí, de ti, etc.

DEBERSE A (gal.) dedicarse, consagrarse.

DEBUT (gal.) estreno, inauguración, presentación.

DEBUTANTE (gal.) principiante, persona que se presenta por primera vez.

DEBUTAR (gal.) estrenarse, presentarse, inaugurarse.

DECATHLON (grec.) decatlón.

* DECEPCIONAR (gal.) causar decepción, desengañar, desilusionar.

DÉCIMOOCTAVO (barb.) decimoctavo.

DÉCIMOPRIMERO (barb.) undécimo.

DÉCIMOSEGUNDO (barb.) duodécimo.

DECOMISIONAR (barb.) decomisar.

DEFECCIONAR (gal.) desertar, abandonar.

DEFLACCIÓN (barb.) deflación.

DEGENERESCENCIA (gal.) degeneración.

DEGLUTICIÓN (barb.) deglución.

* DEGUSTACIÓN (gal.) gustación.

* DEGUSTAR (gal.) gustar, probar, catar.

DEJAR LAS COSAS A LA MITAD (gal.) dejar las cosas a medio hacer.

* DEJE (vulg.) dejo, acento peculiar; gusto, sabor.

DELANTE MÍO, TUYO, etc. (solec.) delante de mí, de ti, etc.

DELECTABLE (arc.) deleitoso, deleitable.

DELICTUAL (angl.) delictivo, delictuoso.

* DELIMITACIÓN (gal.) limitación.

* DELIMITAR (gal.) fijar los límites, limitar.

DELIRIO TREMENS (barb.) delírium trémens.

DEMARRÉ (barb.) v. DÉMARRER.

DÉMARRER (gal.) arrancar, ponerse en marcha (un motor).

DEMARRAGE (gal.) arranque, puesta en marcha (de un motor).

DEMI-MONDAIN (gal.) mujer de vida galante.

DEMODÉ (gal.) pasado de moda.

DEMONIUELO (barb.) demoñuelo o demoñejo (dim. de demonio).

DENTRÍFICO (bar.) dentífrico.

DERRAPAJE (gal.) deslizamiento (de un vehículo).

DERRAPAR (gal.) patinar, deslizarse (un vehículo).

DERRICK (angl.) castillete de perforación.

DERRITIR (barb.) derretir.

DERROCACIÓN (barb.) derrocamiento.

DESABILLÉ (gal.) v. DESHABILLÉ.

DESACOMPASADO (barb.) descompasado.

DESAPERCIBIDO (barb.) inadvertido.

DESAVENIENCIA (barb.) desavenencia.

DESAYUNAR (barb.) desayunarse (es forma muy usada).

DESCAMBIAR (cat.) cambiar.

DESEABILIDAD (angl.) deseo.

DESENYUGAR (barb.) desuncir.

DESESPUMAR (barb.) despumar, espumar.

DESESTIMIENTO (barb.) desistimiento.

DESFASAJE (barb.) desfase.

DESGENERAR (barb.) degenerar.

DESHABILLÉ (gal.) traje de casa, bata, ropa de dormir (camisón, pijama), ropa suelta.

DESINFECCIONAR (barb.) desinfectar, desinficionar.

DESINFECTACIÓN (barb.) desinfección.

DESINFESTAR (barb.) desinfectar.

DESINTERÉS (gal.) desidia, falta de cuidado o diligencia.

DESINTERESARSE (gal. y angl.) dejar de interesarle algo a alguien.

DESMENTIDO (gal.) desmentida, mentís.

DESMENTIMIENTO (barb.) desmentida, mentís.

* DESMORALIZANTE (barb.) desmoralizador.

DESNARIZAR (barb.) desnarigar.

DESNATALIDAD (barb.) baja natalidad, bajo índice de natalidad.

DESOPILANTE (gal.) festivo, divertido, jocoso.

DESOPILAR (gal.) hacer reír, desternillarse de risa.

DESPACIENTARSE (barb.) impacientarse.

DESPACHANTE (barb.) dependiente (de comercio).

DESPEJE (barb.) despejo.

* DESPELUCAR (barb.) despeluzar, despeluznar (correcto en América).

DESPERFECCIONAR (barb.) deteriorar, menoscabar.

DESPIPORRANTE (vulg.) ridículo, cursi, estrambótico.

DESPOSTILLAR (barb.) desportillar.

DESPRECIO A LAS LEYES (gal.) desprecio de las leyes.

DESPREOCUPACIÓN (gal.) negligencia, abandono, descuido.

DESPUÉS DE NUESTRA ERA (barb.) de nuestra era.

DESTORNILLARSE (barb.) desternillarse.

DESVELAMIENTO (gal.) descubrimiento, revelación.

DESVELAR (gal.) descubrir, poner de manifiesto.

DETECTACIÓN (barb.) detección.

* DETECTAR (barb.) poner de manifiesto lo que no puede ser observado directamente.

*DETECTIVE (angl.) policía particular que realiza averiguaciones reservadas.

DETENTAR (barb.) poseer.

DETERIORIZACIÓN (barb.) deterioración.

DETERIORIZAR (barb.) deteriorar.

DETRÁS MÍO, TUYO, etc. (barb.) detrás de mí, de ti, etc.

DETRITUS (lat.) detrito.

* DEVALUACIÓN (gal.) depreciación.

* DEVALUAR (gal.) depreciar.

DEVELAR (gal.) descubrir, desvelar.

DIABETIS (vulg.) diabetes.

DIETA BALANCEADA (barb.) dieta equilibrada.

DIFERENCIA DE MÁS (O DE MENOS) (solec.) diferencia en más (o en menos).

DIFERIENCIA (vulg.) diferencia.

DIFORME (barb.) disforme o deforme.

DIFUNTEAR (barb.) matar violentamente.

* DIPLOMADO (gal.) titulado, graduado.

* DIPLOMAR (gal.) conceder u obtener diploma.

DIPLÓMATA (gal.) diplomático.

DISCERNER (arc.) discernir.

DISCERNIBLE (angl.) evidente, visible.

DISCERNIR (barb.) conceder, adjudicar, otorgar.

DISCRECCIÓN (vulg.) discreción.

DISCRECCIONAL (vulg.) discrecional.

DISCRIMINIZAR (barb.) discriminar.

DISGRESIÓN (barb.) digresión.

DISLACERAR (barb.) dilacerar.

DISMINUIR A LA MITAD (gal.) disminuir hasta la mitad.

DISMINUTIVO (vulg.) diminutivo.

DISPÉPSICO (barb.) dispéptico.

DISTANCIADO (gal.) rezagado.

DISTANCIAR (gal.) rezagar.

DISTENDIR (barb.) distender.

DISTINTO A (solec.) distinto de, o, en algunos casos, distinto que.

DISTOCCIA (barb.) distocia.

DISTÓCCICO (barb.) distócico.

DISTORSIONAR (barb.) torcer, retorcer.

DIVERGER (barb.) divergir.

DOBLADO EN (gal.) y también, y además.

* DOBLAJE (gal.) doblado (de películas).

DOBLAR LA FRENTE (barb.) bajar la frente.

DOCEAVO (barb.) dozavo.

DOCK (angl.) dársena, muelle, depósito.

DOLCE FAR NIENTE (ital.) indolencia, agradable holganza.

DOMÉSTICO (angl.) interno.

DOMINANCIA (barb.) predominancia, predominio, predominación.

DON DE LA PALABRA (gal.) don de hablar, don de hablar bien.

DONDEQUIERA EN (angl.) cualquier parte, cualquier punto.

* DONJUÁN (barb.) don Juan (tenorio).

DONQUIJOTADA (barb.) quijotada.

* DONQUIJOTESCO (barb.) quijotesco.

DOPAR (angl.) drogar.

DOPADOR (angl.) drogador.

DOPING (angl.) drogado (sustantivo).

DOQUE (angl.) v. DOCK.

DOSIER (gal.) v. DOSSIER.

DOSSIER (gal.) expediente, sumario, legajo de documentos, papeles.

DOUBLÉ (gal.) plaqué, oropel, similor.

DRAGAJE (gal.) dragado (es admisible).

* DRÁSTICO (angl.) eficaz, de actuación enérgica, riguroso, radical, draconiano.

* DRENAJE (gal.) avenamiento, derrame, desagüe.

* DRENAR (gal.) avenar, encañar.

DROGADICTO (neol.) morfinómano.

DUBLÉ (gal.) v. DOUBLÉ.

DULCES MANERAS (gal.) modales finos y amables.

DUMPER (angl.) volquete.

DUMPING (angl.) abaratamiento anormal.

DUVET (gal.) vello, bozo, plumón.

* ECLOSIÓN (gal.) brote, aparición súbita, manifestación.

ECHAR A FALTAR (cat.) echar de menos.

ECHARPE (gal.) manteleta, chal; cabestrillo (es admisible).

EDICTAR (gal.) dictar.

EDIFICACIÓN (gal.) instrucción, información; edificio, construcciones, conjunto de edificios.

* EDUCACIONAL (gal. y angl.) educativo.

EFRACCIÓN (gal.) fractura.

ELECTROSHOCK (angl.) electrochoque.

* ELENCO (ital.) personal de una compañía de teatro o circo.

ELICITAR (angl.) educir.

ÉLITE (gal.) lo selecto, lo escogido, minoría selecta, minoría (es admisible).

* ELUCUBRACIÓN (barb.) lucubración.

* ELUCUBRAR (barb.) lucubrar.

ELUSIÓN (barb.) elisión.

EMBOLICAR (cat.) envolver.

EMBOTELLAJE (gal.) embotellamiento (del tránsito).

EMBRIONAL (barb.) embrionario.

EMBROLLISTA (barb.) embrollador, embrollón.

EMPALIDECER (barb.) palidecer (es admisible).

EMPÓRIUM (lat.) emporio.

* EMPLAZAR (gal.) situar, colocar.

EMPRESTAR (vulg.) prestar.

EMPUÑADURA (barb.) puño (de bastón o paraguas).

EMULSIFICAR (angl.) emulsionar.

EN CINTA (barb.) encinta.

ENCAJAR (gal.) recibir, sufrir (referido a tanteos, ataques, golpes, etc.).

ENCANGRENARSE (barb.) gangrenarse (es admisible).

ENCANTADO EN CONOCERLE (solec.) encantado de conocerle.

ENCIMA MÍO, TUYO, etc. (barb.) encima de mí, de ti, etc.

* ENCLAVE (gal.) enclavado.

ENCLENCO (vulg.) enclenque.

ENCLIQUETAJE (gal.) trinquete.

ENCOMIOSO (barb.) encomiástico.

ENCONTRAR (barb.) creer, considerar, parecer, opinar, observar.

ENCONTRAR A FALTAR (cat.) echar de menos, echar en falta.

ENCONTRAR DE MENOS (gal.) echar de menos.

ENCUARTELAR (barb.) acuartelar.

* ENCUESTAR (neol.) someter a encuesta.

ENCHEGAR (cat.) poner en marcha.

ENDORMECER (barb.) adormecer.

ENDORMISCAR (cat.) adormecer.

ENFANT GATÉ (gal.) niño mimado.

* ENFATIZAR (barb.) destacar, señalar, resaltar, valorar.

ENFÍN (gal.) en fin, finalmente.

ENFRENTE MÍO, TUYO, etc. (barb.) enfrente de mí, de ti, etc.

ENGANGRENARSE (vulg.) gangrenarse.

ENRAGÉ (gal.) extremado.

* ENROLAR(SE) (gal.) alistar(se), enganchar(se), inscribir(se).

ENSAYAR (gal.) intentar, tratar de.

ENSEÑAR DE (leer, escribir, etc.) (cat.) enseñar a (leer, escribir, etcétera).

ENTELEQUIA (barb.) quimera, ficción; cosa irreal, inexistente.

ENTENTE (gal.) inteligencia, trato, unión, acuerdo, convenio, pacto, armonía.

ENTENTE CORDIALE (gal.) armonía, amistad, buena correspondencia.

ENTRAR EN CAMPAÑA (gal.) salir a campaña.

ENTRAR EN LA CABEZA (gal.) pasar por el pensamiento.

ENTRAR MUY ADELANTE (gal.) penetrar, meterse muy dentro.

ENTRECOT, ENTRECÔTE (gal.) solomillo, chuleta, entrecuesto (podría admitirse con la grafía entrecó).

ENTREGAR AL PILLAJE (gal.) entrar a saco, hacer pillaje.

ENTRE MEDIAS (arc.) en medio.

ENTREMEZCLARSE EN TODO (barb.) entremeterse en todo.

* ENTRENADOR (gal.) monitor, el que dirige los ejercicios físicos, preparador.

* ENTRENAMIENTO (gal.) preparación, ensayo, ejercicio.

* ENTRENAR(SE) (gal.) ensayar, ejercitar(se), acostumbrar(se), adiestrar(se).

ENTRENO (barb.) entrenamiento.

ENVENDAR (barb.) vendar.

* ENVERGADURA (gal.) importancia, fuste, prestigio, alcance, amplitud.

ENVIAR A BUSCAR (gal.) mandar, o enviar, por (algo).

ENVOLTIJO (barb.) envoltura; envoltorio.

ENVUELTA (gal.) tegumento.

EPATADO (gal.) estupefacto, atónito.

EPATANTE (gal.) admirable, asombroso, maravilloso.

EPATAR (gal.) maravillar, admirar, deslumbrar, embobar, pasmar, escandalizar.

EPITOMIZAR (barb.) epitomar.

EQUIPIER (gal.) jugador, miembro o componente de un equipo.

EQUIVOCABLE (barb.) equívoco.

EQUIVOCAR (barb.) usar de equívocos.

ERARIO PÚBLICO (pleon.) erario.

ERRABUNDEAR (barb.) errar.

ERRADA (arc.) errata, error.

ERUPTAR, ERUPTO (barb.) eructar, eructo.

ESCALA SOCIAL (gal.) clase social, jerarquía.

* ESCALOPE (gal.) filete empanado, loncha.

ESCLAVISMO (barb.) esclavitud.

ESCLAVITAR (barb.) esclavizar.

ESCOPETADA (cat.) escopetazo, tiro de escopeta.

ESCRITURAR (barb.) escribir.

ESCRUTINAR (barb.) escrutar.

ESCUELA DOMINICAL (angl.) catequesis.

ESCUELA PEQUEÑA (gal.) escuela de párvulos.

ESCULTÓREO (barb.) escultórico.

ESCULTURAR (barb.) esculpir.

ESENCIA (gal.) gasolina.

ESGARRAR (barb.) desgarrar.

ESPAÑOLETA (gal.) falleba.

ESPARCER (barb.) esparcir.

ESPICHE (angl.) discurso, perorata, arenga.

ESPÍQUER (angl.) locutor.

ESPÍRITU ABIERTO (gal.) entendimiento despejado.

ESPÍRITU FUERTE (gal.) incrédulo, escéptico, despreocupado.

ESPIRITUAL (gal.) ingenioso, agudo, gracioso.

ESPLEEN (angl.) esplín.

ESPRÍ (gal.) gracia, chispa, agudeza, ingenio, sal.

ESPRIT (gal.) v. ESPRÍ.

ESPÚREO (barb.) espurio.

ESQUEMAR (barb.) esquematizar.

ESTACIÓN FÉRREA (barb.) estación de ferrocarril.

ESTÁDIUM (lat.) estadio.

ESTADO DE ESPÍRITU (gal.) opinión, posición, etc.

ESTADO INTERESANTE (barb.) encinta, embarazada.

ESTADUNIDENSE (barb.) estadounidense.

ESTADUAL (neol.) estatal.

* ESTÁNDAR (angl.) tipo, modelo, patrón, nivel.

ESTÁNDARD (angl.) estándar.

ESTANÍFERO, ESTAÑÍFERO (barb.) estannífero.

ESTANQUE LITORAL (gal.) albufera.

ESTANZA (ital.) estrofa.

ESTAR A (gal.) estar en.

ESTAR A LA ORDEN DEL DÍA (gal.) privar, estar en boga, llamar la atención.

ESTAR A LAS ÚTIMAS (solec.) estar en las últimas.

ESTAR A VER (solec.) estar viendo a.

ESTAR DEMÁS (barb.) estar de más.

ESTAR EN CONDICIONES DE (gal.) estar en condición de (hacer algo).

ESTAR EN EVIDENCIA (una cosa) (gal.) estar en sitio, puesto o situación en que pueda ser vista.

ESTAR EN FUEGO (gal.) estar acalorado, estar ardiendo alguna cosa.

ESTAR EN VIDA (gal.) vivir.

ESTAR MUY ALTO (gal.) ocupar un alto puesto, tener poder, influencia.

ESTAR NOVIO (cat.) ser novio.

ESTAR POR ENCIMA DE (gal.) aventajar, adelantar; exceder; valer más, sobrepujar.

ESTARSE (cat.) abstenerse, privarse.

ESTAR TENTADO DE (gal.) tener tentación de, verse o sentirse tentado a.

ESTAR UNÁNIME (barb.) mostrarse unánime.

ESTHÉTICIENNE (gal.) embellecedora, estetista.

ESTIJERAS (vulg.) tijeras.

ESTILACIÓN (barb.) estilización.

ESTOR (gal.) cortinón, transparente.

* ESTRAPERLO (neol.) precio ilícito, chanchullo, trato ilícito, negocio fraudulento.

ESTRIÑIR (barb.) estreñir.

ESTUDIADO (gal.) fingido, efectado, amanerado.

ESTUDIOSO (ital.) investigador, especialista (se usa mucho).

ETAMÍN, ETAMINA, ETAMINE (gal.) tejido ralo.

* ETIQUETA (gal.) marbete, rótulo, título, rotulata.

EUCALIPTUS (lat.) eucalipto.

EUFORIANTE (angl.) estimulante (droga).

* EVENTO (angl.) hecho, acontecimiento, suceso.

* EVENTUALMENTE (angl.) tal vez, posiblemente.

EVIDENCIA (angl.) prueba (de un delito).

EVOLUCIONAL (gal.) evolutivo, evolucionista.

EXACCIONAR (barb.) recaudar.

EXCEPCIÓN A LA REGLA (solec.) excepción de la regla.

EXCURSIONAR (neol.) ir de excursión, realizar una jira.

EXENCIONADO (barb.) exento.

EXENCIONAR (barb.) eximir, exentar.

* EXHAUSTIVO (angl.) minucioso, agotador, completo.

EXHUBERANTE (barb.) exuberante.

EXILADO (barb.) exiliado.

EXILAR (barb.) exiliar.

EXPANDER (barb.) expandir.

EXPANSIONAR (barb.) expandir (extender, difundir).

EXPLICITAR (barb.) hacer explícito, exponer, explicar (es admisible).

EXPORT (barb.) deporte.

EXPRÉS (angl.) expreso (tren).

EXPRESIÓN DOBLE (gal.) expresión equívoca, expresión de doble sentido.

EXPRESS (angl.) expreso (tren).

EXPROFESO (barb.) ex profeso.

EXTERNAL (neol.) extrínseco.

EXTERNAR (barb.) exteriorizar, manifestar.

EXTERRITORIALIDAD (barb.) extraterritorialidad.

EXTORCAR (barb.) arrancar, robar, sacar.

EXTRAYENTE (barb.) extraente.

* FACTORÍA (angl.) fábrica, talleres.

FADING (angl.) desvanecimiento (en radiotelefonía).

FAIR PLAY (angl.) juego limpio, conducta caballerosa.

FAKIR (barb.) faquir.

FALACIA (angl.) error, sofisma.

FALSO DEVOTO (barb.) hipócrita.

FAN (angl.) fanático, partidario, entusiasta, admirador, hincha.

FANTACIENCIA (bar.) ciencia ficción.

FASHIONABLE (angl.) elegante, de moda; pisaverde, currutaco; distinguido.

FASIONABLE (angl.) v. FASHIONABLE.

FATIMIDA (gal.) fatimí, fatimita.

* FATIMITA (barb.) fatimí.

FATRICIDA (barb.) fratricida.

FAYENZA (gal.) loza.

FEEDBACK (angl.) retroalimentación.

FEÉRICO (gal.) encantador, fantástico, maravilloso.

FENEFA (barb.) cenefa.

FERRY (angl.) v. FERRY-BOAT.

FERRY-BOAT (angl.) transbordador.

FETIQUISMO (barb.) fetichismo.

FIACRE (gal.) simón, taxi, coche de punto o de plaza.

FICCIÓN (angl.) novela, narración, relato, historia, reportaje.

FICHÚ (gal.) toquilla, pañoleta, pañuelo.

FILATURA (gal.) hilandería.

FILET (gal.) filete (lonja).

FILM (angl.) filme.

FINANCISTA (barb.) financiero.

FINANZAR (barb.) financiar.

* FINANZAS (gal.) hacienda, negocios, rentas públicas, asuntos económicos.

FIORD (voz escandinava) fiordo.

FISCALIDAD (barb.) fiscalización.

FLAGELARIO (gal.) flagelado (clase de protozoos).

FLANEAR (gal.) callejear, vagar, deambular.

FLASH (angl.) destello, relámpago (podría españolizarse con la grafía *flas*).

FLIRT (angl.) coqueteo, noviazgo, pasatiempo.

* FLIRTEAR (angl.) coquetear.

* FLIRTEO (angl.) coqueteo.

* FLORITURA (ital.) adorno (en el canto, en un ejercicio, etc.)

FLUVIÁTIL (angl. y gal.) aluvial.

FLUYENTE (barb.) fluente.

FÓLDER (angl.) carpeta.

FOOTBALL (angl.) fútbol.

* F O R N I T U R A (ital.) guarnición, adorno, aderezo (en las prendas de vestir).

FÓRUM (lat.) foro.

FOUDRE (gal.) vagón-cuba, vagón-cisterna.

FOYER (gal.) sala de fumar, pasear, etc., durante los entreactos, en los teatros.

* FRANCOTIRADOR (gal.) guerrillero, combatiente que no pertenece al ejército regular.

FRATICIDA (barb.) fratricida.

FREGAPLATOS (barb.) lavaplatos.

FRENAJE (gal.) frenado (es admisible).

FRENTUDO (barb.) frontudo o frentón.

* FRICASÉ (gal.) guisado.

FRIEGAPLATOS (barb.) lavaplatos.

FRIGIDAIRE (barb.) nevera; frigorífico; heladera.

FRIGIDER (barb.) v. FRIGIDAIRE.

FRUCTÍFICO (barb.) fructífero.

FRU-FRÚ (barb.) frufrú.

FRUSTAR (barb.) frustrar.

FRUSTRO (gal.) desgastado, borroso, imperfecto (en arqueología).

FUDRE (gal.) v. FOUDRE.

FUEL OIL (angl.) fuel.

* FUERA BORDA (barb.) fuera bordo, fuera de bordo, fueraborda, fuera de borda.

FUETAZO (gal.) latigazo.

FUETE (gal.) látigo.

FULGUREAR (barb.) fulgurar, resplandecer.

FUMISTA (gal.) fantasioso, embaucador.

FUMOIR (gal.) fumadero, salón de fumar.

FUSEIFORME (barb.) fusiforme.

FUSELAJE (gal.) casco, cuerpo del avión (es admisible).

FUSTRADO, FUSTRAR (barb.) frustrado, frustrar.

FUTURA MADRE (barb.) mujer encinta, embarazada.

GABETA (cat.) cuezo.

* GAFE (germ.) cenizo, aguafiestas,

persona que trae mala suerte.

GALÁXICO (barb.) galáctico.

GANG (angl.) cuadrilla, pandilla, banda, patrulla.

GANGSTER (angl.) pistolero, bandido.

GARAGE (gal.) garaje.

GARÇONNIÈRE (gal.) vivienda o cuarto de soltero.

GARDEN-PARTY (angl.) fiesta en un jardín.

GARRASPERA (barb.) carraspera.

GARSONIER (angl.) v. GARÇONNIÈRE.

GASEODUCTO (barb.) gasoducto.

GAS-OIL (angl.) gasóleo.

GENEOLOGÍA (barb.) genealogía.

GENGIBRE (barb.) jengibre (6).

GENTE BIEN (gal.) personas distinguidas, de clase elevada, bien portadas.

GENTE DE LETRAS (gal.) literatos, escritores.

GENTLEMAN (angl.) caballero, persona distinguida.

GEORGETTE (gal.) crespón transparente.

GERÁNEO (barb.) geranio.

GESTIONADOR (barb.) gestor.

GEYSER (voz islandesa) géiser.

GHETTO (ital.) gueto.

GIN (angl.) ginebra (bebida).

GIRL (angl.) chica, muchacha, jovencita.

GIRL SCOUT (angl.) exploradora.

GLOBE-TROTTER (angl.) trotamundos.

GOBERNANTA (angl.) institutriz.

GOFRAR (gal.) estampar.

GOAL AVERAGE (angl.) promedio de goles, gol averaje.

GOLPE DE AUTORIDAD (gal.) alcaldada.

GOLPE DE AZAR (gal.) golpe de fortuna, acaso, logro casual.

GOLPE DE LUZ (gal.) ráfaga de luz.

GOLPE DE VISTA (gal.) ojeada, mirada, perspectiva.

GORGEO (barb.) gorjeo.

GOURMAND (gal.) glotón, goloso; gastrónomo.

GOURMET (gal.) gastrónomo.

GRÁJEA (barb.) gragea.

GRANDIELOCUENCIA (barb.) grandilocuencia.

GRANDIELOCUENTE (barb.) grandilocuente.

GRANERO (gal.) desván.

GRAN JUVENTUD (gal.) pocos años, juventud, corta edad.

GRAN MUNDO (gal.) alta sociedad, gente principal, aristocracia, gente distinguida, elegante.

GRATÍN (gal.) gente elegante. (Cuando se refiere a la forma de cocinar al horno, entre dos fuegos, no tiene equivalente en español; es, por ello, admisible, así como el verbo gratinar.)

GRAVITACIONAL (angl.) gravitatorio.

* GRIFA (¿voz mexicana?) marihuana.

GRILLA (barb.) parrilla, rejilla.

GRILLADO (barb.) guillado.

GRILLADURA (barb.) guilladura, chifladura.

GRILLAGE, GRILLAJE (gal.) enrejado, rejilla.

GRILL-ROOM (angl.) parrilla.

GRIPA (amer.) gripe.

GRIPADO (gal.) agarrotado (un motor).

GRIPOSO (barb.) agripado.

GRIPPAGE (gal.) agarrotamiento (de un motor).

GRIPPE (gal.) gripe.

GRISETA (gal.) modistilla, coqueta y amiga de galanteos.

GRISSETTE (gal.) v. GRISETA.

---

(6) La Academia, en la última edición de su Diccionario (1970), escribe *jenjibre*, pero se trata evidentemente de una errata.

GRIZZLY (angl.) oso gris.

GROGGY (angl.) aturdido, sin conocimiento (también es admisible la grafía *grogui*).

GROOM (angl.) recadero, botones, lacayo joven.

GROSO MODO (barb.) *v.* GROSSO MODO.

GROSSO MODO (lat.) de modo aproximado, poco más o menos.

GRUPAL (angl.) de grupo (es admisible).

GUARDIAMARINA (barb.) guardia marina.

GUIAJE (gal.) guía.

GUIGNOL (gal.) guiñol.

* GUIÑOL (gal.) cierta representación teatral.

GUIPUZCUANO (barb.) guipuzcoano.

GUN-MAN (angl.) pistolero, escopetero.

GURMET (gal.) *v.* GOURMET.

GYMKHANA (voz de origen indio) gincana (grafía propuesta por Seco).

HABER DE MENESTER (solec.) haber menester.

HABITUADO (gal.) parroquiano, aficionado.

HABITUAMIENTO (barb.) habituación.

HABITUD (arc.) hábito, costumbre.

HACER ALUSIÓN (gal.) aludir.

HACER APRENDER (gal.) enseñar.

* HACER ARMAS (gal.) combatir, pelear, hacer guerra.

HACER ATMÓSFERA (gal.) propagar una idea.

* HACER BLANCO (gal.) dar en el blanco.

HACER BONDAD (cat.) portarse bien.

HACER CARA DE (cat.) tener cara de, poner cara de.

* HACER CENTINELA (gal.) estar de centinela.

HACER EDIFICIOS (gal.) edificar, construir edificios, levantarlos.

* HACER EL AMOR (gal.) galantear, enamorar, cortejar.

HACER EL ARTÍCULO (gal.) alabar, ponderar (es admisible).

HACER EL BELLO (gal.) pavonearse, pompearse, hacer el lindo.

HACER EL DETALLE (gal.) narrar detalladamente, detallar.

HACER EL EFECTO (cat.) causar la impresión.

HACER EL MENAJE (gal.) arreglar la casa, cuidarse de la casa.

HACER EMBUDOS (cat.) hablar con ambages.

HACER EMPEÑO EN (gal.) tener empeño en.

HACER ENTENDER (gal.) manifestar, dar a entender, sugerir, insinuar.

* HACER FUROR (gal.) estar en boga; llamar la atención.

* HACER GLORIA (gal.) gloriarse, tener a honra, blasonar.

HACER GOMA (gal.) hacer de sietemesino, de currutaco.

* HACER GRACIA (DE ALGO) (gal.) perdonarlo.

HACER HONOR (gal.) honrar, enaltener, dignificar.

HACER HORROR (gal.) ser una cosa fea, horrible, detestable.

* HACER IMPRESIÓN (gal.) causar impresión.

HACER LA GUERRA (gal.) guerrear, hacer guerra.

HACER LECTURA (gal.) leer.

HACER LA SIESTA (gal.) dormir la siesta, echarse la siesta, sestear.

HACER MAL EFECTO (cat.) parecer mal, desdecir.

HACER MALA CARA (cat.) tener mala cara.

*HACER MARAVILLAS (gal.) obrar maravillas.

* HACER MILAGROS (gal.) obrar milagros.

HACER MÚSICA (gal.) tocar, cantar, componer (música) (es admisible).

HACER PAÍS (gal.) gobernar bien, restaurar, regenerar un pueblo.

HACER PANDÁN (gal.) formar pareja, hacer juego, tener correlación, tener correspondencia, corresponderse.

HACER PASAR MALA VIDA (gal.) dar mala vida.

* HACER PIERNAS (gal.) fortificar, vigorizar, fortalecer las piernas, hacer ejercicio de piernas.

HACER POLÍTICA (gal.) politiquear, dedicarse a la política (es admisible).

HACER PRESIÓN (gal.) presionar.

HACER PUNTO (gal.) calcetar, hacer media, hacer calceta (es admisible).

HACER SAN LUNES (cat.) holgar el lunes.

HACER TARDE (cat.) llegar tarde.

HACER SENSACIÓN (gal.) causar impresión, admiración, sorpresa; sorprender, suspender; dar golpe.

HACER SU JUEGO (gal.) hacer su negocio, su agosto.

HACER UNA MALA PASADA (gal.) jugar una mala pasada.

HACER VOLAR LAS PALOMAS (cat.) perder el tiempo, hacer algo intrascendente.

HACERSE LA TOILETTE (gal.) arreglarse, componerse.

HACERSE ILUSIONES (gal.) ilusionarse, forjarse ilusiones o quimeras, soñar despierto, alucinarse (es admisible).

HACERSE DE MODA (gal.) hacerse moda.

HACERSE PASAR (gal.) hacerse tener por, querer pasar por (es admisible).

HACERSE UN NOMBRE (gal.) crear fama, adquirir celebridad, reputación, etc.

HACERSE UN PASEO (gal.) dar, o darse, un paseo.

HACERSE VALER (gal.) darse importancia, presumir.

HACIA BAJO (solec.) hacia abajo.

HACIA DELANTE (solec.) hacia adelante.

HACHICH (barb.) hachís.

HALL (angl.) vestíbulo, zaguán, entrada, recibimiento, sala grande, recepción.

* HALTEROFILIA (gal.) levantamiento de peso.

HANDICAP (angl.) obstáculo, desventaja, inferioridad (es admisible en la jerga de carreras de caballos).

HANDICAPAR (angl.) coartar, obstaculizar, dificultar.

HANDICAPEAR (angl.) v. HANDICAPAR.

* HANGAR (gal.) cobertizo, barracón, tinglado.

HARAKIRI (voz japonesa) haraquiri.

HARTAZO (barb.) hartazgo, hartazón.

HAXIX (barb.) hachís.

HED AQUÍ (barb.) he aquí, ved aquí.

HELIOPUERTO (barb.) helipuerto (lugar donde aterrizan los helicópteros).

HELIZOIDAL (barb.) helicoidal.

HELO AQUÍ (barb.) esto es todo; y nada más; y se acabó.

HEMOTISIS (barb.) hemoptisis.

HENNÉ (gal.) alheña.

HERBALISTA (angl.) herbolario.

HERBOLARIO (barb.) herboristería.

HERBORISTA (gal.) herbolario.

* HERBORISTERÍA (gal.) tienda donde se venden plantas medicinales.

* HERMETISMO (gal.) hermeticidad.

HERR (germ.) señor.

HIGH-LIFE (angl.) sociedad elegante, buena sociedad, aristocracia.

HIGOS DE MORO (cat.) higos chumbos, de pala o de tuna.

HILO DE HIERRO (gal.) alambre.

HINDÚE (barb.) hindú.

HINTERLAND (germ.) trastierra, traspaís.

HIPOTETIZAR (angl.) establecer una hipótesis, suponer.

HISTORIZAR (barb.) historiar.

HISTRIONA (barb.) histrionisa.

HIT (angl.) éxito, triunfo.

HOBBY (angl.) violín de Ingres.

HOJADELATA (barb.) hojalata u hoja de lata.

HOLIGOCENO (barb.) oligoceno.

HOLOCENO (barb.) oloceno.

HOMBRE DE DETALLES (gal.) hombre meticuloso, minucioso, atento.

HOMBRE DE EJECUCIÓN (gal.) hombre de actividad, hombre activo, trabajador.

HOMBRE DE TACTO (gal.) hombre cortés, discreto, comedido.

HOMBRE GRANDE (cat.) gran o grande hombre, varón egregio.

HOMBRE MULO (gal.) inepto, nulidad.

HOMBRE PEQUEÑO (gal.) hombrecito.

* HOMENAJEAR (barb.) rendir homenaje, agasajar, obsequiar.

HOMÓPLATO, HOMOPLATO (barb.) omóplato.

HOQUEDAD (barb.) oquedad.

HORÁCULO (barb.) oráculo.

HORAS AGRADABLES (gal.) ratos deliciosos, buenos ratos.

HORFANATO (barb.) orfanato.

HORFANDAD (barb.) orfandad.

HORFELINATO (gal.) orfanato.

HORONDO (barb.) orondo.

HORROR POR (solec.) horror a.

HORS D'OEUVRE (gal.) entremeses.

HORTIGA (barb.) ortiga.

HOSTILIZACIÓN (neol.) hostilidad.

HUMIDIFICAR (angl.) humedecer, humectar.

ICONOCLASTRA (barb.) iconoclasta.

ICTIOCOLA (neol.) colapez.

ICTIRICIA (barb.) ictericia.

IDIOSINCRACIA (barb.) idiosincrasia.

IDIOTÍA (barb.) idiotez.

IGLOO (angl.) iglú.

IGNORAR (angl.) pasar por alto, prescindir de, hacer caso omiso de.

IGNORAR A ALGUNO (gal.) no conocerle.

ILEÍBLE (barb.) ilegible.

* ILUSIONISTA (neol.) prestidigitador.

IMBATIBLE (barb.) invencible (es admisible).

IMBATIBILIDAD (barb.) invencibilidad (es admisible).

IMBÍBITO (lat.) incluido, implícito.

IMPACTO (angl.) consecuencias, efecto, golpe, rastro, repercusión, huella de una idea (es admisible).

IMPASSE (gal.) callejón sin salida, atolladero, crisis.

IMPARTICIPABLE (neol.) incomunicable.

IMPELIR (barb.) impeler.

IMPERFECTIBILIDAD (neol.) imperfección, defecto.

IMPERFECCIONAR (barb.) deteriorar.

* IMPÉTIGO (lat.) cierta dermatosis.

* IMPLEMENTO (angl.) herramienta,

instrumento, útil; (pl.) utensilios, enseres.

* IMPLICAR (lat.) abrazar.

IMPRIMIDO (barb.) impreso.

IMPROBACIÓN (neol.) desaprobación, reprobación.

IMPULSADOR (barb.) impulsor.

INAPERCIBIDO (gal.) inadvertido.

INAPLACABLE (barb.) implacable.

INAPTITUD (barb.) ineptitud.

INAPTO (barb.) inepto.

INCÁSICO (barb.) incaico.

INCLUSIVEMENTE (barb.) inclusivamente.

INCLUSIVES (barb.) inclusive.

INCONARSE (barb.) enconarse.

INCONCIENCIA (barb.) inconsciencia.

INCONDUCTA (gal.) mala conducta.

INCONOCIDO (gal.) desconocido, ignoto.

INCONOSO (barb.) enconoso.

INCREMENTACIÓN (neol.) incremento.

INDEPENDERSE (barb.) independizarse, emanciparse.

* INDEPENDIZAR(SE) (neol.) emancipar(se).

INDÍGENO (vulg.) indígena.

INDIRIGIBLE (barb.) indigestible.

INDISCRIMINADO (angl.) indistinto.

INDISCRIMINADAMENTE (angl.) indistintamente.

INEPCIA (gal.) ineptitud.

INEXTRINCABLE (barb.) inextricable.

INFANTILIDAD (barb.) puerilidad.

INFECTACIÓN (barb.) infección.

INFERIOR QUE (solec.) inferior a, o inferior en.

INFICCIONAR (barb.) inficionar.

INFLACCIÓN (barb.) inflación.

INFLACIONAR (barb.) inflar, hinchar.

INFLEXIONAR (barb.) torcer, doblar.

INFLINGIR (barb.) infligir.

INFLUENCIAR (barb.) influir.

* INFLUENTE (desus.) influyente.

* INFLUENZA (ital.) gripe, trancazo.

INFORMAL (angl.) espontáneo, amistoso, sin ceremonia o fórmulas.

INFRAESCRITO (barb.) infrascrito.

INFRAGANTI (barb.) in fraganti.

INGENIERO AGRÍCOLA (barb.) ingeniero agrónomo.

INGERENCIA (barb.) injerencia.

* ÍNGRIMO (port.) solo, solitario, abandonado (es correcto en América central, Colombia, México, Panamá y Venezuela).

INMERGIR (neol.) sumergir.

INMORALISMO (barb.) inmoralidad.

INOPERANCIA (gal.) ineficacia (es admisible).

* INOPERANTE (gal.) ineficaz.

INRACIONAL (barb.) irracional.

INRETRÁCTIL (barb.) irretráctil.

INSALUBLE (barb.) insalubre.

INSALUDABLE (barb.) insalubre.

INSANIDAD (neol.) insania.

INSÁPIDO (barb.) insípido.

INSAPIENTE (barb.) insipiente.

INSECTÁRIUM (lat.) insectario.

INSECTOLOGÍA (neol.) entomología.

INSECTOLÓGICO (neol.) entomológico.

INSECTÓLOGO (neol.) entomólogo.

* INSEMINACIÓN (angl.) fecundación.

INSEMINAR (angl.) fecundar (es admisible).

INSISTIR QUE (solec.) insistir en que.

INSTINTUAL (gal.) instintivo.

ÍNSULAS (barb.) ínfulas.

INSURRECCIONAL (gal.) insurrecto, rebelde, insurgente.

INTELIGENCIARSE (neol.) entenderse, ponerse de acuerdo.

INTENTATIVA (barb.) tentativa.

INTERCEPCIÓN (barb.) interceptación.

INTERCLUBS (barb.) interclúbico o interclubista.

INTERCONEXIONAR (barb.) interconectar.

INTERTANTO (barb.) entretanto.

INTERVIEV (angl.) entrevista, conferencia.

INTERVIEVAR (angl.) entrevistar, conferenciar.

INTERVIEW (angl.) v. INTERVIEV.

INTERVIEWAR (angl.) v. INTERVIEVAR.

INTERVIÚ (angl.) v. INTERVIEV.

INTERVIUVADOR (angl.) entrevistador, conferenciante.

INTERVIUAR (angl.) v. INTERVIEVAR.

INTERVISTAR(SE) (barb.) entrevistar(se).

INTERZONAS (barb.) interzonal.

ÍNTICO (barb.) idéntico.

INTIMAR A LA RENDICIÓN (solec.) intimar la rendición.

INTOMABLE (angl.) impotable, imposible de comer o tomar.

INTRICADO (barb.) intrincado.

* INVALUABLE (angl.) de incalculable valor, inestimable.

INVARIANCIA (barb.) invariabilidad.

INVENTORIAR (barb.) inventariar.

INVERNACIÓN (barb.) hibernación.

INVERSAR (barb.) invertir.

INVITE (barb.) invitación.

INYECTACIÓN (barb.) inyección.

INYECTADO (barb.) irritado, encarnizado (hablando de los ojos).

INYECTADOR (barb.) inyector.

IODO (barb.) yodo.

IRIDESCENTE (barb.) iridiscente.

IRRESPETAR (neol.) no respetar, desacatar.

IRREVERENCIOSO (barb.) irreverente.

JAQUETTE (gal.) chaqué.

JARDÍN ZOOLÓGICO (gal.) parque zoológico.

JARDINAJE (gal.) jardinería.

JAZZ (angl.) yaz.

JEDER (vulg.) heder.

JERIFALTE (barb.) gerifalte.

* JERSEY (angl.) prenda de vestir.

JET (angl.) reactor.

JETTATURA (ital.) mala sombra, mal de ojo, maleficio.

JOCKEY (angl.) yóquey o yoqui.

JOGOUR (barb.) yogur.

JOGURT (barb.) yogur.

JOL (angl.) v. HALL.

JUAQUÍN (barb.) Joaquín.

JUDO (jap.) yudo.

JUEGOS DE ESPÍRITU (gal.) chistes, dichos ingeniosos.

JUGAR FRANCO (gal.) jugar limpio.

JUGAR UN PAPEL (gal.) desempeñar un papel, representar un papel, desempeñar un cometido, tener un papel.

JUGAR SU PARTE (angl.) representar, desempeñar o hacer su papel.

* JUNGLA (angl.) selva.

JÚNIOR (angl.) juvenil (es admisible).

JUNTO MÍO, TUYO, etc. (solec.) junto a mí, a ti, etc.

* JUSTEZA (barb.) exactitud.

JUZGAR POR CONVENIENTE (solec.) juzgar conveniente, estimar conveniente.

KEDIVE (gal.) jedive.

KERMESSE (barb.) verbena (otras formas incorrectas: kermés, kermese, quermés, quermese, quermesse).

KEROSÉN (amer.) queroseno o querosén (otras formas incorrectas: keroseno, kerosene [angl. y gal.], kerosin [germ.], kerosina, querosene, querosín, querosina).

KERATINA (gal.) queratina.

KESHWA (angl.) quechua.

KIFI (arab.) kif, quif, hachís.

KHAN (angl.) kan, can o jan.

KHEDIVE (gal.) jedive.

KILATE (barb.) quilate.

KILOTÓN (angl.) kilotonelada (es admisible). (v. MEGATÓN.)

KIMONO (barb.) quimono.

KINDERGARTEN (germ.) colegio de niños, jardín de (la) infancia, jardín para niños.

KOLKHOZ (angl.) koljós.

KÜMMEL (germ.) cúmel.

LADY (angl.) ladi.

LAICALIZACIÓN (barb.) laicización.

LAICALIZAR (barb.) laicizar.

LAICIDAD (barb.) laicismo.

LAIZAR (barb.) laicizar.

LAMANTINO (gal.) manatí.

LAMBRUSCA (gal.) labrusca.

LAMÉ (gal.) lama.

LAMPISTA (gal.) lamparero. || (reg.) fontanero (es admisible en este sentido).

LAMPISTERÍA (gal.) lamparería. || (reg.) fontanería (en este último sentido es admisible).

LANCHA A NAFTA (gal.) lancha de nafta.

LAVADO A SECO (gal.) lavado en seco.

LAVANDA (gal.) lavándula (es admisible).

LAVAPLATOS (vulg.) fregadero.

LAVENDER (angl.) copia intermedia.

LAWN-TENNIS (angl.) tenis.

LEADER (angl.) líder.

LECTEOSO (barb.) lechoso.

LECTURA (angl.) conferencia.

LEGITIMIZAR (barb.) legitimar.

LEITMOTIV (germ.) motivo guía, motivo central.

LEJÍSIMO (barb.) lejísimos.

LEJITO (barb.) lejitos.

LEJOS MÍO, TUYO, etc. (solec.) lejos de mí, de ti, etc.

LENGUADOCIANO (barb.) languedociano.

LENIENCIA (barb.) lenidad.

LEONTINA (gal.) cadena de reloj.

LEPROCOMIO (neol.) leprosería, lazareto.

LEPROSARIO (neol.) leprosería, lazareto.

* LIANA (gal.) bejuco.

LIBERACIÓN (gal.) parto.

LÍBIDE (barb.) libídine.

LICENCIOSIDAD (neol.) licencia, libertinaje.

LICORERO (barb.) licorista.

LIENDROSO (barb.) lendroso.

LIGERO (gal.) somero, breve.

LIMITANTE (gal.) lindante.

LIMPIEZA A SECO (solec.) limpieza en seco (tampoco es correcto limpieza al seco).

LINIA (cat.) línea.

LINIAL (cat.) lineal.

LINÓLEUM (lat.) linóleo.

LIÑA (gal.) sedal, sedeña.

LIQUELINE (angl.) blusa con bolsillos.

LIQUIDACIÓN VERDAD (solec.) liquidación de verdad.

LIVING (angl.) cuarto de estar, sala, gabinete, estar. (Se ha propuesto castellanizarla en livin o livín).

LIVING-ROOM (angl.) v. LIVING.

LOCACIÓN (angl.) localidad, localización, ubicación, sitio.

LOCK-OUT (angl.) cierre (de fábricas), despido en masa (de obreros).

LOCOMOTIVO (angl.) locomotor.

LOESS (germ.) loes.

LONDONENSE (barb.) londinense.

LUMINÍFERO (angl.) luminoso.

LUNCH (angl.) merienda, refrigerio.

* LUPA (gal.) cierta lente de aumento.

LLEVAR PRISA (cat.) tener prisa, estar de prisa.

LLEVARSE DE FRENTE (gal.) llevarse de calle, atropellar, arrollar.

LLOVIZNEAR (barb.) lloviznar.

MADAME (gal.) señora, madama.

MADASTRA (barb.) madrastra.

MADEMOISELLE (gal.) señorita.

MADRASTA (barb.) madrastra.

MAGAZINE (angl.) revista ilustrada.

MAGNAVOZ (neol.) altavoz.

MAGNETOFÓN (barb.) magnetófono.

MAGNETOFONO (barb.) magnetófono.

MAGNOLIO (barb.) magnolia.

MAHARAJAH (angl.) maharajá.

MAHOMETANISMO (barb.) mahometismo.

MAILLOT (gal.) traje de baño, bañador, camiseta o jersey.

MAÎTRE D'HÔTEL (gal.) jefe de comedor.

MAL ENTENDIDO (barb.) malentendido.

MAL PASO (gal.) apuro, aprieto, conflicto.

MALA CONCIENCIA (gal.) remordimiento.

* MALARIA (ital.) fiebre palúdica; paludismo.

* MALENTENDIDO (gal.) equivocación, mal entendimiento de algo.

* MALEVOLENTE (barb.) malévolo.

MALHAYA SEA MI SUERTE (solec.) mal haya mi suerte.

MALOS DÍAS (gal.) días de prueba.

MANAGER (angl.) administrador, gerente, director, representante, entrenador, apoderado, empresario.

MANCHÚE (barb.) manchú.

MANDOLÍN (barb.) bandolín.

MANDOLINO (vulg.) bandolín.

MANGANÍFERO (angl.) manganesífero.

MANIJERO (barb.) manigero.

MANILLA (barb.) manecilla (del reloj), manija.

MANIOC (gal.) mandioca.

MANIOCA (gal.) v. MANIOC.

MANIQUÍE (barb.) maniquí.

MANOBRA (cat.) peón de albañil.

MANSARDA (gal.) buhardilla, buharda.

MANUMITIDOR (barb.) manumisor.

MAQUILLAGE (gal.) maquillaje.

MÁQUINA A MOTOR (gal.) máquina de motor.

MAQUIS (gal.) guerrillero.

MAQUISARD (gal.) v. MAQUIS.

MARAJÁ (barb.) maharajá.

MARATHON (grec.) maratón.

MARCA (barb.) cicatriz.

* MARCADO (gal.) evidente, notable, señalado, manifiesto, singular.

MARCAR (gal.) manifestar, indicar, acreditar.

MARCHAR A GRANDES PASOS (gal.) caminar a buen paso.

MARCHAR SOBRE LOS PASOS DE (gal.) seguir las huellas de.

MAREMÁGNUM (barb.) mare mágnum o maremagno.

MARINES (angl.) infantería de marina norteamericana.

* MARIONETA (gal.) títere.

MARKETING (angl.) comercialización; también se ha traducido por *mercadeo, mercadología* y *mercadotecnia,* formas admisibles.

* MARRÓN (gal.) castaño, de color de castaña. (No se aplica al cabello de las personas ni al pelo de los animales.)

MARRONS GLACÉS (gal.) castañas confitadas, castañas en dulce.

MARROQUINERÍA (ital.) tafiletería (es admisible).

MÁS ANTES (vulg.) anteriormente.

MÁS ALLÍ (vulg.) más allá.

MÁS AQUÍ (vulg.) más acá.

MÁS BIEN DICHO (vulg.) mejor dicho.

MÁS DESPUÉS (vulg.) posteriormente, más tarde.

MÁS GRANDE (gal.) mayor.

MÁS INFERIOR (vulg.) inferior.

MÁS MAYOR (vulg.) mayor.

MÁS MEJOR (vulg.) mejor.

MÁS PRECIO (solec.) mayor precio.

MÁS PRONTO O MÁS TARDE (gal.) tarde o temprano, más tarde o más temprano.

MASACRE (gal.) matanza.

MASACRAR (gal.) matar, asesinar.

MASAJAR (gal.) masar, amasar.

MÁSTIC (gal.) mástique, o masilla.

MASTINGAL (gal.) gamarra.

MASTRESA (cat.) patrona.

MASTRESSA (cat.) v. MASTRESA.

MATCH (angl.) encuentro, partido, partida, lucha, combate.

MATINÉ (gal.) función de la mañana, matinal, matutinal o matutino; chambre o peinador de mujer.

MATINÉE (gal.) v. MATINÉ.

MAXIMALIZAR (barb.) maximizar.

MAXIMALIZACIÓN (angl.) maximización.

MAXIMAR (barb.) maximizar.

MAZUT (voz rusa) fuel.

MEDIA LUNA FÉRTIL (gal.) Creciente Fértil.

MEDIANTE A (solec.) mediante.

MEDIBLE (barb.) mensurable (es admisible).

MEDICAL (gal.) medicinal, médico.

MEDICAMENTACIÓN (neol.) medicación.

MEETING (angl.) mitin.

* MEGATÓN (angl.) megatonelada.

MEJORACIÓN (barb.) mejora; mejoría.

MEJOR ES TARDE QUE NUNCA (solec.) más vale tarde que nunca.

MELÉ (gal.) barullo, confusión, pelea, rebatiña.

MELÉE (gal.) v. MELÉ.

MEMBRANA (barb.) difteria.

MENAGE (gal.) menaje.

MENOPAUSA (barb.) menopausia.

MENSAL (barb.) mensual.

* MENSURACIÓN (neol.) medición.

MENÚ (gal.) minuta, carta (es admisible).

MESTRESSA (cat.) patrona.

METAFISIQUEAR (neol.) sutilizar, discurrir con sutileza.

* METEORÓLOGO (barb.) meteorologista.

METEREOLOGÍA (barb.) meteorología.

METEREOLÓGICO (barb.) meteorológico.

METEREÓLOGO (barb.) meteorólogo.

METRÓPOLIS (arc.) metrópoli.

MEZAMINO (ital.) entresuelo.

MICROFILM (angl.) microfilme.

MICROFILMAJE (gal.) microfilmación.

MICROLENTILLAS (gal.) lentillas.

MIELERO (barb.) melero.

MILADY (angl.) miladi.

MILLARDO (gal.) mil millones.

* MINARETE (gal.) alminar.

MINIBASKET (angl.) v. BASKET.

MINISTRO DEL CULTO (gal.) ministro del altar, sacerdote, ministro de Dios o del Señor.

MINORIZAR (barb.) minorar.

MINUET (gal.) minué o minuete.

MIRAGE, MIRAJE (gal.) espejismo.

MISE EN SCÉNE (gal.) escenificación, puesta en escena.

* MISIÓN (gal.) fin, objeto, designio, deber, cometido, etc.

MISS (angl.) señorita, institutriz.

MISSIL (angl.) misil o mísil.

MISSILE (angl.) v. MISSIL.

MÍSTER (angl.) señor.

* MISTIFICACIÓN (gal.) embaucamiento, engaño, burla, farsa.

* MISTIFICAR (gal.) embaucar, engañar, mofarse.

MISTONGO (vulg.) mísero, pobre, deslucido.

MISTRESS (angl.) señora.

MITING (angl.) mitin.

* MIXTIFICACIÓN (gal.) mistificación.

* MIXTIFICAR (gal.) mistificar.

MODISTO (neol.) modista.

MODUS VIVENDIS (barb.) modus vivendi.

MOLDORÉ (barb.) mordoré.

MONAGUESCO (barb.) monegasco.

MONARQUISTA (barb.) monárquico.

MONSIEUR (gal.) señor.

* MONTANTE (barb.) monto, cuantía, importe, suma.

MONTAR A (solec.) montar: *montar a veinte pesetas*, por *montar veinte pesetas*.

MÓRBIDO (barb.) terso, turgente.

MORBÍGENO (gal.) morbífico.

MORDER EL POLVO (gal.) caer, quedar tendido, morir en el sitio.

MORDORÉ (gal.) de color morado claro, que tira a rojo.

MORGUE (gal.) depósito de cadáveres.

MORRIS (angl.) sillón extensible.

MOSEN (barb.) mosén.

MOTIVACIÓN (barb.) motivo, razón, causa.

MOTIVADO A (solec.) con motivo de, por, debido a.

MOTOR A EXPLOSIÓN (gal.) motor de explosión. (Son también incorrectas las expresiones *motor a gas, a gasolina, a nafta, a reacción, a vapor*, en las que la preposición *a* debe sustituirse por *de*.)

MUCHO GUSTO DE (solec.) mucho gusto en.

MUESTRA (ital. y angl.) exposición, feria, feria de muestras.

MUEZIN (barb.) muecín.

MUGUET (gal.) muguete, lirio del valle; perfume.

MUJER DE PLACER (gal.) ramera, prostituta, mujer pública, mujer mundana, etc.

MULTIGESTA (barb.) multípara.

MUNDIVISIÓN (barb.) mundovisión.

MUNDO ELEGANTE (gal.) aristocracia, gente elegante.

MUNIDO (gal.) provisto.

MUNÍCIPE (barb.) concejal.

* MUNIFICENTE (neol.) munífico. cos.

MUSIC-HALL (angl.) café concierto, café cantante.

MUSLÍN (barb.) muslim o muslime.

MUY OTRO (solec.) distinto.

NACIDO MUERTO (barb.) mortinato.

NAIDE (vulg.) nadie.

NARGHILE (gal.) narguile.

NAVE A VELA (gal.) nave de vela.

NAYLON (barb.) nilón o nailon (en inglés se escribe *nylon*).

NÉCESSAIRE (gal.) neceser.

NECROMANTE (barb.) nigromante.

NÉGLIGÉ (gal.) descuidado, desaliñado; peinador, bata, traje de casa, traje de mañana.

NEGLIGIBLE (gal.) despreciable, sin importancia, de poca monta.

NEGLIGIR (gal.) desestimar, despreciar, desatender; descuidarse (en el aseo, costumbres, etcétera).

NEOYORKINO (barb.) neoyorquino.

NEURÓSICO (barb.) neurótico.

NEWYORKINO (angl.) neoyorquino.

NIEBLINA (barb.) neblina.

NIGHT-CLUB (angl.) sala de fiestas, club nocturno.

* NIÑO DE PECHO (barb.) niño de teta.

NIÑO PEQUEÑO (gal.) niño de teta, niñito, pequeño, niño de corta edad.

NOBLE POSE (gal.) noble apostura, gentileza.

NOCAUTAR (angl.) noquear.

NOCHEVIEJA (barb.) noche vieja.

NOMBRE DE FAMILIA (gal.) apellido.

NORDOESTE (gal.) noroeste.

NORMATIZACIÓN (barb.) normalización, estandarización.

NORMATIZAR (barb.) normalizar, estandarizar.

NORTE-OCCIDENTAL (barb.) noroccidental.

NUEVECIENTOS (barb.) novecientos.

NULIFICAR (angl.) anular.

NURSE (angl.) niñera, enfermera, aya, ama, nodriza.

NYLON (angl.) nilón o nailon.

OBJECCIÓN (barb.) objeción.

OBJECTIVO (barb.) objetivo.

OBRA DE ESPÍRITU (gal.) obra de ingenio.

OBSEDER (barb.) causar obsesión, obsesionarse.

* OBSTACULIZAR (barb.) obstruir, poner obstáculos.

OBSTRUCCIONAR (barb.) obstruir.

OBTUSIDAD (barb.) torpeza, cerrazón.

OBÚS (gal.) granada, proyectil.

OBVIEDAD (barb.) evidencia, claridad.

ODIAR(SE) A MUERTE (gal.) odiar(se) de muerte.

ODIO A MUERTE (gal.) odio de muerte.

OFERTANTE (barb.) oferente u ofreciente.

OFERTAR (barb.) ofrecer.

OFFICE (gal.) antecocina; cuartos del servicio (en una casa).

OÍDIUM (lat.) oídio.

OJALERA (barb.) ojaladora u ojaladera.

OJOS DULCES (gal.) buenos ojos.

OJOS INYECTADOS (barb.) ojos sanguíneos.

OJOS TIERNOS (gal.) buenos ojos.

OLFACIÓN (barb.) olfacción.

* OLISQUEAR (vulg.) oliscar.

OLLA A PRESIÓN (gal.) olla de presión.

* OPACAR (gal. y arc.) oscurecer, nublar (es correcto en América).

* OPACARSE (neol.) hacerse o ponerse opaco u oscuro (es correcto en América).

* OPERACIONAL (angl.) operativo.

OPERÁTICO (barb.) operístico.

ORALIDAD (barb.) oratoria.

ORANGE (gal.) naranjada.

ORGULLECERSE (barb.) enorgullecerse.

ORFELINATO (gal.) orfanato.

ORIGINACIÓN (angl.) origen, principio.

OTRO NINGUNO (solec.) ninguno.

OTRO QUE (gal.) distinto de.

OTRO QUE TÚ (solec.) nadie sino tú.

* OVACIONAR (neol.) aplaudir, aclamar.

* PACHÁ (gal.) bajá.

PACHALIK (gal.) bajalato.

PADASTRO (barb.) padrastro.

PADRASTO (barb.) padrastro.

* PAELLERA (barb.) paella (recipiente de hierro en que se hace la paella).

PAGANDO, SAN PEDRO CANTA (cat.) poderoso caballero es don dinero.

PAGAR A MÉTÁLICO (solec.) pagar en metálico.

PALETA (cat.) albañil.

PALETOT (gal.) paletó.

* PALIER (gal.) cojinete.

PALMARÉS (gal.) historial, lista, hoja de servicios.

PÁLPITO (barb.) palpitación.

PALUDOSO (barb.) pantanoso.

PAMFLET (angl.) libelo, folleto, panfleto.

PAMFLETO (angl.) panfleto.

PAMFLETISTA (angl.) panfletario, panfletista.

147

PANCRACE (gal.) pancracio, lucha libre.

PANDÁN (gal.) parejo, correspondiente. (v. HACER PANDÁN.)

PANDANTIF (barb.) v. PENDENTIF.

PANE (gal.) parada, detención por avería.

PANETE (vulg.) tonto, bobo, papanatas.

PANFLET (angl.) panfleto.

* PANFLETO (angl.) libelo, opúsculo.

* PANFLETISTA (angl.) panfletario, libelista.

PANNE (gal.) v. PANE.

PANNEAU (gal.) panel, lienzo de pared.

PANÓ (gal.) v. PANNEAU.

PAPELAMEN (barb.) montón de papeles, gran cantidad de papeles.

PAPEL DE PLATA (vulg.) papel de estaño.

PAPEL MOJADO (angl.) letra muerta.

PAPÚE (barb.) papú, o papua.

PARABRÍS (gal.) parabrisas, guardabrisa.

PARACHUTAR (gal.) lanzar en paracaídas.

PARACHUTISTA (gal.) paracaidista.

PARADA (cat.) puesto, mesa, tenderete.

PARADOJAL (gal.) paradójico.

PARADOXAL (gal.) paradójico.

PARAGOJE (barb.) paragoge.

PARALÍS (barb.) parálisis.

PARAMÉCIUM (lat.) paramecio.

PARCHEESI (angl.) parchís.

PARDUZCO (barb.) pardusco, pardisco.

PARISIÉN (gal.) parisiense.

PARISINO (barb.) parisiense (es admisible).

PARKEAR (angl.) aparcar, parquear.

PARKET (barb.) parqué.

PARKING (angl.) aparcamiento.

PARQUEADERO (angl.) aparcamiento (se usa en Colombia).

* PARQUEAR (angl.) aparcar.

PARQUET (gal.) parqué.

PARQUING (barb.) aparcamiento.

PARTENAIRE (gal.) pareja, compañero.

* PARTERRE (gal.) jardín con césped y paseos.

PARTISANO (voz de origen ruso) guerrillero, partidario.

PARTNER (gal. y angl.) fiesta, reunión.

PARVENÚ (gal.) advenedizo; nuevo rico.

PASABLE (gal.) mediano, aceptable, pasadero, regular.

PASABLEMENTE (gal.) medianamente.

PASAR DESAPERCIBIDO (solec.) pasar inadvertido.

PASAR INAPERCIBIDO (gal.) pasar inadvertido.

PASHA (angl.) bajá.

PASHALIC (angl.) bajalato.

PASO DE NIVEL (solec.) paso a nivel.

PASO FALSO (gal.) desliz.

PASO NIVEL (solec.) paso a nivel.

PASPARTÚ (gal.) orla, recuadro, marco.

PASTAL (angl.) pastizal.

PASTICHE (gal.) imitación.

PATERNALISTA (angl.) paternal.

PÂTISSERIE (gal.) pastelería, repostería, dulcería.

PATUÁ (gal.) dialecto, jerga.

PAUPERAL (barb.) puerperal.

PAYASERÍA (barb.) payasada.

PAY-OFF (angl.) recompensa (en economía).

PAY-PAY (¿voz filipina?) paipái.

PCH (barb.) pche o pchs.

PEDANTEMENTE (barb.) pendantescamente.

PEDICURISTA (barb.) callista, pedicuro.

PEDIGREE (angl.) pedigrí.

PEDIR POR ALGUNO (cat.) preguntar por alguno.

PEDIR RAZÓN DE (gal.) pedir explicación, o explicaciones, acerca de.

PEDOLOGÍA (gal.) edafología.

PEDREGÓN (barb.) pedrejón.

PEKINÉS (barb.) pequinés.

PÊLÉ-MÊLÉ (gal.) mezcla, mezcolanza, batiborrillo, confusión; en confusión, en desorden; a granel; desordenadamente, revueltamente.

PELERINA (gal.) esclavina, capita.

PELO FALSO (barb.) pelo postizo.

PELOTA BASE (angl.) béisbol o beisbol.

PELOUSE (gal.) pradito, césped bien cuidado, alfombra de hierba, césped menudo y espeso.

PELUCHE (gal.) felpa.

PENDANTIF (barb.) v. PENDENTIF.

PENDENTIF (gal.) pinjante, dije.

PENIBLE (barb.) penable.

PENÓLOGO (barb.) penalista.

PÉNSUM (lat.) plan de estudios.

PENTHOUSE (angl.) ático.

PEQUEÑA EDAD (gal.) corta edad.

PEQUEÑO PUEBLO (gal.) pueblecito; plebe, vulgo.

PERCENTAJE (barb.) porcentaje.

PERCIBIDOR (barb.) perceptor.

PERFECCIONABLE (barb.) perfectible.

PERFORMANCE (angl.) hecho, hazaña, ejecución; actuación, función, sesión.

PERGUEÑAR (barb.) pergeñar.

* PERITAJE (gal.) peritación.

PERJUICIOSO (barb.) perjudicial.

PERJUDICAL (barb.) perjudicial.

PERLÉTICO (barb.) perlático.

PERMEAR (gal.) penetrar.

PERMITIVIDAD (barb.) permisividad.

PERÓ (cat.) pero.

PERPICACIA (barb.) perspicacia.

PERQUISICIÓN (gal.) investigación, pesquisa, registro.

PERSUACIÓN (barb.) persuasión.

PERTAÑAR, PERTAÑER (barb.) atañer.

PESCA DE CAÑA (solec.) pesca con caña.

PESCAR AL VUELO (barb.) cazar al vuelo, coger al vuelo.

PESCATERO (barb.) pescadero.

PESEBRE (cat. y amer.) belén, nacimiento.

PESQUISICIÓN (barb.) pesquisa.

PETICIONAR (gal.) pedir.

PETISO (gal.) pequeño, bajo, rechoncho.

PETRIMETRE (barb.) petimetre.

PETROQUÍMICO (barb.) petroleoquímico (también es admisible, y se usa, petrolquímico).

PICA (cat.) fregadero.

PICAP (angl.) tocadiscos.

PICARSE DE HONOR (gal.) picarse de honra.

PICIA (barb.) pifia.

PICK-UP (angl.) tocadiscos, fonocaptor.

PICNIC (angl.) jira, comida campestre, día de campo.

PICOP (angl.) furgoneta; tocadiscos, fonocaptor.

PICÚ (angl.) v. PICK-UP.

PICHE (angl.) encurtido.

PIEDEMONTE (gal.) terraplén, escarpadura, somonte.

PIEDMONT (gal.) v. PIEDEMONTE.

PIELROJA (barb.) piel roja.

PIERROT (gal.) payaso.

PIKÚ (angl.) v. PICK-UP.

PINTARREAR (barb.) pintorrear, pintarrajear, pintarrajar.

* PIONERO (angl. y gal) adelantado, precursor.

PIPE-LINE (angl.) oleoducto.

PIPPERMINT (angl.) menta.

PIPUDO (vulg.) excelente, inmejorable.

PIRAMIDAL (vulg.) colosal, fantástico, estupendo, enorme.

*PIRARSE (vulg.) marcharse, largarse, irse, huir.

PIRINAICO (barb.) pirenaico.

PIRINOLA (barb.) perinola.

PIRRIARSE (barb.) pirrarse.

*PISTONUDO (vulg.) muy bueno, magnífico.

PIVOT (gal.) pivote.

PLACENTAL (barb.) placentario.

PLAFOND (gal.) plafón, paflón o sofito; cielo raso, techado.

PLAGIADOR (barb.) plagiario.

PLAID (angl.) manta de viaje.

PLANKTON (germ.) plancton.

*PLANTEO (angl.) planteamiento.

PLASTRÓN (gal.) pechera; corbata ancha.

PLATABANDA (gal.) arriate.

PLATEAU (gal.) plató.

*PLATÓ (gal.) recinto de un estudio cinematográfico.

PLAY-BACK (angl.) previo (grabación del sonido antes de impresionar la imagen).

*PLISAR (gal.) plegar, fruncir.

PLOMERÍA (angl.) fontanería.

*PLOMERO (angl.) fontanero.

PLONGEON (gal.) zambullida, chapuzón.

PLUMA FUENTE (angl.) pluma estilográfica, o solamente estilográfica.

PLUM-CAKE (angl.) budín.

PLUMIER (gal.) estuche de escolar (es admisible).

PLUNQUEQUE (angl.) v. PLUM-CAKE.

*POBLADA (vulg.) tumulto, asonada, motín (es correcto en América).

POBLEMA (barb.) problema.

PÓDIUM (lat.) podio.

PODOGÉNESIS (gal.) edafogénesis.

PODOLOGÍA (gal.) edafología.

PODÓLOGO (gal.) edafólogo.

POGRAMA (barb.) programa.

POGROM (voz rusa) pogromo.

POKER (angl.) póquer.

POLICEMAN (angl.) guardia, guardia urbano, guardia municipal.

POLIOMELITIS (barb.) poliomielitis.

POLUAR (barb.) impurificar, contaminar; corromper, profanar.

*POLUCIÓN (angl.) impurificación, contaminación; corrupción, profanación.

POLVACERA (barb.) polvareda.

POLVOREDA (barb.) polvareda.

POLVORERO (barb.) polvorista, pirotécnico.

POLYESTER (angl.) poliéster.

PONER EL ÉNFASIS (angl.) hacer hincapié.

PONER EN OBRA (solec.) poner por obra.

PONER EN VALOR (gal.) valorar, explotar tierras, etc.

PONER MUY ALTO (gal.) ensalzar, enaltecer, encomiar.

PONER PIE A TIERRA (gal.) echar pie a tierra.

PONERSE NOVIO CON (cat.) hacerse novio de.

POPELÍN, POPELINE (gal.) popelina.

*POPURRÍ (gal.) miscelánea, mesa revuelta; canción formada por varios fragmentos o temas.

*PORCENTAJE (gal.) tanto por ciento.

PORCENTIL (barb.) porcentaje.

*PORCENTUAL (gal.) dícese de lo expresado en porcentajes.

PORCIENTO (barb.) porcentaje.

PÓRFIRO (gal.) pórfido.

PORTABLE (gal.) portátil, manejable.

PORTAFOLIO (gal.) cartera.

*PORTIER (gal.) antepuerta, cortinón.

*POSAR (gal.) permanecer en una postura para retratarse o servir de modelo a un pintor.

POSE (gal.) postura, actitud, posición, afectación; exposición (en fotografía) (es admisible).

POSEUR (gal.) presuntuoso, pre-
sumido.
POSITIVADO (barb.) revelado (de
película).
POST MERÍDIEM (angl.) posmeri-
diano.
POSTURA (barb.) opinión, criterio,
actitud, norma.
POTPOURRI (gal.) v. POPURRÍ.
PRECEDENTES (gal.) antecedentes
(de una persona).
* PRECIOSURA (barb.) preciosidad.
PREFERENCIAL (gal.) preferente.
PRELIMINARIO (barb.) preliminar.
PREMIER (angl.) primer ministro.
* PRESIONAR (barb.) hacer presión,
apretar, oprimir.
PRÉSTAMO A INTERÉS (solec.) prés-
tamo con interés.
PRESTAR EL OÍDO (gal.) dar oídos,
dar crédito.
* PRESUPUESTAR (barb.) presupo-
ner (formar el cómputo de gas-
tos e ingresos).
* PRETENCIOSO (gal.) presuntuoso,
presumido, pretensioso.
PRETENDIDO (gal.) pretenso, su-
puesto, presunto, imaginado,
presumido (es muy usado).
PREVEER (barb.) prever.
PREVENIBLE (barb.) previsible.
PREVEYER (barb.) prever.
PREVINENTE (barb.) preveniente.
PRIMAR (gal.) prevalecer, sobresa-
lir, aventajar, sobrepujar.
PRIMO CARTELLO (ital.) de prime-
ra categoría, de primer orden.
PRIORITARIO (barb.) primordial
(es muy usado).
PROBIDEZ (barb.) probidad.
PROBOSCÍDEO (barb.) proboscidio.
PROCEDURA (barb.) procedimiento.
PRODUCIR EFECTO (gal.) hacer efec-
to, surtir efecto.
PRODUCIR SENSACIÓN (gal.) causar
sensación, impresión, admira-
ción.

PROFESAR UNA OPINIÓN (gal.) tener
una opinión, seguirla, abundar
en el sentido de.
PROFESARSE ODIO (barb.) tenerse
odio (es correcta la expresión
profesar odio).
PROFESORA EN PARTOS (barb.) co-
madrona, tocóloga.
PROFESOR ASISTENTE (angl.) profe-
sor auxiliar.
PROLIFERAR (angl.) multiplicarse
(es admisible).
PROMENADE (gal.) paseo, paseata,
alameda.
PROMENAR (gal.) pasear.
PROMOCIONAR (barb.) promover
(es admisible).
* PROVENIENCIA (barb.) proceden-
cia, origen.
PROVEYER (barb.) proveer.
PROVINENCIA (barb.) proveniencia.
PROVINENTE (barb.) proveniente.
PROVISORIAMENTE (barb.) provisio-
nalmente; previsoramente.
PROVISORIO (barb.) provisional;
previsor.
PROVISTAR (barb.) proveer.
PTOLOMEICO (barb.) ptolemaico o
tolemaico.
PUDDIN, PUDDING, PUDING (angl.) bu-
dín, pudín.
PUDICIA (barb.) pudicicia.
* PUDÍN (angl.) budín.
PUEBLADA (barb.) tumulto, motín,
asonada, poblada.
PUF (gal.) adorno; taburete.
PUL (angl.) influencia.
PULLMAN (angl.) coche cama.
PULLOVER (angl.) jubón de punto
(es admisible con la grafía pu-
llóver).
PUNTO DE HONOR (gal.) pundonor,
punto de honra.
PURASANGRE (barb.) pura sangre
(caballo).
PUSILÁMINE (barb.) pusilánime.
PUTSCH (germ.) motín, alboroto,

151

choque, revuelta, disturbio político, pronunciamiento.

PUZZLE (angl.) rompecabezas, enredo, acertijo; maraña, embrollo; perplejidad.

QUÁNTUM (lat.) cuanto.

QUEDARSE EN SILENCIO (gal.) enmudecer, callar, guardar silencio.

QUEDARSE SIN (cat.) terminársele a uno algo.

QUEMAZO (barb.) quemadura.

* QUEROSÉN (barb.) queroseno.

QUEROSÍN (barb.) queroseno.

¿QUIERES DECIR? (cat.) ¿estás seguro?

QUINQUET (gal.) quinqué.

QUITAR DE POR MEDIO (solec.) quitar del medio.

RABANADA (barb.) rebanada.

RACIALISMO (barb.) racismo.

RACIALISTA (barb.) racista.

RADIODIFUSADO (barb.) radiado.

RADIODIFUSAR (barb.) radiar.

RADIOOYENTE (barb.) radioyente.

RAID (angl.) vuelo, asalto, batida, incursión, algara, expedición militar en terreno enemigo; viaje aéreo, carrera; hazaña, heroicidad.

RAIGRÁS (angl.) césped; ballico.

* RAJADURA (vulg.) raja, grieta, hendedura.

RALENTÍ (gal.) cámara lenta, marcha lenta.

RAPORTAJE (gal.) reportaje, reseña, información, informe.

RAPORTAR (gal.) informar, reseñar.

RAPORTE (gal.) v. RAPORTAJE.

RAPPEL (gal.) llamada, llamamiento; vuelta.

RAPPORT (gal.) v. RAPORTAJE.

RAPTADOR (barb.) raptor.

RASTACUERO (gal.) vividor, advenedizo.

RAVIOLI (ital.) ravioles.

RAZA HUMANA (barb.) especie humana (es correcto en plural: *razas humanas*).

RAZA JUDÍA (barb.) pueblo judío, origen judío, religión judía.

* RAZZIA (ital.) saqueo, algara, correría, incursión hostil.

* RECADISTA (barb.) recadero.

* RECITAL (gal.) recitación, recitado, declamación.

* RECLAMO (gal.) anuncio, propaganda comercial.

RECOGEDOR (reg.) cogedor (utensilio para recoger la basura o para coger carbón).

RECORD (angl.) marca, plusmarca, índice (máximo).

RECORDMAN (angl.) marquista, plusmarquista.

RECHACE (barb.) rechazamiento; rechazo.

REEMPLAZAMIENTO (barb.) reemplazo, sustitución, cambio.

REFERENCIAR (barb.) referirse, hacer referencia.

REFÉREZ (angl.) árbitro, juez.

REFLUYENTE (barb.) refluente.

REFORZAMIENTO (barb.) refuerzo.

REFRENDAMIENTO (barb.) refrendación, refrendo.

REGISSEUR (gal.) director (de circos y espectáculos).

REIMPRIMIDO (barb.) reimpreso.

REINVINDICACIÓN (barb.) reivindicación.

REINVINDICAR (barb.) reivindicar.

RELAIS (gal.) relé.

RELAX (gal.) relajación.

RELIEVACIÓN (neol.) realce.

RELIEVAR (neol.) poner de realce, realzar.

RELOJ PULSERA (solec.) reloj de pulsera.

RELUCTAR (barb.) resistir.

REMARCABLE (gal.) notable, señalado, sobresaliente, digno de destacarse.

REMARCAR (gal.) destacar, notar, observar.

REMEMORANZA (barb.) remembranza.

RENARD (gal.) zorro; piel de zorro.

RENDEZ-VOUS (gal.) cita; lugar o sitio señalado para encontrarse; rendivú (acatamiento, agasajo).

RENDIDO A LA FATIGA (gal.) rendido de fatiga.

RENDIRSE A LA EVIDENCIA (gal.) reconocer la evidencia (de algo).

* RENTABLE (barb.) rentoso.

* RENTOY (gal.) fanfarronada, desplante, alarde; pulla, ostentación, reto, indirecta, jactancia.

REPATRIAMIENTO (barb.) repatriación.

* REPORTAJE (gal.) información periodística.

REPORTER, REPÓRTER (angl.) reportero.

REPRESALIAR (barb.) tomar represalia.

REPRISAR (gal.) reponer, reestrenar, repetir.

REPRISE (gal.) reposición, reestreno; estribillo.

REQUISICIONAR (barb.) requisar.

REQUISITADO (barb.) requisado.

REQUISITAR (barb.) requisar.

RESCINSIÓN (barb.) rescisión.

RESERVORIO (gal.) depósito, alcubilla.

RESILIAR (gal.) rescindir, deshacer, anular.

RESPONSABLE (barb.) encargado, jefe, director.

RESTAURÁN (barb.) restaurante.

RESTAURANT (gal.) restaurante.

RESTORÁN (gal.) restaurante.

RESUMIR (angl.) volver a.

* RESUMIDERO (barb.) sumidero, alcantarilla.

RETARDATARIO (gal.) atrasado, retrasado, retrógrado, rezagado.

RETROGRESAR (barb.) retroceder.

RETROGRESIÓN (barb.) retroceso.

RETROGRESIVO (barb.) regresivo, retrógrado.

REVALUAR (angl.) revalorar.

* REVANCHA (gal.) desquite, venganza, represalia.

REVANCHISTA (gal.) vengativo.

REVERENCIOSO (barb.) reverente.

REVINDICACIÓN (barb.) reivindicación.

REVINDICAR (barb.) reivindicar.

REVISACIÓN (barb.) revisión.

REVISADOR (barb.) revisor.

REVITUALLAR (gal.) avituallar, abastecer.

* REVOLUCIONAR (barb.) sublevar, soliviantar; alterar, perturbar el orden.

RIDICULIZARSE (gal.) cometer ridiculeces, hacerse ridículo, quedar en ridículo.

RIEGO A ASPERSIÓN (solec.) riego por aspersión.

RIMMEL (barb.) rímel.

RING (angl.) cuadrilátero (donde luchan los púgiles o boxeadores).

* RISIÓN (barb.) irrisión.

RITORNELO, RITORNELLO (ital.) retornelo.

ROAST-BEEF (angl.) rosbif.

ROBINETE (gal.) espita, grifo.

ROBINETERÍA (gal.) grifería.

ROL (gal.) papel, cometido.

RÔLE (gal.) v. ROL.

ROMANCE (angl.) aventura o episodio amoroso, idilio. ‖ (gal.) novela.

ROMPEHUELGAS (barb.) esquirol.

ROPA DE CADA DÍA (vulg.) ropa de trabajo.

ROSTRO ABIERTO (gal.) semblante ingenuo, cándido.

ROUGE (gal.) rojo, carmín; colorete.

ROUND (angl.) asalto (en boxeo).

ROVELLONES (cat.) níscalos o nízcalos.

RUBINETERÍA (gal.) *v.* ROBINETERÍA.

RUCHE (gal.) volante (en los vestidos femeninos).

RUDIMIENTO (barb.) rudimento.

RUDO (gal.) difícil, trabajoso, costoso.

RUTA (gal.) carretera.

SABER MAL (cat.) desagradar, disgustar, sentirlo.

SACAR A LA LUZ (solec.) sacar a luz.

SACHET (gal.) perfumador.

* SAETAR (barb.) saetear.

SAISON (gal.) temporada.

SALACOF (barb.) salacot.

* SALARIAL (gal.) perteneciente o relativo al salario.

SALGA LO QUE SALGA (solec.) salga lo que saliere.

SALIENTE (gal.) sobresaliente, notable, culminante.

SALIR A LA LUZ (solec.) salir a luz.

SALIR EN HOMBROS (solec.) salir a hombros.

SALOON (angl.) taberna, bar.

SALSICHA (barb.) salchicha.

SALSICHÓN (barb.) salchichón.

SALTIBANQUI (barb.) saltimbanqui.

SALUBLE (barb.) salubre.

SALVACONDUCTO (barb.) salvoconducto.

* SALVAGUARDAR (gal.) salvar, proteger, amparar, defender.

SALVAGUARDIAR (barb.) salvaguardar.

SANALLA (cat.) espuerta.

SANDWICH (angl.) emparedado, bocadillo.

SANFASÓN (gal.) descaro, desfachatez; despreocupación.

SANS-CULOTTE (gal.) descamisado.

SANS-FAÇON (gal.) *v.* SANFASÓN.

SANS-SOUCI (gal.) indiferente, despreocupado.

SAQUÉ (barb.) chaqué.

SARIGA (gal.) zarigüeya.

SASTRESA (reg.) sastra (en Aragón).

SATIN (gal.) satén.

SATISFACIÓN (barb.) satisfacción.

SAUDADE (port. y gall.) añoranza, tristeza, morriña, nostalgia, soledad.

SAVOIR-FAIRE (gal.) saber hacer, tener habilidad, tener maña; desenvoltura, habilidad, destreza.

SAVOIR-VIVRE (gal.) mundología, experiencia, tiento.

SCHOTIS (germ.) chotis.

SCHOTTISCH (germ.) *v.* SCHOTIS.

SCOOTER (angl.) escúter.

SCOUT (angl.) *v.* BOY-SCOUT.

SCREEN (angl.) pantalla.

SCRIP-GIRL (angl.) anotador o anotadora.

SECENTISTA (ital.) sexcentista, seiscentista.

SECRÉTAIRE (gal.) escritorio.

SECRETER (gal.) *v.* SECRÉTAIRE.

SECUNDERO (barb.) segundero.

SEDICENTE (gal.) fingido, pretenso, supuesto, imaginado.

SEDICIENTE (gal.) *v.* SEDICENTE.

SEGÚN TÚ (cat.) según tu parecer, según tu opinión.

SEGURO DE ACCIDENTES (solec.) seguro contra accidentes.

SEICENTISTA (ital.) *v.* SECENTISTA.

SEÍSMICO (barb.) sísmico.

SEISMÓLOGO (barb.) sismólogo.

SELÁCEO (barb.) selacio.

SELF-GOVERNMENT (angl.) gobierno autonómico.

SELF-SERVICE (angl.) autoservicio.

SEMPITERNAL (gal.) sempiterno.

SENALLA (cat.) *v.* SANALLA.

SENSITIVIDAD (barb.) sensibilidad.

* SENSORIAL (barb.) sensorio.

SENTADOR (barb.) que sienta o cae bien (dicho de prendas de vestir).

SENTIMENTALIDAD (barb.) sentimentalismo.

SEÑALACIÓN (barb.) señalización, señalamiento.

SEQUOIA (angl.) secuoya o secoya.

SER BASTANTE (barb.) bastar.

SERIAL (angl.) novela, o novela radiofónica (es admisible).

SERIOSO (gal.) serio, grave.

SERRE (gal.) invernadero.

SERVILIDAD (barb.) servilismo.

SERVIR DE COMER (barb.) servir comidas.

SESIONAR (neol.) celebrar sesión, reunirse.

SEX-APPEAL (angl.) atractivo.

SEXTERCIO (barb.) sestercio.

SHAMPOO (angl.) champú.

SHAMPÚ (angl.) champú.

SHERIFF (angl.) jefe de policía, alguacil mayor.

SHOCK (angl.) choque (en medicina).

SHORT (angl.) pantalón corto.

SHOW (angl.) número, actuación.

SHOWMAN (angl.) director, presentador u organizador de espectáculos.

SICALIPSIS (neol.) pornografía.

SICALÍPTICO (neol.) lascivo, deshonesto, pornográfico.

SIDEBOARD (angl.) aparador.

* SIDECAR (angl.) cochecito de moto.

SIETECIENTOS (barb.) setecientos.

SILICÓN (angl.) silicio.

SILUETAR (barb.) siluetear.

SIMILARIDAD (barb.) similitud.

SIMPATÉTICO (angl.) simpático, afín; compasivo, caritativo, benévolo, cariñoso.

SINCRETIZAR (barb.) conciliar, armonizar.

SINDICALIZAR (barb.) sindicar.

* SINIESTRADO (gal.) destruido, incendiado, perjudicado, que ha sufrido un siniestro.

SINTÁXICO (barb.) sintáctico.

* SINVERGONZONERÍA (barb.) sinvergüencería.

SKATING-ROOM (angl.) local con pista para patinar.

SKETCH (angl.) apunte.

SKI (voz danesa) esquí.

SKIF (germ.) esquife.

SLEEPING-CAR (angl.) coche-cama.

SLIDE (angl.) diapositiva, filmina.

SLIP (angl.) calzoncillo.

SLOGAN (angl.) eslogan, consigna, lema; estribillo.

SMOG (angl.) niebla tóxica.

SMOKING (angl.) esmoquin.

SNACK-BAR (angl.) bar de tapas.

SNOB (angl.) esnob.

SNOBISMO (angl.) esnobismo.

* SOBAJEAR (barb.) sobajar, manosear.

SOBREAVISO (barb.) sobre aviso, sobre el aviso.

* SOBREPASAR (gal.) rebasar, exceder, aventajar.

SOBRESEÍR (barb.) sobreseer.

SOCAVÓN (barb.) hundimiento (es admisible y muy utilizada).

SOCIETAL (barb.) societario.

* SOFISTICAR (angl.) adulterar, falsificar con sofismas.

SOI-DISANT (gal.) que tiene la pretensión de ser, que se llama a sí mismo; supuesto; que se tiene por; pretenso.

SOIRÉE (gal.) sarao, tertulia.

SOLÁRIUM (lat.) solario.

SOLERAJE (barb.) solera; madre o lía del vino.

SOLVABILIDAD (gal.) solvencia, caudal.

SOMMIER (gal.) somier.

SONAJERA (barb.) sonajero, sonaja.

SONDAJE (gal.) sondeo.

155

SORPRESIVO (angl.) sorprendente (es admisible).

SOSIAS (barb.) sosia.

SOTAVIENTO (barb.) sotavento.

SOTTO VOCE (ital.) a sovoz, en voz baja.

SOUFFLÉ (gal.) hueco, esponjoso.

SOUFLÉ (gal.) v. SOUFFLÉ.

SOUND-TRACK (angl.) banda de sonido.

SOUPER FROID (gal.) cena fría.

SOUPER TANGO (gal.) baile de noche.

SOUS-ENTENDU (gal.) sobrentendido.

SOUTACHE (gal.) sutás.

SOUTENEUR (gal.) rufián.

SOUVENIR (gal.) recuerdo.

SPAGHETTI (ital.) espagueti.

SPEAKER (angl.) locutor; presidente de la Cámara de los Comunes, en Inglaterra.

SPECIMEN (barb.) espécimen.

SPEECH (angl.) discurso breve.

SPÍKER (barb.) v. SPEAKER.

SPLEEN (angl.) esplín.

SPORT (angl.) deporte.

SPORTMAN (angl.) deportista.

SPRINT (angl.) arrancada, esfuerzo final.

STADHOUDER (voz holandesa) estatúder.

STÁDIUM (lat.) estadio.

STALINISMO (barb.) estalinismo.

STAND (angl.) puesto, caseta, tenderete, pabellón, instalación, exposición; tribuna (de espectadores en hipódromos, velódromos, etc.).

STANDARD (angl.) estándar.

STANDARD DE VIDA (angl.) nivel de vida, estándar vital.

STANDART (barb.) estándar.

STAR (angl.) estrella (artista de la pantalla); pistola automática.

STATUS (angl.) estado, situación, rango.

STATUS QUO (angl.) statu quo («en el estado en que»).

STENOGRAFÍA (gal.) estenografía.

STENOTYPE (angl.) estenotipia.

STOCK (angl.) surtido, existencias, depósito, mercancías almacenadas; acopio, provisión; valores, acciones, capital comercial; reservas (de dinero); almacenamiento.

STOCKAJE (angl.) almacenamiento.

STOCKAR (angl.) almacenar.

STOP (angl.) detener, parar; punto, alto.

STORE (gal.) cortina.

STRAPERLO (barb.) estraperlo.

STRESS (angl.) estrés, sobreesfuerzo, sobrealarma.

* SUBCONCIENCIA (barb.) subconsciencia.

SUBLIMIZAR (barb.) sublimar.

SUBMERSIÓN (barb.) inmersión.

SUBSUMIR (barb.) integrar.

SUBURBIAL (barb.) suburbano.

SUBWAY (angl.) metro(politano).

SUCCÉS (gal.) éxito; acontecimiento.

SUCESO (gal.) éxito, triunfo.

SUDORÍPERO (barb.) sudoríparo.

SUEÑATORTILLAS (cat.) iluso, visionario.

SUFICIENTE A (solec.) suficiente para.

SUFRAGUISMO (barb.) sufragismo.

SUFRAGUISTA (barb.) sufragista.

SUGERIMIENTO (barb.) sugerencia.

SUJECCIÓN (barb.) sujeción.

* SULTANATO (barb.) dignidad de sultán; tiempo que dura su mandato.

SUMERGER(SE) (barb.) sumergir(se).

SUPERAVITARIO (barb.) excedentario.

SUPERMÁN (angl.) superhombre.

SUPERTICIÓN (barb.) superstición.

* SUPERVISIÓN (angl.) vigilancia.

*SUPERVISAR (angl.) vigilar, inspeccionar.

*SUPERVISOR (angl.) inspector, vigilante.

SUPLEMENTO A (solec.) suplemento de.

SUPLETIVO (barb.) supletorio.

SURFAZ (gal.) sobrehaz, sobrefaz, superficie.

SURMENAGE (gal.) fatiga, agotamiento, sobrefatiga; exceso de entrenamiento (es admisible con la grafía *surmenaje*).

SURREALISMO (gal.) suprarrealismo (es admisible).

SURREALISTA (gal.) suprarrealista (es admisible).

SURRENAL (gal.) suprarrenal.

SUSCINTO (barb.) sucinto.

SUSPENSE (angl.) suspenso (en América); en España suele sustituirse por *expectación, ansiedad, tensión*.

SUSPENSORES (barb.) tirantes.

SUSTRATO (barb.) substrato.

SUTACHE (gal.) *v.* SOUTACHE.

SUTENER (gal.) *v.* SOUTENER.

SVÁSTICA (voz sánscrita) esvástica, suástica.

SWEATER (angl.) suéter.

SYMPÓSIUM (lat.) simposio.

TABLIER (gal.) salpicadero.

TABULADOR (angl.) baremo.

TAILOR (angl.) sastre.

TALWEG (germ.) vaguada, lecho de un río.

TANGIBILIZAR (barb.) hacer tangible.

TAPIS ROULANT (gal.) escalera mecánica.

*TARA (gal.) defecto físico o psíquico.

TAXI GIRL (angl.) tanguista.

TAZ CON TAZ (solec.) taz a taz.

TE DEUM (lat.) tedeum.

TEA ROOM (angl.) salón de té.

TECLETEAR (barb.) teclear.

TECLETEO (barb.) tecleo.

TECK (gal.) teca.

TECHNICOLOR (angl.) tecnicolor.

TELA (gal.) lienzo pintado, cuadro (es admisible).

TELEFILM (angl.) telefilme.

TELEFONAR (angl.) telefonear.

TELESFÉRICO (barb.) teleférico.

TELESFERISTA (barb.) teleferista.

*TEMARIO (neol.) cuestionario, programa, índice, lista, tabla.

TEMPORALISTA (barb.) temporero.

TENCONTÉN (barb.) ten con ten.

TENDEDOR (barb.) tendedero.

TENDER LA MANO (gal.) mendigar.

TENENTE (barb.) teniente (que tiene).

TENER EFECTO (cat.) tener lugar.

TENER LA HONRA DE SER (solec.) tener a honra ser.

TENER LA IMPRESIÓN QUE (solec.) tener la impresión de que.

*TENER LUGAR (gal.) suceder, acontecer, realizarse, producirse, verificarse, desarrollarse, efectuarse, celebrarse, acaecer.

TENER MUCHO DE (barb.) parecerse a.

TENER SOCIEDAD (barb.) tener mundo, tener buen trato, porte, educación.

TENIDA (barb.) velada, exhibición, fiesta, competición.

TENIENTE ALCALDE (solec.) teniente de alcalde.

TENNIS (angl.) tenis.

TENTADO A (solec.) tentado de.

TENER EL AIRE DE (gal.) parecerse a.

*TERAPIA (neol.) terapéutica.

TERMITA (gal.) térmite, carcoma, taraza, termes.

TERMITE (gal.) térmite, termes, carcoma, taraza.

TERMITERA (gal.) termitero.

TERMOS (barb.) termo.

TERRÁRIUM (lat.) terrario.

TEST (angl.) prueba, examen, experimento, ensayo.

TÊTE À TÊTE (gal.) conversación a solas, frente a frente.

TEXITURA (barb.) tesitura.

THAILANDÉS (barb.) tailandés.

THE (barb.) té.

TICKET (angl.) cupón, bono, boleto, billete, papeleta, vale, entrada, boleta, cédula.

TIC-TAC (barb.) tictac.

TIEMPO DURO (barb.) tiempo frío, crudo, destemplado, desapacible.

* TIGRA (barb.) tigre hembra.

TIGRESA (gal.) tigra, tigre hembra.

TIJERAZO (barb.) tijeretazo.

TILILAR (barb.) titilar.

TIMBRE A METÁLICO (solec.) timbre en metálico.

TIPERRITA (angl.) mecanógrafa.

TIQUET (angl.) v. TICKET.

TIRAR AL AZAR (gal.) tirar a bulto.

TIRAR A TIERRA (barb.) derribar.

TOAST (angl.) tostada; brindis.

TOCINO (reg.) cerdo, puerco, cochino (en Aragón y Cataluña).

TODO A LO LARGO (gal.) a lo largo.

TODO LO MÁS (gal.) a lo más, cuando más, a lo sumo, cuando mucho.

TODOS QUIENES (solec.) todos los que, cuantos, todos cuantos.

TOILETTE (gal.) tocado, peinado; traje, atavío; tocador.

TOLOMEICO (barb.) v. PTOLOMEICO.

TOMAR EN SERIO (solec.) tomar por lo serio.

* TÓMBOLA (ital.) rifa.

TONITRUANTE (gal.) tronante, atronador.

TONYINA (cat.) atún, tonina.

TORÁXICO (barb.) torácico.

TOSFERINA (barb.) tos ferina.

TOUR (gal.) giro, vuelta.

TOUR DE FORCE (gal.) alarde de fuerza o de trabajo.

TOURNÉE (gal.) excursión, gira, viaje, expedición.

TOZUDERÍA (barb.) tozudez.

TRABAJAR A LA PALA (solec.) trabajar con la pala.

TRABAJO DE ESPÍRITU (gal.) trabajo mental, especulativo.

TRABAJOS PÚBLICOS (gal.) obras públicas.

TRACCIONAR (barb.) arrastrar, tirar.

TRADE MARK (angl.) marca registrada.

TRADE-UNION (angl.) sindicato, gremio.

TRAGICOCÓMICO (barb.) tragicómico.

TRAILER (angl.) remolque; avance (de una película).

TRANSACCIONAR (barb.) tratar, convenir, pactar.

TRANSISTORIO (barb.) transitorio.

TRANSITOR (vulg.) transistor.

TRANSLADAR (barb.) trasladar.

TRANSPIRINAICO (barb.) transpirenaico.

TRANSPLANTE (barb.) trasplante.

TRANSTORNAR (barb.) trastornar.

TRANSTORNO (barb.) trastorno.

TRASHUMANCIA (barb.) trashumación (es admisible).

TRAUMATURGO (barb.) taumaturgo.

TRAVELLING (angl.) travelín.

TRAZA (gal.) huella, rastro, vestigio, señal.

TRECEAVO (barb.) trezavo.

TRICOMÍA (barb.) tricromía.

TRICOT (gal.) punto, labor de punto.

TRICOTAR (gal.) hacer punto.

TRICOTEAR (gal.) v. TRICOTAR.

TRICOTOSA (gal.) máquina de hacer punto, persona que trabaja en ella.

TRICHINA (barb.) triquina.

TRIS (barb.) ter (tres, en latín).

TRISECCIONAR (barb.) trisecar.

TRIVIALIZAR (neol.) hacer trivial (es admisible).

TROMPE L'OEIL (gal.) trampantojo.

TROUPE (gal.) compañía (de cómicos), cuadrilla, pandilla, caterva.

TROUSSEAU (gal.) ajuar, equipo de boda.

TROVAS DE GESTA (arc.) cantares históricos.

TRUST (angl.) monopolio, consorcio.

TSAR (gal.) zar.

TSARÉVITCH (gal.) zarevitz.

TUBAJE (gal.) intubación.

TUBO ELÉCTRICO (angl.) bombilla.

TUBO DE RADIO (angl.) válvula.

TUFA (angl.) toba, tufo.

TUN-TÚN (barb.) tuntún.

TUR (arc.) giro, vuelta.

TURF (angl.) pista (hípica) o césped; hípica (deporte).

TURPILOQUIO (barb.) deshonestidad.

TUTEAMIENTO (barb.) tuteo.

TUTTI CONTENTI (ital.) todos contentos.

TUTTI QUANTI (ital.) todo el mundo, todo bicho viviente.

TZAR (gal.) zar.

TZARINA (gal.) zarina.

TZAREVITZ (gal.) zarevitz.

UKASE (gal.) ucase.

ULTRAPASAR (gal.) rebasar, exceder, sobrepasar, traspasar.

UNIFORMACIÓN (barb.) uniformidad.

UNIFORMIZAR (barb.) uniformar.

USABLE (barb.) usual.

USINA (gal.) fábrica.

USURA (gal.) desgaste.

UTILAJE (gal.) utillaje.

* UTILLAJE (gal.) útiles, herramientas.

VACACIONAR (neol.) vacar.

VALER LA PENA DE (solec.) valer la pena.

VALET DE CHAMBRE (gal.) ayuda de cámara.

VALGA LO QUE VALGA (solec.) valga lo que valiere.

VALSEAR (barb.) valsar.

VANAL (barb.) banal.

VARIANCIA (barb.) variabilidad.

VARIAR AL INFINITO (solec.) variar hasta el infinito.

VARIETÉS (gal.) variedades, atracciones.

VASTITUD (barb.) vastedad.

VAUDEVILLE (gal.) canción festiva, zarzuela cómica, juguete cómico, comedia ligera (es admisible con la grafía vodevil).

VAUDEVILLESCO (gal.) relativo al vaudeville (es admisible con la grafía vodevilesco).

VAUDEVILLISTA (gal.) el que escribe vaudevilles (es admisible con la grafía vodevilista).

VEDETTE (gal.) estrella, primera figura (de revista, teatro, opereta, etc.).

VEGETARISMO (barb.) vegetarianismo.

VEINTEAVO (barb.) veintavo.

VENDER A (solec.) vender por: vender a metros una tela.

VENDETTA (ital.) venganza sangrienta.

VENGA LO QUE VENGA (solec.) venga lo que viniere.

VENIR A LA CABEZA (gal.) pasar por la cabeza, ocurrírsele a uno, venir al pensamiento, imaginarse.

VERANDA (ital.) terrado, terraza, pórtico, galería, mirador.

VERÁSCOPO (neol.) verascopio.

VERBOIDE (barb.) de forma verbal.

VERDE-MAR (barb.) verdemar.

VERDUZCO (barb.) verdusco.

VERMOUTH (gal.) vermut, o vermú.

VERMUTH (barb.) vermut, o vermú.

VERRUCOSO (barb.) verrugoso.

VERSILLO (barb.) versículo.

VERSUS (angl.) contra.

VERTIR (barb.) verter.

VESCÍCULA (barb.) vesícula.

VESPASIANA (gal.) urinario, mingitorio.

VESTÓN (gal.) americana, chaqueta.

VETILLA (gal.) fruslería, pequeñez, nadería, insignificancia.

VETUDINARIO (barb.) valetudinario.

VIAJE DE PLACER (gal.) viaje de recreo.

VICIACIONES (barb.) defectos.

VICIVERSA (barb.) viceversa.

VICTIMARIO (barb.) asesino, matador.

VIDENCIA (barb.) clarividencia, perspicacia.

VIKING (voz de origen islandés) vikingo.

VINO ROJO (gal.) vino tinto.

VIÑAL (barb.) viñedo.

VIÑATERO (barb.) viñador.

* VISA (gal.) visado (es correcto en América).

VISACIÓN (gal.) visado.

VIS À VIS (gal.) cara a cara, frente a frente.

VISÍCULA (barb.) vesícula.

VISIONAR (barb.) ver, mirar, observar, contemplar.

VISITA DE RUTINA (angl.) visita reglamentaria, visita anual, visita ordinaria, etc.

VISITARSE (cat.) ir al médico.

* VITRAL (gal.) vidriera de colores.

VIVARAZ (barb.) vivaracho.

VOLUNTARIOSIDAD (barb.) voluntariedad.

VOLVER A LA RAZÓN (gal.) recobrar el juicio.

VOLVER SOBRE SUS PASOS (gal.) retractarse, volverse atrás, corregirse.

VOLLEY-BALL (angl.) balonvolea, voleibol o voléibol.

WAGON-LIT (angl.) coche-cama.

WALI (angl.) valí.

* WALÓN (barb.) valón.

WATER (angl.) retrete, excusado, servicio; lavabo, aseo, cuarto de baño, cuarto de aseo.

WATIO (angl.) vatio.

WEEK-END (angl.) fin de semana.

* WHISKY (angl.) güisqui.

* WÓLFRAM (angl.) volframio.

* WOLFRAMIO (angl.) volframio.

XILOFÓN, XILOFONO (barb.) xilófono.

YACHT (angl.) yate.

YACHTING (angl.) deporte náutico.

YANKEE (angl.) yanqui.

YANKI (angl.) v. YANKEE.

YANQUEE (angl.) v. YANKEE.

* YAQUÉ (amer.) chaqué (es correcta en la Argentina).

YAZ. v. JAZZ.

* YÉRSEY (angl.) jersey (es correcta en América).

* YERSI (angl.) jersey (es correcta en América).

YOGHOURT (barb.) yogur.

YOGHURT (barb.) yogur.

YOGI (voz hindú) yogui.

YOGOURT (gal.) yogur.

YOGURT (barb.) yogur.

YÓQUEY, YOQUI. v. JOCKEY.

ZARDA (barb.) czarda.

ZEBÚ (barb.) cebú.

ZEPPELÍN (barb.) zepelín.

ZIG-ZAG (barb.) zigzag.

7

COLORES

Los nombres de colores presentan, a la hora de escribirlos, dos dificultades principales: se refiere la primera a cuándo se escriben en una palabra y cuándo en dos, y la segunda, a su plural.

I. Los nombres de los colores

Se escriben en dos palabras cuando el segundo término oficia de adjetivo; por ejemplo, si decimos: *el amarillo verdoso es el tono que más me gusta,* se escribe en dos palabras, porque *verdoso* es aquí el adjetivo de *amarillo;* en igual caso nos encontramos si decimos que *el color anaranjado rojizo es débil.* Sin embargo, si decimos que *una persona lleva un jersey amarilloverdoso,* se escribe en una palabra, ya que aquí el término compuesto *amarilloverdoso* oficia de adjetivo de *jersey,* que es el sustantivo. Una camisa puede ser *azulceleste,* y también en este caso se escribe en una palabra, porque es un adjetivo.

II. Plural de los colores

Otro problema nos lo presenta el plural de los colores. A este respecto hay que tener en cuenta cuáles son colores naturales, o sea los que existen en la naturaleza como tales: *azul, verde, rojo, negro, blanco,* etc., y aquellos que derivan

161

del nombre de una cosa; por ejemplo, si decimos *las camisas verdeoliva*, carece de forma plural, porque el *oliva* no es un color natural, sino que se deriva del de la oliva; así, debe escribirse *las novelas rosa* (el *rosa* es el color de esta flor, pero no es color natural), *los jugadores azulgrana* (porque el *grana* no es un color natural), y en el mismo caso escribimos *los jugadores rojiblancos*, porque tanto el *rojo* como el *blanco* son colores naturales.

A veces, en vez de decir *las cortinas rosa* (en que parece que el singular de *rosa* choca con el plural de *cortinas*), se dice *las cortinas color* (o *de color*) *rosa*, pero esta costumbre, por mor de la brevedad, se va perdiendo.

Por esta razón yerran quienes escriben *rayos ultravioletas* basándose en que también se escribe *rayos infrarrojos;* el *rojo* es un color natural, pero no lo es el *violeta*, y de aquí que lo correcto sea *rayos ultravioleta*.

8

GÉNERO

Los géneros, como sabemos, son seis: *masculino, femenino, neutro, epiceno, común* y *ambiguo*. Veamos cómo se usan el masculino, el femenino y el ambiguo, atendiendo al tipo de voz a que se apliquen:

I. Masculino y femenino

1. *Nombres de ciudades, pueblos, provincias, naciones.* Por lo general reciben el artículo en consonancia con la terminación del nombre; así, *Barcelona* es femenino, mientras que *Bilbao* es masculino; en cuanto a las que terminan en consonante o en otra vocal que no sea *a* u *o*, son por lo general masculinos: *el Jerez de otros tiempos.* Sin embargo, a veces se les aplican artículos en contradicción con su terminación, como *todo Barcelona* o *la gran Bilbao;* en estos casos se considera elidida la voz *pueblo* o *ciudad*, según el caso.

2. *Nombres de ríos, golfos, mares, lagos, océanos.* Son masculinos, como *el Ebro, el Mediterráneo, el Pacífico*, etc. Sin embargo, hay excepciones: en Aragón se dice *la Huerva*, y en Valladolid, *el* y *la Esgueva*, así como otros casos más bien raros, puesto que en general incluso a éstos se les suele aplicar género masculino.

163

3. *Nombres de islas y bahías.* Son del género femenino: *las Baleares, las Fiji.*

4. *Apellidos.* Reciben el artículo de la persona que los lleva: *el Sánchez, la Guerrero.* (V. ARTÍCULO.)

II. Ambiguo

Hay en castellano una serie de palabras que unas veces pertenecen indistintamente a uno u otro género (aunque se usan más en uno sólo de ellos) y otras pertenecen a uno u otro género según su significado.

1. *Ambiguos que se usan indistintamente en uno u otro género.* Son: *aneurisma, armazón* (1), *azúcar* (en plural es siempre masculino), *azud, babel, esfinge* (casi siempre femenino), *esperma, linde* (casi siempre femenino), *pringue, puches* y *vertiente* (casi siempre femenino).

2. *Ambiguos que se usan más en masculino.* Son éstos: *ánade, anatema, apóstrofe, arte* (en plural es siempre femenino), *calor, callicida, canal, color, dote, énfasis, enzima, fin, herpe, hojaldre, lente, margen, mimbre, neuma, orden, tizne* y *trípode.*

III. Voces femeninas que, en singular, llevan antepuesto artículo masculino

A las palabras que empiezan por *a* o *ha* tónica se les antepone artículo masculino; son las siguientes: *abra, ácana, acné* o *acne, acta, adra, África, ágata, ágora, agua, aguagoma, águila, alga, álgebra, alma, alta* (sustantivo), *alza, ama, anca, ancla, ánfora,*

---

(1) *Armazón,* que el Diccionario manual (1950) registraba como femenina en todas sus acepciones menos una (la equivalente a "armadura, esqueleto"), en el general de 1956 era femenina en todas sus acepciones, pero en el general de 1970 ha sido convertida en ambigua, quizá cediendo al uso incorrecto que de ella se hacía anteponiéndole artículo masculino en todos los casos, como si comenzase por *a* tónica, cuando en realidad comienza con *a* átona y por consiguiente le correspondía artículo femenino en todas sus acepciones menos una; entre gente culta, no obstante, parece que prepondera la forma femenina en todos los casos.

ánima, ansia, anta, ara, arca, área, aria, arma, arpa, Ártica, Ártida, asa, asca, ascua, Asia, asma, aspa, asna, asta, aula, aura, Austria, ave, avemaría, aya, haba, haca, hacha, hada, halda, hambre, hampa, harma, haya, haz y *haza.*

Es importante tener en cuenta que si bien ante estas voces no se escribe el artículo femenino, según les corresponde, sino el masculino, por lo que respecta a los adjetivos demostrativos *este, ese* y *aquel* no se sigue esta regla, sino que ante estas palabras debe usarse la forma femenina: *de esta agua no beberé, esa asa está rota, aquella arma no funciona,* y no *este agua, ese asa, aquel arma,* como a menudo se ve escrito y se oye.

9

LETRAS DE USO DUDOSO

El sistema que se inserta a continuación pretende ser nuevo, pero ciertamente encierra poca novedad, en el fondo. Me explico: cualquier gramática, la académica incluida, recoge el uso de las letras dudosas en una serie de normas y reglas que en realidad nadie aprende de memoria, y si consigue aprenderlas puede decirse que no habrá de servirle de mucho, pues o las olvida pronto, o las confunde (lo cual es peor) y a la postre no sabe aplicarlas (y de hecho no las aplica, en cualquiera de los casos). Sin embargo, he pensado que si la persona que tiene dudas sabe hallar en el siguiente catálogo el lugar donde radica su duda, podrá resolver ésta en un instante, puesto que o la voz se adapta a la regla que en cada sílaba se explica, o bien forma parte de las excepciones, y en este caso también hallará la solución, pues su voz debe hallarse entre éstas. Por ejemplo, supongamos que una persona, al escribir la palabra *ferruginoso* duda acerca de si se escribe con *g* o con *j;* entonces, buscando la terminación *-ginoso,* que es donde radica la letra dudosa, hallará que se escriben con *g* todas las palabras terminadas en *-ginoso,* menos *aguajinoso,* y tendrá resuelta la dificultad; lo mismo puede hacerse con cualquier otra palabra; por ejemplo, sea la voz *lavabo;* si usamos el mismo sistema de la voz anterior buscaremos *-vabo,* pero no lo encontraremos; ¿qué hacer?; busquemos, entonces, *la-,* donde se nos dirá que las palabras que empiezan por *la-* se escriben con *b,* menos una serie de ellas entre las que está la que buscamos; luego *lavabo* se escribe con *v* después de la sílaba *la-.*

167

¿Qué defectos puede tener, pues, un sistema tan fácil? En esencia, casi los mismos que el otro; esto es, no enseñará a nadie a escribir sin faltas de ortografía (aunque le ayudará a conseguirlo más fácilmente; y si de memorizar se trata, más vale hacer un esfuerzo y aprenderse esta lista que no las otras); por otro lado, y al igual que con los antiguos sistemas, obligaría a tener consigo siempre el libro (con la ventaja, en este caso, de que sería más fácil manejar una relación alfabética que una lista de normas sin orden ni concierto).

Creo, pues, que a pesar de los imponderables, este sistema tiene posibilidades de ayudar más eficazmente a cualquier persona que sufra constantes dudas a la hora de escribir palabras difíciles; pero, digámoslo de una vez: nada ni nadie le enseñará a usted a escribir correctamente si no dedica una parte importante de su tiempo libre a leer y escribir, si no se molesta en consultar un diccionario cuando tenga dudas (y todos las tenemos), si no se preocupa por conocer la procedencia de las voces y el significado de los prefijos y sufijos de que pueden estar formadas. (V. Afijos.)

-ABA, -ABAS, -ÁBAMOS, -ABAIS, -ABAN. Se escriben con *b* todos los tiempos de los verbos de la primera conjugación del pretérito imperfecto de indicativo: *marchaba, amabas, tomábamos, acababais, cortaban.*

-ABER. Se escriben con *b* los verbos cuyo infinitivo termine en *-aber,* como *caber,* menos *precaver.*

ABO-. Se escriben con *b* las palabras que empiezan por *abo-,* como *abocar* (coger o asir con la boca), menos *avocar* (llamar a sí un juez la causa que seguía otro inferior), *avoceta, avol, avolcanado,* y los arcaísmos *avoleza, avoluntamiento* y *avolvimiento.*

ABU-. Se escriben con *b* las palabras que empiezan por *abu-,* como *abusar,* menos *avucasta, avucastro* (arc.), *avugo, avu-*

gués, avulsión, avutarda y *avutardado.*

AD-. Se escriben con *v* las palabras que empiezan por *ad-,* como *advertir.*

AJE-. Se escriben con *j* las palabras que empiezan por *aje-,* como *ajetreo,* menos *agencia, agenciar, agencioso, agenda, agenesia* y *agente.*

-AJE. v. -JE.

AL-. Se escriben con *b* las palabras que empiezan por *al-,* como *albino* (falto de su color natural), menos *alveario, álveo, alveolar, alveolo* o *alvéolo, alverja, alverjana, alverjón, alvino* (perteneciente al bajo vientre).

AL-. Se escriben con *g* las palabras que empiezan por *al-,* como *algidez,* menos *aljébana, aljecería, aljecero, aljecireño* (que se prefiere con g), *aljemi-*

fao (arc.), *aljerife, aljerifero, aljez, aljezar, aljezón, aljibe, aljibero* y *aljimifrado* (arc.).

AN-. Se escriben con *g* las palabras que empiezan por *an-*, como *angina*, menos *anjeo*.

AR-. Se escriben con *g* las palabras que empiezan por *ar-*, como *argentino*.

-AVA, -AVE, -AVO. Se escriben con *v* los adjetivos terminados en *-ava, -ave, -avo*, como *octava, decimoctavo*, menos *sílaba* y sus derivados, y *árabe* y sus derivados.

AVE-. Se escriben con *v* las palabras que empiezan por *ave-*, como *avefría*, menos *abebrar* (arc.) *abecé, abecedario, abedul, abeja, abejar, abejarrón, abejaruco, abejera, abejero, abejón, abejorrear, abejorreo, abejorro, abejuela* y *abejuno*.

B-. Se escriben con *b* las palabras en que esta letra haya de preceder a otra consonante: *absoluto, abnegado, hablador, abrir, obvio*, etc.

-B. Se escriben con *b* las sílabas y palabras que terminan con *b*, como *absoluto, jatib*.

-BA, -BAS, -BAMOS, -BAIS, -BAN. Véase *-aba, -abas*, etc.

BEA-. Se escriben con *b* inicial las palabras que empiezan por *bea-*, como *beato*, menos los tiempos correspondientes del verbo *ver: vea, veas, veamos*, etcétera.

BENE-. Se escriben con *b* las palabras que empiezan por *bene-* («bien»), como *beneficio;* las demás voces que comiencen con sonido *bene-*, pero que no tengan este significado de «bien», se escriben con *v: Ve-*

necia, veneciano, v e n e d i z o (arc.), *veneficiar* (arc.), *veneficio* (arc.), *venéfico* (arc.), *venenador* (arc.), *venenar* (arc.), *venencia, venenífero, veneno, venenosidad, venenoso, venera, venerable, veneración, venerador, venerando, venerante, venerar, venéreo, venero, venecio* (arc.), *venéfico* (arc.), *veneruela, véneto, venesolanismo, venezolano* y *Venezuela*.

BI-. Se escriben con *b* las palabras que empiezan por *bi-* significando «dos», como *biciclo;* las voces que comiencen con el sonido *bi-* y no tengan el significado de «dos» *(biciclo* 'dos ciclos') se escriben con *v*, y son muchas.

BIBL-. Se escriben con *b* las palabras que empiezan por *bibl-*, como *bibliógrafo*.

BIEN-. Se escriben con *b* las palabras que empiezan por *bien-*, como *bienaventurado*, menos *vienense, vienés, viento* y *vientre*.

-BILIDAD. Se escriben con *b* las palabras que terminan en *-bilidad*, como *amabilidad*, menos *movilidad y civilidad*.

-BIR. Se escriben con *b* los verbos terminados en *-bir*, como *escribir*, menos *hervir, servir* y *vivir*.

BIS-. Se escriben con *b* las palabras que empiezan por *bis-* significando «dos», como *bisabuelo;* las que no tengan esta significación, muchas, se escriben con *v*.

BIZ-. Se escriben con *b* las palabras que empiezan por *biz-* significando «dos»: *biznieto; las* que no tengan esta significación se escriben con *v: vizca-*

cha, vizcachera, vizcainada, vizcaíno, vizcaitarra, Vizcaya, vizcondado, vizconde, vizcondesa.

BU-. Se escriben con *b* las palabras que empiezan por *bu-*, como *bucólico*, menos *vuecelencia, vuecencia, vuelapié (a), vuelapluma (a), vuelco, vuelillo, vuelo, vuelto, vueludo, vuesarced* (arc.), *vueseñoría* (arc.), *vueso* (arc.), *vuestro* y sus derivados.

-BUIR. Se escriben con *b* los verbos cuyo infinitivo termina en *-buir*, como *distribuir*.

-BUNDO, -BUNDA. Se escriben con *b* las palabras terminadas en *-bundo, -bunda*, como *moribundo, meditabunda*.

BUR-. Se escriben con *b* las palabras que empiezan por *bur-*, como *burlesco*.

BUS-. Se escriben con *b* las palabras que empiezan por *bus-*, como *búsqueda*, menos los arcaísmos *vusco* (convusco) y *vusted* (usted).

C-. Se escriben con *c* las sílabas y palabras en que, con sonido fuerte, como el de la *k*, precede a las vocales *a, e, u* o a cualquier consonante: *carta, coco, macuto; clámide, crótalo*. || Las sílabas o palabras en que esta letra precede con sonido débil (de *z*) a las letras *e, i*, como en *cenicienta*, menos *elzeviriano, elzevirio, enzima* (fermento), *enzimología, zéjel, zendavesta, zendo, zigzag, zigzaguear, zipizape* y *zis, zas;* otras voces como *ázimo, azimut, azimutal, zebra, zeda* o *zeta, zelandés, zenit, zeugma* o *zeuma, zigofiláceo, zigoto, zinc* y *zingiberáceo* se escriben de ambas for-

mas, pero todas, menos *ázimo, zelandés, zeda* y *zeugma*, se prefieren con *c*. || Se escriben también con *c* voces derivadas de otras que acaban con *z: peces*, de *pez; felicitar*, de *feliz*.

-C. Se escriben con *-c* los sonidos fuertes (de *k*) en final de sílaba o palabra: *acto, vivac;* algunas de estas últimas pueden también escribirse terminándolas en *-que*, como *vivaque*, pero otras no admiten la dualidad, como *coñac* (no es correcto *coñaque*).

Ç-. Esta letra, llamada *cedilla*, se usó en lo antiguo con un sonido parecido al de la *z;* actualmente sólo se emplea en voces anticuadas o de otros idiomas.

CA-. Se escriben con *b* las palabras que empiezan por *ca-*, como *caballero*, menos *cava, cavacote, cavada, cavadiza, cavado, cavador, cavadura, caballillo, caván, cavanillero, cavar, cavaria, cavaril, cavaros, cavatina, cavazón, cávea, cavedio, caverna, cavernario, cavernícola, cavernidad, cavernosidad, cavernoso, cavero, caveto, caví, cavia, cavial, caviar, cavicornio, cavidad, cavilación, cavilar, cavilo, cavilosamente, cavilosidad, caviloso* y *cavío*.

CAL-. Se escriben con *v* las palabras que empiezan por *cal-*, como *calvicie*, menos *calboche, calbote* y *calbotes*.

CAR-. Se escriben con *b* las palabras que empiezan por *car-*, como *carbón*, menos *carvajal, carvajo, carvallar, carvalleda, carvalledo, carvallo, carvayo* y *carvi*.

CE-. Se escriben con *b* las palabras que empiezan por *ce-*,

como *cebolla*, menos *cevil* (arc.
y vulg. por *civil*).

CLA-. Se escriben con *v* las palabras que empiezan por *cla-*,
como *clavija*.

CO-. Se escriben con *g* las palabras que empiezan por *co-*,
como *coger*, menos *cojear*, *co-
jedad* (arc.), *cojera*, *cojez* (arc.),
cojijo, *cojijoso*, *cojín*, *cojinete*,
cojinúa y *cojitranco*.

CON-. Se escriben con *g* las palabras que empiezan por *con-*,
como *congelar*, menos *conjetu-
ra*, *conjeturable*, *conjeturador*,
conjetural,   *conjeturalmente*,
conjeturante y *conjeturar*.

CON-. Se escriben con *v* las palabras que empiezan por *con-*,
como *convulsión*.

CU-. Se escriben con *b* las palabras que empiezan por *cu-*,
como *cubierto*.

CUR-. Se escriben con *v* las palabras que empiezan por *cur-*,
como *curvatura*, menos *cúrba-
na* y *curbaril*.

DE-. Se escriben con *v* las palabras que empiezan por *de-*,
como *devoto*, menos *debajero*,
debajo, *debandar* (arc.), *deba-
te*, *debatir*, *debda* (arc.), *debe*,
debelación, *debelante*, *debelar*,
deber, *debidamente*, *debido*, *de-
bidor* (arc.), *debiente*, *débil*, *debilidad*, *debilitación*, *debilitada-
mente*, *debilitamiento*, *debili-
tante*, *debilitar*, *débilmente*, *dé-
bito* y *debó*.

DI-. Se escriben con *v* las palabras que empiezan por *di-*, como *divinidad*, menos *dibuja-
dor*, *dibujante*, *dibujar* y *dibujo*.

ECTO-. *v.* HECTO-.

EJE-. Se escriben con *j* las palabras que empiezan por *eje-*,
como *ejecución*, menos *egeno*
(arc.), *egestad* (arc.), *egestión*
(arc.) y *egetano*.

EMI-. *v.* HEMI-.

EN-. Se escriben con *v* las pa-
palabras que empiezan por *en-*,
como *envilecer*.

EPTA-. Las palabras que empiezan por *epta-* significando «siete» se escriben con *h;* como
heptasílabo, *heptarquía;* no
hay ninguna palabra en español que comience por *epta-* y
se escriba sin *h*.

ERM-. Se escriben con *h* las palabras que empiezan por *erm-*,
como *hermandad*, menos *erma-
dor* (arc.), *ermadura* (arc.), *er-
mamiento* (arc.), *ermar* (arc.),
ermita, *ermitaño*, *ermitorio* y
ermunio.

ERN-. Se escriben con *h* las palabras que empiezan por *ern-*,
como *hernia*, menos *Ernesto*.

EVA-. Se escriben con *v* las palabras que empiezan por *eva-*,
como *evasión*, menos *ebanista*,
ebanistería y *ébano*.

-EVA, -EVE, -EVO. Se escriben con
v las palabras terminadas en
-eva, *-eve*, *-evo*, como *nueva*, *ale-
ve*, *longevo*.

EVE-. Se escriben con *v* las palabras que empiezan por *eve-*,
como *eventual*, menos *ebená-
ceo*.

EVI-. Se escriben con *v* las palabras que empiezan por *evi-*,
como *evitar*, menos *ebionita*.

EVO-. Se escriben con *v* las
labras que empiezan por *evo-*,
como *evocación*, menos *eboni-
ta* y *eborario*.

171

EX-. Las palabras que empiezan por *ex-* significando «fuera» se escriben siempre con *x*, como *extemporaneidad, exponer,* etcétera; no debe confundirse con voces de otro significado que se escriben con *s*, como *espontáneo, estraza, espléndido,* las cuales es común escribir erróneamente con *x*.

EXA-. *v.* HEXA-.

FLA-. Se escriben con *g* las palabras que empiezan por *fla-,* como *flagelar*.

G-. Se escriben con *g-* las sílabas en que precede a *a, o, u* con sonido débil (como de *gu-* ante *e, i*): *gorro, gamo, gubia, halago*. || Ante cualquier consonante, como *gladiador, gradiente*. || En final de sílaba, como *repugnar, agnado*. || Ante *e, i* con sonido fuerte (como el de la *j* ante *a, e, o*): *geranio, giro*.

GAR-. Se escriben con *b* las palabras que empiezan por *gar-,* como *garbanzo,* menos *garvín,* que también se puede escribir con *b: garbín*.

-GE. *v.* -JE.

-GÉLICO. Se escriben con *g* las palabras que terminan en *-gélico,* como *evangélico*.

-GEN. Se escriben con *g* las palabras que terminan en *-gen,* como *imagen,* menos *comején*.

-GENARIO. Se escriben con *g* las palabras que terminan en *-genario,* como *nonagenario*.

-GÉNEO. Se escriben con *g* las palabras que terminan en *-géneo,* como *homogéneo*.

-GÉNICO. Se escriben con *g* las palabras que terminan en *-génico,* como *trigénico*.

-GENIO. Se escriben con *g* las palabras que terminan en *-genio,* como *ingenio*.

-GÉNITO. Se escriben con *g* las palabras que terminan en *-génito,* como *congénito*.

GEO-. Se escriben con *g* las palabras que empiezan por *geo-,* como *geología*.

-GER. Se escriben con *g* los verbos cuyo infinitivo termina en *-ger,* como *escoger,* menos *mejer* y *tejer*.

-GÉSICO. Se escriben con *g* las palabras que terminan en *-gésico,* como *analgésico*.

-GESIMAL. Se escriben con *g* las palabras que terminan en *-gesimal,* como *trigesimal*.

-GÉSIMO. Se escriben con *g* las palabras que terminan en *-gésimo,* como *vigésimo*.

GEST-. Se escriben con *g* las palabras que empiezan por *gest-,* como *gestar*.

-GÉTICO. Se escriben con *g* las palabras que terminan en *-gético,* como *apologético*.

-GIA. Se escriben con *g* las palabras que terminan en *-gia,* como *cefalalgia,* menos *hemiplejia*.

-GÍA. Se escriben con *g* las palabras que terminan en *-gía,* como *cirugía,* menos *alfajía, alfarjía, almejía, apoplejía, atajía, ataujía, bujía, canonjía, crujía, extranjía, hemiplejía, herejía, lejía, monjía* y *paraplejía*.

-GIÉNICO. Se escriben con *g* las palabras que terminan en *-giénico,* como *higiénico*.

-GINAL. Se escriben con *g* las palabras que terminan en *-ginal,* como *virginal*.

-GÍNEO. Se escriben con g las palabras que terminan en *-gíneo*, como *virgíneo*.

-GINOSO. Se escriben con *g* las palabras que terminan en *-ginoso*, como *ferruginoso*, menos *aguajinoso*.

-GIO. Se escriben con *g* las palabras que terminan en *-gio*, como *refugio*.

-GÍO. Se escriben con *g* las palabras que terminan en *-gío*, menos *monjío* y *bajío*.

-GIÓN, -GIONAL, -GIONARIO, -GIOSO. Se escriben con *g* las palabras que terminan en *-gión*, *-gional*, *-gionario*, *-gioso*, como *religión*, *regional*, *legionario*, *religioso*.

-GIR. Se escriben con *g* los verbos que terminan en *-gir*, como *corregir*, menos *crujir*, *brujir* y *grujir*.

-GÍRICO. Se escriben con *g* las palabras que terminan en *-gírico*, como *panegírico*.

-GISMO. Se escriben con *g* las palabras que terminan en *-gismo*, como *sufragismo*, menos *espejismo* y *salvajismo*.

GN-. Las voces que comienzan por *gn-* pueden escribirse también sin la *g-*, pero por regla general suele usarse: *gnomo* (*nomo*).

GU-. Se escriben con *b* las palabras que empiezan por *gu-*, como *gubernativo*.

GU-. Se escriben con *g* seguida de *u* las voces en que el sonido de *g* débil precede a *e* o *i*, como *guerra*, *guitarra*. En estos casos la *u* no se pronuncia, pero a veces, en ciertas palabras en que debe pronunciarse, se hace uso de la diéresis o crema ("): *vergüenza*, *pingüino*.

HA-. Se escriben con *b* las palabras que empiezan por *ha-*, como *habitación*, menos *havar* y *havara*.

HE-. Se escriben con *b* las palabras que empiezan por *he-*, como *hebilla*.

HECTO-. Se escriben con *h* las palabras que empiezan por *hecto-* significando «ciento», como *hectómetro*.

HEMI-. Se escriben con *h* las palabras que empiezan por *hemi-* significando «mitad», como *hemiciclo*.

HEPTA-. *v.* EPTA-.

HERM-. *v.* ERM-.

HERN-. *v.* ERN-.

HEXA-. Se escriben con *h* las palabras que empiezan por *hexa-* significando «seis», como *hexágono*.

HI-. Se escriben con *b* las palabras que empiezan por *hi-*, como *hibernación*.

HIA-. Se escriben con *h* las palabras que empiezan por *hia-*, como *hiato*.

HIDR-. Se escriben con *h* las palabras que empiezan por *hidr-*, como *hidrofobia*.

HIE-. Se escriben con *h* las palabras que empiezan por *hie-*, como *hiena*.

HIPE-. Se escriben con *h* las palabras que empiezan por *hipe-*, como *hipénquina*, menos *ipecacuana* (planta).

HIPER-. Se escriben con *h* las palabras que empiezan por *hiper-*, como *hipérbaton*.

HIPO-. Se escriben con *h* las palabras que empiezan por *hipo-*, como *hipopótamo*.

HO-. Se escriben con *b* las palabras que empiezan por *ho-*, como *hobachón*, menos *hove* y *hovero*.

HOLG-. Se escriben con *h* las palabras que empiezan por *holg-*, como *holgar*, menos *Olga* (nombre propio).

HORM-. Se escriben con *h* las palabras que empiezan por *horm-*, como *hormiga*, menos *ormesí*, *ormino*.

HORN-. Se escriben con *h* las palabras que empiezan por *horn-*, como *hornear* (ejercer el oficio de hornero), menos *ornadamente*, *ornamentar*, *ornamental*, *ornamento*, *ornar*, *ornatísimo*, *ornato*, *ornear* (rebuznar), *ornitodelfo*, *ornitología*, *ornitológico*, *ornitomancia* u *ornitomancia*, *ornitóptero* y *ornitorrinco*.

HORR-. Se escriben con *h* las palabras que empiezan por *horr-*, como *horrendo*.

HOSP-. Se escriben con *h* las palabras que empiezan por *hosp-*, como *hospedaje*.

HUE-. Se escriben con *h* las palabras que empiezan por *hue-*, como *huero*, menos *uesnorueste*, *uessudueste*, *ueste*.

HUM-. Se escriben con *h* las palabras que empiezan por *hum-*, como *húmedo*.

IA-. *v.* HIA-.

IDR-. *v.* HIDR-.

IE-. *v.* HIE-.

-ÍGENA, -ÍGENO. Se escriben con *g* las palabras que terminan en *-ígena*, *-ígeno*, como *indígena*, *oxígeno*.

-ÍGERA, -ÍGERO. Se escriben con *g* las palabras que terminan en *-ígera*, *-ígero*, como *alígera*, *flamígero*.

-IGERAR. Se escriben con *g* los verbos que terminan en *-igerar*, como *aligerar*, menos *desquijerar*.

-ÍLABO, -ÍLABA. Se escriben con *b* las palabras que terminan en *-ílabo*, *-ílaba*, como *polisílabo*, *monosílaba*.

IN-. Se escriben con *g* las palabras que empiezan por *in-*, como *ingerir* (introducir por la boca), menos *injerencia*, *injeridura*, *injerir* (injertar; meter una cosa en otra; entremeterse, introducirse), *injerta*, *injertador*, *injertar*, *injertera*, *injerto*.

IPE-. *v.* HIPE-.

IPER-. *v.* HIPER-.

IPO-. *v.* HIPO-.

-IVA, -IVO. Se escriben con *v* los adjetivos que terminan en *-iva*, *-ivo*, como *decisiva*, *pasivo*.

-ÍVORO, -ÍVORA. Se escriben con *v* las palabras que terminan en *-ívoro*, *-ívora*, como *carnívoro*, *omnívora*, menos *jíbaro* y *víbora*.

J-. Se escriben con *j* las sílabas y voces en que el sonido de *g* ante *e* o *i* es fuerte ante *a*, *o*, *u*, como *jamón*, *joven*, *juvenil*. || Los vocablos derivados de otros en que entra el sonido de *j*, aunque ésta se junte a *e* o *i*: *lisonjear*, de *lisonja*; *rojizo*, de *rojo*. || Los tiempos de verbo en que por irregularidad entran los sonidos *je*, *ji*, aunque el verbo no lleve *j* en el infinitivo: *condujimos*, de *conducir*; *deduje*, de *deducir*.

-JE. Se escriben con *j* las palabras terminadas en *-je*, como *garaje*, *fleje*, menos *auge*, *compage* (arc.), *cónyuge*, *enálage*, *eringe*, *esfinge*, *estrige*, *falan-*

ge, faringe, isagoge, laringe, metagoge, paragoge y *tinge.*

-JEAR. Se escriben con *j* los tiempos de los verbos cuyo infinitivo termina en *-jear*, como *homenajear.*

-JERÍA. Se escriben con *j* las palabras que terminan en *-jería*, como *mensajería.*

JO-. Se escriben con *v* las palabras que empiezan por *jo-*, como *joven*, menos *Job, jobada* y *jobo.*

K-. Se escriben con *k* algunas voces que generalmente también pueden escribirse con *c* o *qu*; en algunos casos se prefiere la escritura con *c* o *qu*, como en *kermes* (*quermes*), *kif* (*quif*), *kiosco* (*quiosco*), *kurdo* (*curdo*), pero en otras se prefiere con *k*, como en *cappa* (*kappa*), folclor(e) (*folklore*), cinesiterapia (*kinesiterapia*), quirie (*kirie*); otras, como los prefijos *kili-* y *kilo-* con sus compuestos, aunque pueden escribirse de las dos maneras, se usan siempre con *k*: *kiliárea, kilogramo*, etc. Finalmente, una serie de voces se escriben siempre con *k* (no existe para ellas la dualidad con *c* o *qu*), como *ka, káiser, kantiano, kantismo, kéfir, kirieleisón, klistrón, krausismo* y *krausista.*

LA-. Se escriben con *b* las palabras que empiezan por *la-*, como *labio*, menos *lava, lavable, lavabo, lavacaras, lavación, lavacro* (desus.), *lavada, lavadero, lavadientes, lavado, lavador, lavadura, lavafrutas, lavajal* (arc), *lavaje, lavajo, lavamanos,*

lavamiento, lavanco, lavandería, lavandero, lavándula, lavaojos, lavar, lavativa, lavativo (arc.), *lavatorio, lavazas, lave, lavija, lavijero, lavotear* y *lavoteo.*

LE-. Se escriben con *v* las palabras que empiezan por *le-*, como *levantar*, menos *lebaniego, lebeche, lebení* y *leberquisa.*

LEGI-. Se escriben con *g* las palabras que empiezan por *legi-*, como *legible*, menos *lejía, lejío, lejísimos* y *lejitos.*

LO-. Se escriben con *b* las palabras que empiezan por *lo-*, como *lobo*, menos *lovaniense.*

LON-. Se escriben con *g* las palabras que empiezan por *lon-*, como *longevidad*, menos *lonjear* (arc.), *lonjeta* y *lonjista.*

LLA-. Se escriben con *v* las palabras que empiezan por *lla-*, como *llave*, menos *llábana.*

LLE-. Se escriben con *v* las palabras que empiezan por *lle-*, como *llevar.*

LLO-. Se escriben con *v* las palabras que empiezan por *llo-*, como *llover.*

LLU-. Se escriben con *v* las palabras que empiezan por *llu-*, como *lluvia*, menos *llubina.*

-M-. Después de *m* se escribe siempre *b* o *p*, según el caso: *cambio, campo*, menos en *bienplaciente*, y en la voz *circumcirca* se escribe *m* antes de *c* por tratarse de un adverbio latino.

MAL-. Se escriben con *v* las palabras que empiezan por *mal-*, como *malversación*, menos *malbaratador, malbaratar, malbaratillo* y *malbarato.*

MN-. Se escriben con *mn*· inicial ciertas voces que también pueden prescindir de la *m* (aunque por lo general la conservan, al menos en la escritura culta): *mnemotecnia* (nemotecnia), *mnemónica* (nemónica).

MO-. Se escriben con *v* las palabras que empiezan por *mo-*, como *mover*, menos *mobiliario*. || Se escriben con *h* las palabras que empiezan por *mo-*, seguida de vocal, como *mohecer*, menos *moa*, *moabita*, *moaré* y *Moisés*.

NA-. Se escriben con *v* las palabras que empiezan por *na-*, como *navaja*, menos *naba*, *nabab*, *nababo*, *nabal* (de *nabo*), *nabar* (de *nabo*), *nabateo*, *nabato*, *nabería* (de *nabo*), *nabí*, *nabicol*, *nabina*, *nabiza*, *nabo*, *naborí* y *naboría*.

NE-. Se escriben con *v* las palabras que empiezan por *ne-*, como *nevada*, menos *nébeda*, *nebel*, *nebí*, *nebulizar*, *nebulón*, *nebulosa*, *nebulosidad* y *nebuloso*.

NI-. Se escriben con *v* las palabras que empiezan por *ni-*, como *nivel*.

NO-. Se escriben con *v* las palabras que empiezan por *no-*, como *novela*, menos *Nobel*, *nobelio*, *nobiliario* y *nobilísimo*.

NU-. Se escriben con *b* las palabras que empiezan por *nu-*, como *nube*.

-OGÍA. Se escriben con *g* las palabras que terminan en *-ogía*, como *teleología*.

-ÓGICA, -ÓGICO. Se escriben con *g* las palabras que terminan en -ógica, -ógico, como *lógica*, *teológico*.

OL-. Se escriben con *v* las palabras que empiezan por *ol-*, como *olvido*.

OLG-. *v*. HOLG-.
ORM-. *v*. HORM-.
ORN-. *v*. HORN-.
ORR-. *v*. HORR-.
OSP-. *v*. HOSP-.

PA-. Se escriben con *v* las palabras que empiezan por *pa-*, como *pavimento*, menos *pabellón*, *pabilo* o *pábilo*, *pabilón*, *pabiloso* y *pábulo*.

PAR-. Se escriben con *v* las palabras que empiezan por *par-*, como *parvedad*.

PER-. Se escriben con *v* las palabras que empiezan por *per-*, como *perversidad*, menos *perborato*.

POL-. Se escriben con *v* las palabras que empiezan por *pol-*, como *polvo*.

POR-. Se escriben con *v* las palabras que empiezan por *por-*, como *porvenir*.

PRA-. Se escriben con *v* las palabras que empiezan por *pra-*, como *pravedad*.

PRE-. Se escriben con *v* las palabras que empiezan por *pre-*, como *prevenir*, menos *prebenda*, *prebendado*, *prebendar*, *prebestad* (arc.), *prebestadgo* (arc.), *prebostal*, *prebostazgo* y *preboste*.

PRI-. Se escriben con *v* las palabras que empiezan por *pri-*, como *privado*.

PRO-. Se escriben con *v* las palabras que empiezan por *pro-*, como *provecho*, menos *probabilidad*, *probabilismo*, *probabi-*

lista, probable, probación, probado, probador, probadura, probanza, probar, probática, probatoria, probatorio, probatura, probeta, probidad, probo, probóscide y *proboscidio.*

PS-. Se escriben con *ps-* inicial ciertas palabras que, por lo general, también pueden escribirse sin la *p-*, como *psiquiatra (siquiatra), psíquico (síquico),* etcétera. (*v.* SINÓNIMOS.)

QU-. Se escriben con *q* seguida de *u* las sílabas y palabras en que entre el sonido fuerte (de *k*) ante *e, i,* como *querer, quitar.*

R-. Se escribe siempre *r* sencilla (y no *r* doble) en principio de palabra, como *rabino, reír.* En los demás casos, cuando entre en una sílaba con sonido de *r* débil se escribe con *r* sencilla, como *hora, torero,* y si es fuerte, con *r* doble, como *horrendo, borracho.* (*v.* AFIJOS.)

-R. Se escribe *-r* (y no *-rr*) después de *b, l, n, s,* como en *subrayar, subreino, alrededor, honrado, israelí.* También se escribe *-r* antes de *ll, m* y *z* en voces de otros idiomas, como *Bellreguart, Vallromanas, Nemrod* o *Nimrud, Jezrael.* El sonido de la letra, aun siendo sencilla en la forma, es fuerte, como de *rr.* (La Academia ha admitido recientemente la voz *rumrum,* en la que las dos *r* suenan igual pese a ocupar posiciones diferentes.)

RA-. Se escriben con *b* las palabras que empiezan por *ra-,* como *rabelero,* menos *ravenala, ravenés* y *ravioles.*

RI-. Se escriben con *b* las palabras que empiezan por *ri-,* como *ribera* (orilla del mar o río), menos *rival, rivalidad, rivalizar* y *rivera* (arroyo).

RO-. Se escriben con *b* las palabras que empiezan por *ro-,* como *robezo.*

RU-. Se escriben con *b* las palabras que empiezan por *ru-,* como *rubicán.*

SA-. Se escriben con *b* las palabras que empiezan por *sa-,* como *sabia* (mujer que sabe), menos *savia* (jugo de las plantas).

SAL-. Se escriben con *v* las palabras que empiezan por *sal-,* como *salvación,* menos *salbanda.*

SE-. Se escriben con *v* las palabras que empiezan por *se-,* como *severo,* menos *sebáceo, sebastiano, sebera, sebestén, sebillo, sebiya, sebo, seboro, seborrea, seboso* y *sebucán.*

SEL-. Se escriben con *v* las palabras que empiezan por *sel-,* como *selvático.*

-SERVAR. Se escriben con *v* los verbos cuyo infinitivo termina en *-servar,* como *conservar, observar.*

SI-. Se escriben con *b* las palabras que empiezan por *si-,* como *sibilino.*

SIL-. Se escriben con *v* las palabras que empiezan por *sil-,* como *silva* (combinación métrica), menos *silba* (acción de silbar), *silbador, silbante, silbar, silbatina, silbato, silbido, silbo, silbón* y *silboso.*

SO-. Se escriben con *b* las palabras que empiezan por *so-,* como *sobaquera,* menos *soviet,*

soviético, sovietización, sovieti-
zar y a sovoz.

SOL-. Se escriben con *v* las palabras que empiezan por *sol-*,
como *solvencia*.

SU-. Se escriben con *b* las palabras que empiezan por *su-*,
como *subida*, menos los arcaísmos *suversión, suversivo* y *su-
vertir*.

TA-. Se escriben con *b* las palabras que empiezan por *ta-*, co-
como *tabaco*.

TE-. Se escriben con *b* las palabras que empiezan por *te-*, como *tebano*.

TI-. Se escriben con *b* las palabras que empiezan por *ti-*, como *tiburón*.

TO-. Se escriben con *b* las palabras que empiezan por *to-*,
como *toba* (piedra caliza; especie de borceguí), menos *tova*
(cierta ave también llamada *totovía, cogujada*) y *tovido* (arcaísmo, participio pasivo irregular del verbo *tener*).

TRA-. Se escriben con *b* las palabras que empiezan por *tra-*,
como *trabajar*, menos *travelín,
traversa, través, travesaña, travesaño, travesar, travesear, tra-
vesía, travesío, travestido, travestir, travesura, traviesa, travieso* y *travo*.

TRE-. Se escriben con *b* las palabras que empiezan por *tre-*,
como *trébedes*.

TRI-. Se escriben con *b* las palabras que empiezan por *tri-*,
como *tribu*, menos *trivial, trivialidad, trivialmente* y *trivio*.

TU-. Se escriben con *b* las palabras que empiezan por *tu-*,
como *tubo*, menos *tuvo* y demás tiempos y formas del verbo *tener*.

TUR-. Se escriben con *b* las palabras que empiezan por *tur-*,
como *turbante*.

UE-. *v*. HUE-.

-UE-. Se escriben con *h* las sílabas formadas por el diptongo *-ue-* siempre que vayan precedidas de vocal, como *alde-
huela*.

UM-. *v*. HUM-.

UR-. Se escriben con *b* las palabras que empiezan por *ur-*,
como *urbanismo*.

V-. Se escriben con *v* los tiempos de los verbos que no tienen *b* ni *v* en su infinitivo, como *tuve*, de *tener*; *anduve*, de
andar (menos por lo que respecta a las terminaciones del
pretérito imperfecto de indicativo). (*v*. -ABA, -ABAS, -ABAIS, etc.)

VEN-. Se escriben con *v* las palabras que empiezan por *ven-*,
como *vendimia*, menos *ben* (árbol), *benceno, bencina, bendeci-
dor, bendecir, bendicera* (arc.),
*bendiciente, bendición, bendi-
cir* (arc.), *bendicho* (arc.), *ben-
ditera, bendito, bengala, bengalí, benjamín, benjamita, benjuí, benquerencia* (arc.), *bentónico, bentos, benzoato, benzoe,
benzoico* y *benzol*.

VER-. Se escriben con *b* las palabras que empiezan por *ver-*,
como *verbo*. || Se escriben con
v inicial las palabras que empiezan por *ver-*, como *verdad*,
menos *berbajo, berberecho,
berbén, berberí, berberidáceo,
berberídeo, berberís, berberis-
co, bérbero, bérberos, berbi*,

berbiquí, berceo, bercería (arc.), *bercero* (arc.), *bercial, berciano, beréber* o *bereber, berebere, berengario, Berenice, berenjena, berenjenado, berenjenal, berenjenín, bergadán, bergadano, bergamasco, bergamota, bergamote, bergamoto, bergante, bergantín, bergantinejo, beriberi, berilio, berilo, beritense, berlandina* (desus.), *berlanga, berlina, berlinés, Berlín, berlinga, berlingar, berma, bermejal, bermejear, bermejecer* (arc.), *bermejenco* (arc.), *bermejez* (arc.), *bermejía* (arc.), *bermejizo, bermejo, bermejón, bermejor* (arc.), *bermejuela, bermejuelo, bermejura, bermellón, bermudina, bernardina, bernardo, bernegal, bernés, bernia, bernio* (arc.), *berniz, berozo, berquelio, berta, bervete, berza, berzal* y *berzas.*

VES-. Se escriben con *v* las palabras que empiezan por *ves-*, como *vestido*, menos *bes, bestezuela, bestia, bestiaje, bestial, bestialidad, bestializarse, bestiame* (arc.), *bestiario, bestiedad* (arc.), *bestihuela* (arc.), *bestión, bestizuela, bestoba, bestoga* y *béstola.*

VICE-. Se escriben con *v* las palabras que empiezan por *vice-*, como *vicealmirante*, menos *bicéfalo, bíceps, becerra.*

VILLA-. Se escriben con *v* inicial las palabras compuestas que comienzan por *villa-*, como *Villadiego, Villalobos.*

VILLAR-. Se escriben con *v* inicial las palabras compuestas por *villar-*, como *Villarcayo.*

-VIRO, -VIRA. Se escriben con *v* las palabras que terminan en *-viro, -vira*, como *Elvira.*

VIS-. Se escriben con *v* las palabras que empiezan por *vis-*, como *viscosidad*, menos *bis* (indicando repetición), *bisbís, bisbisar, bisbisear, bisbiseo, bismuto, bisnieto, bispón, bissextil, bistec, bístola, bistorta, bistraer, bistrecha* y *bisturí.*

w. La Academia ha incluido esta letra entre las españolas; le corresponde la posición vigésima sexta entre las del abecedario español, y es la vigésima primera de sus consonantes. Sólo se emplea en voces de procedencia extranjera, aunque algunas ya muy antiguas, como *Walia, Witerico, Wamba*, que también se escriben con *v: Valia, Viterico, Vamba*. La anterior costumbre de la Academia era la de sustituir por *v* la *w* de las voces extranjeras que se incorporaban a nuestra lengua, como *vatio, vals*, así como los nombres geográficos, como *Véimar;* hoy, sin embargo, admite, junto a estas formas con *v*, muchas grafías con su *w* original, como *walón* (valón), *wagneriano, washingtoniano, watt* (vatio), *wéber, weberio, weimarés* (veimarés), *wellingtonia* (velintonia), *wólfram* o *wolframio* (volframio).

y. Se escribe *y* cuando esta letra es conjunción copulativa: *Manuel y Mercedes, bueno y malo.* || Ante voces que empiecen por *i-* o *hi-* se escribe *e* en vez de *y: Antonio e Isabel, padre e hijo;* pero no se usa *e*, sino *y*, si comienza por *hie-: acero y hierro.* || En principio de oración interrogativa se escribe *y,* no *e,* antes de *i-* o *hi-:* ¿Y Isabel? ¿Y Hierro?

-Y. Se escriben con *-y* las palabras españolas que terminan con sonido de *i: ley, buey, estay,* menos *paipái* y aquellas en que el sonido de *i* lleva acento: *aguaí, changüí, benjuí, ahí,* así como los tiempos de verbo en que la *i* va precedida de una vocal: *recaí, huí,* etc.

z-. Se escriben con *z-* las sílabas y palabras que ante *a, o, u*

tengan sonido débil (como el de *c* ante *e, i): zapato, zopenco, zurriar.* || Cuando este mismo sonido vaya a final de sílaba: *cazcarria, diezmo, bizco.* || En algunos casos puede también preceder a *e* o *i,* como se indica en el apartado de la letra c-.

ZA-. Se escriben con *h* las palabras que empiezan por *za-,* seguida de vocal, como *zahón,* menos *zaida, zaino* y *zaufonía.*

180

10

LOCUCIONES

Las locuciones son conjuntos de dos o más palabras que, por lo general, no forman oración cabal, esto es, que generalmente no expresan un pensamiento concreto, y cuyo significado es casi imposible conocer si no se sabe deducir. Existen en castellano infinidad de este tipo de locuciones, pero en esta obra, por vía de ensayo, se han recogido las que empiezan por preposición o conjunción (modos adverbiales y conjuntivos, respectivamente), con preferencia a cualquier otro tipo de frase, de las cuales se recogen también algunas.

I. Locuciones castellanas

Se recogen aquí, con sus correspondientes significados, las más importantes, con el fin de que se haga de ellas un uso correcto, pues no es raro que a veces se usen incorrectamente, bien por no conocer su forma exacta, bien por dar a unas el significado de otras. En la sección II incluimos precisamente una serie de estas locuciones incorrectas para conocimiento del lector, y, finalmente, en la sección III, una lista bastante completa de locuciones latinas, las que más a menudo aparecen en los textos y suscitan nuestra curiosidad; también sucede a veces que al leerlas u oírlas nos quedamos *in albis* (ahí va una) por no saber su verdadero significado. Creo, pues, que todo este capítulo será de suma utilidad para cuantos se inician en un estudio serio de nuestro lenguaje.

A ANCAS. Cabalgando en las ancas de una caballería montada por otro (t., A LAS ANCAS).

A ASENTADILLAS. A mujeriegas.

A BANDERAS DESPLEGADAS. Abiertamente, con toda libertad.

A BARBA REGADA. Con gran abundancia.

A BARRAS DERECHAS. Sin engaño.

A BASE DE. Tomando como base o fundamento.

A BIEN LIBRAR. Lo menos mal que puede, podrá o pudo acaecer (t., A BUEN LIBRAR).

A BIEN QUE. Por fortuna, por suerte; acaso, a dicha que.

A BOCA. De palabra, verbalmente.

A BOCA DE CAÑÓN. A quemarropa.

A BOCA DE COSTAL. Sin tasa, sin medida.

A BOCA DE INVIERNO. Al iniciarse el invierno.

A BOCA DE NOCHE. Al anochecer.

A BOCA LLENA. Con claridad, sin rebozo alguno.

A BOCAJARRO. A quemarropa. || De improviso, inopinadamente.

A BORBOLLONES. Sin orden ni concierto, atropelladamente (t., A BORBOTONES).

A BORDE. A pique.

A BORDO. En la embarcación (personas o cosas).

A BRAZO. A mano.

A BRAZO PARTIDO. Con los brazos, sin armas.

A BUEN LIBRAR. A bien librar.

A BUEN PASO. De prisa.

A BUEN PUNTO. A punto.

A BUEN RECADO. A buen recaudo (t., A MUCHO RECADO, O A RECADO).

A BUEN RECAUDO. Bien custodiado (t., A RECAUDO).

A BUEN SEGURO. Ciertamente (t., AL SEGURO, O DE SEGURO).

A BUEN TINO. A ojo, a bulto.

A BUENA CUENTA. Indudablemente, con toda razón.

A BUENA FE. Sin duda, ciertamente.

A BUENA LUZ. Atentamente, con reflexión.

A BUENAS NOCHES. A oscuras.

A BULTO. Por mayor, sin un atento análisis.

A CABALLO. Montado en una caballería. || Apoyándose en dos cosas contiguas, o participando de ellas.

A CADA INSTANTE. Frecuentemente, a menudo, repetidamente (t., A CADA PASO).

A CADA MOMENTO. A cada instante (t., CADA MOMENTO).

A CADA PASO. A cada instante.

A CALIDAD DE QUE. Con la condición de que.

A CAMPO RASO. Al descubierto, a la inclemencia, sin techo.

A CAMPO TRAVIESA. Cruzando el campo (t., A CAMPO TRAVIESO).

A CÁNTAROS. En abundancia o con mucha fuerza: *llover a cántaros*.

A CARA DESCUBIERTA. Públicamente, sin rebozo.

A CARCAJADA TENDIDA. Con risa estrepitosa y prolongada.

A CARGA CERRADA. A bulto, sin previo examen (en las compras). || Sin reflexión o consideración. || Sin distinguir. || A un tiempo.

A CARGAS. Con gran abundancia.

A CARGO DE. Al cuidado de. || A expensas de, a costa de.

A CARRERA ABIERTA. A todo correr (t., A CARRERA TENDIDA, O A LA CARRERA).

A CARRERA TENDIDA. A carrera abierta.

A CARRETADAS. En abundancia.

A CARRETILLA. Por costumbre, sin

pararse a reflexionar. || De memoria.

A CARTA CABAL. Completo, intachable.

A CASO HECHO. De caso pensado. || A cosa hecha.

A CAUSA DE. Por, de, por causa de.

A CEGARRITAS. A ojos cegarritas.

A CENTENADAS. A centenares.

A CENTENARES. Pondera el número grande de algunas cosas.

A CERCÉN. Enteramente y en redondo.

A CIEGAS. Ciegamente. || Sin reflexión o con ignorancia.

A CIELO ABIERTO. Sin cobertura.

A CIELO DESCUBIERTO. Al descubierto.

A CIENCIA CIERTA. Con toda seguridad, sin la más mínima duda (t., DE CIENCIA CIERTA).

A CIENCIA Y PACIENCIA. Con conocimiento o tolerancia de alguno.

A CIERRA OJOS. A duermevela. || Sin reflexión. || Precipitadamente.

A COLMO. Colmadamente.

A COMPETENCIA. A porfía.

A CONCIENCIA. Según conciencia. Hecho con solidez y sin engaño.

A CONDICIÓN DE QUE. Con la condición de que.

A CONSECUENCIA. Como resultado de, por efecto de.

A CONTENTO. A satisfacción.

A CONTRAHÍLO. En dirección opuesta al hilo (en las telas).

A CONTRAPELO. Contra la dirección normal del pelo. || Con violencia, contra el curso normal.

A CORDEL. En línea recta (dicho de caminos, árboles, edificios, etcétera).

A COSA DE. Aproximadamente.

A COSA HECHA. Con éxito asegurado.

A COSTA DE. Mediante, a expensas de.

A COSTE Y COSTAS. Sin perder ni ganar, por el precio y gasto de algo.

A COSTO Y COSTAS. A coste y costas.

A CUÁL MÁS. Expresión de sentido ponderativo: *a cuál más bueno.*

A CUATRO PATAS. A gatas.

A CUATRO PIES. A cuatro patas.

A CUENTA. Sobre la fe y autoridad de otro. || A buena cuenta.

A CUENTO. Al caso, a propósito: *no venir una cosa a cuento.*

A CUERPO. Hablando de peleas, apretadamente, sin armas o sólo con armas blancas. || En cuerpo.

A CUERPO DE REY. Con todo regalo y comodidad.

A CUERPO DESCUBIERTO. Sin resguardo. || Sin ayudas ni artificios.

A CUESTAS. Sobre los hombros o las espaldas. || A su cargo, sobre sí.

A CULO PAJARERO. Con las nalgas desnudas.

A CHORROS. Con abundancia.

A DAÑO DE UNO. A su cuenta y riesgo.

A DENTELLADAS. Con los dientes.

A DERECHAS. Con acierto, con justicia. || En sentido directo, esto es, de izquierda a derecha (aplicado al movimiento).

A DESHORA. Fuera de hora. || De repente (t., A DESHORAS).

A DESMANO. A trasmano.

A DESPECHO. A pesar de alguien; contra su voluntad o su gusto.

A DESTAJO. Por un tanto ajustado: *trabajar a destajo.* || Sin descanso y aprisa: *escribir a destajo.*

A DESTIEMPO. Fuera de tiempo: *llegar a destiempo.*

A DIARIO. Todos los días: *se afeita a diario.*

A DICHA. Por suerte, por casualidad (t., POR DICHA).

A DIESTRO Y SINIESTRO. Sin orden, sin discreción ni miramiento.

A DINERO. En dinero, en moneda.

A DINERO CONTANTE. A dinero.

A DINERO SECO. A dinero.

A DIOS Y A DICHA. A ventura, inciertamente.

A DISCRECIÓN. Al arbitrio de uno. || A voluntad, sin limitación.

A DISGUSTO. Contra el gusto de uno.

A DISTANCIA. Lejos.

A DISTINCIÓN. Haciendo distinción entre dos cosas.

A DOS DEDOS. Muy cerca de, a punto de.

A DOS HACES. Con segunda intención.

A DOS MANOS. Con toda voluntad.

A DOS PASOS. A corta distancia.

A DURAS PENAS. Con dificultad, con trabajo (t., A GRAVES PENAS, O A MALAS PENAS).

A ECHA LEVANTA. Cayendo y levantando.

A EMPELLONES. Con violencia, a empujones.

A EMPUJONES. A empellones. || Con intermitencias.

A ESCAPE. A todo correr.

A ESCONDIDAS. Ocultamente. || Con cuidado para no ser visto.

A ESCONDIDILLAS. A escondidas.

A ESCOTE. Pagando cada uno su parte en un gasto común.

A ESCUADRA. En forma de escuadra.

A ESCUCHO. Al oído y con secreto (t., AL ESCUCHO).

A ESCUSA. Con disimulo (t., A ESCUSAS).

A ESCUSADAS. A escondidas.

A ESCUSAS. A escusa.

A ESE PASO. De ese modo.

A ESO DE. Alrededor de: *a eso de las seis de la tarde.*

A ESPALDAS. Con olvido o abandono de un encargo, deber, etc. (t., A LAS ESPALDAS).

A ESPALDAS DE. Sin el conocimiento de, en ausencia de, a escondidas.

A ESPALDAS VUELTAS. A traición, por detrás.

A ESPETA PERROS. De estampía, con precipitación.

A ESPETAPERROS. A espeta perros.

A ESTACA. Con sujeción, sin poderse apartar de un sitio (t., A LA ESTACA).

A ESTE TENOR. Por el mismo estilo.

A ESTE TONO. A este tenor.

A EXCEPCIÓN DE. Excepto.

A EXPENSAS DE. A costa de, a cargo de, por cuenta de.

A FALTA DE. En sustitución de.

A FANEGADAS. A chorros.

A FAVOR DE. En beneficio de. || A beneficio de, en virtud de.

A FE. En verdad (t., A FE A FE).

A FE MÍA. Expresión para asegurar algo.

A FIN DE. Con objeto de. || Para.

A FIN DE QUE. Con objeto de que; para que.

A FINAL DE. A fines de.

A FINALES DE. A fines de.

A FINES DE. En los últimos días de (semana, mes, año, siglo).

A FLOR DE AGUA. Sobre o cerca de la superficie del agua.

A FLOR DE TIERRA. Sobre o cerca de la superficie de la tierra.

A FONDO. Enteramente.

A FRENTE. De cara.

A FRÍAS. Fríamente.

A FUEGO LENTO. Poco a poco y sin ruido (se aplica al daño o perjuicio que se va haciendo a alguien) (t., A FUEGO MANSO).

A FUEGO MANSO. A fuego lento.

A FUEGO Y HIERRO. A sangre y fuego (t., A FUEGO Y SANGRE).

A FUEGO Y SANGRE. A sangre y fuego.

A FUER DE. En virtud de, a manera de, en razón de, a ley de.

A FUERO. Según ley o costumbre (t., AL FUERO).

A FUERZA DE. Empleando con intensidad o abundancia aquello de que se habla: a fuerza de paciencia, a fuerza de agua.

A FUERZA DE BRAZOS. A fuerza de mérito o de trabajo.

A GACHAS. A gatas.

A GALOPE. Con prisa (t., DE GALOPE). || Galopando (t., AL GALOPE).

A GATAS. Con pies y manos en el suelo.

A GOLPE. Con el verbo sembrar, significa, en agricultura, sembrar por hoyos.

A GOLPE SEGURO. Sobre seguro.

A GOLPES. A porrazos. || Con intermitencias.

A GRANDES JORNADAS. Con celeridad: cabalgó a grandes jornadas (t., A LARGAS JORNADAS).

A GRANEL. Sin orden, número ni medida (se usa hablando de cosas menudas): polvos a granel. || Sin envase, sin empaquetar: una partida de jabón a granel. || De montón, en abundancia.

A GRAVES PENAS. A duras penas.

A GRITO HERIDO. A voz en grito: cantaba a grito herido (t., A GRITO PELADO).

A GRITO PELADO. A grito herido.

A GUISA DE. A modo de.

A GUSTO. Según conviene, agrada o es necesario: nunca llueve a gusto de todos.

A HECHO. De modo seguido, sin interrupción hasta el fin: el conferenciante habló a hecho. || Por junto, sin hacer distinciones ni diferencias.

A HIERRO Y FUEGO. A sangre y fuego (t., A HIERRO Y SANGRE).

A HILO. Sin interrupción. || Según la dirección de una cosa en línea paralela con ella.

A HITO. Fijamente, de modo seguido o con permanencia en un lugar.

A HOMBROS. A cuestas, sobre los hombros (personas o cosas). (v. EN HOMBROS.)

A HORAS ESCUSADAS. A escondidas.

A HORCAJADAS. Dicho del que cabalga, con una pierna a cada lado de la caballería.

A HORCAJADILLAS. A horcajadas.

A HUMO DE PAJAS. De modo ligero, sin reflexión.

A JARROS. A cántaros.

A JORNAL. Mediante un salario cotidiano.

A JORRO. A remolque.

A LA ANTIGUA. Según costumbre o uso antiguos (t., A LO ANTIGUO).

A LA BARATA. De modo confuso, sin orden ni gobierno.

A LA BARBA. En las barbas.

A LA BAYONETA. Sirviéndose de la bayoneta armada en el fusil y sin hacer fuego.

A LA BIRLONGA. Al descuido o con desaíío.

A LA BRIDA. A caballo en silla de borrenes o rasa con los estribos largos.

A LA BUENA FE. Con ingenuidad, sin malicia.

A LA BUENA HORA. En hora buena.

A LA BUENA VENTURA. Sin objeto; a lo que saliere.

A LA CABEZA. Delante, en primer lugar.

A LA CARRERA. A carrera abierta.

A LA CASTELLANA. Al uso de Castilla, tal como se hace en Castilla.

A LA CLARA. Manifiestamente, en público (t., A LAS CLARAS).

A LA COLA. Detrás.

A LA CONTINUA. Continuamente.

A LA CORTA O A LA LARGA. Más tarde o más temprano.

A LA CUENTA. Por la cuenta.

A LA CHINESCA. Al uso de China.

A LA CHITA CALLANDO. A la chiticallando.

A LA CHITICALLANDO. Con mucho silencio, sin hacer ruido.

A LA DE VECES. A veces.

A LA DESBANDADA. Sin orden, confusamente; en dispersión.

A LA DESCUBIERTA. Descubiertamente. || A la intemperie (t., AL DESCUBIERTO).

A LA DESESPERADA. Con remedios extremos.

A LA DIABLA. Sin esmero.

A LA DISIMULADA. A lo disimulado.

A LA DISPARADA. A todo correr.

A LA ESPAÑOLA. Al estilo de España.

A LA ESTACA. A estaca.

A LA FLOR DEL AGUA. A flor de agua.

A LA FRANCESA. Al uso de Francia. || Sin despedirse.

A LA FUERZA. Por fuerza.

A LA FUNERALA. Hablando de la manera de llevar las armas los militares en señal de duelo, significa con las bocas o las puntas hacia abajo.

A LA HEROICA. Al uso de los tiempos heroicos.

A LA HORA. Al punto, al instante.

A LA HUELLA. A la zaga.

A LA IGUALA. Al igual.

A LA IMPROVISTA. De modo improvisado.

A LA INGLESA. Al uso de Inglaterra. || A escote.

A LA INTEMPERIE. A cielo descubierto.

A LA INVERSA. Al contrario (t., POR LA INVERSA).

A LA ITALIANA. Al estilo de Italia.

A LA LARGA. En el sentido del largo de una cosa. || Pasado mucho tiempo. || Poco a poco, con lentitud. || De modo difuso, con extensión.

A LA LETRA. Literalmente, según el significado natural de las palabras. || Sin variación, sin añadir ni quitar.

A LA LIGERA. De prisa, o brevemente. || Con sencillez, sin complicaciones.

A LA LOQUESCA. A modo de locos.

A LA LUNA. A la luna de Valencia.

A LA LUNA DE PAITA. A la luna de Valencia (se usa en Chile y Perú).

A LA LUNA DE VALENCIA. Con las esperanzas frustradas.

A LA LLANA. Llanamente. || Con sencillez, sin ceremonia.

A LA MANERA. A semejanza.

A LA MANO. Fácil de entender o conseguir.

A LA MARINERA. A la marinesca.

A LA MARINESCA. Conforme al uso de los marineros.

A LA MATIEGA. Con rudeza, con tosquedad.

A LA MENUDA. Por menudo.

A LA MERIDIANA. A mediodía.

A LA MODERNA. Según costumbre

o uso moderno (t., A LO MO-
DERNO).

A LA MORISMA. A la manera de
los moros.

A LA MUDA. A la sorda.

A LA MUJERIEGA. Cabalgando como las mujeres, no a horcajadas (t., A MUJERIEGAS).

A LA PAR. A un tiempo, juntamente. ‖ Igualmente, sin hacer dis-
tingos ni separaciones. ‖ Dicho
de monedas, efectos públicos,
etcétera, con igualdad entre su
valor nominal y el que obtie-
nen en cambio.

A LA POSTRE. Al fin, a lo último
(t., AL POSTRE).

A LA PRIMERA PALABRA. Al instante (dicho de la prontitud con
que alguien entiende o ve claro algo).

A LA PROVIDENCIA. Sin más am-
paro que el de Dios.

A LA RASA. Al descubierto.

A LA RASTRA. Arrastrando. ‖ De
mal grado, por fuerza (t., A RAS-
TRA, O A RASTRAS).

A LA SAZÓN. Entonces, en aquel
tiempo u ocasión.

A LA SERENA. Al sereno.

A LA SOLDADESCA. Al modo o uso
de los soldados.

A LA SOMBRA DE. Bajo la protec-
ción de.

A LA SORDA. Sin ruido.

A LA SORDINA. Silenciosamente,
con disimulo.

A LA TROCADA. En sentido contrario de aquel en que suena o se
entiende. ‖ A trueque.

A LA TROCADILLA. A la trocada.

A LA ÚLTIMA. A la última moda.

A LA VALONA. Según el uso de los
valones.

A LA VELA. Con prevención.

A LA VENECIANA. Al uso de Venecia. ‖ Con profusión de faroles

de vistosos colores (dicho de
iluminaciones en festejos).

A LA VENTURA. A la buena ventura. ‖ A ventura.

A LA VERA DE. Al lado de.

A LA VERDAD. Frase con que se
asegura la certeza o realidad
de una cosa.

A LA VEZ. A un tiempo, de modo
simultáneo.

A LA VEZ QUE. Simultáneamente,
al mismo tiempo.

A LA VISTA. Al punto, sin dilación.

A LA VIZCAÍNA. Al uso de los vizcaínos. ‖ Dicho de las faltas
que cometen los vizcaínos al
hablar o escribir el castellano,
la forma en que lo hacen.

A LA VUELTA. Al volver.

A LA VUELTA DE. Al cabo de, dentro de.

A LA ZAGA. Atrás o detrás (t., A
ZAGA, O EN ZAGA).

A LARGAS JORNADAS. A grandes
jornadas.

A LARGAS MARCHAS. Con mucha
celeridad.

A LARGO ANDAR. Andando el tiempo, al cabo.

A LARGO TIEMPO. Después de mucho tiempo.

A LAS ANCAS. A ancas.

A LAS CALLADAS. De callada.

A LAS DE VECES. A veces.

A LAS DERECHAS. Bien y rectamente (dicho del proceder de
una persona).

A LAS ESPALDAS. A espaldas.

A LAS MARAVILLAS. Bien, de modo
perfecto; exquisita y primoro-
samente (t., A LAS MIL MARAVI-
LLAS).

A LAS MIL MARAVILLAS. A las maravillas.

A LAS PRIMERAS. A las primeras
de cambio.

A LAS PRIMERAS DE CAMBIO. De buenas a primeras.

A LAS VECES. A veces.

A LAS VEINTE. A deshora, más tarde de lo normal.

A LAS VOLADAS. Al vuelo.

A LO ANTIGUO. A la antigua.

A LO DISCRETO. A discreción. || Discretamente.

A LO DISIMULADO. Con disimulo (t., A LA DISIMULADA).

A LO LARGO. En el sentido de la longitud. || A lo lejos. || A la larga, difusamente.

A LO LARGO DE. Durante: *a lo largo de su existencia*.

A LO LEJOS. A larga distancia, o desde muy lejos (t., DE LEJOS, DE MUY LEJOS, DESDE LEJOS).

A LO MÁS. A lo sumo (t., A LO MÁS, MÁS).

A LO MÁS LARGO. A lo sumo.

A LO MÁS, MÁS. A lo más.

A LO MEJOR. Frase con que se anuncia algo inesperado, generalmente desagradable; quizá.

A LO MENOS. Al menos.

A LO MODERNO. A la moderna.

A LO QUE PARECE. Dicho de lo que una materia muestra o suscita, juicio o dictamen que de ella se forma (t., AL PARECER).

A LO SOMORGUJO. Por debajo del agua. || De modo oculto, cautelosamente (t., A SOMORGUJO).

A LO SORDO. A la sorda.

A LO SUMO. A lo más; al mayor grado, cantidad, número, etc., a que puede llegar algo o alguien. || Cuando más, si acaso.

A LO VIVO. Con la mayor viveza, con eficacia (t., AL VIVO).

A LO ZAINO. Al soslayo, con alguna intención (t., DE ZAINO).

A LOCAS. A tontas y a locas.

A LOMO. En bestias (dicho de las cargas que éstas conducen).

A LOS PRINCIPIOS. Al empezar algo, en sus inicios (t., AL PRINCIPIO).

A LUEGO CONTAR. Al contado.

A LUMBRE DE PAJAS. Con esta frase se da a entender la brevedad o corta duración de algo.

A LUMBRE MANSA. A fuego lento.

A MACHA MARTILLO. Con más solidez que primor (dicho de la construcción de algo). || Con firmeza.

A MACHOTE. A golpe de mazo.

A MAL DE MI GRADO. Mal de mi grado (puede adoptar las formas *mi, tu, su, nuestro, vuestro grado*, según la persona que hable).

A MALA VERDAD. Con engaño, con artificio.

A MALAS. Con enemistad.

A MALAS PENAS. A duras penas.

A MAN SALVA. A mano salva.

A MANDAS. En cuadrillas.

A MANDÍBULA BATIENTE. A carcajada tendida.

A MANERA. De modo semejante; como.

A MANERA DE TELONIO. Sin orden ni mesura.

A MANO. Con la mano, sin ayuda de instrumentos. || Cerca, próximo. || De modo artificial. || Con estudio (dicho de cosas que parecen casuales).

A MANO ABIERTA. Con gran liberalidad.

A MANO AIRADA. Violentamente.

A MANO ARMADA. Con ánimo resuelto, con todo empeño.

A MANO SALVA. A salva mano.

A MANOS ABIERTAS. A mano abierta.

A MANOS LLENAS. Generosamente. || Con gran abundancia.

A MANSALVA. Sobre seguro, sin peligro.

A MANTA. A manta de Dios.

A MANTA DE DIOS. Con abundancia.

A MANTELES. En mesa cubierta con manteles.

A MANTENIENTE. Con toda la fuerza de la mano. || Con las dos manos.

A MARAVILLA. De modo maravilloso.

A MARCHAS FORZADAS. Haciendo o caminando en determinado tiempo más de lo que se acostumbra, o haciendo jornadas más largas de lo que es habitual.

A MARES. Con abundancia.

A MARTILLO. A golpes de martillo.

A MÁS. Denota idea de aumento y adición: *ir a más* (prosperar).

A MÁS ANDAR. A toda prisa (t., A TODO ANDAR).

A MÁS CORRER. Con la máxima velocidad o violencia posible (t., A TODO CORRER).

A MÁS DE. Además de.

A MÁS NO PODER. Todo lo posible.

A MÁS TARDAR. Frase con que se señala el plazo máximo en que ha de acontecer algo: *a más tardar, el lunes próximo estaré aquí.*

A MÁS VER. Hasta la vista.

A MATA CABALLO. Muy de prisa, con atropello (t., A MATACABALLO).

A MATACABALLO. A mata caballo.

A MAYOR ABUNDAMIENTO. Además, con mayor razón.

A MAZO Y ESCOPLO. Con firmeza, de modo indeleble.

A MEDIA RACIÓN. Con poca comida o escasos medios de subsistencia.

A MEDIA TALLA. Con poca atención, sin miramientos.

A MEDIA VISTA. Ligeramente, de paso.

A MEDIADOS. Hacia la mitad del tiempo que se indique (mes, año, semana, siglo, etc.).

A MEDIAS. Por mitad; tanto a uno como a otro. || No del todo, ni tampoco la mitad, sólo algo: *explicarse a medias.*

A MEDIDA DE SU PALADAR. Según el gusto o deseo de uno.

A MEDIDA DEL DESEO. Según el gusto de uno (dicho del resultado de las cosas).

A MEDIDA QUE. Al paso que.

A MEDIO. A medias.

A MEDIOS PELOS. Semiembriagado.

A MENOS DE. A menos que.

A MENOS QUE. A no ser que.

A MENUDO. Frecuentemente.

A MERCED DE. A expensas de.

A MI CAPOTE. A mi modo de entender, en mi interior (t., PARA MI CAPOTE).

A MI ENTENDER. Según mi juicio o modo de pensar.

A MI MODO. Según mi costumbre, como puedo o como sé. (Según la persona de que se trate, adopta las formas *a tu modo, a su modo, a nuestro modo* y *a vuestro modo.*)

A MILLARADAS. A millares; muchas veces.

A MIS ANCHAS. Cómodamente, con entera libertad (t., A MIS ANCHOS; según la persona de que se trate, adopta las formas *a tus anchas* o *anchos, a sus anchas* o *anchos,* o *a mis, tus, sus anchuras*).

A MIS ANCHURAS. A mis anchas.

A MODO. Al modo.

A MONTÓN. A bulto. || A montones. || Juntamente; sin separación ni distinción (t., DE MONTÓN, O EN MONTÓN).

A MONTONES. Con abundancia, sobradamente.

A MUCHO RECADO. A buen recado.

A MUERTE. Hablando de contendientes, hasta morir uno de ellos. || Sin dar cuartel. || De muerte.

A MUERTE O A VIDA. Hablando de una medicina que se administra o de una operación quirúrgica, denota el peligro que implica. || Denota el riesgo de algo que se intenta o ejecuta, con dudas en cuanto al medio elegido.

A MUJERIEGAS. A la mujeriega.

A NADO. Nadando.

A NIVEL. En plano horizontal. || A cordel.

A NO SER QUE. Si no es que, como no.

A NOMBRE DE. Con el nombre de.

A NUESTRO MODO. A mi modo.

A OJO. A bulto. || A juicio o arbitrio de uno.

A OJOS CEGARRITAS. Entornando los ojos para dirigir la mirada.

A OJOS CERRADOS. A cierra ojos.

A OJOS VISTAS. Visible, claramente.

A OSCURAS. Sin luz. || Sin vista. || Sin conocimiento de algo; sin comprender lo que se lee o se oye.

A PALO SECO. Sin adornos o complementos (dicho de ciertos actos o funciones).

A PAN Y CUCHILLO. Se aplica al que mantiene a otro en su casa y a su mesa (t., A PAN Y MANTELES).

A PAN Y MANTELES. A pan y cuchillo.

A PARES. De dos en dos.

A PARRANCAS. A horcajadas.

A PARTES. A trechos.

A PARTIR DE. Desde.

A PASO DE BUEY. Con mucha lentitud.

A PASO DE CARGA. Con precipitación, sin pararse.

A PASO DE TORTUGA. A paso de buey.

A PASO LARGO. De prisa.

A PASO LLANO. Sin dificultades ni tropiezos.

A PASO TIRADO. A paso largo.

A PASTO. Hasta saciarse, hasta no querer más (dicho de comida o bebida).

A PATA. A pie.

A PECHO DESCUBIERTO. Sin armas, sin resguardo. || Con sinceridad.

A PEDAZOS. Por partes, por porciones.

A PEDIMENTO. A petición, a instancia.

A PEDIR DE BOCA. A medida del deseo.

A PELO. Con la cabeza descubierta (sin sombrero, gorra, etcétera). || Al pelo, a punto. || A tiempo, a propósito.

A PEÓN. A pie.

A PEONZA. A pie.

A PESAR. Contra la voluntad o el gusto de las personas; contra la fuerza de las cosas; no obstante. (Cuando la voz que le sigue es un pronombre posesivo, se escribe sin la preposición *de (a pesar mío, a pesar suyo)*, pero si es otra parte de la oración debe llevarla: *a pesar de todo, a pesar de que las cosas no salgan bien.*

A PESAR DE QUE. Aunque (*v.* A PESAR).

A PESO DE DINERO. A muy alto precio (t., A PESO DE ORO, O A PESO DE PLATA).

A PESO DE ORO. A peso de dinero.

A PESO DE PLATA. A peso de dinero.

A PICA SECA. Con dificultad o trabajo y sin utilidad o graduación.

A PICO DE JARRO. Sin medida (dicho de la acción de beber).

A PIE. Andando, sin auxilio de cabalgadura o carruaje.

A PIE ENJUTO. Sin mojarse los pies. || Sin zozobras. || Sin fatigas.

A PIE FIRME. Sin moverse de un sitio. || De modo constante o firme, o con seguridad.

A PIE JUNTILLAS. Con los pies juntos. || Con porfía y terquedad, con firmeza.

A PIE LLANO. Sin escalones. || Con facilidad, sin dificultades ni impedimentos.

A PIE QUEDO. Sin mover los pies; sin andar. || Sin trabajo o preocupaciones propios.

A PIEDRA Y LODO. Completamente cerrado.

A PIERNA SUELTA. Con quietud y sin cuidado (dicho de algo que uno disfruta, goza o posee): *dormir a pierna suelta* (t., A PIERNA TENDIDA).

A PIQUE DE. Cerca de, a riesgo de (a punto de suceder algo).

A PISTOS. Poco a poco, escasa y miserablemente.

A POCAS VUELTAS. A pocos lances.

A POCO. A breve tiempo; poco después.

A POCO DE. Poco después de.

A POCOS LANCES. A breve tiempo, sin tropiezos.

A POCOS PASOS. Cerca. || Con poco trabajo.

A PODER DE. A fuerza de, o con repetición de actos. || A fuerza de, con copia o abundancia de una cosa.

A POQUITO. Poco a poco.

A POQUITOS. En cortas y repetidas porciones.

A POR A Y BE POR BE. Punto por punto.

A PORFÍA. Con emulación.

A PORRILLO. En abundancia.

A POSPELO. A contrapelo. || Al redopelo, a redopelo.

A POTE. Con abundancia.

A PREMIO. Con interés o rédito.

A PREVENCIÓN. De prevención.

A PRIMA FAZ. A primera vista (t., A PRIMERA FAZ).

A PRIMA NOCHE. A primera noche.

A PRIMER ASPECTO. Al primer aspecto.

A PRIMERA FAZ. A prima faz.

A PRIMERA NOCHE. En las primeras horas de la noche.

A PRIMERA VISTA. A media vista (t., A SIMPLE VISTA).

A PRINCIPIOS. En sus primeros días, dicho de semanas, meses, años, etc.

A PROPORCIÓN. Según, conforme.

A PROPÓSITO. Proporcionado u oportuno para lo que se desea o el fin a que se destina: *esta llave es a propósito para esta cerradura*.

A PROPÓSITO DE. Acerca de.

A PRORRATA. Mediante prorrateo.

A PRUEBA. Con toda ley, con perfección (dicho de algo que se ha hecho).

A PRUEBA DE. Dicho de la perfección, solidez o firmeza de algo, indica que puede soportar lo que se expresa: *a prueba de agua, a prueba de bomba*, etc.

A PUERTA CERRADA. En secreto.

A PUERTAS. Por puertas.

A PUESTA DEL SOL. Al ponerse el sol (t., A PUESTAS DEL SOL).

A PUESTAS DEL SOL. A puesta del sol.

A PUJOS. Poco a poco, con dificultad.

A PUNTA DE LANZA. Con todo rigor.

A PUNTO. Dicho de algo, dispuesto para el fin a que se destina. || Al tiempo, oportunamente.

A PUNTO DE. Inmediatamente antes de, en disposición de.

A PUNTO FIJO. Con certidumbre.

A PUNTO LARGO. Sin esmero.

A PUÑADOS. Abundantemente, cuando debe ser con escasez; escasamente, cuando debe ser con abundancia.

A PUÑO CERRADO. Con el puño (dicho de golpes).

A PUPILO. Alojado y mantenido por precio.

A PURO. A fuerza de.

A QUE. Para que (sólo se usa con verbos de movimiento: *voy a que me afeiten*).

A QUEMA ROPA. Desde muy cerca, tratándose de un arma de fuego. || De improviso, sin preparación.

A QUEMARROPA. A quema ropa.

A RABIAR. Mucho; con exceso.

A RACIÓN. Con tasa.

A RAÍZ DE. Inmediatamente después de.

A RAJA TABLA. A toda costa, a todo trance.

A RAJATABLA. A raja tabla.

A RAMAL Y MEDIA MANTA. Con pobreza o escasez.

A RAS. Casi a nivel de una cosa, casi tocando.

A RASTRAS. A la rastra.

A RASTRAS. A la rastra.

A RATOS. A veces. || De rato en rato.

A RAYA. Dentro de los justos límites.

A RECADO. A buen recado.

A RECAUDO. A buen recaudo.

A RECULONES. Reculando.

A RED BARRERA. Llevándolo todo por delante.

A REDOPELO. Al redopelo.

A REDROPELO. A redopelo.

A REGAÑA DIENTES. A disgusto, con repugnancia.

A REGAÑADIENTES. A regaña dientes.

A REMOLQUE. Remolcado.

A RESERVA DE. Con el propósito, con la intención de.

A RETAGUARDIA. En la retaguardia. || Rezagado, postergado.

A REVIENTA CINCHAS. A mata caballo.

A RIENDA SUELTA. Con violencia o celeridad. || Con toda libertad.

A REMO. Al remo.

A REMOLQUE. Remolcando. || Aplícase a aquello que se hace sin espontaneidad, más bien imbuido por otra persona o cosa.

A RENTA. En arrendamiento.

A RIESGO DE. Con la contingencia de.

A ROSTRO FIRME. Cara a cara.

A SABIENDAS. De modo cierto. || Con conocimiento y deliberación.

A SABOR. Al gusto, o conforme a voluntad.

A SALTO DE MATA. Huyendo y escondiéndose.

A SALTOS. Dando saltos; saltando de una cosa a otra, olvidándose las que están en medio.

A SALVA MANO. A mansalva.

A SALVO. Ileso, sin detrimento, fuera de peligro.

A SANGRE FRÍA. Con premeditación.

A SANGRE Y FUEGO. Con todo rigor, sin dar cuartel, destruyéndolo todo.

A SANTO DE. Con motivo de, a fin de, con pretexto de.

A SATISFACCIÓN. A gusto de uno, enteramente, cabalmente.

A SECAS. Solo, sin mezcla.

A SEMEJANZA. Al igual.

A SENTADILLAS. A asentadillas.

A SIMPLE VISTA. A media vista, de paso.

A SOCAPA. Disimuladamente o con cautela.

A SOLAPO. Ocultamente.

A SORDAS. A la sorda.

A SOVOZ. En voz baja y suave.

A SU MODO. v. A MI MODO.

A SU TIEMPO. En ocasión oportuna, cuando sea oportuno.

A SU VEZ. Por orden sucesivo y alternado. || Por su parte.

A SUELDO. Mediante retribución fija.

A TAMBOR BATIENTE. Tocando el tambor. || Con aire triunfal.

A TEJA VANA. Sin más techo que el tejado. || A la ligera.

A TIEMPO. En momento oportuno.

A TIEMPO QUE. En el momento en que.

A TIEMPOS. A veces. || De cuando en cuando.

A TIENTAS. A tiento. || Con incertidumbre, sin tino.

A TIENTO. Por el tiento.

A TINO. A tientas.

A TIRO. Al alcance de un arma de fuego o arrojadiza. || Al alcance de los deseos o intentos de uno.

A TIRO HECHO. Apuntando con muchas posibilidades de no errar el tiro. || Con propósito deliberado.

A TIROS LARGOS. Tirando del carruaje cuatro caballerías.

A TÍTULO. Con pretexto o motivo.

A TOCA ROPA. Muy de cerca.

A TOCA TEJA. En dinero contante, cobrando en el acto, con dinero en mano (t., A TOCATEJA).

A TOCATEJA. A toca teja.

A TODA COSTA. A todo trance.

A TODA LUZ. Por todas partes, de todos modos (t., A TODAS LUCES).

A TODA PRISA. Con la mayor prontitud.

A TODA RIENDA. Al galope.

A TODA VELA. Navegando la embarcación con mucho viento. || Entregado uno por entero a la realización de algo con ansia y diligencia (t., A TODAS VELAS, A VELAS DESPLEGADAS, A VELAS LLENAS, O A VELAS TENDIDAS).

A TODAS ÉSTAS. A todo esto.

A TODAS HORAS. Cada hora.

A TODAS LUCES. A toda luz.

A TODAS VELAS. A toda vela.

A TODO CORRER. A más correr.

A TODO ESTO. Mientras, entretanto (t., A TODAS ÉSTAS).

A TODO EVENTO. En previsión de lo que pueda pasar.

A TODO PASTO. Copiosamente y sin restricciones (referido al uso que de una cosa puede hacerse).

A TODO TIRAR. A lo más, a lo sumo.

A TODO TRANCE. Resueltamente, sin importar los riesgos ni reparar en ellos.

A TODO TREN. Fastuosamente, sin que falte nada.

A TONTAS Y A LOCAS. Sin orden ni concierto.

A TOPE. Al tope.

A TRAICIÓN. Alevosamente; con engaño.

A TRANCOS. De prisa y sin arte.

A TRASMANO. Fuera del alcance de la mano, o de su manejo habitual. || Fuera de los caminos habituales y frecuentados.

A TRAVÉS. Por entre.

A TRECHOS. Con intermisión de lugar o tiempo.

A TROCHE Y MOCHE. A trochemoche.

A TROCHEMOCHE. Disparatada o inconsideradamente (t., A TROCHE Y MOCHE).

A TROTE. Al trote.

A TRUEQUE. En cambio (t., EN TRUEQUE).

A TUERTAS. Al revés de como debe hacerse; oblicuamente.

A TUTIPLÉN. En abundancia.

A ULTRANZA. A muerte. ‖ A todo trance, de modo resuelto.

A UN TIEMPO. De modo simultáneo; con unión entre varios.

A UÑA DE CABALLO. A todo el correr del caballo.

A USO. Al uso.

A VANGUARDIA. Ir el primero, estar en el punto más avanzado, etc.

A VECES. Por orden alternativo. ‖ En alguna ocasión (t., en este caso, A LA DE VECES, A LAS VECES, A LAS DE VECES).

A VELAS DESPLEGADAS. A toda vela.

A VELAS LLENAS. A toda vela.

A VELAS TENDIDAS. A toda vela.

A VENTURA. Expuesto a la contingencia de que algo suceda mal o bien.

A VISTA DE. En presencia o delante de. ‖ En consideración o comparación. ‖ Enfrente, cerca o en paraje donde se pueda ver.

A VISTA DE OJOS. Viendo algo por sí mismo.

A VISTAS. A ser visto.

A VIVA FUERZA. Violentamente.

A VOLUNTAD. Según el libre albedrío de uno.

A VOZ EN GRITO. En voz alta, gritando (t., A VOZ EN CUELLO).

A VUELA PLUMA. Al correr de la pluma (t., A VUELAPLUMA).

A VUELO. Al vuelo.

A VUELTA. A vueltas de. ‖ De vuelta. ‖ A fuerza de.

A VUELTA DE CABEZA. Al menor descuido.

A VUELTA DE CORREO. Por el correo inmediato.

A VUELTAS DE. Cerca, casi (t., A VUELTA DE).

A ZAGA. A la zaga.

A ZURDAS. Con la mano izquierda. ‖ Al contrario de como debe ir.

ABRIR EN CANAL. Abrir de arriba abajo.

ACÁ Y ACULLÁ. Acá y allá.

ACÁ Y ALLÁ. Aquí y allí.

ACERCA DE. Sobre aquello de que se trata, o en relación con ello.

ACTO CONTINUO. Inmediatamente después (t., ACTO SEGUIDO).

AHORA BIEN. Esto supuesto, esto sentado.

AHORA QUE. Pero.

AL ACECHO. Observando a escondidas (t., DE ACECHO, O EN ACECHO).

AL AMANECER. En el momento en que amanece.

AL ANOCHECER. En el momento en que empieza a hacerse de noche.

AL AVEMARÍA. Al anochecer.

AL AZAR. Sin rumbo, desordenadamente.

AL BIES. Al sesgo, sesgadamente.

AL BORDO. Al costado de la nave.

AL BUEN TUNTÚN. Al tuntún.

AL CABO. Al fin, por último.

AL CABO DE. Al fin de, después de.

AL CABO Y A LA POSTRE. Al fin y al cabo.

AL CANTO DEL GALLO. Al amanecer.

AL CIERTO. De modo cierto (t., DE CIERTO).

AL CONTADO. Con dinero sonante.

AL CONJURO DE. A instigación de algo que estimula o mueve.

AL CONTRARIO. Al revés, opuestamente.

AL CORRER DE LA PLUMA. De prisa, sin detenerse a meditar, sin esfuerzo (dicho de escribir, componer, etc.) (t., A VUELA PLUMA).

AL CORRIENTE. Sin atraso.

AL DERECHO. A derechas.

AL DESCUBIERTO. A la descubierta.

AL DESGAIRE. Con descuido, con descuido afectado.

AL DESNUDO. A la vista.

AL DÍA. Al corriente.

AL DINERO. En dinero.

AL ESCUCHO. A escucho.

AL ESTILO DE. A semejanza de.

AL ESTRECHO. A la fuerza.

AL FIN. Por último, finalmente.

AL FIN DEL MUNDO. En lugar muy apartado.

AL FIN Y A LA POSTRE. Al fin y al cabo.

AL FIN Y AL CABO. Al fin.

AL FRENTE DE. En cabeza de.

AL FRESCO. Al sereno.

AL FUERO. A fuero.

AL GALOPE. A galope.

AL GUSTO. A gusto.

AL HILO. Cortando en la dirección marcada por hebras o venas en aquellas cosas que las tienen: *cortar una tela al hilo.*

AL IGUAL. Con igualdad.

AL IMPROVISO. De modo improvisado (t., DE IMPROVISO).

AL INSTANTE. Al punto, sin dilación.

AL LADO. Inmediato, muy cerca.

AL LADO DE. Junto a.

AL MENOS. Expresa excepción o salvedad: *al menos éste está sano.* || Ya que no sea otra cosa, o que no sea más (t., A LO MENOS, O POR LO MENOS).

AL MODO. De manera semejante; como (t., A MODO).

AL MODO DE. A semejanza de.

AL MOMENTO. Al instante.

AL NATURAL. Sin artificio, composición, etc.

AL OTRO DÍA. Al día siguiente.

AL PAR. A un tiempo, juntamente.

AL PARECER. A lo que parece.

AL PASO. Sin pararse. || Al pasar por un lugar en dirección a otro.

AL PASO QUE. A la vez que, al mismo tiempo que, mientras que. || Al modo, como.

AL PIE. Cercano, próximo. || Casi o cerca.

AL PIE DE LA LETRA. A la letra.

AL POR MAYOR. En cantidad grande. || Sumariamente.

AL POR MENOR. Por menudo.

AL POSTRE. A la postre.

AL PRESENTE. Ahora, en este momento. || En la época actual (t., DE PRESENTE).

AL PRIMER ASPECTO. A primera vista (t., A PRIMER ASPECTO).

AL PRIMER ENVITE. De buenas a primeras.

AL PRINCIPIO. A los principios.

AL PRONTO. En el primer momento, a primera vista.

AL PROVISO. Al instante.

AL PUNTO. Prontamente, sin vacilar.

AL RASO. A cielo descubierto.

AL REDEDOR. Alrededor (t., EN REDEDOR).

AL REDOPELO. A contrapelo. || Violentamente, contra el curso natural de una cosa (t., A REDOPELO).

AL REDROPELO. Al redopelo.

AL REMO. Remando.

AL REVÉS. Al contrario.

AL SEGURO. A buen seguro.

AL SERENO. A la intemperie de la noche.

AL SESGO. Al través, oblicuamente.

AL SOSLAYO. De modo oblicuo.

AL TANTO DE. Al corriente de.

AL TOPE. Dícese de las cosas que están juntas, tocándose, pero no unas sobre otras.

AL TRASLUZ. Entre la luz y el ojo (dicho de un objeto).

AL TRAVÉS. A través. ‖ De través.

AL TROTE. De modo acelerado.

AL TUNTÚN. Sin reflexión (t., AL BUEN TUNTÚN).

AL USO. Conforme al uso o según él.

AL VIVO. A lo vivo.

AL VUELO. De modo ligero (t., A VUELO).

ALGUNA VEZ. En alguna ocasión.

AMÉN DE. Aparte de, además de.

ANTE TODO. En primer lugar, primera, principalmente.

ANTES BIEN. Denota idea de contrariedad.

ANTES CON ANTES. Cuanto antes.

ANTES DE. Denota prioridad o anterioridad en el tiempo.

ANTES DE QUE. Denota anterioridad.

ANTES QUE. Antes de que.

AQUÍ Y ALLÍ. Denota indeterminadamente varios lugares.

ASÍ ASÍ. Medianamente, tal cual.

ASÍ COMO. Tan pronto como. ‖ Como, de igual manera que.

ASÍ COMO ASÍ. Sea como fuere, de todos modos.

ASÍ O ASÁ. Así que asá (t., ASÍ O ASÍ).

ASÍ PUES. Expresa ilación.

ASÍ QUE. Tan luego como, al punto que. ‖ En consecuencia, de suerte que, por lo cual.

ASÍ QUE ASÁ. De cualquier modo, de cualquier forma o manera (t., ASÍ QUE ASADO).

ASÍ QUE ASÍ. Así como así.

ASÍ Y TODO. A pesar de eso.

AUN CUANDO. Aunque.

AUNQUE MÁS. Por mucho que.

BAJO DE. Debajo de.

BAJO MANO. De modo oculto o secreto.

BARBA A BARBA. Cara a cara.

BE POR BE. Ce por ce.

BIEN A BIEN. De buen grado.

BIEN ASÍ COMO. Así como, de igual modo que (t., BIEN COMO).

BIEN COMO. Bien así como.

BIEN QUE. Aunque.

BIEN QUE MAL. Mal que bien.

BURLA BURLANDO. Sin advertirlo.

CADA CUANDO QUE. Cada y cuando que.

CADA HORA. Siempre, continuamente.

CADA INSTANTE. A cada instante.

CADA MOMENTO. A cada momento.

CADA QUE. Siempre que.

CADA VEZ QUE. Siempre que.

CADA Y CUANDO QUE. Siempre que, luego que.

CARA A CARA. En presencia de otro y de modo descubierto.

CASO DE. En (el) caso de.

CASO QUE. En caso que.

CE POR BE. De modo circunstanciado, menudamente (t., BE POR BE, CE POR CE).

CE POR CE. Ce por be.

CERCA DE. Poco menos de, aproximadamente. ‖ Acerca de.

CÓMO NO. ¿Cómo podría ser de otro modo?

COMO QUIER QUE. Como quiera que.

COMO QUIERA. Comoquiera, de cualquier manera.

COMO QUIERA QUE. De cualquier modo que.

CON ALEVOSÍA. A traición y sobre seguro.

CON ARREGLO A. Según, conforme a, de acuerdo con.

CON BUEN PIE. Con felicidad.

CON CARGO A. A cargo de.

CON CRECES. De modo amplio.

CON CUENTA Y RAZÓN. Con puntualidad. || Precavidamente.

CON EFECTO. En efecto.

CON EXCESO. En exceso.

CON EXTREMO. Mucho, con exceso.

CON LA BOCA ABIERTA. Admirado de algo que se ve o se oye.

CON MAL PIE. Con infelicidad.

CON MOTIVO DE. Por, a causa de.

CON PIE DE PLOMO. Despacio, con prudencia (t., CON PIES DE PLOMO).

CON QUE. Con tal que.

CON RELACIÓN A. Con respecto a.

CON RESPECTO A. En lo que se refiere a, en comparación con.

CON TAL DE QUE. Con tal que.

CON TAL QUE. En caso de que.

CON TANTO QUE. Con tal que.

CON TIEMPO. Sin premura, con anticipo. || Mientras es ocasión oportuna.

CON TODO. No obstante, sin embargo, a pesar de todo (t., CON TODO ESO, O CON TODO ESTO).

CON VISTAS A. Con el propósito o la intención de.

CON ZURRAPAS. Con poca limpieza (física o moral).

CONFORME A. Con arreglo a, según.

CONFORME A DERECHO. Con rectitud y justicia.

CONFORME CON. Conforme a.

CONTRA PELO. A contra pelo.

COSA DE. Cerca de, poco más o menos.

CUANDO MÁS. A lo más.

CUANDO MENOS. A lo menos.

CUANDO MUCHO. Cuando más.

CUANDO QUIER. Cuando quiera.

CUANDO QUIERA. En cualquier momento.

CUANDO QUIERA QUE. Siempre que.

CUANTO A. En cuanto a.

CUANTO ANTES. Lo más pronto posible.

CUANTO MÁS. Con esta expresión se opone lo que se ha dicho a lo que se va a decir.

CUANTO MÁS ANTES. Cuanto más.

CUANTO MÁS QUE. Con esta expresión se denota que para una cosa hay mayor causa o razón que la expuesta.

CUANTO Y MÁS. Cuanto más.

CUANTO Y MÁS QUE. Cuanto más que.

DADO QUE. Siempre que.

DE A FOLIO. Muy grande (se dice de cosas inmateriales: *disparate de a folio*).

DE ACÁ PARA ACULLÁ. De acá para allá.

DE ACÁ PARA ALLÁ. De aquí para allí.

DE ACECHO. Al acecho.

DE ACUERDO. De conformidad.

DE ALTO A BAJO. De arriba abajo.

DE ANTEMANO. Anteriormente, con anticipación.

DE ANTES. De tiempo anterior.

DE ANTIGUO. De tiempo remoto, o desde mucho antes.

DE APUESTA. Con empeño y porfía.

DE AQUÍ PARA ALLÁ. En dirección hacia allá, a un lado y a otro, en constante cambio de lugar.

DE AQUÍ PARA ALLÍ. De una parte a otra.

DE ARMAS TOMAR. Decidido y resuelto en empresas arriesgadas.

DE ARRIBA. De Dios.

DE ARRIBA ABAJO. Del principio al fin, de un extremo a otro.

DE ARTESANÍA. Dícese del producto fabricado a mano, no en serie.

DE BALDE. Gratis, sin precio. ‖ Sin motivo o causa (v. EN BALDE).

DE BANDA A BANDA. De parte a parte, de un lado a otro.

DE BANDERA. Excelente.

DE BARATO. De balde.

DE BIEN EN MEJOR. Cada vez mejor.

DE BÓBILIS, BÓBILIS. De balde. ‖ Sin trabajo.

DE BOCA EN BOCA. De unas personas a otras, dicho de rumores, noticias, etc.

DE BUEN AIRE. De buen humor.

DE BUEN AÑO. Saludable, gordo.

DE BUEN GRADO. De modo voluntario, con gusto (t., DE GRADO).

DE BUENA CEPA. De buena calidad.

DE BUENA FE. Con sinceridad.

DE BUENA GANA. Con gusto (t., DE VOLUNTAD).

DE BUENA LEY. De perfectas condiciones.

DE BUENA VOLUNTAD. De buena gana.

DE BUENAS A PRIMERAS. A la primera vista, en el principio.

DE BURLAS. No de veras.

DE CABEZA. De memoria. ‖ Con rapidez y decisión. ‖ Con muchos trabajos, todos urgentes.

DE CABO A CABO. De cabo a rabo.

DE CABO A RABO. Del principio al fin (t., DE CABO A CABO).

DE CANTO. De lado (no de plano).

DE CARA. Enfrente.

DE CARRERILLA. De memoria, de corrido.

DE CASO PENSADO. Deliberadamente, con premeditación.

DE CERCA. A corta distancia.

DE CIENCIA CIERTA. A ciencia cierta.

DE CIERTA EDAD. De edad madura.

DE CIERTO. Al cierto.

DE CONCIERTO. De común acuerdo.

DE CONDICIÓN. De suerte, de manera.

DE CONFORMIDAD. Conformemente.

DE CONSIGUIENTE. Por consiguiente.

DE CONTADO. Al instante, al punto, inmediatamente.

DE CONTINUO. Continuamente.

DE CORAZÓN. Con verdad, sinceramente.

DE CORRIDA. Con presteza y sin entorpecimiento.

DE CORRIDO. De corrida.

DE CUANDO EN CUANDO. De tiempo en tiempo; algunas veces.

DE CUIDADO. Peligroso.

DE CHICHA Y NABO. De poca importancia.

DE CHIPÉ. De órdago.

DE CHUPETE. De rechupete.

DE DÍA A DÍA. De un día a otro.

DE DÍA EN DÍA. Dícese de lo que va dilatándose un día y otro.

DE DIARIO. A diario. ‖ De cada día (dicho del vestido que se usa ordinariamente).

DE DIENTES AFUERA. Con falta de sinceridad.

DE DONDE. De lo cual, del que.

DE DOS EN DOS. Apareados.

DE ENTIDAD. De valor, de consideración.

DE ESA MANERA. Según eso.

DE ESPALDA. De espaldas.

DE ESPALDAS. Vuelto. ‖ Desentendido de.

DE ESTA HECHA. Desde ahora, desde esta fecha.

DE ESTAMPÍA. De repente.

DE EXTRANJIS. De tapadillo, de modo oculto.

DE EXTREMO A EXTREMO. Desde el principio al fin.

DE FIRME. Con constancia, sin parar. || Con solidez. || Violentamente.

DE FORMA QUE. Expresión que indica consecuencia: *de forma que ya sabes.*

DE FUERO. De ley.

DE GALOPE. A galope.

DE GANA. De buena gana.

DE GAÑOTE. De gorra.

DE GOLPE. Con brevedad, prontamente.

DE GOLPE Y PORRAZO. De modo precipitado, sin reflexión (t., DE GOLPE Y ZUMBIDO).

DE GORRA. A costa de otro.

DE GRACIA. De modo gratuito.

DE GRADO. De buen grado.

DE GRADO EN GRADO. Por partes.

DE HECHO. Efectivamente. || De veras.

DE HIGOS A BREVAS. De tarde en tarde.

DE HORA EN HORA. Sin cesar.

DE HOY EN ADELANTE. Desde este día (t., DE HOY MÁS).

DE HOY MÁS. De hoy en adelante.

DE IMPROVISO. Al improviso.

DE INCÓGNITO. Secretamente, sin ceremonias (dicho de personajes).

DE INDUSTRIA. De intento, de propósito.

DE INMEDIATO. Inmediatamente.

DE INTENTO. De propósito.

DE JARRAS. En jarras.

DE LA CRUZ A LA FECHA. Desde el principio hasta el fin.

DE LANCE. Barato, que se adquiere aprovechando una ocasión.

DE LEJOS. A lo lejos.

DE LEY. De buena ley.

DE LIGERO. Sin reflexión.

DE LO CONTRARIO. En caso contrario.

DE LO LINDO. A las mil maravillas. || Mucho, o con exceso: *le zurró de lo lindo.*

DE LUEGO A LUEGO. Con prontitud, sin dilación.

DE LLENO. Enteramente (t., DE LLENO EN LLENO).

DE LLENO EN LLENO. De lleno.

DE MADRUGADA. Al amanecer.

DE MAL A MAL. Mal a mal.

DE MAL AIRE. De mal humor.

DE MAL EN PEOR. Cada vez más desacertadamente y con peor suerte.

DE MAL GRADO. Sin voluntad, a disgusto.

DE MALA FE. Con malicia.

DE MALA MUERTE. De poco valor, despreciable.

DE MANERA QUE. De suerte que.

DE MANO ARMADA. A mano armada.

DE MANO EN MANO. De una persona a otra. || De gente en gente, por tradición.

DE MANOS A BOCA. De repente.

DE MAÑANA. Al amanecer.

DE MÁS. De sobra.

DE MÁS A MÁS. A más.

DE MALA GANA. Con repugnancia y fastidio.

DE MEDIO A MEDIO. En la mitad, en el centro. || Completa, totalmente.

DE MEMORIA. Reteniendo en la memoria lo que se leyó u oyó.

DE MENOS. Expresión que denota falta (en número, peso o medida: *me ha dado cien gramos de menos*).

DE MENTIRIJILLAS. De mentirillas.

DE MENTIRILLAS. De burlas.

DE MÉRITO. Notable.

DE MI PARTE. Por mi parte.

DE MODA. Moderno, actual.

DE MODO QUE. De suerte que.

DE MOMENTO. Por lo pronto, por ahora (t., POR EL MOMENTO).

DE MOMIO. De balde.

DE MONTÓN. A montón.

DE MUERTE. Con ferocidad.

DE MUY LEJOS. A lo lejos.

DE NOCHE. Tras la puesta del sol.

DE NUEVA PLANTA. De planta.

DE NÚMERO. Que forma parte de una corporación cuyos miembros son limitados.

DE OCASIÓN. De lance.

DE OCULTIS. Ocultamente, con disimulo.

DE OCULTO. De incógnito. || De modo oculto.

DE ÓRDAGO. Excelente.

DE PALABRA. Por medio de la expresión oral.

DE PAR EN PAR. Abierta enteramente (dicho de puertas o ventanas). || Sin impedimento, claramente.

DE PARTE A PARTE. Desde un lado al extremo opuesto.

DE PARTE DE. A favor de. || En nombre o de orden de.

DE PASADA. De paso.

DE PASCUAS A RAMOS. De tarde en tarde.

DE PASMO. Pasmosamente.

DE PASO. Al ir a otra parte. || Al tratar de un asunto distinto. || De corrida, sin detención.

DE PASO EN PASO. Paso a paso.

DE PASTO. De uso frecuente.

DE PELO EN PECHO. Vigorosa, robusta, esforzada (dicho de una persona).

DE PERFIL. De lado.

DE PERILLA. A propósito, oportunamente (t., DE PERILLAS).

DE PERLAS. Perfectamente. || A propósito, con oportunidad.

DE PESO. Juiciosa y sensata (dicho de una persona).

DE PIE. En pie (t., DE PIES).

DE PIES. De pie.

DE PIES A CABEZA. Enteramente.

DE PLANO. Enteramente; de modo claro y manifiesto.

DE PLANTA. Desde los cimientos; a ras de suelo.

DE POR JUNTO. Por junto.

DE POR MEDIO. En medio, entre. || A medias.

DE POR SÍ. Una sola cosa, aparte de las demás. || Separadamente. || Espontáneamente.

DE POR VIDA. Por todo el tiempo que uno vive.

DE PREFERENCIA. Preferentemente.

DE PRESENTE. Al presente.

DE PREVENCIÓN. Por si acaso, para prevenir.

DE PRIMERA ENTRADA. Al primer ímpetu.

DE PRIMERA INSTANCIA. De primera entrada. || Primeramente, en primer lugar.

DE PRIMERA MANO. Del primer vendedor.

DE PRIMERO. Antes, al principio.

DE PRISA. Deprisa, a prisa.

DE PRONTO. De repente. || De modo apresurado, sin reflexionar.

DE PROPINA. Por añadidura.

DE PROPIO PUÑO. De propia mano.

DE PROPÓSITO. Con intención determinada; de modo voluntario y deliberado.

DE PUERTA EN PUERTA. Mendigando.

DE PUNTA. De puntillas.

DE PUNTA A CABO. De cabo a cabo.

DE PUNTA EN BLANCO. Vestido con el mayor esmero. || Abiertamente, sin rodeos.

DE PUNTILLAS. Pisando con las puntas de los pies.

DE PUNTO EN BLANCO. De punta en blanco.

DE PURO. Sumamente, a fuerza de.

DE QUEDO. Poco a poco.

DE RAÍZ. Enteramente; desde el principio.

DE RAMA EN RAMA. Variando muy a menudo.

DE RATO EN RATO. De tiempo en tiempo.

DE RECHAZO. De modo incidental.

DE RECHUPETE. Exquisito, agradable.

DE REFILÓN. De soslayo. || De pasada.

DE REFRESCO. De nuevo. Lo que se añade para la continuidad de una acción: *tropas de refresco, caballos de refresco.*

DE REMATE. Del todo, sin remedio.

DE REPENTE. Prontamente, sin pensar.

DE REPUESTO. De prevención.

DE RESERVA. Dispuesto para suplir.

DE REVÉS. Al revés. || De izquierda a derecha.

DE RONDÓN. Sin reparo, con intrepidez.

DE SEGUIDA. Sin interrupción, continuadamente. || Inmediatamente. || En seguida.

DE SEGUNDA MANO. Del segundo vendedor.

DE SEGURO. A buen seguro.

DE SÍ. De suyo.

DE SIMILOR. Falso, fingido.

DE SOBRA. Abundantemente, con exceso.

DE SOL A SOL. Desde que sale el sol hasta que se pone.

DE SOLAPA. A solapo.

DE SOPETÓN. De improviso, impensadamente.

DE SOSLAYO. Al soslayo. || De costado. || De pasada, esquivando una dificultad.

DE SU GRADO. De grado.

DE SÚBITO. Súbitamente.

DE SUERTE QUE. De modo que, de manera que.

DE SUMO. Entera, cabalmente.

DE SURTIDO. De uso y gasto corriente.

DE SUYO. Por naturaleza, de por sí.

DE TAL GUISA. A guisa (t., EN TAL GUISA).

DE TAPADILLO. A escondidas, disimuladamente.

DE TARDE EN TARDE. De cuando en cuando.

DE TEJAS ABAJO. Por un orden regular, sin contar con causas sobrenaturales. || Aquí abajo, en la tierra.

DE TEJAS ARRIBA. Contando con la voluntad de Dios. || En el cielo.

DE TI A MÍ. Entre los dos, para entre los dos.

DE TIEMPO EN TIEMPO. De cuando en cuando.

DE TIROS LARGOS. A tiros largos. || Con lujo y esmero. || Con vestido de gala.

DE TODO EN TODO. Enteramente.

DE TODO PUNTO. Enteramente, sin que falte nada.

DE TRAPILLO. Con vestido casero.

DE TRAVÉS. En dirección transversal.

DE TRAVIESO. De través.

DE TRECHO A TRECHO. De trecho en trecho.

DE TRECHO EN TRECHO. De distancia a distancia, de lugar a lugar, o de tiempo en tiempo (t., DE TRECHO A TRECHO).

DE TÚ POR TÚ. Tuteándose.

DE UN GOLPE. De una sola vez.

DE UN MOMENTO A OTRO. Pronto.

DE UN PLUMAZO. Expeditivamente, sin rodeos.

DE UN TIRÓN. De una vez.

DE UNA. De una vez.

DE UNA VEZ. De un golpe, con una sola acción. || Completo: *es un hombre de una vez*.

DE UNO EN UNO. Juntamente. || De conformidad.

DE UÑAS. Enemistados.

DE VACÍO. Sin carga. || Sin ocupación. || Sin haber conseguido lo que se perseguía.

DE VERAS. Con sinceridad, con verdad. || Con conformidad.

DE VERDAD. A la verdad. || De veras.

DE VEZ EN CUANDO. De cuando en cuando. || De tiempo en tiempo.

DE VICIO. Sin necesidad o causa, o como por costumbre.

DE VOLUNTAD. De buena voluntad.

DE VUELTA. En volviendo.

DEBAJO DE. Bajo.

DEBIDO A. A causa de, en virtud de.

DEL DÍA. De moda.

DEL PRINCIPIO AL FIN. De todo en todo.

DEL TODO. Entera, absolutamente.

DESDE LEJOS. A lo lejos.

DESDE LUEGO. De conformidad, sin duda. || Inmediatamente.

DESDE QUE. A partir del tiempo en que.

DESPUÉS DE. Tras, tras de, más adelante, más tarde, a continuación de.

DESPUÉS DE QUE. Después que.

DESPUÉS QUE. Después de (sólo en sentido temporal), más tarde que.

DÍA EN DÍA. De día en día.

DÍA POR DÍA. Diariamente.

DÍA Y NOCHE. A todas horas.

DONDE NO. De lo contrario.

DONDE QUIERA. Dondequiera, en cualquier parte. Dondequiera que. Donde.

DOS DEDOS DE. A dos dedos de.

EL DÍA DE HOY. Hoy día.

EL DÍA MENOS PENSADO. Cuando menos se piense.

EN ABANICO. En forma de abanico.

EN ABSOLUTO. De manera general, resuelta y terminante. || No, de ninguna manera.

EN ACECHO. Al acecho.

EN ABUNDANCIA. Abundantemente.

EN ACCIÓN. Actuando.

EN ACTIVIDAD. En acción.

EN ACTO. En postura, en actitud de hacer algo.

EN ADEMÁN DE. En actitud de ejecutar algo.

EN ALTO GRADO. Muy, mucho.

EN APARIENCIA. Aparentemente.

EN AQUEL ENTONCES. En aquel tiempo u ocasión.

EN ARAS DE. En obsequio o en honor de.

EN ARRENDAMIENTO. Arrendado.

EN ATENCIÓN A. Atendiendo, teniendo presente.

EN AYUNAS. Sin haberse desayunado. || Sin tener noticia de algo, o sin comprenderlo (t., EN AYUNO).

EN BALDE. En vano. (No es equivalente a DE BALDE, aunque la Academia admite tal sinonimia.)

EN BENEFICIO DE. Para beneficio de.

EN BLOQUE. En conjunto, en globo.

EN BUEN HORA. En hora buena (t., EN BUENA HORA).

EN BUENA LID. Por buenos medios, sin engaños.

EN CABELLO. Con el cabello suelto.

EN CABELLOS. Con la cabeza descubierta y sin adornos.

EN CABEZA. A la cabeza.

EN CALIDAD DE. Con el carácter o la investidura de. ‖ A manera de, como.

EN CALIENTE. Al instante.

EN CAMBIO. En lugar de, en vez de; cambiando una cosa por otra.

EN CAMINO DE. A punto de.

EN CARNES. En cueros, desnudo.

EN CASO CONTRARIO. Si no se dan las circunstancias que se indican.

EN CASO DE. Si.

EN CASO DE QUE. Si sucede aquello de que se habla.

EN CIERNE. En flor.

EN CIFRA. Oscuramente. ‖ En compendio.

EN COMPAÑÍA DE. Con.

EN COMPENDIO. Con brevedad y precisión.

EN COMÚN. Entre varios.

EN CONCEPTO DE. Como: *esta cantidad se le concede en concepto de ayuda.*

EN CONCIENCIA. De conformidad con la conciencia.

EN CONCLUSIÓN. En resumen, por último, en suma.

EN CONCRETO. En conclusión.

EN CONFIANZA. Confiadamente, con seguridad.

EN CONFORMIDAD. De conformidad.

EN CONFUSO. De modo confuso.

EN CONJUNTO. En su totalidad.

EN CONSECUENCIA. Conforme con lo dicho, mandado o acordado anteriormente.

EN CONSIDERACIÓN. En atención.

EN CONTRA. En oposición.

EN CONTRA DE. Contra.

EN CONTRARIO. En contra.

EN CUANTO. Mientras. ‖ Cuando.

EN CUANTO A. Por lo que toca a, por lo que corresponde a.

EN CUCLILLAS. Con las asentaderas cerca del suelo o descansando en los calcañares.

EN CUEROS. En carnes, desnudo t., EN CUEROS VIVOS).

EN CUERPO. Sin abrigo exterior.

EN CUERPO DE CAMISA. En mangas de camisa.

EN CUERPO Y ALMA. De modo total.

EN CURSO. Tramitándose, realizándose.

EN DEBIDA FORMA. Conforme a las reglas.

EN DEFINITIVA. Definitivamente.

EN DEMASÍA. Excesivamente.

EN DERECHURA. Por el camino recto. ‖ Sin detenerse.

EN DERREDOR. Alrededor de.

EN DIFERIDO. Con intermisión de tiempo.

EN DIRECTO. Directamente (sin intermisión de tiempo).

EN DONDE. Donde (sólo se usa con verbos de reposo).

EN DOS TRANCADAS. En dos trancos.

EN DOS TRANCOS. Con mucha celeridad.

EN DOS ZANCADAS. En dos trancos.

EN EFECTO. Efectivamente. ‖ En conclusión (t., CON EFECTO).

EN EL ACTO. En seguida.

EN EL DÍA. Hoy día.

EN ESPECIE. En frutos y géneros, no en dinero.

EN ESTA CONFORMIDAD. En este supuesto, con esta condición (t., EN TAL CONFORMIDAD).

EN ESTO. En este tiempo, estando en esto.

EN EVIDENCIA. En ridículo.

EN EVITACIÓN DE. Para evitar.

EN EXCESO. Excesivamente.

EN EXTREMO. Con extremo.

EN FALSO. Falsamente. ‖ Sin la debida seguridad y resistencia.

EN FAMILIA. En la intimidad, sin extraños.

EN FAVOR DE. Por: *hacer algo en favor de alguien.*

EN FAZ. A la vista.

EN FAZ Y EN PAZ. Pública y pacíficamente.

EN FE. En seguridad, en fuerza.

EN FIN. Finalmente. ‖ En suma, en resumidas cuentas, en resumen.

EN FIN DE CUENTAS. En resumen, en definitiva.

EN FIRME. Con carácter definitivo (en las operaciones comerciales).

EN FLOR. Joven, inmaduro.

EN FORMA. Con formalidad. ‖ Como es debido. ‖ En las debidas condiciones para realizar algo.

EN FRENTE. Enfrente.

EN FUERZA DE. A causa de, en virtud de, a fuerza de.

EN GENERAL. Generalmente, en común. ‖ Sin especificar ni individualizar nada (t., POR LO GENERAL).

EN GLOBO. En conjunto, sin detallar.

EN GRACIA. En consideración.

EN GRADO SUPERLATIVO. En sumo grado.

EN GRAN MANERA. Mucho, en alto grado.

EN GRANDE. Al por mayor. ‖ Con fausto.

EN GRUESO. Al por mayor, en grandes cantidades.

EN GUARDIA. En actitud de defensa. ‖ Prevenido.

EN HOMBROS. Sobre los hombros (personas, no cosas; *v.* A HOMBROS).

EN HONOR A. Sólo se usa en la frase *en honor a la verdad.*

EN HONOR DE. Como homenaje a.

EN HORA BUENA. Con bien, con felicidad.

EN HORA MALA. Denota disgusto, enfado o desaprobación (t., EN MAL HORA, O EN MALA HORA).

EN IGUAL DE. En vez de, en lugar de.

EN INTELIGENCIA. En concepto (t., EN LA INTELIGENCIA).

EN JARRA. En jarras.

EN JARRAS. Con los brazos encorvados y las manos en la cintura (t., DE JARRAS, EN JARRA).

EN JUNTO. En total. ‖ Por junto.

EN LA INTELIGENCIA. En inteligencia.

EN LA VIDA. Nunca (t., EN MI VIDA, EN TU VIDA O EN SU VIDA, según la persona que hable).

EN LAS BARBAS. En presencia de, a la vista de.

EN LIMPIO. En sustancia.

EN LO ANTIGUO. En tiempo remoto.

EN LO POR VENIR. En lo sucesivo, en lo venidero.

EN LO QUE. Mientras. ‖ Cuando.

EN LO TOCANTE A. En orden a, en lo referente a.

EN LONTANANZA. A lo lejos.

EN LUGAR DE. En vez de.

EN MAL HORA. En mala hora.

EN MALA HORA. En hora mala.

EN MANERA QUE. De manera que (es arcaísmo).

EN MANGAS DE CAMISA. Sin chaqueta.

EN MÁS. En mayor grado o cantidad.

EN MEDIO. Entre dos cosas o a igual distancia de dos extremos. ‖ No obstante. ‖ Entre tanto.

EN MEDIO DE. En el centro de. || Durante, en el momento de.

EN MEJOR. Más bueno, mejor.

EN MENOS. En menor grado o cantidad.

EN MITAD. En, en medio de.

EN MONTÓN. A montón.

EN NETO. En limpio, líquidamente.

EN OCULTO. En secreto.

EN OPOSICIÓN. Oponiéndose.

EN ORDEN. Observando el orden.

EN ORDEN A. En cuanto a, por lo que respecta a.

EN PAGO. En satisfacción, descuento o recompensa.

EN PARTE. No enteramente.

EN PARTICULAR. De modo distinto o separado; singularmente.

EN PARTES. A partes.

EN PEDAZOS. A pedazos.

EN PELO. Sin adornos, aparejos o aderezos (hablando de las caballerías).

EN PELOTA. En cueros.

EN PERSONA. Por uno mismo, o estando presente.

EN PESO. Enteramente, del todo. || En duda, sin inclinarse a una parte.

EN PIE. Derecho, erguido o afirmado sobre los pies. || Constante.

EN PIE DE GUERRA. Apercibido o preparado como para entrar en guerra, estando en tiempo de paz (dicho de ejércitos, plazas, naciones, etc.).

EN POCO. Faltando poco, a punto.

EN POS DE. Detrás de, en busca de.

EN POTENCIA. Potencialmente.

EN PRENDA. En empeño o fianza (t., EN PRENDAS).

EN PRENSA. Imprimiéndose (una obra, escrito, etc.).

EN PRIMER LUGAR. Primeramente.

EN PRINCIPIO. Dícese de lo que se acoge o acepta en esencia, sin que ello signifique entera conformidad en la forma o los detalles.

EN PRO. En favor.

EN PÚBLICO. A la vista de todos.

EN PUNTO. Sin que sobre ni falte algo.

EN PUNTO A. En lo tocante a, en cuanto a.

EN PUNTO DE CARAMELO. Perfectamente, preparado.

EN PURIDAD. Sin rodeos, de modo claro. || En secreto.

EN RAZÓN A. En razón de (ha sido censurada como incorrecta, aunque es académica).

EN RAZÓN DE. Por lo que toca o concierne a algo.

EN REALIDAD. Sin duda alguna.

EN REALIDAD DE VERDAD. Verdaderamente.

EN REDEDOR. Al rededor.

EN REDONDO. Alrededor, en circunferencia. || Clara, categóricamente.

EN REGLA. Como es debido.

EN RELACIÓN CON. Con relación a.

EN RESUMEN. Resumiendo.

EN RIDÍCULO. En posición desairada, expuesto a la burla.

EN RIGOR. Estrictamente, en realidad.

EN SALVO. Fuera de peligro, en seguridad.

EN SAZÓN. A tiempo, oportunamente.

EN SECO. Fuera del agua o de lugar húmedo. || Sin causa ni motivo. || De repente.

EN SECRETO. Secretamente.

EN SEGUIDA. Acto continuo, de seguida.

EN SEGUIDA DE. Inmediatamente después de.

EN SEGURO. En salvo. || A salvo.

EN SERIE. Formando una serie. || Dícese del producto fabricado mecánicamente y en gran cantidad (se opone a DE ARTESANÍA).

EN SON DE. A manera de, en forma de.

EN SU DÍA. A su tiempo; en tiempo oportuno.

EN SUSTANCIA. En compendio.

EN SUMA. En resumen.

EN SUSTITUCIÓN DE. Para sustituir a.

EN TAL CASO. En ese caso (no equivale a EN TODO CASO, aunque erróneamente se use así a veces).

EN TAL CONFORMIDAD. En esta conformidad.

EN TAL GUISA. De tal guisa.

EN TANGANILLAS. Con poca seguridad; en peligro de caerse.

EN TANTO. Mientras (t., ENTRE TANTO O ENTRETANTO).

EN TANTO QUE. Mientras. || Mientras que, por el contrario. || Siempre que, con tal que.

EN TENGUERENGUE. En equilibrio inestable, falto de estabilidad.

EN TIEMPO. En ocasión oportuna.

EN TODA FORMA. Bien y cumplidamente.

EN TODO CASO. Como quiera que sea, sea lo que fuere.

EN TODO CUENTO. En todo caso.

EN TODO Y POR TODO. Enteramente, con todas las circunstancias.

EN TORNO. Al rededor. || En cambio.

EN TORNO A. En torno. || Acerca de.

EN TORNO DE. Alrededor de.

EN TOTAL. En conclusión, en suma, en resumen.

EN TROPEL. Con movimiento acelerado y violento. || Yendo muchos juntos, sin orden y confusamente (t., DE TROPEL).

EN TRUEQUE. A trueque.

EN UN AVEMARÍA. En un credo.

EN UN CREDO. En un instante.

EN UN DOS POR TRES. En un instante.

EN UN SALTO. Con prontitud, con rapidez.

EN UN TODO. Absoluta y generalmente.

EN UN TRIS. En peligro inminente.

EN UNA ESCAPADA. A escape.

EN VANO. Inútilmente. || Sin necesidad, razón o justicia.

EN VERDAD. Verdaderamente (t., EN VERDAD EN VERDAD).

EN VEZ DE. En sustitución de. || Al contrario, lejos de.

EN VÍAS DE. En curso, en camino de.

EN VIDA. Durante la vida.

EN VILO. Suspendido; sin estabilidad. || Con indecisión, inquietud y zozobra.

EN VIRTUD DE. En fuerza de, a consecuencia de, como resultado de.

EN VÍSPERAS. Poco antes de (en sentido temporal).

EN VISTA DE. En consideración a, como consecuencia de.

EN VISTA DE QUE. En vista de.

EN VIVAS CARNES. En carnes.

EN VOLANDAS. Por el aire o levantado del suelo y como volando. || En un instante.

EN ZAGA. A la zaga.

ENCIMA DE. En lugar o puesto superior. || Además de.

ENTRE DÍA. Durante el día; por algún espacio del día.

ENTRE DOS LUCES. Al amanecer. || Al anochecer.

ENTRE PECHO Y ESPALDA. En el estómago.

ENTRE QUE. Mientras.

ENTRE SUEÑOS. En sueños. ‖ Dormitando.

ENTRE TANTO. En tanto, entretanto.

ENTRE TANTO QUE. Entre tanto.

ERRE QUE ERRE. Tercamente.

ES DECIR. Esto es.

ESTO ES. Da a entender que se va a explicar mejor lo que se ha expresado.

EX PROFESO. De propósito, con intención.

FACHA A FACHA. Cara a cara.

FRENTE A. Ante, enfrente de.

FRENTE A FRENTE. Cara a cara.

FRENTE A FRENTE DE. Frente a.

FRENTE POR FRENTE. Enfrente.

FUERA DE. Excepto, salvo (precediendo a sustantivos). ‖ Además de, aparte de (precediendo a verbos).

FUERA DE PROPÓSITO. Sin venir al caso, fuera de tiempo.

FUERA DE QUICIO. Fuera del orden o estado regular.

FUERA DE SERIE. Sobresaliente en su línea. ‖ No fabricado en serie.

FUERZA A FUERZA. De poder a poder.

GRACIAS A. Por intervención de, por causa de.

HASTA EL TOPE. De modo total.

HASTA LAS CACHAS. A más no poder.

HASTA NO MÁS. Indica exceso o demasía.

HOY DÍA. Hoy, actualmente (t., HOY EN DÍA, EN EL DÍA).

HOY EN DÍA. Hoy día.

HOY POR HOY. En este tiempo, en la situación presente.

JAMÁS POR JAMÁS. Nunca jamás (t., POR JAMÁS).

JUNTO A. Denota proximidad.

JUNTO DE. Junto a.

LA MAR. Mucho.

LEJOS DE. En vez de, en lugar de.

LO MENOS. Por lo menos.

LO QUE. Cuánto (en oraciones exclamativas).

LO QUE ES. En cuanto a: *lo que es a mí no me cogen.*

LUEGO A LUEGO. De luego a luego.

LUEGO COMO. Luego que.

LUEGO LUEGO. En seguida.

LUEGO QUE. Así que.

LLEVAR A CABO. Ejecutar, concluir una cosa (t., LLEVAR AL CABO).

MAL A MAL. Por fuerza.

MAL DE MI GRADO. A pesar mío (adopta las formas *tu, su, nuestro, vuestro grado,* según la persona que hable) (t., MAL MI, TU, SU, NUESTRO, VUESTRO GRADO).

MAL QUE BIEN. De buena o de mala gana; bien o mal hecho. ‖ De cualquier manera; sea como fuere. ‖ Salvando las dificultades; pasando.

MANO SOBRE MANO. Ociosamente.

MÁS BIEN. Antes bien.

MÁS QUE. Sino (con negación): *nadie me comprende más que Juan.* ‖ Aunque.

MÁS TARDE O MÁS TEMPRANO. Alguna vez, al cabo.

MÁS Y MÁS. Denota aumento progresivo y continuado.

MIENTRAS QUE. Mientras.

MITAD Y MITAD. Por partes iguales.

MUCHO QUE SÍ. Mucho, sí, ciertamente.

MUY DE MAÑANA. Muy temprano.

NI A TIROS. De ningún modo, ni aun con la mayor violencia.

NI CON MUCHO. Expresa la gran diferencia que hay de una cosa a otra.

NI FU NI FA. Indiferente.

NI MUCHO MENOS. Niega una cosa o encarece su inconveniencia.

NI POR ÉSAS. De ningún modo.

NI POR LUMBRE. Ni por ésas.

NI POR PIENSO. Ni por sueños.

NI POR SOMBRA. Ni por ésas. || Sin especie o noticia.

NI POR SUEÑOS. Dícese de aquello que está tan lejos de cumplirse o realizarse, que ni en sueños se ha producido la posibilidad (t., NI POR PIENSO).

NI QUE. Como si (en algunas frases exclamativas y elípticas).

NI TAN SIQUIERA. Tan siquiera.

NO BIEN. Apenas, luego que, al punto que, tan luego como.

NO OBSTANTE. Sin embargo.

NO PODER MENOS DE. No poder evitar, no tener más remedio que.

NO PODER POR MENOS DE. No poder menos de.

NO PODER MENOS QUE. No poder menos de.

NO SIN. Con: *no sin cierta timidez, Antonio pulsó el botón.*

NO YA. No solamente.

NUNCA JAMÁS. Nunca.

O SEA. O, esto es, es decir.

OTRA VEZ. Reiteradamente.

PARA CON. Con respecto a.

PARA SÍ. Mentalmente, o sin dirigir la palabra a otro (t., según las personas, adopta las formas PARA MÍ O PARA TI).

PASO A PASO. Poco a poco, despacio.

PASO ANTE PASO. Paso entre paso.

PASO ENTRE PASO. Lentamente, poco a poco.

PECHO POR EL SUELO. Humildemente.

PERO SI. Si (enfático).

PESE A. A pesar.

PIE ANTE PIE. Paso a paso.

PIE CON PIE. Muy de cerca, como tocándose con los pies una persona a otra.

POCO A POCO. Despacio. || De corta en corta cantidad.

POCO MÁS O MENOS. Con corta diferencia.

POR ACCIDENTE. Por casualidad.

POR ADELANTADO. Anticipadamente.

POR AHÍ, POR AHÍ. Poco más o menos.

POR AHORA. Por de pronto.

POR ALGO. Por algún motivo.

POR ANTONOMASIA. Denota que a una persona o cosa le conviene el nombre con que se designa con preferencia a las demás.

POR ARROBAS. A montones.

POR BARBA. Por cabeza, o por persona.

POR BIEN. Bien a bien.

POR CARAMBOLA. Indirectamente.

POR CASUALIDAD. Casualmente.

POR CAUSA DE. A causa de.

POR CIERTO. Ciertamente, a la verdad.

POR CIMA. En lo más alto. || Por encima.

POR CONSECUENCIA. Expresa que una cosa se infiere de otra.

POR CONSIGUIENTE. Por consecuencia, en fuerza o virtud de lo antecedente (t., POR EL CONSIGUIENTE).

POR CUANTO. Puesto que.

POR CUENTA DE. A expensas de.

POR CUMPLIR. Por mera cortesía, o por no caer en falta.

POR DE CONTADO. Por supuesto. (Esta forma no se utiliza hoy, y sí POR DESCONTADO.)

POR DE DENTRO. Por dentro.

POR DE PRONTO. En el entretanto, provisionalmente (t., POR EL PRONTO, O POR LO PRONTO).

POR DEBAJO DE CUERDA. De modo reservado, por medios ocultos.

POR DEBAJO DE MANO. Bajo mano.

POR DEBAJO DE TIERRA. Con cautela o secreto.

POR DEFUERA. Defuera.

POR DEMÁS. En vano, inútilmente. || En demasía.

POR DESCONTADO. De seguro, por supuesto.

POR DICHA. A dicha.

POR DONDE. Por lo cual.

¿POR DÓNDE? ¿Por qué razón o motivo?

POR EL BIEN PARECER. Por atención y respeto a lo que puedan decir o juzgar, no por propio convencimiento.

POR EL CONSIGUIENTE. Por consiguiente.

POR EL CONTRARIO. Al contrario (t., POR LO CONTRARIO).

POR EL MOMENTO. De momento.

POR EL PRESENTE. Por ahora. En este momento (t., POR LA PRESENTE, O POR LO PRESENTE).

POR EL PRONTO. Por de pronto.

POR EN MEDIO DE. A través de, por entre.

POR ENCIMA. De modo superficial, de pasada, a bulto.

POR ENCIMA DE. A pesar de, contra la voluntad de.

POR ENTERO. Enteramente.

POR ENTRE. A través de dos o más personas o cosas.

POR EXCELENCIA. Excelentemente. || Por antonomasia.

POR EXTENSO. Extensamente.

POR FUERZA. Contra propia voluntad, con violencia. || Necesaria, indudablemente.

POR HORA. En cada hora.

POR HORAS. Por instantes.

POR HOY. Por ahora.

POR IGUAL. Igualmente.

POR INSTANTES. Sin cesar, de modo continuo. || De un momento a otro.

POR INSTINTO. Maquinalmente, por un impulso.

POR INTERMEDIO DE. Por mediación de, por intervención de.

POR JAMÁS. Jamás por jamás.

POR JUEGO. Por burla, de chanza.

POR JUNTO. Al por mayor.

POR LA CUENTA. Al parecer.

POR LA INVERSA. A la inversa.

POR LA MALA. Mal a mal (t., POR LAS MALAS).

POR LA PRESENTE. Por el presente.

POR LARGO. Por extenso.

POR LAS MALAS. Por la mala.

POR LO BAJO. Disimuladamente.

POR LO CLARO. De modo claro, sin rodeos.

POR LO COMÚN. Comúnmente.

POR LO CONTRARIO. Por el contrario.

POR LO CUAL. De donde.

POR LO DEMÁS. Por lo que se refiere a otras consideraciones.

POR LO GENERAL. En general.

POR LO MENOS. Al menos, igualmente, tan o tanto.

POR LO MISMO. Por la misma razón; a causa de ello.

POR LO PRONTO. Por de pronto.

POR LO REGULAR. Regularmente.

POR LO TANTO. Por consiguiente, por lo que antes se ha dicho.

POR MAL. Mal a mal.

POR MAL DE MIS PECADOS. Por mis pecados.

POR MANERA QUE. De manera que.

POR MARAVILLA. Rara vez, por casualidad.

POR MÁS QUE. Aunque se ponga mucho empeño en lo que se trata de conseguir (en sentido negativo): *por más que llores no lo conseguirás.* || Aunque.

POR MAYOR. Al por mayor.

POR MEDIACIÓN DE. Mediando.

POR MEDIO DE. A través de. || Por mediación de.

POR MENUDO. Particularmente, con menudencia. || Por mínimas partes (en compras y ventas).

POR MI FE. A fe mía.

POR MI PARTE. Por lo que a mí toca o por lo que yo puedo hacer.

POR MIS PECADOS. Por mis culpas.

POR MOMENTOS. Sucesiva y continuadamente; progresivamente.

POR MUCHO QUE. Por más que.

POR PARTE DE. Por lo que se refiere a.

POR PARTES. Con separación de los puntos y circunstancias de la materia que se trata.

POR POCO. A punto de.

POR PODER. Con intervención de un apoderado.

POR PUNTO GENERAL. Por regla general.

POR QUE. Porque, para que.

POR QUÉ. Por cuál razón, causa o motivo.

POR RAZÓN DE. Por causa de.

POR REGLA GENERAL. Generalmente.

POR REMATE. Por fin, por último.

POR SI ACASO. Por si llega a ocurrir o ha ocurrido algo.

POR SI LAS MOSCAS. Por si acaso.

POR SÍ O POR NO. Por si ocurre o no, o por si puede o no conseguirse algo.

POR SÍ Y ANTE SÍ. Por propia deliberación y sin consultar con nadie.

POR SIEMPRE. Perpetuamente.

POR SOBRE. Por encima de.

POR SUPUESTO. Ciertamente.

POR SUS PASOS CONTADOS. Por su orden o curso regular.

POR TANTO. Por lo que, en atención a lo cual.

POR TODAS. Por todo.

POR TODO. En suma, en total (t., POR TODAS).

POR ÚLTIMO. Finalmente.

POR UN IGUAL. Por igual.

POR VEZ. A su vez.

POR VÍA. De forma, de manera.

POR VÍA DE. A manera de.

POR VISTA DE OJOS. A vista de ojos.

PRESUPUESTO QUE. Supuesto que.

PUES BIEN. Se usa para admitir o conceder algo.

PUES. Denota causa, motivo o razón: *confórmate con la derrota, pues que no supiste luchar.* || Toma carácter de condicional en giros como: *pues que no hay remedio, tómalo con calma.*

PUESTO QUE. Aunque. || Pues que (primera acepción).

PUNTO POR PUNTO. Con pormenores y sin omitir nada.

QUEDO A QUEDO. De quedo.

ROSTRO A ROSTRO. Cara a cara.

SEGÚN QUE. Denota modo. || A medida que.

SEGÚN Y COMO. De igual suerte y manera que. || Indica contingencia: —¿*Harás el trabajo?* —*Según y como* (o *según*, simplemente).

SEGÚN Y CONFORME. Según y como.

SER MENESTER. Ser necesario.

SER NECESARIO. Ser preciso.

SER PRECISO. Hacer falta.

SI ACASO. Si. || Por si acaso.

SI BIEN. Aunque.

SI YA. Si. || Siempre que.

SIEMPRE JAMÁS. Siempre.

SIEMPRE QUE. Con tal que.

SIEMPRE Y CUANDO. Siempre que.

SIEMPRE Y CUANDO QUE. Siempre que.

SIN CONTROVERSIA. Sin duda.

SIN DUDA. Ciertamente.

SIN EJEMPLO. Sin precedentes, como caso raro.

SIN EMBARGO. Sin que sirva de impedimento.

SIN EMBARGO DE. A pesar de.

SIN FALTA. Con seguridad, con puntualidad.

SIN FIN. Sin número, innumerable.

SIN IGUAL. Sin par.

SIN MÁS NI MÁS. Precipitadamente, sin reparo ni consideración.

SIN PAR. Que no tiene igual o semejante.

SIN PENSAR. De improviso, de modo inesperado.

SIN QUÉ NI PARA QUÉ. Sin motivo, sin causa (t., SIN QUÉ NI POR QUÉ).

SIN QUITAR NI PONER. Sin exagerar ni omitir; al pie de la letra.

SIN REBOZO. Con franqueza y sinceridad.

SIN RESERVA. Sinceramente, sin disfraz.

SIN RODEOS. Directamente.

SIN TINO. Sin tasa, sin medida.

SO CAPA. Con pretexto.

SO COLOR. Con pretexto, bajo pretexto.

SOBRE APUESTA. De apuesta.

SOBRE FALSO. En falso, sin la debida seguridad.

SOBRE JUEGO. Sobre manera.

SOBRE MANERA. En extremo, excesivamente.

SOBRE LA MARCHA. De prisa, en el acto.

SOBRE MESA. De sobre mesa.

SOBRE POCO MÁS O MENOS. Poco más o menos.

SOBRE SEGURO. Sin aventurarse.

SOBRE SU PALABRA. Bajo su palabra.

SOBRE TODO. Con especialidad, principalmente.

SUPUESTO QUE. Puesto que.

TAL COMO. Tal cual. || Como (t., TAL Y COMO).

TAL CUAL. Algún que otro. || Pasadero, pasaderamente.

TAL CUAL VEZ. En rara ocasión.

TAL QUE. Como (es de uso popular).

TAL VEZ. Quizá. || Tal cual vez.

TAL Y COMO. Tal como.

TAL Y TAL VEZ. Tal cual vez.

TAN LUEGO COMO. Luego que.

TAN PRONTO COMO. En seguida de, en cuanto.

TAN SIQUIERA. Siquiera (es de uso popular).

TANTO DE ELLO. Mucho, abundante o sin limitación de algo que hay o se da.

TANTO MENOS QUE. Con tanto menor motivo que.

TANTO QUE. Luego que.

TODA HORA QUE. Siempre que.

TODA VEZ QUE. Puesto que.

TRAS DE. Tras, detrás de. || Después de. || Encima de. || Además de.

UN DÍA SÍ Y OTRO NO. En días alternos.

UN ES, NO ES. Un sí es, no es.

UN TANTO. Un poco.

UN SÍ ES, NO ES. Un poco, algo (a pesar de que ésta es la grafía académica, Seco [p. 338] y María Moliner [II, 1.148] registran *un sí es no es,* forma ésta más aceptable).

UNA QUE OTRA VEZ. Alguna vez.

UNA VEZ. Ya.

UNA VEZ QUE. Después que.

UNA VEZ QUE OTRA. Una que otra vez.

VÍA RECTA. En derechura.

VISTO QUE. Puesto que, una vez que.

YA QUE. Una vez que, aunque, dado que.

II. Locuciones castellanas incorrectas

Es muy corriente (como puede comprobarse por la lista que sigue) cometer errores mayúsculos en el uso de las locuciones castellanas, principalmente a causa de que las preposiciones, aunque no lo parezca, son de uso bastante complicado para quienes no conocen exactamente su oficio en la lengua. Se recoge, pues, una serie tan completa como ha sido posible de este tipo de locuciones, con la esperanza de que de su atenta lectura y consideración surgirá un mejor y más completo conocimiento de nuestro idioma.

A BUEN FIN (gal.) con buen fin.

A CADA CUAL MÁS (solec.) a cuál más.

A CAMPO TRAVÉS (barb.) a campo traviesa.

A CAMPO TRAVIESO (barb.) a campo traviesa.

A CAUSA QUE (solec.) a causa de que.

A CEGARRITOS (barb.) a cegarritas.

A CIERRAOJOS (barb.) a cierra ojos.

A COMPRAS (reg.) de compras.

A CONDICIÓN QUE (arc.) a condición de que.

A COSTAS DE (barb.) a costa de.

A CUAL MÁS (barb.) a cuál más.

A CUBIERTO (gal.) al abrigo.

A CUENTA DE (solec.) por cuenta de; a costa de.

A DESEO (gal.) a medida del deseo.

A DESMANO (barb.) a trasmano.

A DONDEQUIERA (barb.) adondequiera.

A DREDE (barb.) adrede.

A EXCEPCIÓN HECHA DE (solec.) a excepción de; excepción hecha de.

A EXPENSAS MÍAS, TUYAS, etcétera (solec.) a mis, tus, etc., expensas.

A GRANDES PASOS (barb.) a paso tirado, a paso largo, precipitadamente.

A GRANDES RASGOS (barb.) rápida o superficialmente, en pocas palabras, en líneas generales, a grandes líneas, a vuela pluma, etcétera.

A GROSSO MODO (solec.) grosso modo.

A HORAS (solec.) en horas: *a horas de oficina.*

A INTENTO DE (solec.) con el intento de.

A LA VENTURA (gal.) sin reflexión, a trochemoche.

A LA HORA (solec.) por hora: *sesenta kilómetros a la hora.*

A LA BROMA (solec.) en broma: *celebrar algo a la broma.*

A LA HORA QUE (ital.) en el momento en que.

A LA MAYOR BREVEDAD (solec.) con la mayor brevedad.

A LA MEJOR (vulg.) a lo mejor.

A LA QUE (vulg.) cuando.

A LA SATISFACCIÓN (solec.) a satisfacción, con gran satisfacción.

A LO QUE (vulg.) cuando.

A LO QUE VEO (barb.) por lo que veo.

A MÁS QUE (barb.) además.

A MÁS A MÁS (cat.) de más a más, además.

A MÁS PRECIO (solec.) a mayor precio, a precio más alto.

A MÁS QUE (solec.) además.

A MENOS DE QUE (solec.) a menos que, o a menos de.

A MIL MARAVILLAS (solec.) a las mil maravillas.

A NO SER... (cat.) a no ser por: *a no ser mi amigo, se hubieran ahogado.*

A OJOS VISTOS (barb.) a ojos vistas.

A OUTRANCE (gal.) a todo trance, hasta el extremo, a ultranza.

A PESAR QUE (solec.) a pesar de que.

A POCO (solec.) por poco.

A POCO LE VINO... (barb.) en poco estuvo..., poco faltó para...

A POCO NO (barb.) por poco.

A POR. Aunque la Academia no admite este grupo de preposiciones, la mayoría de autores están de acuerdo en que puede y debe usarse, no ya sólo porque *a por* y *por* tienen matices diferentes (no es lo mismo *ir a por dinero* que *ir por dinero*), sino porque en casos similares la Academia admite otros grupos de preposiciones, como *de entre, por entre,* etc.

A PRETEXTO DE (barb.) bajo pretexto de, so pretexto de.

A PROPÓSITO DE (gal.) acerca de, sobre, en cuanto a (es admisible).

A PROVECHO (solec.) en provecho.

A PUNTO DE CARAMELO (solec.) en punto de caramelo.

A REACCIÓ·· (solec.) de reacción.

A RESULT/ (solec.) de resultas.

A RETROPROPULSIÓN (solec.) de retropropulsión.

A SEGUIDA (solec.) en seguida.

A TODO AZAR (gal.) a todo trance, a todo riesgo.

A TODO MOMENTO (gal.) a cada momento, a cada instante.

A TODO PRECIO (gal.) a toda costa, a cualquier precio.

A UN MISMO TIEMPO (solec.) a un tiempo.

A VIRTUD DE (solec.) en virtud de.

AD LÁTERE (barb.) a látere o alátere.

AL ABRIGO (gal.) libre, a salvo, exento (tratándose de algo inmaterial).

AL AZAR (gal.) a la ventura, a la ventura de Dios, a lo que salga.

AL CENTRO (gal.) en el centro.

AL DETALL (gal.) al por menor.

AL INFINITO (gal.) a lo infinito, en infinito, infinitamente.

AL INTENTO DE (gal.) con el intento de.

AL NO SER (solec.) a no ser.

AL OBJETO DE (solec.) con objeto de.

AL OJO (vulg.) a ojo.

AL PRECIO QUE (gal.) a costa de (lo): *lo conseguiré al precio que sea.*

AL PROPÓSITO (solec.) a propósito.

AL PUNTO DE (barb.) hasta el punto de.

AL RALENTÍ (gal.) a cámara lenta.

AL RAS DE TIERRA (solec.) a ras de tierra.

AL SECO (gal.) en seco.

AL TIEMPO QUE (solec.) a tiempo que.

ANTES NO (cat.) antes que, antes de que.

BAJO EL PRETEXTO (solec.) con el pretexto.

BAJO EL (ESTE, ESE) PUNTO DE VISTA (solec.) desde el (este, ese) punto de vista, en el punto de vista.

BAJO ESTA BASE (solec.) sobre esta base.

BAJO ESTA PREMISA (gal.) con esta premisa.

BAJO ESTAS CIRCUNSTANCIAS (gal.) en estas circunstancias.

BAJO ESTAS CONDICIONES (gal.) en o con estas condiciones.

BAJO ESTE ÁNGULO (barb.) desde este ángulo.

BAJO ESTE ASPECTO, CONCEPTO, FUNDAMENTO (barb.) en este aspecto, concepto, fundamento.

BAJO ESTE SUPUESTO (gal.) en, o sobre, este supuesto.

BAJO LA APROBACIÓN (gal.) con la aprobación.

BAJO LA BASE (solec.) *v.* BAJO ESTA BASE.

BAJO LA CONDICIÓN (gal.) con la condición.

BAJO QUÉ CONDICIONES (gal.) en qué condiciones.

BIEN ENTENDIDO QUE (gal.) con la advertencia de que, si bien (es admisible).

CABE A (solec.) cabe: *cabe la montaña.*

CADA QUIEN (barb.) cada cual.

CERCA A (solec.) cerca de.

COMO UN TODO (angl.) en conjunto.

CON BASE A, CON BASE EN (barb.) basándose en.

CON EL OBJETO DE (solec.) con objeto de.

CON ESTO (ESO) Y TODO. No es incorrecto, pero se prefiere *con todo, a pesar de todo.*

CON ESTO (ESO) Y CON TODO. No es incorrecto, pero se prefiere *con todo, a pesar de todo.*

CON LA CABEZA BAJA (gal.) cabizbajo.

CON LA CONDICIÓN QUE (solec.) con la condición de que.

CON MOTIVO A (solec.) con motivo de.

CON NO IMPORTA QUÉ (barb.) con cualquier clase de, con un (o una), con cualquier...

CON TAL DE QUE. No considerada totalmente incorrecta, debe, no obstante, sustituirse por *con tal que.*

CON TODO DE (reg.) a pesar de.

CON TODO Y (reg.) no obstante, aun, a pesar de.

CON TODO Y CON ESO (reg.) con todo, a pesar de todo.

CONTRA GUSTOS (solec.) sobre gustos.

CUANTO QUE (amer.) en cuanto, o en cuanto que.

DADO A QUE (solec.) dado que.

DE A BUENAS (solec.) a buenas, por las buenas.

DE ABAJO A ARRIBA (solec.) de abajo arriba.

DE ABAJO A RIBA (barb.) de abajo arriba.

DE ACUERDO A (angl.) de acuerdo con.

DE ADREDE (amer.) adrede.

DE ARRIBA A ABAJO (solec.) de arriba abajo.

DE ARRIBA A BAJO (barb.) de arriba abajo.

DE BUEN HORA (gal.) temprano.

DE CADA DOS DÍAS UNO (gal.) un día sí y otro no.

DE CONFORMIDAD A (solec.) de (o en) conformidad con.

DE CUANDO EN VEZ (barb.) de cuando en cuando, de vez en cuando.

DE ESCONDIDAS (solec.) a escondidas.

DE EX PROFESO (barb.) ex profeso.

DE GRATIS (solec.) gratis.

DE HITO A HITO (solec.) de hito en hito.

DE INCENDIOS (solec.) contra incendios.

DE MÁS EN MÁS (gal.) más y más, cada vez más.

DE MODO ES QUE (vulg.) de modo que.

DE MODO Y MANERA QUE (vulg.) de modo que.

DE MUCHO (solec.) ni con mucho.

DE OTRA PARTE (gal.) por otra parte (se usa mucho).

DE OTRO LADO (gal.) por otro lado (se usa mucho).

DE PARTE MÍA, TUYA, etc. (cat.) de mi, tu, etc., parte.

DE POCO (solec.) por poco, en poco.

DE POR FUERZA (solec.) por fuerza, a la fuerza.

DE SÍ (solec.) de por sí, de suyo.

DE SOBRAS (cat.) de sobra.

DE TANTO EN CUANTO (solec.) de cuando en cuando, de tiempo en tiempo.

DE TODA EVIDENCIA (gal.) evidentemente.

DE TODAS LAS MANERAS (barb.) de todas maneras.

DE TODAS MANERAS (gal.) de cualquier modo, no obstante, sea como fuere (sin embargo, se usa mucho y debe admitirse; la Academia la registra en la frase *de todas maneras, aguaderas*).

DE TODOS MODOS (gal.) no obstante, con todo, a pesar de, de cualquier modo, sea como fuere (como el artículo anterior, es admisible).

DE VEZ EN VEZ. Es frase poco usada; sustitúyase por *de cuando en cuando* o *de vez en cuando*.

DEL ORDEN DE. Sustitúyase por *unos, alrededor de, aproximadamente, poco más o menos*, etcétera.

DESDE EL MOMENTO QUE. Se usa más su equivalente *desde el momento en que*.

DESDE YA (port.) desde ahora.

EN BASE A. Sustitúyase por *basándose en* (se usa, si acaso, en lenguaje forense).

EN BREVE (gal.) en resumen, en suma, en fin, brevemente, resumiendo.

EN CIERNES (barb.) en cierne.

EN CINTA (barb.) encinta.

EN CUANTO QUE (vulg.) en cuanto, como, en tanto que, porque, etcétera.

EN CUERO (barb.) en cueros, en cueros vivos.

EN DETALL (gal.) por partes.

EN DETALLE (gal.) en sus detalles, minuciosamente.

EN DEFECTO DE (gal.) a falta de, por falta de.

EN DIRECCIÓN (solec.) con dirección: *ir en dirección a Madrid.*

EN DIRECCIÓN DE (solec.) con dirección a.

EN DONDE. Sólo es correcto con verbos de reposo: *está en donde lo dejaste;* sin embargo, actualmente se tiende a suprimir sistemáticamente la preposición *en* delante de *donde.*

EN EL BIEN ENTENDIDO DE QUE (gal.) *v.* BIEN ENTENDIDO QUE.

EN ESPECIES (barb.) en especie.

EN LA MITAD (gal.) en medio: *en la mitad del río.*

EN LA MAÑANA, EN LA NOCHE, EN LA TARDE (amer.) por, a, de la mañana, noche o tarde.

EN MASA (gal.) en conjunto, unánimemente, en su totalidad.

EN MEDIO A (solec.) en medio de.

EN MEDIO DE LOS HOMBRES (gal.) en sociedad.

EN MI PARTICULAR (gal.) por lo que a mí toca, o concierne.

EN MI TORNO (cat.) en torno a mí.

EN MODA (solec.) de moda.

EN PELOTAS (barb.) en pelota.

EN PLENA CALLE (gal.) en medio de la calle.

EN PLENA CAMPIÑA (gal.) a campo raso.

EN PLENA SESIÓN (gal.) en sesión abierta, durante la sesión.

EN POS MÍO, TUYO, etc. (cat.) en pos de mí, de ti, etc.

EN PROPIO (barb.) en propiedad.

EN PROVINCIA (gal.) en provincias.

EN PUNTO A (barb.) en lo tocante a. (La Academia, aun sin registrarla, la utiliza en la voz *estezar;* puede, pues, considerarse correcta.)

EN RELACIÓN A (solec.) en relación con, con relación a.

EN SERIO (barb.) con seriedad, por lo serio.

EN SOLITARIO (gal.) solo, solitario (es admisible).

EN TANTO QUE (gal.) en cuanto (como: *en tanto que abogado...;* en los demás casos es correcto).

EN TODOS SENTIDOS (gal.) en todas direcciones.

EN TODOS LOS SENTIDOS (gal.) *v.* EN TODOS SENTIDOS.

EN TORNO MÍO, TUYO, etc. (cat.) en torno a mí, a ti, etc.

EN TREN DE (gal.) ocupado en.

EN UNA SENTADA (solec.) de una sentada.

EN VECES (solec.) a veces.

EN VÍA DE (solec.) en vías de.

EN VIGILIAS (barb.) en vísperas.

EN VISTAS A (solec.) con vistas a, o en vista de.

ES POR ESTO (ESO) QUE (gal.) por esto (eso), por esto (eso) es que, por esto (eso) es por lo que, a causa de esto (eso), etcétera.

ES POR ESTO (ESO) POR LO QUE (gal.) por esto (eso) es que, esto (eso) es por lo que.

HASTA EL ÚLTIMO PUNTO. Sustitúyase por *punto por punto, por extenso, exhaustivamente.*

HASTA QUE NO (solec.) hasta que, mientras no.

HASTA QUÉ PUNTO (gal.) cuánto, en qué grado.

LEJOS DE (barb.) en vez de (se usa).

NO OBSTANTE A (barb.) no obstante.

NO OBSTANTE DE (barb.) no obstante.

POR ADENTRO. Se prefiere *por dentro.*

POR AFUERA. Se prefiere *por fuera.*

POR CONTRA (gal.) por el contrario, en cambio, contrariamente.

POR CUANTO QUE (barb.) por cuanto.

POR DESCONTADO (barb.) por de contado (sin embargo, se usa exclusivamente el barbarismo, si así puede llamarse).

POR EFECTO DE (gal.) a causa de, por causa de, con motivo de.

POR ESTO (ESO) ES QUE (gal.) por esto (eso) es por lo que, por esto (eso).

POR LA PRIMERA VEZ (gal.) por primera vez.

POR LO CONSIGUIENTE (solec.) por consiguiente, en consecuencia, por lo tanto, por el consiguiente.

POR LO ORDINARIO (solec.) de ordinario.

POR MOTIVO A (solec.) con motivo de.

POR ORDEN DE (solec.) de orden de.

POR RAZÓN A (solec.) por razón de.

POR RECONOCIMIENTO (solec.) en reconocimiento.

POR TAL DE (arc.) con tal de.

POR UN CASUAL (vulg.) quizá, acaso.

SEGÚN Y CÓMO (barb.) según y como.

SI QUE TAMBIÉN (cat.) sino también, como, como también.

TAL CUAL COMO (solec.) tal cual, tal como.

TAN APENAS (reg.) apenas.

TAN DE GUSTO (solec.) tan del gusto.

TAN ES ASÍ (solec.) tanto es así.

TAN LUEGO QUE (solec.) luego que, tan luego como.

III. Locuciones latinas

Las locuciones latinas son de frecuente uso en nuestra lengua, tanto en lo escrito como en la conversación. Conviene, pues, conocer su significado para aplicarlas con propiedad. Aquí se ha recogido una lista lo más completa posible, que estamos seguros rendirá un servicio positivo a todos los lectores.

A CÁPITE AD CÁLCEM. De pies a cabeza.

A CONTRARIIS. Por los contrarios.

A DÍE. A contar desde un día determinado.

A DIVINIS. En las cosas divinas. (Pena con la que se suspende a un eclesiástico en el ejercicio de los oficios divinos.)

A FORTIORI. Con mayor razón, después de examen.

A LÁTERE. Del lado, de cerca. (Se dice de ciertos cardenales elegidos por el papa de entre los que le rodean, y que ejercen funciones diplomáticas.)

A LÍMITE. Desde el umbral.

A MÁXIMIS AD MÍNIMA. De lo máximo a lo mínimo.

A MÍNIMA. A partir de la mínima pena. (Pena a la que apela un fiscal ante otro tribunal, cuando halla poco severa o poco justa la sentencia dictada.)

A NATIVITATE. De nacimiento.

A NOVO. De nuevo.

A POSTERIORI. Después, tras examen.

A PRIORI. Antes de todo examen.

A QUO. Del cual. (Expresa el día a partir del cual comienza a contarse un plazo o término judicial, o un hecho de carácter público o privado.)

A REMOTIS. A un lado.

A SACRIS. En las cosas sagradas. (Se aplica al sacerdote suspendido en todas las funciones de su ministerio.)

A SÍMILI. Por semejanza. (Dícese del argumento que se funda en razones de semejanza o de igualdad entre el hecho propuesto y el que de él se deduce.)

A VERBIS AD VERBERA. De las palabras a los golpes.

A VÍNCULO MATRIMONII. Según el vínculo matrimonial.

AB ABRUPTO. v. EX ABRUPTO.

AB ABSURDO. Por lo absurdo. || De manera absurda, poco razonada o ilógica.

AB AETERNO. Desde la eternidad. || Desde muy antiguo, o de mucho tiempo atrás.

AB ALIO SPECTES ALTERI QUOD FÉCERIS. Quien haga mal, espere otro tanto.

AB ANTE. Desde antes.

AB IMMEMORABILI. De tiempo inmemorial, de época muy remota.

AB IMO PÉCTORE. Desde el fondo del corazón. (Con toda franqueza, ingenuamente.) (t., IMO PÉCTORE).

AB INITIO. Desde el principio. || Desde tiempo inmemorial o muy remoto.

AB INTESTATO. Sin testamento. || De modo descuidado, abandonadamente.

AB ÍNTEGRO. Por entero, en toda su integridad.

AB INTRA. Desde dentro.

AB IRATO. Con un movimiento de ira. (Esto es, arrebatadamente, sin reflexión, violentamente.)

AB ORE AD ÁUREM. De la boca al oído. (Se emplea para denotar la acción de contar al oído de otro y con suma discreción lo que no se quiere o no se puede decir en voz alta.)

AB ORÍGENE. Desde el origen, desde el principio.

AB OVO. Desde el huevo. (Esto es, desde el origen, desde el principio. Palabras de Horacio para alabar el hecho de que la Ilíada comience en un episodio del sitio de Troya y no por el nacimiento de Helena, esto es, ab ovo, por haber nacido Helena del huevo de Leda.)

AB RE. Contra toda razón.

AB UNO DISCE OMNES. Por uno sólo se conoce a los demás. (Equivale a nuestra expresión «Por la muestra se conoce el paño».)

AB URBE CONDITA. Desde (o después de) la fundación de la ciudad. (Se refiere a la fundación de Roma en el año 753 antes de Jesucristo; también se dice urbis condita.)

ABUSUS NON TÓLLIT ÚSUM. El abuso no quita el uso. (Expresa que el abuso que se pueda hacer de una cosa no impide su uso debido.)

ABYSSUS ABYSSUS ÍNVOCAT. El abismo llama al abismo. (Esto es, una falta acarrea otra.)

ACTA ES FÁBULA. La comedia ha concluido. (Palabras de Augusto en su lecho de muerte, las mismas con que se anunciaba en el teatro antiguo el final de la representación.)

ACTI LABORES IUCUNDI. Las tareas ejecutadas son agradables. (Expresa la satisfacción que se experimenta una vez realizado el trabajo.)

ACTUS ME INVITO PACTUS, NON EST MEUS ACTUS. Lo que hice contra mi voluntad, no es obra mía. (Expresa que los actos impuestos por la fuerza no tienen validez.)

AD ABSÚRDUM. Por reducción al absurdo. (Dícese del argumento que se funda en lo absurdo de la proposición contraria.)

AD APERTÚRAM L I B R I. A libro abierto. (Da a entender la dificultad para conservar en la memoria lo que se lee o estudia. También se dice aperto libro.)

AD ARAS. Hasta los altares. (O sea, hasta el fin.)

AD ASTRA. Hasta las estrellas.

AD AUGUSTA PER AUGUSTA. A resultados grandes por vías estrechas. (Se usa para valorar un triunfo obtenido a costa de las mayores dificultades.)

AD BENE PLÁCITUM. A gusto.

AD BONA. Se usa en lenguaje forense, en la frase curador ad bona, para designar a la persona encargada, por nombramiento judicial, de cuidar y administrar los bienes de un menor.

AD CALENDAS GRAECAS. Por las calendas griegas. (Significa que una cosa nunca ha de llegar, pues los griegos no tenían calendas.)

AD CAPTÁNDUM VULGOS. Para engañar al vulgo. (Esto es, para seducir al pueblo o a las masas.)

AD CAUTÉLAM. Por precaución. (Se refiere al recurso, escrito o acto que se formaliza sin creerlo necesario, pero previendo en el juzgador apreciación distinta.) || Absolver ad cautélam es, en los juicios eclesiásticos, absolver al reo en la duda de si ha incurrido en alguna pena.

AD EFESIOS. Fuera de razón y de regla, disparatadamente, saliéndose del propósito del asunto. (Alude a la Epístola de san Pablo a los Efesios.)

AD FÍNEM. Hasta el fin, al fin.

AD FUTÚRAM MEMÓRIAM. Para futura memoria. (Significa que una cosa o suceso queda como recuerdo para la posteridad.)

AD GLÓRIAM. Por la gloria. (En sentido irónico, por nada.)

AD HOC. Para esto. (Se aplica a lo que se dice o hace sólo para un fin determinado.)

AD HÓMINEM. Al hombre, contra el hombre. (Se usa en la expresión argumento ad hóminem, mediante el cual se confunde a un adversario con sus mismas palabras o razones.)

AD HONÓREM. Por el honor. (Esto es, gratuitamente, sin provecho material; se dice especialmente del título o empleo sin retribución.)

AD ÍDEM. A lo mismo.

AD IGNORÁNTIAM. A la ignorancia. (Se usa en lógica para designar el argumento adecuado a la ignorancia de la persona con la cual se discute. Se trata a veces de un argumento sofístico.)

AD IMPOSSIBILIA NEMO TENÉTUR. Nadie está obligado a realizar lo imposible.

AD ÍNFEROS. Entre los muertos. (Esto es, en la región de los muertos.)

AD INFINÍTUM. Hasta lo infinito. (Sin fin; ilimitado.)

AD ÍNTERIM. Interinamente, provisionalmente.

AD INQUIRÉNDUM. Se aplica a la providencia judicial por la que se ordenan averiguaciones sobre un asunto.

AD JUDÍCIUM. Al juicio. (Se usa en lógica para designar el argumento que apela al sentido común.)

AD LÍBITUM. A gusto, a capricho, a voluntad, a elección.

AD LÍMINA. *v.* AD LÍMINA APOSTOLÓRUM.

AD LÍMINA APOSTOLÓRUM. Al solio de los apóstoles. (Se suele emplear para designar a Roma, la Santa Sede; se aplica para significar la visita personal que deben hacer al papa los obispos católicos.)

AD LÍTEM. Para el pleito. (Se usa en la frase *curador ad lítem*, con la cual se designa a la persona nombrada judicialmente para seguir el pleito y defender los derechos de un menor.)

AD LÍTTERAM. A la letra, al pie de la letra, literalmente, puntual y exactamente.

AD MAIÓREM DEI GLÓRIAM. Para mayor gloria de Dios. (Se emplea como distintivo de la Compañía de Jesús.)

AD MÁRGINEM. Al margen. (Se aplica a la llamada u observación que debe buscarse en el lugar de la obra o escrito a que se hace referencia.)

AD MULTOS ANNOS. Por muchos años.

AD NÁUSSEAM. Hasta provocar náuseas. (Esto es, con repugnancia; dícese de lo que causa fastidio.)

AD NÓTAM. Observación, nota.

AD NOTÍTIAM. A noticia o conocimiento de alguien.

AD NÚTUM. A placer, a voluntad. (Se usa en la locución *beneficio amovible ad nútum*, con la que se designa el beneficio eclesiástico que no es colativo, quedándole al que lo da la facultad de remover de él al que lo goza.)

AD OSTENTATIÓNEM. Para ostentación o vanagloria.

AD PATRES. Junto a los antepasados. (Se usa familiarmente en las expresiones *ir ad patres*, que significa «morir», y *enviar ad patres*, «matar».)

AD PÉDEM LÍTTERAE. Al pie de la letra. || Puntual y exactamente.

AD PERPÉTUAM. *v.* AD PERPÉTUAM REI MEMÓRIAM.

AD PERPÉTUAM REI MEMÓRIAM. Para perpetuar el recuerdo de la cosa, para eterna memoria, para siempre. (Se usa en la locución *información ad perpétuam*, o *información ad perpétuam rei memóriam*, con la que se designa la información hecha judicialmente y a prevención para que conste en lo sucesivo una cosa.)

AD QUEM. A quien, ante quien, para el cual. (Se usa en la locución forense *juez ad quem*, con la que se indica el juez ante quien se interpone la apelación de otro inferior.)

AD REFERÉNDUM. Con la condición de informar, a condición de ser aprobado por el superior o mandante. (Se usa en lenguaje diplomático, referida a convenios.)

AD REM. A la cosa, al asunto, al caso.

AD SÚMMUM. A lo sumo, cuando más, a lo más, a todo tirar.

AD TERRÓREM. Para infundir terror.

AD ÚNGUEM. A la perfección. (Alude al último toque que se obtiene pasando la uña por una superficie lisa.)

AD ÚNUM. Hasta lo último.

AD ÚSUM. Según el uso, según la costumbre.

AD ÚSUM DELPHINI. Para uso del delfín. (Se dice de los libros excesivamente expurgados, especialmente en obras dedicadas a la juventud.)

AD UTRUMQUE PARATUS. Dispuesto a cualquier cosa, preparado para todo.

AD VALÓREM. Según el valor, con arreglo al valor. (Se usa en aduanas para designar los derechos que se cobran, en función del valor de las mercancías.)

AD VÉRBUM. Al pie de la letra.

AD VERECÚNDIAM. Al respeto. (Se usa en lógica para designar el argumento consistente en defender una proposición apelando a la reverencia que se debe a una autoridad.)

AD VÍTAM AETÉRNAM. Para siempre, eternamente.

ÁDHUC SUB JÚDICE LIS EST. El pleito está todavía ante el juez. (Se usa para indicar que una cuestión no está aún resuelta.)

AEQUO ÁNIMO. Con ánimo sereno.

AERE PERENNIUS. Más duradero que el bronce. (Expresa la pe-

rennidad de lo espiritual, por encima de los avatares a que están sujetas las cosas materiales. De Horacio, *Odas*, lib. III.)

AETÉRNAM VALE. Adiós para siempre.

AGE QUOD AGIS. Haz lo que haces. (Se aplica a quienes se distraen en sus ocupaciones.)

ÁLEA JACTA EST. La suerte está echada. (Se usa para denotar que se toma una resolución atrevida o se acomete un proyecto temerario. Se atribuye a César, cuando se disponía a pasar el Rubicón. De Suetonio, *Caesar*, 32.)

ALIQUANDO BONUS DORMITAT HOMERUS. Alguna vez se duerme Homero. (Indica que los más grandes escritores cometen faltas. De Horacio, *Arte poética*, 359.)

ALMA MÁTER. Madre nutricia. (Se usó por los poetas latinos para designar la patria, pero hoy designa preferentemente la Universidad; también se dice *alma párens*.)

ALMA PÁRENS. *v.* ALMA MÁTER.

ÁLTER EGO. Otro yo. (Se aplica a la persona en quien otra tiene absoluta confianza, o que puede hacer sus veces.)

ÁLTER ÍDEM. Otra vez lo mismo. (Equivale a «¡otra vez!», «¡vuelta a empezar!», y otras semejantes.)

ALTIUS, CITIUS, FORTIUS. Más alto, más rápido, más fuerte. (Es el lema de los Juegos Olímpicos.)

ÁLTUM SILÉNTIUM. Profundo silencio.

AMÁBILIS INSANIA. Una agradable desilusión.

AMATA BENE. Bien amada.

AMICUS CURIAE. Un amigo del tribunal.

AMICUS HUMANI GÉNERIS. Amigo del género humano. (Esto es, amigo de todo el mundo, o lo que es lo mismo, amigo de nadie.)

AMICUS PLATO, SED MAGIS AMICA VÉRITAS. Amigo de Platón, pero más amigo de la verdad. (Viene a decir que no basta que algo sea afirmado por una persona respetable, sino que además ha de estar conforme con la verdad.)

AMOR PATRIAE. Amor patrio.

AMOR VÍNCIT OMNIA. El amor todo lo gana.

ANGUIS LÁTET IN HERBA. La serpiente se oculta en la hierba. (Expresa que uno nunca debe fiarse de las apariencias halagüeñas. De Virgilio, égloga III.)

ANNO AERAE VULGARIS. Año de la era vulgar (o sea, la era cristiana).

ANNO AETATIS SUAE. En el año de su edad. (Inscripción que se pone en algunas tumbas, a continuación de la cual se cita la edad del difunto.)

ANNO ANTE CHRÍSTUM. Año antes de Cristo.

ANNO CHRISTI. En el año de Cristo.

ANNO DÓMINE. En el año del Señor.

ANNO MUNDI. En el año del mundo.

ANNO REGNI. En el año del reinado.

ANNO SALUTIS. En el año de redención.

ANNUS MIRÁBILIS. Año de maravillas.

ANTE BÉLLUM. Antes de la guerra.

ANTE CHRÍSTUM. Antes de Cristo.

ANTE DÍEM. Antes del día.

ANTE LÚCEM. Antes de amanecer.

ANTE MERÍDIEM. Antes del mediodía.

ANTE MÓRTEM. Antes de la muerte.

ANTE OMNIA. Antes de todo, ante todo.

APERTO LIBRO. v. AD APERTÚRAM LIBRI.

AQUA ET IGNE INTERDICTUS. Privado de agua y fuego. (Esto es, condenado a muerte civil.)

ÁQUAM EX PUNICIE POSTULAS. Pides agua a la piedra pómez. (Equivale a «Pedir peras al olmo», o, lo que es lo mismo, perder el tiempo en vano pretendiendo imposibles.)

ÁQUILA NON CÁPIT MUSCAS. El águila no caza moscas. (Se usa para indicar que un gran hombre no debe ocuparse en menudencias.)

ARS LONGA, VITA BREVIS. El arte es extenso, la vida corta. (Se usa para indicar que para aprender mucho y bien hay que aprovechar el tiempo.)

ASINUS ASÍNUM FRÍCAT. El asno frota al asno. (Se aplica a las personas que mutuamente se dirigen exagerados elogios.)

ASINUS IN TEGULIS. El asno en el tejado. (Se usa para designar a una persona de escaso criterio que ha llegado a ocupar una elevada posición.)

AUDACES FORTUNA IÚVAT. La fortuna favorece a los audaces. (De Virgilio, *Eneida*, lib. X.)

AUDÁCTER ET SINCERE. Con audacia y sinceridad.

ÁUDAX ET CAUTUS. Audaz y cauto.

ÁUDAX IAPETI GENUS. La raza audaz de Jápeto. (Se refiere a todo el género humano, aunque

222

Horacio [lib. I, oda III] designa así a Prometeo.)

AUDI ÁLTERAM PÁRTEM. Escucha a la otra parte. (Expresa que para juzgar bien y con imparcialidad se ha de oír a todas las partes interesadas.)

AURA POPULARIS. El viento popular. (Se refiere a la inconstancia del favor popular.)

ÁUREA MEDIÓCRITAS. Dorada medianía. (Expresa que es preferible una medianía tranquila a las riquezas, honores, etc.)

AURES HÁBENT ET NON ÁUDIENT. Tienen oídos y no oirán.

AURI SACRA FAMES! ¡Detestable hambre de oro! (Equivale a «insaciable sed de riquezas».)

AUT CAÉSAR AUT NÍHIL. O césar o nada. (Aunque se atribuye a César Borgia, se aplica en general a los ambiciosos.)

AUT VÍNCERE, AUT MORI. O vencer, o morir.

AVE, CAÉSAR, MORITURI TE SALÚTANT. Salve, César, los que van a morir te saludan. (Saludo de los gladiadores ante el palco imperial.)

BEATI PÁUPERIS SPÍRITUS. Bienaventurados los pobres de espíritu. (Se usa irónicamente para designar a los que, a pesar de su corta inteligencia, alcanzan el éxito.)

BEATI POSSIDENTES. Felices los que poseen. (Da a entender que para reivindicar provechosamente un país o un derecho, primero hay que poseerlo; la usó Bismarck.)

BIS DAT QUI CITO DAT. Quien da pronto da dos veces.

BONA FIDE. De buena fe.

BONA SI SUA NÓRIT. Si saben lo que les conviene.

CAELI ENARRANT GLÓRIAM DEI. Los cielos pregonan la gloria de Dios.

CAÉTERA DESIDERÁNTUR. Lo demás se desea. (Es decir, lo demás falta; se usa para indicar que una obra está incompleta; t., CAÉTERA DÉSUNT.)

CAÉTERA DÉSUNT. Lo demás falta. (v. CAÉTERA DESIDERÁNTUR.)

CAÉTERIS PÁRIBUS. v. CÉTERIS PÁRIBUS.

CÁLAMO CURRENTE. Al correr de la pluma. (Esto es, sin reflexión; t., CURRENTE CÁLAMO.)

CARPE DÍEM. Aprovecha el día presente.

CASTÍGAT RIDENDO MORES. Enmienda las costumbres riendo.

CASUS BELLI. Caso de guerra. (Acontecimiento que motiva una guerra.)

CAUSA MORTIS. Por causa de muerte.

CAVE NE CADAS. Cuida de no caer. (Se aplica a aquellos que, demasiado envanecidos del puesto que ocupan, pueden por ello perderlo.)

CÉDANT ARMA TOGAE. Que las armas cedan a la toga. (Expresa que el gobierno militar debe ceder ante la toga, esto es, ante el gobierno civil.)

CÉTERIS PÁRIBUS. Dadas, por lo demás, las mismas circunstancias. (Se usa para indicar la relación íntima de paralelismo o dependencia que guardan entre sí dos conceptos económicos.)

CÓGITO, ERGO SUM. Pienso, luego existo. (Principio fundamental de la filosofía cartesiana.)

COMPOS SUI. Dueño de sí mismo.

CONSENSUS FÁCIT LÉGEM. El consentimiento público hace la ley.

CONSENSUS ÓMNIUM. El consentimiento universal.

CONSUMMÁTUM EST. Todo está acabado. (Últimas palabras de Cristo en la cruz; se usan a propósito de un desastre, dolor, etc.)

COPIA VERBÓRUM. Abundancia de palabras.

CÓRAM DÓMINE REGIS. Ante el rey nuestro señor.

CÓRAM ECCLESIAE. Ante la Iglesia.

CÓRAM NOBIS. Ante nosotros.

CÓRAM PÓPULO. Ante el pueblo, en público. (Expresa que una cosa se dice o hace en público, sin temor y a pecho abierto.)

CORPUS DELICTI. Cuerpo del delito.

CREDO QUIA ABSÚRDUM. Creo porque es absurdo. (Palabras equivocadamente atribuidas a san Agustín, que enseña que es propio de la fe creer sin necesidad de comprender; la frase, en realidad, es de Tertuliano.)

CÚCULLUS NON FÁCIT MONÁCHUM. El hábito no hace al monje.

CUI BONO. ¿Para qué sirve?

CUIQUE SÚUM. A cada cual lo suyo.

CUIUS REGIO, EIUS RELIGIO. De tal país, de tal religión. (Da a entender que uno profesa la religión que predomina en su país.)

CULPA LEVIS. Una falta leve.

CUM PRIVILEGIO. Con privilegio.

CUM QUIBUS. Con los cuales. (En sentido figurado, dinero.)

CURRENTE CÁLAMO. v. CÁLAMO CURRENTE.

DÁMNUM ABSQUE INJURIA. Pérdida sin daño.

DE ÁUDITO. De oídas.

DE CUIUS. De aquel (aquella) de quien.

DE FACTO. De hecho. (Se opone a de jure.)

DE GÚSTIBUS ET COLÓRIBUS NON DISPUNTÁNDUM. Sobre gustos y colores no se discute.

DE JURE. De derecho, por ley. (v. DE FACTO.)

DE MOTU PROPRIO. Por propia iniciativa.

DE OMNI RE SCÍBILI. De todas las cosas que pueden saberse. (Se usa con el aditamento et quibusdam aliis [«y algunas otras»], generalmente con sentido irónico; es la divisa de Pico della Mirandola, que se jactaba de contestar a todo lo que se le preguntase.)

DE PÓPULO BÁRBARO. De pueblo bárbaro. (Con la frase hacer una de pópulo bárbaro, se expresa que se va a proceder de manera rigurosa y violenta; son palabras con que termina un salmo de David.)

DE PROFUNDIS. De lo profundo (t., DE PROFUNDIS CLAMAVI).

DE PROFUNDIS CLAMAVI. v. DE PROFUNDIS.

DE VERBO AD VÉRBUM. Palabra por palabra; a la letra.

DE VIRIS. De los hombres.

DE VISU. De vista, por haberlo visto.

DE VITA ET MÓRIBUS. Sobre la vida y las costumbres.

DEBELLARE SUPERBOS. Derribar a los poderosos. (La frase completa, que Virgilio [Eneida, VI] pone en boca de Anquises explicando a Eneas el futuro papel del pueblo romano, es: par-

cere subiectis et debellare superbos: «perdonar a los que se someten y derribar a los poderosos».)

DEI GRATIA. Por la gracia de Dios.

DELEDDA EST CARTHAGO. Cartago debe ser destruida. (Se suele emplear para designar una idea fija, que persigue a uno sin descanso; tiene su origen en la frase con que Catón el Censor terminaba sus discursos, cualquiera que fuese el asunto o tema.)

DEO GRATIAS. Gracias a Dios.

DEO IGNOTO. Al dios desconocido.

DEO JUVANTE. Con la ayuda de Dios.

DEO ÓPTIMO MÁXIMO. Al Dios muy bueno y muy grande.

DEO VOLENTE. Dios mediante, si Dios quiere.

DEUS EX MÁCHINA. Dios desde la máquina teatral. (En sentido figurado, intervención feliz e inesperada que resuelve una situación trágica. || Por extensión, subterfugio que se utiliza cuando uno no encuentra la resolución natural de una dificultad.)

DÍEM PERDIDI. He perdido el día. (Palabras de Tito, cuando había pasado el día sin hallar ocasión de hacer una obra buena.)

DIES IRAE. Día de la cólera. (Título y primeras palabras de una secuencia del misal romano que se canta por los difuntos.)

DIRECTE NI INDIRECTE. Directa ni indirectamente.

DIVIDE ET VINCES. Divide y vencerás. (Expresa que una cosa no debe hacerse en su totalidad a un tiempo, sino por partes.)

DO UT DES. Doy para que des. (Expresa que muchas veces el móvil de una acción es la esperanza de la reciprocidad.)

DOCTUS CUM LIBRO. Sabio con el libro. (Se aplica a los que, incapaces de pensar por sí, buscan las ideas en obras ajenas.)

DURA LEX, SED LEX. La ley es dura, pero es la ley. (De Ulpiano, *Digesto*, lib. XL, tít. IX, ley 12.)

ECCE HOMO. He aquí el hombre. (Palabras de Pilato ante Jesús.)

EGO SUM QUI SUM. Yo soy el que soy. (Palabras de Dios a Moisés.)

ENSE ET ARATRO. Con la espada y el arado.

EPICURI DE GREGE PÓRCUM. Cerdo del rebaño de Epicuro. (Se aplica a quien es muy aficionado al goce de los sentidos.)

ERRARE HUMÁNUM EST. Es propio del hombre equivocarse.

ERITIS SÍCUT DII. Seréis como dioses. (Palabras de la serpiente a Eva, en el paraíso. Se suelen recordar a propósito de promesas falaces.)

ET IN ARCADIA EGO! ¡Yo también he vivido en Arcadia! (Expresa la efímera duración de la felicidad y el pesar que se siente por el bien perdido.)

ET SIC DE CAÉTERIS. Y así de lo demás. (Esto es, cuanto se ha dicho de un particular o cosa determinada debe entenderse también de lo restante de su especie.)

EX ABRUPTO. Con viveza, con calor, arrebatadamente.

EX ABUNDANTIA CORDIS OS LÓQUITUR.

225

La boca habla de lo que siente el corazón. (San Mateo, XII, 34.) (Suele abreviarse en EX ABUNDANTIA CORDIS.)

EX AEQUO. Con igualdad. (Se usa para indicar que hay dos o más cosas o circunstancias iguales. || En las carreras hípicas y otras pruebas deportivas equivale a «empate».)

EX AEQUO ET BONO. Con ánimo equitativo y benévolo. (Expresa que se ha de resolver algo sin otra guía que la equidad, por falta de ley expresa aplicable.)

EX CÁTHEDRA. Desde la cátedra de san Pedro. (Se usa para indicar que el papa habla a toda la Iglesia, o define verdades pertenecientes al dogma o a la moral. || En tono doctoral y decisivo, y a veces pedantesco.)

EX CONSENSU. Con el consentimiento.

EX CORDE. De todo corazón, con toda el alma (t., EX TOTO CORDE).

EX DONO. Por donación.

EX LIBRIS. De los libros.

EX NÍHILO NÍHIL. De nada, nada. (Expresa que todo lo finito proviene de algo, pues no hay efecto sin causa. De Lucrecio, *De rérum natura*, v. 150-214. También, EX NÍHILO NÍHIL FIT.)

EX NÍHILO NÍHIL FIT. *v.* EX NÍHILO NÍHIL.

EX ORIENTE LUX. De Oriente viene la luz. (Expresión que alude al origen del cristianismo, así como a la influencia de la cultura oriental en la occidental.)

EX PROFESO. De propósito.

EX TESTAMENTO. Por el testamento, en virtud del testamento.

EX TOTO CORDE. *v.* EX CORDE.

EX UNGUE LEÓNEM. Por la garra el león. (Expresa que así como se conoce al león por la garra, se conoce al autor de una obra literaria o artística por su estilo.)

EXCEPTIO PRÓBAT RÉGULA. La excepción a una regla no es óbice para la validez de ésta.

EXCEPTIS EXCIPIENDIS. Exceptuando lo que hay que exceptuar.

EXCUSATIO NON PETITA, ACCUSATIO MANIFESTA. Excusa no requerida, acusación manifiesta. (Indica que aquel que alega excusa sin que nadie se la pida, se acusa a sí mismo.)

EXEGI MONUMÉNTUM AERE PERENNIUS. He concluido un monumento más duradero que el bronce. (Con esta frase, Horacio [*Od.*, III, 30, 1] profetizó la inmortalidad de sus obras.)

EXEMPLI GRATIA. Por ejemplo.

EXPERIENTIA DÓCET STULTOS. La experiencia enseña a los tontos. (Las personas de inteligencia poco despierta no aprenden por el raciocinio, sino por las lecciones de la realidad.)

FABRICANDO FIT FÁBER. Trabajando en la fragua se hace el hierro. (Esto es, con la práctica constante de un oficio o profesión, sale uno maestro en ellos.)

FACIO UT DES. Hago para que me des. (En derecho, contrato, llamado *innominado*, por el que una de las partes se comprometía a un acto, y la contraria prometía pagar en dinero o especie.)

FACIO UT FACIAS. Hago para que hagas. (En derecho, expresaba que a un hecho realizado por una persona correspondía un hecho de otra.)

FÁCIT INDIGNATIO VÉRSUM. La indignación crea el verso. (Significa que la pasión es un acicate de la elocuencia. De Juvenal, *Sát.*, 5, 79.)

FAMA VÓLAT. La fama vuela. (Expresa la rapidez con que se extiende una noticia.)

FAS EST AB HOSTE DOCERI. Es lícito aprender del enemigo. (Equivale a la expresión castellana «Del enemigo, el consejo». De Ovidio, *Matem.*, IV, 428.)

FESTINA LENTE. Apresúrate lentamente. (Equivale a «Vísteme despacio, que tengo prisa».)

FÍAT IUSTITIA ETSI RÚAT CAÉLUM. Hágase justicia, aunque se hunda el firmamento. (Se atribuye a Fernando I de Alemania, aunque en esta forma: FÍAT IUSTITIA ET PEREAT MUNDUS: «hágase justicia, y que perezca el mundo».)

FÍAT LUX. Hágase la luz. (Génesis, 1, 3).

FÍAT VOLUNTAS TÚA. Hágase tu voluntad. (Palabras del padrenuestro, que expresan una fórmula de resignación cristiana o de consentimiento resignado.)

FIDES PÚNICA. *v.* PÚNICA FIDES.

FINIS CORONAT OPUS. El fin corona la obra. (Indica que el fin de una obra está en directa relación con su principio; se usa en sentido recto y figurado.)

FLUCTÚAT NEC MERGÍTUR. Flota sin hundirse. (Lema de la ciudad de París.)

FÚGIT IRREPARÁBILE TEMPUS. Huye el tiempo, irrecuperable. (De Virgilio, *Geórg.*, III, 284.)

GENUS IRRITÁBILE VÁTUM. La raza irritable de los poetas. (Expresa la excesiva susceptibilidad de los literatos. De Horacio, *Epíst.*, II, 2.)

GLORIA IN EXCELSIS DEO. Gloria a Dios en las alturas.

GLORIA VICTIS! ¡Gloria a los vencidos! (Antítesis de VAE VICTIS!)

GRAMMATICI CÉRTANT. Los gramáticos discuten. (Se completa con ET ÁDHUC SUB IÚDICE LIS EST: «y el pleito está todavía ante el juez».)

GRATIS PRO DEO. Por amor de Dios.

GROSSO MODO. Poco más o menos, aproximadamente.

GUTTA CÁVAT LÁPIDEM. La gota horada la piedra.

HÁBEAS CORPUS. Derecho del detenido a ser oído.

HIC ET NUNC. Aquí y ahora. (Se usa como sinónimo de «luego, inmediatamente».)

HIC JÁCET. Aquí yace.

HOC VOLO, SIC JÚBEO, SIT PRO RATIONE VOLUNTAS. Lo quiero, lo mando, sirva mi voluntad de razón. (Palabras que se citan al referirse a una voluntad arbitraria. De Juvenal, VI, 223.)

HODIE MIHI, CRAS TIBI. Hoy a mí, mañana a ti. (Se dirige, en lenguaje familiar, a la persona que ha de sufrir una prueba por la que uno ya ha pasado.)

HOMO HÓMINI LUPU. El hombre es un lobo para el hombre. (Expresa que a veces el hombre es peor que las fieras con sus semejantes.)

HOMO SUM: HUMANI NÍHIL A ME ALIÉNUM PUTO. Soy hombre, y nada que sea humano me es ajeno. (Expresa el sentimiento de la solidaridad humana. De Terencio, *Heautontimorumenos*, I, 1, 25.)

HONORIS CAUSA. Por razón o causa de honor.

HOSPES, HOSTIS. Extranjero, enemigo. (Antigua máxima de desconfianza diplomática.)

ÍDEM EST. Esto es.

ÍDEM PER ÍDEM. Lo mismo lo uno que lo otro.

ÍDEM QUOD. Lo mismo que.

ÍGNOTI NULLA CUPIDO. No se desea lo que no se conoce.

IMO PÉCTORE. *v.* AB IMO PÉCTORE.

IN ABSTRACTO. En lo abstracto.

IN ACTU. En acto.

IN AETÉRNUM. Para siempre (t., IN PERPÉTUUM).

IN ALBIS. En blanco. (Esto es, sin comprender una cosa.)

IN AMBIGUO. En ambigüedad (t., IN DUBIO).

IN ÁNIMA VILI. En un ser vil. (Se aplica a los experimentos científicos realizados en animales.)

IN ANTIS. Se aplica al templo que tiene en su fachada dos columnas, o dos columnas y dos antas.

IN ARTÍCULO MORTIS. En el artículo de la muerte. (Esto es, en la hora de la muerte; t., IN EXTREMIS.)

IN CÓRPORE VIVO. *v.* IN VIVO.

IN CURIA. Se aplicaba al *juez in curia*, cualquiera de los seis protonotarios apostólicos españoles, a los cuales el nuncio papal en España debía someter el conocimiento de las causas que apelaban a su tribunal, de las cuales conoce hoy la Rota.

IN DUBIO. *v.* IN AMBIGUO.

IN EXTENSO. Por entero, en toda su extensión, con todos sus pormenores.

IN EXTREMIS. En el último momento de la vida, en el momento de la muerte. (Se aplica al matrimonio que se celebra cuando uno de los contrayentes está en peligro de muerte o próximo a ella.)

IN FACIE ECCLESIAE. En presencia de la Iglesia. (Públicamente y con todos los requisitos establecidos por la Iglesia. Se aplica especialmente al matrimonio así celebrado.)

IN FÍERI. Lo que está por hacer.

IN FINE. Al final.

IN FRAGANTI. En flagrante, en el mismo acto de cometerse un delito.

IN GLOBO. En globo, en conjunto.

IN HOC SIGNO VINCES. Con este signo vencerás. (Se usa para indicar lo que en una circunstancia nos ha de hacer vencer.)

IN ILLO TÉMPORE. En aquel tiempo. (Se usa con la significación de «en otros tiempos, hace mucho tiempo».)

IN ÍNTEGRUM. Integramente, en un todo. (Se usa en la expresión forense *restitución in integrum*, y designa la reintegración de un menor o de otra persona privilegiada en todas sus acciones y privilegios.)

IN LÍMINE. En el umbral. (O sea, al principio.)

IN LOCO CITATO. En el lugar citado. (Se usa en libros.)

IN MEDIAS RES. En medio del asunto. (Expresa que el asunto narrado no se ha tomado desde su principio. De Horacio, *Epistola ad Pisones*, 148.)

IN MEDIO CONSÍSTIT VIRTUS. *v.* IN MEDIO STAT VIRTUS.

IN MEDIO STAT VIRTUS. La virtud está en el medio. (Expresa que debe huirse de las actitudes extremas.)

IN MEMÓRIAM. En memoria, para recuerdo.

IN NATURÁLIBUS. *v.* IN PURIS NATURÁLIBUS.

IN NÓMINE. En nombre, nominalmente.

IN NÓMINE DÓMINI. En el nombre del Señor.

IN PACE. En paz.

IN PÁRTIBUS. En parte. (Dícese de la persona a quien se ha otorgado un título o cargo que no ejerce en la realidad.)

IN PÁRTIBUS INFIDÉLIUM. En las partes ocupadas por los infieles. (Se aplica al obispo cuyo título es honorífico, sin derecho a jurisdicción alguna. ‖ Se aplica también a la persona que ostenta un título de un cargo que no ejerce; en este caso suele decirse solamente IN PÁRTIBUS.)

IN PÉCTORE. En el pecho. (Se da a entender que se ha tomado una resolución y se tiene aún reservada; especialmente, se aplica al cardenal cuya proclamación se reserva el papa; significa, también, «para sus adentros».)

IN PERPÉTUUM. Perpetuamente, para siempre.

IN PETTO. *v.* IN PÉCTORE.

IN PÓCULIS. Entre copas. (Esto es, bebiendo.)

IN POTENTIA. En potencia, potencialmente.

IN PRAEFIXO TÉRMINO. En el término prefijado. (Suele usarse en su sentido recto.)

IN PRAESENTI. En el tiempo presente.

IN PRIMIS. Ante todo.

IN PROMPTU. De pronto. (Se aplica a las cosas que están a la mano o se hacen de pronto.)

IN PÚRIBUS. Desnudo, en cueros. (Es corrupción de la frase IN PURIS NATURÁLIBUS.)

IN PURIS NATURÁLIBUS. Desnudo, en cueros. En estado puramente natural.

IN SAÉCULA SAECULÓRUM. Por los siglos de los siglos.

IN SITU. En el sitio.

IN RÉRUM NATURA. En la naturaleza de las cosas.

IN SACRIS. En las cosas sagradas.

IN SÓLIDUM. Total, por entero, por el todo. (Suele aplicarse a la facultad u obligación común a dos o más personas y que atañe a cada una de ellas por entero.)

IN SOLÚTUM. En pago a cuenta. (Se usa en la frase forense *dación in solútum,* cuando se da o adjudica al acreedor una cosa mueble o raíz del deudor en pago de la deuda.)

IN STATO QUO. En el mismo estado o situación. (A veces también se usa IN STATO QUO ANTE: «en el mismo estado o situación de antes», y, como sustantivo, STATU QUO.)

IN TÉMPORE OPORTUNO. En el tiempo conveniente.

IN ÚSUM DELPHINI. *v.* AD ÚSUM DELPHINI.

IN UTROQUE. *v.* IN UTROQUE JURE.

IN UTROQUE JURE. En ambos derechos. (Esto es, en los derechos civil y canónico.)

IN VINO VÉRITAS. La verdad en el vino. (Es decir, el hombre dice lo que lleva dentro cuando ha bebido.)

IN VITRO. En el vidrio. (Se aplica a los experimentos realizados en el laboratorio, fuera del organismo.)

IN VIVO. En el ser vivo. (Se aplica a las reacciones fisiológicas que se realizan en el organismo. La frase entera es IN CÓRPORE VIVO.)

INVITA MINERVA. A pesar de Minerva. (Se aplica a los escritores que a veces se empeñan en producir aun cuando les falte talento e inspiración. De Horacio, *Arte poética*, v. 385.)

INÍTIUM SAPIENTIAE TÍMOR DÓMINI. El principio de la sabiduría (es) el temor de Dios.

INTELLIGENTI PAUCA. Al inteligente, pocas palabras. (Equivale a «Al buen entendedor, pocas palabras bastan».)

ÍNTER NOS. Entre nosotros.

ÍNTER VIVOS. Entre vivos.

IPSE DÍXIT. *v.* MAGISTER DÍXIT.

IPSO FACTO. En el acto. ‖ Por el mismo hecho.

IPSO JURE. Por ministerio de la ley.

ITA EST. Así es.

JURE DIVINO. Por derecho divino. (Se aplica a los soberanos a quienes se considera tales independientemente de la voluntad o aquiescencia del pueblo.)

JURE ET FACTO. De hecho y de derecho. (Se aplica a las situaciones creadas por el derecho que han podido realizarse materialmente en el terreno de los hechos.)

JURE HUMANO. Por las leyes humanas. (Esto es, por la ley que está en la esencia del hombre.)

JURIS ET DE JURE. De derecho y por derecho. (En lenguaje forense indica que la presunción no admite prueba en contrario.)

JURIS TÁNTUM. Tan sólo de derecho. (En lenguaje forense denota que la presunción admite prueba en contrario.)

JUS EST ARS BONI ET AEQUI. El derecho es el arte de lo bueno y de lo justo. (Se atribuye a Celsio, en el *Digesto*.)

JUS ET NORMA LOQUENDI. Ley y norma del lenguaje. (Indica que el uso es el que decide en materia de lenguaje. De Horacio, *Arte poética*, 72.)

JUS GÉNTIUM. Derecho de gentes. (El derecho que los romanos aplicaban a los extranjeros. Hoy expresa el concepto de derecho internacional.)

JUS PRIVÁTUM. Derecho privado. (Entre los romanos equivalía a nuestro derecho civil.)

JUS PÚBLICUM. Derecho público. (Entre los romanos equivalía al actual derecho político.)

JUS SÁNGUINIS. Derecho de sangre. (Se usa para indicar que la ley que debe aplicarse al extranjero es la del país de procedencia, no la del lugar donde se encuentra. Se llama también *ley de la patria*, y actualmente se aplica en la mayor parte de las naciones europeas.)

JUS SOLI. Derecho del suelo. (Se aplica en derecho internacional para indicar que la ley aplicable a los extranjeros es la territorial y no la del país de donde proceden, sistema que se sigue en la mayor parte de los países americanos.)

JUSTAE NÚPTIAE. Justas nupcias.

(Los romanos denominaban así el matrimonio legal.)

LÁBOR OMNIA VÍNCIT. Todo lo vence el trabajo. (También se escribe LÁBOR OMNIA VÍNCIT ÍMPROBUS: «un trabajo ímprobo todo lo vence».)

LAPSUS CÁLAMI. Error de pluma.

LAPSUS LINGUAE. Equivocación al hablar.

LATO SENSU. En sentido lato. (Es decir, por extensión. Se opone a STRICTO SENSU.)

LEGE, QUAESO. Lee, te lo ruego.

LEX DURA EST, SED CERTA EST. La ley es dura, pero está en lo cierto. (De Vico, *Principii di scienza nuova*.)

LEX DURA EST, SED SCRIPTA EST. La ley es dura, mas se halla escrita. (Atribuida a Ulpiano. *v*. DURA LEX, SED LEX.)

LOCO CITATO. En el lugar citado (t., LOCO LAUDATO).

LOCO LAUDATO. *v*. LOCO CITATO.

LOCUS SIGILLI. Lugar del sello.

MÁGISTER DÍXIT. El maestro lo ha dicho (t., IPSE DÍXIT).

MANU MILITARI. Por mano militar. (Esto es, haciendo uso de la fuerza armada.)

MANUS MÁNUM LÁVAT. Equivale al refrán castellano: «Una mano lava la otra, y ambas, la cara».)

MARE MÁGNUM. Confusión de asuntos, maremagno.

MARGARITAS ANTE PORCOS. (No arrojéis) perlas a los puercos. (En sentido figurado viene a decir que no debe hablarse a los ignorantes de cosas que no están capacitados para comprender; la frase es del Evangelio de San Marcos, 7, 6.)

MÁXIMA DEBÉTUR PÚERO REVERENTIA.

Débese al niño el mayor respeto.

MÉDICE, CURA TE ÍPSUM. Médico, cúrate a ti mismo. (Se aplica a quienes dan consejos que mejor debieran seguir ellos mismos.)

MEMENTO, HOMO, QUIA PULVIS ES ET IN PULVEREM REVERTERIS. Acuérdate, hombre, que polvo eres y en polvo te convertirás.

MENS SANA IN CÓRPORE SANO. Mente sana en cuerpo sano. (Indica el perfecto equilibrio del individuo, sano de cuerpo y de espíritu. De Juvenal, *Sát.*, X, 356.)

MÍNIMA DE MALIS. De los males, los menos.

MIRÁBILE VISO. Cosa admirable de ver.

MIXTI FORI. Tribunal mezclado. (Dícese de los delitos de que podían conocer los tribunales eclesiástico y seglar. ‖ Dícese también de las cosas o hechos de naturaleza difícil de deslindar o penetrar.)

MODUS FACENDI. Modo de obrar.

MODUS OPERANDI. *v*. MODUS FACENDI.

MODUS VIVENDI. Modo de vivir.

MORE MAIÓRUM. Según la costumbre de los antepasados.

MORS ÚLTIMA RATIO. La muerte es la última razón de todo.

MOTU PROPRIO. Espontánea, voluntariamente.

MÚLIER TÁCEAT IN ECCLESIA. La mujer cállese en la iglesia. (Disposición canónica contenida en la primera Epístola a los Corintios de san Pablo, cap. XIV, v. 34.)

MULTA PAUCIS. Mucho en pocas palabras. (Se dice de los escritores concisos.)

MUTATIS MUTANDIS. Cambiando lo que haya que cambiar.

MUTATO NÚMINE. Cambiado el nombre.

NASCÚNTUR POETAE, FÍUNT ORATORES. Los poetas nacen; los oradores se hacen. (Expresa que el poeta, al nacer, tiene ya el germen de su genio, en tanto que el orador llega a tal con el ejercicio y el trabajo.)

NATURA NATÚRANS. Naturaleza naturalizante. (En el escolasticismo designa la naturaleza que crea y forma todas las obras, esto es, Dios, por oposición a *natura naturata* [«naturaleza naturalizada»], que es el conjunto de lo creado.)

NATURA NATURATA. *v.* NATURA NATÚRANS.

NATURA NON FÁCIT SALTUS. La naturaleza no da saltos. (Aforismo que expresa el orden y regularidad de la evolución natural. Se atribuye a Leibniz y a Linneo.)

NAVIGARE NECESSE EST, VÍVERE NON EST NECESSE. Necesario es navegar, vivir no lo es. (Expresa que por la vida hay que arrostrar incluso el riesgo de muerte.)

NE QUID NIMIS. Nada con demasía.

NE VARIÉTUR. Para que nada se cambie.

NEC PLÚRIBUS ÍMPAR. No diferente de muchos. (Esto es, superior a todos; es la divisa de Luis XIV de Francia.)

NEC PLUS ULTRA. No más allá (t., NON PLUS ULTRA).

NECÉSSITAS CÁRET LEGE. La necesidad carece de ley.

NEGATIVE ET AMPLIUS. Negativa-mente y algo más. (Se refiere a la respuesta que emiten las Congregaciones romanas [especialmente la de Ritos] para indicar al peticionario que no debe insistir en su demanda, pues ésta ha sido discutida en la Congregación y negada por unanimidad.)

NÉMINE CONTRADICENTE. *v.* NÉMINE DISCREPANTE.

NÉMINE DISCREPANTE. Sin que nadie discrepe. (Suele usarse en las pruebas académicas.)

NÍHIL ADMIRARI. *v.* NIL ADMIRARI.

NÍHIL ÓBSTAT. Nada se opone. (Fórmula con la que la censura eclesiástica autoriza la publicación de una obra. También es correcta la grafía NIL ÓBSTAT.)

NIL ADMIRARI. No conmoverse por nada.

NIL NOVI SUB SOLE. Nada de nuevo bajo el sol.

NIL ÓBSTAT. *v.* NÍHIL ÓBSTAT.

NÓLENS, VÓLENS. No queriendo, queriendo. (Esto es, de grado o por fuerza, quieras o no quieras.)

NOLI ME TÁNGERE. No me toques. (Palabras de Jesús a la Magdalena; se aplica a aquello que se considera exento de contradicción o examen, y, en sentido irónico, a aquello de que no debe hablarse.)

NON BIS IN ÍDEM. No dos veces por lo mismo. (Expresa que no se puede juzgar a una persona dos veces por el mismo delito, salvo que se pruebe, en la segunda acusación, que la primera vez se procedió con dolo.)

NON DÉCET. No conviene.

NON ERAT HIS LOCUS. No era el sitio oportuno para ello. (Se utiliza como censura de las digresiones inoportunas.)

NON EXPÉDIT. No conviene. (Consigna que dio el Vaticano a los católicos italianos tras la ocupación de los Estados pontificios para que no participasen en las elecciones políticas como votantes ni como candidatos.)

NON LÍQUET. No está claro.

NON MULTA, SED MÚLTUM. No muchos, sino mucho. (Se aplica a cosas cuya importancia no reside en su número, sino en su calidad.)

NON, NISI PARENDO, VÍNCITUR. No se la vence sino obedeciéndola. (Se refiere a que a la naturaleza, para domeñarla, hay que obedecerla.)

NON NOVA, SED NOVE. No cosas nuevas, sino de manera nueva. (Expresa que lo importante no es descubrir ideas nuevas, sino saber valerse de las existentes para presentarlas en forma nueva y enriquecida.)

NON ÓLET. No huele. (Se refiere al valor del dinero, que no tiene que ver con su procedencia.)

NON OMNIA PÓSSUMUS OMNES. No todos lo podemos todo. (Indica que una persona no sobresale a la vez en todas las artes o en todos los géneros.)

NON OMNIS MÓRIAR. No moriré del todo. (Frase de Horacio, con la que quería decir que su obra le sobreviviría.)

NON PLUS ULTRA. v. NEC PLUS ULTRA.

NON PÓSSUMUS. No podemos, no es posible.

NON SANCTA. No buena. (Se aplica a la gente de mal vivir.)

NON SÉQUITUR. No sigue.

NOSCE ET ÍPSUM. Conócete a ti mismo.

NOTA BENE. Nota, observa, repara bien.

NULLA DÍES SINE LÍNEA. Ni un día sin línea. (Se aplica especialmente a los escritores.)

NUNC EST BIBÉNDUM. Ahora hay que beber. (Familiarmente, manera de expresar que hay que celebrar un éxito.)

O TÉMPORA! O MORES! ¡Oh tiempos! ¡Oh costumbres! (Exclamación de Cicerón contra la perversidad de sus contemporáneos.)

O SANCTA SIMPLÍCITAS! ¡Oh santa simplicidad! (Exclamación atribuida a Juan Hus, cuando, ardiendo en la hoguera, vio a una anciana llevar un leño para aquélla; se usa la frase para burlarse de una acción o palabra demasiado ingenua.)

ODI PROFÁNUM VULGUS ET ÁRCEO. Odio al vulgo profano, y me aparto de él. (Frase de Horacio, con la cual da a entender que se dirige únicamente a los que son dignos de entenderle.)

OMNE VÍVUM EX OVO, O EX VIVO. Todo ser viviente procede de un huevo o de otro ser viviente. (Se atribuye al inglés Harvey.)

OMNIA VÍNCIT AMOR. El amor todo lo vence.

OMNIS HOMO MÉNDAX. Todo hombre es mentiroso.

PANE LUCRANDO. Para ganar el pan. (Se aplica a las obras artísticas o literarias hechas con el fin de ganarse la vida.)

PÁNEM ET CIRCENSES. Pan y juegos del circo. (Esto es, «pan

y toros», o «pan y fútbol», con despreocupación total de todo lo demás.)

PARTÚRIENT MONTES, NASCÉTUR RIDÍCULIS MUS. Paren los montes, nacerá un ridículo ratón. (Se aplica como burla cuando a grandes promesas siguen resultados tan pequeños que resultan ridículos.)

PAUCA, SED BONA. Poco, pero bueno. (Dícese en especial de los escritores que producen poco pero excelente.)

PAULO MAJORA CANAMUS. Cantemos cosas un poco más elevadas. (Se aplica para pasar de un asunto a otro más elevado.)

PER ÁCCIDENS. Por accidente. (En lenguaje filosófico se opone a PER SE.)

PER ÁNNUM. Al año.

PER CÉNTUM. Por ciento.

PER DÍEM. Por día, diariamente.

PER FAS ET NEFAS. Por lo lícito y lo ilícito. (Esto es, por todos los medios.)

PER OS. Por la boca. (Se usa sobre todo en medicina para indicar la forma de ingerir preparados fármacos.)

PER SAÉCULA SAECULÓRUM. Por los siglos de los siglos.

PER SE. Por sí. v. PER ÁCCIDENS.

PERINDE AC CADÁVER. Como un cadáver. (Palabras de las Constituciones de la Compañía de Jesús, que expresan la ciega obediencia con que han de proceder sus miembros.)

PERSONA GRATA. Persona que agrada. (Se usa en diplomacia.)

PERSONA NON GRATA. Persona que desagrada. (Se usa en diplomacia.)

PLÁUDITE, CIVES. Aplaudid, ciudadanos. (Palabras con que los cómicos de la antigua Roma solicitaban aplauso al final de la representación.)

PLUS AEQUO. Más que lo justo.

PLUS MINUSVE. Más o menos.

PLUS ULTRA. Más allá.

POST HOC, ERGO PRÓPTER HOC. Después de esto, luego es a consecuencia de esto. (Con esta fórmula, los escolásticos expresan el sofisma de falsa causa, consistente en tomar por causa de un hecho lo que en realidad es mero antecedente suyo.)

POST MERÍDIEM. Después del mediodía.

POST MÓRTEM. Después de la muerte.

POST MÓRTEM NÍHIL EST. Después de la muerte no hay nada. (Principio de un verso de Séneca el Trágico, que termina así: *ipsaque mors níhil*: «y la misma muerte no es nada».)

POST NÚBILA PHOEUS. Después de las nubes, el sol. (Esto es, «tras los tiempos malos vienen otros mejores», o lo que es lo mismo, «tras la tempestad viene la calma», o «después de las vacas flacas, las gordas».)

POST PÁRTUM. Después del parto.

POST SCRÍPTUM. Después de escrito, posdata.

POTIUS MORI QUAM FOEDARI. Antes morir que deshonrarse.

PRAE MÁNIBUS. Entre manos.

PRIMA FACIE. A primera vista.

PRIMO MÍHI. Primero a mí.

PRIMO OCCUPANDI. Al primer ocupante. (Expresa el derecho natural que tiene a una propiedad el primero que la ocupa.)

PRÍMUM VÍVERE, DEÍNDE PHILOSOPHARE. Primero, vivir; después, filosofar. (Encarece la importancia de los problemas materiales.)

PRIMUS ÍNTER PARES. El primero entre los iguales. (Se emplea para designar al que es primero entre los de su misma categoría.)

PRINCÍPIIS OBSTA. A los comienzos opónte. (Es decir, pon remedio al mal desde su mismo comienzo.)

PRIUS MORI QUAM FOEDARI. Antes morir que mancharse (v. POTIUS MORI QUAM FOEDARI.)

PRO DOMO. v. PRO DOMO SUA.

PRO DOMO SUA. En pro de la propia causa. (Alude al egoísmo con que obra alguno.)

PRO FORMA. v. PRO FÓRMULA.

PRO FÓRMULA. Por fórmula, por mera fórmula. (Significa que se hace una cosa sólo para cumplir con alguna costumbre o estatuto.)

PRO INDIVISO. Por dividir o partir. (Se aplica a las cosas singulares o caudales que están en comunidades, sin dividir.)

PRO RATA. v. PRO RATA PARTE.

PRO RATA PARTE. Prorrata. (Cuota o proporción que corresponde a cada uno en un reparto proporcional de lo que se tiene que pagar o percibir entre varios.)

PRO TÉMPORE. Según el tiempo o las circunstancias, temporalmente.

PRO TRIBUNALI. Ante el tribunal. (En estrados y audiencia pública o con el traje y aparato de juez. || Con tono autoritario.)

PÚNICA FIDES. Fe púnica, cartaginesa. (Esto es, mala fe.)

QUALIS PÁTER, TALIS FILIUS. Tal padre, tal hijo. (Esto es, «De tal palo, tal astilla».)

QUANDOQUE BONUS DORMITAT HOMERUS. También alguna vez dormita el bueno de Homero. (Da a entender que también los escritores de genio se equivocan alguna vez.)

QUÁNTUM SATIS. Cuanto sea bastante, lo suficiente. (Se usa en farmacia.)

QUANTUM SÚFFICIT. Lo que baste. (Se usa en farmacia.)

QUÁNTUM VIS. Cuanto se quiera. (Se usa en farmacia.)

QUI BENE ÁMAT, BENE CASTÍGAT. Quien bien ama, bien castiga. (Esto es, «Quien mucho te quiere te hará llorar».)

QUI NÉSCIT DISSIMULARE NÉSCIT REGNARE. Quien no sabe disimular no sabe reinar.

QUI PÓTEST CÁPERE, CÁPIAT. Quien pueda entenderlo, lo entienda.

QUI SCRÍBIT, BIS LÉGIT. Quien escribe, lee dos veces. (Es decir, para retener un texto, lo mejor es copiarlo.)

QUID DIVÍNUM. Algo divino. (Se usa para designar la inspiración propia del genio.)

QUID NOVI? ¿Qué hay de nuevo?

QUID PRO QUO. Una cosa por otra. (Da a entender que una cosa se sustituye con otra equivalente. || Error o confusión que consiste en tomar una persona o cosa por otra.)

QUID PRÓDEST? ¿Para qué sirve?

QUIETA NON MOVERE. No hay que agitar lo que está quieto.

QUOD DEUS CONIÚNXIT, HOMO NON SEPÁRET. Lo que Dios unió no lo separe el hombre. (Frase que condensa el principio de la indisolubilidad del matrimonio.)

QUOD ÉRAT DEMONSTRÁNDUM. Que era lo que se trataba de demostrar. (Fórmula de que usan los profesores de matemática tras una demostración.)

QUOD NON FECÉRUNT BÁRBARI, FECÉRUNT BARBERINI. Lo que no hicieron los bárbaros, lo hicieron los Barberini. (Alude al hecho de que el papa Urbano IV, que pertenecía a la familia Barberini, mandó arrancar las piezas de bronce que protegían las vigas del techo del panteón de Roma para utilizarlas en la basílica de San Pedro. Se aplica esta frase a circunstancias y hechos semejantes.)

QUOD NON FECÉRUNT GOTI, FECÉRUNT SCOTI. Lo que no hicieron los bárbaros (goti), lo hicieron los escoceses (scoti). (Frase atribuida a lord Byron al contemplar el Partenón de Atenas, del que lord Elgin, escocés, se había llevado a Londres las esculturas. Equivale a QUOD NON FECÉRUNT BÁRBARI, FECÉRUNT BARBERINI.)

QUOD SCRIPSI, SCRIPSI. Lo escrito, escrito está. (Palabras de Pilato, que se aplican a quienes no quieren retractarse de lo que han afirmado o de la resolución adoptada.)

QUOS IÚPITER VULT PÉRDERE, PRIUS DEMÉNTAT. A los que Júpiter quiere perder, primero los enloquece. (Se aplica a quienes corren ciegamente a su perdición.)

QUOT CÁPITA, TOT SENSUS. Cuantas cabezas, tantos pareceres.

QUOÚSQUE TÁNDEM? ¿Hasta cuándo?

RARA AVIS. v. RARA AVIS IN TERRIS.

RARA AVIS IN TERRIS. Pájaro raro. (Se aplica a persona o cosa como singular excepción.)

RELATA RÉFERO. Refiero lo que he oído.

REQUIÉSCAT IN PACE. Descanse en paz.

RES, NON VERBA. Realidades, no palabras.

RES NULLÍUS. Cosa de nadie.

RES NULLÍUS, PRIMI OCCUPANDI SUNT. Las cosas que no tienen dueño pertenecen al primer ocupante. (Aforismo del derecho romano.)

RIDÍCULUS MUS. Ridículo ratón. (v. PARTÚRIENT MONTES, NASCÉTUR RIDÍCULUS MUS.)

RÍSUM TENEATIS? ¿Contendríais la risa? (Se usa con referencia a cosas ridículas que mueven a risa.)

ROMA LOCUTA, CAUSA FINITA. Roma habló, asunto concluido. (Sintetiza la sumisión incondicional que los católicos deben a las decisiones de la Santa Sede en materia de fe y moral. ‖ Se refiere también a la decisión inapelable del Tribunal de la Rota, y, por extensión, a la de cualquier tribunal supremo.)

SALUS PÓPULI SUPREMA LEX EST. Sea la ley suprema la salvación del pueblo. (Indica que en casos extremos se olvidan las leyes particulares con tal de salvar a la patria.)

SANCTA SIMPLÍCITAS. v. O SANCTA SIMPLÍCITAS!

SANCTA SANCTÓRUM. El santo de los santos. (Esto es, lo más santo o sagrado.)

SECÚNDUM ARTE. Según arte, artificialmente.

SÉRVUM PÉCUM. Rebaño servil. (Se aplica a los imitadores o aduladores.)

SESQUIPEDALIA VERBA. Palabras de pie y medio de largo. (Expresa que los autores no deben usar palabras demasiado largas.)

SENECTUS IPSA EST MORBUS. La misma vejez es una enfermedad.

SI VIS PÁCEM, PARA BÉLLUM. Si quieres la paz, prepara la guerra. (Significa que, para no ser atacado, lo mejor es estar preparado para defenderse.)

SIC ÍTUR AD ASTRA. Así se llega a los astros. (Se aplica a todo hecho brillante o que enaltece al que lo ejecuta.)

SIC TRÁNSIT GLORIA MUNDI. Así pasa la gloria del mundo. (Palabras que, dirigidas al papa en el momento de su elevación, le recuerdan la fragilidad del poderío humano.)

SÍCUT VITA, FINIS VITA. Como fue la vida, así será el fin. (Equivale al refrán «Quien mal anda, mal acaba».)

SINE ANNO. Sin año. (Sin fecha.)

SINE DÍE. Sin fijar día.

SINE IRA ET STUDIO. Sin enojo ni pasión. (Expresa la perfecta ecuanimidad.)

SINE LOCO ET ANNO. Sin lugar ni año. (Dícese de los libros en los que no se menciona el lugar ni la fecha de edición.)

SINE QUA NON. Sin lo cual no. (Dícese de la condición sin la cual no se hará una cosa, o se tendrá por no hecha.)

SINT UT SUNT, AUT NON SINT. Sean como son, o que no sean. (Frase con la que se da a entender que se trata de un cambio sustancial, inaceptable a cualquier precio; aunque se atribuía al padre Ricci, general de los jesuitas, a quien se le proponía

modificar las Constituciones de su Compañía, se debe en realidad a Clemente XIII.)

SIT TIBI TERRA LEVIS! ¡Que la tierra le sea leve!

SOL LÚCET ÓMNIBUS. El sol brilla para todos. (Expresa que todos tenemos derecho a disfrutar de ciertas ventajas naturales.)

SPONTE SUA. Por propio impulso.

STULTÓRUM INFINITUS EST NÚMERUS. El número de los tontos es infinito.

SUB JÚDICE. Bajo el juez. (Pendiente de resolución judicial. || Dícese de la cuestión opinable.)

STATO QUO. v. IN STATO QUO.

STATO QUO ANTE. v. IN STATO QUO.

STRICTU SENSU. En sentido estricto. (v. LATO SENSU.)

SUBLATA CAUSA, TÓLLITU EFFECTUS. Suprimida la causa, desaparece el efecto.

SUI GÉNERIS. Muy especial.

SÚMMUM JUS, SUMMA INJURIA. Exceso de justicia, exceso de injusticia. (Expresa que aplicando la ley demasiado rigurosamente suelen cometerse iniquidades.)

SUO TÉMPORE. A su tiempo. (Indica que las cosas deben hacerse con oportunidad.)

SÚSTINE ET ÁBSTINE. Soporta y abstente.

SÚUM CUIQUE. A cada uno lo suyo.

TAÉDIUM VITAE. Fastidio o aburrimiento de la vida. (Expresa, en medicina, un estado morboso de hastío, que suele conducir al suicidio.)

TÉRMINUS A QUO... Límite desde el cual... (Fecha en que empieza a contarse un plazo.)

TÉRMINUS AD QUEM... Límite hasta

el cual... (Fecha en que termina un plazo.)

TESTIS UNUS, TESTIS NULLUS. Testigo solo, testigo nulo.

TÍMEO HÓMINEM UNIUS LIBRI. Temo al hombre de un solo libro. (Esto es, por una parte: el hombre que sólo conoce un libro, pero lo conoce bien, es un adversario de cuidado; por otra, es temible el hombre que sólo conoce un libro y por él pretende juzgarlo todo.)

TOLLE, LEGE. Toma, lee.

TOTIDEM VERBIS. En toda la extensión de la palabra.

TOTIES QUOTIES. Tantas cuantas, en cuantas ocasiones se presentan.

TÓTUM REVOLÚTUM. Cosa revuelta, revoltillo.

TRÁHIT SUA QUEMQUE VOLUPTAS. Cada cual tiene una afición que le arrastra. (Esto es, cada cual tiene sus inclinaciones.)

TU, ÁUTEM. Pero tú. (Se usa en el sentido de «persona, cosa precisa».)

TU, MARCELLUS ERIS. Tú serás Marcelo. (Se refiere a la promesa que no ha de cumplirse; alude a Marcelo, hijo de Octavia, hermana del emperador Augusto.)

TU QUOQUE, FILI MI! ¡Tú también, hijo mío! (Expresión de dolor de César, al descubrir, entre sus asesinos, a su hijo adoptivo Bruto; se usa aludiendo a una persona que traiciona.)

TÚA RES ÁGITUR. De ti se trata. (Equivale a «eso te atañe, eso es cosa tuya».)

UBI BENE IBI PATRIA. Donde se está bien, allí está la patria.

ÚLTIMA RATIO RÉGUM. Último argumento de los reyes. (Divisa que Luis XIV de Francia hizo grabar en sus cañones.)

ÚNGUIBUS ET ROSTRO. Con los dientes y las uñas. (Se usa en el sentido de defenderse vigorosamente.)

UNA SALUS VICTIS, NÚLLAM SPERARE SALÚTEM. A los vencidos sólo queda una salvación, la de no esperar ninguna.

URBI ET ORBI. A la ciudad (Roma) y al universo. (Fórmula empleada por el papa en su bendición cuando se dirige al mundo entero. Se utiliza también, por extensión, en el sentido de «a los cuatro vientos».)

URBIS CONDITA. v. AB URBE CONDITA.

UT ÁNTEA. Como antes. (Denota que un hecho se ha realizado en la misma forma, lugar, fecha, etc., que antes se dijo en la misma página del libro que se lee o se escribe.)

UT INFRA. Como abajo.

UT SUPRA. Como arriba. (Se usa en escritos.)

UTI, NON ABUTI. Usar, pero no abusar.

UTI POSSIDETIS. Como poseéis. (Fórmula diplomática que se refiere a convenios fundados en las posesiones actuales de los beligerantes.)

VADE IN PACE. Ve en paz.

VADE RETRO, SÁTANA! ¡Retírate, Satanás! (Palabras de Jesús; se aplican para rechazar a alguno no aceptando sus proposiciones.)

VAE SOLI! ¡Ay del hombre solo! (Se refiere a la desgraciada posición del hombre solo, abandonado a sí mismo.)

VAE VICTIS! ¡Ay de los vencidos! (Expresa que el vencido está siempre a merced del vencedor.)

VÁNITAS VANITÁTUM, ET OMNIA VÁNITAS. Vanidad de vanidades, y todo vanidad.

VÁRIUM ET MUTÁBILI. Cosa variable y cambiante. (Palabras aplicadas por Mercurio a la mujer, según Virgilio.)

VELIS NOLIS. Quieras o no quieras. (Esto es, de grado o por fuerza.)

VENI, VIDI, VICI. Vine, vi, vencí. (Palabras de César al Senado para expresar la rapidez de la victoria que acababa de conseguir contra Farnaces; se usa familiarmente para expresar la facilidad de un éxito.)

VERBA VÓLANT, SCRIPTA MÁNENT. Las palabras vuelan, lo escrito queda. (Se refiere al peligro que implica escribir sin reflexionar, con imprudencia, acerca de opiniones, hechos, etc.)

VERBI GRATIA. Por ejemplo.

VÉRITAS ÓDIUM PÁRIT. La verdad engendra el odio. (Esto es, el decir la verdad puede acarrear enemistad, o lo que es lo mismo, «Con las verdades se pierden las amistades».)

VICTIS HONOS. Honor a los vencidos. (Antítesis de vae victis!; indica que el enemigo, aunque vencido, tiene derecho al respeto del vencedor.)

VÍCTRIX CAUSA DIIS PLÁCUIT, SED VICTA CATONI. La causa de los vencedores agradó a los dioses; la de los vencidos, a Catón. (Se aplica a los que son fieles a sus convicciones sin desertar en la hora de la derrota. De Lucano, *Farsalia*.)

VÍDEO MELIORA PROVOQUE, DETERIORA SÉQUOR. Veo lo mejor y lo apruebo, pero sigo lo peor. (Se refiere al hombre a quien su recta inteligencia enseña el camino del deber y de la verdad, pero a quien su debilidad y ambición arrastran, a pesar de ello, hacia el mal. De Ovidio, *Metamorfosis*, VII.)

VÍNUM BÓNUM LAETÍFICAT COR HÓMINIS. El buen vino alegra el corazón del hombre. (Suele aplicarse en sentido humorístico.)

VIR BONUS, DICENDI PERITUS. Hombre honrado y hábil en el decir. (Da a entender que el orador necesita la doble autoridad de la virtud y del talento.)

VIRI INFELICIS PRÓCUL AMICI. Lejos están los amigos del hombre desdichado. (Séneca.)

VÍRIBUS UNITIS. Con las fuerzas unidas. (Divisa de Francisco José I, rey de Austria y emperador de Hungría.)

VIS CÓMICA. Fuerza, vigor cómico.

VÍTAM IMPEDERE VERO. Consagrar su vida a la verdad. (Juvenal, *Sátiras*, IV, 91.)

VÍVERE PARVO. Vivir con poco.

VOX CLAMANTES IN DESERTO. La voz que clama en el desierto. (Palabras de san Juan Bautista; se aplican al que habla sin ser escuchado.)

VOX PÓPULI, VOX DEI. Voz del pueblo, voz de Dios. (Se aplica al hecho de que a veces la verdad de un hecho o la justicia de algo se basa en la opinión unánime del vulgo.)

VULNÉRANT OMNES, ÚLTIMA NÉCAT. Todas hieren, la última mata. (Se refiere a las horas que van pasando; la última es mortal.)

11

MAYÚSCULAS Y MINÚSCULAS

I. El problema de las mayúsculas

Éste es, para mí como para cuantos han tratado el problema (que han sido pocos), un tema difícil y erizado de excepciones. ¿Cuándo se escribe mayúscula y cuándo minúscula? Digamos antes de nada que, aparte de algunas reglas que pueden darse, la cuestión es en muchos casos de apreciación personal; sin embargo, ciertas costumbres decimonónicas en el uso de las mayúsculas deben desecharse, aunque en la Gramática de la Academia aún sigan vigentes.

En general, puede decirse que más que usar las mayúsculas, se abusa de ellas; es decir, se usan en muchos casos por mera razón de ornato o, lo que es peor, por una creencia —alimentada en nuestros años de colegial— de que las mayúsculas confieren algo así como cierta dignidad; gramaticalmente al menos, esto es inexacto; un cardenal, pongo por caso, no es más digno ni más santo porque escribamos la palabra con mayúscula, y puesto que es un título de dignidad y éstos se escriben —o deben escribirse— con minúscula (por cuanto no son nombres propios ni pueden considerarse tales), nada malo haremos escribiendo *cardenal* con minúscula. Sin embargo, como se ha dicho antes, este tema está erizado de excepciones, y además es con mucho cuestión de apreciación personal; esto nos lleva a la siguiente consideración: si un sacerdote, por ejemplo, hablase de un cardenal al cual tuviera en grande aprecio y veneración, ¿podría censurársele que escribiera con mayúscula la palabra de marras? Sin embargo, es obvio que estas excepciones deben apli-

241

carse con mesura, puesto que con el mismo o semejante razonamiento podríamos llenar de mayúsculas cualquier escrito.

Hay algunos casos concretos que conviene examinar aquí, aun a vuela pluma; por ejemplo, casi todos escriben con mayúscula palabras como *naturaleza, humanidad, historia, universo,* etc. ¿Por qué —se pregunta uno— esta casi unanimidad, si se trata de voces genéricas, y por consiguiente no hay motivo alguno para concederles la mayúscula? En primer lugar, porque se considera erróneamente —a veces ingenuamente— que tales voces encierran un significado tan amplio que no merecen menos que una mayúscula, y escritas con minúscula parece que son rebajadas; esto es tan disparatado —aunque sea una realidad— que si procediésemos así no sabríamos cómo escribiría un católico el nombre de Cristo, pues le faltarían elementos gráficos para concederle toda la importancia que para él tiene el nombre del Redentor. En segundo lugar, porque esas palabras las hemos visto siempre, desde pequeños, escritas con mayúscula; las llevamos así retratadas en la mente, y de forma natural «copiamos» esta manera de hacer inconscientemente, sin analizar con serenidad el porqué.

Pueden citarse infinidad de casos en nuestra lengua; he aquí algunos más (con objeto, más que nada, de desmitificar la mayúscula, de la cual, evidentemente, se abusa): casi todos escriben *Península Ibérica,* o bien *península Ibérica,* pero quizá en la misma línea, o en el mismo párrafo, escribirán *península helénica, península balcánica,* y otras más; ¿por qué?; quizá porque la primera es la nuestra, y a lo «nuestro» hay que darle su importancia; esto, desde luego, no es razonable, porque «nuestras» son muchas cosas que no pueden escribirse con mayúscula; seamos, pues, razonables: la *península ibérica* es una denominación genérica (*ibérica* no es más que un adjetivo, ni siquiera un nombre), y debe escribirse con minúscula, como hacemos en los demás casos. Lo mismo puede decirse de *Islas Británicas,* o en su caso *islas Británicas,* con absoluto error, pues quienes lo escriben así creen que ésta es una más de las denominaciones de Inglaterra, sin haberse parado a pensar que la República de Irlanda es parte de una isla británica, y sin embargo, no es inglesa; estas mismas personas escribirían, no obstante, *islas griegas,* o *islas mediterráneas;* pues *islas británicas* está exactamente en el mismo caso, y por ello lo correcto es escribirlo con minúscula.

Estas consideraciones pretenden servir de prólogo o aclaración a las decisiones que el autor de esta obrita ha tomado con respecto no sólo a las normas que a continuación se insertan, sino a las voces dudosas en cuanto a la mayúscula, que se añaden más adelante. Quiero advertir que no pretendo, ni sería aconsejable, imponer *mi criterio,* sino más bien exponer *un criterio* que puede servir de pauta, simplemente. Tales decisiones, como es natural, no se tomaron a la ligera, pero no imagino siquiera que mi manera de ver las cosas deba coincidir con la de los demás; y puesto que en esto de las mayúsculas entra por mucho la apreciación personal...

II. Reglas para el uso de las mayúsculas y minúsculas

A) MAYÚSCULAS. Se escriben con mayúscula:

1. Cualquier palabra que comience un escrito o un párrafo y las que vayan después de punto.
2. Todo nombre propio o voz que haga las veces de tal: *Juan, María, Francisco; José Martínez Ruiz,* Azorín; *Fernando IV el Emplazado; Dioniso, Clitemnestra, Pan; Ebro, Tajo, Europa, Galicia;* Lucero, Zapirón; Micifuz; *el Creador, el Redentor, la Virgen María.*
3. Los nombres y adjetivos que entren en la denominación de una institución, cuerpo o establecimiento: *el Ayuntamiento de Barcelona, la Real Academia de Medicina, la Real Federación Española de Fútbol, el Museo Lázaro Galdiano, el Tribunal Supremo, la Academia de Infantería, los Almacenes El Gato Pardo, la Posada del Viajero Errante, el Hotel Imperial, el Bar Casas, el Cine Peláez, el Teatro Calderón de la Barca,* etc.
4. Los nombres y adjetivos que entren en la denominación de un periódico o revista: *El Noticiero Universal, La Vanguardia Española, Sábado Gráfico.*
5. En documentos oficiales, leyes, decretos, etc., las palabras que expresan poder, autoridad, cargo importante o de dignidad: *la Autoridad, la Monarquía, el Clero, el Ministro, el Gobernador,* etc.
6. La primera voz en los nombres latinos, o latinizados, en las denominaciones científicas de animales y plantas: *Lárix europaea,* alerce europeo.
7. Los nombres de disciplinas académicas o de estudio cuando formen parte de la denominación de una cátedra, Fa-

cultad, instituto, etc.: *Facultad de Veterinaria, cátedra de Filosofía, profesor de Historia.*

8. Las denominaciones de exposiciones, congresos, etc.: *Semana Internacional del Motor, Salón Nacional de la Aeronáutica,* etc.

9. Los nombres de documentos, conferencias, etc.: *Pacto de Letrán, Conferencia de Yalta, Declaración de Bogotá, Tratado de Rapallo, Acta de Chapultepec,* etc.

10. Las denominaciones oficiales de partidos políticos, agrupaciones, asociaciones, etc.: *el Partido Comunista de la Unión Soviética, el Partido Conservador inglés, la Agrupación de Boxeadores Veteranos, la Asociación Internacional de Arquitectos,* etc.

11. Los nombres de organismos oficiales, entidades, etc.: *la Cámara de Representantes, la Cámara Baja, el Instituto Nacional de Industria, el Archivo Histórico de la Ciudad,* etc.

B) MINÚSCULAS. Se escriben con minúscula:

1. Los nombres de los meses: *enero, febrero,* etc.

2. Los nombres de las cuatro estaciones del año: *primavera, verano,* etc.

3. Los nombres de los siete días de la semana: *lunes, martes, miércoles,* etc.

4. Los nombres de las monedas: *un luis, una peseta, un napoleón,* etc.

5. Los nombres de objetos que han recibido su nombre común derivado del de su autor: *un máuser* (fusil máuser), *un bunsen* (mechero bunsen), etc. (1).

(1) Se presenta aquí uno de los casos más complejos por lo que se refiere al empleo de mayúsculas y minúsculas. Seco cita como voces que están bien escritas con minúscula: *chambergo* (cierto sombrero), *quevedos* (cierto tipo de lentes), *coñac* (licor que originariamente se producía en Cognac, pueblo francés), *tanagras* (estatuillas que se fabricaban en Tanagra); dice Seco que en todos estos casos "el nombre se escribe con minúscula porque ha dejado de aludir al ser preciso que llevaba aquel nombre propio". Pero "hay otros casos en que el aplicar el nombre propio de una persona a una serie de cosas no autoriza a escribirlo con minúscula", y cita el caso de *un Goya*, refiriéndose a un cuadro de Goya, así como que "los toros de una ganadería, por ejemplo, no deben nombrarse con el apellido del ganadero en minúscula". Por su parte, Ramos Martínez, en *Corrección de pruebas tipográficas,* p. 130, admite entre las minúsculas *faetón* (de Faetón), *quinqué* (de Quinquet, que lo inventó), *ros* (inventado por el general Ros de Olano), *tílbury* (diseñado por Tilbury), *victoria* (coche de este nombre en honor de la reina Victoria), *aceite diesel* (del alemán Diesel), *erlenmeyer* (matraz inventado por Erlenmeyer); y añade: "Sin embargo, hay resistencia a poner de caja baja [minúscula] el nombre común de las unidades de cualquiera marca de automóviles: un *ford,* un *chevrolet,* un *desoto,* con lo cual se establece una diferencia cuyo apoyo costaría trabajo justificar, vistos los antecedentes expuestos". En cuanto al caso de *un Goya* que cita Seco, Ramos Martínez opone este otro:

6. Los nombres de los vientos: *aquilón, bóreas, cierzo*, etcétera.

7. Los tratamientos cuando se escriben con toda la letra: *su majestad, vuestra alteza, su excelencia, su santidad el papa Pablo VI*, etc., menos *Su Divina Majestad*.

8. Los nombres de los sistemas de gobierno, en tanto no se refieran a épocas concretas: *la monarquía, la república*, etcétera, pero *durante la Monarquía, en tiempos de la Restauración*, etc.

9. Las letras con que comienza cada verso en una poesía (salvo que por otra razón le corresponda mayúscula).

10. Los nombres de ciencias, técnicas, disciplinas de estudio, etc., en tanto no entren a formar parte de una determinada denominación que exija mayúscula: *la astronomía, parte de la física, las matemáticas, estudiar derecho comparado, investigar sobre prehistoria*, etc.

11. Los nombres de las religiones: *catolicismo, budismo, islamismo*, etc.

12. Los nombres de miembros de religiones: *católico, protestante*, etc.

13. Los gentilicios: *español, portugués, francés, gallego*, etcétera.

14. Los nombres de oraciones: *el padrenuestro, un avemaría, el ángelus, un credo, la salve*, etc.

"Alcalá-Zamora, en el 'Prólogo' al *Diccionario de galicismos*, de Baralt, se expresa de este modo: '...quien se encuentre, en un plato o en un texto, ante un *chateaubriand*, no va a substituirlo por un *quintana* o un *martínez de la rosa*...'". Opino que, aunque la cuestión es espinosa y muy opinable, no es lo mismo decir *un goya* que *un cuadro de Goya*, de igual forma que no es lo mismo decir *un erlenmeyer* que *un matraz de Erlenmeyer;* *un jerez* que *un vino de Jerez;* *una botella de oporto* que *una botella de vino de Oporto,* y de la misma manera no es lo mismo decir *tengo un seat* o *un ford,* o *un desoto,* que decir *tengo un coche de la marca Seat,* o *Ford,* o *Desoto,* o *tengo un coche fabricado por la Seat,* o la *Ford;* tampoco es lo mismo *matar un arranz* que *matar un toro de la ganadería de Arranz,* caso que se ve más claro en los *toros miura,* que no es lo mismo que *toros de Miura.* (A más abundamiento, no sería lo mismo *matar un arranz* [toro de esta ganadería], que *matar a un Arranz* [persona de una familia que se apellide Arranz]; *tener en casa un goya* [cuadro] no es lo mismo que *tener en casa a un Goya* [persona que lleva ese apellido].) Tampoco hay razón alguna para escribir estos nombres de cursiva, o entre comillas, en tanto se refieran a una unidad de algo producido por una empresa o una persona. A mi modesto entender, estas denominaciones pasan a ser nombres comunes, aplicables a cada una de estas unidades y a todas ellas. Sin embargo, la Academia escribe insistentemente con mayúscula *Diesel* (que, como decimos en otro lugar, debiera escribirse *diésel*), siendo así que tanto se refiere a un tipo de motor como a un tipo de aceite. De la misma manera escribimos *colonia,* pero *agua de Colonia; seltz,* pero *agua de Seltz; coñac,* pero *vino de Coñac,* etc.; a este tenor, pues, no sería lo mismo *un goya* que *un cuadro de Goya,* o *un stradivarius* que *un violín construido por Stradivarius.* No obstante, y antes de dar por terminada la cuestión, quiero hacer hincapié en el hecho de que en estos casos, ciertamente confusos y difíciles de esclarecer, la opinión personal de quien escriba, sus inclinaciones en esta materia, son muy dignas de respeto..., siempre y cuando respondan a un serio tratamiento del tema.

15. Los nombres de títulos, cargos y dignidades civiles, militares y religiosos: *el jefe del Estado, el presidente norteamericano, el rey de los belgas, el faraón egipcio, el sultán de Marruecos, el emperador de Etiopía; el teniente general Pérez, el coronel Anguiano, el capitán López; el papa Pablo VI, el cardenal Gómez, el patriarca de Venecia, el obispo de Cádiz; el marqués, el barón, el duque; el bey de Argel, el califa de Damasco; el emir; el ministro de Estado, el primer ministro, el ministro de Obras Públicas*, etc.

16. Los nombres de oficios y profesiones: *impresor, oficinista, jefe de relaciones públicas*, etc.

17. Las denominaciones de acontecimientos o hechos paganos: *bacanales, saturnales*, etc.

18. Los nombres genéricos en mitología: *las gracias, los argonautas, las sibilas, las musas, las arpías*, etc.

19. Los nombres de movimientos artísticos o de otra índole: *futurismo, expresionismo, impresionismo*, etc.

20. Los nombres geográficos comunes: *cabo de San Vicente, isla de los Galápagos, estrecho de Mesina, península de los Balcanes, archipiélago de las Canarias, golfo de México*, etc.

21. Los adjetivos usados en nombres geográficos: *la Alemania occidental, la Europa occidental, la América central, los Alpes occidentales, el Paquistán oriental*, etc. Sin embargo, en algunos casos se escriben con mayúscula: *la región Occidental*, en Nigeria; *la Australia Occidental* (estado, distinto de *la Australia occidental*, parte occidental de Australia como un todo); y algún otro caso.

22. Los nombres de los períodos o estratos geológicos: *pleistoceno, oligoceno, holoceno, cretáceo, jurásico, pérmico*, etcétera. (Véase EDAD, en la lista que sigue.)

23. Suelen escribirse con minúscula (pero en ciertos casos aparecen con mayúscula) los nombres de fiestas o períodos festivos: *el carnaval, la cuaresma, la pascua*, etc. Sin embargo, se escribe *Semana Santa, Lunes Santo, Martes Santo*, etc., y *miércoles de ceniza* tanto se ve con mayúscula como con minúscula.

24. En cuanto a los nombres de los puntos cardinales, véase PUNTOS CARDINALES en la lista que sigue.

En la misma lista se aclaran ciertos casos concretos, cada uno de los cuales puede ser remitido a una de estas normas, tanto en lo que respecta a la mayúscula como a la minúscula.

Finalmente, digamos que las mayúsculas deben acentuarse, tal como se hace con las minúsculas; no hacerlo supone una falta de ortografía como cualquier otra.

III. Lista de voces dudosas en cuanto a la mayúscula

Se recogen a continuación una serie de voces que generalmente suelen constituir pequeños o grandes problemas en relación con la mayúscula. Es mi intención que sirvan de guía no sólo en la solución de estos casos concretos, sino en otros muchos, para lo cual basta comparar voces que se hallen en el mismo caso.

ACADEMIA. Sólo se escribe con mayúscula cuando da nombre a una institución o corporación: *Real Academia Española, Academia Fernández;* en los demás casos se escribe con minúscula: *el Jueves Santo no hay academia* (junta o reunión de los académicos), *la antigua academia, la nueva academia, voy a una academia.*

ACTA. Se escribe con mayúscula cuando denomina un documento o el título de un libro: *Acta de Algeciras, Actas de los Apóstoles.*

ACUERDO. Se escribe con mayúscula cuando denomina un documento o tratado: *el Acuerdo de París, los Acuerdos de Bretton Woods.*

ADMINISTRACIÓN. Se escribe con mayúscula cuando significa o sustituye a «Gobierno»: *la Administración* (el Gobierno), *la Administración francesa, la Administración socialista.*

ADUANA. Se escribe con minúscula: *la aduana hispano-francesa.*

AGRUPACIÓN. Se escribe con mayúscula cuando forma parte de una denominación o título: *la Agrupación de Boxeadores Ve-*teranos, *la Agrupación de Amas de Hogar.*

ALCALDÍA. Se escribe con mayúscula cuando equivale a «Ayuntamiento» (el edificio): *la Alcaldía está en la plaza.*

ALCÁZAR. Se escribe con mayúscula cuando se refiere concretamente a un edificio determinado: *el Alcázar de Sevilla, el Alcázar de Segovia.*

ALIADOS. Aunque algunos tienden a escribirla con mayúscula, no hay razón para ello; escríbase con minúscula: *los aliados determinaron desembarcar en Normandía.*

ALIANZA. Se escribe con mayúscula cuando se refiere a un organismo: *la Alianza Atlántica.*

ALMACENES. Se escribe con mayúscula cuando forma parte de un nombre comercial: *Almacenes Sánchez, Grandes Almacenes Sevillanos.*

ALTA, ALTO. Se escriben con mayúscula cuando forman parte de la denominación de un organismo, región geográfica o época histórica: *la Cámara Alta, la Alta Edad Media, la Alta Silesia, la Alta Andalucía, el*

247

Alto Garona, el Alto Renacimiento.

ÁNGELUS. Se escribe con minúscula: *rezar el ángelus.*

ANTICRISTO. Se escribe con minúscula: *la llegada del anticristo.*

ANTIGÜEDAD. Se escribe con mayúscula cuando se refiera a aquel período también conocido por «Edad Antigua»: *la Antigüedad clásica, en la Antigüedad, los sabios de la Antigüedad.*

ANTIGUO. Se escribe con mayúscula en *Antiguo Testamento.*

AÑO SANTO. Se escribe con minúscula, lo mismo que «año jubilar»: *el año santo compostelano.*

APOCALIPSIS. Se escribe con mayúscula cuando se refiere al libro sagrado: *el Apocalipsis de san Juan.*

APÓSTOL. Sólo se escribe con mayúscula cuando se usa como sobrenombre de san Pablo (que lo es por antonomasia): *el Apóstol, el Apóstol de las Gentes (o de los Gentiles)*; en los demás casos, minúscula: *los apóstoles de Cristo, el aspóstol san Juan.* En España, por excepción, se escribe con mayúscula cuando se refiere a Santiago (sin nombrarlo): *hacer la ofrenda al Apóstol,* pero *el apóstol Santiago.*

ARA. Sólo se escribe con mayúscula cuando forma parte del nombre de un monumento: *el Ara Pacis Augustae, el Ara Ubiórum.*

ÁRBOL. Se escribe con mayúscula en *el Árbol de la Vida,* o *el Árbol del Bien y el Mal,* pero con minúscula en los demás

casos: *el árbol de Guernica, el árbol de Navidad, el árbol de la libertad.*

ARCA. Se escribe con minúscula: *el arca de la alianza, el arca de Noé, arca del testamento.*

ARCHIDUQUE. Se escribe con minúscula: *el archiduque Francisco Fernando de Austria.*

ARCHIVO. Se escribe con mayúscula cuando forma parte del nombre de un edificio o una entidad: *el Archivo Histórico de la Ciudad, el Archivo Mas;* en los demás casos, minúscula: *archivo del autor, de archivo particular.*

ARMA. Se escribe con minúscula: *el arma de Artillería, las armas del ejército de tierra.*

ARMADA. Se suele escribir con mayúscula cuando se usa como nombre del arma: *las maniobras de la Armada, la patrona de la Armada, la Armada Invencible;* pero con minúscula en los demás casos: *la armada soviética, los buques de la armada turca,* etc.

ARTE. Se escribe con minúscula: *el arte, las artes gráficas, las bellas artes;* sólo se escribe con mayúscula cuando forma parte del nombre de una institución: *la Dirección General de Bellas Artes, el Sindicato del Papel y Artes Gráficas.*

ARTILLERÍA. Se escribe con mayúscula cuando se usa como nombre propio del arma: *el arma de Artillería, la patrona de la Artillería, la XXXV promoción de Artillería;* pero en los demás casos, minúscula: *la artillería española es denodada, la artillería ataca, un soldado de artillería.*

ARZOBISPO. Se escribe con minúscula: *el arzobispo de Toledo.*

ASAMBLEA. Se escribe con mayúscula cuando se refiere al cuerpo político: *la Asamblea Francesa, los acuerdos de la Asamblea;* pero *celebrar una asamblea, formar una asamblea.*

ATLAS. Se escribe con minúscula: *un atlas* (un mapa); pero como nombre de la cordillera, mayúscula: *el Atlas.*

AUDIENCIA. Se escribe con mayúscula cuando se refiere a la entidad judicial: *la Audiencia de Madrid, ir a la Audiencia.*

AUGUSTO. v. CÉSAR; está en el mismo caso.

AUTORIDAD. En general se escribe con minúscula; sólo en escritos o publicaciones oficiales se admite con mayúscula.

AVEMARÍA. Se escribe con minúscula: *rezar un avemaría.*

AVENIDA. Se escribe con minúscula: *la avenida de Pérez Galdós, la avenida Meridiana;* pero se escribe con mayúscula en *Quinta Avenida, Tercera Avenida,* etc.

AVIACIÓN. Se escribe con mayúscula cuando se usa como nombre propio del arma: *el arma de Aviación, la patrona de Aviación,* pero en los demás casos, minúscula: *la aviación ataca sin cesar, el apoyo de la aviación, la aviación norteamericana.*

AYUDA. Suele escribirse con mayúscula en casos como *Ayuda Marshall,* aunque aquí podría escribirse con minúscula, pues la palabra *Programa* está elidida: *el Programa de ayuda Marshall.*

AYUNTAMIENTO. Se escribe con mayúscula cuando se refiere tanto a la corporación como al edificio: *el Ayuntamiento de Barcelona, el Ayuntamiento está en la plaza, asistió el Ayuntamiento.*

BACHILLERATO. Se escribe con minúscula: *estudiar el bachillerato.*

BAEDEKER. Se escribe con minúscula: *adquirir un baedeker.*

BAJA, BAJO. Se escriben con mayúscula cuando forman parte de la denominación de un organismo o de una denominación geográfica, histórica o de otro tipo: *la Cámara Baja, la Baja Edad Media, la Baja California, el Bajo Llobregat, el Bajo Renacimiento, el Bajo Imperio;* pero *la baja latinidad.*

BALLET. Se escribe con mayúscula cuando forma parte del nombre de una compañía: *el Ballet Moiseiev;* en los restantes casos, minúscula: *una bailarina de ballet.*

BANCA. Como PRENSA, debe escribirse con minúscula, *la banca,* salvo cuando forma parte de la denominación de un organismo: *la Dirección General de Banca y Bolsa.*

BANCO. Se escribe con mayúscula solamente cuando forma parte de la denominación de una entidad: *el Banco de Santander, el Banco de España;* en los demás casos se escribe con minúscula: *ir al banco, vivir junto a un banco, tener importantes fondos en el banco.*

BANCO CENTRAL. Cuando se refiere al banco más importante

de un país se escribe con minúscula; el banco central de España es precisamente el Banco de España; el de Francia, el Banco de Francia, etc.; sólo se escribe con mayúscula, pues, cuando se refiere a la entidad bancaria que se llama precisamente así: *Banco Central.*

BAÑO DE MARÍA, BAÑO MARÍA. La Academia registra así esta expresión; sin embargo, según algunos autores, debiera escribirse *baño de maría o baño maría* (o sea, «baño de agua caliente», por creer que *maría* proviene de una expresión árabe, *ma harí,* que significa «agua caliente»); otros autores creen que *María* proviene del nombre de una hermana de Moisés que tenía conocimientos de alquimia; aunque así fuera, esta voz habría perdido aquí la cualidad de propia, y, por consiguiente, creemos que la forma más correcta de escribir esta frase es *baño de maría,* o bien, *baño maría.*

BAR. *v.* CAFÉ; está en el mismo caso.

BARÓN. Se escribe con minúscula: *el barón Rothschild.*

BARRIO. Se escribe con minúscula: *el barrio Latino, el barrio Gótico.*

BARROCO. Se escribe con minúscula: *el gótico y el barroco, de estilo barroco, mueble barroco.*

BASÍLICA. Se escribe con minúscula: *la basílica de San Pedro, en Roma; la basílica del Pilar, en Zaragoza.*

BATALLÓN. Cuando se aplica a un batallón determinado se escribe con mayúscula: *el 34 Bata-*

llón de esquiadores, el 7.º Batallón de infantería; en los demás casos, con minúscula: *un batallón de esquiadores, seis batallones de infantería.*

BATERÍA. Cuando se aplica a una batería determinada se escribe con mayúscula: *la 2.ª Batería motorizada, la 25 Batería de infantería;* en los demás casos se escribe con minúscula: *una batería, la batería motorizada.*

BEATO. Se escribe con minúscula: *el beato Juan de Avila;* pero con mayúscula cuando se usa como sobrenombre: *el Beato de Liébana.*

BELÉN. Se escribe con minúscula cuando se refiere al nacimiento: *preparar un belén monumental.*

BEY. Se escribe con minúscula: *el bey de Túnez.*

BIBLIOTECA. Se escribe con mayúscula cuando se refiere al edificio o a la entidad: *la Biblioteca Central, la Biblioteca Nacional, la Biblioteca Alejandrina (o de Alejandría);* pero *la biblioteca de la Universidad de Oxford, la biblioteca del monasterio de Montserrat.*

BOLETÍN. Sólo se escribe con mayúscula cuando forma parte del título de una publicación: *el Boletín de la Real Academia Española, el Boletín* (refiriéndose a uno concreto y escrito de cursiva); en los demás casos se escribe con minúscula: *confeccionar el boletín, editar un boletín.*

BOLSA. *v.* BANCA; está en el mismo caso.

BRAHMANISMO. Se escribe con minúscula, como todos los nombres de religiones y sectas.

BRIGADA. *v.* BATERÍA; está en el mismo caso.

BUDA. Cuando se usa como nombre de una estatuilla representando al personaje se escribe con minúscula: *sobre el aparador había un buda.*

BUDISMO. Se escribe con letra minúscula, como BRAHMANISMO.

BULA. Sólo se escribe con mayúscula cuando forma parte de la denominación de un documento histórico, como en *la Bula de Oro,* también conocida por *Carta de los Húngaros.*

CABALLERÍA. *v.* ARTILLERÍA; está en el mismo caso.

CABILDO. Sólo se escribe con mayúscula cuando equivale a «Ayuntamiento»: *el Cabildo de Las Palmas;* con minúscula en cuanto comunidad: *el cabildo de la catedral, el cabildo de la colegiata.*

CABO. Como todos los nombres comunes geográficos (isla, monte, cordillera, etc.) se escribe con minúscula: *el cabo de Finisterre, el cabo de Gata.*

CAFÉ. Se escribe con mayúscula cuando forma parte de la denominación de un establecimiento: *el Café Gijón, el Café Las Marismas.*

CALLE. Se escribe con minúscula: *la calle de Prim, la calle del General Carmona,* etc.

CÁMARA. Se escribe con mayúscula cuando forma parte de la denominación de un organismo: *la Cámara Alta, la Cámara de los Comunes, la Cámara de Representantes, la Cámara de Comercio y Navegación, la Cámara Santa;* en los demás casos, con minúscula: *la cámara mortuoria, una cámara.*

CANAL. En cuanto nombre geográfico, minúscula: *el canal de la Mancha, el canal de Suez, el canal* (cualquiera de ellos), *el canal Imperial, el canal de Tauste,* etc.

CANCIONERO. Se escribe con mayúscula cuando forma parte de un título: *el Cancionero Llavia, el Cancionero de Híjar, el Cancionero General, el Cancionero Vaticano* o *de la Vaticana.*

CANTIGAS. Se escribe con letra mayúscula en los mismos casos que CANCIONERO: *las Cantigas de Amor, las Cantigas de Amigo.*

CAPILLA. Se escribe con mayúscula en los siguientes casos: *la Capilla Sixtina, la Capilla Real, la Capilla Paulina;* pero con minúscula en los restantes: *la capilla de san José, la capilla mayor, la capilla de santa Águeda.*

CAPÍTULO. Se escribe con minúscula: *el capítulo de la seo de Urgel: el capítulo III del* Quijote.

CARNAVAL. Como todos los nombres genéricos de fiestas, debe escribirse con minúscula, pero algunos tienden a ponerle mayúscula.

CARNESTOLENDAS. Como CARNAVAL, se escribe con minúscula.

CARRETERA. Sólo se escribe con mayúscula cuando se usa como nombre propio: *la Carretera Nacional II, la Carretera de Andalucía, la Carretera del Ámbar, la Carretera de la Sal,* etcétera.

CARTA. Como denominación de un documento se escribe con

mayúscula: *la Carta de Derechos, la Carta de los Húngaros, la Carta Magna, la Carta de las Naciones Unidas*, etc.

CARTERA. Se escribe con minúscula: *un ministro sin cartera, desempeñar la cartera de Industria.*

CARTUJA. Se escribe con minúscula: *la cartuja de Miraflores, la cartuja de Velleja.*

CASA. Se escribe con mayúscula cuando forma parte del nombre por el que se conoce un edificio determinado: *la Casa de las Conchas, la Casa del Duende* (en Sevilla), *la Casa del Greco, la Casa del Arcediano, la Casa Lonja, las Casas Consistoriales* (sinónimo de «Ayuntamiento»); pero con minúscula en *la casa de Austria, la casa de Borbón, la casa* (una empresa, entidad, etc.).

CÁTEDRA. Se escribe con minúscula: *la cátedra de Filosofía y Letras.*

CATEDRAL. Se escribe con minúscula: *la catedral de Sevilla, la santa iglesia catedral.*

CATOLICIDAD. Se escribe con miminúscula, como CATOLICISMO, CRISTIANISMO, etc.

CATOLICISMO. *v.* CATOLICIDAD; está en el mismo caso.

CENTRAL. Como adjetivo geográfico se escribe con minúscula: *el Asia central, la América central.* (En este último ejemplo no todos los autores están de acuerdo, por considerar algunos que la América central es una zona concreta y determinada [algo distinto, desde luego, del Asia central, difusa e indeterminada]; sin embargo, no deja de ser un adjetivo, y

en el mismo caso nadie escribe *la América Septentrional*, sino *septentrional*, con minúscula; otra cosa sería si escribiéramos *la América del Centro* (forma poco usada, pero correcta, como *la América del Sur* o *la América del Norte*; en estos casos se trata de sustantivos, y deben escribirse con mayúscula.)

CENTRO. Se escribe siempre con minúscula: *los alumnos de aquel centro, un centro benéfico.*

CERRO. Se escribe con minúscula: *el cerro de los Ángeles, el cerro de los Sagrados Corazones.*

CERTAMEN. Se escribe con mayúscula cuando forma parte de un título: *V Certamen Nacional de Música Religiosa, Primer Certamen del Cine en Color*, etc.

CÉSAR. Cuando equivalga a «emperador» o se use como título de dignidad de los emperadores romanos debe escribirse con minúscula: *a Dios lo que es de Dios y al césar lo que es del césar; el césar Claudio, los césares romanos*; en el mismo caso se halla AUGUSTO.

CICERÓN. Cuando equivalga a «hombre elocuente» se escribe con minúscula: *ser un cicerón.*

CIELO. Se escribe con minúscula: *el cielo y el infierno, santo cielo, el reino de los cielos*; en el mismo caso se hallan las voces INFIERNO, PURGATORIO, LIMBO y PARAÍSO.

CIENCIA. Se escribe con minúscula: *la ciencia y el arte, una ciencia.*

CINE. Se escribe con mayúscula cuando forma parte del título de una empresa: *el Cine Comedia, el Cine Savoy;* pero *vamos al cine, en el cine dan una buena película;* en el mismo caso se hallan voces como TEATRO, HOTEL y otras.

CÍRCULO. Se escribe con minúscula: *el círculo polar ártico, el círculo polar antártico; una fiesta en el círculo;* pero se escribe con mayúscula cuando forma parte de un nombre de entidad: *el Círculo Unión Mercantil, el Círculo Catalán de Madrid.*

CISMA. Se escribe con mayúscula cuando forma parte de la denominación de un acontecimiento histórico: *el Cisma de Occidente, el Gran Cisma, el Cisma de Oriente;* en los demás casos, minúscula: *un cisma, los cismas.*

CIUDAD. Cuando, seguida de un adjetivo, se aplica como sobrenombre de una ciudad determinada, se escribe con mayúscula: *la Ciudad Santa* (Jerusalén), *la Ciudad Eterna* (Roma), *la Ciudad Condal* o *de los Condes* (Barcelona), *la Ciudad de los Reyes* (Lima), etc.; en los demás casos se escribe con minúscula: *la ciudad universitaria, la ciudad olímpica, ir a la ciudad.*

CIUDAD-ESTADO. En este término compuesto la voz *estado* se escribe con mayúscula, toda vez que su significado es, para aquellos tiempos de la Antigüedad clásica, el mismo que tiene modernamente, no obstante estar constituidos, en general, por una sola ciudad (Esparta, Grecia, Roma); escríbase, pues, *ciudad-Estado.*

CIVILIZACIÓN. Se escribe con minúscula: *nuestra civilización, la civilización cristiana, la civilización occidental.*

CLAUSTRO. Se escribe con minúscula: *el claustro de profesores, el claustro de tal monasterio.*

CLERO. Normalmente se escribe con minúscula: *las decisiones del clero, las opiniones del clero;* pero se escribe *el Clero* (la Iglesia) *y el Estado, el Clero y el Ejército,* etc.

CLUB. En general se escribe con minúscula; sólo cuando forma parte de una denominación se escribe con mayúscula: *el Club Náutico de Vigo, el Club Internacional de Prensa.*

CÓDEX. Cuando se refiere a uno determinado se escribe con mayúscula: *el Códex Marcianus.*

CÓDICE. Cuando se refiere a uno determinado se escribe con mayúscula: *el Códice Albendense,* o *el Albendense, el Códice de Autos Viejos, el Códice de Roda.*

CÓDIGO. Se escribe con mayúscula cuando se refiere a uno concreto: *el Código Napoleón, el Código civil, el Código de justicia militar, el Código de derecho canónico.*

COLECCIÓN. Se escribe con mayúscula cuando se refiere a una determinada: *la Colección Austral, la Colección Hombres Famosos;* pero *una colección, de colección particular.*

COLEGIATA. Se escribe con minúscula: *la colegiata de Santillana del Mar, una colegiata.*

COLEGIO. En cuanto nombre de una entidad o corporación se escribe con mayúscula: *el Colegio de Arquitectos, el Colegio* de *Abogados,* el *Colegio de Médicos,* el *Colegio de Cardenales,* o *Cardenalicio,* el *Colegio Apostólico;* pero *colegio mayor, colegio menor, un colegio, ir al colegio.*

COLISEO. Se escribe con mayúscula cuando da nombre a un monumento: *el Coliseo de Roma;* en los demás casos, minúscula.

COLUMNAS. Cuando forma parte del nombre de un monumento se escribe con mayúscula: *la Columna Trajana* (o *de Trajano*), *la Columna de la Libertad* (en Copenhague), *la Columna de Marco Aurelio;* pero *las columnas de Hércules.*

COMISARÍA. Sólo se escribe con mayúscula cuando se refiere a una determinada: *la Comisaría de Cuatro Vientos,* o cuando forma parte de la denominación de una dependencia oficial: *la Comisaría del Plan de Desarrollo;* en los demás casos, con minúscula: *ir a la comisaría, buscar una comisaría.*

COMISIÓN. Se escribe con mayúscula cuando forma parte del nombre de un organismo: *la Comisión para los Derechos Civiles,* *la Comisión Fulbrigh;* pero *una comisión, apelar a la comisión, nombrar una comisión, la comisión actúa con acierto.*

COMITÉ. Cuando forma parte de la denominación de un organismo se escribe con mayúscula: *el Comité Olímpico Internacional,* *el Comité de los Veinticuatro;* pero *el comité organizador, un comité, el comité encargado del asunto.*

COMPAÑÍA. Por lo que respecta a lo militar, v. BATALLÓN; está en el mismo caso. En cuanto formando parte del nombre de una entidad o empresa, mayúscula: *la Compañía de Aguas del Segre,* *la Compañía de las Indias Occidentales,* *la Compañía de Jesús;* pero *los beneficios de la compañía, esta compañía no marcha bien;* en el mismo caso se halla la voz SOCIEDAD.

COMUNIDAD. Sólo se escribe con mayúscula cuando forma parte de la denominación oficial de una entidad: *la Comunidad Económica Europea,* *la Comunidad Europea del Carbón y el Acero;* pero *los religiosos de esta comunidad, la comunidad cristiana.*

CONCILIO. Se escribe con mayúscula cuando se refiere a uno determinado: *el Concilio de Letrán,* *el Concilio,* *el II Concilio de Toledo,* *el Concilio Vaticano II,* *el Concilio ecuménico,* *el Concilio tridentino.*

CONCORDATO. Generalmente se escribe con minúscula: *el concordato con la Santa Sede,* *el concordato español;* pero *el Concordato de Worms.*

CONDE. Se escribe con minúscula: *el conde Fernán-González.*

CONFEDERACIÓN. Cuando forma parte del nombre de una nación se escribe con mayúscula; en este sentido se halla en el mismo caso que REPÚBLICA.

CONFERENCIA. Se escribe con mayúscula cuando se refiere a una determinada: *la Conferencia de la Paz,* *la Conferencia del Desarme,* *la Conferencia de Teherán,* *la Conferencia de*

Yalta; pero *dar* o *celebrar una conferencia.*

CONGREGACIÓN. Se escribe con minúscula: *la congregación salesiana, los miembros de esta congregación.*

CONGRESO. Se escribe con mayúscula cuando se refiere a una institución: *el Congreso de los Estados Unidos, el edificio del Congreso, el Congreso de los Diputados, el Congreso de Angostura;* pero *celebrar un congreso.*

CONSEJO. Se escribe con mayúscula en casos como: *el Consejo legislativo, el Consejo de la Corona, el Consejo de Ministros;* pero con minúscula: *el consejo de administración, el consejo de guerra,* etc.

CONSTITUCIÓN. Se escribe con mayúscula cuando se refiere al documento o ley por que se rige una nación: *la Constitución de los Estados Unidos, Inglaterra no tiene Constitución escrita, las Constituciones monárquicas,* etc.

CONSULADO. Cuando se refiere al edificio u oficina donde despacha el cónsul se escribe con mayúscula: *el Consulado de España en Burdeos, el Consulado de Francia en Pontevedra;* pero *un consulado, te veré en el consulado, en la plaza hay un consulado;* en el mismo caso se hallan EMBAJADA y LEGACIÓN.

CONTINENTE. Se escribe con mayúscula en *Antiguo, Nuevo* y *Novísimo Continente;* en los restantes casos, minúscula.

CONTRARREFORMA. Se escribe con mayúscula cuando se refiera al movimiento religioso que siguió a la Reforma.

CONVENCIÓN. Se escribe con mayúscula cuando se refiere a la Asamblea revolucionaria francesa que duró desde 1792 hasta 1795, así como a la Asamblea que asume todos los poderes en un país.

CONVENIO. Se escribe con mayúscula cuando forma parte del título de un documento: *el Convenio de Basilea, el Convenio de Ottawa, el Convenio de Vergara.*

COPLAS. Se escribe con mayúscula en *las Coplas del Provincial, las Coplas de Mingo Revulgo* y casos similares; en los demás, minúscula.

CORPORACIÓN. Se escribe con minúscula: *los miembros de esta corporación, la corporación en pleno.*

CORPS. Se escribe con minúscula: *sumiller de corps, un guardia de corps.*

CORREOS. Sólo se escribe con mayúscula cuando claramente se refiere a la institución o al edificio: *la administración de Correos, Correos queda en la plaza, el servicio de Correos, la oficina de Correos;* en los demás casos, minúscula: *un buzón de correos.*

CORTE. Se escribe con minúscula: *el rey y la corte, en esta corte, la corte imperial, la corte de Felipe V, la corte inglesa.*

CORRIENTE. Se escribe con minúscula, menos en *la Corriente del Golfo.*

COSTA. Sólo se escribe con mayúscula cuando forma parte del nombre de una determinada: *la Costa Azul, la Costa del Sol, la Costa Dorada, la Costa Brava;* en los demás casos, mi-

255

núscula: *la costa pacífica estadounidense.*

CREADOR. Se escribe con mayúscula cuando se usa como sobrenombre de Dios: *el Creador* (o *Criador*).

CRISTIANDAD. *v.* CATOLICIDAD; está en el mismo caso.

CRISTIANISMO. *v.* CATOLICIDAD; está en el mismo caso.

CRÓNICA. Se escribe con mayúscula cuando se refiere a una determinada: *la Crónica Albeldense, la Crónica Seudoisidoriana, la Crónica General, la Crónica Najerense,* etc.

CRONICÓN. Se escribe con mayúscula en los mismos casos que CRÓNICA: *el Cronicón Compostelano.*

CRUZADA. Se suele escribir con minúscula: *la santa cruzada, las cruzadas, la primera, segunda,* etc., *cruzada.*

CUARESMA. *v.* CARNAVAL; está en el mismo caso.

CUERPO. Se escribe con mayúscula cuando se alude a uno concreto: el *XX Cuerpo de Ejército, el VI Cuerpo de Ejército;* en los demás casos, minúscula: *enviar un cuerpo de ejército al frente del Volga.*

CUEVA. Se escribe con minúscula: *las cuevas de Altamira* (Santander), *la cueva de Arce* (Cádiz); pero *la Santa Cueva* (Montserrat) se escribe con mayúscula.

CURIA. Con el significado de «tribunal» suele escribirse con mayúscula: *la Curia romana, la Curia episcopal,* etc., pero también se ve con minúscula.

DECÁLOGO. Se escribe con mayúscula cuando se refiere a los Diez Mandamientos: *el Decálogo.*

DECLARACIÓN. Se escribe con mayúscula cuando forma parte de la denominación de un documento: *la Declaración de los Derechos del Hombre, la Declaración de Bogotá.*

DECRETO. Se escribe con minúscula: *se ha hecho público un decreto por el que se dispone...;* sin embargo, en textos oficiales se escribe con mayúscula cuando se refiere a uno concreto: *el Decreto 266/1964, por el que se dispone...*

DELFÍN. Se escribe con minúscula, como PRÍNCIPE: *el delfín de Francia.*

DELTA. Suele escribirse con mayúscula únicamente en los casos en que designa una amplia región natural donde desemboca un río: *el Delta* (del Nilo, del Ebro, etc.), la cual no es conocida con otro nombre especial.

DEMIURGO. Se escribe con mayúscula cuando equivale a «Dios»: *el Demiurgo* (en la filosofía platónica).

DEMONIO. Se escribe con minúscula: *el demonio.*

DEPARTAMENTO. Se escribe con mayúscula cuando sustituye o equivale a «Ministerio»: *el Departamento de Estado, en este Departamento* (el de Industria Pesada, por ejemplo), *un Departamento* (un Ministerio).

DESTINO. Se escribe con minúscula en todos los casos: *mi destino, lo quiso el destino.*

DEUDA. Suele escribirse con minúscula: *la deuda exterior, la deuda interior, la deuda pública, la deuda nacional;* sin embargo, a veces se ve con mayúscula: *la Deuda nacional.*

DÍA. Se escribe con minúscula: *día de la Madre, día del Escolar, día de Reyes, día de Difuntos, día del Juicio final, día de la Expiación* (de los judíos), *día de San Valentín, día de los Enamorados;* pero con mayúscula cuando forma parte de un título: *Día Mundial sin Accidentes.*

DIABLO. *v.* DEMONIO; está en el mismo caso.

DIARIO. Se escribe con minúscula: *el diario* (el periódico), *llevar* o *escribir un diario personal, el diario de Fulano* (en este último sentido, algunos tienden a escribirlo con mayúscula).

DIÁSPORA. Se escribe con minúscula: *la diáspora de los judíos.*

DICCIONARIO. Sólo se escribe con mayúscula cuando se refiere concretamente al editado por la Real Academia: *consultar el Diccionario;* en los demás casos, minúscula: *un diccionario, los diccionarios.*

DICTADURA. Cuando se refiere a un período determinado de la historia se escribe con mayúscula: *durante la Dictadura;* pero *la dictadura de Mussolini en Italia.*

DIÉSEL. La Academia lo escribe siempre con mayúscula, y del mismo parecer son algunos autores; otros, sin embargo, no sólo dicen que debe escribirse con minúscula, y aducen razones, sino que preferirían la forma *dísel,* que es la pronunciación alemana de la palabra.

DIETA. Cuando se refiere a las asambleas públicas antiguas, mayúscula: *la Dieta de Francfort, la Dieta de Worms.*

DILUVIO. Se escribe con minúscula: *el diluvio universal, después del diluvio.*

DIRECTORIO. *v.* DICTADURA; está en el mismo caso.

DIOS. Sólo se escribe con mayúscula cuando se refiere al Supremo Hacedor.

DIVINIDAD. Sólo se escribe con mayúscula cuando se refiere concretamente a Dios: *los atributos de la Divinidad.*

DIVISIÓN. *v.* BRIGADA; está en el mismo caso.

DOCTOR. Se escribe con mayúscula cuando se usa como sobrenombre de algunos santos y otros personajes históricos: *el Doctor Angélico* (santo Tomás), *el Doctor Seráfico* (san Buenaventura), *el Doctor Admirable* (Roger Bacon), *el Doctor Irrefragable* (Alejandro de Hales), *el Doctor Sutil* (Juan Duns Escoto), etc.; pero *el doctor Pérez.*

DOM. Se escribe con minúscula, como DON.

DOMINGO. Se escribe con mayúscula cuando forma parte del nombre de una fiesta: *el Domingo de Ramos, el Domingo de Resurrección.*

DON. Se escribe con minúscula.

DUMA. *v.* DIETA; está en el mismo caso.

DUQUE. Se escribe con minúscula: *el duque de Badajoz.*

DUX. *v.* DUQUE; está en el mismo caso.

ECLÍPTICA. En cuanto línea del universo, se escribe con minúscula, como ECUADOR y otras.

ECUADOR. En cuanto línea máxima de la Tierra se escribe con minúscula.

EDAD. Cuando se refiere a un período concreto de la historia del mundo se escribe con mayúscula: *la Edad Antigua* (o *Antigüedad*), *la Edad Media* (o *Medievo*), *la Edad Moderna* y *la Edad Contemporánea*; igualmente se escriben con mayúscula *Alta Edad Media* y *Baja Edad Media;* en cuanto a otras divisiones o significados, se escribe con minúscula: *la edad prehistórica, la edad de la piedra, la edad de los metales, la edad de oro, la edad de plata, la edad de cobre, la edad de hierro.* La Academia escribe todas estas voces con minúscula, sin hacer distinciones, y a ello tienden también algunos autores, aunque pocos; la mayoría sigue el criterio apuntado arriba (se considere o no acertado).

EDICTO. Se escribe con mayúscula cuando forma parte de la denominación de un documento histórico: *el Edicto de Nantes, el Edicto de Milán, el Edicto de Caracalla.*

EJE. Se suele escribir con mayúscula en *el Eje Roma-Berlín.*

EJÉRCITO. En sentido genérico se escribe con minúscula: *el ejército, el ejército alemán atacó Stalingrado, el ejército soviético pasó al contraataque;* pero cuando se usa la palabra como unidad dentro del ejército, y tratándose de uno concreto, se escribe con mayúscula: *el 2.º Ejército de tanques;* además, se escribe con mayúscula en los siguientes casos: *el Ejér-*cito *de Tierra, Mar y Aire, el Ejército del Norte,* etc.; también, cuando se refiere a él como institución: *una representación del Ejército visitará Turquía.*

EMBAJADA. *v.* CONSULADO; está en el mismo caso.

EMPRESA. Sólo se escribe con mayúscula cuando forma parte del título o denominación oficial de una de ellas: *la Empresa Nacional Elcano;* en los demás casos, aun refiriéndose a una concreta, se escribe con minúscula: *los empleados de esta empresa, la empresa repudia los hechos...*

ENCICLOPEDIA. Sólo se escribe con mayúscula cuando se refiere a la obra de Diderot y a la época: *los tiempos de la Enciclopedia.*

ENTIDAD. Se escribe con minúscula: *una entidad mercantil, en esta entidad.*

EPÍSTOLA. Se escribe con minúscula: *la epístola a los Colosenses, la epístola a los Corintios, leer la epístola.*

ERA. Se escribe con minúscula: *la era cristiana, la era musulmana, la era primaria, la era arcaica, la era atómica.*

ESCRITURAS. Se escribe con mayúscula en *Santas, Sagradas Escrituras, las Escrituras.*

ESCUADRA. *v.* ARMADA; está en el mismo caso.

ESCUELA. Se escribe, en general, con minúscula: *la escuela peripatética, la escuela francesa;* pero *la Escuela* (la Universidad).

ESTACIÓN. Suele escribirse con minúscula: *la estación de Francia, la estación del Norte.*

ESTADO. Cuando se refiere a la nación se escribe con mayúscula, aun en general o en plural: *el Estado español, los Estados totalitarios, los Estados centroeuropeos, los Estados pontificios; el Estado de bienestar, los Estados Generales;* pero cuando se trate de una división administrativa dentro de una confederación o federación, con minúscula: *el estado de Pensilvania, el estado de Sonora, los estados mexicanos* (por cierto, que la Academia usa en este caso *estado* con mayúscula, pero actualmente pocos siguen este criterio, porque ello, según opinan la mayoría de autores, nos llevaría a escribir *condado, provincia* o *región* también con mayúscula).

ESTATUTO. Sólo se escribe con mayúscula cuando forma parte de la denominación de un documento: *el Estatuto de Westminster.*

ESTRELLA. Se escribe con mayúscula en *Estrella Polar.*

ESTE. *v.* PUNTOS CARDINALES.

ESTRECHO. Se escribe con minúscula: *el estrecho de Gibraltar* (pero *el Estrecho*), *los estrechos de Tirán* (pero *los Estrechos,* refiriéndose a los del mar de Mármara).

EVANGELIO. Se escribe con mayúscula cuando se refiere al conjunto de enseñanzas de Jesucristo transmitidas por sus cuatro evangelistas: *predicar el Evangelio, el Evangelio según san Mateo;* pero *el lado del evangelio.*

EVOLUCIÓN. Aunque algunos especialistas tienden a escribirla con mayúscula cuando se refieren al gran período de transformación de las especies, en general se escribe con minúscula.

ÉXODO. Cuando se refiere a la salida de los judíos de Egipto se escribe con minúscula; cuando al libro, con mayúscula.

EXPOSICIÓN. Suele escribirse con mayúscula: *Exposición Universal, Exposición de 1929;* pero *una exposición.*

FACULTAD. Se escribe con mayúscula en casos como *la Facultad de Filosofía y Letras, la Facultad de Derecho;* pero *una facultad universitaria, elegir una facultad.*

FARAÓN. *v.* REY; está en el mismo caso.

FÉNIX. Minúscula en el *ave fénix.*

FISCO. Se escribe con minúscula: *el fisco norteamericano.*

FLOTA. *v.* EJÉRCITO; está en el mismo caso.

FORMA. *v.* HOSTIA; está en el mismo caso.

FORO. Se escribe con mayúscula cuando se refiere a un monumento: *el Foro romano, visitar el Foro y el Panteón, el Foro de Adriano.*

FRAY. *v.* SAN, SANTO; está en el mismo caso.

FUERO. En cuanto título de un documento se escribe con mayúscula: *el Fuero de los Españoles, el Fuero del Trabajo, el Fuero Juzgo.*

FUERZAS. Se escribe con minúscula: *las fuerzas navales, las fuerzas de orden público, las fuerzas armadas, las fuerzas aéreas.*

FUNDACIÓN. Se escribe con mayúscula cuando forma parte del título de una entidad o institución: *la Fundación Ford, la Fundación March, la Fundación Smitsoniana.*

GABINETE. *v.* GOBIERNO; está en el mismo caso.

GALAXIA. Cuando se refiere a aquella a que pertenece nuestro Sol, los astrónomos la escriben con mayúscula, y con minúscula cuando se refiere a las demás.

GALERÍA. *v.* ALMACENES; está en el mismo caso.

GENERACIÓN. Se escribe con minúscula: *la generación del 98, la generación del 27.*

GENERAL. Se escribe con minúscula: *un general, el general Weyler.*

GLOBO. Se escribe con minúscula: *el globo* (la Tierra), *en cualquier parte del globo.*

GOBIERNO. Se escribe con mayúscula cuando se usa como institución: *el Gobierno español, el Gobierno portugués, un Gobierno en el exilio, los Gobiernos democráticos, el Gobierno Civil, un Gobierno civil, un Gobierno militar, el Gobierno del estado de Nueva York.*

GOLFO. *v.* CABO; está en el mismo caso (excepto en *la Corriente del Golfo,* en que se escribe con mayúscula).

GRAN. Se escribe con mayúscula cuando forma parte de una denominación geográfica: *la Gran Bretaña, el Gran Madrid, el Gran San Bernardo, el Gran Buenos Aires, el Gran Norte.*

GRUPO. Cuando forma parte de la denominación de una institución, mayúscula: *el Grupo de los Diez, el Grupo de los Seis.*

GUARDIA. En cuanto instituto se escribe con mayúscula: *la Guardia Civil, la Guardia Suiza, la Guardia Imperial, la Guardia Urbana;* pero *acudió la guardia civil, un guardia civil, un guardia urbano.*

GUERRA. Se escribe con minúscula: *la guerra de los Treinta Años, la guerra de la Independencia, la guerra de Sucesión, la guerra civil, la primera guerra púnica, la primera guerra mundial, la segunda guerra mundial;* pero con mayúscula: *la Guerra a Muerte* (de Venezuela), *la Gran Guerra* o *la Guerra Europea* (o primera guerra mundial).

HACEDOR. Se escribe con mayúscula en *Supremo Hacedor.*

HEMISFERIO. Se escribe con minúscula: *el hemisferio oriental, el hemisferio occidental,* o *boreal,* o *austral, el hemisferio norte, el hemisferio sur.*

HERMANA, HERMANO. Se escriben con minúscula: *la hermana Mercedes, el hermano Manuel.*

HISPANIDAD. Sólo se escribe con mayúscula cuando forma parte de la denominación de una fiesta: *el día de la Hispanidad, la fiesta de la Hispanidad* (o *de la Raza*); en los demás casos, minúscula: *la hispanidad de los pueblos americanos.*

HISTORIA. Se escribe con minúscula: *la historia, una historia, enseñar historia.*

HOSPITAL. Se escribe con mayúscula cuando se usa como nombre de un establecimiento sanitario: *el Hospital Central,* el *Hospital de San Rafael;* en los demás casos, minúscula: *ir al hospital, el hospital está en la plaza.*

HOSTIA. Se escribe con minúscula: *la santa hostia, la hostia.*

HOTEL. *v.* CINE; está en el mismo caso.

HUMANIDAD. Se escribe con minúscula: *la humanidad avanza.*

HUMANISMO. Se escribe con minúscula.

IGLESIA. En cuanto institución se escribe con mayúscula: *la Iglesia y el Estado, la Iglesia católica, la Iglesia ortodoxa griega, la Iglesia militante, las Iglesias protestantes, las Iglesias separadas;* pero con minúscula: *la iglesia de San Antonio, la iglesia parroquial, la santa iglesia catedral.*

ILUSTRACIÓN. Se escribe con mayúscula cuando se refiere al período histórico: *durante la Ilustración, los pensadores de la Ilustración.*

IMPERIO. Con respecto a esta voz hay distintas tendencias; propugnan unos escribirla con mayúscula siempre que se refiera a uno concreto: *el Imperio inglés, el Imperio español, el Imperio alemán;* otros escriben *el imperio inglés, el imperio español,* etc.; dado que aquí la palabra se usa en la acepción de «Estados sujetos a un emperador», puede admitirse la mayúscula, tanto más cuanto que un imperio, en este sentido, suele ser una como entidad político-geográfica perfectamente definida; en cuanto a las demás formas: *el Celeste Imperio, el Sacro Imperio romano-*germánico, se escriben siempre con mayúscula. *Imperio de Oriente* e *Imperio de Occidente* se escribirán con mayúscula o minúscula según el criterio adoptado en el caso de *Imperio inglés,* etc., pues *Imperio de Oriente* equivale en realidad a *Imperio romano de Oriente;* en cuanto a *segundo Imperio, tercer Imperio,* deben escribirse con minúscula las voces *segundo* y *tercer,* como se hace en *primera República, segunda República,* etc.

INFANTE. Se escribe con minúscula: *el infante don Carlos.*

INFANTERÍA. *v.* ARTILLERÍA; está en el mismo caso.

INFORME. Se escribe con mayúscula cuando forma parte de la denominación de un documento: *el Informe Patton.*

INSTITUTO. Sólo se usa con mayúscula cuando forma parte del título de uno concreto: *el Instituto Municipal de Higiene, el Instituto Balmes;* pero *ir al instituto, estudiar en un instituto;* sin embargo, *un profesor de Instituto,* como *un profesor de Universidad.*

ISLAM. Se escribe con minúscula, como ISLAMISMO, CRISTIANISMO, etcétera.

ISLAS. Se escribe con minúscula: *las islas Baleares, las islas Canarias, las islas británicas, las islas griegas, las islas caribes.*

JEFE. Se escribe con minúscula en *jefe del Estado,* así como en cualquier caso similar.

JUEGOS. Se escribe con mayúscula cuando forma parte de denominaciones de competiciones mundiales o regionales: *los*

Juegos Olímpicos, los Juegos Mediterráneos, los Juegos Píticos, etc.; *los Juegos* (refiriéndose a una concreta de estas competiciones).

JUICIO. Se escribe con mayúscula en *el Juicio final, el día del Juicio final; pero celebrar un juicio, el juicio es a puerta cerrada.*

JUNTA. Se escribe con mayúscula cuando forma parte de la denominación de una institución, organismo, etc.: *la Junta de Obras del Puerto, la Junta Central, la Junta de Defensa Nacional, la Junta de Energía Nuclear;* pero con minúscula en los demás casos: *celebrar junta, junta general ordinaria, un miembro de la junta, junta de gobierno de tal universidad.*

JURADO. Se escribe con minúscula: *el jurado delibera, los miembros del jurado, nombrar un jurado.*

JUSTICIA. Se escribe con minúscula: *la justicia es ciega, acudió la justicia, el justicia, un justicia.*

KÁISER. Se escribe con minúscula: *el káiser Guillermo.*

LADI. Se escribe con minúscula (así como en su forma inglesa, *lady*): *ladi Hamilton.*

LATITUD. Se escribe con minúscula: *latitud norte, latitud sur.*

LAZO. Se escribe con minúscula: *el lazo de Isabel la Católica.*

LEY. Se escribe con minúscula: *la ley de Empleo de 1946, la ley de Imprenta, la ley Electoral; la ley de Laplace, la ley seca, la ley del talión;* pero mayúscula en los siguientes casos:

la Ley y los profetas, los libros de la Ley, las tablas de la Ley.

LIBRO. Se escribe con minúscula: *el libro Mayor* (o *mayor*), *el libro de Job, el libro de la Ley;* pero con mayúscula en *Libro Blanco, Libro Rojo* (en tanto que documento diplomático), *el Libro* (la Biblia o el Corán).

LIGA. Se escribe con mayúscula cuando forma parte de la denominación de una asociación o una confederación: *la Liga Anseática, la Santa Liga, la Liga Arabe, la Liga Agraria;* también se suele escribir con mayúscula cuando se refiere a un campeonato (de fútbol, de baloncesto, etc.): *la marcha de la Liga.*

LIMBO. *v.* CIELO; está en el mismo caso.

LITERATURA. Se escribe con minúscula: *la literatura, la literatura española.*

LONGITUD. *v.* LATITUD; está en el mismo caso.

LUNA. Se escribe con mayúscula cuando claramente se refiere al astro como tal: *la Luna gira en torno a la Tierra, la Luna recibe la luz del Sol, llegar a la Luna;* pero en los demás casos, minúscula: *la luz de la luna, mirar a la luna, luna nueva.*

MACIZO. Se escribe con minúscula: *el macizo central, el macizo central francés.*

MADAME. *v.* LADI; está en el mismo caso.

MADEMOISELLE. *v.* LADI; está en el mismo caso.

MADRE. Aplicado a las religiosas se escribe con minúscula: *la madre superiora, la madre Justina;* sólo se escribe con mayúscula cuando se refiere a la Virgen: *la Madre de Dios.*

MAESTRO. Se escribe con mayúscula cuando se refiere a Jesucristo: *el divino Maestro;* también, cuando se aplica como nombre convencional a un pintor o escultor anónimo: *el Maestro Mateo, el Maestro de Santa Gúdula, el Maestro de Burgos.*

MAFIA. Se escribe con minúscula: *la mafia siciliana.*

MALIGNO. Se escribe con mayúscula cuando se usa como sobrenombre del diablo: *el Maligno.*

MANIFIESTO. Se escribe con mayúscula cuando forma parte del título de un documento: *el Manifiesto Comunista, el Manifiesto de los dadaístas,* etc.

MAR. Se escribe con minúscula: *el mar Mediterráneo, el mar Muerto, el mar de Cara;* pero *el Mar Menor.*

MARCA. Se escribe con mayúscula cuando da nombre a una región: *la Marca Hispánica, la Marca del Este.*

MARINA. En *Marina mercante* y *Marina de guerra* se escribe con mayúscula; en los demás casos: *la marina ataca, un soldado de marina, infantería de marina,* con minúscula.

MARISCAL. *v.* GENERAL; está en el mismo caso.

MARQUÉS. *v.* CONDE; está en el mismo caso.

MAYOR. En el sentido de «jefe de comunidad o cuerpo» se escribe con minúscula: *el mayor Smith, el sargento mayor, un mayor;* pero se escribe con mayúscula en casos como: *Osa Mayor, Santiago el Mayor, Estado Mayor* (por cierto, que la

Academia, en este último caso, lo escribe con minúscula, no obstante ser una institución tan importante dentro de todo ejército).

MEDALLA. *v.* LAZO; está en el mismo caso.

MEDICINA. En general se usa con minúscula: *la medicina está muy adelantada;* pero *Facultad de Medicina.*

MEDIODÍA. Se escribe con minúscula, incluso cuando se refiere a una región (equivalente a «sur»): *el mediodía de Francia.*

MEMORIA. Se escribe con minúscula: *escribir unas memorias, presentar la memoria.*

MENOR. Se escribe con mayúscula en casos como: *Santiago el Menor, Osa Menor, Asia Menor, Africa Menor.*

MERIDIONAL. *v.* CENTRAL; está en el mismo caso.

METRO. Cuando se usa como sinónimo de «metropolitano» se escribe con minúscula: *el metro de Moscú, tomar el metro, viajar en metro.*

MICADO. Se escribe con minúscula, como EMPERADOR: *visitar al micado.*

MILADI. *v.* LADI; está en el mismo caso.

MILORD. *v.* LADI; está en el mismo caso.

MINISTERIO. Se escribe con mayúscula cuando se refiere al departamento gubernamental dirigido por un ministro: *el Ministerio de Hacienda, un Ministerio, el Ministerio, los Ministerios;* minúscula en los restantes casos: *el ministerio público, el ministerio fiscal, sagrado ministerio.*

MINISTRO. *v.* GENERAL; está en el mismo caso.

MISA. Se escribe con minúscula: *la santa misa, oír misa.*

MISS. *v.* LADI; está en el mismo caso.

MÍSTER. *v.* LADI; está en el mismo caso.

MISTERIO. Se escribe con mayúscula en casos como éste: *el Misterio de Elche.*

MISTRESS. *v.* LADI; está en el mismo caso.

MONARQUÍA. En cuanto sistema de gobierno se escribe con minúscula, como *reino: los partidarios de la monarquía, Inglaterra es una monarquía, la monarquía belga;* sólo se usa con mayúscula cuando se refiere a una época determinada, como en los casos de DICTADURA, REGENCIA, etc.: *durante la Monarquía.*

MONASTERIO. Se escribe con minúscula: *el monasterio de El Escorial, el monasterio de Montserrat;* pero con mayúscula en este caso: *el Monasterio de Piedra.*

MONSEÑOR. *v.* ARZOBISPO; está en el mismo caso.

MONSIEUR. *v.* LADI; está en el mismo caso.

MONTAÑA. Se escribe con minúscula: *el sermón de la montaña, la montaña Pelada, las montañas Rocosas;* pero se escribe con mayúscula cuando se refiera a Santander: *la Montaña.*

MONTE. *v.* CABO; está en el mismo caso.

MUNDO. Se escribe con minúscula: *este mundo, el mundo, alrededor del mundo.*

MUSEO. *v.* CINE; está en el mismo caso.

NATURALEZA. Se escribe con minúscula: *los reinos de la naturaleza, la naturaleza.*

NIÑO. En cuanto sobrenombre de Cristo se escribe con mayúscula: *el Niño Dios, el Niño que nació en Belén.*

NORTE. *v.* PUNTOS CARDINALES.

NUESTRA, NUESTRO. Se escriben con mayúscula cuando, seguidas de *señora* o *señor,* respectivamente, se refieran a la Virgen o a Jesucristo: *Nuestra Señora, Nuestro Señor.*

NUEVO. Con mayúscula en *Nuevo Testamento, Nuevo Mundo.*

OCCIDENTAL. *v.* CENTRAL; está en el mismo caso.

OCCIDENTE. Se escribe con mayúscula cuando se refiere a la porción del mundo así llamada: *en Occidente se piensa que..., el capitalismo de Occidente,* etc.; pero con minúscula en casos como: *el occidente de Madrid, el occidente de la Península.*

OCÉANO. Se escribe con minúscula: *el océano Atlántico, el océano.*

OESTE. *v.* PUNTOS CARDINALES.

OLIMPÍADAS. *v.* JUEGOS; está en el mismo caso.

OMEYA. Se escribe con minúscula: *los omeyas, un omeya, un califa omeya.*

ÓPERA. Se escribe con minúscula: *ir a la ópera,* salvo cuando forma parte de una denominación: *el Teatro de la Ópera.*

OPERACIÓN. Se escribe con mayúscula cuando va acompañado del nombre que la determina: *la Operación Cicerón; la Operación Viento Fresco,* etc.

ORDEN. En cuanto denominación

de una condecoración se escribe con mayúscula: *la Orden civil de Beneficencia, la Orden de Cristo;* pero en el caso de órdenes religiosas, unos la escriben con mayúscula y otros con minúscula; la Academia lo usa con minúscula, y éste me parece el criterio más acertado, por cuanto equivale a «regla» o «congregación», que se escriben con minúscula; *Real Orden* suele escribirse con mayúscula, pero sin mucho acierto, ya que *decreto* y *real decreto* suelen escribirse con minúscula, salvo en publicaciones oficiales.

ORIENTAL. *v.* CENTRAL; está en el mismo caso.

PABELLÓN. Se escribe con minúscula: *el pabellón de España en la Feria de Buenos Aires, el pabellón francés.*

PACTO. Se escribe con mayúscula cuando forma parte de la denominación de un documento: *el Pacto de Madrid, el Pacto Tripartito.*

PADRE. Se escribe con minúscula, como en el caso de MADRE; sólo se escribe con mayúscula cuando se refiere a Dios: *el Padre Eterno;* como sobrenombre del papa, *Padre Santo* o *Santo Padre,* se suele escribir con mayúscula, pero debiera escribirse con minúscula, no sólo para distinguirlo de los Santos Padres (de la Iglesia), sino porque equivale a PAPA, PONTÍFICE, etcétera, que asimismo deben escribirse con minúscula (por más elevado, único y respetable que sea el cargo, que nada de dignidad pierde por ello).

PAÍS. Se suele escribir con minúscula: *el país vasco, el país de Gales, el país valenciano;* sin embargo, en los casos de *país vasco* y sobre todo de *país de Gales,* algunos lo escriben con mayúscula.

PALABRA. Sólo se escribe con mayúscula cuando equivale a «Evangelio»: *la divina Palabra.*

PALACETE. *v.* PALACIO; está en el mismo caso.

PALACIO. Se escribe con mayúscula cuando se refiere a uno concreto: *el Palacio de los Papas* (en Aviñón), *el Palacio de Dueñas* (en Sevilla), *el Palacio Real, el Palacio Episcopal, el Palacio de Invierno* (en Leningrado).

PANTEÓN. Se escribe con mayúscula cuando se refiere concretamente a un templo o monumento: *el Panteón de París, el Panteón de los dioses;* cuando designa un monumento funerario se escribe con minúscula.

PAPA. Se escribe con minúscula: *el papa reinante, un papa, el papa Pablo VI* (*v.* PONTÍFICE).

PAPADO. Se escribe con minúscula: *el papado.*

PARAÍSO. *v.* CIELO; está en el mismo caso.

PARQUE. Se escribe con mayúscula cuando designa uno concreto: *el Parque de María Luisa* (en Sevilla), *el Parque Güell* (en Barcelona), *el Parque del Retiro* (en Madrid), etc., pero *un parque, ir al parque.*

PARTIDAS. Se escribe con mayúscula: *las Partidas, las Siete Partidas, las Partidas de Alfonso el Sabio.*

PATRÓN, PATRONA. Se escriben con minúscula: *el patrón de Madrid, la patrona de Infantería.*

PAX. Se escribe con minúscula: *la pax romana, la pax augusta.*

PAZ. Se escribe con minúscula: *la paz de Cambrai, la paz de los Pirineos.*

PENÍNSULA. Se escribe con minúscula: *la península ibérica, la península italiana, la península balcánica;* solamente se escribe con mayúscula cuando se refiere al conjunto España-Portugal: *en toda la Península,* o, a veces, a España sólo, pero en este caso debe escribirse con minúscula: *trasladados a la península.*

PEÑÓN. Se escribe con minúscula: *el peñón de Gibraltar, el peñón de las Ánimas;* sólo se escribe con mayúscula cuando, nombrado aisladamente, *el Peñón,* se refiere al de Gibraltar.

PLAN. Se escribe con mayúscula cuando se refiere a uno determinado: *el Plan Marshall, el Plan Triffin, el III Plan de Desarrollo,* pero con minúscula en *el plan de Marshall, el plan de Triffin, un plan de desarrollo.*

PLAZA. Se escribe con minúscula: *la plaza de Espronceda, la plaza Mayor, la plaza Real.*

PODER. Se escribe con minúscula: *la lucha por el poder, el poder ejecutivo, el poder legislativo.*

POLICÍA. Se escribe con minúscula: *las fuerzas de la policía, acudió la policía, un policía.*

POLO. Se escribe con minúscula: *polo antártico, polo ártico, polo austral, polo boreal,* pero *polo Norte y polo Sur.* (Si se refiere a los magnéticos se escribe con minúscula: *polo norte, polo sur.*)

PONTÍFICE. Se escribe con minús-

cula, como PAPA. (Puede verse así en el artículo *curia* del Diccionario académico: *pontífice romano.*)

POTENCIA. Se escribe con minúscula.

PREHISTORIA. Se escribe con minúscula: *la historia y la prehistoria.*

PREMIO. Cuando se refiere a uno concreto se escribe con mayúscula: *el Premio Nobel, el Premio Goncourt (Fulano de tal, Premio Nobel de Literatura), el Premio Nadal, el Premio Planeta, el Gran Premio.*

PRENSA. Se escribe con minúscula: *la prensa española, dice la prensa.*

PRIMADO. Se escribe con minúscula: *el cardenal primado.*

PRINCIPADO. Se escribe con minúscula: *el principado de Mónaco.*

PRÍNCIPE. Se escribe con minúscula, como REY.

PROGRAMA. Se escribe con mayúscula cuando se refiere a uno concreto: *el Programa Apolo;* pero *el programa, un programa.*

PROYECTO. *v.* PROGRAMA*;* está en el mismo caso.

PUERTA. Se escribe con mayúscula cuando se refiere a un monumento o al nombre de un lugar: *la Puerta de Alcalá* (en Madrid), *la Puerta de Carmona* (en Sevilla); pero en los demás casos se escribe con minúscula: *la puerta de san Ivo* (de la catedral de Barcelona).

PUNTOS CARDINALES. Los nombres de los puntos cardinales se escriben, en general, con minúscula, pues se trata de nombres genéricos: *dirección norte, ir* hacia el sur, el sol sale por el este y se pone por el oeste; sin embargo, cuando se aplica como denominación de algo se convierte en nombre propio, y por consiguiente hay que escribirlo con mayúscula: *el Ejército del Norte, el Gran Norte, Flota del Norte; América del Norte, América del Sur, el Este* o *el Oeste* (porción del mundo, equivalentes a *Oriente* y *Occidente*, respectivamente).

RADIO. Se escribe con mayúscula cuando se refiere a una emisora: *Radio Barcelona, Radio París, Radio Bagdad;* pero en los demás casos, minúscula: *la radio* y *la prensa.*

RECONQUISTA. S u e l e escribirse con mayúscula cuando se refiere a la época histórica: *durante la Reconquista.*

REFORMA. Se escribe con mayúscula cuando se refiere al movimiento religioso llevado a cabo por Lutero, Calvino y otros: *la Reforma, la guerra de la Reforma.*

REGENCIA. *v.* DICTADURA*;* está en el mismo caso.

RÉGIMEN. Se escribe con minúscula: *el régimen comunista, el régimen fascista, nuestro régimen.*

REGISTRO. En cuanto entidad, mayúscula: *el Registro Civil, el Registro de la Propiedad.*

REINO. Se escribe con minúscula: *las leyes del reino, España es un reino.*

RENACIMIENTO. Se escribe con mayúscula cuando se refiere a la época o al estilo: *durante el Renacimiento, estilo Renacimiento.*

REPÚBLICA. Se escribe con mayúscula cuando se usa como institución: *la República Francesa, la República Española, la primera República, la segunda República, las Repúblicas soviéticas, las Repúblicas americanas, la República de los Tungusos:* pero *la república es una forma de gobierno, tras la instauración de la república, la república literaria.*

RESTAURACIÓN. *v.* DICTADURA*;* está en el mismo caso.

REVOLUCIÓN. Se escribe con mayúscula: *la Revolución francesa, la Revolución rusa, la Revolución mexicana, la Revolución de Octubre;* pero se escribe con minúscula en casos como éstos: *la revolución industrial, la revolución proletaria, la revolución inglesa de 1642, la revolución rusa de 1917, la revolución francesa de 1789, la revolución terciaria* (en geología).

REY. Se escribe con minúscula: *el rey de Bélgica, el rey Balduino;* pero con mayúscula cuando se usa como sobrenombre de un rey: *el Rey Sol, el Rey Sabio, el Rey Prudente, el Rey Católico, los Reyes Católicos, la Reina Gobernadora, la Reina Católica.*

ROCOCÓ. Se escribe con minúscula: *el rococó, de estilo rococó.*

ROMANTICISMO. Se escribe con minúscula: *los tiempos del romanticismo, el romanticismo italiano, el romanticismo francés.*

SALA. Se escribe con minúscula: *la sala de los Reyes, la sala de la Barca, la sala del Trono, la sala capitular.*

SALÓN. Se escribe con mayúscula cuando forma parte del título de una exposición: *el Salón del Automóvil, el Salón de los Independientes, el Salón de Otoño,* y con minúscula en los mismos casos que SALA.

SAN, SANTO. Se escriben con minúscula: *san José, san Onofre, santa Ofelia, santo Domingo, santo Dios, Dios santo, santo cielo, santo Cristo,* etc.; pero con mayúscula cuando forma parte de la denominación de una iglesia, parroquia, calle, lugar, etc.: *iglesia de San José, parroquia de Santa Ofelia, calle de Santo Domingo, San Diego* (California).

SANTO PADRE. *v.* PADRE.

SANTUARIO. *v.* MONASTERIO; está en el mismo caso.

SECRETARÍA. Se escribe con mayúscula cuando equivale a «Ministerio»: *la Secretaría de Estado* (en los Estados Unidos).

SEMANA. Se escribe con mayúscula cuando forma parte del título de una exposición, congreso, fiesta, etc.: *la Semana del Motor, la Semana Nacional del Seminario, la Semana Santa.*

SELVA. Se escribe con minúscula, salvo en *la Selva Negra* (región alemana).

SENADO. *v.* CONGRESO; está en el mismo caso.

SEÑOR. Sólo se escribe con mayúscula cuando se refiere a Dios: *el Señor sea contigo.*

SIERRA. Generalmente se escribe con minúscula: *la sierra de Aconquija, ir a la sierra, la sierra de Gata,* pero con mayúscula en los siguientes casos: *Sierra Morena, Sierra Nevada,* *Sierra Carbonera, Sierra Cebollera.*

SIGLO. Se escribe con minúscula: *el siglo de oro, el siglo de las luces.*

SIN. Se escribe con mayúscula: *Juan Sin Tierra, Juan Sin Miedo.*

SIR. *v.* MÍSTER; está en el mismo caso.

SOBERANO. *v.* REY; está en el mismo caso.

SOCIEDAD. *v.* COMPAÑÍA; está en el mismo caso.

SOL. *v.* LUNA; está en el mismo caso.

SOR. *v.* HERMANA; está en el mismo caso.

SULTÁN. *v.* REY; está en el mismo caso.

SUR. *v.* PUNTOS CARDINALES.

TEATRO. *v.* CINE; está en el mismo caso.

TEDEUM. Se escribe con minúscula: *rezar un tedeum.*

TEMPLO. Generalmente se escribe con minúscula: *el templo de San Francisco el Grande,* pero cuando se refiere al mandado construir por Salomón suele usarse con mayúscula, *el Templo,* así como en *orden del Templo,* o *del Temple.*

TESTAMENTO. Se escribe con mayúscula en *Antiguo, Nuevo* y *Viejo Testamento;* minúscula en *arca del testamento.*

TIERRA. Se escribe con mayúscula cuando claramente se refiere al astro: *de la Tierra a la Luna,* pero con minúscula en los demás casos.

TORRE. Cuando forma parte del nombre de un monumento, mayúscula: *la Torre Eiffel, la Torre del Oro, la Torre de Lon-*

dres; en los demás casos, minúscula.

TRATADO. *v.* PACTO; está en el mismo caso.

TRIBUNAL. Sólo se escribe con mayúscula cuando constituye parte de la denominación de un organismo: *el Tribunal Supremo, el Tribunal de Cuentas, el Tribunal Tutelar de Menores, el Tribunal de las Aguas,* etcétera; en los demás casos, minúscula.

TRÓPICO. Se escribe con minúscula: *el trópico de Cáncer, el trópico de Capricornio.*

UNIVERSIDAD. Cuando tiene el sentido de institución se usa con mayúscula: *la función de la Universidad, un profesor de Universidad;* cuando se refiere al edificio o institución seguido de su denominación correspondiente, si bien don Julio Casares recomendaba escribirlo con minúscula: *la universidad de Barcelona, la universidad de Princeton,* en la práctica casi todos los autores la escriben con mayúscula, parangonándola con *Ayuntamiento, Museo* y otros casos similares, y así parece que debe ser: *la Universidad de Madrid, la Universidad Central, la Universidad Nacional Autónoma de México* (si aquí la escribiéramos con minúscula, el caso de *universidad Central* y *universidad Nacional* resultaría, cuando menos, chocante).

UNIVERSO. Se escribe con minúscula: *las constelaciones del universo, el universo.*

VALLE. Se escribe con minúscula: *el valle de Aosta, el valle de la Muerte.*

VEGA. Se escribe con minúscula: *la vega de Granada.*

VÍA. Cuando se refiere a una en concreto se escribe con mayúscula: *la Vía Latina, la Vía Domiciana,* etc., así como en *la Vía Láctea.*

VIEJO. Se escribe con mayúscula: *Viejo Continente, Viejo Testamento.*

VILLA. En general se escribe con minúscula; *la villa y corte, la villa de Madrid;* pero *Villa Isabel, Villa Médicis.*

VIRGEN. Se escribe con mayúscula cuando se refiere a la Madre de Dios: *la Virgen, la Virgen María.*

VIZCONDE. *v.* CONDE; está en el mismo caso.

ZAR. *v.* KÁISER; está en el mismo caso.

ZODÍACO. *v.* ECLÍPTICA; está en el mismo caso.

12

NOMBRES GEOGRÁFICOS

I. Grafía de los nombres geográficos

Por lo que respecta a los nombres geográficos, actualmente se tiende a escribirlos según su grafía original, esto es, tal como se escriben en la lengua del país a que pertenecen. Sin embargo, hay que tener en cuenta que esta regla no debe aplicarse en los siguientes casos:

1. Cuando un nombre de nación, ciudad o población ha sido traducido tradicionalmente al español, es ésta la forma que debe usarse en nuestro idioma, con preferencia a la original; por ejemplo, hay una ciudad alemana que se llama, en alemán, *Aachen*, pero que desde tiempo inmemorial se ha traducido por *Aquisgrán* (de su nombre latino, *Aquae Grani*); ésta es, pues, la forma correcta en español para nombrar a esta ciudad alemana.

2. No es correcto usar en nuestra lengua nombres de lenguas intermedias; por ejemplo, a Aquisgrán, los franceses la llaman *Aix-la-Chapelle*, forma ésta inaceptable en español, puesto que nos llega directamente del francés.

3. No es correcto usar grafías extranjeras en nombres geográficos de lugares que fueron colonizados o dominados por otros países; por ejemplo, la capital de Sudán se llama, en inglés, *Khartum*, y en francés, *Khartoum;* pues bien, en español debe ser *Jartum* o *Jartún*, que es la forma que más se aproxima a la árabe. Lo mismo sucede en otros muchos casos, como

271

Tanganyika por *Tanganica; Kenya* por *Kenia; Tokyo* por *Tokio,* y muchísimos más.

4. En nuestra lengua se han alojado (y por desgracia han sido bien recibidas) denominaciones de países que usan alfabetos distintos de los nuestros, procedentes de países intermedios; el caso más flagrante es el francés *Moscú (Moscou)*, que en buen castellano debiera ser *Moscova*, como ya han propuesto varios autores; sin embargo, en este caso como en otros la batalla está perdida de antemano; pero es lastimoso.

Hay otros aspectos en los nombres geográficos, verdaderos problemas; por ejemplo, la voz *Sahara* (así registrada en la edición de 1956 del Diccionario académico) se ha convertido en *Sáhara* (en la edición de 1970), con total olvido de la tradición, que siempre había usado la forma *Sahara*, llana; pero si se admite *Sáhara*, más razonable sería admitir *Sájara*, como ya se viene utilizando por muchos, puesto que la *h* en esta voz suena como una *j* gutural, de manera que *Sájara* tiene más similitudes con la pronunciación árabe que no *Sáhara*.

Otro aspecto de la cuestión de los nombres geográficos: tras la primera guerra mundial primero, y tras la segunda después, el pastel de Europa fue repartido una y otra vez entre los vencedores; ello trajo consigo un cambio importante en la toponimia, deseosos de adaptar su grafía a las nuevas lenguas; polacos, rusos, alemanes, checos, húngaros y finlandeses principalmente, han visto pueblos, ríos, regiones que en ambos períodos han cambiado de denominación, unas veces recuperando la antigua y otras admitiendo una nueva. Naturalmente, cuando un texto se refiere a estas ciudades en la actualidad, debe mencionarlas por sus nombres actuales, pero hablando de tiempos históricos debe dárseles los que tenían en el tiempo considerado.

Por otra parte, hay nombres geográficos, sobre todo de ríos, que por atravesar éstos más de una nación con idiomas diferentes, reciben en consecuencia varios nombres; en general se les conoce más por uno sólo, y a éste se remiten las demás formas.

II. Lista de nombres geográficos extranjeros

AABENRAA (dan.) Apenrade (Dinamarca).

AACHEN (al.) Aquisgrán (RFA).

ABISSINIA (it.) Abisinia (hoy, Etiopía).

ÅBO (sueco). Turku (Finlandia).

ÅBO-BJÖRNEBORG (sueco) Turku Pori (Finlandia).

ABOUKIR (fr.) Abukir (Egipto).

ABRUZZEN (al.) Abruzos (Italia).

ABRUZZES (fr.) Abruzos (Italia).

ABYSSINIA (ing.) Abisinia (hoy, Etiopía).

ABYSSINIE (fr.) Abisinia (hoy, Etiopía).

ABYDOS (gr.) Abidos (ant. Egipto).

AÇORES (fr.) Azores (Portugal).

ACTIUM (lat.) Accio (Grecia).

ACHAÏE (fr.) Acaya (Grecia).

ADIGE (it.) Adigio (río italiano).

ADOUA (fr.) Adua (Etiopía).

ADRIA (al.) Adriático.

AFGHANISTAN (ing.) Afganistán.

ÄGÄISCHES MEER (al.) Egeo (mar).

AGYPTEN (al.) Egipto.

AIACCIO (it.) Ajaccio (Córcega).

AIX-LA-CHAPELLE (fr.) Aquisgrán (RFA).

AKTION (gr.) Accio (Grecia).

ALBA-LA-LONGUE (fr.) Alba Longa (Italia).

ALBANIEN (al.) Albania.

ALBIONE (it.) Albión.

AL-DJOUMHOURIA ATTUNUSIA (ár.) Túnez o Tunicia.

ALÉOUTES (fr.) Aleutianas.

ALEPPO (it.) Alepo (Siria).

ALEXANDRETTE (fr.) Alejandreta (Turquía).

ALEXANDRIE (fr.) Alejandría (Egipto).

ALGER (fr.) Argel (Argelia).

ALGERI (it.) Argelia.

ALGERIA (ing.) Argelia.

ALGÉRIE (fr.) Argelia.

ALGERIEN (al.) Argelia.

ALGIERS (ing.) Argel (Argelia).

AL-KHALIL (ár.) Hebrón (Jordania).

AL-NAZRAH (ár.) Nazaret (Israel).

ALPEN (al.) Alpes (montes).

ALSAZIA (it.) Alsacia (Francia).

ALVERNIA (it.) Auvernia (Francia).

ALLEMAGNE (fr.) Alemania.

AMBON (ing.) Amboina (isla de las Molucas).

AMBURGO (it.) Hamburgo (Alemania).

ANCÔNE (fr.) Ancona (Italia).

ANCYRA (fr.) Ancira (hoy, Ankara o Angora, Turquía).

ANDRINOPLE (fr.) Andrinópolis (Turquía).

ANGLETERRE (fr.) Inglaterra.

ANGÔULÊME (fr.) Angulema (Francia).

ANKARA (tur.) Angora (Turquía), (se usa más la forma turca).

ANNAM (it.) Anam (Indochina).

ANTAKIAH (tur.) Antioquía de Siria (Turquía). También adopta estas formas, no utilizables en castellano: *Antakia, Antakié, Antakieh, Antakiyé* y *Antakya*.

ANTANANARIVO (malg.) Tananarive o Tananarivo (Rep. Malgache).

ANTIOCH (ing.) Antioquía de Siria (Turquía).

ANTIOCHE (fr.) Antioquía de Siria (Turquía).

ANTIOCHIA (it.) Antioquía de Siria (Turquía).

273

ANTWERP (ing.) Anveres (Bélgica).
ANTWERPEN (fl.) Amberes (Bélgica).
ANVERS (fr.) Amberes (Bélgica).
ANVERSA (it.) Amberes (Bélgica).
ANZIO (it.) Ancio (Italia).
APPALACHES (ing.) Apalaches (montes).
APULIEN (al.) Apulia (Italia).
AQUIN (fr.) Aquino (Italia).
AQUISGRANA (it.) Aquisgrán (RFA).
AQUITAINE (fr.) Aquitania (Francia).
ARALSEE (al.) Aral (mar).
ARDÉAL (rum.) Transilvania.
ARDENNEN (al.) Ardenas (Francia).
ARDENNES (fr.) Ardenas (Francia).
ARKHANGEL (ing.) Arjánguelsk o Arcángel (URSS).
ARNSBERG (al.) Arenberg (RFA).
ARNSWALDE (al.) Choszczno (Polonia).
ASEN (al.) Asia.
ASSAM (ing.) Asam (India).
ASSIRIA (it.) Asiria.
ASSISE (fr.) Asís (Italia).
ASSISI (it.) Asís (Italia).
ASSUAM (ing.) Asuán (Egipto).
ASSYRIE (fr.) Asiria.
ASTRACHAN (al.) Astracán (URSS).
ASTRAKHAN (ing.) Astracán (URSS).
ATENE (it.) Atenas (Grecia).
ATHEN (al.) Atenas (Grecia).
ATHÈNES (fr.) Atenas (Grecia).
ATHENS (ing.) Atenas (Grecia).
ÄTHIOPIEN (al.) Etiopía.
ATTIQUE (fr.) Ática (Grecia).
AUGSBOURG (fr.) Augsburgo (RFA).
AUGSBURG (al.) Augsburgo (RFA).
AUSTRICHE (fr.) Austria.
AUVERGNE (fr.) Auvernia (Francia).
AVIGNON (fr.) Aviñón (Francia).
AVIGNONE (it.) Aviñón (Francia).
AZORRE (it.) Azores (Portugal).
AZURKÜSTE (al.) Costa Azul.

BABYLON (al.) Babilonia.
BAIKALGEBIRGE (al.) Baikal (montañas).
BAIKALSEE (al.) Baikal (lago).
BAIONA (it.) Bayona (España, Francia).
BALCANI (it.) Balcanes (montes).
BÂLE (fr.) Basilea (Suiza).
BALKAN (al.) Balcanes (montes).
BALKANHALB INSEL (al.) Balcanes (península).
BALKANS (fr.) Balcanes.
BANGKA O BANKA (fr.) Banca (isla malaya).
BARABUDUR (fr.) Borobudur o Borobodo (Java, Indonesia).
BARBARY (ing.) Berbería.
BARBERIA (it.) Berbería.
BASEL (al.) Basilea (Suiza).
BASLE (ing.) Basilea (Suiza).
BASSES ALPES (fr.) Prealpes (cordillera europea).
BATAVE (fr.) Batavia.
BAVARIA (ing.) Baviera (RFA).
BAYERN (al.) Baviera (RFA).
BECHUANALAND (ing.) Botswana.
BEERSEHEBA (ing.) Bersabé o Bersabea (ant. Judea).
BELGIEN (al.) Bélgica.
BELGIO (it.) Bélgica.
BELGIUM (ing.) Bélgica.
BELGRAD (al.) Belgrado (Yugoslavia).
BELITUNG (fr.) Beliton o Billiton (isla de la Sonda).
BELIZE (it.) Belice (Honduras británica).
BELUCISTÁN (it.) Beluchistán (Paquistán).
BENGAL (ing.) Bengala (India).
BENGALEN (al.) Bengala (India).
BEOGRAD (it.) Belgrado (Yugoslavia).
BEOZIA (it.) Beocia (Grecia).
BERÉZHANY (pol.) Brzezany (URSS).
BERGEN (fl.) Mons (Bélgica).

BERLINO (it.) Berlín (Alemania).

BERN (al.) Berna (Suiza).

BESSARABIA (it.) Besarabia (URSS).

BETCHLEHEM (ing.) Belén (Jordania).

BETHLEHME (hebr.) Belén (Jordania).

BETLEMME (it.) Belén (Jordania).

BEYROUTH (fr.) Beirut (Líbano).

BEYRUTH (ing.) Beirut (Líbano).

BHAILE-ÁTHA-CLIATH (irl.) Dublín (Irlanda).

BHUTAN (ing.) Bután.

BIALYSTOK (fr.) Bialistok (Polonia).

BIENNE (fr.) Biel (Suiza).

BISANZIO (it.) Bizancio (posteriormente *Constantinopla*, hoy *Estambul*, Turquía).

BISCAGLIA (it.) Vizcaya (España).

BISCAY (ing.) Vizcaya (España).

BISCAYE (fr.) Vizcaya (España).

BISKAYA (al.) Vizcaya (España).

BITOLJ (serv.) Monastir (Yugoslavia).

BJÖRNEBORG (sueco) Pori (Finlandia).

BLACK FOREST (ing.) Selva Negra (Alemania).

BOIS-LE-DUC (fr.) 's Hertogenbosch (Holanda).

BOLOGNA (it.) Bolonia (Italia).

BOEMIA (it.) Bohemia (Checoslovaquia).

BÖMEN (al.) Bohemia (Checoslovaquia).

BÔNE (fr.) Bona, hoy Annaba (Argelia); Bonn (Alemania).

BONN (ing.) Bona (Alemania) (se usa exclusivamente *Bonn*).

BORDEAUX (fr.) Burdeos (Francia).

BORGOGNA (it.) Borgoña (Francia).

BOSPHORUS (al.) Bósforo (estrecho).

BOUGIE (fr.) Bugía (Argelia).

BOULOGNE (fr.) Boloña (Francia).

BOURGOGNE (fr.) Borgoña (Francia).

BRANDEBOURG (fr.) Brandeburgo (RDA).

BRANDENBURG (al.) Brandeburgo (RDA).

BRASILE (it.) Brasil.

BRASILIEN (al.) Brasil.

BRAUNSCHWEIG (al.) Brunswick (RFA).

BREGENZ (al.) Braganza (Portugal).

BRÊME (fr.) Brema (RFA).

BREMEN (al.) Brema (RFA).

BRENNERO (it.) Brenero (paso de los Alpes).

BRESLAU (al.) Wroclaw (Polonia).

BRESLAVIA (it.) Wroclaw (Polonia).

BRETAGNA (it.) Bretaña (Francia).

BRETAGNE (fr.) Bretaña (Francia).

BRIEG (al.) Brzeg (Polonia).

BRINDISI (it.) Brindis (Italia).

BRITANNIA (it.) Gran Bretaña.

BRITANY (ing.) Bretaña (Francia).

BROMBERG (al.) Bydgoszcz (Polonia).

BRUGES (fr.) Brujas (Bélgica)

BRUGGE (fl.) Brujas (Bélgica)

BRÜNN (al.) Brno (Checoslovaquia).

BRUSSEL (fl.) Bruselas (Bélgica).

BRÜSSEL (al.) Bruselas (Bélgica).

BRUSSELLE (it.) Bruselas (Bélgica).

BRUSSELS (ing.) Bruselas (Bélgica).

BRUXELLES (fr.) Bruselas (Bélgica).

BUCARESTI (rum.) Bucarest (Rumania).

BUDA PEST (it.) Budapest (Hungría).

BUDWEIS (al.) Budejovice (Checoslovaquia).

BUKOWINA (ing.) Bucovina o Bukovina (Rumania).

BULGARIEN (al.) Bulgaria.

BUNZLAU (al.) Boleslawiec (Polonia).
BURMA (ing.) Birmania.
BURGUND (al.) Borgoña (Francia).
BURGUNDY (ing.) Borgoña (Francia).
BYZANZ (al.) Bizancio (hoy, *Estambul* o *Istanbul*, Turquía).

CACHEMIR (it.) Cachemira (India y Paquistán).
CADICE (it.) Cádiz (España).
CAFARNAO (it.) Cafarnaúm (Palestina).
CAFFRARIA (ing.) Cafrería.
CAGLIARI (it.) Cáller (Italia).
CAIENNA (it.) Cayena (Guayana francesa).
CAMBODGE (fr.) Camboya.
CAMBODIA (ing.) Camboya.
CAMBOGIA (it.) Camboya.
CAMBOJA (port.) Camboya.
CAMPEACHY (ing.) Campeche (México).
CAPE TOWN o CAPETOWN (ing.) Ciudad de El Cabo, o El Cabo (Rep. de Suráfrica).
CAPHARNAUM (ing.) Cafarnaúm (Palestina).
CAPOUE (fr.) Capua (Italia).
CARCASSONNE (fr.) Carcasona (Francia).
CARIGNANO (it.) Cariñán (Italia).
CARLOWITZ (*v.* KARLOWITZ).
CARLSBAD (al.) Karlovi Vary (Checoslovaquia).
CARLSBURG (al.) Carlsburgo (hoy, *Alba Julia*, Rumania).
CARPACI (it.) Cárpatos (montes).
CARPHATES (fr.) Cárpatos (montes).
CARTAGINE (it.) Cartago.
CASCAIS (port.) Cascaes (Portugal).
CASCEMIR (it.) Cachemira (India y Paquistán).

CATALOGNA (it.) Cataluña (España).
CATHAY (ing.) Catay (ant. China).
CAUCASA (it.) Caucasia (URSS).
CAWNPORE (ing.) Campur (India).
CAYENNE (fr.) Cayena (Guayana francesa).
CECOSLOVACCHIA (it.) Checoslovaquia.
CERDAGNE (fr.) Cerdeña (Italia).
CESKÉ BUDEJOVICE (chec.) Budejovice (Checoslovaquia).
CERNAUTI (rum.) Chernovtsy (Ucrania, URSS).
CETINJE o CETINIE (esl.) Cetiña (Yugoslavia).
CETTIGNE (it.) Cetiña (Yugoslavia).
CEYLAN (fr.) Ceilán.
CEYLON (ing.) Ceilán.
CIPRO (it.) Chipre.
CIRCASSIA (it.) Circasia (URSS).
CLEVES (al.) Cléveris (RFA).
CLISSA (it.) Klis (Yugoslavia).
COBLENCE (fr.) Coblenza (RFA).
COBLENZ (al.) Coblenza (RFA).
COCINCINA (it.) Cochinchina.
COGNAC (fr.) Coñac (Francia).
COLOGNE (fr.) Colonia (RFA).
COLLIOURE (fr.) Colliure (Francia).
COPENHAGUEN (ing. e it.) Copenhague (Dinamarca).
COQUILHATVILLE (fr.) Mbandaka (Rep. de Zaire).
COROGNA, LA (it.) La Coruña (España).
CORNOVAGLIA (it.) Cornualles (ant. Francia; Inglaterra).
CORNWALL (ing.) Cornualles (ant. Francia; Inglaterra).
CORSE (fr.) Córcega (Francia).
CORSICA (ing.) Córcega (Francia).
COSTARICA (it.) Costa Rica.
COUTANCES (fr.) Cotanza (Francia).
CROAZIA (it.) Croacia (Yugoslavia).

CROTONE (it.) Crotona (Italia).
CUMAE (lat.) Cumas (Italia).
CYPERN (al.) Chipre.
CYPRUS (ing.) Chipre.
CZERNA GORA (esl.) Montenegro (Yugoslavia).
CHAMPAGNE (fr.) Champaña (Francia).
CHANAAN (fr.) Canaán (Palestina).
CHANG-HAÏ (fr.) Shanghai (China).
CHARENTE (fr.) Charenta (Francia).
CHÄRONEA (al.) Queronea (Grecia).
CHEB (chec.) Eger (Checoslovaquia).
CHEMNITZ (al.) Karl-Marx-Stadt (RDA).
CHERBOURG (fr.) Cherburgo (Francia).
CHERONÉE (fr.) Queronea (Grecia).
CHERSONÈSE (fr.) Quersoneso (Grecia).
CHILI (fr.) Chile.
CHIRGHISI (it.) Kirguises (URSS).
CHISIMAIO (it.) Kisimayu (Somalia).
CHOSEN (jap.) Corea.
CHUR (al.) Coira (Suiza).
CHYPRE (fr.) Chipre.

DALMATIA (ing.) Dalmacia (Yugoslavia).
DALMATIEN (al.) Dalmacia (Yugoslavia).
DALMAZIA (it.) Dalmacia (Yugoslavia).
DAMAS (fr.) Damasco (Siria).
DAMASCUS (ing.) Damasco (Siria).
DAMASKUS (al.) Damasco (Siria).
DANEMARK (fr.) Dinamarca.
DÄNEMARK (al.) Dinamarca.
DANIMARCA (it.) Dinamarca.
DANTZIG (fr.) Dánzig o Gdansk (Polonia).

DANUBE (ingl.) Danubio (río europeo).
DANZICA (it.) Dánzig o Gdansk (Polonia).
DAUGAVPILS (let.) Dunaburgo (Letonia) (actualmente, Dvinsk, URSS).
DAUPHINÉ (fr.) Delfinado (Francia).
DAUPHINY (ing.) Delfinado (Francia).
DEN HAAG (hol.) La Haya (Holanda).
DENDSJONG (tib.) Sikkim.
DEUTSCHBROD (al.) Havlictuv-Brod (Checoslovaquia).
DEUTSCH-EYLAU (al.) Ilawa (Polonia).
DEUTSCH-KRONE (al.) Valcz Radun (Polonia).
DEUTSCHLAND (al.) Alemania.
DIEPPE (fr.) Diepa o Diepe (Francia).
DIGIONE (it.) Dijón (Francia).
DJACARTA (fr.) Yacarta (Indonesia).
DJAZIREH (ár.) Mesopotamia.
DJIBOUTI (fr.) Jibuti o Yibuti (Somalia).
DNIEPER (ing.) Dniéper o Niéper (río).
DONAU (al.) Danubio (río de Europa).
DNJESTER (al.) Dniéster (río).
DOBRUSCHA (al.) Dobrucha o Dobruja (Rumania y Bulgaria).
DORDOGNE (fr.) Dordoña (Francia).
DORPAT (al.) Tartu (Estonia).
DOUGAWA (let.) Duina o Dvina (ríos).
DRAU (al.) Drave o Drava (río europeo).
DRENTHE (hol.) Drente (Holanda).
DRESDA (it.) Dresde (RDA).
DRESDEN (al.) Dresde (RDA).

DSUNGARIA (al.) Zungaria (Turquestán chino).
DUBLINO (it.) Dublín (Irlanda).
DUBROVNIK (croata) Ragusa (Yugoslavia).
DUMYAT (ár.) Damieta (Egipto).
DÜNA (al.) Duina o Dvina (ríos).
DÜNABURG (al.) Dunaburgo (Letonia) (actualmente *Dvinsk*, URSS).
DÜNKIRCHEN (al.) Dunkerque (Francia).
DUNKIRK (ing.) Dunkerque (Francia).
DURRËSI (alb.) Durazzo (Albania).
DÜSSELDORF (al.) Dusseldorf (Alemania).
DVINA (ruso) Duina o Dvina (ríos).
DWINA (ing.) Duina o Dvina (ríos).

EBRIDI (it.) Hébridas (islas).
ÉCOSSE (fr.) Escocia (RU).
ÉDIMBOURG (fr.) Edimburgo (Escocia, RU).
EDINBURG (ing.) Edimburgo (Escocia, RU).
EDIRNE (turco) Andrinópolis (Turquía).
EESTI (est.) Estonia.
EGEE (it.) Egeas (islas).
EGITTO (it.) Egipto.
EIDELBERGA (it.) Heidelberg (RFA).
EIRE (irl.) Irlanda.
EISACK (al.) Isarco (río italiano).
EL KAHIRAH (ár.) El Cairo (RAU).
EL KUNDS (ár.) Jerusalén (Israel; Jordania).
ELBING (al.) Elblag (Polonia).
ELISABETHVILLE (fr.) Lubumbashi (Rep. de Zaire).
EL-JEDIDA (ár.) Mazagán (Marruecos).
ELSENEUR (fr.) Helsingör o Elsinor (Dinamarca).

ELVEZIA (it.) Helvecia (hoy, Suiza).
EN-NASIRA (ár.) Nazaret (Israel); (*v.* AL-NAZRAH).
EPERJES (húng.) Presov (Checoslovaquia).
EPHÈSE (fr.) Éfeso (ant. Asia Menor).
ÉPHESOS (griego) Éfeso (ant. Asia Menor).
ERDELY (húng.) Transilvania.
ERINNI (it.) Erín (antiguamente, Irlanda).
ERLAU (al.) Eger (Hungría).
ERZGEBIRGE (al.) Metálicos (montes).
ESPAGNE (fr.) España.
ESPERIDI (it.) Hespérides.
ES-SHAMS (ár.) Damasco (Siria).
ESTHONIA (ing.) Estonia (URSS).
ESTLAND (al.) Estonia (URSS).
ETSCH (al.) Adigio (río italiano).
ETRURIEN (al.) Etruria.

FALKLAND (ing.) Malvinas (islas).
FARSAGLIA (it.) Farsalia (Grecia).
FELLIN (al.) Viljandi (Estonia).
FIANDRA, FIANDRE (it.) Flandes.
FIDSCHIINSELN (al.) Fiji (islas).
FIDJI (fr.) Fiji (islas).
FINLAND (ing.) Finlandia.
FINNLAND (al.) Finlandia.
FIRENZE (it.) Florencia (Italia).
FIUME (it.) Rijeka (Yugoslavia).
FLANDERN (al.) Flandes (región europea, principalmente belga).
FLORENCE (fr.) Florencia (Italia).
FLORENZ (al.) Florencia (Italia).
FLUSHING (ing.) Flesinga (Holanda).
FOERÖERNE (dan.) Feroe (islas danesas, que en su lengua vernácula se llaman *Föroyar*).
FRANCE (fr.) Francia.
FRANCOFORTE (it.) Francfort (RDA).

FRANCHE COMTÉ (fr.) Franco Condado.
FRANKENSTEIN (al.) Zabrowice Slaskie (Polonia).
FRANKFURT AM MAIN (al.) Francfort del Main, Mein o Meno (RFA).
FRANKFURT AN DER ODER (al.) Francfort del Oder (RDA) (la parte polaca, a la derecha del Oder, se llama *Slubice*).
FRANKREICH (al.) Francia.
FREIBURG (al.) Friburgo (RFA, Suiza).
FREIBURG IM BREISGAU (al.) Friburgo de Brisgovia (RFA).
FREIBURG IN SCHLESIEN (al.) Swiebodzice (Polonia).
FRIBOURG (fr.) Friburgo (RFA, Suiza).
FRIEDLAND (al.) Frydlant (Checoslovaquia).
FRIESLAND (al.) Frisia (región europea).
FÜNEN (al.) Fionia (Dinamarca).

GAND (fr.) Gante (Bélgica).
GALIZIEN (al.) Galicia o Galitzia (Polonia).
GALLES (fr.) Gales (RU).
GALLIA (it.) Galia (ant. Francia).
GALLIPOLI (ing.) Gallípoli (Italia; Turquía).
GARDINAS (lit.) Grodno (URSS).
GARONNA (it.) Garona (río francés).
GARONNE (fr.) Garona (río francés).
GASCOGNE (fr.) Gascuña (Francia).
GASCONY (ing.) Gascuña (Francia).
GAUL (ing.) Galia (ant. Francia).
GAULE (fr.) Galia (ant. Francia).
GERICO (it.) Jericó (Palestina).
GERMANY (ing.) Alemania.
GERUSALEMME (it.) Jerusalén (Israel; Jordania).

GIAMAICA (it.) Jamaica.
GIAPPONE (it.) Japón.
GIAVA (it.) Java (Indonesia).
GIBILTERRA (it.) Gibraltar.
GINEVRA (it.) Ginebra (Suiza).
GIORDAN (it.) Jordán (río palestino).
GIUDEA (it.) Judea.
GEERAARDSBERGEN (fl.) Grammont (Bélgica).
GELDERLAND (ing.) Güeldres (Holanda).
GELDERM (hol.) Güeldres (Holanda).
GÊNES (fr.) Génova (Italia).
GENEVA (ing.) Ginebra (Suiza).
GENÈVE (fr.) Ginebra (Suiza).
GÉNES (fr.) Génova (Italia).
GENF (al.) Ginebra (Suiza).
GENT (fl.) Gante (Bélgica).
GENOA (ing.) Génova (Italia).
GENUA (al.) Génova (Italia).
GHENT (al.) Gante (Bélgica).
GIURA (it.) Jura (macizo de Europa; Francia).
GLATZ (al.) Klodzko (Polonia).
GLOGUA (al.) Glogow (Polonia).
GNESEN (al.) Gniezno (Polonia).
GODING (al.) Hodonin (Checoslovaquia).
GORIZIA (it.) Goricia (Italia).
GRÄVELINGEN (al.) Gravelinas (Polonia).
GÖTAAÄLV (sueco) Göta (río sueco).
GÖTTINGEN (al.) Gotinga (RFA).
GRAUBÜNDEN (al.) Grisones (Suiza).
GRAN (al.) Esztergom (Hungría).
GRONINGEN (ing.) Groninga (Holanda).
GRÖNLAND (al.) Groenlandia.
'S GRAVENHAGE (hol.) La Haya (Holanda).
GREAT BRITAIN (ing.) Gran Bretaña.
GREENLAND (ing.) Groenlandia.

GRÖDEN (al.) Gardena (valle italiano).
GRÖNINGEN (al.) Groninga (Holanda).
GROSSWARDEIN (al.) Oradea Mare (Rumania).
GUAIANE (it.) Guayana.
GUASCOGNA (it.) Gascuña (Francia).
GUEDERLAND (ing.) Güeldres (Holanda).
GUERNSEY (ing.) Guernesey (isla).
GUIANA (ing.) Guayana.
GUMBINNEN (al.) Gusev (URSS).
GUYENNE (fr.) Guyena (Francia).
GYULA-LEHÉRVÁR (húng.) Alba Julia (Rumania).

HAAG (al.) La Haya (Holanda).
HAGUE, THE (ing.) La Haya (Holanda).
HAINAUT (fr.) Henao (Bélgica).
HAMBOURG (fr.) Hamburgo (RFA).
HAMBURG (al.) Hamburgo (RFA).
HANOVRE (fr.) Hannover (RFA).
HAVANA (ing.) Habana (Cuba).
HAYE, La (fr.) La Haya (Holanda).
HAWAII (ing.) Hawai (EE. UU.).
HEIJO (jap.) Pyongyang (Corea del Norte).
HELEP (ár.) Alepo (Siria).
HELGOLAND (al.) Heligoland (República Federal de Alemania).
HELSINGFORS (sueco) Helsinki (Finlandia).
HELSINGEUR (fr.) Helsingör o Elsinor (Dinamarca).
HELSINÖR (al.) Helsingör o Elsinor (Dinamarca).
HELVETIA (ing.) Helvecia (hoy, Suiza).
HENEGOUWEN (fl.) Henao (Bélgica).
HERZEGOWINA (al.) Herzegovina (Yugoslavia).
HESSEN (al.) Hesse (RFA).
HIMALAGEBIRGE (al.) Himalaya.

HINDENBURG (al.) Zabrze (Polonia).
HINDUSTAN (ing.) Indostán.
HOKKAIDO (ing.) Yeso (Japón)
HOKUSHU (ing.) Yeso (Japón).
HOLLAND (al.) Holanda.
HOLLANDE (fr.) Holanda.
HONGRIE (fr.) Hungría.
HUNGARY (ing.) Hungría.

ICELAND (ing.) Islandia.
IENA (fr.) Jena (RFA).
IEPER (fl.) Ypres (Bélgica)
IJSSEL (hol.) Yssel (Holanda).
IKARIEN (al.) Icaria (isla).
ILLIRIEN (al.) Iliria (región de la Europa antigua).
INDOCINA (it.) Indochina.
INING (chino) Kulja o Kuldja (China).
IONIA (it.) Jonia (ant. región del Asia Menor).
IONIEN (al.) Jonia (ant. región del Asia Menor).
IPPONA (it.) Hipona (ant. ciudad de Numidia).
IRAK (ing.) Iraq.
IRELAND (ing.) Irlanda.
IRAWADI O IRRAWADDY (ing.) Irauadi o Iravadi (río birmano).
ISMIR (turco) Esmirna (Turquía).
ISTANBUL (turco) Estambul (Turquía).
ISTRIEN (al.) Istria (Yugoslavia).
ITALIEN (al.) Italia.
ITALY (ing.) Italia.
ITHAKA (al.) Ítaca (isla jónica).
ITHAKÉ (gr.) Ítaca (isla jónica).
ITURUP (ruso) Etorofu (URSS).
IZMIR (turco) Esmirna (Turquía).

JÄGERNDORF (al.) Krnov (Polonia).
JAPAN (ing.) Japón.
JELGAVA (let.) Mitau (Letonia, URSS).
JORDAN (ing.) Jordania.
JUDÄA (al.) Judea.

JUTLAND (fr.) Jutlandia (Dinamarca).

JÜTLAND (al.) Jutlandia (Dinamarca).

JYLLAND (dan.) Jutlandia (Dinamarca).

KAADEN (al.) Kadan (Checoslovaquia).

KABIAW (ing.) Cabiao (Filipinas).

KABILIA (ing.) Cabilia (Argelia).

KAISARIEH (ár.) Cesarea.

KAMBODSCHA (al.) Camboya.

KAMERUN (al.) Camerún.

KAMPUCHEA (camb.) Camboya.

KAMTCHATKA (ing.) Kamchatka.

KAPLAND (al.) Colonia de El Cabo (Rep. de Suráfrica).

KAPRI (al.) Capri (Italia).

KAPSTAD (al.) Ciudad de El Cabo (Rep. de Suráfrica).

KARIEN (al.) Caria (ant. Asia Menor).

KARLOVCI (esl.) Sremski Karlovci (Yugoslavia).

KARLOWITZ (al.) Sremski Karlovci (Yugoslavia).

KARLSBAD (v. CARLSBAD).

KARLSTADT (al.) Karlovac (Yugoslavia).

KARLSBURG (al.) Carlsburgo (hoy, Alba Julia, Rumania).

KARMELBERG (al.) Carmelo (monte).

KARNISCHE ALPEN (al.) Alpes Cárnicos.

KÄRNTEN (al.) Carintia (región europea).

KARPATEN (al.) Cárpatos.

KARPATES (fr.) Cárpatos.

KARROO (ing.) Karru (África austral).

KARST (al.) Carso (Italia).

KASCHAU (al.) Kosice (Checoslovaquia).

KASCHMIR (al.) Cachemira (India y Paquistán).

KASHMIR (ing.) Cachemira (India y Paquistán).

KASSA (húng.) Kosice (Checoslovaquia).

KAUKASIEN (al.) Caucasia (ant. región rusa).

KAUKASUS (al.) Cáucaso (cordillera eurasiática).

KAUNAS (lit.) Kovno (Lituania).

KAYSERI (turco) Cesarea.

KENYA (ing.) Kenia.

KHABAROWSK (ing.) Jabarovsk (URSS).

KHARBIN (ruso) Jarbin o Harbin (URSS).

KHARBINE (fr.) Jarbin o Harbin (URSS).

KHARKOV (ing.) Járcov (URSS).

KHARTOUM (fr.) Jartum o Jartún (Sudán).

KHARTUM (ing.) Jartum o Jartún (Sudán).

KHATANGA (ing.) Jatanga (río siberiano).

KHOTIN (ing.) Jotin (URSS).

KIEFF (fr.) Kíev (Ucrania, URSS).

KIEW (ing.) Kíev (Ucrania, URSS).

KILIMANDJARO (fr.) Kilimanjaro (monte africano).

KJOBENHAVN (dan.) Copenhague (Dinamarca).

KLAIPEDA (lit.) Memel (Lituania, URSS).

KLATTAU (al.) Klatovy (Checoslovaquia).

KLAUSENBURG (al.) Cluj (Rumania).

KLEVE (al.) Cléveris (RFA).

KÖBENHAVN (dan.) Copenhague (Dinamarca).

KOBLENZ (al.) Coblenza (República Federal de Alemania).

KOLBERG (al.) Kolobrzeg (Polonia).

KÖLN (al.) Colonia (Alemania).

KOLOZVÁR (húng.) Cluj (Rumania).

KOMORN (al.) Komárno (Checoslovaquia).
KOENIGSBERG (al.) Kaliningrado (URSS).
KÖNIGGRÄTZ (al.) Hradec-Králové (Checoslovaquia).
KÖNIGSBERG (v. KOENIGSBERG).
KONIGSHUTTE (al.) Krolewska Huta (Polonia).
KOPENHAGUE (al.) Copenhague (Dinamarca).
KÖPRILI (turco) Veles, o Titov Veles (Yugoslavia).
KOPRÜLÜ (turco) Veles, o Titov Veles (Yugoslavia).
KORFU (al.) Córcega (Francia).
KÖSLIN (al.) Koszalin (Polonia).
KOUILOU (fr.) Kuilu (río congoleño).
KOWLOON (ing.) Kaulún (China).
KOZKKO (ing.) Cuzco (Perú).
KRAIN (esl.) Carniola (Yugoslavia).
KRAKAU (al.) Cracovia (Polonia).
KRAKÓW (pol.) Cracovia (Polonia).
KRANJ (yug.) Carniola (Yugoslavia).
KREMSIER (al.) Kromeritz (Checoslovaquia).
KRIM (al.) Crimea (URSS).
KROTOSCHIN (al.) Krotoszyn (Polonia).
KORCE (alb.) Koritza (Albania). También adopta estas formas, no utilizables en castellano: *Korcia, Koriza, Korizza, Korrçe* y *Korytza*.
KORCULA (esl.) Curzola (isla dálmata) (t., KORCHULA) (no en castellano).
KUNERSDORF (al.) Kunowice (Polonia).
KUPRILI (turco) Titov Veles (Yugoslavia).
KURLAND (al.) Curlandia (Letonia, URSS).

KÖRMÖCZBÁNYA (húng.) Kremnica (Checoslovaquia).
KUTTENBERG (al.) Kutná Hora (Checoslovaquia).
KYAKTA (ing.) Kiajta (Buriato, Mongolia).
KYOTO (ing.) Kioto (Japón).
KYUSHU (fr.) Kiusiu o Kiuxiu (Japón).

LAIBACH (al.) Liubliana (Yugoslavia).
LANDESHUT (al.) Kamienna Gora (Polonia).
LANTSANG (chino) Mekong (río).
LAPLAND (ing.) Laponia (territorio del norte de Europa).
LATVIA (ing.) Letonia (URSS).
LATVIYA (let.) Letonia (URSS).
LAUENBURG AN POMMERN (al.) Lebork (Polonia).
LAUIS (al.) Lugano (Suiza)
LAUSANNE (fr.) Lausana (Suiza).
LAUSITZ (al.) Lusacia (RDA).
LAZIO (it.) Lacio (Italia).
LEGHORN (ing.) Liorna (Italia).
LEIDA (it.) Leiden o Leyden (Holanda).
LEIE (fl.) Lys (río europeo).
LEMBERG (al.) Lvov (URSS).
LETLAND (ing.) Letonia (URSS).
LEUVEN (fl.) Lovaina (Bélgica).
LEYDE (fr.) Leiden o Leyden (Holanda).
LIBAN (fr.) Líbano.
LIBYEN (al.) Libia.
LIDD (ár.) Ludd (Israel).
LIÈGE (fr.) Lieja (Bélgica).
LIEGI (it.) Lieja (Bélgica).
LIEGNITZ (al.) Legnica (Polonia).
LIETUVA (lit.) Lituania (URSS).
LIGURIEN (al.) Liguria (Italia).
LILLA (it.) Lila (Francia).
LILLE (fr.) Lila (Francia).
LIMBURG (al.) Limburgo (Holanda).
LIMOSINO (it.) Lemosín (Francia).

LIMOUSIN (fr.) Lemosín (Francia).
LINGUADOCA (it.) Languedoc (Francia).
LIONE (it.) Lyon (Francia).
LIPSIA (it.) Leipzig (RDA).
LIPARISCHE INSELN (al.) Lípari (islas).
LISBON (ing.) Lisboa (Portugal).
LISBONA (it.) Lisboa (Portugal).
LISBONNE (fr.) Lisboa (Portugal).
LITHUANIA (ing.) Lituania (URSS).
LIVLAND (al.) Livonia (región báltica).
LIVORNO (it.) Liorna (Italia).
LIVOURNE (fr.) Liorna (Italia).
LJUBLJANA (eslov.) Liubliana (Yugoslavia).
LOIRE (fr.) Loira (río francés).
LOMBARDY (ing.) Lombardía (Francia).
LONDON (ing.) Londres (Inglaterra).
LONDRA (it.) Londres (Inglaterra).
LORRAINE (fr.) Lorena (Francia).
LOSANNA (it.) Lausana (Suiza).
LOTHRINGEN (al.) Lorena (Francia).
LOUISIANA (fr.) Luisiana (EE. UU.).
LOUVAIN (fr.) Lovaina (Bélgica).
LOVANIO (it.) Lovaina (Bélgica).
LÖWEN (al.) Lovaina (Bélgica).
LUBECCA (it.) Lubeck (RFA).
LÜBECK (al.) Lubeck (RFA).
LUBIANA (it.) Liubliana (Yugoslavia).
LUCAIE, ISOLE (it.) Lucayas (islas).
LUCCA (it.) Luca (Italia).
LUCERNE (fr.) Lucerna (Suiza).
LUCK (pol.) Lutsk (URSS).
LUCQUES (fr.) Luca (Italia).
LUIK (fl.) Lieja (Bélgica).
LÜNEBURG (al.) Luneburgo (RFA).
LÜSHUNKOW (chino) Port Arthur o Puerto Arturo (Manchuria).
LUSSEMBURGO (it.) Luxemburgo.
LÜTTICH (al.) Lieja (Bélgica).
LUZERN (al.) Lucerna (Suiza).

LYCK (al.) Elk (Polonia).
LYONNAIS (fr.) Lionesado (Francia).

MAAS (al., hol.) Mosa (río de Europa).
MAASTRICHT (hol.) Maestricht (Holanda).
MACAU (port.) Macao (Portugal).
MADEIRA (port.) Madera (Portugal).
MAGDEBOURG (fr.) Magdeburgo (RDA).
MAGDEBURG (al.) Magdeburgo (RDA).
MAGGIORE (it.) Mayor (lago alpino).
MAGONZA (it.) Maguncia (RFA).
MAGYARORSZAG (húng.) Hungría.
MÄHREN (al.) Moravia (Checoslovaquia).
MAILAND (al.) Milán (Italia).
MAIN (al.) Meno o Mein (río de Europa) (también se usa Main).
MAINZ (al.) Maguncia (RFA).
MAKKAH (ár.) La Meca (Arabia Saudita).
MALACCA (it.) Malaca.
MALAISIE (fr.) Malasia.
MALESIA (it.) Malasia.
MALMÖ (sueco) Malmoe (Suecia).
MALOUINES (fr.) Malvinas (islas).
MALUINAS (fr.) Malvinas (islas).
MANAUS (port.) Manaos (Brasil).
MANCIURIA (it.) Manchuria.
MANDCHOUKOUO (fr.) Manchukuo.
MANDCHOURE (fr.) Manchuria.
MANSCHUKUO (al.) Manchukuo.
MANILLA (it.) Manila (Filipinas).
MANTOVA (it.) Mantua (Italia).
MARANHÃO (port.) Marañón (Brasil).
MARATONA (it.) Maratón (Grecia).
MARCH (al.) Morava (río de Europa).
MARICA (fr.) Maritsa o Maritza (río balcánico).

MARIENBAD (al.) Marianské (Checoslovaquia).

MARIENBURG (al.) Malbork (Polonia).

MARIENWERDER (al.) Kwidzyn (Polonia).

MARIGNAN (fr.) Melegnano (Italia).

MAROC (fr.) Marruecos.

MAROCCO (it.) Marruecos.

MAROKKO (al.) Marruecos.

MAROS VASARHELY (húng.) Targu Mures (Rumania).

MARRAKECH (fr.) Marraqués o Marraquech (t., MARRUECOS, ciudad meridional de Marruecos).

MARRAKESH, MARRAQUEX, MARRAKUSH (ár.) (v. MARRAKECH).

MARSEILLE (fr.) Marsella (Francia).

MARSIGLIA (it.) Marsella (Francia).

MASQAT (ár.) Mascate.

MATTERHORN (al.) Cervino (monte alpino).

MAYENCE (fr.) Maguncia (RFA).

MECCA, LA (it.) La Meca (Arabia Saudita).

MECQUE (fr.) La Meca (Arabia Saudita).

MECKLENBURG (al.) Mecklemburgo (Alemania).

MECHÉLEN (fl.) Malinas (Bélgica).

MECHELN (al.) Malinas (Bélgica).

MEENEN (fl.) Menin (Bélgica).

MEIN (fr.) Meno, Main (río alemán).

MEKKA, LA (ing.) La Meca (Arabia Saudita).

MEKNES (ár.) Mequinez (Marruecos).

MEMPHIS (ing.) Menfis (RAU).

MERS EL-KEBIR (ár.) Mazalquivir (Argelia).

MESSENIA (it.) Mesenia (Grecia).

MESSICO (it.) México.

MESSINA (it.) Mesina (Italia).

MESINE (fr.) Mesina (Italia).

MILAN (ing.) Milanesado (Italia).

MILANAIS (fr.) Milanesado (Italia).

MILANESE (ing.) Milanesado (Italia).

MILANO (it.) Milán (Italia).

MINHO (port.) Miño (río hispano-portugués; provincia portuguesa).

MISR (ár.) Egipto.

MOGODOR (ing.) Mogador (Marruecos: desde 1958, *Essanira*).

MOLDAU (al.) Moldava (río checo).

MOLDOVA (rum.) Moldavia (Rumania).

MOLUCCHE, ISOLE (it.) Molucas (islas).

MONACA (it.) Mónaco.

MONAKO (al.) Mónaco.

MONGIBELLO (it.) Etna (volcán italiano).

MONTE CARLO (fr.) Montecarlo (Mónaco).

MORAVA (chec.) Moravia (Checoslovaquia).

MORLAIX (fr.) Morlés (Francia).

MOSCA (it.) Moscú (URSS).

MOSCOU (fr.) Moscú (URSS).

MOSCOW (ing.) Moscú (URSS).

MOSEL (al.) Mosela (río europeo).

MOSELLA (it.) Mosela (río de Europa).

MOSELLE (fr.) Mosela (río de Europa).

MOSKAU (al.) Moscú (URSS).

MOSKVA (ruso) Moscú (URSS).

MOSSOUL (fr.) Mosul (Iraq).

MOUSCRON (fr.) Moeskroen o Moescroen (Bélgica).

MÜLHAUSEN (al.) Mulhouse (Francia).

MÜNCHEN (al.) Munich (Alemania).

MUNKÁCS (húng.) Mukacevo (Ucrania, URSS).

NAGYVÁRAD (húng.) Oradea Mare (Rumania).

NAHR EL-ASI (ár.) Oronte u Orontes (río asiático).

NAPLES (fr.) Nápoles (Italia).

NÀPOLI (it.) Nápoles (Italia).

NARBONNE (fr.) Narbona (Francia).

NAZRAH (v. AL-NAZRAH).

NAZARETH (ing.) Nazaret (Palestina).

NEDERLAND (fl., hol.) Países Bajos, Holanda.

NEERLANDIA (it.) Países Bajos, Holanda.

NEMECKY BROD (chec.) Havlickuv-Brod (Checoslovaquia).

NETHERLANDS (ing.) Países Bajos, Holanda.

NEUENBURG (al.) Neuchatel (capital del cantón suizo de su nombre).

NEUFUNDLAND (al.) Terranova (Canadá).

NEUPOMMERN (al.) Nueva Pomerania (hoy, Nueva Bretaña).

NEUSATZ (al.) Novi Sad (Yugoslavia).

NEUSCHOTTLAND (al.) Nueva Zelanda.

NEUSSELAND (al.) Nueva Zelanda.

NEUSTADT (al.) Prudnik (Polonia).

NEUSTETTIN (al.) Szczecínek (Polonia).

NEW AMSTERDAM (ing.) Nueva Amsterdam (hoy, Nueva York, Estados Unidos).

NEW BRITAIN (ing.) Nueva Bretaña (arch. Bismarck).

NEW ENGLAND (ing.) Nueva Inglaterra (EE. UU.)

NEW GEORGIA (ing.) Nueva Georgia (isla de Oceanía).

NEW HAMPSHIRE (ing.) Nueva Hampshire (EE. UU.)

NEW HANNOVER (ing.) Nueva Hannover (arch. Bismarck).

NEW HEBRIDES (ing.) Nuevas Hébridas (islas de Oceanía).

NEW IRELAND (ing.) Nueva Irlanda (arch. Bismarck).

NEW JERSEY (ing.) Nueva Jersey (EE. UU.)

NEW MEXICO (ing.) Nuevo México (EE. UU.)

NEW ORLEANS (ing.) Nueva Orleans (EE. UU.).

NEW PHILADELPHIA (ing.) Nueva Filadelfia (Ohio, EE. UU.).

NEW PROVIDENCE (ing.) Nueva Providencia (Bahamas).

NEW ROCHELLE (ing.) Nueva Rochela (Nueva York, EE. UU.).

NEW SCOTLAND (ing.) Nueva Escocia (Canadá).

NEW SOUTH WALES (ing.) Nueva Gales del Sur (Australia).

NEW WASHINGTON (ing.) Nueva Washington (Filipinas).

NEW YORK (ing.) Nueva York (EE. UU.).

NEW ZEALAND (ing.) Nueva Zelanda.

NEWFOUNDLAND (ing.) Terranova (Canadá).

NIASALANDIA (v. NYASSALAND).

NIASSA (port.) Niasa (lago africano).

NICE (fr.) Niza (Francia).

NIEDERLÄNDISC-INDIEN (al.) Indias holandesas.

NIEDERÖSTERREICH (al.) Baja Austria (Austria).

NIEDERSACHSEN (al.) Baja Sajonia (Alemania).

NIGRIZIA (it.) Nigricia (hoy, Nigeria).

NIJMEGEN (hol.) Nimega (Holanda).

NIMÈGUE (fr.) Nimega (Holanda).

NIMEGUEN (ing.) Nimega (Holanda).

NIMWEGEN (al.) Nimega (Holanda).

NISCHNI-NOWGOROD (al.) Nijni Novgorod (hoy, Gorki, URSS).

NIVERNAIS (fr.) Nivernés (Francia).

NIZZA (al., it.) Niza (Francia).

NORGE (nor.) Noruega.

NORIMBERGA (it.) Nuremberg (RFA).

NORMANDY (ing.) Normandía (Francia).

NORVÉGE (fr.) Noruega.

NORVEGIA (it.) Noruega.

NORWAY (ing.) Noruega.

NORWEGEN (al.) Noruega.

NOUVELLE CALÉDONIE (fr.) Nueva Caledonia (colonia francesa en Oceanía).

NOUVELLES HÉBRIDES (fr.) Nuevas Hébridas (islas de Oceanía).

NOVA SCOTIA (ing.) Nueva Escocia (Canadá).

NOVAYA ZEMLYA (ruso) Nueva Zembla (grupo de dos islas rusas en el océano glacial Ártico).

NOWOGRÓDEK (pol.) Novogrudok (URSS).

NUOVA YORK (it.) Nueva York (EE. UU.).

NUOVA ZEMBLA (it.) Nueva Zembla (grupo de dos islas rusas en el océano glacial Ártico).

NYASA (ing.) Niasa (lago africano).

NYASSALAND (ing.) Malawi.

NYASSA (ing.) Niasa (distrito del África Oriental Portuguesa).

NYSA (pol.) Neisse (ríos de Europa).

OBERPFALZ (al.) Alto Palatinado (RFA).

ÖDENBURG (al.) Sopron (Hungría).

ODESSA (ing.) Odesa (URSS).

OELS IN SCHLESIEN (al.) Olesnica (Polonia).

OHRE (chec.) Eger (río bohemo).

OKHOTSK (ing.) Ojotsk (mar).

OLANDA (it.) Holanda.

OLDENBOURG (fr.) Oldemburgo (RFA).

OLDENBURG (al.) Oldemburgo (RFA).

OLMÜTZ (al.) Olomouc (Checoslovaquia).

OOSTENDE (fl.) Ostende (Bélgica).

OPHIR (ing.) Ofir (ant. país oriental).

OPPELN (al.) Opole (Polonia).

ORENOCO (it.) Orinoco (río suramericano).

ORKNEY (ing.) Órcadas (islas).

ORKNEY INSELN (al.) Órcadas (islas).

ORLÉANS (fr.) Orleans (isla canadiense; ciudad francesa).

ORLÉANNAIS (fr.) Orleanesado (Francia).

OSTEND (ing.) Ostende (Bélgica).

ÖSTERREICH (al.) Austria.

OTRANTE (fr.) Otranto (cabo y estrecho italianos).

OUEZZAN (fr.) Uazzan (Marruecos).

OZEANIEN (al.) Oceanía.

PABIANITZ (al.) Pabianice (Polonia).

PADOUE (fr.) Padua (Italia).

PADOVA (it.) Padua (Italia).

PAESI BASSI (it.) Países Bajos, Holanda.

PAKISTAN (ing.) Paquistán.

PALÄSTINA (al.) Palestina.

PALATINAT (fr.) Palatinado (RFA).

PALATINATE (ing.) Palatinado (RFA).

PALATINATO (it.) Palatinado (RFA).

PALMYRA (ing.) Palmira (ant. Siria).

PALMYRE (fr.) Palmira (ant. Siria).

PARDULITZ (al.) Pardulice (Checoslovaquia).

PARIGI (it.) París (Francia).

PATRAI (gr.) Patrás (golfo de Grecia).

PATRASSO (it.) Patrás (golfo de Grecia).
PAYS-BAS (fr.) Países Bajos, Holanda.
PECHINO (it.) Pequín o Pekín (China).
PEKIN (ing.) Pequín o Pekín (China).
PEKING (al., ing.) Pequín o Pekín (China).
PELOPONNES (al.) Peloponeso (Grecia).
PENDJAB (fr.) Penyab, Penjab o Punjab (India).
PÉROU (fr.) Perú.
PÉROUSE (fr.) Perusa (Italia).
PERPIGNAN (fr.) Perpiñán (Francia).
PERPIGNANO (it.) Perpiñán (Francia).
PERUGIA (it.) Perusa (Italia).
PETITES ALPES (fr.) Prealpes (cordillera europea).
PFALZ (al.) Palatinado (RFA).
PHRYGIA (ing.) Frigia (Asia Menor).
PHRYGIE (fr.) Frigia (Asia Menor).
PIACENZA (it.) Plasencia (Italia).
PICARDY (ing.) Picardía (Francia).
PIEDMONT (fr.) Piamonte (Italia).
PIETROBURGO (it.) San Petersburgo; hoy, Leningrado (URSS).
PINKIANG (chino) Harbin (China).
PISE (fr.) Pisa (Italia).
PISTOIA (it.) Pistoya (Italia).
PISTOJA (ing.) Pistoya (Italia).
PLACENTIA (ing.) Plasencia (España; Italia).
PLEVNA (ruso) Pleven (Bulgaria).
PLZEN (chec.) Pilsen (Checoslovaquia).
PENNSYLVANIA (ing.) Pensilvania (EE. UU.).
POLA (it.) Pulj (Yugoslavia).
POLAND (ing.) Polonia.
POLEN (al.) Polonia.

POLOGNE (fr.) Polonia.
POLSKA (pol.) Polonia.
POLYNESIEN (al.) Polinesia.
POMMER (al.) Pomerania (Alemania).
POMORZE (pol.) Pequeña Pomerania, o Pomerelia (Polonia).
POMPEI (al., it.) Pompeya (Italia).
POMPÉI (fr.) Pompeya (Italia).
POMPEJI (al.) Pompeya (Italia).
PORTIRICO (it.) Puerto Rico.
PORTO (port.) Oporto (Portugal).
PORTOGALLO (it.) Portugal.
POSEN (al.) Poznan (Polonia).
POZZUOLI (it.) Puzol (Italia).
PRAG (al.) Praga (Checoslovaquia).
PRAGUE (ing.) Praga (Checoslovaquia).
PRAHA (chec.) Praga (Checoslovaquia).
PRESSBURG (ing.) Presburgo; hoy, Bratislava (Checoslovaquia).
PREUSSEN (al.) Prusia (Polonia, URSS).
PREVESA (it.) Preveza (Grecia).
PROPONTUS (al.) Propóntide; hoy, mar de Mármara.
PROSSNITZ (al.) Prostéjov (Checoslovaquia).
PRUSSIA (ing., it.) Prusia (Polonia; URSS).
PUGLIA (it.) Pulla o Apulia (Italia).
PULO SEMBILAN (malg.) Nicobar (islas en el golfo de Bengala).

RAAB (al.) Györ (Hungría).
RÁBA (húng.) Raab (río centroeuropeo).
RAGUSE (fr.) Ragusa (Italia).
RANGOON (ing.) Rangún (Birmania).
RASCHID (ár.) Roseta (Bajo Egipto).
RASHIT (copto) Roseta (Bajo Egipto).
RATIBOR (al.) Raciborz (Polonia).

RATISBON (ing.) Ratisbona o Regensburgo (RFA).
RATISBONNE (fr.) Ratisbona o Regensburgo (RFA).
RAVENNA (it.) Ravena (Italia).
RAVENNE (fr.) Ravena (Italia).
REGENSBURG (al.) Ratisbona o Regensburgo (RFA).
RENO (it.) Rin (río europeo).
REVAL (al.) Tallinn (Estonia, URSS).
REVEL (ruso) Tallinn (Estonia, URSS).
RHEIN (al.) Rin (río europeo).
RHIN (fr.) Rin (río europeo).
RHINE (ing.) Rin (río europeo).
RHODE (fr.) Rodas (isla).
RHODES (ing.) Rodas (isla).
RHODESIA (ing.) Rodesia.
RHÔNE (fr.) Ródano (río francés).
RIJN (hol.) Rin (río europeo).
ROCHELLE, LA (fr.) La Rochela (Francia).
ROESELAERE (fl.) Roulers (Bélgica).
ROM (al.) Roma (Italia.)
ROMAGNA (it.) Romaña o Romania (Italia).
ROMANIA (rum., it.) Rumania.
ROSETTA (ing.) Roseta (Bajo Egipto).
ROSETTE (fr.) Roseta (Bajo Egipto).
ROSSIGLIONE (it.) Rosellón (Francia).
ROUEN (fr.) Ruán (Francia).
ROUSE, ROUSSE (fl.) Renaix (Bélgica).
ROUSSILLON (fr.) Rosellón (Francia).
RUMENIA (it.) Rumania.
RUSSIA (it.) Rusia.
RUSSLAND (al.) Rusia.

SAARBRÜCKEN (al.) Saarbruck (RFA).

SAARBURG (al.) Saarburgo (Francia).
SAAREMAA (est.) Ösel u Oesel (isla estonia, URSS).
SAARGEMÜND (al.) Sarreguemines o Saarguemines (Francia).
SACHSEN (al.) Sajonia (RDA).
SAISHU (jap.) Quelpart (isla coreana).
SAKHALIN (ing.) Sajalín (isla rusa).
SAKHALINE (fr.) Sajalín (isla rusa).
SALAMIS (al.) Salamina (isla griega).
SALISBURGO (it.) Salzburgo (Austria).
SALUZZO (it.) Saluces (Italia).
SARDAIGNE (fr.) Cerdeña (isla italiana).
SARDEGNA (it.) Cerdeña (isla italiana).
SARDINIA (ing.) Cerdeña (isla italiana).
SARRE (fr.) Saar (río y región alemanes, RFA).
SARREBRUCK (fr.) Saarbruck (República Federal de Alemania).
SAVOIA (it.) Saboya (Francia).
SAVOIE (fr.) Saboya (Francia).
SAVOY (ing.) Saboya (Francia).
SAVOYEN (al.) Saboya (Francia).
SAXE (fr.) Sajonia (RDA).
SAXONY (ing.) Sajonia (RDA).
SCANDINAVIA (ing.) Escandinavia.
SCIAFFUSA (it.) Schaffhausen (Suiza).
SCIRO (it.) Esciro (Grecia).
SCODRA, SKODRA (alb.) Escútari (Albania; lago albanés y yugoslavo).
SCOZIA (it.) Escocia.
SCÙTARI (it.) Escútari (Albania; lago albanés y yugoslavo).
SCYROS, SKYROS (gr.) Esciro (Grecia).

SCHELD, SCHELDT (ing.) Escalda (río europeo).

SCHELDA (it.) Escalda (río europeo).

SCHELDE (fl.) Escalda (río europeo).

SCHELDT (fl.) Escalda (río europeo).

SCHLAVONIA (it.) Eslavonia (Yugoslavia).

SCHLESIEN (al.) Silesia (región europea).

SCHLESWIG-HOLSTEIN (al.) Slesvig Holstein.

SCHMALKALDEN (al.) Esmalcalda (RDA).

SCHNEIDEMÜHL (al.) Pila (Polonia).

SCHWABEN (al.) Suabia (Alemania).

SCHWEDEN (al.) Suecia.

SCHWEIDNITZ (al.) Swidnica (Polonia).

SCHWEIZ (al.) Suiza.

SCOTIA (lat.) Escocia.

SEBENICO (it.) Sibenik (Yugoslavia).

SIBIR (ruso) Siberia (URSS).

SIBIRIEN (al.) Siberia (URSS).

SICILE (fr.) Sicilia (Italia).

SIDONE (it.) Sidón (ant. Fenicia).

SIEBENBÜRGEN (al.) Transilvania (Rumania).

SINGAPORE (ing.) Singapur.

SINOP (turco) Sinope (Turquía).

SIRMIONE (it.) Sirmión (Italia).

SITTEN (al.) Sion (Suiza).

SIVIGLIA (it.) Sevilla (España).

SIYYON (hebr.) Sión (ant. Jerusalén).

SJAELAND (dan.) Seeland (isla danesa).

SKAENE (sueco) Escania (península sueca).

SKANDINAVIEN (al.) Escandinavia.

SKUTARI (al.) Escútari (Albania; lago albanés y yugoslavo).

SLASK (pol.) Silesia (región europea).

SLAVONIA (it.) Eslavonia (Yugoslavia).

SLESIA (it.) Silesia (región europea).

SLOVACCHIA (it.) Eslovaquia (Checoslovaquia).

SLOVAKIA (ing.) Eslovaquia (Checoslovaquia).

SLOVAQUIE (fr.) Eslovaquia (Checoslovaquia).

SLOVENIA (it.) Eslovenia (Yugoslavia).

SLOWENIEN (al.) Eslavonia (Yugoslavia).

SMALCALDEN (ing.) Esmalcalda (RDA).

SMALKALDE (al.) Esmalcalda (RDA).

SMIRNE (it.) Esmirna (Turquía).

SMYRNA (al., ing.) Esmirna (Turquía).

SMYRNE (fr.) Esmirna (Turquía).

SÖDERMANLAND (al.) Soedermania.

SOLETTA (it.) Soleura (Suiza).

SOLEURE (ing.) Soleura (Suiza).

SOLOTHURN (al.) Soleura (Suiza).

SOMME (fr.) Soma (Francia).

SOPHIA (ing.) Sofía (Bulgaria).

SOPPOT (v. ZOPPOT).

SOUSSE (fr.) Susa (Túnez).

SPAIN (ing.) España.

SPALATO (it.) Split (Yugoslavia).

SPEYER (al.) Espira (RFA).

SPLJET (esl.) Split (Yugoslavia).

SPOLETO (it.) Espoleto (Italia).

STAKED PLAIN (ing.) Llano Estacado (EE. UU.).

STANLEYVILLE (fr.) Kisangani (República de Zaire).

STEIERMARK (al.) Estiria (Austria).

STEINAMANGER (al.) Szombathely (Hungría).

STOCCARDA (it.) Stuttgart (RFA).

STOCKHOLM (sueco) Estocolmo (Suecia).

STOLP (al.) Slupsk (Polonia).
STUHLWEISSENBURG (al.) Székesfehörvär (Hungría).
STRASBOURG (fr.) Estrasburgo (Francia).
STRASSBURG (al., ing.) Estrasburgo (Francia).
SUÈDE (fr.) Suecia.
SUOMI (finl.) Finlandia.
SVERIGE (sueco) Suecia.
SVEVIA (it.) Suecia.
SVEZIA (it.) Suiza.
SVIZZERA (it.) Suiza.
SWEDEN (ing.) Suecia.
SWAZILAND (ing.) Ngwane.
SWABIA (ing.) Suabia (Alemania).
SWINEMÜNDE (al.) Swinoujscie (Polonia).
SWITZERLAND (ing.) Suiza.
SYDNEY (ing.) Sidney (Australia).
SYRACUSE (ing.) Siracusa (Italia).
SYRIA (ing.) Siria.
SYRIE (fr.) Siria.
SZABADKA (húng.) Subotica (Yugoslavia).
SZCZAWNO ZDRÓJ (pol.) Salzbrun (Polonia).
SZEGEDIN (al.) Szeged (Hungría).
SZENT-TAMÁS (húng.) Srbobrán (Yugoslavia).

TABARIYEH (ár.) Tiberíades (Israel).
TAGE (fr.) Tajo (río hispano-portugués).
TAIWAN (jap.) Formosa.
TAMIGI (it.) Támesis (río inglés).
TAMISE (fr.) Támesis (río inglés).
TAMMERFORS (sueco) Tampere (Finlandia).
TAMYR (fr.) Taimyr (península siberiana).
TANGANYKA (ing.) Tanganica (hoy, con Zanzíbar, Tanzania).
TÀNGERI (it.) Tánger (Marruecos).
TANGIER (ing.) Tánger (Marruecos).

TANJA (ár.) Tánger (Marruecos).
TAPAJOS (ing.) Tapajoz (río brasileño).
TARANTO (it.) Tarento (Italia).
TARTARY (ing.) Tartaria.
TASMANIEN (al.) Tasmania (isla de Australia).
TEBE (it.) Tebas (Grecia; ant. Egipto).
TENO (finl.) Tana (río del norte de Europa).
TEPLITZ-SCHONAU (al.) Teplice-Sanov (Checoslovaquia).
TESCHEN (al.) Cieszyn (Polonia) y Cesky Teesin o Decin (Checoslovaquia).
TESSIN (al., fr.) Tesino (Suiza).
TEVERE (it.) Tíber (río italiano).
TESSAGLIA (it.) Tesalia (región griega).
TESSALÒNICA (it.) Tesalónica o Salónica (Grecia) (su nombre oficial moderno es Thessaloniki).
THABOR (fr.) Tabor (monte).
THAILANDIA (ing.) Tailandia (el nombre original es Prades Thai 'País de los Thai').
THAMES (ing.) Támesis (río inglés).
THÉBAIDE (fr.) Tebaida (Egipto).
THEBEN (al.) Tebas (Grecia; ant. Egipto).
THÈBES (fr.) Tebas (Grecia; ant. Egipto).
THEISS (al.) Tisza (río europeo).
THEMSE (al.) Támesis (río inglés).
THESSALIA (gr.) Tesalia (Grecia).
THESSALIE (fr.) Tesalia (Grecia).
THESSALY (ing.) Tesalia (Grecia).
THIENEN (fl.) Tirlemont (Bélgica).
THORN (al.) Torún (Polonia).
THRACE (fr.) Tracia (región turca y griega).
THURINGE (fr.) Turingia (RDA).
THÜRINGEN (al.) Turingia (RDA).
TLEMCEN (fr). Tremecén (Argelia).

TIBRE (fr.) Tíber (río italiano).
TICINO (it.) Tesino (río suizo e italiano).
TIGHINA (rum.) Bender (URSS).
TILSIT (al.) Sovietsk (URSS).
TIROLO (it.) Tirol (Austria).
TOKYO (ing.) Tokio o Toquio (Japón).
TOLONE (it.) Tolón (Francia).
TONGEREN (fl.) Tongres (Bélgica).
TONKIN (ing.) Tonquín o Tonkín (Vietnam del Norte).
TONKINO (it.) Tonquín o Tonkín (Vietnam del Norte).
TOULON (fr.) Tolón (Francia).
TOULOUSE (fr.) Tolosa (Francia). (hoy se usa la forma francesa).
TOURAINE (fr.) Turena (Francia).
TRABZON (turco) Trebisonda (Turquía).
TRAIGHLI (irl.) Tralee (Irlanda).
TRANSGIORDANIA (it.) Transjordania (hoy, *Jordania*).
TRAPANI (it.) Trápani (Italia).
TREVES (ing.) Tréveris (RFA).
TRÉVES (fr.) Tréveris (RFA).
TRÉVISE (fr.) Treviso (Italia).
TRIER (al.) Tréveris (RFA).
TRIEST (ing.) Trieste (Italia).
TROIA (it.) Troya (ant. Asia Menor).
TROPPAU (al.) Opava (Checoslovaquia).
TROY (ing.) Troya (ant. Asia Menor).
TRYSIL (nor.) Klar (río sueco).
TUBINGEN (ing.) Tubinga (RFA).
TÜBINGEN (al.) Tubinda (RFA).
TUNIS (fr.) Túnez o Tunicia.
TUNISI (it.) Túnez o Tunicia.
TUNISIA (ing.) Túnez o Tunicia.
TUNISIE (fr.) Túnez o Tunicia.
TURAN (it.) Turquestán.
TURCHIA (it.) Turquía.
TURENNA (it.) Turena (Francia).
TURENNE (fr.) Turena (Francia).
TÜRKEI (al.) Turquía.

TURKESTAN (al., fr.) Turquestán.
TURKEY (ing.) Turquía.
TÜRKIYE CÜMHURIYETI (turco) Turquía.
TUSCANY (ing.) Toscana (Italia).
TYR (fr.) Tiro (ant. Fenicia).
TYRE (ing.) Tiro (ant. Fenicia).
TYROL (fr., ing.) Tirol (Austria).

UCRAINA (it.) Ucrania (URSS).
ÚJVIDÉK (húng.) Novi Sad (Yugoslavia).
UKRAINE (fr., ing.) Ucrania (URSS).
ULÉ (sueco) Oulu (río finlandés).
ULEABORG (sueco) Oulu (Finlandia).
UNGARN (al.) Hungría.
UNGHERIA (it.) Hungría.
USKUB (turco) Scoplie (Yugoslavia).
ÜSKÜDAR (turco) Escútari (Albania; lago albanés y yugoslavo).

VAASA (finl.) Vasa (Finlandia).
VALACCHIA (it.) Valaquia (Rumania).
VALACHIE (fr.) Valaquia (Rumania).
VALAKIA (rum.) Valaquia (Rumania).
VALCHIUSA (it.) Vaucluse (Francia).
VALTELLINE (ing.) Valtelina (valle italiano).
VARSAVIA (it.) Varsovia (Polonia).
VEGLIA (it.) Krk (se pronuncia *Kerk*) (isla yugoslava).
VENEDIG (al.) Venecia (Italia).
VENEZIA (it.) Venecia (Italia).
VENICE (ing.) Venecia (Italia).
VENISE (fr.) Venecia (Italia).
VÉSUVE (fr.) Vesubio (volcán italiano).
VESUVIO (it.) Vesubio (volcán italiano).

291

VESUVIUS (ing.) Vesubio (volcán italiano).
VIENNA (it.) Viena (Austria).
VIENNOIS (fr.) Vienesado (región francesa).
VIENTIANE (fr.) Vientian (Laos).
VIIPURI (finl.) Viborg (Dinamarca).
VIMINALE (it.) Viminal (colina de Roma).
VINLAND (ing.) Vinlandia (nombre dado por Leif Ericson a América).
VISTOLA (it.) Vístula (río de Europa).
VIVIS (al.) Vevey (Suiza).
VLAANDEREN (fl.) Flandes (región europea, principalmente belga).
VLATAVA (chec.) Moldava (río bohemo).
VLISSINGEN (al., hol.) Flesinga (Holanda).
VOGESEN (al.) Vosgos (cordillera europea).
VORALPEN (al.) Prealpes (cordillera europea).
VOSGES (fr.) Vosgos (cordillera europea).

WAADT (al.) Vaud (Suiza).
WALACHEI (al.) Valaquia (Rumania).
WALES (ing.) Gales (principado de Gran Bretaña).
WALLACHIA (ing.) Valaquia (Rumania).
WALLIS (al.) Valais (Suiza).
WARSAW (ing.) Varsovia (Polonia).
WARSZAWA (pol.) Varsovia (Polonia).

WARTHE (al.) Warta (río de Europa).
WASGAU (al.) Vosgos (cordillera europea).
WEICHSEL (al.) Vístula (río de Europa).
WESTFALEN (al.) Westfalia (Alemania).
WIEN (al.) Viena (Austria).
WILNIUS (lit.) Vilna (Lituania, URSS).
WILNO (pol.) Vilna (Lituania, URSS).
WISTA (pol.) Vístula (río de Europa).
WLADIWOSTOK (al.) Vladivostok (URSS).
WOLGA (al.) Volga (río ruso).
WÜRTTEMBERG (al.) Wurtemberg (RFA).
WÜRZBURG (al.) Wurzburgo (RFA).

YUREV (ruso) Tartu (Estonia, URSS).
YANGON (birm.) Rangún (Birmania).
YEDDO (ing.) Yedo (ant. nombre de Tokio).
YESSO (ing.) Yeso (Japón).
YPERN (al.) Ypres (Bélgica).

ZEALAND (ing.) Zelanda o Zelandia (Holanda).
ZEELAND (hol.) Zelanda o Zelandia (Holanda).
ZENTA (húng.) Senta (Yugoslavia).
ZOMBOR (húng.) Sombor (Yugoslavia).
ZOPPOT (al.) Sopot (Polonia).
ZOULOULAND (fr.) Zululandia.
ZULULAND (ing.) Zululandia.

13

NÚMEROS

I. Números arábigos

A) Escritura de los números arábigos. Los números arábigos pueden escribirse de dos maneras: con cifras o con letras, esto es, a lo largo.

a) Se escriben con cifras cuando la cantidad representada por éstas refleja exactitud; por ejemplo: *el ejército francés hizo 342 prisioneros* (esto es, ni uno más, ni uno menos).

b) Se escriben con letras, a lo largo, cuando la cantidad no es exacta, sino dubitativa, dudosa; por ejemplo: *de Madrid a Barcelona hay unos seiscientos kilómetros* (no expresamos una cantidad exacta, que podría ser 632, sino una aproximación).

1. *Números cardinales*

1.º Se escriben con cifra:

a) Los horarios (de consultas, de llegadas y salidas, de entradas y salidas, etc.): *se trabaja de 8.00 a 1.30 y de 15.00 a 18.30; el horario de la consulta es de 3.00 a 7.00; el expreso sale a las 19.20 y llega a las 8.30.*

b) Las cantidades concretas superiores a nueve: *tiene 31 camiones; le han regalado 18 bolígrafos; hay 25 kilómetros.*

c) Las fechas: *22 de febrero de 1971; 16 de mayo de 1813.* (El día 1 puede escribirse de tres maneras: *1, 1.º* o *primero;* se usa más la forma *1;* no es correcto *uno.* Los números de los años [*1971, 1819*] se escriben siempre con cifras, sea exacto o dubitativo: *el año 1950, alrededor del año 1950.*)

d) Las cifras utilizadas en medidas del sistema métrico decimal, incluso los dígitos: *25 km, 6 m, 1.346 kg;* pero si son dubitativos se escriben con letra: *unos veinticinco kilogramos;* en estos casos no es correcto utilizar símbolos de medidas; es, pues, incorrecto *unos veinticinco kg;* sin embargo, en el caso de las cifras tanto puede utilizarse de una forma como de otra, aun cuando es preferible, y más usado, utilizar el símbolo.

e) Las expresiones numerales cardinales empleadas en libros y escritos (siempre que expresen exactitud); por ejemplo, grados de temperatura, sexagesimales o centesimales; número de habitantes, ediciones, párrafos, páginas, artículos, versículos, etcétera.

f) En obras científicas y de estadística se escriben con cifra todos los números, incluso los dígitos, referidos a medidas, pesos o cantidades. Sin embargo, bueno será saber distinguir entre lo que son números propios de este tipo de obras y aquellos que aparezcan de forma circunstancial. Por ejemplo, no sería correcto escribir: «El doctor Tal hizo 6 ensayos», sino «... seis ensayos».

2.° Se escriben con letra:

a) El espacio de tiempo, o la expresión de tiempo transcurrido o por transcurrir: *hacía veinte años que no lo veía; tiene veinticinco años; han pasado quince segundos.*

b) Los números dígitos, o sea del cero al nueve: *tres peras, cuatro camiones, nueve relojes.*

c) Las cantidades dubitativas, esto es, las que no expresan exactitud: *hubo más de quinientos heridos; los heridos se elevan a más de mil; hay unos seiscientos kilómetros.*

d) Los números o cantidades puestos en boca de un interlocutor (puesto que nadie habla con cifras, sino con palabras):

—*Tengo veinticinco duros.*
—*Podrías prestarme diez.*
—*Es la quinta vez que te digo que no.*

e) Los números que sirven de denominación a algunas calles, sobre todo de Estados Unidos: *calle Cuarenta y Cinco, Quinta Avenida,* etc.

f) En obras literarias y escritos parecidos, todas las cifras que expresen horas: *lo citó para las cuatro en punto; lo espero desde las tres.* (Las horas y los minutos, en letra, no se separan por punto: *las cuatro treinta y cinco,* ni tampoco se usa la conjunción *y* para separar las horas de los minutos; no es correcto *las cuatro y treinta y cinco,* sino *las cuatro treinta y cinco.*)

g) Las actas, los instrumentos notariales, así como las fechas en ciertos documentos oficiales: *Dado en Madrid a veintidós de febrero de mil novecientos setenta y uno.*

2. Números ordinales

a) En los números de orden de los articulados de leyes, decretos, normas, etc., se coloca la o voladita (°) hasta el número nueve inclusive, pero se omite a partir del diez: *8.°, 9.°, 10, 15,* etcétera.

b) Cuando estos números se utilizan en apartados dentro de un párrafo (tanto en libros como en cualquier escrito), si lo que sigue se escribe con minúscula habrá de llevar una coma: *1.°, los simpatizantes...; 2.°, quienes así lo deseen...,* etc.

3. Otras normas

a) Cuando se expresa con cifras, el número nunca debe separarse de su complemento; no será, pues, correcto escribir (en impresos o escritos) *33 / fincas, 5 / relojes.*

b) Ninguna cantidad debe partirse a final de renglón; no es correcto dividir, por ejemplo, *500. / 000, 15. / 000.* (Esto es válido también en el caso de los números romanos; es incorrecto separarlos así: xx / *dinastía; siglo* / xix.)

c) Tampoco deben separarse cifras relacionadas entre sí; por ejemplo, *1950- / 1951, 235- / 237.*

d) Las fechas no deben partirse de forma que los números queden separados de sus complementos: *22 / de febrero de / 1971, 15- / 5- / 71.*

e) Ninguna cantidad debe escribirse con cifras cuando comience párrafo o vaya después de punto; en estos casos se escribe siempre con letra. Si se trata de un año se le antepone esta voz: *Año 1971.*

4. *Tanto por ciento y por mil*

a) He aquí las formas correctas de escribir estas expresiones numéricas, en las que muy a menudo se cae en error:

10 %	10 ‰
10 por 100	10 por 1.000
diez por ciento	diez por mil

Éstas son las formas incorrectas:

10 por ciento	10 por mil
diez por 100	diez por 1.000
10 × 100	10 × 1.000
10 p. 100	10 p. 1.000
10/100	10/1.000

b) Las expresiones *tanto por ciento* y *tanto por mil* se escriben precisamente así, con letras, y no *tanto por 100, tanto por 1.000;* tampoco es correcto usar el signo de porcentaje (%) si no va acompañado de cifras: *el % es elevado.*

c) Aunque costumbre muy generalizada, es incorrecto, en general, anteponer a estas expresiones de porcentajes los artículos *un* o *el: un 25 % no sabía leer; el 27 % no sabía escribir;* en estas oraciones el verbo debe ir precisamente en plural, y suprimir los artículos; así: *25 % no sabían leer; 27 % no sabían escribir,* lo cual quiere decir que 25 de cada cien personas, en el primer caso, no sabían leer, y 27, en el segundo, no sabían escribir.

d) Los números que expresan porcentaje se escriben siempre con cifras, aunque sean dígitos, pero habrán de escribirse con letra si reflejan una cantidad dubitativa; asimismo, debe evitarse que la cifra vaya detrás de punto o a principio de párrafo; en este caso se da un giro a la oración, o simplemente se sustituye la cifra por letra.

5. *Puntuación de las cantidades*

a) Las cantidades escritas con cifras se separan por puntos o por espacios: 3.485.876, o bien 3 485 876. No es correcto en castellano utilizar las comas (como hacen los ingleses: *3,485,876,* o bien, *3.485,876*). Tampoco se considera correcto no poner puntuación alguna: *3485876.*

b) Es incorrecto puntuar con apóstrofo (') las fracciones decimales: *18'75;* deben separarse con coma: *18,75.*

c) Las horas (horarios) se puntúan con punto, no con coma, puesto que las fracciones son sexagesimales, no decimales; debe, pues, escribirse *16.30,* no *16,30* ni *16'30.*

6. *Otras normas acerca de números y cantidades*

a) Las cifras que expresan años se escriben siempre sin punto: *el año 1971, el año 1853,* etc.; esta costumbre suele aplicarse también a toda cantidad compuesta de cuatro cifras, norma que no es aceptada por todos; hoy, sin embargo, se admite esta costumbre, aunque también se usa mucho con punto: *1488 km,* o *1.488 km;* se explica por el hecho de que a la izquierda del punto queda una sola cifra, un tanto aisladamente, máxime si se usan espacios: *1 488.*

b) Las cantidades muy largas suelen abreviarse; por ejemplo, *430.000.900.000* se suele escribir *430.000 millones* (en estos casos no es recomendable sustituir los ceros de mil, puesto que no añade claridad alguna, más bien lo contrario: *430 mil millones.* Pero esta regla sólo es aplicable cuando al menos queden cuatro cifras: *4.875 millones;* si quedan tres o menos ya no se considera correcto; es, pues, mejor escribir *389.000.000* que *389 millones,* y aún menos si las cifras son dos o una: *89 millones, 9 millones.*

c) Tampoco se considera muy correcto, aunque a veces se hace, presentar las cifras en forma decimal: *16,3 millones;* es preferible, en orden a la claridad, escribirlo entero: *16.300.000;* sólo podría aceptarse en cantidades muy largas: *16,3 billones.*

d) Por lo que respecta a los billones y trillones, en España, Francia e Inglaterra, entre otros países, tiene su valor etimológico, esto es, un millón de millones en el primer caso, y un millón de billones, en el segundo, pero en Estados Unidos y algún otro país, el *billón* equivale a *mil millones,* y el *trillón* a *un millón de millones,* esto es, al *billón.* En las traducciones de obras estadounidenses ha de tenerse esto muy en cuenta.

e) Las cantidades no deben abreviarse; por ejemplo, es incorrecto escribir *de 3 a 4.000 personas,* si lo que queremos decir es *de 3.000 a 4.000 personas* (o *de tres mil a cuatro mil personas,* puesto que obviamente se ve que se trata de una cantidad dubitativa). No podemos dar a las unidades el valor de los miles sin caer en error o inducir a confusión. Lo mismo puede decirse de años, páginas, etc., cuya expresión correcta ha de ser *1971-1973, 253-267*, no *1971-73, 253-67*

f) En cuanto a cifras que reflejen páginas (en notas, citas, índices alfabéticos, etc.) debe tenerse esto en cuenta: el guión (-) une entre sí páginas extremas correlativas: *235-267;* la coma se usa cuando las páginas son correlativas, pero sólo dos: *118, 119,* y el mismo oficio hace en su caso la conjunción *y: 118 y 119,* o *118 y 157.* En cuanto a los números de calles, no debe utilizarse guión (aunque es muy común usarlo), salvo en el caso excepcional de los números de plazas; sabido es que los números de calles no son correlativos en cada acera, sino que en una van los pares y en otra los impares; así, si decimos que una persona vive en el *235-237* quiere decirse, rectamente, que el número *236* también le pertenece (podría ser, pero no es habitual); lo correcto, pues, será decir *235 y 237.*

g) Cuando una cantidad consta de parte entera y partitiva es mejor escribirla en bloque que por partes; por ejemplo, *1 h 20 m* debe escribirse, preferentemente, *1.20; 1 km 200 m* debe escribirse *1,200 km* o *1.200 m; 2 millones 800.000 pesetas* debe escribirse *2.800.000 pesetas.*

B) Género de las cantidades. Si bien las docenas y centenas son femeninos *(las docenas de laicos asistentes, las centenas de futbolistas),* los centenares, miles, millones, etc., son masculinos, aunque les sigan nombres femeninos: *los miles de muchachas, los millones de pesetas;* sería incorrecto escribir *las miles de muchachas, las millones de pesetas,* etc.

C) Nombres de los numerales

1. *Cardinales*

0	cero	12	doce
1	uno	13	trece
2	dos	14	catorce
3	tres	15	quince
4	cuatro	16	dieciséis
5	cinco		(o diez y seis)
6	seis	17	diecisiete
7	siete		(o diez y siete)
8	ocho	18	dieciocho
9	nueve		(o diez y ocho)
10	diez	19	diecinueve
11	once		(o diez y nueve)

20	veinte	200	doscientos
21	veintiuno, veintiún (apóc.), veintiuna	201	doscientos uno, doscientos un (apóc.) doscientas una
22	veintidós	202	doscientos dos, doscientas dos
23	veintitrés		
24	veinticuatro	300	trescientos, trescientas
25	veinticinco	400	cuatrocientos, cuatrocientas
26	veintiséis		
27	veintisiete	500	quinientos, quinientas
28	veintiocho	600	seiscientos, seiscientas
29	veintinueve	700	setecientos, setecientas
30	treinta	800	ochocientos, ochocientas
31	treinta y uno, treinta y un (apóc.), treinta y una	900	novecientos, novecientas
32	treinta y dos		
33	treinta y tres		
34	treinta y cuatro	1.000	mil
35	treinta y cinco	1.001	mil uno, mil un (apóc.), mil una
36	treinta y seis		
37	treinta y siete	1.002	mil dos
38	treinta y ocho	1.100	mil ciento, mil cien (apóc.)
39	treinta y nueve		
40	cuarenta	1.102	mil ciento dos
41	cuarenta y uno, cuarenta y un (apóc.), cuarenta y una	1.200	mil doscientos, mil doscientas
42	cuarenta y dos	1.201	mil doscientos uno, mil doscientos un (apóc.), mil doscientas una
50	cincuenta		
51	cincuenta y uno, cincuenta y un (apóc.), cincuenta y una	2.000	dos mil
		2.001	dos mil uno, dos mil un (apóc.), dos mil una
60	sesenta		
61	sesenta y uno, sesenta y un (apóc.), sesenta y una	2.002	dos mil dos
		2.100	dos mil ciento, dos mil cien (apóc.)
70	setenta		
80	ochenta	10.000	diez mil
90	noventa	11.000	once mil
100	ciento, cien (apóc.)	21.000	veintiún mil, veintiuna mil
101	ciento uno, ciento un (apóc.), ciento una		
102	ciento dos	100.000	cien mil
110	ciento diez	101.000	ciento un mil, ciento una mil
111	ciento once		
120	ciento veinte	200.000	doscientos mil, doscientas mil
121	ciento veintiuno, ciento veintiún (apóc.), ciento veintiuna		
		999.999	novecientos noventa y nueve mil novecientos noventa y nueve
122	ciento veintidós	1.000.000	un millón

1.000.001	un millón uno, un millón un (apóc.), un millón una
1.000.010	un millón diez
1.000.100	un millón ciento, un millón cien (apóc.)

10.000.000	diez millones
100.000.000	cien millones
1.000.000.000	mil millones
10.000.000.000	diez mil millones
100.000.000.000	cien mil millones

(Un *billón* consta de la unidad seguida de doce ceros; un *trillón*, de la unidad seguida de dieciocho ceros —equivale a un millón de billones—; un *cuatrillón*, de la unidad seguida de veinticuatro ceros —equivale a un millón de trillones—, etc.)

2. Ordinales

1.º	primero, primer (apóc.), primera	20	vigésimo -a
2.º	segundo -a	21	vigésimo -a primero -a, vigésimo primer (apóc.)
3.º	tercero -a	22	vigésimo -a segundo -a
4.º	cuarto -a	30	trigésimo -a
5.º	quinto -a	31	trigésimo -a primero -a, trigésimo primer (apóc.)
6.º	sexto -a		
7.º	sé(p)timo -a	32	trigésimo -a segundo -a
8.º	octavo -a	40	cuadragésimo -a
9.º	no(ve)no -a	50	quincuagésimo -a
10	décimo -a	60	sexagésimo -a
11	undécimo -a	70	septuagésimo -a
12	duodécimo -a	80	octogésimo -a
13	decimotercero -a, decimotercer (apóc.), décimo -a tercero -a (1).	90	nonagésimo -a
		100	centésimo -a
		101	centésimo -a primero -a, centésimo primer (apóc.)
14	decimocuarto -a, décimo -a, cuarto -a	102	centésimo -a segundo -a
15	decimoquinto -a, décimo -a quinto -a	200	ducentésimo -a
		300	tricentésimo -a
16	decimosexto -a, décimo -a, sexto -a	400	cuadrigentésimo -a
		500	quingentésimo -a
17	decimosé(p)timo -a, décimo -a sé(p)timo -a	600	sexcentésimo -a
		700	septingentésimo -a
18	decimoctavo -a, décimo -a octavo -a	800	octingentésimo -a
		900	noningentésimo -a
19	decimono(ve)no -a, décimo -a no(ve)no -a	999	noningentésimo nonagésimo no(ve)no

(1) También son correctos los femeninos en una sola voz: *decimatercera, decimacuarta*, etc., *hasta decimanona*, o bien *decimotercera, decimocuarta*, etc., hasta *decimonona*. Adviértase que esto no es correcto a partir del vigésimo.

1.000	milésimo -a	10.000	diezmilésimo -a
2.000	dosmilésimo -a	100.000	cienmilésimo -a
3.000	tresmilésimo -a	500.000	quinientosmilésimo -a
4.000	cuatromilésimo -a	1.000.000	millonésimo -a
5.000	cincomilésimo -a	10.000.000	diezmillonésimo -a,
6.000	seismilésimo -a		etc.

3. Partitivos

2	mitad	17	diecisieteavo
3	tercio	18	dieciochavo
4	cuarto	19	diecinueveavo
5	quinto	20	veintavo
6	sexto	21	veintiunavo
7	sé(p)timo	22	veintidosavo
8	octavo	30	treintavo
9	noveno	40	cuarentavo
10	décimo	50	cincuentavo
11	onzavo	60	sesentavo
12	dozavo	70	setentavo
13	trezavo	80	ochentavo
14	catorzavo	90	noventavo
15	quinzavo	100	céntimo, centavo
16	dieciseisavo		

4. Proporcionales

2	doble, duplo, duple	9	nóctuple -o
3	triple -o	10	décuple -o
4	cuádruple -o	11	undécuplo
5	quíntuple -o	12	duodécuplo
6	séxtuple -o	13	terciodécuplo
7	séptuple -o	100	céntuplo
8	óctuple -o		

D) Cuestiones relacionadas con los números arábigos

1. Fechas

Las fechas se escriben siempre con números arábigos *(22 de febrero de 1971)*, excepto en ciertos documentos oficiales, en que se escriben totalmente con letra. En abreviación deben escribirse así: *4-VI-1947*, o bien, *4-6-1947;* también se usa así: *4/6/1947*, y a veces también se restan las centenas e incluso los millares: *4/6/47*, pero no suelen considerarse formas correctas en el uso actual.

Es incorrecto suprimir las preposiciones: *4 agosto 1970* (lo correcto es: *4 de agosto de 1970*).

2. Grados

Los grados se usan en geometría, geografía, astronomía y física, y se emplean de la siguiente forma:

a) *Geometría.* Miden arcos de círculo; pueden ser centesimales o sexagesimales; en el primer caso, se dividen en minutos y segundos y se expresan con una *g voladita* (ᵍ) e índices invertidos (`) y sirven para medir arcos de circunferencia: *63ᵍ 24` 32``;* en el segundo caso se subdividen en minutos, segundos y terceros, y se expresan con cero voladito (°) e índices ('): *17° 25' 32" 4'''.*

b) *Geografía.* Miden arcos de círculo y se subdividen en minutos y segundos: *45° 25' 35".*

c) *Astronomía.* Miden arcos de círculo y se subdividen en minutos y segundos: *60° 34' 24".*

d) *Física.* Miden presiones, temperaturas, etc.; en este caso las fracciones son decimales. Para indicar grados sobre cero se les antepone el signo más (+), y el menos (—) para indicar grados bajo cero: *—37°,3, —2°,4;* en este caso, las fracciones se escriben con coma.

En física hay cuatro clases de grados: *C* (Celsio) (no *centígrados*), *R* (Réaumur), *F* (Fahrenheit) y *K* (Kelvin). Estos signos acompañan a la expresión numérica: *+4° C, 25° F.* (Advirtamos que actualmente es costumbre generalmente admitida suprimir los signos más y menos cuando obviamente se advierte que son sobre o bajo cero, pero el signo menos habrá de ponerse siempre que no quede claro si se habla de grados positivos o negativos.) En cuanto a la forma de escribirlos, la más usada hoy día, sobre todo en obras científicas, es ésta: *25,4 °C,* con desplazamiento del cero voladito para juntarlo con la letra indicativa de la clase de grados; entre otras ventajas, sirve para distinguir los grados de física de los usados en las restantes ramas de la ciencia. Esta modalidad, naturalmente, no es admisible cuando en lugar del símbolo se usa la palabra entera; sería, pues, incorrecto escribir *4 °Fahrenheit,* como lo sería asimismo escribir *cuatro grados F.*

3. Horas

Las horas tanto pueden escribirse con letras como con cifras, dependiendo ello del caso concreto de que se trate. Hay que distinguir entre tiempo transcurrido, tiempo preciso para realizar algo, tiempo invertido y horarios.

a) *Tiempo transcurrido.* Se escribe siempre con letra: *permaneció treinta días en una cueva; hace treinta y cinco minutos que te espero.*

b) *Tiempo preciso para realizar algo.* Con letra: *invertiré dos horas y media; este trabajo requiere cinco horas.*

c) *Tiempo invertido.* Se escribe con cifras y con acompañamiento de los símbolos *h* (horas), *m, min* (minutos) y *s* (segundos); se usa mucho en competiciones deportivas; se pueden escribir de varias formas:

12 h 25 m 35 s 4/10
12 h 25 m 35,4

Si bien las horas se dividen en sesenta partes (son sexagesimales), los segundos son decimales, y, por consiguiente, se pueden contar por décimas, centésimas o milésimas; por lo tanto, se puede escribir

12 h 25 m 35,4
12 h 25 m 35,04
12 h 25 m 35,004

para indicar décimas, centésimas y milésimas, respectivamente. (Como se ve, se escriben con coma, no con punto, pues no es la expresión de una hora [*las 13.30*], sino la de un tiempo invertido.)

No es correcto escribir estas expresiones como si fuesen grados:

12, 25' 35".

d) *Horarios.* Indican horas límite en que algo ha de realizarse: *la visita es de 13.25 a 18.15; salida: 20.13, llegada: 15.18* Se escriben siempre con cifras y con punto (no con coma, ni con apóstrofo). Deben llevar su correspondiente acompañamiento de ceros, aunque ésta es costumbre que está cayendo ya en desuso, a pesar de su utilidad, pues si en un caso nos veremos obligados a escribir *las 13.30* o *las 13.05*, no hay razón para omitir esos ceros en el caso de que se trate de las *13.00* a secas; además, el punto y los ceros evitarán con toda seguridad que la cifra pueda confundirse con otra expresión numérica similar.

II. Números romanos

Dado el gran uso que se hace de la numeración con cifras romanas, es oportuno consignar aquí algunas normas para el buen empleo de estas cifras.

Las cifras romanas se usan especialmente para numerar actos y escenas en comedias y obras teatrales; capítulos, libros, partes, tomos; siglos, dinastías, milenios; tablas, cuadros, láminas; para designar el número cardinal que precede o sigue a los nombres de papas, reyes, emperadores; concilios, congresos, olimpíadas, festivales, certámenes, campeonatos, ferias, etc.

1. *Letras que constituyen la numeración romana, y sus valores*

I	V	X	L	C	D	M
1	5	10	50	100	500	1.000

2. *Reglas para la escritura y lectura de la numeración romana*

a) Si a la derecha de una cifra se coloca otra igual o menor, el valor de la primera queda aumentado en el valor de la segunda; ejemplo: XX (10 + 10) = 20; VI (5 + 1) = 6.

b) Toda cifra colocada a la izquierda de otra mayor, resta de ésta el valor de aquélla; ejemplo: IV (5 — 1) = 4; IX (10 — 1) = 9.

c) Si entre dos cifras existe otra de menor valor se combina con la siguiente para restarla de ella: XIX [10 + (10 — 1)] = 19.

d) El valor de cualquier cifra romana queda multiplicado por mil tantas veces como rayas horizontales se tracen sobre ella.

e) Ninguna letra puede repetirse más de tres veces seguidas.

f) Las letras V, L y D no deben duplicarse, pues existen otras cifras (X, C y M) que ya representan aquel valor.

g) Es redundancia inadmisible colocar en las cifras romanas un cero voladito (°), como si se tratase de un número arábigo ordinal; recuérdese que los números romanos deben leerse como ordinales, aunque existe licencia y costumbre de leerlos como cardinales a partir del diez.

14

PARÓNIMOS

I. Qué son parónimos

Son parónimas aquellas palabras que entre sí tienen alguna afinidad por su origen, forma o sonido. Se dividen en tres clases: *homónimas*, cuando tenen igual forma y distinto significado, como *vela* (de barco) y *vela* (para alumbrar); *homófonas*, cuando tienen igual sonido y distinta significación, como *asta* (sustantivo) y *hasta* (preposición), y *homógrafas* cuando tienen la misma ortografía y distinta significación, como *río* (corriente de agua) y *río* (de reír).

En este capítulo se hace mención especial de las homófonas, que son las que realmente encierran interés práctico; efectivamente, del hecho de no dominar el significado de las palabras parónimas, sobre todo las homófonas, se derivan no sólo faltas de ortografía, sino disparates mayúsculos, que conviene evitar. El uso de estas palabras no es fácil, pues a veces para decidir cuál es la que debemos usar nos vemos obligados a consultar un diccionario, como suele suceder, por citar sólo unos ejemplos, con *década* y *decenio*, *bimestral* y *bimensual*, *basto* y *vasto*, y otras parecidas; esto es así porque se trata, la mayor parte de las veces, de voces que usamos poco, y aunque no ignoremos su significado, suelen inducirnos a confusión; ¿quién podría decir, sin la previa consulta de un diccionario, qué diferencia existe entre *cangilón* y *canjilón*?

Un apartado importante lo constituyen aquellas voces que según su significado pueden escribirse en una o dos palabras, con lo cual ayudamos a resolver las dudas a este respecto.

II. Lista de parónimos

Se sitúa en primer lugar la voz que alfabéticamente le corresponda; por ejemplo: *bolear-volear,* y no al revés; en el caso de voces que se escriben separadas *(a caso-acaso)* va primero la que se escribe en dos o más partes.

A. Preposición: *voy a Madrid; estamos a dos.*

A BORDO. Locución adverbial que significa «embarcado»: *voy a bordo,* o «en la embarcación»: *comer a bordo.*

A CASO. Preposición y sustantivo que significan «a suceso, a hecho»: *a caso tan serio nunca se había llegado.*

A CERCA DE. Frase compuesta de preposición y adverbio: *a cerca de mil pesetas sube la compra.*

A DIOS Preposición y sustantivo: *a Dios rogando...*

A FIN DE. Modo conjuntivo equivalente a «para»: *hizo lo posible a fin de evitarte un disgusto.*

A HITO. Fijamente, con permanencia en un lugar.

A HORA. Preposición y sustantivo: *ha llegado a hora temprana.*

A NOCHE. Preposición y sustantivo: *a noche tan triste siguió un día esplendoroso.*

A PARTE. A sitio, paraje o lugar: *a parte alguna puedo dirigirme.*

¡AH! Exclamación: *¡ah!, ya está aquí.* (También es correcta la forma *¡ha!,* pero no se utiliza.)

ABORDO. Abordaje.

ACASO. Casualidad. ‖ Quizá, tal vez: *el mundo no se hizo por acaso; acaso venga mañana.*

ACERCA DE. Sobre, con relación a: *acerca de esto no sé nada.*

ADIÓS. Despedida: *adiós, María.* (También es correcta la grafía *a Dios,* pero no se utiliza en este sentido.)

AFÍN. Próximo, contiguo: *tu casa es afín a la mía.*

A H Í T O. Cansado, fastidiado. ‖ Que padece indigestión de estómago.

AHORA. Adverbio de tiempo: *es mejor que lo hagas ahora.* ‖ Conjunción distributiva: *ahora sano, ahora enfermo, es insoportable.*

ANOCHE. Adverbio de tiempo: *te vi anoche en el restaurante.*

APARTE. Separadamente: *pon ese cajón aparte.* ‖ Sustantivo: *punto y aparte; hacer un aparte.*

A PELO. A propósito, con oportunidad: *me vino a pelo.*

A PENAS. Preposición y sustantivo: *fue condenado a penas muy severas.*

A PLOMO. Verticalmente: *cae a plomo.*

A PROPÓSITO. Adecuado, oportuno para un fin: *este libro es a propósito para un regalo.*

A PULSO. Sin apoyar el brazo para levantar algo con la mano.

A REBATO. Antiguo toque de campanas con el que se avisaba un peligro.

A SÍ. A él: *el juez llamó a sí la causa.*

A SÍ MISMO. Preposición, pronombre y adjetivo: *quien perjudica a los suyos, a sí mismo se perjudica.*

ABA. Medida de longitud. || Exclamación equivalente a «¡cuidado!».

ABAD. Superior de un monasterio, colegiata, etc.

ABADA. Rinoceronte unicornio indio.

ABAL. Cierto árbol.

ABALAR. Zarandear, agitar. || Mover de un lugar.

ABANO. Abanico. || Aparato que sirve para hacer aire.

ABDUCCIÓN. Movimiento por el que un miembro se aleja del plano de simetría que se supone divide el cuerpo en dos mitades.

EN PELO. Sin montura: *montar en pelo.*

APENAS. Penosamente. || Casi no. || Adverbio de tiempo: *apenas me vio vino hacia mí.*

APLOMO. Plomada. || Serenidad.

APROPÓSITO. Obra literaria, generalmente teatral, de corta extensión.

APULSO. Se aplica en astronomía para indicar el contacto del borde de un astro con el hilo vertical del retículo con que se le observa.

ARREBATO. Arrebatamiento (acción de arrebatar; éxtasis).

ASÍ. De este o de ese modo: *quiero hacerlo así.*

ASIMISMO. *v.* ASÍ MISMO.

HABA. Planta herbácea. || Su fruto.

ABATE. Clérigo de órdenes menores (se aplica en especial a los foráneos, sobre todo de Francia e Italia).

HABADA. Animal que tiene la enfermedad del haba (un tumor en el paladar).

AVAL. Firma al pie de un documento de crédito. || Escrito en que uno responde de la conducta de otro.

AVALAR. Garantizar con un aval.

HABANO. Relativo a la Habana. || Color de tabaco claro. || Cigarro elaborado en Cuba.

ADUCCIÓN. Movimiento contrario al anterior, por el que un miembro se aproxima al plano de simetría descrito anteriormente.

ABDUCTOR. Músculo que ejecuta movimientos de abducción.

ABERTURA. Acción de abrir.

ABERTURA. Acción de abrir.

ABIAR. Planta (t., *albihar* o *manzanilla loca*).

ABITAR. Asegurar a las bitas el cable del ancla.

ABJURAR. Retractar con juramento los errores difundidos, rechazan antiguas opiniones.

ABLACIÓN. Extirpación de una parte del cuerpo.

ABOCAR. Coger con la boca. || Acercar, aproximar.

ABOLLADO. Adornado con bollos.

ABOLLAR. Producir una depresión.

ABRIGO. Prenda de vestir.

ABROGAR. Abolir, anular, derogar.

ÁBSIDE. Parte del templo que sobresale de la parte posterior del edificio.

ABSOLVER. Perdonar.

ABSORBER. Sorber, embeber.

ABSORCIÓN. Acción de absorber.

ABSTEMIA. Persona que no bebe vino (masc., *abstemio*).

ACCESO. Acción de llegar. || Camino. || Entrada. || Arrebatamiento.

ADUCTOR. Músculo capaz de ejecutar movimientos de aducción.

APERTURA. Acción de abrir, más propiamente refiriéndose a dar principio a un acto, conferencia, asamblea, reunión, congreso, función teatral, etc.

OBERTURA. Pieza musical con que se comienza una composición lírica.

AVIAR. Preparar algo para algún fin. || Peste de las aves.

HABITAR. Vivir, morar en algún lugar.

ADJURAR. Exorcizar, conjurar.

ABLUCIÓN. Acción de lavarse. || Lavatorio.

AVOCAR. Requerir para sí cualquier superior un negocio que ha sido sometido a la resolución de otro inferior.

ABOYADO. Finca rústica que se arrienda con bueyes, o que se destina para pasto del ganado vacuno.

ABOYAR. Poner boyas. || Boyar.

ÁBRIGO Viento sur (t., *ábrego*).

ARROGAR. Apropiarse facultades, jurisdicción, poder, etc.

ÁPSIDE. Cualquiera de los dos extremos del eje mayor de la órbita de un astro.

ABSORBER. Sorber, embeber.

ADSORBER. Concentrar un cuerpo en su superficie sustancias disueltas.

ADSORCIÓN. Concentración de sustancias disueltas en la superficie de un cuerpo.

ASTENIA. Decaimiento, debilidad.

ABSCESO. Acumulación de pus en los tejidos; puede formar un tumor o elevación exterior.

ACCIDENTE. Suceso eventual que altera el orden regular de las cosas.

ACECHANZA. Acecho, espionaje.

ACECHAR. Observar, atisbar con cautela.

ACECHO. Acechanza.

ACEDERA. Cierta planta.

ACEDÍA. Indisposición del estómago.

ACERBO. Áspero. || Cruel, riguroso.

ACIÓN. Correa del estribo.

ACOCLAR. Ponerse clueca un ave.

ACRIMONIA. Calidad de acre.

ACTITUD. Postura, disposición del ánimo.

ACTOR. El que representa una comedia, etc.

ACHOTE. Cierto árbol (t., y mejor, achiote o bija).

ADAPTAR. Acomodar convenientemente una cosa con otra.

ADELANTE. Indica siempre dirección: ir hacia adelante.

ADENTRO. Se refiere a lo interior, o en lo interior: vamos adentro; de puertas adentro.

ADJUDICADOR. El que adjudica.

AFECCIÓN. Inclinación afectuosa de una persona a otra. || Dolencia, enfermedad.

AFECTIVIDAD. Cualidad de afectivo.

AFECTO. Perteneciente al afecto.

AFECTO. Inclinado a una persona o cosa. || Persona destinada a prestar servicio. || Pasión del ánimo. || Alteración morbosa.

AFUERA. En la parte exterior, fuera del sitio en que uno está: venir de afuera.

INCIDENTE. Lo que sobreviene en el curso de un asunto y tiene con él alguna conexión.

ASECHANZA. Trampa, engaño para causar mal a alguien.

ASECHAR. Poner asechanzas.

ASECHO. Asechanza.

HACEDERA. Fácil de hacer (femenino).

ACIDIA. Pereza, flojedad.

ACERVO. Montón de cosas menudas. || Haber común.

ACCIÓN. Efecto de hacer.

ACOCLARSE. Ponerse en cuclillas.

AGRIMONIA. Cierta planta.

APTITUD. Disposición natural para hacer algo.

AZTOR. Azor (ave.)

HACHOTE. Vela de señales en los buques.

ADOPTAR. Tomar alguna resolución o acuerdo.

DELANTE. Indica situación: delante de mí no hay nada.

DENTRO. Indica la parte interior o en la parte interior de un espacio: dentro de esta caja; dentro de casa.

ADJUDICATARIO. Aquel a quien se adjudica algo.

AFECTACIÓN. Acción de afectar. || Falta de naturalidad, artificio.

EFECTIVIDAD. Calidad de efectivo.

EFECTIVO. Real y verdadero.

EFECTO. Impresión en el ánimo. || Fin para el que se efectúa algo. || Cierto movimiento. || El resultado de una causa.

FUERA. A la parte exterior: echar fuera; o de la parte exterior: viene de fuera.

AGARBILLAR. Agavillar, hacer gavillas.

AGNÓSTICO. Que profesa la doctrina del agnosticismo, o se refiere a él.

AGNOSTICISMO. Doctrina que reduce la ciencia al conocimiento de lo fenoménico y relativo, postulando que el entendimiento humano no puede acceder a la noción de lo absoluto.

AGOSTAR. Secar, marchitarse las plantas por efecto del calor. || Consumir, extinguir.

AGRAVANTE. Que agrava.

AGRAVAR. Hacer más grave. || Gravar, cargar, oprimir.

AGUA FUERTE. Ácido nítrico diluido en agua.

AHIJADA. Persona femenina, respecto de sus padrinos.

AHOJAR. Ramonear. || Pacer los animales las hojas de los árboles.

AIRAR. Irritar, encolerizar.

ALA. Extremidad, extremo.

ALAGAR. Llenar de lagos o charcos, encharcar.

ALAMAR. Cierto adorno.

ALAR. Alero del tejado. || Perteneciente al ala, o a la axila.

ALARMA. Aviso o señal. || Inquietud, susto.

ALBINO. Persona o animal que carece de pigmento colorante en la piel o plumaje.

ALBOHOL. Cierta mata.

AGAVILLAR. Agarbillar. || Acuadrillar. || Recoger para adentro.

GNÓSTICO. Que profesa el gnosticismo, o se refiere a él.

GNOSTICISMO. Doctrina de los primeros tiempos de la Iglesia, que se dividió en sectas y pretendía poseer conocimiento intuitivo y misterioso de las cosas divinas.

AGOTAR. Apurar, gastar totalmente.

AGRAVIANTE. Que agravia.

AGRAVIAR. Causar agravio, ofender.

AGUAFUERTE. Lámina obtenida por medio del agua fuerte. || Estampa que se obtiene por este procedimiento.

AIJADA. Aguijada, cierta vara larga con una punta de hierro en uno de sus extremos para picar la yunta.

AOJAR. Hacer mal de ojo. || Malograr algo.

AIREAR. Ventilar, poner al aire.

HALA. Interjección que se emplea para dar aliento o meter prisa.

HALAGAR. Mostrar afecto a una persona. || Agradar, deleitar.

ALHAMAR. Manta o cobertura encarnada (es arcaísmo).

HALAR. Tirar de una cosa hacia sí. || Remar hacia adelante.

ALHARMA. Cierta planta.

ALVINO. Perteneciente al bajo vientre.

ALCOHOL. Cuerpo líquido volátil, obtenido de la fermentación del vino o de otros licores espirituosos.

ALCAIDE. Jefe de una cárcel.

ALCALDE. Presidente de un ayuntamiento.

ALIENAR. Enajenar.

ALINEAR. Poner en línea recta.

ALMACENAJE. Acción y efecto de almacenar. || Derecho que se paga por guardar cosas en un almacén.

ALMACENAMIENTO. Acción y efecto de almacenar.

ALOCUCIÓN. Discurso o arenga breve.

ELOCUCIÓN. Modo de usar el lenguaje con acierto.

ALÓN. Ala de ave, sin las plumas.

HALÓN. Halo.

ALOQUE. De color rojo claro.

HALOQUE. C i e r t a embarcación pequeña.

ALTITUD. Altura de un punto de la tierra en relación con el nivel del mar.

ALTURA. Elevación que alcanza cualquier cuerpo sobre la superficie de la tierra.

ALUVIAL. De aluvión. || Último período de la formación de la tierra.

ELUVIAL. Relativo a la eluviación, o sea, al transporte del material depositado o suspendido en el suelo a causa de las lluvias.

AMAGO. Acción de amagar.

ÁMAGO. Hámago.

AMO. Dueño.

HAMO. Anzuelo (es arcaísmo).

AMORAL. Que carece de sentido moral. || Indiferente en relación con la moralidad.

INMORAL. Opuesto a la moral.

AMPLIAR. Extender, dilatar. || Reproducir una fotografía a mayor tamaño.

AMPLIFICAR. Extender, dilatar.

AMPÓN. Espumoso, ampuloso. || Amplio, ahuecado.

HAMPÓN. Bravucón, perdonavidas.

ANTISEMITA. Enemigo de los judíos.

ANTISEMÍTICO. Relativo al antisemitismo.

APODO. Sobrenombre.

ÁPODO. Sin patas.

APÓSTROFE. Figura retórica. || Dicterio.

APÓSTROFO. Signo ortográfico (').

APOTEGMA. Dicho breve, agudo y sentencioso.

APOTEMA. Perpendicular desde el centro de un polígono regular a una de sus bases.

APREHENDER. Coger, asir, prender.

APRENDER. Adquirir conocimientos.

APREHENSIÓN. Acción y efecto de aprehender.

APRENSIÓN. Aprehensión. || Escrúpulo, recelo.

ARCA. Caja.

H A R C A. Expedición militar. || Partida de rebeldes (en Marruecos).

ARMA. Instrumento para ofender o defenderse.

HARMA. Especie de ruda.

313

ARNÉS. Antigua armadura de acero que acomodaba el cuerpo para su defensa.

ARNESES. Guarniciones de las caballerías. || Cosas necesarias para algún fin.

ARÓN. Cierta planta de raíz feculenta.

HARÓN. Perezoso, holgazán.

ARPILLERA. Tejido de estopa basta. (Se prefiere la grafía *harpillera*.)

ASPILLERA. Abertura en un muro para disparar por ella contra el enemigo.

ARRENDADOR. Que da o recibe algo en arriendo.

ARRENDATARIO. Que recibe algo en arriendo.

ARRITMIA. Falta de ritmo regular (en los movimientos del corazón).

EURITMIA. Armonía y proporción de las partes de una obra de arte.

ARROGAR. Apropiarse o atribuirse propiedades, poder, etc.

IRROGAR. Acarrear o causar perjuicios, molestias, etc.

ARROLLAR. Envolver algo sobre sí mismo. || Atropellar un vehículo a alguien.

ARROYAR. Formarse arroyos a causa de la lluvia.

ARTO. Cambronera.

ASTA. Palo de la bandera. || Cuerno.

HARTO. Sobrado.

HASTA. Preposición.

ASÍ MISMO. Modo adverbial que significa «de este o del mismo modo»: *así mismo me lo dijo.*

ASIMISMO. También. (La Academia no sólo autoriza la escritura de esta palabra en dos voces, *así mismo*, sino que la prefiere; sin embargo, este uso no suele seguirse, por cuanto es confuso, pues el valor de *así mismo* [«de este o del mismo modo»] no lo tiene *asimismo.*)

ATAJO. Camino corto, o por el cual se adelanta.

HATAJO. Pequeño rebaño de ganado. || Conjunto.

ATALAJE. Conjunto de caballerías que tiran de un carruaje. || Guarniciones del tiro (t., *etalaje*).

ATELAJE. Parte de la cavidad de la cuba en los hornos altos.

ATO. Fruto de cierto árbol.

HATO. Porción de ganado, rebaño.

AUTARQUÍA. Poder para gobernarse a sí mismo. || Estado de un país o territorio que se basta con sus recursos.

AUTARCÍA. Estado de un país o territorio que se basta con sus recursos.

ABALAR. Zarandear, agitar.

AVALAR. Garantizar.

AVARA. Mujer que escatima (es el femenino de *avaro*).

HAVARA. Individuo de una tribu berberisca de Havara (África).

AVE MARÍA. Interjección: *¡ave María, qué lío!* || Vocativo: *ave María, llena de gracia...*

AYA. Mujer que cuida niños.

AYO. Hombre que cuida niños.

AVEMARÍA. Oración.

HAYA. Cierto árbol.

HAYO. Arbusto del Perú. || Mezcla de hojas de coca y otras sustancias que mascan los indios de Colombia.

BACA. Parte superior de un vehículo.

VACA. Animal.

BACANTE. Mujer que celebraba las bacanales. || Mujer descocada.

VACANTE. Sin proveer, sin ocupar.

BACÍA. Vasija.

VACÍA. Falta de contenido (fem.).

BACHILLERAR. Conferir o recibir el grado de bachiller.

BACHILLEREAR. Hablar mucho e inoportunamente.

BAGA. Cuerda para asegurar las cargas de las caballerías.

VAGA. Persona desocupada (femenino).

BAGAR. Echar la planta del lino la cabecita en que está la linaza.

VAGAR. Estar ocioso. || Tener tiempo disponible para hacer algo.

BALA RASA. Bala de cañón.

BALAR. Dar balidos.

BALARRASA. Aguardiente fuerte.

VALAR. Perteneciente al vallado o al muro.

BALIDO. Voz de algunos animales.

VALIDO. Apreciado, estimado. || Primer ministro. || Privado, favorito.

BALÓN. Pelota grande.

VALÓN. Natural de un territorio belga (t., *walón*).

BALSAR. Barzal, terreno cubierto de zarzas.

VALSAR. Bailar el vals.

BAO. Cierta pieza del buque.

VAHO. Vapor que despiden los cuerpos.

BAQUERO. Cierto sayo que utilizaban antiguamente los niños.

VAQUERO. Pastor de reses vacunas.

BAQUETA. Varilla para atacar las armas.

VAQUETA. Piel curtida del buey o de la vaca.

BARBAR. Empezar a tener barba.

BARBEAR. Afeitar la barba o el bigote.

BARIO. Cierto metal.

V A R I O. Diverso. || Inconstante, mudable. || Indeterminado. || Que tiene variedad.

BARITA. Óxido de bario.

VARITA. Vara pequeña.

BARÓN. Título de dignidad, utilizado en algunos países.

VARÓN. Persona del sexo masculino.

BARONESA. Esposa del barón.

BARONÍA. Título de barón.

BASAR. Asentar algo sobre una base.

BASCA. Inquietud que se experimenta en el estómago.

BACILAR. Relativo al bacilo.

BASCULAR. Moverse un cuerpo de un lado a otro.

BASTAR. Ser suficiente.

BASTO. Grosero, tosco.

BATAHOLA. Bulla, alboroto.

BATE. Cierta herramienta. || Pala utilizada en el béisbol.

BAYA. Fruto de cierta planta.

BELEÑO. Planta solanácea.

BELLO. Que tiene belleza.

BELLIDO. Bello, hermoso.

BENDICIÓN. Acción y efecto de bendecir.

BENEFICIAR. Hacer bien. || Mejorar una cosa. || Trabajar un terreno. || Extraer las sustancias útiles de una mina.

BENEFICIO. Bien que se da o recibe. || Labor que se da a los campos.

BENÉFICO. Que hace bien.

BER. Árbol malayo.

BETA. Segunda letra del alfabeto griego.

BIDENTE. Que tiene dos dientes.

VARONESA. Varona, persona del sexo femenino. || Mujer varonil.

VARONÍA. Descendencia de varón en varón.

VASAR. Anaquelería para colocar vasos, platos, etc.

VASCA. Vascongada (femenino de vasco).

VACILAR. Oscilar, tambalearse.

VASCULAR. Perteneciente a los vasos de las plantas o de los animales.

VASTAR. Talar, destruir (es arcaísmo).

VASTO. Extenso, dilatado.

BATAYOLA. Cierta barandilla de madera (en marina).

VATE. Poeta.

VAYA. Burla, mofa, chasco.

VELEÑO. Natural de Vélez-Málaga.

VELLO. Pelo corto y suave.

VELLIDO. Velloso, que tiene vello.

VENDICIÓN. Acción y efecto de vender o venderse (es arc.).

VENEFICIAR. Maleficiar, hechizar (es arcaísmo).

VENEFICIO. Maleficio, hechicería (es arcaísmo). || Compostura, afeite (es arcaísmo).

VENÉFICO. Venenoso (es arcaísmo). || Que emplea hechizos (es arcaísmo).

VER. Percibir por los ojos.

VETA. Faja o lista que se distingue de la masa en que se halla inmersa. || Vena, filón metálico. || Aptitud especial para algo. (También se puede escribir con b: beta, pero no suele usarse con esta grafía.)

VIDENTE. Que ve. || Profeta.

BIEN ESTAR. Sustantivo y verbo: *es un bien estar aquí.*

BIEN VENIDA. Adverbio de modo y participio: *sé bien venida a mi palacio.*

BIGA. Carro de dos caballos. || Tronco de caballos que tiran de este carro.

BILLA. Cierto lance del juego de billar.

BILLAR. Cierto juego.

BIMESTRAL. Que sucede o se repite cada dos meses.

BINAR. Labrar la tierra por segunda vez.

BINARIO. Que se compone de dos elementos, unidades o guarismos.

BIS. Dos, dos veces.

BISO. Producto de la secreción de una glándula del pie de muchos moluscos lamelibranquios.

BITOR. Rey de codornices.

BOBINA. Carrete de hilo, alambre, papel, etc.

BOCAL. Cierto jarro que se usa para sacar vino de las tinajas.

BOCEAR. Mover los labios ciertos animales.

BOLAR. Tierra de la cual se hace bol. || Ponchera. || Taza grande sin asa.

BOLEAR. Jugar por entretenimiento, en el billar o en el juego de trucos. || Tirar las bolas por apuesta. || Decir mentiras. || Arrojar las boleadoras.

BOLEO. Acción y efecto de bolear.

BIENESTAR. Sustantivo: *se trabaja para lograr el bienestar.*

BIENVENIDA. Sustantivo: *le dio la bienvenida.*

VIGA. Madero o hierro largo y grueso que sirve para sostener techos.

VILLA. Casa de recreo. || Población.

VILLAR. Pueblecito.

BIMENSUAL. Que se hace, sucede o aparece dos veces cada mes.

VINAR. Vinario o vinatero.

VINARIO. Perteneciente o relativo al vino.

VIS. Fuerza, vigor, energía.

VISO. Sitio o lugar alto. || Resplandor que producen algunas cosas al ser heridas por la luz. || Cierta prenda.

VÍTOR. Función en la que a uno se le aplaude por alguna acción gloriosa.

BOVINA. Femenino de *bovino* (perteneciente al buey o a la vaca; dícese de ciertos mamíferos rumiantes).

VOCAL. Perteneciente a la voz. || Letra que se pronuncia mediante una aspiración que hace vibrar la laringe: *a, e, i, o, u.*

VOCEAR. Dar voces.

VOLAR. Ir por el aire.

VOLEAR. Impulsar una cosa en el aire. || Sembrar a voleo.

VOLEO. Golpe dado en el aire a una cosa antes de que caiga.

BOLO. Palo redondo que se tiene derecho en el suelo.

BOLLA. Cierto tipo de derechos que se pagaban antes.

BOLLAR. Repujar formando bollones (clavos para adorno).

BOLLERO. Que hace o vende bollos.

BOLLO. Panecillo.

BOTADOR. Que bota.

BOTAR. Arrojar con violencia.

BOTE. Vasija pequeña.

BOTO. Cuero para contener líquidos.

BOTELLERO. Que fabrica o vende botellas.

BRAVO. Valiente.

BUSCAPIÉ. Especie que se suelta con el fin de averiguar algo.

VOLO. Cierto juego.

BOYA. Señal flotante que se coloca en el mar. || Corcho de la red.

BOYAR. Flotar nuevamente la embarcación que ha estado en seco.

BOYERO. Que guarda o conduce bueyes.

BOYO. Especie de serpiente.

VOTADOR. Que vota.

VOTAR. Emitir uno su voto.

POTE. Vaso de barro.

VOTO. Promesa. || Parecer, sufragio.

BOTILLERO. Que hacía o vendía refrescos.

BRAVÍO. Montaraz, salvaje, indómito.

BUSCAPIÉS. Cierto cohete.

CABALGADA. Acción de cabalgar.

CABESTRAR. Poner cabestros a las caballerías.

CABINA. Locutorio. || Recinto donde funciona un aparato de proyección. || Espacio donde actúa el piloto, conductor, etc.

CABO. Extremo, parte pequeña de las cosas. || Lengua de tierra que penetra en el mar.

CADALSO. Tablado donde se ejecuta la pena de muerte.

CAÍD. Juez o gobernador, en el antiguo Argel.

CALORÍFERO. Que conduce y propaga el calor.

CALLO. Dureza de la piel.

CAMINADOR. Que camina mucho.

CAMPAR. Sobresalir entre los demás por alguna cualidad. || Acampar.

CABALGATA. Comparsa de jinetes.

CABESTREAR. Seguir bien la bestia al que la lleva del cabestro.

GABINA. Sombrero de copa.

CAVO. Huronera. || Cóncavo (en este sentido es arcaísmo).

CADAHALSO. Cobertizo de tablas.

CAHÍZ. Ciertas medidas, de capacidad una y de peso otra.

CALORÍFICO. Que produce o distribuye calor.

CAYO. Isla rasa y arenosa, comúnmente anegadiza.

CAMINANTE. Que camina (simplemente).

CAMPEAR. Salir a pacer los animales domésticos, o de sus cuevas los animales salvajes.

CANALÓN. Colector del agua de los tejados.

CANGILÓN. Cierto tipo de vasos y baratijas.

CANÓNICO. Conforme a los sagrados cánones.

CARABA. Reunión de campesinos en fiestas y ocios.

CAREAR. Enfrentar a dos o más personas, con objeto de deducir una verdad. || Guiar o dirigir el ganado. || Pacer el ganado cuando va de camino.

CASUAL. Que sucede por casualidad.

CASUALIDAD. Suceso imprevisto.

CEBO. Comida que se ofrece a un animal para atraerlo o para engordarlo.

CÉDULA. Cierto documento.

CEGAR. Perder la vista, o quitársela a otro.

CIBICA. Barra para reforzar la parte superior de la manga del eje de un carruaje.

CIDRA. Fruto del cidro, parecido al limón.

CIMA. Parte más alta de los montes, cerros, etc.

CIRCUNDANTE. Que circunda, cerca o rodea.

CIRCUNVALAR. Rodear una población. || Cercar.

CIRCUNVALACIÓN. Acción de circunvalar.

COLAR. Pasar un líquido por un cedazo.

CÓLICA. Cólico leve por indigestión.

COLOMBIANO. Natural de Colombia.

COMPRENSIBLE. Que se puede comprender.

CANELÓN. Rollo de pasta (y la pasta misma) relleno de carne, pescado, etc.

CANJILÓN. Natural de Canjáyar (Almería).

CANÓNIGO. El que desempeña una canonjía.

CÁRABA. Cierta embarcación grande.

CARIAR. Corroer, producir caries.

CAUSAL. Razón o motivo que es causa o fundamento de algo.

CAUSALIDAD. Causa, principio, origen.

SEBO. Grasa que sirve, entre otras cosas, para hacer velas.

CÉLULA. Elemento anatómico microscópico.

CEJAR. Ceder en un empeño.

CÍVICA. Ciudadana (femenino de ciudadano).

SIDRA. Bebida obtenida de la fermentación del jugo de manzanas.

SIMA. Hoyo profundo, abismo.

CIRCUNSTANTE. Que está alrededor o en torno.

CIRCUNVOLAR. Volar alrededor.

CIRCUNVOLUCIÓN. Vuelta o rodeo de algo.

COLEAR. Mover la cola.

CÓLICO. Enfermedad de los intestinos.

COLOMBINO. Perteneciente o relativo a Colón.

COMPRESIBLE. Que se puede comprimir o reducir de volumen.

COMPRENSIÓN. Acción de comprender. ‖ Facultad de entender.

COMPRENSIVO. Que tiene facultad de comprender o entender. ‖ Tolerante.

COMPRENSO. Participio pasivo irregular de *comprender*.

COMPRENSOR. Que comprende, alcanza o abraza. ‖ Que goza la eterna bienaventuranza.

CON FIN. Preposición y sustantivo: *procedió con fin elogiable*.

CON QUE. *Con*: preposición; *que*: pronombre relativo que significa «el cual», «la cual», «los cuales»: *el palo con que me pegó.* (*v.* ACENTO.) Conjunción condicional: *basta con que venga pronto*.

CONDENAR. Imponer una pena. ‖ Reprochar.

CONSTITUIR. Formar, componer. ‖ Establecer, ordenar.

CORBATO. Baño frío, en el alambique.

CORBETA. Embarcación de guerra.

DE FUERA. Preposición y adverbio de lugar: *viene de fuera*.

DE MÁS. Preposición y adverbio: *me has dado un duro de más; aquí estoy de más*.

DÉCADA. Serie o conjunto de diez. ‖ Período de diez días, o de

COMPRESIÓN. Acción y efecto de comprimir.

COMPRESIVO. Que comprime.

COMPRESO. Participio pasivo irregular de *comprimir*.

COMPRESOR. Que comprime.

CONFÍN. Límite: *no se ve claro el confín.* ‖ Confinante: *su casa era confín de la mía*.

CONQUE. De modo que: *ya ha llegado tu padre, conque ve arreglándote.* ‖ Sustantivo que significa «condición, motivo, excusa, pretexto»: *con el conque de comprar cigarrillos, sale a cada instante*.

CONDONAR. Perdonar una pena de muerte o una deuda.

CONSTRUIR. Fabricar, erigir. ‖ Ordenar o reunir entre sí las palabras.

CORVATO. Pollo del cuervo.

CORVETA. Cierto movimiento del caballo.

DEFUERA. Adverbio de lugar que significa «exteriormente o por la parte exterior». (También puede escribirse separado, *de fuera*, pero esta grafía no suele usarse.)

DEMÁS. Adjetivo que suele usarse, por regla general, precedido de *lo, los, la, las, y*, con el significado de «lo otro», «los otros», «la otra», «las otras», «los o las restantes», etc.; cuando va precedido de *y* equivale a «etcétera».

DECENIO. Período de diez años. (Es muy común confundir una

diez años: *la primera década de enero, la primera década de este siglo.* || Conjunto de diez libros o capítulos de un libro. || Historia de diez personajes.

DECENA. Conjunto de diez.

DECENAL. Que se repite cada decenio.

DECENARIO. Relativo al número diez. || Decenio. || Sarta de diez cuentas pequeñas.

DECENCIA. Compostura. || Recato. || Dignidad.

DECENTE. Honesto. || Justo.

DESBASTAR. Quitar a algo las partes bastas. || Gastar, disminuir.

DESCENDENTE. Que desciende.

DESHOJAR. Quitar las hojas o pétalos a una flor.

DESMALLAR. Deshacer los puntos de una malla.

DOLAR. Labrar con la doladera o el dolobre.

DOM. Título honorífico que se da a algunos religiosos.

DOMINICA. Monja de la orden de santo Domingo.

DOMINICO. Religioso de la orden de santo Domingo.

DÚHO. Bando, escaño.

DULZOR. Sabor dulce.

E. Vocal que a veces sustituye a la *y: Antonio e Isabel.*

ECLÍPTICA. Círculo máximo de la esfera celeste.

con otra estas dos voces; obsérvese que *decenio* tiene una acepción, coincidente con sólo una de las de *década,* y aun así, no suele decirse *el primer decenio de este siglo.* Por supuesto, sería incorrecto decir *el primer decenio de enero.*)

DOCENA. Conjunto de doce.

DOCENAL. Que se vende por docenas.

DOCENARIO. Que consta de doce unidades o elementos.

DOCENCIA. Práctica del docente.

DOCENTE. Que enseña. || Perteneciente a la enseñanza.

DEVASTAR. Destruir, arrasar. || Arruinar, asolar.

DESCENDIENTE. Que desciende. || Persona que desciende de otra.

DESOJAR. Mirar con ahínco. || Quebrar el ojo de un instrumento.

DESMAYAR. Causar desmayo. || Desfallecer de ánimo. || Perder el conocimiento.

DÓLAR. Unidad monetaria estadounidense.

DON. Tratamiento. || Dádiva.

DOMÍNICA. Relativo al domingo.

DOMÍNICO. Relativo al dueño o señor (es arcaísmo).

DÚO. Composición musical para dos.

DULZURA. Dulce (en sentido figurado).

¡EH! Interjección que se emplea para llamar, advertir, despreciar, etc.

ELÍPTICA. Perteneciente a la elipse, o a la elipsis.

EFEMÉRIDE. Acontecimiento que se recuerda en su aniversario. || Conmemoración de este aniversario.

EJEMPLARIZAR. Dar ejemplo.

EJERCER. Practicar los actos propios de un oficio, cargo, facultad, etc.

ELECTO. Elegido o nombrado, antes de tomar posesión de su cargo.

ELIPSE. Cierta curva cerrada, en geometría.

ENJUAGAR. Aclarar con agua lo que se ha enjabonado.

EMBESTIR. Acometer con ímpetu.

EMBREAR. Untar con brea.

ENCOBAR. Echarse las aves sobre sus huevos para empollarlos.

ENTRE TANTO. Preposición y adjetivo: *estaba entre tanto barro que era imposible verlo.*

ERIAL. Tierra sin cultivar.

ERRAR. No acertar. || Divagar el pensamiento, la imaginación, la atención || Vagar de una parte a otra. || Faltar, no cumplir.

EFEMÉRIDES. Libro en que se refieren hechos de cada día. || Sucesos notables ocurridos anteriormente, un número exacto de años antes de un día determinado.

EJEMPLIFICAR. Demostrar a l g o con ejemplos.

EJERCITAR. Dedicarse a un arte, profesión, etc.

ELEGIDO. Participio pasivo de *elegir.* || Predestinado.

ELIPSIS. Cierta figura de construcción, en gramática.

ENJUGAR. Quitar la humedad, secar. || Cancelar una deuda.

ENVESTIR. Investir. || Revestir (en este último sentido es arcaísmo).

HEMBREAR. Mostrar el macho inclinación por las hembras. || Engendrar sólo hembras, o más hembras que machos.

ENCOVAR. Meter o encerrar en una cueva. || Guardar. || Obligar a uno a ocultarse.

ENTRETANTO. Adverbio de tiempo que significa «mientras, durante algún tiempo»: *entretanto, esperé en la esquina.* (La Academia recomienda que se escriba, preferentemente, en dos palabras, *entre tanto;* sin embargo, el uso impone la voz en una sola palabra, en parte para no confundirla con *entre tanto,* descrita anteriormente.)

HERRIAL. Uva gruesa y tinta cuyos racimos son muy gruesos. || Vid que la produce.

HERRAR. Poner herraduras a las caballerías. || Marcar el ganado con un hierro candente. || Guarnecer de hierro.

322

ESCUSA. Escusabaraja. || Ciertos provechos y ventajas. || Cierto derecho que se concede a los pastores. || Ganado a que se aplica este derecho. (También se puede escribir *escusa*, pero no es usual esta grafía.)

ESOTÉRICO. Oculto, reservado.

ESPECIA. Producto con que se sazonan las comidas (clavo, pimienta, azafrán, etc.).

ESPIAR. Acechar.

ESPIRAR. Exhalar olor. || Animar. || Tomar aliento. || Expeler el aire aspirado. (En la acepción de «atraer el aire exterior a los pulmones» es arcaísmo.)

ESPOLEAR. Picar con la espuela a la cabalgadura. || Avivar, estimular.

ESTASIS. Estancamiento de sangre u otro líquido en alguna parte del cuerpo.

ESTÁTICA. Parte de la mecánica, que estudia las leyes del equilibrio.

ESTÁTICO. Perteneciente a la estática. || Que permanece en un mismo estado. || Parado de asombro o emoción.

ESTEBA. Cierta planta. || Pértiga gruesa de las embarcaciones.

ÉTICO. Perteneciente a la ética. || El que estudia o enseña moral.

EX ABRUPTO. «Salida de tono; dicho o ademán inconveniente e inesperado, manifestado con viveza.» (Acad.).

EXCUSA. Acción y efecto de excusar o excusarse. || Pretexto que se aduce. || Excepción, descargo.

EXOTÉRICO. Común, accesible para todos.

ESPECIE. Caso, asunto, suceso. || Tema, noticia. || Pretexto, apariencia.

EXPIAR. Borrar las culpas.

EXPIRAR. Acabar la vida, morir. || Acabarse un plazo, un período de tiempo, etc.

ESPOLIAR. Expoliar, despojar con violencia.

ÉXTASIS. Cierto estado del alma.

EXTÁTICA. Que está en éxtasis (femenino de *extático*).

EXTÁTICO. En éxtasis, o que lo tiene habitualmente.

ESTEVA. Pieza del arado. || Madero de los carruajes antiguos.

HÉTICO. Tísico. || Perteneciente a este enfermo. || Muy flaco. (También puede escribirse ÉTICO, pero esta grafía no es habitual.)

EXABRUPTO. «Modo adverbial que explica la viveza y calor con que uno prorrumpe a hablar cuando o como no se esperaba. || *For.* Arrebatadamente, sin guardar el orden establecido.» (Academia.)

EXPENDER. Hacer gastos. || Vender efectos: tabaco, billetes de entrada a espectáculos o para viajar, etc. || Vender (al) por menor.

EXTREMISTA. Partidario de ideas extremas.

FALTADO. Participio pasivo de *faltar;* sólo se usa en los tiempos compuestos: *he faltado, has faltado,* etc.

FALLA. Defecto. || Quiebra en un terreno.

FAUNA. Conjunto de los animales de un país o región.

FAUNESCO. Relativo al fauno.

FEMINEIDAD. Calidad de femenino o femíneo. || Calidad de ciertos bienes de ser pertenecientes a la mujer.

FOLLETÍN. Diminutivo de *folleto.* || Cierto escrito que se inserta en los periódicos.

FOLLETINISTA. Escritor de folletines.

FORMALISMO. Aplicación y observancia rigurosas de métodos o procedimientos.

GABINA. Sombrero de copa.

GÁLVANO. Gomorresina que se saca de una planta.

GALLAR. Gallear.

GALLO. Ave doméstica. || Pez marino. || Cierto juguete. || Hombre fuerte.

GIRA. Viaje o excursión por distintos lugares, con vuelta al punto de partida.

GRABAR. Obtener un grabado. || Obtener un disco para reproducir el sonido. || Fijar en el ánimo.

EXPEDIR. Despachar asuntos. || Enviar mercaderías, etc.

EXTREMOSO. Exagerado.

FALTO. Defectuoso, o que carece de algo.

FAYA. Cierto tejido.

FAUNO. Nombre de ciertas divinidades selváticas romanas.

FÁUNICO. Relativo a la fauna.

FEMINIDAD. Calidad de femenino o femíneo. || Estado anormal del varón en que aparecen características sexuales femeninas.

FOLLETO. Obra impresa que tiene más de cinco páginas y menos de cincuenta, sin contar las cubiertas.

FOLLETISTA. Escritor de folletos.

FORMULISMO. Apego a las fórmulas, en la ejecución o resolución de un asunto.

GAVINA. Gaviota.

GALVANO. Grabado reproducido por galvanotipia.

GAYAR. Adornar con listas.

GAYO. Alegre, vistoso. || Grajo (ave). (En esta última acepción es arcaísmo, usado en ciertos lugares de España.)

JIRA. Banquete o merienda campestre.

GRAVAR. Cargar, pesar sobre algo o alguien. || Imponer gravamen.

GETA. Natural de un pueblo escita, al este de la Dacia.

GINETA. Jineta, mamífero carnicero.

GUARDAPOLVO. Prenda de tela ligera para preservar del polvo.

HABAR. Terreno sembrado de habas.

HABER. Hacienda, caudal. || Una de las dos partes en que se dividen las cuentas corrientes. || Verbo.

HINIESTA. Retama, cierta mata.

HIPÉRBOLA. Cierta curva.

HOJALATERO. El que hace o vende piezas de hojalata.

HOJEAR. Pasar ligeramente las hojas de un libro. || Moverse las hojas de los árboles.

HOJOSO. Que tiene muchas hojas.

¡HOLA! Interjección que se usa como saludo o para denotar extrañeza.

HOLLAR. Pisar. || Abatir, humillar.

HONCEJO. Hocino (instrumento para cortar leña).

HONDA. Tira de cuero u otro material para arrojar piedras.

HONDEAR. Sondar, sondear. || Sacar carga de una embarcación. || Disparar la honda.

HORA. Entre otras cosas, cada una de las veinticuatro partes en que se divide el día.

JETA. Boca sobresaliente. || Cara de persona. || Hocico de cerdo.

JINETA. Arte de montar a caballo. || Lanza corta. || Charretera antigua de los sargentos. || Antiguo tributo.

GUARDAPOLVOS. Hierros que en los coches van desde el balancín grande hasta el eje.

HAVAR. Individuo de una tribu berberisca.

HÁBER. Sabio o doctor, entre los judíos (es título inferior al de rabí).

INHIESTA. Enhiesta, levantada, derecha (fem. de enhiesto).

HIPÉRBOLE. Cierta figura (en retórica).

OJALATERO. El que se limita a desear el triunfo de su partido, en las contiendas civiles.

OJEAR. Mirar con atención. || Aojar, hacer mal de ojo. || Levantar la caza con varios tipos de ruidos. || Espantar, ahuyentar, de cualquiera manera que sea.

OJOSO. Que tiene muchos ojos (hoyuelos).

OLA. Onda de agua. || Fenómeno atmosférico. || Oleada (movimiento impetuoso de la gente apiñada).

OLLAR. Orificio de la nariz de las caballerías. || Cierta clase de piedra.

ONCEJO. Vencejo (pájaro).

ONDA. Ola, ondulación.

ONDEAR. Hacer ondas el agua. || Hacer o formar ondas cualquier otra cosa.

O R A. Conjunción distributiva, aféresis de ahora: tomando ora el arado, ora el fusil.

325

HORARIO. Perteneciente a las horas. || Saetilla que señala las horas. || Cuadro indicador de horas.

HORCA. Instrumento para colgar a los condenados.

HORNEAR. Ejercer de hornero.

HOSTIARIO. Caja en que se guardan hostias. || Molde con que se hacen éstas.

HOTO. Confianza, esperanza.

HOYA. Concavidad formada en la tierra. || Hoyo para enterrar un cadáver. || Llano extenso rodeado de montañas. || Almáciga, semillero.

HUESTE. Ejército, cuando está en campaña. || Conjunto de secuaces de una persona o causa.

HUNO. Pueblo feroz asiático que arrasó el centro de Europa.

HURACO. Agujero.

HUSILLO. Conducto de desagüe.

HUSO. Instrumento que sirve para hilar o para unir o torcer dos o más hilos. || Instrumento que sirve para devanar la seda.

INADMISIBLE. Que no se puede admitir.

INFLIGIR. Imponer castigos, condenar a penas.

INGERIR. Introducir por la boca (comida, bebida o medicamentos).

INMOVIBLE. Inmoble, que no puede ser movido. || Que no se mueve.

IRANÍ. Súbdito del actual Estado de Irán.

ISLAM. Religión de Mahoma. || Hombres y pueblos que aceptan esta religión.

ORARIO. Estola que usa el papa. || Banda que los antiguos romanos se ponían en el cuello.

ORCA. Cierto cetáceo.

ORNEAR. Rebuznar el asno.

OSTIARIO. Clérigo de órdenes menores.

OTO. Autillo, especie de lechuza grande.

OLLA. Vasija de barro o metal para cocer. || Cierta comida. || Cierto remolino que forman las aguas de un río.

UESTE. Oeste (es grafía muy poco usada).

UNO. Que no está dividido. || Unidad.

HURRACO. Cierto adorno que antiguamente llevaban las mujeres.

USILLO. Achicoria silvestre.

USO. Acción y efecto de usar. || Cierto modo de obrar, sobre todo el que está en boga.

INAMISIBLE. Que no se puede perder.

INFRINGIR. Desobedecer leyes, órdenes, etc.

INJERIR. Injertar plantas. || Introducir una cosa en otra. || Entremeterse.

INMÓVIL. Que no se mueve. || Firme, invariable.

IRANIO. Natural del antiguo Irán.

ISLÁN. Cierto velo que usaban las mujeres cuando no llevaban manto.

ISRAELÍ. Natural de la actual República de Israel.

ISRAELITA. Hebreo.

JABEGA. Flauta morisca.

JÁBEGA. Red.

LARGO METRAJE. Adjetivo y sustantivo: *una película de largo metraje.*

LARGOMETRAJE. Película larga, o de larga duración: *hoy dan un largometraje.*

LASITUD. Cansancio, desfallecimiento.

LAXITUD. Calidad de laxo.

L A S O. Cansado, desfallecido. || Flojo, macilento.

LAXO. Flojo, que no tiene la tensión que naturalmente debe tener. || Moral relajada, libre o poco sana.

MADREPORA. Término usado en paleontología para designar un género de poliperos integrados por pequeños poliperos empotrados en un cerénquima esponjoso y reticulado.

MADRÉPORA. Término usado en zoología para designar un pólipo de los mares intertropicales, que forma un polipero pétreo, arborescente y poroso. || Este mismo polipero, que en el Pacífico llega a formar escollos e islas.

MAL TRATO. Adjetivo y sustantivo: *su madrastra le da mal trato.*

MALTRATO. Acción y efecto de maltratar(se): *yo no lo maltrato; se maltrata él.*

MALHOJO. Marojo, hojas inútiles. || Cierta planta y cierto árbol.

MALOJO. Planta de maíz que sirve para alimento de las caballerías.

MALLA. Tejido de la red. || Cierto tejido realizado con anillos o eslabones de metal. || Cada uno de estos eslabones.

MAYA. Cierta planta. || Persona que se vestía con un disfraz ridículo. || Cierto juego infantil. || Tribu que pobló el Yucatán y otras regiones adyacentes. || Lengua de esta tribu.

MALLAR. Quedar sujeto en las mallas de una red. || Majar la mies.

MAYAR. Maullar el gato.

MALLO. Instrumento para golpear la mies. || Cierto juego. || Terreno para este juego.

MAYO. Quinto mes del año. || Árbol o palo adornado que se coloca en los pueblos en el mes de mayo. || Adorno que se pone a la puerta de las novias.

MEDIA NOCHE. Cualquiera de las dos mitades en que se divide la noche: *he pasado media noche despierto.*

MEDIANOCHE. Generalmente, las doce de la noche: *llegó a medianoche.*

MEDIO DÍA. Cualquiera de las dos mitades en que puede dividirse el día: *he pasado medio día trabajando.*

MEJORA. Medra, adelantamiento de una cosa.

MELLA. Hendedura en el filo de algo cortante. || Vacío, hueco resultante de la hendedura. || Menoscabo.

MISERO. Que gusta de oír muchas misas. || Sacerdote cuyo único estipendio es el derivado de la misa.

MORTALIDAD. Calidad de mortal. || Número proporcional de defunciones naturales en tiempo o lugar determinados.

NABAL. Relativo a los nabos.

NÁDIR. En Marruecos, administrador de una fundación.

O. Vocal que puede actuar de conjunción disyuntiva denotando diferencia, separación o alternativa: *grande o pequeño, Juan o Antonio.*

ÓBOLO. Peso antiguo. || Moneda de plata de los antiguos griegos. || Cantidad exigua con que se contribuye a un fin.

OBTENCIÓN. Acción y efecto de obtener.

ÓPTICO. Relativo a la visión o al ojo.

ÓVALO. Curva cerrada, con la convexidad hacia fuera.

OVETENSE. Natural de Oviedo.

MEDIODÍA. Las doce del día: *me esperan a mediodía.* || Parte meridional de un país: *el mediodía español.*

MEJORÍA. Aumento o medro de una cosa. || Alivio de una dolencia. || Superioridad de una cosa respecto de otra.

MEYA. Especie de centolla.

MÍSERO. Infeliz, desdichado. || Abatido. || Tacaño, avariento. || De poco valor.

MORTANDAD. Número grande de muertes causadas por un motivo distinto de la muerte natural: epidemia, cataclismo, peste o guerra.

NAVAL. Perteneciente a la navegación.

NADIR. Punto opuesto al cenit en la esfera celeste.

¡OH! Interjección que denota asombro, pena o alegría, entre otros sentimientos.

ÓVOLO. Adorno en figura de huevo, que se usa en arquitectura.

OBVENCIÓN. Utilidad que se percibe, además del sueldo, y que puede ser fija o eventual.

ÓTICO. Relativo al oído.

ÓVULO. Célula sexual femenina. || Cuerpo esferoidal del ovario de la flor.

UBETENSE. Natural de Úbeda.

PÁBILO. Torcida de la vela.

PARA BIEN. Preposición y sustantivo: *lo hizo para bien de sus hermanos.*

PARA POCO. Preposición y sustantivo: *con el dinero que le has dado tiene para poco.*

PARÁFRASIS. Explicación amplificativa de un texto. || Traducción en verso en la que se imita el original.

PAVONAR. Dar pavón (color azul, negro o de café) al hierro o al acero.

PELICANO. Que tiene cano el pelo.

PENITENCIARIA. Femenino de *penitenciario.*

PENSEL. Cierta flor.

PERJUICIO. Efecto de perjudicar o perjudicarse.

PETROLÍFERO. Que contiene petróleo.

PINGUE. Cierta embarcación de carga.

POLLO. Cría de la gallina y de otros animales.

POR LO TANTO. «Por consiguiente, por lo que antes se ha dicho, por los motivos o las razones de que acaba de hablarse.» (Acad.)

POR MENOR. Preposición y adjetivo: *por menor motivo expulsaron a Juan.* || Modo adverbial: *comprar (al) por menor.*

POR QUE. *v.* ACENTO.

POR QUÉ. *v.* ACENTO.

POR VENIR. Preposición y verbo: *por venir no te va a pasar nada; en lo por venir.*

PÁBULO. Alimento, comida. || Sustento o mantenimiento en las cosas inmateriales.

PARABIÉN. Sustantivo que equivale a «felicitación»: *le dio su parabién.*

PARAPOCO. Persona poco avispada y corta de genio: *este chico es un parapoco.*

PERÍFRASIS. Circunlocución, empleo de muchas palabras para decir algo que se hubiera expresado con menos o una sola.

PAVONEAR. Hacer ostentación de gallardía u otras cualidades.

PELÍCANO. Ave acuática. || Instrumento usado en odontología.

PENITENCIARÍA. Tribunal eclesiástico romano. || Cargo de penitenciario. || Establecimiento penitenciario.

PENSIL. Pendiente, colgado en el aire. || Jardín.

PREJUICIO. Acción y efecto de prejuzgar, esto es, juzgar por adelantado.

PETROLERO. Relativo al petróleo.

PINGÜE. Gordo, mantecoso. || Abundante, fértil.

POYO. Banco de piedra u otro material.

POR TANTO. «Por lo que, en atención a lo cual.» (Acad.)

PORMENOR. Detalle. || Circunstancia secundaria.

PORQUE. *v.* ACENTO.

PORQUÉ. *v.* ACENTO.

PORVENIR. Tiempo futuro.

PORQUE. *v.* ACENTO.

PRÓTASIS. Primera parte del período, en que queda pendiente el sentido, que se completa en la apódosis.

PULLA. Dicho zahiriente.

RALLAR. Desmenuzar una cosa con el rallador.

RALLO. Utensilio para rallar. || Cierto botijo.

REBELARSE. Levantarse, faltando a la obediencia. || Oponer resistencia.

RAGLAN. Abrigo que no es de manga pegada.

RECABAR. Alcanzar lo que se desea, por medio de súplicas.

REVOLVER. Mover una cosa en sentido giratorio o de arriba abajo. || Menearla de un lado a otro.

RIBERA. Orilla de mar o río. || Tierra cercana a los ríos.

ROLLO. Cilindro de cualquier materia.

ROTURA. Acción y efecto de romper o romperse. || Quiebra de un cuerpo, raja. || Terreno roturado.

SABANA. Llanura sin vegetación arbórea.

SAHINAR. Tierra sembrada de sahina.

SALOBRIDAD. Calidad de salobre.

SALOBRE. Que sabe a sal.

SANDIA. Mujer necia o simple.

SEBERO. Relativo al sebo.

SESTIL. Lugar donde sestea el ganado.

PORQUÉ. *v.* ACENTO.

PRÓTESIS. Procedimiento quirúrgico por el que se repara artificialmente un órgano. || Figura de dicción que consiste en añadir un sonido al principio de un vocablo.

PUYA. Punta acerada.

RAYAR. Hacer rayas. || Subrayar. || Sobresalir, distinguirse. || Asemejarse una cosa a otra.

RAYO. Entre otras cosas, chispa eléctrica.

REVELAR. Descubrir lo ignorado. || Manifestar Dios lo futuro u oculto. || Hacer visible la imagen de la película fotográfica.

RAGLÁN. Prenda que se usó durante el siglo pasado.

RECAVAR. Volver a cavar.

REVÓLVER. Pistola, arma de fuego.

RIVERA. Arroyo, pequeño caudal de agua. || El cauce por donde discurre esta agua.

ROYO. Rubio, rojo. || Fruta no madura, alimento mal cocido.

RUPTURA. Acción y efecto de romper o romperse. || Rompimiento de relaciones entre personas.

SÁBANA. Pieza de tela que se usa en la cama.

SAINAR. Engordar a los animales. || Sangrar.

SALUBRIDAD. Calidad de salubre.

SALUBRE. Saludable.

SANDÍA. Planta herbácea. || Su fruto.

SEVERO. Áspero, riguroso.

SEXTIL. Agosto (es arcaísmo). || Cierto aspecto de los astros.

SESO. Madurez, juicio.

SI NO. Conjunción condicional y negación: *si no corres llegarás tarde.*

SILBA. Acción de silbar.

SILBOSO. Que silba.

SIN FIN. Preposición y sustantivo: *desdichas sin fin.*

SIN NÚMERO. Preposición y sustantivo: *casa sin número.*

SIN RAZÓN. Preposición y sustantivo: *lo hizo sin razón.*

SIN SABOR. Preposición y sustantivo: *un líquido sin sabor ni olor.*

SIN VERGÜENZA. Preposición y sustantivo: *dilo sin vergüenza.*

SO CAPA. Modo adverbial equivalente a «con pretexto»: *so capa de enfermedad le sacaron veinte duros.*

SO COLOR. Modo adverbial que equivale a «con pretexto»; *v.* SO CAPA.

SOBRE TODO. Modo adverbial que significa «principalmente»: *me gusta la nieve, sobre todo cuando puedo esquiar.* || Preposición y adjetivo o pronombre: *elévate sobre todo lo de este mundo.*

SUBSIDIO. Socorro, ayuda. || Contribución.

TAN BIEN. Adverbio: *lo hace tan bien que parece perfecto.*

TAN POCO. Adverbio: *es tan poco lo que vale...*

SEXO. Condición que diferencia al macho de la hembra.

SINO. Conjunción adversativa: *no fue Antonio, sino Rafael.* || Hado.

SILVA. Composición poética.

SILVOSO. Selvoso, propio de la selva.

SINFÍN. Sustantivo: *un sinfín de desdichas.*

SINNÚMERO. Sustantivo: *un sinnúmero de casas.*

SINRAZÓN. Acción injusta o contraria a la razón: *esto es una sinrazón.*

SINSABOR. Falta de sabor en el paladar. || Insipidez de un comestible. || Pesadumbre, desazón moral.

SINVERGÜENZA. Sustantivo: *dilo, sinvergüenza.*

SOCAPA. Pretexto (real o fingido) con que se disfraza la verdadera intención con que se hace una cosa.

SOCOLOR. Pretexto. (*v.* SOCAPA.) (También es correcto escribirlo en dos palabras, *so color*, pero es conveniente hacer distinción; por otro lado, con *socapa*, que significa lo mismo, no existe esta dualidad en la grafía.)

SOBRETODO. Prenda de vestir, a modo de abrigo, más larga que el gabán.

SUSIDIO. Zozobra, inquietud.

TAMBIÉN. Adverbio: *yo también lo hago así.*

TAMPOCO. Adverbio: *tampoco vale la pena tomarlo en serio.*

TIRITAR. Temblar de frío.

TOBA. Piedra caliza. || Sarro de los dientes. || Cardo borriquero. || Especie de borceguí.

TRASHOJADO. Participio pasivo de *trashojar*: pasar las hojas de un libro, leyendo algo del contenido.

UBADA. Cierta medida de tierra que se usa en Andalucía.

VAGIDO. Gemido del recién nacido.

VALIDO. Apreciado, estimado. || Primer ministro. || Privado, favorito.

VÉRTICE. Punto en que se juntan los dos lados de un ángulo. || Punto donde se juntan tres o más planos.

VETAR. Poner veto.

VETO. Derecho a vedar o prohibir.

VILANO. Apéndice filamentoso del fruto de muchas plantas. || Flor del cardo.

ZAHÍNA. Cierta planta. || Su semilla.

TITIRITAR. Temblar de frío o de miedo.

TOVA. Totovía, cogujada, alondra moñuda.

TRASOJADO. Macilento, decaído, por causa de accidente, hambre o pesar.

UVADA. Abundancia de uva.

VAGUIDO. Turbado. || Desvanecimiento.

VÁLIDO. Firme, que vale. || Robusto, fuerte.

VÓRTICE. Torbellino. || Núcleo de un ciclón.

VOTAR. Hacer voto. || Echar votos o juramentos. || Dar el voto.

VOTO. Promesa. || Dictamen, parecer, sufragio. || Juramento, execración.

VILLANO. Habitante de una villa, a diferencia del noble o hidalgo. || Rústico, descortés. || Ruin, indigno. || Cierto baile español antiguo.

ZAINA. Bolsa de dinero (en germanía).

15

PLURAL

I. Formación del plural

Las principales normas que debemos tener en cuenta en la formación de plurales son las siguientes:

1. Si la voz termina en vocal no acentuada, el plural se forma añadiendo una *s*: de *casa, casas;* de *coche, coches;* de *tribu, tribus;* de *tílburi, tílburis.*

2. Si acaba en vocal acentuada, generalmente se le añade la sílaba *es*: de *abasí, abasíes;* de *marroquí, marroquíes;* de *maharajá, maharajaes;* pero hay algunas excepciones, como se puede comprobar por la lista de plurales que se inserta más adelante: de *papá, papás;* de *bidé, bidés;* de *café, cafés,* etc.

3. Si termina en consonante, generalmente se le añade la sílaba *es*: de *reloj, relojes;* de *abril, abriles;* de *rigor, rigores;* pero también tiene excepciones notables, en que incluso se cambia la estructura de la palabra, como de *lord, lores;* de *frac, fraques;* de *borraj, borrajes* o *borrases,* etc.

II. Plurales irregulares

Existe tendencia en el español actual a hacer plurales irregulares, principalmente por influencia de plurales extranjeros; se dan precisamente en voces procedentes de otros idiomas, como: de *cabaret, cabarets;* de *complot, complots;* de *chalet, chalets;* de *robot, robots;* estos plurales repugnan a la índole

333

de nuestro idioma, como muy bien dice la Academia en su Gramática; pero sucede que a veces, para evitar esa irregularidad del plural, habría que cambiar antes la estructura de la palabra (como se ha hecho con *chalet* [*chalé*]), cuya terminación tampoco corresponde a la índole de nuestro idioma, pues son pocas las palabras que en él acaban en *c* o *t*; así, sonarían de forma inusitada plurales como *cabaretes, chaletes, complotes*. Sin embargo, el caso de *club, tótem, bóer*, etc., es distinto, pues no sólo suenan bien *clubes, tótemes, bóeres*, sino que en toda Hispanoamérica se dice, por ejemplo, *clubes*, mientras que los peninsulares se empeñan extrañamente en negarle esa regularidad del plural y escriben y pronuncian *clubs*.

III. El acento en el plural

Al hacer el plural no debe cambiar el acento de las voces, pero a veces se crea un acento por adición de una sílaba que no existía en singular, como por ejemplo *líquenes*, de *liquen;* otras hay que desplazan el acento, y son pocas: de *carácter, caracteres;* de *régimen, regímenes;* de *ínterin, intérines;* de *espécimen* (voz a la que el Diccionario manual de la Academia niega el plural que le conceden muchos autores), *especímenes;* de *júnior, juniores*, y de *sénior, seniores*.

IV. Plurales incorrectos

Como dejamos dicho, hay quienes se empeñan en escribir, por ejemplo, *bóers* por *bóeres; bóxers*, por *bóxeres; tótems* por *tótemes;* y otras que, admitidas o no por la Academia (*bóer* está admitida, como *tótem*), deben hacer un plural regular, puesto que se prestan a ello fácilmente. En otros casos, al utilizar en nuestro idioma palabras de otra lengua, se tiende a veces a darles el plural que tienen en ella; por ejemplo, suele decirse y escribirse *penalties* de *penalty; royalties* de *royalty, whiskies* de *whisky*, cuando en realidad, si las voces tienen extenso uso en nuestra lengua, debe dárseles el plural que les corresponde según nuestras normas, y así en estos casos concretos lo correcto es *penaltis, royaltis* y *whiskis* (puesto que la terminación en *ies* es precisamente la inglesa, pero en español a las voces que terminan en -*i* no acentuada se les añade -*s*, no -*es*).

334

V. Voces que carecen de plural

Hay en nuestra lengua muchos casos de voces que no se usan en plural (como la *nada*, la *inmortalidad*, etc), así como otras que sólo se usan en plural, como *dosis, creces*, etc., pero las que aquí nos interesan, por constituir un verdadero problema, son las derivadas de un verbo latino en terminación personal, como *déficit, superávit, affidávit, fiat, exequátur, plácet, accésit* y otras. Si bien estas voces, por su significado, no admiten la forma en plural, y así lo declara el Diccionario manual de la Academia, lo cierto es que no es lo mismo *declarar déficit* que *declarar déficits* (plural que en estos casos habrá de ser forzosamente irregular, dada la terminación de estas voces). Algunos autores están de acuerdo en que se usen estos plurales, o cuando menos no los rechazan abiertamente; sin embargo, para quienes sigan a los preceptistas siempre se les interpondrá el veto académico.

Otro problema lo representan las voces latinas terminadas en *-um: mare mágnum, médium, memorándum, referéndum, ultimátum*, etc.; sus plurales latinos se forman terminando la palabra en *-a: memoranda, media*, etc. La Academia, aun registrando la forma latina (con acentos a la española), ha dado a algunas de estas palabras terminación española: *maremagno* (de *mare mágnum*); *medio* (de *médium*); *memorando* (de *memorándum*), en cuyo caso los plurales son fáciles: *maremagnos, medios, memorandos;* sin embargo, *referéndum* y *ultimátum* no gozan de esta dualidad, y sus plurales forzosamente habrían de ser totalmente irregulares *(referéndums, ultimátums)*, pues no es corriente la forma terminada en *-es* para este tipo de voces: *referéndumes, ultimátumes*, o bien prescindir de ellos: *los referéndum, los ultimátum;* en uno y otro caso aparecen como inaceptables, y lo mejor sería castellanizarlos todos, y así conferirles un plural regular. Pero...

VI. Lista de voces con plurales dudosos

Puesto que muchas palabras tienen plurales que no se ajustan a las reglas, y que en otras se duda sobre su forma, damos a continuación una lista lo más completa posible de voces de esta índole.

a: aes
abasí: abasíes
acimut: acimutes
agá: agaes
agutí: agutíes
ají: ajíes
albalá: albalaes
álbum: álbumes
álcali: álcalis
alcaná: alcanaes
alelí: alelíes
alhelí: alhelíes
alféizar: alféizares
alfaquí: alfaquíes
alto relieve: altos relieves
altorrelieve: altorrelieves
ambigú: ambigúes
arco iris: arcos iris
arrabá: arrabaes
arráez: arráeces
aster: asteres

b: bes
bagdalí: bagdalíes
bajo relieve: bajos relieves
bajorrelieve: bajorrelieves
baladí: baladíes
ballet: ballets
bambú: bambúes
bantú: bantúes
baobab: baobabs
bengalí: bengalíes
bibelot: bibelots

bidé: bidés
bigudí: bigudíes
bistec: bistecs
bisturí: bisturíes
bloc: blocs
bocací: bocacíes
bocoy: bocoyes
bóer: bóeres
bombasí: bombasíes
borceguí: borceguíes
borní: borníes
borraj: borrajes o borrases
bosquimán: bosquimanes (1)
bóxer: bóxeres
brandi: brandis
bumerán: bumeranes

c: ces
cabaret: cabarets
cabriolé: cabriolés
cadí: cadíes
café: cafés
calicó: calicós
camión-tienda: camiones-tienda
canalí: canalíes
cancán: cancanes
canon: cánones
capó: capós
carácter: caracteres
carcaj: carcajes
carcax: carcajes
caribú: caribúes
carmesí: carmesíes

---

(1) El plural que suelen usar los especialistas es *bosquimanos*, lo cual supone un singular, *bosquimano*, que la Academia no registra.

catéter: catéteres
cativí: cativíes
caví: cavíes
cayarí: cayaríes
cegrí: cegríes
cequí: cequíes
cinc: cines
cineclub: cineclubes
claxon: cláxones
clip: clipes
clíper: clíperes
coche-cama: coches-cama
cok: coques
colibrí: colibríes
comboy: comboyes
cóndor: cóndores
confeti: confetis
coñac: coñacs
córner: córneres
cualquier: cualesquier
cualquiera: cualesquiera
cualquiera (sust.): cualesquieras
cuba-libre: cuba-libres
cota de malla: cotas de malla
cuerpo de ejército: cuerpos de
    ejército
culi: culis
crónlech: crónlechs

ch: ches
chacó: chacós
chalé: chalés
champú: champúes
chapó: chapós
chofer: choferes
chófer: chóferes

d: des
dandi: dandis
decreto-ley: decretos-leyes
dólar: dólares
dolmen: dólmenes

e: ees
eslogan: eslóganes
esmoquin: esmóquines
espécimen: especímenes
esquí: esquís o esquíes (2)
estándar: estándares
estatúder: estatúderes
éster: ésteres
excusalí: excusalíes
excrex: excrez (3)

f: efes
fagot: fagotes
faralá: faralaes
fatimí: fatimíes
faz: faces
fe: fes
filme: filmes
flamen: flámenes
frac: fraques
frufrú: frufrúes

g: ges
gachí: gachís (4)
gachó: gachós
gambax: gambajes
géiser: géiseres
gentilhombre: gentilhombres o
    gentileshombres
gilí: gilís
gluglú: gluglúes
gong(o): gongos
guaraní: guaraníes
guardia marina: guardias mari-
    nas
guirigay: guirigayes
güisqui: güisquis

h: haches
hez: heces
hijadalgo: hijasdalgo
hijodalgo: hijosdalgo

---

(2) *Esquíes* no es forma académica, pero lo admiten los tratadistas; *esquís*, por otra parte, supone una excepción de la regla del plural en español.
(3) Éste es el plural más extraño del idioma español; la palabra se usa, en Aragón, en lo forense.
(4) *Gachí*, como *gilí*, tienen plurales irregulares por tratarse de voces vulgares.

hombre-rana: hombres-rana
hindú: hindúes
hipérbaton: hipérbatos o hiper-
    batones
hora punta: horas punta
huecú: huecúes
hurí: huríes

i: íes
iceberg: icebergs
iglú: iglúes
ínterin: intérines
iraní: iraníes
iraquí: iraquíes

j: jotas
jabalí: jabalíes
jersey: jerséis
júnior: juniores

k: kas
koljós: koljoses

l: eles
ladi: ladis
landó: landós
lémur: lémures
librepensador: librepensadores
líder: líderes
lord: lores
lumen: lúmenes
liquen: líquenes

m: emes
maharajá: maharajaes
malentendido: malentendidos
manchú: manchúes
mamá: mamás
manatí: manatíes
mamut: mamutes
maní: maníes
maniquí: maniquíes
máquina herramienta: máquinas
    herramientas
maravedí: maravedíes, maravedi-
    ses, maravedís

marroquí: marroquíes
máuser: máuseres
medio relieve: medios relieves
médium: media (en pintura)
    o médiums
menú: menús
mesa camilla: mesas camillas
metrópoli: metrópolis
microfilme: microfilmes
miladi: miladis
milord: milores
mitin: mítines
montepío: montepíos

n: enes
no: noes
non: nones

ñ: eñes
ñandú: ñandúes

o: oes
ónique: óniques
ónix: ónices
osmandí: osmandíes

p: pes
pacay: pacayes o pacaes
padre nuestro: padres nuestros
padrenuestro: padrenuestros
pailebot: pailebotes
paipái: paipáis
panamá: panamaes
paletó: paletós
panjí: panjíes
papá: papás
papú: papúes
papua: papuas
paquebot: paquebotes
paquistaní: paquistaníes
parqué: parqués
parsec: parsecs
pavo real: pavos reales
pedigrí: pedigríes
penalty: penaltis
piel roja: pieles rojas

pipí: pipís (5)
pirulí: pirulís
planta piloto: plantas piloto
plató: platós
plumier: plumieres
pólder: pólderes
polen: pólenes
poliéster: poliésteres
poney: poneis
pony: ponis
póquer: póqueres
puerco espín: puercos espinos (6)
pura sangre: puras sangres

q: cus
quienquiera: quienesquiera
quinqué: quinqués

r: eres
rabí: rabíes
radar: radares
rádar: rádares
rail: railes
raíl: raíles
rajá: rajaes
régimen: regímenes
rehalí: rehalíes
relé: relés
rentoy: rentoyes
revólver: revólveres
ricadueña: ricasdueñas
ricahembra: ricashembras
ricohombre: ricoshombres
riel: rieles
rímel: rímeles
royalty: royaltis
rr: erres
rubí: rubíes

s: eses
safari: safaris
salacot: salacots

salvoconducto: salvoconductos
sénior: seniores
si: sis
sí: síes
sofá: sofás
sofá cama: sofás cama
somier: somieres
sordomudo: sordomudos
sotaní: sotaníes
sóviet: sóviets
sovjós: sovjoses
sovnarjós: sovnarjoses
suéter: suéteres
sufí: sufíes

t: tes
tabú: tabúes
tahalí: tahalíes
tanto por ciento: tantos por
    ciento
targui: tuareg
tárgum: tárgumes
taxi: taxis
telefilme: telefilmes
telesquí: telesquís o telesquíes (7)
ténder: ténderes
tetuaní: tetuaníes
tic: tiques o tics
tictac: tictaques
tílburi: tílburis
tiovivo: tiovivos
tisú: tisúes
todo relieve: todos relieves
tótem: tótemes
traspié: traspiés
troj: trojes
trox: trojes

u: úes

v: ves o uves
valí: valíes

---

(5) El plural de *pipí* y *pirulí* es irregular.
(6) Aunque el plural de *espín* es *espines*, no se usa; se toma para el plural su
equivalente *espino*.
(7) Véase lo dicho en la nota 2 sobre *esquíes*.

vanagloria: vanaglorias
vermut: vermutes
vivac: vivaques

whisky: whiskis

x: equis (o équises) (8)

y: yes o íes griegas
yaqué: yaqués

yemení: yemeníes
yogui: yoguis
yogur: yogures
yoquey: yoqueis

z: zedas o zetas
zaquizamí: zaquizamíes
zigzag: zigzagues
zinc: zines
zulú: zulúes

---

(8) *Équises* como plural de *equis* fue usada por Unamuno; lo normal, sin embargo, es que el plural tenga la misma forma que el singular.

16

SIGNOS DE PUNTUACIÓN

Los signos de puntuación son tan necesarios en la escritura que no necesitan un panegírico; sirven, como se sabe, para dar sentido y entonación a la escritura y lectura, y sin ellos no nos sería fácil escribir y leer con propiedad. Pero precisamente para escribir con propiedad no basta conocerlos, sino usarlos bien, y a ello se dirige este capítulo, en el cual, sin agotar el tema, se intenta exponer lo más importante y práctico.

Incluimos aquí no sólo los signos de puntuación propiamente dichos, sino también algunos signos «gráficos» usados a veces en los textos, y cuya misión conviene conocer; tal, por ejemplo, el *antilambda*, antiguo signo que se usaba en lugar de las comillas y que hoy vuelve a usarse en obras técnicas con misión un tanto distinta.

1. ANTILAMBDA. Signo (< >) que se usaba antiguamente con igual función que las comillas actuales. Hoy sólo se usa en ciertas obras especiales (sobre todo en las de lógica), pero sin aquella misión que antes tenía.

2. APÓSTROFO. Virgulilla (') que se usa en ciertos idiomas en la parte superior de una consonante para indicar que se suple con una vocal: *D'Alembert.* En español tiene escaso uso; sólo a veces se emplea para indicar que se omiten letras en el lenguaje: *s'a* (se ha), *m'a* (me ha), etc.

No es correcto usar este signo para separar los decimales de los enteros. (V. NÚMEROS.)

3. ASTERISCO.   Signo (*) que tiene diversos usos.

1.º Para indicar las llamadas de notas, en los textos. Se coloca detrás de los signos que acompañen a la palabra junto a la cual se coloca.

2.º Junto a una letra mayúscula, para suplir el resto de un nombre propio que no interesa reproducir: *en el lugar de V**.

3.º Para suplir a una palabra entera que no se quiere expresar: *en la ciudad de ****; en este caso se usan siempre tres asteriscos; la puntuación que corresponda a la palabra sustituida se coloca detrás de los asteriscos.

4.º En obras de literatura se colocan tres asteriscos para separar porciones de texto que tienen entre sí poca relación, o para indicar que se pasa a otro asunto u otra época en el relato; pueden colocarse en línea o en forma de triángulo. Actualmente suelen sustituirse por líneas de blanco entre el texto.

5.º En libros litúrgicos se usa para separar entre sí los versículos de los salmos; se colocan entre palabras, con espacio antes y después, tras los signos de puntuación.

6.º En libros de oraciones se usa con el mismo sentido, para indicar las pautas en la recitación; se colocan igual que en el caso anterior.

7.º Se usa asimismo en lingüística para indicar que una forma o palabra es hipotética.

8.º En diccionarios y enciclopedias se usa con distintas funciones: para sustituir a «véase», o a «nacido en», o para indicar que una voz es incorrecta.

4. CALDERÓN O ANTÍGRAFO.   Signo (¶) que se usaba con el mismo objeto que el *párrafo* (véase).

5. COMA.   Signo (,) que tiene diversos y muy distintos usos en la escritura. Es, de todos los signos de puntuación, el más discutido y, generalmente, peor empleado. No es fácil dar unas normas sobre el uso de este signo; sin embargo, intentaremos resumir las más importantes.

1.º Se usa coma para separar los elementos de una oración, salvo el último si hay conjunción: *llegó, vio y venció*.

2.º Si tres o más oraciones van unidas por conjunción, se separan por coma: *sale el sol, y el campo se alegra, y el hombre se siente alegre y feliz*.

3.º Los incisos llevan siempre coma: *acaba, padre, y nos marchamos.*

4.º Las oraciones cuyo sentido pudiera ser anfibológico se separan con coma: *si no lo haces, bien pudieran condenarte.*

5.º Suele ponerse coma después, antes, o antes y después de palabras y frases como: *sin embargo, no obstante, en resumen, en pocas palabras, es más, más aún, finalmente, resumiendo, en resumen, así pues, esto es, es decir, a saber, así,* etc.

6. COMILLAS. Signo (« », " ", " „) que adopta diversas formas, según su uso, y se emplean en muchos casos.

1.º *Clases y usos de las comillas.* En nuestra lengua se usan las siguientes clases de comillas:

a) Comillas españolas o latinas (« »), que tienen los siguientes usos:

a') Para encerrar citas o ejemplos en lo escrito: *Dijo un célebre marino español: «Más vale honra sin barcos que barcos sin honra».*

b') Para sustituir a la raya de los diálogos cuando éstos se escriben dentro del párrafo: *El director dijo: «Tenemos que resolver estos problemas lo más pronto posible». A lo que contestó el secretario: «Esperamos sus directrices».*

c') Para poner de relieve una palabra o frase: *Se les preguntaba si estaban de acuerdo «con la política del presidente».*

b) Comillas inglesas. Tienen esta forma: " ". Se utilizan para encerrar una palabra o frase que requiera comillas dentro de otra frase ya entrecomillada con comillas españolas: *«No estamos dispuestos a que los "descamisados" nos avasallen».*

c) Comillas sencillas. Signo que adopta esta forma ' ', y se usa:

a') Para encerrar una palabra o frase situada dentro de un entrecomillado con comillas inglesas, que asimismo irá dentro de otro con comillas españolas, según este orden: « " ' ... ' " ».

b') Para indicar que una palabra está usada en su valor conceptual: *acabar 'morir' es distinto de acabar 'terminar'.*

c') Para indicar que una palabra se usa como definición de otra.

2.° *Otros usos de las comillas.* Se ponen entre comillas:

a) Los títulos de temas de conferencias: «*El siglo de Cervantes*».

b) Los títulos de capítulos de un libro, cuando son mencionados en la misma obra o en otro texto: *el capítulo IV*, «*Introducción al estudio de la electricidad*», *trata de...*

c) Los títulos de artículos en periódicos o revistas: «*Escritores de hoy*», en *Clarín*.

d) Los nombres familiares dados a los objetos: *una «dos caballos»*, *un «mil quinientos»*, etc.

e) En obras literarias, los pensamientos de los protagonistas: «*Esto no me gusta*», *pensó Armando*.

Hay otros usos de las comillas, principalmente tipográficos, que no interesa aquí recoger, por cuanto son de uso especializado.

3.° *Las comillas en relación con los restantes signos de puntuación.* Puesto que existen dudas acerca de cómo deben colocarse las comillas en relación con los demás signos de puntuación, he aquí unas normas aclaratorias:

a) *Coma, punto y coma, dos puntos.* Se colocan siempre fuera de las comillas que cierran.

b) *Admiración e interrogación.* Se ponen dentro o fuera de las comillas, según corresponda por la formación de la frase: «*¡No!*», *respondió. ¿No iba a venir tu «novio»?*

c) *Punto.* Se pone dentro de las comillas de cierre cuando lo entrecomillado comienza párrafo o va después de punto. Se pone fuera de las comillas si éstas abren después de coma, punto y coma, dos puntos, puntos suspensivos o en ausencia de signos de puntuación.

4.° *No se usan comillas.* Las comillas no deben usarse en los siguientes casos:

a) En las denominaciones de compañías, entidades, empresas, nombres de establecimientos, competiciones deportivas, títulos de congresos, conferencias, reuniones, etc., aunque vayan escritos en idioma extranjero.

b) Tampoco llevan comillas los nombres de los libros de la Biblia.

c) Los versos intercalados en una transcripción, aunque pertenezcan a autor distinto del transcrito.

7. Corchetes. Signo ([ ]) cuyos usos son los siguientes:

a) Para encerrar palabras, frases u oraciones comprendidas entre paréntesis.

b) En las fórmulas también se usa con este sentido.

c) En las obras de teatro, para encerrar lo que los actores dicen aparte.

d) En la copia de códices o inscripciones, para encerrar lo que falta en el original y se da por supuesto.

e) En las transcripciones, para encerrar las aclaraciones del autor al texto transcrito, así como para encerrar los puntos suspensivos indicativos de que en la transcripción se omite algo.

8. Diagonal o barra. Signo (/) que, entre otros usos convencionales, sirve para denotar «por» en los símbolos técnicos *(km/h)* o «dividido por» en los quebrados *(5/4).*

9. Diéresis o crema. Signo (¨) que se coloca sobre la *u* de las sílabas *gue* y *gui* para indicar que se pronuncia: *vergüenza, pingüino.* En otros idiomas se usa sobre cualquier vocal.

10. Doble pleca. Signo que adopta estas formas: ||, //, y se usa en los diccionarios para indicar que se pasa a una acepción distinta.

11. Dos puntos. Signo (:) que se usa en los siguientes casos:

1.° Para separar el antecedente del consecuente: *En resumen: soledad y aburrimiento.*

2.° Para separar una oración de aquella otra en que se expone lo que en ésta se desarrolla: *la semana tiene siete días: lunes, martes,* etc.

3.° Para separar una oración de la explicación que le sigue, a modo de resumen o consecuencia: *Muerte, desolación, destrucción total de todo lo que el hombre ha construido: esto es la guerra.*

4.° Antes de las citas textuales: *Dice Cervantes: «En un lugar de la Mancha...».*

5.° Después de las fórmulas de cortesía *muy señor mío, querido amigo,* etc., en las cartas, así como después de las expresiones *Certifico, Expone, Dice, Hace presente, Hago saber, Vengo en decretar, Fallo, Dispongo,* etc. El texto que sigue a estas expresiones se empieza con letra mayúscula, pero en los demás casos se escribe minúscula.

12. GUIÓN. Signo (-) que sirve para unir dos partes de un término compuesto *(cántabro-astur)* y para indicar que una palabra queda partida a final de renglón por no caber entera en él.

1.º *Reglas para la división de palabras a final de renglón.* Las voces pueden dividirse de dos formas: por sílabas *(división silábica)* o por sus elementos compositivos *(división etimológica)*. La Academia, en sus nuevas normas de prosodia y ortografía publicadas en 1959, declaró en su norma 24: «[...] cuando un compuesto sea claramente analizable como formado de palabras que por sí solas tienen uso en la lengua, o de una de estas palabras y un prefijo, será potestativo dividir el compuesto separando sus componentes, aunque no coincida la división con el silabeo del compuesto. Así, podrá dividirse *no-sotros* o *nosotros, de-samparo* o *des-amparo*».

En uno u otro caso, deben observarse las siguientes reglas:

a) Cuando la primera o la última sílaba de una palabra sea una vocal no podrá ésta quedar a final ni a principio de renglón: es, pues, incorrecto dividir *A- / demás* o *espontáne- / o.*

b) Aunque la división silábica permite dividir una palabra por una sílaba constituida por una sola vocal *(aca-e-cer)*, debe evitarse que un renglón empiece precisamente con esa vocal; no se considera correcto (aunque esté permitido) dividir *aca- / ecer,* sino *acae- / cer;* en los términos compuestos cuyo segundo elemento comienza con una sílaba formada por una sola vocal, ésta no debe quedar a final de renglón; no será, por consiguiente, correcto dividir *nortea- / mericano,* sino *norte- / americano,* o *norteame- / ricano.*

c) Las sílabas terminadas en dos consonantes se dividen sin separar éstas: *cons- / tar, pers- / pectiva.*

d) Las letras *ch* y *ll* no deben dividirse a final de renglón: así, no será correcto dividir *cac- / horro, conl- / levar.* Tampoco la *rr* debe dividirse a final de línea o renglón, pero habrá de hacerse así en el caso de voces compuestas cuyo primer elemento termine con *r* y el segundo comience con la misma letra; por ejemplo, *inter- / relación.*

e) Cuando al dividir una palabra con *h* intercalada haya de quedar ésta a final de línea con su vocal correspondiente, es norma pasar este grupo de letras al renglón siguiente; por ejemplo, *clor- / hidrato, alde- / hido, al- / haraca,* etc.

f) Cuando en las palabras compuestas cuyo segundo elemento comience con *r* haya de dividirse precisamente por esa sílaba, la *rr* en que se convierte al formar el compuesto pasará al principio de la línea siguiente como *r* simple; por ejemplo, *contrarrevolucionario* se dividirá así: *contra- / revolucionario; extrarradio,* así: *extra- / radio; prorratear,* así: *pro- / ratear,* etcétera.

g) Como regla general, debe evitarse que al dividir una palabra quede al final o al principio de renglón una voz malsonante; por ejemplo, *ano- / dino, dis- / puta, cál- / culo, penetrar, sa- / cerdote, falo- / pio, solí- / pedo, Chi- / cago,* etc.

h) Son asimismo incorrectas aquellas divisiones de palabras de las cuales resulta una frase chocante o cuyo sentido es contrario al que se trata de expresar; por ejemplo, *al ser- / vicio de los feligreses, los de- / sastres de la guerra,* etc.

i) Por regla general, los autores están en su mayoría de acuerdo en que la *t* y la *l* son inseparables a final de renglón, de forma que debe escribirse *atle- / ta, atlán- / tico,* y no *at- / leta, at- / lántico,* pero otros opinan que estas letras son separables en la escritura y en la pronunciación, salvo en el caso de las voces de origen mexicano, como *tlascalteca, náguatle,* en que son siempre inseparables. La doctrina oficial de la Academia es, a este respecto, asaz confusa; por una parte, en el párrafo 487, *b,* de la Gramática, dice: «Dos consonantes hay no más que hacen una como especie de diptongo por la propiedad que tienen de fundirse o liquidarse en otras, de donde se les da el nombre de *líquidas:* son la *l* y la *r* cuando se interponen entre las consonantes *b, c, f, g, p, t* y una vocal; como en *blanco, brezo, conclave, crémor, reflejo, fruta, gloria, grito, plomo, prensa, tlascalteca, trono,* y la *r* si va entre la *d* y una vocal, como en *dragón, padrino».* Por otra parte, en el párrafo 490 dice: «Apenas tenemos sílabas que acaben con el sonido de la *t,* como *at-mósfera, at-las, ist-mo,* [...]». La Ortografía de la Academia, en nota al pie de la página 35, ha venido a satisfacer todos los gustos. Según ella, la *t* y la *l* pueden separarse o juntarse *(achio-tlín* o *achiot-lín),* menos en *atlas, atleta* y sus derivados, en que siempre se separan, «a fin de no infringir la regla de no escribir una vocal sola al fin del renglón»: *at-las, at-leta, At-lántico.*

2.º *Voces que constituyen problemas en su división a final de línea.* A pesar de las reglas antes expuestas, existen una serie de voces que presentan problemas a la hora de dividirlas; he aquí algunas de ellas:

Arzobispo. La mayoría de autores (don Julio Casares entre ellos) son contrarios a la división etimológica *arz-obispo*, y piden que en todos los casos se divida silábicamente: *ar-zo-bispo;* aunque algunos autores disienten, aduciendo que *arz-* no es sino una derivación de *archi-*, la forma usual es la de la división silábica. (Véase, más abajo, *península.*)

Beethoven. Esta palabra se divide así: *Beet-hoven.*

Ciudadrealeño. Se divide así: *ciudad-realeño.*

Copenhague. Se divide así: *Copen-hague.*

Desalar. Cuando se refiere a quitar la sal se divide así: *de-sa-lar;* cuando a quitar las alas, así: *des-alar.*

Desarrollar. Cuando tiene el sentido de «deshacer un rollo, descoger lo que está arrollado», la división debe ser etimológica: *des-arrollar;* sin embargo, cuando el sentido nada tiene que ver con esto, sino que se refiere a «explicar una teoría», o a «dar incremento a una cosa del orden físico, intelectual o moral», la división debe hacerse así: *desa-rrollar.* Téngase en cuenta que aquí no vale la teoría académica de que las palabras tanto pueden dividirse etimológica como silábicamente; esto se aplica a voces como *desamparar*, que dividido por *de-* o por *des-* dice, a la postre, lo mismo; en el caso de *desarrollar*, así como en el de algunas otras, el sentido varía obviamente si la división es una u otra.

Desechar. De las siete acepciones que tiene esta voz, en las seis primeras se divide así: *de-se-char;* sin embargo, en la última, «dar el movimiento necesario para abrir en el caso de llaves, cerrojos, etc.», debe dividirse así: *des-echar*, esto es, lo contrario de echar, que nada tiene que ver con los significados de «excluir, reprobar», «menospreciar», «apartar de sí», etc., que esta voz tiene.

Desecho. Se divide *de-se-cho* en todas sus acepciones, pero en los tiempos del verbo *desechar* correspondientes a la séptima acepción de *desechar*, debe dividirse así: *des-echo, des-echas, des-echa*, etc.

Desempeñar. En las acepciones que se refieren a «sacar lo que estaba empeñado», o «libertar a uno de sus empeños y deudas» debe dividirse así: *des-empeñar*, esto es, lo contrario de empeñar; en el sentido de «cumplir las obligaciones», «ejecutar lo ideado para una obra» debe dividirse así: *de-sem-pe-ñar.*

Desentrañar. En la acepción de «sacar las entrañas» debe dividirse así: *des-entrañar;* en las restantes, *de-sen-tra-ñar.*

Península. Al igual que *arzobispo,* es una voz cuya división correcta está discutida; sin embargo, como en aquel caso, la mayor parte de los autores están de acuerdo en que debe dividirse así: *pe-nínsula,* no *pen-ínsula,* pues si basándonos en que ambos elementos son analizables la aceptásemos, habríamos de aceptar una retahíla de voces cuyos elementos son analizables, como *arc-ángel, rect-ángulo, moz-árabe,* y otras muchas, divisiones que nadie hace, sino que se dividen así: *ar-cángel, rec-tángulo, mo-zárabe,* etc.

Rothschild. Se divide así: *Roth-schild.*

Washington. Se divide así: *Wash-ington.*

13. IGUAL. Signo (=) que se usa en fórmulas matemáticas para indicar la igualdad de dos elementos o cantidades, y en composición para denotar que en el original se pasa a otro párrafo.

14. INTERROGACIÓN Y ADMIRACIÓN. Signos (¿ - ?, ¡ - !) que se usan en la escritura para indicar duda o pregunta, o para dar énfasis a lo escrito.

1.º *Reglas para el uso de la interrogación y la admiración.* En español, estos signos abren y cierran, a diferencia de los restantes idiomas, en que sólo cierran; es, pues, imperdonable falta ortográfica no abrir los períodos u oraciones con su signo correspondiente, pues en nuestra lengua son imprescindibles, y sin ellos es incompleta y truncada la expresión admirativa o interrogativa. Es también incorrecto abrirlos con el punto hacia abajo y cerrarlos con él hacia arriba, cuando lo correcto es precisamente al revés.

a) Los signos de interrogación se usan en expresiones interrogativas, esto es, que incluyen pregunta: *¿estás contento?,* y los de admiración para expresiones exclamativas: *¡qué contento estás!*

b) Estas expresiones, tanto una como otra, han de empezar precisamente donde empiece el verdadero período admirativo o interrogativo: *Pero ¿no decías que vendría hoy?; y entonces, ¡zas!, salí corriendo.*

c) Cuando estas exclamaciones son varias y seguidas, se escriben con minúscula y seguidas de coma: *¡qué estupidez!, ¡cuánta locura!, ¡qué desvergüenza!*

d) Estos signos admiten tras sí todos los signos ortográficos, excepto el punto final (puesto que tanto el punto de la admiración como el de la interrogación ofician de punto final en ausencia de cualquier otro signo ortográfico: comillas, puntos suspensivos, paréntesis. Admiración e interrogación podrán ir antes o después según lo exija la oración: *«¡Vamos!», dije; ¡Estoy harto de «churumbeles»!; Pero ¿no decías que...? ¿Dices que ha venido?...;* etc.

e) Una frase interrogativa o admirativa no puede llevar dos oraciones separadas por punto: *¡No. No voy! ¿Ves. Te has convencido?* En estos casos hay, respectivamente, dos exclamaciones y dos admiraciones, y la forma correcta de escribirlas es: *¡No! ¡No voy! ¿Ves? ¿Te has convencido?*

f) Debe evitarse empezar o terminar una oración o período con dos de estos signos: *¡No iré, ¿lo oyes?!* La forma correcta sería: *¡No iré!, ¿lo oyes?,* o bien: *¡No iré! ¿Lo oyes?* Sin embargo, será correcto, en algunos casos, comenzar con un signo y terminar con otro distinto: *¿Adónde vamos a parar, Dios mío!*

g) Una pregunta puede preceder a otra, y entonces la segunda es la que lleva los signos: *Qué tren tomas, ¿el de las ocho?*

h) Estos signos suelen a veces intercalarse, entre paréntesis, en una oración para indicar incredulidad, ironía, asombro, duda, sorpresa: *Nos presentó su libro (!) para que lo revisásemos (?);* en estos casos se usan siempre los signos de cierre, esto es, con el punto hacia abajo.

15. LLAVE. Signo ($\{\}$) que se usa en las fórmulas matemáticas y para encerrar porciones de texto en cuadros sinópticos. Aunque la Academia da el nombre de «llave o corchete» a estos signos ([], $\{\}$), en la práctica es necesario y conveniente distinguirlos, no sólo porque su diseño es distinto, sino porque lo es también su función, pues las llaves no suelen usarse, por regla general, para los cometidos propios del corchete, y viceversa (*v.* CORCHETES).

16. MANECILLA. Signo (☞) que en impresos y manuscritos sirve para llamar la atención sobre algo. Actualmente es muy poco usado. Suelen sustituirse por otros, como flechas (→), triángulos (△), etc.

17. Paréntesis. Signo [( )] que se usa para encerrar voces, letras, palabras, frases o períodos que se apartan de lo que se está diciendo o sirven para aclarar algo al margen de ello.

1.º *Uso del paréntesis:*

a) Sirve para encerrar oraciones aclaratorias o incisos: *La ciudad de Nueva York (fundada por holandeses) se llamó en otro tiempo Nueva Amsterdam.*

b) Con igual función encierra palabras de sentido secundario o aclaratorio: *En Carmona (Sevilla) hay una típica giraldilla.*

c) Cuando dentro de una oración o período va otra o una palabra entre paréntesis, éstas se escriben con corchetes.

d) Cuando una oración o período entre paréntesis comienza párrafo o va después de punto, el punto final que le corresponda se pone dentro del paréntesis de cierre, pero si no es así, los signos de puntuación correspondientes a la oración anterior a la apertura de paréntesis habrán de colocarse detrás del paréntesis de cierre; ejemplos: *(Las golondrinas suelen presentarse al comienzo del verano.); Una de las mujeres (Gloria creo que era), deshecha en llanto por el dolor, se arrojó...* Sin embargo, es importante advertir que antes de abrir un paréntesis sólo se admiten el punto y los puntos suspensivos, así como admiración e interrogación en algunos casos; los restantes (coma, punto y coma, dos puntos, etc.), habrán de ir detrás del paréntesis de cierre, como antes se ha dicho.

e) Cuando a la cita o frase de un autor sigue el nombre de éste, entre paréntesis, la forma más correcta de escribirlo es cerrar la cita con punto, abrir paréntesis y cerrar éste con punto dentro; ejemplo: *La fe sin obras es una fe muerta. (Santiago.)* Pero no es éste el caso cuando se trata de un texto al que sigue, entre paréntesis, la indicación de una figura, cuadro, lámina, etc., en que el texto suele terminarse sin punto, que se traslada detrás del paréntesis de cierre; por ejemplo: *...fotografía (fig. 26).*

18. Párrafo. Signo (§) con que a veces se señalan en lo impreso las divisiones de un escrito. También se llama *parágrafo.*

19. Punto. Signo (.) también llamado *punto final* o *punto redondo,* que se emplea para cerrar una oración o período con sentido completo.

20. PUNTO Y COMA. Signo (;) que se usa en los siguientes casos:

1.º Para separar los miembros de alguna extensión en una cláusula completa: *Mirar por los intereses de la empresa; salvaguardar los de sus empleados; tratar de elevar la producción; aumentar en lo posible el ritmo de las ventas, y, finalmente, armonizar los intereses sociales con los empresariales.*

2.º Para separar entre sí oraciones elípticas: *París tiene unos seis millones de habitantes; Londres, ocho; Nueva York, doce, y Tokio, trece.* Como se ve, las dos últimas oraciones, al ir enlazadas por la conjunción *y*, sólo requieren coma, pues en estos casos la coma, si precede a *y*, equivale al punto y coma.

3.º Antes de los términos *en efecto, por último, sin embargo, no obstante, por ejemplo, verbigracia* y otros, suele ponerse punto y coma; la expresión *a saber* puede ir precedida de este signo o de solamente coma, y le puede seguir coma o dos puntos, según los casos; la voz *pero* puede ir precedida de punto y coma o coma (e incluso punto), pero sólo irá seguida de coma si le sigue un inciso; en otro caso no suele llevar puntuación alguna.

4.º Para separar oraciones sueltas de sentido cabal: *Marisa es casi de la familia; cuida, pues, de ella.*

21. PUNTOS SUSPENSIVOS. Signo constituido siempre por tres puntos seguidos (...), ni uno más ni uno menos, que tiene variado uso en el texto.

1.º Se usan cuando se omite algo que se sobreentiende o se quiere dejar el pensamiento en suspenso: *Y Antonio dijo que... Bueno, no vale la pena. Y entonces fue cuando...*

2.º Sirven para indicar temor, duda, titubeo, o algo que fácilmente se pueden imaginar quienes escuchan o leen: *Bien..., no sé qué más añadir...*

3.º Suplen a la abreviatura *etc.* en algunos casos: *mejillones, crustáceos...*

4.º Tres puntos suspensivos encerrados entre corchetes sirven para indicar, en un texto transcrito, que el autor que transcribe omite ciertos pasajes del texto original que no interesa reproducir. En este caso pueden ir o no precedidos de punto final, según la situación del texto omitido, y pueden ir seguidos de coma o punto y coma, o sin signos de puntuación. Asimismo, pueden empezar párrafo, ir en el medio del texto o al final del mismo, dependiendo ello del lugar donde el autor que transcribe efectúa la supresión.

5.º Los puntos suspensivos admiten tras sí varios de los signos de puntuación, pero nunca el punto final, y pueden ir antes o después de paréntesis, admiración o interrogación según el caso concreto de que se trate.

22. RAYA. Signo (—) que se usa en los siguientes casos:

1.º En los diálogos, para indicar los parlamentos de cada interlocutor, así como para separar lo hablado por uno de éstos de lo que añade el autor en forma explicativa:

—*No había nadie en casa* —*dijo Juan.*

2.º Para encerrar incisos, en función parecida a la que en este caso tiene el paréntesis: *una de las condiciones previas* —*aceptar la tregua*— *no fue cumplida.*

3.º Para indicar grados bajo cero: —18 ºC, o depresiones bajo el nivel del mar: —25 m, o para indicar años antes de Jesucristo: el año —324.

17

SINÓNIMOS

I. Qué son voces sinónimas

Se dice que dos voces son sinónimas cuando, teniendo distinta grafía, significan lo mismo o parecido; tales voces pueden ser tan distintas como, por ejemplo, *aceite* y *óleo*, o tan parecidas como *desformar* y *deformar;* sin embargo, debe tenerse en cuenta —y esto es muy importante— que siendo sinónimas en una o más acepciones, en uno o más usos, pueden no serlo en otros, por lo que respecta a las del primer grupo mencionado; por ejemplo, no se dice *un cuadro al aceite* (y sí *un cuadro al óleo*) ni *se vende óleo* (y sí *se vende aceite*); esto no sucede con las del segundo grupo, que son las recogidas en este capítulo (las otras no sólo necesitan un volumen por sí solas —varios de los cuales ya se han hecho, pero siempre incompletos y en cierto modo engañosos—, sino un estudio profundo de los verdaderos matices que unas veces hacen que dos palabras sean sinónimas y otras esclarecen su no sinonimia; este estudio, desde luego, hoy por hoy está por hacer).

II. Lista de voces sinónimas

En la lista que sigue, que recoge las principales palabras que la Academia acepta con dos o más grafías, no se incluyen los regionalismos ni los arcaísmos, ni tampoco aquellas voces que, siendo sinónimas en una acepción, no lo son en otras.

Se ha situado en primer lugar la grafía menos utilizada, esto es, que se prefiere en todos los casos la segunda, aunque la Academia considera que ambas son correctas. A este respecto queremos hacer una observación: si bien en muchas casos se usan ambas formas indiferentemente, la verdad es que en otros la primera forma hace tiempo que ya no se usa; tal sucede, por ejemplo, con *hacera* por *acera, harmonía* por *armonía,* etc.; por otra parte, pueden observarse divergencias como las siguientes: de las formas *post* y *pos,* la Academia prefiere, como se ha dicho, la segunda, y sin embargo, en las formas compuestas prefiere la grafía con *t, post,* como puede observarse en las pocas voces sinónimas que admite con esta partícula: *posliminio - postliminio,* etc.; en realidad, en la práctica la forma *post* apenas se usa, sobre todo cuando le sigue una consonante *(postromántico),* «ya que la pronunciación española no articula, o apenas articula, la *t* de *post-*» (Seco, p. 269). Efectivamente, voces como *posdata, posponer, poscomunión,* etcétera, apenas se usan ya con la *t* que les pone la Academia (aunque la Academia no admite *postcomunión,* sino *poscomunión,* de la misma manera que no admite *posdiluviano,* sino *postdiluviano,* con lo cual ya no sabe uno a qué carta quedarse); parece que lo más conveniente en este caso es simplificar las cosas y usar sólo *pos-.*

Otro tanto, pero quizá con más complicación, sucede con las partículas *trans-* y *tras-;* unas veces la Academia prefiere las formas con *tras-,* como en *transcendental - trascendental,* y otras lo prefiere al revés, como en *trasferible - transferible;* no es fácil aquí dar una norma absoluta, puesto que la costumbre acentúa en unas palabras el uso de la *n,* como en *transporte,* y en otras lo elimina casi por completo, como en *trasatlántico;* quizá esto abona las dudas académicas, pero ahí queda la irregularidad como muestra de que el uso (más que las normas) es el que marca las tendencias de la lengua. Hay, no obstante, algunas palabras que no admiten la *n,* como *trasplante, trasladar, traslado, trastornar, trastorno, trascolar, trascordarse,* etcétera, lo cual debe tenerse en cuenta.

En cuanto al grupo *-bs-,* la Academia prefiere utilizar el grupo, sin suprimir la *b,* aunque lo permite, como puede verse en *oscuro - obscuro, sustraer - substraer;* el uso, sin embargo, suprime en todos los casos la *b,* tanto en lo hablado como en lo escrito. Sin embargo, hay voces, como *obstetricia, substrato* y otras, que no admiten en ningún caso la supresión de la *b.*

De los grupos *mn-* y *ps-* puede suprimirse, respectivamente, la *m* y la *p*, pero en la práctica siguen usándose de forma casi general, si no en la conversación, sí en la escritura.

En el aspecto práctico, es recomendable que el lector, cuando busque una palabra porque crea que tiene más de una forma, no se conforme con la que se halla en segundo lugar, que, ciertamente, de las dos es la preferida; puede haber otra que se prefiera aun a ésta, y por ello no será ocioso seguir investigando hasta agotar las posibilidades; por ejemplo, sea la palabra *trásfugo*, que nos envía a *tránsfugo*, y ésta a *tránsfuga*, que es la que la Academia prefiere sobre todas las de la misma o parecida grafía

En cuanto a las voces que pueden usarse con dos acentos en la misma palabra, véase ACENTO.

a dentro – adentro
¡a Dios! – ¡adiós!
a látere – alátere
a matacaballo – a mata caballo
a muerdisorbe – a muerde y sorbe
a penas – apenas
a posta – aposta
a priesa – a prisa
a prisa – aprisa
a quema ropa – a quemarropa
a raja tabla – a rajatabla
a regaña dientes – a regañadientes
a tocateja – a toca teja
a trochemoche – a troche y moche
a vuela pluma – a vuelapluma
abajar – bajar
abalaustrado – balaustrado
abandería – bandería
abarbechar – barbechar
abarrer – barrer
abarrisco – a barrisco
abeldar – beldar
abesana – besana
abestionar – abastionar
abetar – abetal
abete – abeto
abetunar – embetunar
abieldar – beldar

abiete – abeto
abiogenesia – abiogénesis
abisal – abismal
abiselar – biselar
abolaga – aulaga
abotargarse – abotagarse
abotonadura – botonadura
abravecer – embravecer
abreviaturía – abreviaduría
ábrigo – ábrego
ábsida – ábside
absolutividad – absolutidad
abulaga – aulaga
abulagar – aulagar
abuñuelado – abuñolado
abuñuelar – abuñolar
¡abur! – ¡agur!
aburelado – burielado
aburujar – aborujar
acacharse – agacharse
acairelar – cairelar
acampamento – campamento
acanallar – encanallar
acañonear – cañonear
acautelarse – cautelarse
acarambanado – carambanado
acebadamiento – encebadamiento
acebadar – encebadar
acebal – acebeda
acebedo – acebeda

357

acebrado – cebrado
acechadero – acechadera
acenoria – zanahoria
acensar – acensuar
ácere – arce
acería – acerería
acertajo – acertijo
ácimo – ázimo
aciprés – ciprés
acombar – combar
acompasar – compasar
acomplexionado – c o m p l e x i o-
nado
aconchabarse – conchabarse
acornar – acornear
acorrucarse – acurrucarse
acorvar – encorvar
acristalar – encristalar
acroe – acroy
acromio – acromion
acroteria – acrotera
acusique – acusica
achampanado – achampañado
acharolar – charolar
achote – achiote
adala – dala
adanismo – adamismo
adestramiento – adiestramiento
adestrar – adiestrar
adoctrinar – doctrinar
adolorido – dolorido
adomiciliar – domiciliar
adonio – adónico
adormilarse – adormitarse
adquiriente – adquirente
adquisidor – adquiridor
adstricción – astricción
adstringente – astringente
adstringir – astringir
adufre – adufe
adulero – dulero
advenidero – venidero
afervorar – afervorizar
afervorizar – enfervorizar
afielar – enfielar
afilorar – afirolar
afine – afín

áfono – afónico
afumada – ahumada
agalladura – galladura
agamuzado – gamuzado
agangrenarse – gangrenarse
agílibus – agibílibus
agilizar – agilitar
agrecillo – agracillo
agrillarse – grillarse
aguamar – aguamala
aguanieve – agua nieve
aguanieves – aguzanieves
aguaviento – agua viento
aguaraibá – aguaribay
aguazoso – aguanoso
aguazul – algazul
aguazur – aguazul
agüelo – abuelo
aguilando – aguinaldo
agujerar – agujerear
aguoso – acuoso
ahelgado – helgado
ahuehué – ahuehuete
ahurrugado – aurragado
aijada – aguijada
¡ajajá! – ¡ajá!
¡ajajay! – ¡jajay!
ajebe – jebe
ajenabe – jenabe
ajenabo – jenabe
ajengibre – jengibre
ajilimoje – ajilimójili
ajoaceite – ajiaceite
ajofaina – aljofaina
ajorro – a jorro
al rededor – alrededor
¡alá! – ¡hala!
alabastrites – alabastrita
alaciarse – enlaciarse
alacha – haleche
alache – alacha
aladierno – aladierna
alambrilla – olambrilla
alaqueque – alaqueca
alavanco – lavanco
alazano – alazán
albaca – albahaca

albañar – albañal
albarca – abarca
albarcoque – albaricoque
albardar – enalbardar
albellón – albollón
albercoque – albaricoque
albercoquero – albaricoquero
albérchiga – albérchigo
alberque – alberca
alborno – alburno
albricia – albricias
albricicia – albricia
alcacel – alcacer
alcací – alcacil
alcacil – alcaucil
alcachofar – alcachofal
alcaparrosa – caparrosa
alcarcil – alcaucil
alcarchofa – alcachofa
alcatara – alquitara
alcaucí – alcaucil
alcedo – arcedo
alcorano – alcoránico
alcribite – alcrebite
aldúcar – adúcar
alea – aleya
alebrastarse – alebrestarse
alebrestarse – alebrarse
aleche – haleche
aleganarse – alegamarse
alegradura – legradura
alejur – alajú
alelí – alhelí
alemana – alemanda
alemanesco – alemanisco
aleonado – leonado
alesna – lesna
aleto – halieto
aleudar – leudar
alfajía – alfarjía
alfalfal – alfarfar
alfalfe – alfalfa
alfeiza – alféizar
alfolinero – alfoliero
alfónsigo – alfóncigo
alforjón – alforfón
algadara – algarrada

algarrobero – algarrobera
algébrico – algebraico
alhacena – alacena
alhajú – alajú
alholí – alfolí
aliaga – aulaga
aliagar – aulagar
alicer – alizar
aligar – ligar
alisal – alisar
alitierno – aladierna
alivianar – aliviar
aljarafe – ajarafe
aljarfe – aljarfa
aljébena – aljébana
aljecireño – algecireño
aljonje – ajonje
aljonjera – ajonjera
aljonjolí – ajonjolí (planta)
alkermes – alquermes
almaceno – amaceno
almádana – almádena
almadearse – almadiarse
almádina – almádena
almagra – almagre (óxido)
almaizal – almaizar
almajal – almajar
almajar – almarjal (terreno)
almajo – almarjo
almario – armario
almarjal – marjal (terreno pan-
    tanoso)
almarraza – almarraja
almártega – almártaga (litargi-
    rio)
almártiga – almártaga (cabezada)
almaste – almástec
almástec – almástiga
almástiga – almáciga
almejí – almejía
almezo – almez
almorraja – almarraja
almotazán – almotacén
almotazanía – almotacenía
almozárabe – mozárabe
almudín – almudí
almuérdago – muérdago

359

almugávar - almogávar
alóbrogo - alóbroge
alpargate - alpargata
alpistela - alpistera
alquicer - alquicel
altamisa - artemisa
altiricón - altaricón
altiveza - altivez
altorrelieve - alto relieve
alustrar - lustrar (dar lustre)
alverja - arveja (algarroba)
alverjana - arvejana
alverjón - arvejón
alludel - aludel
amalequita - amalecita
amanear - manear
amaniatar - maniatar
amarinar - marinar
ambiciar - ambicionar
ambidiestro - ambidextro
amedrantar - amedrentar
amenorar - aminorar
ametista - amatista
amiba - ameba
amibo - ameba
aminoración - minoración
aminorar - minorar
amitigar - mitigar
amoblar - amueblar
amohecer - enmohecer
amontazgar - montazgar
amusco - musco (pardo)
anabí - nabí
anafalla - anafaya
anafilaxis - anafilaxia
anafre - anafe
anamnesia - anamnesis
ananá - ananás
anastomizarse - anastomosarse
ancorque - ancorca
anchor - anchura
anchova - anchoa
andamiaje - andamiada
andóbal - andoba

andolina - andorina
anejar - anexar
anémona - anemone
anemona - anemone
anexionar - anexar
anfesibena - anfisibena
anfisibena - anfisbena
anihilación - aniquilación
anihilamiento - aniquilamiento
anihilar - aniquilar
anivelar - nivelar (poner a igual altura)
anón - anona (arbolito)
anoria - noria
anteantenoche - anteanteanoche
anteantier - anteanteayer
antecristo - anticristo (1)
antenado - entenado
anticonceptivo - anticoncepcional
antilogio - antilogía
antojera - anteojera (de las caballerías)
antorchar - entorchar
anublo - añublo
añublar - anublar
aojar - ojear (espantar)
apachurar - despachurrar
apalpar - palpar
apartamiento - apartamento
apartijo - apartadijo
apasote - pasote
apedrea - apedreo
apena - apenas o a penas
apensionar - pensionar
aperdigar - perdigar
aperlado - perlado
aplanchar - planchar
apócima - pócima
apócopa - apócope
aposar - posar
aposesionar - posesionar
apoteótico - apoteósico
aprensadura - prensadura

(1) La palabra *antecristo* ("antes de Cristo", según su formación) ha sido muy discutida, ya que no significa lo mismo que *anticristo* ("opuesto, contrario a Cristo"); la Academia, sin embargo, la mantiene en su Diccionario.

apriesa – a priesa
aquilonar – aquilonal
arábico – arábigo
arbolecer – arborecer
arboledo – arbolado
arcacil – alcacil
arestil – arestín
argaña – argaya
argentero – argentario
argilla – arcilla
argo – argón
árgueñas – árguenas
arimaspe – arimaspo
arlota – alrota
armajal – almarjal (marjal)
armajo – almarjo (planta)
arrasadura – rasadura
arrayaz – arráez
arraz – arráez
arrebañar – rebañar
arrebozo – rebozo
arredomado – redomado
arremangar – remangar
arremango – remango
arrempujar – rempujar
arrepanchigarse – repantigarse
arretranca – retranca
arrevesado – revesado (intrincado)
arriada – riada
arrial – arriaz
arriata – arriate
arricesa – arricés
arrigirse – arreciarse
arriostrar – riostrar
arritranca – retranca
arrodear – rodear
arrodeo – rodeo
arrodrigar – arrodrigonar
arrumueco – arrumaco
arsolla – arzolla
artado – arctado
artanica – artanita
arterioesclerosis – arterioscleros-
sis
arteriosclerósico – arterioscleró-
tico

artos – arto
aruñar – arañar
aruñazo – arañazo
aruño – araño
arvejana – arveja
arvejar – arvejal
asafétida – asa fétida
asentada – sentada
aserenar – serenar
aserrar – serrar
aserrería – serrería
aserrín – serrín
asfíxico – asfíctico
asimismo – así mismo
asina – así
asolvamiento – azolvamiento
asosegar – sosegar
aspearse – despearse
asperger – asperjar
áspide – áspid
astriñir – astringir
asturión – esturión
asutilar – sutilizar
atahona – tahona
atahonero – tahonero
atahúlla – tahúlla
atajea – atarjea
atajía – atarjea
atalantar – atarantar
ataluzar – ataludar
ataracea – taracea
ataracear – taracear
atardecer – tardecer
atarrajar – aterrajar
ateroesclerosis – aterosclerosis
atingente – atinente
atochar – atochal
atornasolado – tornasolado
atornillador – destornillador
atraicionar – traicionar
atranque – atranco
atravesaño – travesaño
atribulación – tribulación
atumultuar – tumultuar
aturullar – aturrullar
¡aúpa! – ¡upa!
aurígero – aurífero

aurúspice – arúspice
autentificar – autenticar
avaluación – valuación
avaluar – valuar
avanguarda – avanguardia
avanguardia – vanguardia
avantal – devantal
avatí – abatí
avefría – ave fría
avellanal – avellanar
avellaneda – avellanar
avellanedo – avellaneda
avenenar – envenenar
avetarda – avutarda
aviar – aviario
aviejar – avejentar
avigorar – vigorar
avilanteza – avilantez
avucasta – avutarda
axial – axil
ayunque – yunque
azaramiento – azoramiento
azarandar – zarandear
azimut – acimut
azimutal – acimutal
azofaifa – azufaifa
azofaifo – azufaifo
azuda – azud
azufeifa – azufaifa
azufeifo – azufaifo

bacallao – bacalao
bácaris – bácara
bacarrá – bacará
bada – abada
bajorrelieve – bajo relieve
balaj – balaje
balastro – balasto
balbucear – balbucir
baldaquino – baldaquín
baldonear – baldonar
baldosar – embaldosar
balitear – balitar
balizamiento – abalizamiento
bailizar – abalizar
balsadero – balsadera
balsar – barzal

bambonear – bambolear
bamboneo – bamboleo
bambuc – bambú
baqueano – baquiano
baraúnda – barahúnda
barbacuá – barbacoa
barceno – barcino
barcoluengo – barcolongo
bardaja – bardaje
barranca – barranco
barreña – barreño
basileense – basiliense
basilense – basiliense
bastardar – bastardear
bastionar – abastionar
batanar – abatanar
bataola – batahola
batiborrillo – baturrillo
batiburrillo – baturrillo
batimento – esbatimento
batucar – bazucar
batuquear – bazuquear
bautisterio – baptisterio
bazuquear – bazucar
becado – becario
bechamel – besamel
bejerano – bejarano
bérberos – bérbero
berceo – barceo
berebere – beréber o bereber
bergadano – bergadán
bergamote – bergamoto
besamel – besamela
besucar – besuquear
besuqueador – besucador
betarrata – betarraga
betlehemita – betlemita
betlehemítico – betlemítico
betuminoso – bituminoso
bezaar – bezoar
bezoárdico – bezoárico
bieldar – beldar
bielgo – bieldo
bigarrado – abigarrado
bigarro – bígaro
biliario – biliar
bilma – bizma

billetera – billetero
bimbre – mimbre
bípede – bípedo
bisbisear – bisbisar
biscocho – bizcocho
bitar – abitar
biznieto – bisnieto
blanquimento – blanquimiento
blanquizar – blanquizal
blastoderma – blastodermo
bofetán – bófeta
bofo – fofo
bohardilla – buhardilla
boicot – boicoteo
bolchevismo – bolcheviquismo
bolladura – abolladura
bondoso – bondadoso
borbollear – borbollar
borbotear – borbotar
boria – boira
borondanga – morondanga
borraj – bórax
borujón – burujón
bracmán – brahmán
brasilero – brasileño
bretónica – betónica
briega – brega
bróculi – brécol
brocheta – broqueta
brodio – bodrio
brótano – abrótano
brozador – bruzador
brozar – bruzar
brujidor – grujidor
brujir – grujir
brutesco – grutesco
buaro – buharro
buena ventura – buenaventura
buenandanza – bienandanza
bueyuno – boyuno
buhío – bohío
bujedal – bojedal
buniato – boniato
burchaca – burjaca
burrajear – borrajear
busarda – buzarda

caaminí – caá-miní
cabestrante – cabrestante
cabrahigal – cabrahigar
cabriolear – cabriolar
cacahuate – cacahuete
cacahué – cacahuete
cabahuey – cacahuete
cactus – cacto
cachamarín – cachemarín
cachanlagua – canchalagua
cachavo – cachava (cayado)
cachemarín – quechemarín
cachemir – casimir
cachopín – cachupín
cachimbo – cachumbo
cagaluta – cagarruta
caganido – caganidos
cagatintas – cagatinta
cajiga – quejigo
cajigal – quejigal
cajigo – quejigo
calabrotar – acalabrotar
calafetar – calafatear
calamillera – caramilleras
calamita – calamite (sapo)
caleidoscopio – calidoscopio
calimaco – calamaco (tela)
calmudo – calmoso
calofrío – escalofrío
calografía – caligrafía
calomel – calomelanos
calorosamente – calurosamente
caloroso – caluroso
calosfrío – calofrío
calotipia – calitipia
camandulense – camaldulense
cámaro – camarón (crustáceo)
cambalachar – cambalachear
cambrayado – acambrayado
cámbrico – cambriano
camedris – camedrio
caminí – caaminí
camorrero – camorrista
camposanto – campo santo
canchelagua – canchalagua
canelado – acanelado
cangrena – gangrena

363

cangrenarse – gangrenarse
cantinela – cantilena
cantonar – acantonar
canturrear – canturriar
cañafístola – cañafístula
cañahierla – cañaherla
cañareja – cañaheja
cañerla – cañaherla
cañirla – cañerla
cañizal – cañizar
caobo – caoba (árbol)
capelina – capellina (vendaje)
cappa – kappa
caprípede – caprípedo
carache – caracha
caradura – cara dura
caramanchón – camaranchón
carbalí – carabalí
carbunclo – carbúnculo (rubí)
carbunclo – carbunco (enfermedad)
carcañal – calcañar
carcaño – calcaño
carcax – carcaj (aljaba)
carcaza – carcaj (aljaba)
caricaturar – caricaturizar
carocha – carrocha
carochar – carrochar
carrique – carric
cártama – cártamo
carvajal – carvallar
carvajo – carvallo
casimira – casimir
casquiñón – carquiñol
castañal – castañar
castrapuercos – castrapuercas
casucho – casucha
catalicón – catolicón
catarrino – catirrino
caulícolo – caulículo
cavial – caviar
cazoletero – cazolero
cea – cía (hueso)
ceática – ciática (neuralgia)
cebratana – cerbatana
cecinar – acecinar
ceda – zeda (letra)

cegatoso – cegajoso
cejunto – cejijunto
celandés – zelandés
celebro – cerebro
celedón – celadón
celfo – cefo
celtohispano – celtohispánico
cencerra – cencerro
cenojil – henojil
centaurea – centaura
centola – centolla
cepilladura – acepilladura
cepillar – acepillar
ceptí – ceutí
cequia – acequia
cerastas – cerasta
ceraste – cerasta
cerastes – ceraste
cernir – cerner
ceroto – cerato
ceruma – cerruma
céspede – césped
ceta – zeta
cetárea – cetaria
cibelina – cebellina
cicatrizal – cicatricial
cicercha – cicércula
cicloideo – cicloidal
ciclópico – ciclópeo
cicoria – achicoria
cidria – cedria
ciénega – ciénaga
ciénego – ciénago
cientopiés – ciempiés
ciguatarse – aciguatarse
cigüeñal – cigoñal
cigüeñato – cigoñino
cimbanillo – cimbalillo
cimboga – acimboga
cimborio – cimborrio
cimbrear – cimbrar
cimenterio – cementerio
cineración – incineración
cinesiterapia – kinesiterapia
cipriota – chipriota
cirate – acirate
cirineo – cireneo (cirenaico)

cistel – cister
cizallas – cizalla
cizañear – cizañar
clanga – planga
clarar – aclarar
claustra – claustro (galería)
clavecímbano – clavicémbalo
clavicímbano – clavicémbalo
clin – crin
clisé – cliché
clistel – clister
cloc – clo
coadyutor – coadjutor
coatí – cuati
cocote – cogote
cofto – copto
cogombrillo – cohombrillo
cogombro – cohombro
cohollo – cogollo
coimbricense – conimbricense
cok – coque
colambre – corambre
coliza – colisa
coluna – columna
comilitón – conmilitón
comisar – decomisar
comisquear – comiscar
comistión – conmistión
comoquiera – como quiera
compartimento – compartimiento
compatrón – compatrono
compendizar – compendiar
complexidad – complejidad
complexo – complejo
comprehensivo – comprensivo
concatenar – concadenar
concordata – concordato
conejal – conejar
conferencista – conferenciante
confrade – cofrade
confucionismo – confucianismo
congolés – congoleño
conjuntamente – juntamente
conmensal – comensal
conmensalía – comensalía
conmixtión – conmistión

conmixto – conmisto
conservadorismo – conservadurismo
conspirado – conspirador
consustancial – consubstancial
consustancialidad – consubstancialidad
contagión – contagio
contendor – contendedor
contradurmente – contradurmiente
contralmirante – contraalmirante
contre – contri
conventico – conventillo
conventícula – conventículo
converger – convergir
copilador – compilador
coqueto – coquetón
coránico – alcoránico
corchapín – escorchapín
cordelar – acordelar
corderuna – corderina
cordula – cordilo
corneador – acorneador
cornear – acornear
cornelina – cornalina
cornijamento – cornisamento
cornijamiento – cornijamento
cornil – cornal
cornisamiento – cornisamento
cornisón – cornijón
corrusco – cuscurro
coscojar – coscojal
coscojita – coxcojita
cosedura – costura
cosqui – cosque
cosquillar – cosquillear
costillaje – costillar
cotar – acotar
cotera – cotero
coterráneo – conterráneo
coti – cutí
cotral – cutral
covanilla – covanillo
coxis – cóccix
coyuntero – acoyuntero

craneano – craneal
craniano – craneal
crezneja – crizneja
crisantema – crisantemo
crisneja – crizneja
crisolar – acrisolar
crisopacio – crisoprasa
crispadura – crispatura
cristel – clister
crocitar – crascitar
crocodilo – cocodrilo
croscitar – crascitar
cuadriplicar – cuadruplicar
cuadrisílabo – cuatrisílabo
cuadropea – cuatropea
cuádruplo – cuádruple
cuakerismo – cuaquerismo
cuákero – cuáquero
cuasi – casi
cuatrienal – cuadrienal
cuatrienio – cuadrienio
cubijar – cobijar
cucuy – cucuyo
cucuyo – cocuyo
cuchitril – cochitril
cuchuchear – cuchichear
cuerdezuela – cordezuela
cuerezuelo – corezuelo
cuérnago – cuérrago
cugujada – cogujada
cugulla – cogulla
culantro – cilantro
culcusido – corcusido
cumulativo – acumulativo
cunar – cunear
cuotidiano – cotidiano
curazao – curasao
cursería – cursilería
curuca – curuya
cuzcuz – alcuzcuz

chaflanar – achaflanar
chalet – chalé
chapurrear – chapurrar (un idioma)
charneta – charnela
chavola – chabola

checoeslovaco – checoslovaco
cheira – chaira
chicoria – achicoria
chilanco – cilanco
chipén – chipé
chipriote – chipriota
chirreador – chirriador
chirrear – chirriar
chirumbela – churumbela
chisma – chisme (noticia)
chismar – chismear
chist – chis (chitón)
chitar – chistar
chitón – quitón
chivitero – chivetero
chocolatín – chocolatina
chochera – chochez
chofe – bofe
chola – cholla
chopal – chopera
chordón – churdón
chospar – chozpar
chufeta – chofeta (braserillo)
chuna – chuña
churrascar – churruscar
chusbarba – jusbarba

damaceno – damasceno
davalar – devalar
de fuera – defuera
de priesa – de prisa
de prisa – deprisa
de sobre mesa – de sobremesa
decalcificación – descalcificación
decalcificar – descalcificar
decennovenario – decennovenal
decimacuarta – decimocuarta
decimanona – decimonona
decimaoctava – decimoctava
decimaquinta – decimoquinta
decimaséptima – decimoséptima
decimasexta – decimosexta
decimatercera – decimotercera
decimatercia – decimotercia
decimonono – decimonoveno
decimotercero – decimotercio
deciocheno – dieciocheno

declivio – declive
decolorar – descolorar
decuplar – decuplicar
defalcar – desfalcar
dehesar – adehesar
delineamento – delineamiento
deputar – diputar
derecera – derechera
derraspado – desraspado
derreniego – reniego
desalbardar – desenalbardar
desamoblar – desamueblar
desañudadura – desanudadura
desañudar – desanudar
desapiadado – despiadado
desarrapado – desharrapado
desatornillar – destornillar
desbarahustar – desbarajustar
desbarahúste – desbarajuste
desbroce – desbrozo
descabestrar – desencabestrar
descacharrar – escacharrar
descaer – decaer
descaimiento – decaimiento
descampar – escampar
descantillón – escatillón (2)
descolorir – descolorar
desconforme – disconforme
desconformidad – disconformi-
    dad
descontinuar – discontinuar
descontinuo – discontinuo
descotar – escotar
descote – escote
descrecer – decrecer
descuaje – descuajo
desempavonar – despavonar
desengomar – desgomar
desengoznar – desgoznar
desenlabonar – deseslabonar
desenrizar – desrizar
desescombrar – escombrar
deseslabonar – deslabonar
desfatigante – defatigante
desfilachar – deshilachar

desflocar – desflecar
desformar – deformar
desfrenar – desenfrenar
desgano – desgana
desgañifarse – desgañitarse
desladrillar – desenladrillar
deslavazar – deslavar
desmocha – desmoche
desosegar – desasosegar
desosiego – desasosiego
despeluznar – despeluzar
despesco – despesca
despinces – despinzas
despueblo – despueble
despumar – espumar
destructible – destruible
desubstanciar – desustanciar
desyerbar – desherbar
dezmar – diezmar
dicente – diciente
didactismo – didacticismo
dieciocho – diez y ocho
dieciséis – diez y seis
diecisiete – diez y siete
dietar – adietar
difumar – esfumar
difuminar – esfuminar
difumino – esfumino
digerible – digestible
dihueñe – dihueñi
dij – dije
dimidiar – demediar
diócesi – diócesis
dirham – dirhem
disecación – disección
disfamar – difamar
disfamatorio – difamatorio
disfamia – difamia
disformar – deformar
disformidad – deformidad
disfumar – esfumar
disfumino – esfumino
dismembración – desmembra-
    ción
displacer – desplacer

disuasorio – disuasivo
do quiera – doquiera
dolomita – dolomía
don diego – dondiego
don juan – donjuán (flor; tenorio)
don pedro – dompedro
donde quiera – dondequiera
dormivela – duermevela
dríada – dríade
duelaje – dolaje
duramáter – duramadre
duunvir – duunviro

ebulición – ebullición
eccema – eczema
efesino – efesio
eglógico – eclógico
ejemplarizar – ejemplificar (dar
ejemplo)
elisio – elíseo
embardar – bardar
embarnizar – barnizar
embermejar – embermejecer
embrolla – embrollo
embroquelarse – abroquelarse
empapuciar – empapujar
empapujar – empapuzar
empavonar – pavonar
emperdigar – perdigar
emplástrico – emplástico
empolvorar – empolvar
empolvorizar – empolvar
empringar – pringar
en frente – enfrente
en hora buena – enhorabuena
en hora mala – enhoramala
en seguida – enseguida
enamoriscarse – enamoricarse
encabrahigar – cabrahigar
encabullar – encabuyar
encanalizar – encanalar
encancerarse – cancerarse
encantamento – encantamiento
encapazar – encapachar
encatusar – engatusar
encendrar – acendrar

encentrar – centrar
encetadura – encentadura
encinal – encinar
encino – encina
encizañador – cizañador
encizañar – cizañar
encluecar – enclocar
encobijar – cobijar
enconfitar – confitar
enconrear – conrear
encuevar – encovar
enderechar – enderezar
enea – anea
enerizar – erizar
enfroscarse – enfrascarse
enfurción – infurción
engalladura – galladura
engarrar – agarrar
engavillar – agavillar
engazador – engarzador
engrandar – agrandar
engreñado – desgreñado
engüerar – enhuerar
enhuecar – ahuecar
enjaguadura – enjuagadura
enjaguar – enjuagar
enjullo – enjulio
enlistonar – listonar
enlodazar – enlodar
enracimarse – arracimarse
enrevesado – revesado
enriostrar – riostrar
enrizar – rizar
enrodrigar – rodrigar
enrona – enruna
enronar – enrunar
enruga – arruga
ensilaje – ensilado
ensugar – enjugar
ensullo – enjullo
entiesar – atiesar
entiznar – tiznar
entrecolunio – intercolumnio
entremesar – entremesear
entretanto – entre tanto
entrometer – entremeter
entrometido – entremetido

envestidura – investidura
epiceyo – epicedio
epidiáscopo – epidiascopio
epoda – epodo
ergástula – ergástulo
erío – erial
ermitorio – eremitorio
eruginoso – ruginoso
erutación – eructación
erutar – eructar
eruto – eructo
ervato – servato
escafandro – escafandra
escalabrar – descalabrar
escamotar – escamotear
escamudo – escamoso
escarmenador – carmenador
escartivana – cartivana
escofia – cofia
escolán – escolano
escoriación – excoriación
escorpena – escorpina
escusalí – excusalí
esferal – esférico
esgonzar – desgonzar
esmirriado – desmirriado
esmuir – esmuñir
espabiladeras – despabiladeras
espabilar – despabilar
espachurrar – despachurrar
espalmador – despalmador
espalmar – despalmar
españolar – españolizar
espatarrada – despatarrada
espatarrarse – despatarrarse
especería – especiería
espeluzar – despeluzar
esperiego – asperiego
espibio – espibia
espirituoso – espiritoso
espoliación – expoliación
espoliador – expoliador
espoliar – expoliar
espolio – expolio
espóndil – espóndilo
esquinante – esquinanto
estajero – destajero

estajista – destajista
estandardización – estandarización
estandardizar – estandarizar
estibia – espibia
estierco – estiércol
estoniano – estonio
ético – hético (tísico)
etiquez – hetiquez
euskera – eusquera
eutropelia – eutrapelia
exarco – exarca
excerta – excerpta
excrescencia – excrecencia
excusabaraja – escusabaraja
expectable – espectable
extrañez – extrañeza

fablistán – hablistán
facsímil – facsímile
faldamento – faldamenta
faldriquera – faltriquera
faleucio – faleuco
fandulario – faldulario
faquí – alfaquí
farfalá – faralá
farillón – farallón
fariseísmo – farisaísmo
fastoso – fastuoso
fatimita – fatimí
faustoso – fastuoso
ferra – farra
festonar – festonear
feúco – feúcho
fidecomiso – fideicomiso
figueral – higueral
filomena – filomela
fisionomía – fisonomía
fitonisa – pitonisa
flegmonoso – flemonoso
floristería – florería
fluorina – fluorita
folclor – folklore
folclore – folklore
folclórico – folklórico
folclorista – folklorista
forúnculo – furúnculo

369

fragrante – fragante
franchote – franchute
fraque – frac
freire – freile
frezada – frazada
fríjol – fréjol
funguicida – fungicida
furriela – furriera

gabasa – bagasa
gabazo – bagazo
gachupín – cachupín
galactites – galactita
galatites – galactita
galdido – gandido
galerno – galerna
galináceo – gallináceo
galopa – galop
galopear – galopar
galopeo – galope
gallofar – gallofear
gambaj – gambax
gambox – gambuj
gambuj – cambuj
gambujo – cambuj
gambux – cambuj
garamante – garamanta
garbín – garvín
garfiada – garfada
garifo – jarifo
garlocha – garrocha
garrapiña – garapiña
garrapiñar – garrafiñar
garrapiñar – garapiñar
garrear – garrar
gasoleno – gasolina
gatuna – gatuña
gaznar – graznar
gazofia – bazofia
genízaro – jenízaro
genulí – genolí
geometral – geométrico
geopónica – geoponía
gerbo – jerbo
gindama – jindama
gineta – jineta (mamífero)
girifalta – gerifalte

girocho – jirocho
giróscopo – giroscopio
gladiator – gladiador
glandígero – glandífero
gloriapatri – gloria patri
golosinar – golosinear
golosmear – gulusmear
gollizno – gollizo
gomel – gomer
gonfalonero – confalonero
gonfalonier – confalonier
gonfaloniero – confaloniero
grampa – grapa
granda – gandara
gregüescos – greguescos
greguizar – grecizar
griterío – gritería
guacamol – guacamole
guadamací – guadamacil
guadamacil – guadamecí
guadamecil – guadamecí
guájar – guájara
guarnés – guadarnés
guisopillo – hisopillo
gurupa – grupa
gurupera – grupera

¡ha! – ¡ah!
hacera – acera
haldudo – faldudo
halón – halo
hallullo – hallulla
hamadría – hamadríada
hamadríada – hamadríade
hamadríade – dríade
hanega – fanega
hanegada – fanegada
hansa – ansa
hanseático – anseático
hardido – ardido
harem – harén
harmonía – armonía
harmónicamente – armónica-
mente
harmónico – armónico
harmonio – armonio

370

harmoniosamente – armoniosa-
mente
harmonioso – armonioso
harmonizable – armonizable
harmonización – armonización
harmonizar – armonizar
harpa – arpa
harpado – arpado
harpillera – arpillera
harrapo – arrapo
harrear – arrear (dar prisa)
harria – arria
harriería – arriería
havara – havar
heguemonía – hegemonía
héjira – hégira
heliotropio – heliotropo
hemorroida – hemorroide
hendir – hender
herre que herre – erre que erre
hertziano – herciano
herviente – hirviente
héspero – hesperio
hetaira – hetera
hetiquez – hectiquez
híadas – híades
hierbatero – yerbatero
hivierno – invierno
hidalguez – hidalguía
hidromel – hidromiel
hierba buena – hierbabuena
hiero – yero
hierofanta – hierofante
higadilla – higadillo
higuana – iguana
higüela – higuela
¡hi, hi, hi! – ¡ji, ji, ji!
hipomochio – hipomochion
hipótesi – hipótesis
historismo – historicismo
hobo – jobo
hodómetro – odómetro
hojalde – hojaldre
hológrafo – ológrafo
hotelería – hostelería
hormón – hormona
horóptero – horópter

huaca – guaca
huaco – guaco
huérfago – huélfago
¡huf! – ¡uf!
huich – huiche
huichí – huichó
hujier – ujier
humaza – humazo
humosidad – fumosidad

icaco – hicaco
icáreo – icario
ignografía – icnografía
íleon – ilion
iliberritano – iliberitano
imán – imam (entre los musul-
manes)
incomprehensibilidad – incom-
prensibilidad
incomprehensible – incomprensi-
ble
indinar – indignar
infeudación – enfeudación
infeudar – enfeudar
inflacionista – inflacionario
infrascripto – infrascrito
infurtir – enfurtir
inhestar – enhestar
injundia – enjundia
inocuo – innocuo
inscripto – inscrito
insculpir – esculpir
instabilidad – inestabilidad
instable – inestable
instituente – instituyente
insustancial – insubstancial
insustancialidad – insubstanciali-
dad
insustancialmente – insubstan-
cialmente
insustituible – insubstituible
intercolumnio – intercolunio
istriar – estriar
ivierno – invierno

jabalonar – jabalconar
jabeba – jabega (flauta; ajabeba)

jábeca – jábega (red)
jalda – falda
jamuga – jamugas
jarife – jerife
jarifiano – jerifiano
jedrea – ajedrea
jenable – jenabe
jeringonza – jerigonza
jibraltareño – gibraltareño
jienense – jiennense
jiga – giga
jimplar – himplar
juaguarzo – jaguarzo
judo – yudo

kermes – quermes
kif – quif
kiosco – quiosco
kurdo – curdo

lacedemón – lacedemonio
ladronicio – latrocinio
lagaña – legaña
lagañoso – legañoso
lambeo – lambel
langostín – langostino
languideza – languidez
lanteja – lenteja
lantejuela – lentejuela
lardar – lardear
largura – largor
lauda – laude (lápida)
lesna – lezna
librecambio – libre cambio
liderazgo – liderato
lineamiento – lineamento
linimiento – linimento
linotipo – linotipia
lipis – lipes
listeado – listado
litis – lite
lominhiesto – lomienhiesto
lubrificar – lubricar
lubrificante – lubricante
lucilo – lucillo
lúdico – lúdicro

lujación – luxación
lutoso – luctuoso

llanterío – llantería
lleudar – leudar
llubina – lubina

macadam – macadán
macia – macis
macrocosmos – macrocosmo
madureza – madurez
majorca – mazorca
malhojo – marojo
malhumor – mal humor
malvarrosa – malva rósea
mandrache – mandracho
mandrágula – mandrágora
manganesia – manganesa
manicordio – monacordio
manutisa – minutisa (planta)
manvacío – manivacío
maremagno – mare mágnum
mariguana – marihuana
marramáu – marramao
marroquín – marroquí
marsopla – marsopa
masar – amasar
masecoral – maese coral
masicoral – masecoral
mauseolo – mausoleo
mayonesa – mahonesa (salsa)
mazatleco – mazateco
meaja – migaja (porción)
medaño – médano
medioeval – medieval
medioevo – medievo
memorando – memorándum
menjuí – benjuí
menjurje – menjunje
menjunje – mejunje
mercaduría – mercadería
merendola – merendona
metamorfosi – metamorfosis
meteorologista – meteorólogo
mikado – micado
mexicanismo – mejicanismo

mexicano – mejicano
México – Méjico
mildeu – mildiu
minuete – minué
miriápodo – miriópodo
mirobálanos – mirobálano
misti fori – mixti fori
mistifori – mixtifori
misto – mixto
mistura – mixtura
misturar – mixturar
misturero – mixturero
mitologista – mitólogo
mixtela – mistela
mixtificador – mistificador
mixtificar – mistificar
mixtificación – mistificación
mochillero – mochilero
mogol – mongol
mogólico – mongólico
mohada – mojada
moharrache – moharracho
mohedal – moheda
morabuto – morabito
mormullar – murmurar
mormullo – murmullo
mosquitera – mosquitero
mostacero – mostacera
¡moste! – ¡moxte!
moaré – muaré
mueblar – amueblar
muharra – moharra
mujada – mojada (medida)
muslim – muslime
musquerola – mosquerola
muste – uste

nababo – nabab
náguatle – náhuatle
náhuatle – nahua
nahoa – nahua
navajo – lavajo (charca)
navichuelo – navichuela
nazarita – nazarí
nebí – neblí
nebro – enebro
negrizco – negruzco

neis – gneis
néisico – gnéisico
nemónica – mnemónica
nemotecnia – mnemotecnia
nemotécnica – mnemotécnica
nemotécnico – mnemotécnico
neo – neón (gas)
neocelandés – neozelandés
neoplatonicismo – neoplatonis-
mo
neoráceo – cneoráceo
netáceo – gnetáceo
neurisma – aneurisma
nilón – nailon
níspera – níspero (fruto)
noche buena – nochebuena
nómade – nómada
nómico – gnómico
nomo – gnomo
nomon – gnomon
normano – normando
nornoroeste – nornoroeste
norueste – noroeste
noruestear – noroestear
nosticismo – gnosticismo
nóstico – gnóstico
nutrimiento – nutrimento

ñubloso – nubloso
ñudillo – nudillo
ñudo – nudo
ñudoso – nudoso

obué – oboe
óctuplo – óctuple
oesnoroeste – oesnorueste
oessudoeste – oessudueste
ogaño – hogaño
ojimel – ojimiel
olaje – oleaje
olio – óleo
ollado – ollao
optimizar – optimar
orco – orca (cetáceo)
orea – oréade
oréada – oréade
orín – orina (líquido)

373

oscuramente – obscuramente
oscurantismo – obscurantismo
oscurantista – obscurantista
oscurecer – obscurecer
oscurecimiento – obscurecimien-
to
oscuridad – obscuridad
oscuro – obscuro
osear – oxear
ostia – ostra
ovio – obvio
oxe – ox
oximel – oximiel
oximiel – ojimiel
ozona – ozono

padrenuestro – padre nuestro
pailebot – pailebote
painel – panel
paisista – paisajista
pajel – pagel (pez)
palabrerío – palabrería
palancana – palangana
palitoque – palitroque
pamperdido – pan perdido
pandera – pandero
pañizuelo – pazuelo
papeletizar – papeletear
papelujo – papelucho
paquebot – paquebote
parafrastes – parafraste
paralasis – paralaje
paralaxi – paralaje
pararrayo – pararrayos
pargo – pagro
parhelia – parhelio
parquear – aparcar
parqui – palqui (arbusto)
parturiente – parturienta
parvidad – parvedad
pasote – pazote (planta)
pasterización – pasteurización
pasterizar – pasteurizar
patagorrilla – patagorrillo
pataje – patache (embarcación)
patronazgo – patronato
paujil – paují

pavesada – empavesada
paviota – gaviota
¡pche! – ¡pchs!
pechblenda – pecblenda
pechín – alpechín
pedro jiménez – pedrojiménez
pegujar – pegujal
pegujarero – pegujalero
pelendengue – perendengue
pelleta – pelleja
pelletería – pellejería
penisla – península
percusor – percutor
peregrinaje – peregrinación
perene – perenne
perennal – perenne
pergenio – pergeño
perifrasi – perífrasis
perojimén – perojiménez
perojiménez – pedrojiménez
petiso – petizo
piamáter – piamadre
pian pian – pian piano
pian pianito – pian piano
pilotear – pilotar
piltraca – piltrafa
pimpollear – pimpollecer
pinado – pinnado
pincarrasca – pincarrasco
ping-pong – pimpón
pirhuín – pirgüín
pistraque – pistraje
piyama – pijama
placentín – placentino
platanal – platanar
platuja – platija
platusa – platija
plenamar – pleamar
Pléyadas – Pléyades
pluvímetro – pluviómetro
poncí – poncil
populazo – populacho
portaequipaje – portaequipajes
portalámpara – portalámparas
portorriqueño – puertorriqueño
¡porvida! – ¡por vida!
posliminio – postliminio

posmeridiano – postmeridiano
pospalatal – postpalatal
post – pos
postdata – posdata
postremero – postrimero
prejudicio – prejuicio
présbita – présbite
prescripto – prescrito
prestiño – pestiño
pretensioso – pretencioso
primiclerio – primicerio
pro rata – prorrata
productibilidad – producibilidad
proíz – proís
pseudo – seudo
¡pu! – ¡puf!
púbero – púber
pubes – pubis
pucelana – pozolana
pudín – budín
pudrigorio – podrigorio
pujame – pujamen
puntador – apuntador

quejigal – quejigar
querub – querube
querube – querubín
quichua – quechua
quili – kilo (prefijo)
quiliárea – kiliárea
quilo – kilo (1.000 g)
quilográmetro – kilográmetro
quilogramo – kilogramo
quilolitro – kilolitro
quilométrico – kilométrico
quilómetro – kilómetro
quimbombó – quingombó
quinquillería – quincallería
quinquillero – quincallero
quirie – kirie
quizás – quizá

racamenta – racamento
ramblizo – ramblazo
ranacuajo – renacuajo
rancioso – rancio

ranglán – raglán
rapóntico – ruipóntico
raposía – raposería
rebaje – rebajo
rebanear – rebanar
rebarbador – rebabador
rebarbar – rebabar
rebocillo – rebociño
rebujina – rebujiña
recauchutar – recauchar
recudimento – recudimiento
recuentro – reencuentro
regalicia – regaliz
regaliza – regaliz
rehilero – rehilete
relej – releje
reliquiario – relicario
rembolsar – reembolsar
rembolso – reembolso
remplazar – reemplazar
remplazo – reemplazo
rengífero – rangífero
repercudir – repercutir
repodrir – repudrir
requive – arrequive
retratación – retractación
retruco – retruque
revidar – reenvidar
rezonglar – rezongar
rigorosamente – rigurosamente
rigoroso – riguroso
rizal – ricial
robre – roble
robredal – robledal
robredo – robledo
rocino – rocín
romín – romí
rondiz – rondís
rubín – rubí
rubín – robín (orín)
ruc – rocho
ruga – arruga
ruga – ruca (planta)
rugar – arrugar
rumrum – runrún
runflada – runfla

sacabocado – sacabocados
sacadinero – sacadineros
sacrismocho – sacrismoche
saltabancos – saltabanco
saltaembanco – saltaembancos
saltaembancos – saltabanco
saltambarca – saltaembarca
saltarel – saltarelo
saltimbanco – saltabanco
saltimbanqui – saltabanco
salvaguarda – salvaguardia
samnite – samnita
san se acabó – sanseacabó
sancirole – sansirolé
sanguisuela – sanguijuela
sanie – sanies
sanjacato – sanjacado
santafecino – santafesino
sapote – zapote
sarapico – zarapito
sarracín – sarracino
sarracino – sarraceno
sarrapia – sarapia
sauz – sauce
saxifragia – saxífraga
saxófono – saxofón
saz – sauce
secoya – secuoya
secretor – secretorio
segundario – secundario
seisén – sesén
selvicultura – silvicultura
senojil – henojil
señoraje – señoreaje
sericultor – sericicultor
sericultura – sericicultura
servio – serbio
sesena – sesén
setena – septena (conjunto de
  siete)
setenario – septenario
setiembre – septiembre
sétimo – séptimo
setuní – aceituní
sicamor – ciclamor
sicoanálisis – psicoanálisis
sicofante – sicofanta

sicofísica – psicofísica
sicología – psicología
sicológico – psicológico
sicólogo – psicólogo
sicópata – psicópata
sicopatía – psicopatía
sicosis – psicosis
sicoterapia – psicoterapia
sicrómetro – psicrómetro
sietenrama – sieteenrama
silabar – silabear
silvático – selvático
simarruba – simaruba
simarrubáceo – simarubáceo
sinoble – sinople
sipedón – sepedón
siquíatra – psiquíatra
siquiatra – psiquiatra
siquiatría – psiquiatría
síquico – psíquico
siquier – siquiera
sitácida – psitácida
sitacismo – psitacismo
sitacosis – psitacosis
sobo – soba
sobreasada – sobrasada
sobrecincho – sobrecincha
sobreclaustra – sobreclaustro
sobreentender – sobrentender
sobreesdrújulo – sobresdrújulo
sobreexceder – sobrexceder
sobremanera – sobre manera
sobrepeine – sobre peine
sobrescripto – sobrescrito
sobrevesta – sobreveste
sobrexcitación – sobreexcitación
sobrexcitar – sobreexcitar
soda – sosa
sofí – sufí (sectario)
solacear – solazar
solape – solapa
solapo – sopapo (golpe)
somnambulismo – sonambulis-
  mo
somnámbulo – sonámbulo
somormujar – somorgujar
somormujo – somorgujo

sondear – sondar
sonso – zonzo
sopalanda – hopalanda
sopear – sopar (hacer sopa)
sosera – sosería
sospesar – sopesar
sotaministro – sotoministro
sotaventearse – sotaventarse
soya – soja
suástica – esvástica
subconciencia – subconsciencia
subministración – suministración
subministrador – suministrador
subministrar – suministrar
subscritor – subscriptor
subscripto – subscrito
sudadera – sudadero (lienzo;
   manta)
sudueste – sudoeste
sueroso – seroso
sueste – sudeste (punto cardinal)
sufocación – sofocación
sufocador – sofocador
sulla – zulla (planta)
sumonte (de) – somonte (de)
suplemental – suplementario
suprarrealismo – super-realis-
   mo (3)
suramericano – sudamericano
sureste – sudeste
suroeste – sudoeste
surubí – suruví
suscribir – subscribir
suscripción – subscripción
suscripto – subscrito
suscriptor – subscriptor
suscrito – subscrito
suscritor – suscriptor
sustancia – substancia
sustanciación – substanciación
sustancial – substancial
sustancialmente – substancial-
   mente
sustanciar – substanciar

sustancioso – substancioso
sustantivar – substantivar
sustantividad – substantividad
sustantivo – substantivo
sustitución – substitución
sustituible – substituible
sustituidor – substituidor
sustituir – substituir
sustitutivo – substitutivo
sustituto – substituto
sustracción – substracción
sustractivo – substractivo
sustraendo – substraendo
sustraer – substraer
suzón – zuzón

tabaola – bataola
tacamacha – tacamaca
tacamachaca – tacamaca (árbol
   americano)
tamarrusquito – tamarrizquito
tapirujarse – taperujarse
tapirujo – taperujo
tarazana – atarazana
tarazanal – tarazana
taujía – ataujía
testuzo – testuz
tétano – tétanos
tipicismo – tipismo
tipoy – tipoí
tirachinas – tirachinos
tlascalteca – tlaxcalteca
toballa – toalla
toballeta – toalleta
tomineja – tominejo
torchuelo – tochuelo
toronjina – toronjil
trafalmeja – trafalmejas
tragacanta – tragacanto
trajino – trajín
trancelín – trencellín
transcendencia – trascendencia
transcendental – trascendental
transcendente – trascendente

transcender – trascender
transcripto – transcrito
transcrito – trascrito
tránsfugo – tránsfuga
translación – traslación
translaticiamente – traslaticia-
mente
translaticio – traslaticio
translativo – traslativo
transluciente – trasluciente
translucirse – traslucirse
transmudación – transmutación
transpuesta – traspuesta
tranviero – tranviario
trasalpino – transalpino
trasandino – transandino
trasantier – trasanteayer
trasatlántico – transatlántico
trasbisabuelo – transbisabuelo
trasbordar – transbordar
trasbordo – transbordo
trascribir – transcribir
trascripción – transcripción
trascurrir – transcurrir
trascurso – transcurso
trasferencia – transferencia
trasferible – transferible
trasferidor – transferidor
trasferir – transferir
trasfigurable – transfigurable
trasfiguración – transfiguración
trasfigurar – transfigurar
trasfijo – transfijo
trasfixión – transfixión
trasflor – transflor
trasflorar – transflorar
trasformación – transformación
trasformador – transformador
trasformamiento – transforma-
miento
trasformar – transformar
trasformativo – transformativo
trasfregar – transfregar
trasfretano – transfretano
trasfretar – transfretar
trásfuga – tránsfuga

trásfugo – tránsfugo
trasfundición – transfundición
trasfundir – transfundir
trasfusión – transfusión
trasfusor – transfusor
trasgredir – transgredir
trasgresión – transgresión
trasgresor – transgresor
traslinear – translinear
traslúcido – translúcido
trasmarino – transmarino
trasmediterráneo – transmedite-
rráneo
trasmigración – transmigración
trasmigrar – transmigrar
trasmisible – transmisible
trasmisión – transmisión
trasmitir – transmitir
trasmontano – transmontano
trasmudación – transmudación
t r a s m u d a m i e n t o – trans-
mudamiento
trasmudar – transmudar
trasmudable – transmudable
trasmutación – transmutación
trasmutar – transmutar
trasmutativo – transmutativo
trasmutatorio – transmutatorio
traspadano – transpadano
traspalear – traspalar
trasparencia – transparencia
trasparentarse – transparentarse
trasparente – transparente
traspirable – transpirable
traspiración – transpiración
traspirar – transpirar
traspirenaico – transpirenaico
trasponedor – transponedor
trasponer – transponer
trasportación – transportación
trasportador – transportador
t r a s p o r t a m i e n t o – trans-
portamiento
trasportar – transportar
trasporte – transporte
trasposición – transposición

traspositivo – transpositivo
trasvasar – transvasar (4)
trasverberación – transverbera-
ción
trasversal – transversal
trasverso – transverso
trevelánica – treveliánica
trecientos – trescientos
treílla – traílla
tremadal – tremedal
tremol – tremó
tresnal – treznal
tribal – tribual
tribuir – atribuir
tricésimo – trigésimo
trieñal – trienal
triplo – triple
trípol – trípoli
troje – troj
trox – troj
tueca – tueco
tutía – atutía
tutriz – tutora

ubiquidad – ubicuidad
uesnorueste – oesnorueste
uessudueste – oessudueste
ueste – oeste
ultimato – ultimátum
umero – omero
upar – aupar
urdiembre – urdimbre
urétera – uretra
usier – ujier

vagamundear – vagabundear
vagamundo – vagabundo
vaguear – vagar (andar)
valisoletano – vallisoletano
valorear – valorar
vallico – ballico
vapulear – vapulear
varbasco – verbasco

vargueño – bargueño
variz – varice
vecería – vecera
veguerío – veguería
veimarés – weimarés
veinteocheno – veintiocheno
veinteseiseno – veintiseiseno
velorta – vilorta
veludillo – velludillo
veludo – velludo (felpa)
vellorín – vellorí
verisímil – verosímil
verisimilitud – verosimilitud
verisímilmente – verosímilmente
vezar – avezar
¡víctor! – ¡vítor!
victorear – vitorear
vidueño – viduño
visógodo – visigodo
vitar – evitar
vituperoso – vituperioso
vivac – vivaque
voceras – boceras
volatizar – volatilizar
volteleta – voltereta
volteta – voltereta
vorace – voraz
vorahúnda – barahúnda
vozarrona – vozarrón
vuelapié (a) – volapié (a)

walón – valón
whisky – güisqui
wólfram – wolframio
wolframio – volframio

yaciente – yacente (que yace)
yaguar – jaguar
yak – yac
yedra – hiedra
yerba – hierba
yerbajo – hierbajo
yerbatero – hierbatero

(4) Vemos que la Academia prefiere la forma *transvasar;* esto explicaría dos cosas: que la Academia preferiría *transvase* a *trasvase,* y que en sus textos utilizaría la forma *transvasar;* no sólo no es así, sino que la forma *transvase* no está registrada en el Diccionario académico, y utiliza *trasvasar.*

yervo – yero
yesal – yesar
yóquey – yoqui
¡yuy! – ¡huy!
yugoeslavo – yugoslavo
Yugoeslavia – Yugoslavia

zabida – zabila
zabullida – zambullida
zabullidor – zambullidor
zabullidura – zambullidura
zabullimiento – zambullimiento
zabullir – zambullir
zabuquear – zabucar
zacapella – zacapela
zafir – zafiro
zafira – zafiro
zaharí – zafarí
zamborrotudo – zamborotudo
zandía – sandía

zangandongo – zangandungo
zarazo – sarazo
zarceta – cerceta
zebra – cebra
zedilla – cedilla
zenit – cenit
zeuma – zeugma
zigofiláceo – cigofiláceo
zigoto – cigoto
zinc – cinc
zingiberáceo – cingiberáceo
zis, zas – zas, zas
zoma – soma
zorrullo – zurullo
zuela – azuela
zuiza – suiza
zuizón – suizón
zumacar – zumacal
zuriza – suiza
zuzar – azuzar

18

TRATAMIENTOS Y CORRESPONDENCIA

I. Tratamientos

En España, como en algunos otros países, a ciertas personas, por su cargo, su título o su dignidad, se les suelen aplicar tratamientos especiales, que no sólo se reflejan en el trato personal, sino en la correspondencia; también se suelen aplicar tratamientos a ciertas instituciones, como los ayuntamientos y las diputaciones provinciales.

He aquí, pues, una lista alfabética de los distintos tratamientos y las personas o instituciones que los reciben.

ALTEZA. Se da a los príncipes e infantas (hijos de reyes), a los infantes de España, a la regencia y los regentes del reino, y a las personas a quienes el rey concede el título de príncipe con este tratamiento.

ALTEZA EMINENTÍSIMA. Se concede a algunos cardenales parientes de reyes.

ALTEZA IMPERIAL. Al príncipe imperial.

ALTEZA REAL. Al príncipe real (es el tratamiento oficial del príncipe de España).

ALTEZA SERENÍSIMA. A los parientes colaterales de un rey o emperador, en algunas naciones.

BEATÍSIMO PADRE. Al papa.

BEATITUD. Al papa.

BEATO. A las personas beatificadas por el papa; es inmediatamente inferior al de *santo* y superior al de *venerable*.

CABALLERO. Equivalente a *señor*, se aplica a cualquier hombre, sea de igual o inferior condición.

CARIDAD. Se da entre religiosas, de superior a inferior o de igual a igual, y entre miembros varones de algunas cofradías.

CELSITUD. Equivalente a *alteza*, se dio antiguamente a las personas reales.

DOCTOR. A los canónigos y a los sacerdotes con estudios superiores; se da también a algunos santos, por su sabiduría.

DOM. Se da a algunos religiosos, sobre todo de las órdenes de los cartujos y benedictinos; se antepone al apellido.

DON. Actualmente se da a cualquier persona bien portada; se antepone sólo al nombre, y a veces va precedido de *señor;* la forma femenina es *doña.*

EMINENCIA. Se da a los cardenales de la Iglesia católica y al gran maestre de la orden de Malta.

EMINENCIA REVERENDÍSIMA. Se da a los cardenales de la Iglesia católica.

EMINENTÍSIMO. Se da a los cardenales de la Iglesia católica y al gran maestre de la orden de Malta.

EXCELENCIA. T i e n e n este tratamiento los jefes de Estado y presidentes de nación; los ministros, gobernadores civiles y militares, generales del Ejército de Tierra, Mar y Aire; embajadores, ministros plenipotenciarios de primera clase, consejeros de Estado y del Reino; grandes de España y sus primogénitos, caballeros del Toisón y del Collar, los que poseen una gran cruz (laureada de San Fernando, Mérito militar, Mérito naval, etc.), orden militar de San Fernando; el nuncio papal, el arzobispo de Toledo; el presidente del Tribunal Supremo, el presidente de las Cortes Españolas, el presidente de los Consejos del Reino y de Estado; los presidentes de sala, magistrados y fiscales del Tribunal Supremo, los presidentes y fiscales de las audiencias territoriales; los miembros de las distintas academias del Instituto de España; los arzobispos y los obispos; los alcaldes de Madrid y Barcelona.

EXCELENTÍSIMO. Se da a aquellos a quienes corresponde el título de *excelencia;* a los ayuntamientos de Madrid y Barcelona y a las diputaciones provinciales de Madrid y Barcelona.

EXCELENTÍSIMO Y REVERENDÍSIMO. A los arzobispos.

FRAY. A los religiosos de algunas órdenes.

FREY. A los religiosos de órdenes militares, a diferencia de los de las demás órdenes, que reciben el de *fray.*

GRACIOSA MAJESTAD. A la reina de Inglaterra.

GRANDEZA. Suele darse a los arzobispos franceses.

HERMANA. A las monjas; se antepone al nombre.

HERMANO. A los religiosos legos; se antepone al nombre.

ILUSTRE. Actualmente se usa poco este tratamiento, que ha venido a convertirse en *ilustrísimo,* aunque a veces aún se usa *muy ilustre.*

ILUSTRÍSIMA. Se da a los obispos, y equivale a *su señoría ilustrísima;* también se suele aplicar a otras personas.

ILUSTRÍSIMO. Se da a los obispos; subsecretarios, directores generales, jefes superiores de Administración; cónsules; rectores de las universidades de Madrid y Barcelona; presidentes de las audiencias territoriales, presidentes de sala de las audiencias territoriales de Madrid y Barcelona, presidentes y fiscales de las audiencias provinciales; decanos de las universidades de Madrid y Barcelona; alcaldes de las capitales de provincia (excepto los de Madrid y Barcelona), ayuntamientos de capitales de provincia (excepto los de Madrid y Barcelona), diputaciones provinciales (excepto las de Madrid y Barcelona).

LADY. Se da en Inglaterra a las señoras de la nobleza (la forma españolizada es *ladi*) (*v.* MILADY.)

LICENCIADO. Se da a los abogados y a los farmacéuticos.

LORD. En Inglaterra, a los individuos de la primera nobleza y a algunos altos cargos.

MADAME. Se da a las señoras en Francia; en español adopta también la forma *madama,* pero asimismo aplicado a damas francesas.

MADEMOISELLE. Tratamiento francés que equivale a *señorita.*

MADRE. Se da a las monjas profesas, a ciertas religiosas de muchas órdenes, y en especial a las que regentan hospitales o comunidades religiosas.

MAGNÍFICO. Se da, entre otras personas ilustres, a los rectores de Universidad, así como a los municipios que no tienen otro tratamiento de mayor jerarquía.

MAJESTAD. Se da a Dios (Su Divina Majestad), a los reyes y a los emperadores.

MAJESTAD APOSTÓLICA. Se daba a los reyes de Hungría.

MAJESTAD BRITÁNICA. A los reyes de Inglaterra.

MAJESTAD CATÓLICA. Se daba a los reyes de España.

MAJESTAD CRISTIANÍSIMA. Se daba a los reyes de Francia.

MAJESTAD FIDELÍSIMA. Se daba a los reyes de Portugal.

MAJESTAD IMPERIAL. Se da a los emperadores.

MASTER. Tratamiento que se da en Inglaterra a los niños, por similitud con el de *míster* que se aplica a los señores.

MATERNIDAD. Se da a las superioras en algunas órdenes religiosas.

MERCED. Tratamiento de cortesía que se daba antiguamente; a través de las formas *vuestra merced, vuesarced* y *usarced* ha desembocado en el actual *usted.*

MICER. Se usó en el antiguo reino de Aragón, y en las islas Baleares se aplicó a los letrados.

MILADY. Se da en España a las señoras de la nobleza inglesa.

MILORD. Se da en España a los señores de la primera nobleza inglesa.

MIRZA. Entre los persas equivale a *señor.*

MISIA O MISIÁ. En algunos Estados americanos se da a las señoras casadas o viudas por parte de las personas de inferior condición; equivale a *mi señora,* y adopta también las formas *mi seá* y *miseá.*

MISS. Equivale, en inglés, a *señorita.*

MÍSTER. Equivale, en inglés, a *señor*.

MISTRESS. Equivale, en inglés, a *señora*.

MONSEÑOR. En Italia se da a los prelados eclesiásticos y de dignidad; en Francia se dio a estos mismos prelados y además al delfín y otros personajes: duques, pares, presidentes del Consejo.

MONSIEUR. Equivale, en francés, a *señor*.

MOSÉN. Se da en los países de la antigua corona de Aragón (y sobre todo en Cataluña) a los clérigos y sacerdotes.

NOSTRAMO. Se da, en la marina, a los contramaestres.

PADRE. A los sacerdotes y religiosos profesos.

PADRE SANTO. *v.* SANTO PADRE.

PARIENTE. Por escrito, lo daba el rey de España a los títulos del reino.

PATERNIDAD. En algunas órdenes se da por los inferiores religiosos a los padres condecorados; en general, tratamiento que los seglares dan a los religiosos.

PRIMO. Lo daba el rey a los grandes de España en documentos oficiales y cartas privadas.

REVERENCIA. Se da a los párrocos, canónigos, abades y religiosos condecorados.

REVERENDÍSIMO. Se da a los cardenales, arzobispos y obispos de la Iglesia católica; se antepone al nombre de la dignidad.

REVERENDO. Se da a los obispos, a los superiores de comunidad, prelados y graduados de las órdenes religiosas, aunque actual-mente se aplica a todos los sacerdotes; precede al nombre de la dignidad.

SAN. *v.* SANTO.

SANTIDAD. Se da al papa.

SANTÍSIMO PADRE. Se da al papa.

SANTO. Se aplica a las personas que el papa ha elevado a los altares con este título; es el último grado de la santidad.

SANTO PADRE. Se da a los primeros doctores de la Iglesia, que escribieron sobre el dogma; también se da al papa (en este caso es más correcto *padre santo*, aunque las dos formas están hoy admitidas por la Academia).

SEÑOR. Se da a las personas reales (emperadores, reyes, príncipes, etc.) al dirigirse a ellas de palabra o por escrito; se aplica también a cualquier persona del sexo masculino; se antepone al apellido, pero a veces, familiarmente, al nombre; la forma femenina es *señora*.

SEÑORÍA. Se da a los duques, marqueses, condes y vizcondes; a los alcaldes de los municipios no capitales de provincia, rectores de Universidad (excepto Madrid y Barcelona), títulos de Castilla, decanos de las universidades (salvo los de Madrid y Barcelona), procuradores en Cortes y provinciales; a los administradores de la contribución industrial, de propiedades o de rentas públicas; se les da también el tratamiento de *usía*.

SEÑORÍA ILUSTRÍSIMA. Se da a los cardenales de la Iglesia católica y al decano del Tribunal de la Rota.

SEÑORÍA ILUSTRÍSIMA Y REVERENDÍSIMA. Se da al arzobispo de Toledo.

SEÑORITA. Se da a las mujeres solteras; se antepone al apellido, pero a veces, familiarmente, al nombre; es correcto añadirle *doña*, sobre todo si al nombre le siguen los apellidos.

SERENIDAD. Título de honor de algunos príncipes.

SERENÍSIMO. Antiguo tratamiento que en España y Francia se daba a los príncipes hijos de reyes; también se ha dado a los reyes, a los obispos y a los dux, así como a algunas repúblicas, como la de Venecia.

SIR. Tratamiento inglés que se antepone a los nombres de barones y caballeros (títulos nobiliarios ingleses).

SIRE. Antiguo título francés que se aplicaba en el trato personal con el soberano.

SOR. Se da a las hermanas en las órdenes religiosas femeninas; se antepone al nombre.

TÚ. Se da entre iguales, y es el tratamiento más llano e íntimo; entre desconocidos, aun iguales por edad, grado, etc., se suele dar el *usted*.

USARCÉ, USARCED. Metaplasmos de *vuesarced*.

USENCIA. Metaplasmo de *vuesa reverencia;* se usa entre los religiosos.

USEÑORÍA. Metaplasmo de *vueseñoría.*

USÍA. Se da a los jefes de Administración; confesores del rey; coroneles de los Ejércitos de Tierra, Mar y Aire; magistrados de audiencias territoriales y provinciales, y jueces de primera instancia (v. SEÑORÍA).

USÍA ILUSTRÍSIMA. *v.* ILUSTRÍSIMO Y SEÑORÍA ILUSTRÍSIMA.

USIRÍA. Metaplasmo de *useñoría.*

USTED. Tratamiento que se da a cualquier persona, tenga o no títulos.

VENERABLE. Se da a las personas eclesiásticas constituidas en prelacía y dignidad, y es el primer título de santidad otorgado por la Sagrada Congregación de Ritos, en Roma, a las personas que mueren en olor de santidad; precede inmediatamente al de *beato.* En la masonería se da a este tratamiento al presidente de una logia.

VOS. Forma que adquiere el tratamiento personal ceremonioso, hoy poco usado salvo en literatura; se emplea actualmente para dirigir la palabra a Dios, a la Virgen y a los santos, y en ocasiones a personas de autoridad.

VUECELENCIA. Metaplasmo de *vuestra excelencia.*

VUECENCIA. Síncopa de *vuecelencia;* se da en trato personal.

VUESARCED. Metaplasmo de *vuestra merced.*

VUESASTED. Vuesarced.

VUESEÑORÍA. Metaplasmo de *vuestra señoría* (usía).

II. Correspondencia

La correspondencia puede dividirse en tres tipos principales: oficial, privada y comercial.

A) CORRESPONDENCIA OFICIAL. Es formal y ceremoniosa, y en ella deben tenerse en cuenta, desde el punto de vista práctico, cuatro elementos: el sobre (cómo se redacta), el encabezamiento, tratamiento utilizado en el texto, y finalmente la antefirma o el pie, en su caso.

El sobre debe escribirse con suma claridad, empezándolo aproximadamente en el cuarto inferior derecho del mismo, de forma que poco más o menos queden libres los restantes tres cuartos; se redacta así:

al rey: *A Su Majestad el Rey...*
al príncipe: *A Su Alteza Real el Príncipe...*
a los que tienen el tratamiento de *excelencia: Excelentísimo Señor* (o *Excmo. Sr.*)...
a los que tienen el tratamiento de *ilustrísimo: Ilustrísimo Señor* (o *Ilmo. Sr.*)...
al papa: *A Su Santidad...,* o *Al Santo Padre...*

En todos los demás casos, el sobre debe comenzar con el tratamiento que corresponda a la persona a quien se dirija; por ejemplo, a un cardenal: *Emmo. y Rvdmo. Sr. Cardenal...*

El encabezamiento reproduce, por lo general, este mismo tratamiento, menos en los siguientes casos:

al rey: *Señor* (o *Señora,* si es reina):
al príncipe: *Serenísimo Señor:*
al papa: *Santísimo Padre,* o *Beatísimo Padre:*

En cuanto al *tratamiento utilizado en el texto,* por lo general se usa la forma personal del tratamiento; por ejemplo, si nos dirigimos a una persona que tiene el de *excelencia,* usaremos *V. E.* (vuestra excelencia), siempre en abreviatura (*v.* ABREVIACIONES, 3).

Por lo que respecta a la *antefirma,* no se usa en todos los casos, sino sólo en algunos de ciertas dignidades; son éstos:

al rey: *A L. R. P. de V. M.* (a los reales pies de vuestra majestad).

al príncipe: *A L. P. de V. A. R.* (a los pies de vuestra alteza real).

al papa: *Santísimo Padre, B. L. P. de V. B.* (besa los pies de vuestra beatitud).

En la correspondencia con personajes oficiales no se usa antefirma, pero sí, por lo general, se repite el tratamiento (en abreviatura) seguido del título o cargo, al pie del escrito, después de la firma.

Debe tenerse en cuenta que la mujer tiene el mismo tratamiento que corresponda al esposo, incluso en el caso de que quede viuda; lo perdería únicamente en el caso de contraer nuevo matrimonio.

B) CORRESPONDENCIA PRIVADA. La correspondencia privada, que debe ser espontánea, debe por ello huir de viejas y manidas fórmulas, más vulgares que sinceras, que, aparte de otras cosas, indican pobreza de imaginación y falta de originalidad. Se comienza, tras el encabezamiento, por el asunto que motiva la carta, y se pasa después, paulatinamente, a cuestiones de menor interés.

El encabezamiento de una carta privada suele ser íntimo, y según y a quién se escribe, muy distintos unos de otros: desde el «Querido amigo» hasta el «Distinguido señor» hay toda una extensa gama de matices; este tratamiento está más en función de quien recibe la carta que de quien la escribe, e incluso de la amistad o relación que les une.

El cuerpo del escrito puede contener también, en este tipo de correspondencia, los más variados tonos: pueden ser cartas de amor, de felicitación, de pésame, de presentación, de protesta, meramente amistosas, etc. Es imposible dar una norma para la redacción de estas cartas, pero en todo caso, sea cualquiera el asunto de que traten, se debe ser comedido, correcto, sincero; nunca debe perderse de vista que la carta refleja fielmente la personalidad del que la escribe, que tanto puede mostrarse persona ordenada y limpia, correcta y simpática, como desordenada, incorrecta, antipática. Por ello uno debe tener mucho cuidado con lo que escribe, y asegurarse de que dice lo que quiere decir.

Las despedidas deben ser asimismo sencillas y sin amaneramientos; cuanto más cortas y concisas, mejor; también aquí debe huirse de fórmulas ridículas.

Cuando se escribe a persona de respeto o no conocida se debe ser conciso y escueto, exponiendo claramente el asunto que nos lleva a ocupar una parte de su tiempo; no se suelen emplear fórmulas de cortesía al empezar (como preocuparse por su salud, etc.), y las despedidas deben ser asimismo cortas; por ejemplo: «Sin otro particular, aprovecho esta ocasión para saludarle atentamente», o bien: «Esperando ser atendido, aprovecha la ocasión para saludarle respetuosamente s. s. s., q. e. s. m.». En estos casos, debajo de la firma, sobre todo si es ilegible, se pone el nombre completo, con las señas también completas. Otras veces se es aún más escueto en la despedida, poniendo, según los casos: «Atentamente», «Cordialmente», «Respetuosamente», etc.

Finalmente, un consejo: Cuando haya de escribir una carta airada, no lo haga con rapidez; después de escrita déjela reposar en el cajón de su escritorio; cuando haya pasado un tiempo prudencial, tómela y léala, y si está convencido de que debe depositarla en el buzón, hágalo; si no, rómpala.

C) CORRESPONDENCIA COMERCIAL. La correspondencia comercial es múltiple y varia; existen a este respecto manuales que sirven de guía, pero basta saber, en líneas generales, que este tipo de correspondencia carece en absoluto de ceremonias y que se va al asunto directamente.

Los encabezamientos suelen ser, más o menos, de este tipo:

Señor(es):
Muy señor(es) mío(s):
Muy señor(es) nuestro(s):
Distinguido(s) señor(es):

La despedida, también escueta, suele ser así:

Esperando su pronta respuesta, aprovecho la ocasión para saludarle atentamente.

Con este motivo nos es grato reiterarnos de usted attos.
ss. ss.
En espera de sus noticias le saluda atentamente.

Digamos, para finalizar este capítulo, que debe evitarse cualquier tipo de tachadura, borrón, etc. Cuando una persona no esté familiarizada con este tipo de escritos, debe primero hacer un borrador con lo que quiere decir, después lo repasará y pondrá por orden los asuntos tratados, de forma que la carta tenga cierta coherencia; las expresiones deben ser correctas y elegantes, pero sin caer en el amaneramiento y la pedantería.

19

VERBOS IRREGULARES

En este capítulo trataremos de los verbos irregulares, divididos en dos grandes grupos: verbos de irregularidad acentual y verbos irregulares propiamente dichos.

I. Verbos de irregularidad acentual

Existen una serie de verbos que presentan una dificultad peculiar en su conjugación: la del diptongo, que puede o no deshacerse, sin que haya a este respecto reglas fijas. Cada uno de estos verbos se remite a otro, en el que se indica el tipo de acentuación que le corresponde en su conjugación. Algunos de ellos admiten incluso dos formas de conjugación, esto es, que de momento, en tanto la Academia no decida establecer una forma de conjugación (deshaciendo el diptongo o manteniéndolo), pueden conjugarse de ambas formas; en estos casos hemos puesto en primer lugar, seguido de la abreviatura *pref.* (preferible) entre paréntesis, aquella forma en que actualmente se prefiere conjugarlo. Los verbos a que se remite se hallan en la misma lista, en su lugar alfabético.

abrenunciar: *anunciar*
abreviar: *anunciar*
acariciar: *anunciar*
acensuar: *continuar*
acentuar: *continuar*

acequiar: *anunciar*
acopiar: *anunciar*
actuar: *continuar*
acuantiar: *confiar*
acuciar: *anunciar*

achiguarse: *fraguar*
adaguar: *fraguar*
adecuar: *fraguar*
adempribiar: *anunciar*
adiar: *confiar*
adomiciliar: *anunciar*
afiliar: *anunciar* (pref.) o *confiar*
agenciar: *anunciar*
agobiar: *anunciar*
agraciar: *anunciar*
agraviar: *anunciar*
agremiar: *anunciar*
agriar: *confiar* (pref.) o *anunciar*
aguar: *fraguar*
AHIJAR: los tiempos de este verbo que deshacen el diptongo requieren acento: *ahíjo, ahíjas, ahíja; ahijamos, ahijáis, ahijan;* en el mismo caso se hallan todos los demás verbos que tienen la misma conjugación acentual.
ahilar: *ahijar*
ahirmar: *ahijar*
ahitar: *ahijar*
ahuciar: *anunciar* y *ahijar*
ahuchar: *ahijar*
ahumar: *ahijar*
ahusar: *ahijar*
airar: *aislar*
AISLAR: los tiempos de este verbo que deshacen el diptongo requieren acento: *aíslo, aíslas, aísla; aislamos, aisláis, aíslan;* en el mismo caso se hallan todos los demás verbos que tienen la misma conjugación acentual.
ajuciar: *anunciar*
ajusticiar: *anunciar*
alaciarse: *anunciar*
albriciar: *anunciar*
alenguar: *fraguar*
algaliar: *anunciar*
aliar: *confiar*
ALINEAR: en la conjugación de este verbo es incorrecto acentuar la *i* de ciertos tiempos y personas: *alíneo, alíneas, alínea; alineamos, alineáis, alínean;* la conjugación correcta es: *alineo, alineas, alinea,* etc.
aliviar: *anunciar*
aluciar: *anunciar*
AMAINAR: este verbo no deshace el diptongo en su conjugación: *amaino, amainas, amaina; amainamos, amaináis, amainan;* en el mismo caso se hallan todos los demás verbos que tienen la misma conjugación acentual.
ambiciar: *anunciar*
amenguar: *fraguar*
amnistiar: *confiar*
amohinar: *ahijar*
amortiguar: *fraguar*
ampliar: *confiar*
amustiar: *anunciar*
aneciarse: *anunciar*
anestesiar: *anunciar*
angustiar: *anunciar*
ansiar: *confiar* (pref.) o *anunciar*
anticuar: *fraguar*
anticuarse: *fraguar*
antiguar: *fraguar*
ANUNCIAR: en la conjugación de este verbo, así como en los que tengan la misma conjugación acentual, no se deshace el diptongo: *anuncio, anuncias, anuncia; anunciamos, anunciáis, anuncian.*
apaciguar: *fraguar*
apreciar: *anunciar*
apremiar: *anunciar*
aprestigiar: *anunciar*
apropiar: *anunciar*
apropincuarse: *fraguar*
aquerenciarse: *anunciar*
ARCAIZAR: en la conjugación de este verbo, así como en los que tienen la misma conjugación acentual, se deshace el dipton-

go en los tiempos y personas que lo requieren: *arcaízo, arcaízas, arcaíza; arcaizamos, arcaizáis, arcaízan.*

arpegiar: *anunciar*
arranciarse: *anunciar*
arreciarse: *anunciar*
arriar: *confiar*
arruar: *continuar*
asalariar: *anunciar*
asediar: *anunciar*
asfixiar: *anunciar*
asociar: *anunciar*
ataviar: *confiar*
atediar: *anunciar*
atenuar: *continuar*
atestiguar: *fraguar*
atraillar: *aislar*
atreguar: *fraguar*
atrofiar: *anunciar*
atumultuar: *continuar*
aullar: *aunar*
AUNAR: en la conjugación de este verbo, así como en la de los que tienen la misma conjugación acentual, se deshace el diptongo en los tiempos que lo requieren: *aúno, aúnas, aúna; aunamos, aunáis, aúnan.*
aungar: *aunar*
aupar: *aunar*
auspiciar: *anunciar*
autografiar: *confiar*
auxiliar: *anunciar* (pref.) o *confiar*
avaluar: *continuar*
averiar: *confiar*
averiguar: *fraguar*
aviar: *confiar*

baraustar: *aunar*
beneficiar: *anunciar*
biografiar: *confiar*

ciar: *confiar*
cablegrafiar: *confiar*
cabrahigar: *ahijar*

calcografiar: *confiar*
calumniar: *anunciar*
cambiar: *anunciar*
canturriar: *anunciar*
cariar: *confiar* (pref.) o *anunciar*
cartografiar: *confiar*
ciar: *confiar*
cinematografiar: *confiar*
circunstanciar: *anunciar*
codiciar: *anunciar*
cohibir: *ahijar*
coitar: *amainar*
colegiarse: *anunciar*
colicuar: *fraguar*
columpiar: *anunciar*
comediar: *anunciar*
comerciar: *anunciar*
compendiar: *anunciar*
conceptuar: *continuar*
conciliar: *anunciar* (pref.) o *confiar*
conferenciar: *anunciar*
CONFIAR: en la conjugación de este verbo, así como en la de los que tienen la misma conjugación acentual, se deshace el diptongo en los tiempos y personas que lo requieren: *confío, confías, confía; confiamos, confiáis, confían.*
congeniar: *anunciar*
congraciar: *anunciar*
contagiar: *anunciar*
contextuar: *continuar*
CONTINUAR: en la conjugación de este verbo, así como en la de los de la misma conjugación acentual, se deshace el diptongo en los tiempos y personas que lo requieren: *continúo, continúas, continúa; continuamos, continuáis, continúan.*
contrariar: *confiar*
copiar: *anunciar*
criar: *confiar*
cromolitografiar: *confiar*
cuantiar: *confiar*

cuchichiar: *confiar*
custodiar: *anunciar*

chirriar: *confiar*

dactilografiar: *confiar*
delinear: v. ALINEAR; tiene las
  mismas características
demasiarse: *confiar*
demediar: *anunciar*
denunciar: *anunciar*
depreciar: *anunciar*
derrubiar: *anunciar*
desafiar: *confiar*
desagraciar: *anunciar*
desagraviar: *anunciar*
desaguar: *fraguar*
desahijar: *ahijar*
desahitarse: *ahijar*
desahuciar: *anunciar*, y *amainar*
  (pref.) o *ahijar*
desahumar: *ahijar*
desainar: *aislar*
desaislar: *aislar*
desaparroquiar: *anunciar*
desapreciar: *anunciar*
desapropiar: *anunciar*
desasociar: *anunciar*
desataviar: *confiar*
desaviar: *confiar*
desbarahustar: *ahijar*
desbaraustar: *aunar*
desbruar: *continuar*
descambiar: *anunciar*
descarriar: *confiar*
desconceptuar: *continuar*
desconfiar: *confiar*
descontagiar: *anunciar*
descontinuar: *continuar*
descriarse: *confiar*
desembaular: *embaular*
desenvainar: *amainar*
desgraciar: *anunciar*
deshabituar: *continuar*
desliar: *confiar*
desmemoriarse: *anunciar*
desmenguar: *fraguar*

desperdiciar: *anunciar*
despreciar: *anunciar*
desprestigiar: *anunciar*
desquiciar: *anunciar*
desraizar: *aislar*
destapiar: *anunciar*
desubstanciar: *anunciar*
desustanciar: *anunciar*
desvariar: *confiar*
desviar: *confiar*
desvirtuar: *continuar*
devaluar: *continuar*
diferenciar: *anunciar*
diligenciar: *anunciar*
diluviar: *anunciar*
dimidiar: *anunciar*
discontinuar: *continuar*
disociar: *anunciar*
distanciar: *anunciar*
divorciar: *anunciar*
domiciliar: *anunciar*

ejecutoriar: *confiar*
elogiar: *anunciar*
EMBAUCAR: se conjuga sin deshacer el diptongo: *embauco, em-
  baucas, embauca; embaucamos,
  embaucáis, embaucan.*
EMBAULAR: generalmente se conjuga como *aunar*, pero algunos
  tienden a conjugarlo como *embaucar.*
embuciar: *anunciar*
empapuciar: *anunciar*
enaguar: *fraguar*
encabrahigar: *ahijar*
encabriar: *anunciar*
encomiar: *anunciar*
endemoniarse: *anunciar*
enfriar: *confiar*
engaviar: *anunciar*
engraciar: *anunciar*
enhastiar: *confiar*
enjaguar: *fraguar*
enjarciar: *anunciar*
enjuiciar: *anunciar*
enlabiar: *anunciar*

enlaciar: *anunciar*
enlejiar: *confiar*
enmaniguarse: *fraguar*
enmustiar: *anunciar*
enneciarse: *anunciar*
enquiciar: *anunciar*
enrabiar: *anunciar*
enraizar: *aislar*
enranciar: *anunciar*
enriar: *confiar*
enripiar: *anunciar*
enrubiar: *anunciar*
enseriarse: *anunciar*
ensuciar: *anunciar*
enterriar: *anunciar*
entibiar: *anunciar*
entrecriarse: *confiar*
entremediar: *anunciar*
entreuntar: *aunar*
enturbiar: *anunciar*
enunciar: *anunciar*
envainar: *amainar*
enviar: *confiar*
enviciar: *anunciar*
envidiar: *anunciar*
escalofriar: *confiar*
escanciar: *anunciar*
escariarse: *anunciar*
escarpiar: *anunciar*
escofiar: *anunciar*
escoliar: *anunciar*
escoriar: *anunciar*
esgrafiar: *anunciar*
espaciar: *anunciar*
espiar: *confiar*
espurriar: *confiar*
espoliar: *anunciar*
esquiar: *confiar*
estatuar: *continuar*
estipendiar: *anunciar*
estriar: *confiar*
estudiar: *anunciar*
europeizar: *aislar*
evacuar: *fraguar*
evaluar: *continuar*
evidenciar: *anunciar*
exceptuar: *continuar*

excoriar: *anunciar*
exfoliar: *anunciar*
exiliar: *anunciar*
expatriar: *confiar* (pref.) o *anunciar*
expiar: *confiar*
expoliar: *anunciar*
expropiar: *anunciar*
extasiarse: *confiar*
extenuar: *continuar*
extraviar: *confiar*

fastidiar: *anunciar*
feriar: *anunciar*
fiar: *confiar*
filiar: *anunciar* (preferible) o *confiar*
financiar: *anunciar*
foliar: *anunciar*
fotocopiar: *anunciar*
fotografiar: *confiar*
fotolitografiar: *confiar*
FRAGUAR: en la conjugación de este verbo, así como en la de los que tienen igual conjugación acentual, no se deshace el diptongo: *fraguo, fraguas, fragua; fraguamos, fraguáis, fraguan.*

ganzuar: *continuar*
garuar: *continuar*
gazmiar: *anunciar*
gloriarse: *confiar* (pref.) o *anunciar*
graduar: *continuar*
grafiar: *confiar*
guiar: *confiar*

habituar: *continuar*
hastiar: *confiar*
hebraizar: *aislar*
hiperestesiar: *anunciar*
hipertrofiarse: *anunciar*
hipostasiar: *anunciar*
historiar: *anunciar* (pref.) o *confiar*

incendiar: *anunciar*
incordiar: *anunciar*
indiciar: *anunciar*
individuar: *continuar*
indulgenciar: *anunciar*
industriar: *anunciar*
inebriar: *anunciar*
infatuar: *continuar*
ingeniar: *anunciar*
iniciar: *anunciar*
injuriar: *anunciar*
inmiscuir (*v. en la sección 2*).
insidiar: *anunciar*
insinuar: *continuar*
intercambiar: *anunciar*
interlinear: *alinear*
intermediar: *anunciar*
inventariar: *confiar*
irradiar: *anunciar*
irreverenciar: *anunciar*
istriar: *confiar*

jipiar: *confiar*
judaizar: *aislar*

liar: *confiar*
licenciar: *anunciar*
licuar: *continuar*
lidiar: *anunciar*
limpiar: *anunciar*
lisiar: *anunciar*
litofotografiar: *confiar*
litografiar: *confiar*
lixiviar: *anunciar*

malcriar: *confiar*
maleficiar: *anunciar*
maliciar: *anunciar*
matrimoniar: *anunciar*
maular: *amainar*
maullar: *aunar*
mecanografiar: *confiar*
mediar: *anunciar*
menguar: *fraguar*
menospreciar: *anunciar*
menstruar: *continuar*
mimeografiar: *confiar*

miar: *confiar*
miniar: *anunciar*
multicopiar: *anunciar*
murciar: *anunciar*
mustiarse: *anunciar*

negociar: *anunciar*
noticiar: *anunciar*

obsequiar: *anunciar*
obviar: *anunciar*
ociar: *anunciar*
odiar: *anunciar*
oficiar: *anunciar*
oprobiar: *anunciar*

paliar: *anunciar* (pref.) o *confiar*
parahusar: *ahijar*
parodiar: *anunciar*
paular: *amainar*
pendenciar: *anunciar*
penitenciar: *anunciar*
perpetuar: *continuar*
pesiar: *anunciar*
piar: *confiar*
pifiar: *anunciar*
pipiar: *confiar*
plagiar: *anunciar*
porfiar: *confiar*
potenciar: *anunciar*
preceptuar: *continuar*
preciar: *anunciar*
preludiar: *anunciar*
premiar: *anunciar*
prenunciar: *anunciar*
presagiar: *anunciar*
presenciar: *anunciar*
presidiar: *anunciar*
prestigiar: *anunciar*
principiar: *anunciar*
privilegiar: *anunciar*
prohibir: *ahijar*
prohijar: *ahijar*
promediar: *anunciar*
promiscuar: *continuar*
pronunciar: *anunciar*
propiciar: *anunciar*

proverbiar: *anunciar*
providenciar: *anunciar*
puar: *continuar*
puntuar: *continuar*

rabiar: *anunciar*
radiar: *anunciar*
radiografiar: *confiar*
ranciar: *anunciar*
rebudiar: *anunciar*
recambiar: *anunciar*
recauchar: *embaucar*
reconciliar: *anunciar* (pref.) o *confiar*
recriar: *confiar*
redituar: *continuar*
reencauchar: *embaucar*
reenviar: *confiar*
refugiar: *anunciar*
regraciar: *anunciar*
rehilar: *ahijar*
rehinchar: *ahijar*
rehundir: *ahijar*
rehusar: *ahijar*
reliar: *confiar*
relimpiar: *anunciar*
remediar: *anunciar*
renunciar: *anunciar*
repatriar: *confiar* (pref.) o *amainar*
repropiarse: *anunciar*
repudiar: *anunciar*
resabiarse: *anunciar*
resfriar: *confiar*
residenciar: *anunciar*
reunir: *aunar*
reuntar: *aunar*
reverenciar: *anunciar*
rociar: *confiar*
ruar: *continuar*
rumiar: *anunciar*

saciar: *anunciar*
sahumar: *ahijar*
sainar: *aislar*
salariar: *anunciar*
salmodiar: *anunciar*

santiguar: *fraguar*
sentenciar: *anunciar*
seriar: *anunciar*
serviciar: *anunciar*
sextaferiar: *anunciar*
silenciar: *anunciar*
sitiar: *anunciar*
situar: *continuar*
sobreaguar: *fraguar*
sobrehilar: *ahijar*
soliloquiar: *anunciar*
soliviar: *anunciar*
subsidiar: *anunciar*
substanciar: *anunciar*
sumariar: *anunciar*
sustanciar: *anunciar*

tapiar: *anunciar*
taquigrafiar: *confiar*
telegrafiar: *confiar*
terciar: *anunciar*
tertuliar: *anunciar*
testimoniar: *anunciar*
traillar: *aislar*
translinear: *alinear*
traslinear: *alinear*
triar: *confiar*
tripudiar: *anunciar*
tumultuar: *continuar*

usufructuar: *continuar*

vaciar: *confiar* (pref.) o *anunciar*
valuar: *continuar*
vanagloriar: *anunciar*
variar: *confiar*
vendimiar: *anunciar*
viciar: *anunciar*
vidriar: *confiar* (pref.) o *anunciar*
vigiar: *confiar*
vilipendiar: *anunciar*
vivenciar: *anunciar*

xerografiar: *confiar*

zurriar: *confiar* (pref.) o *anunciar*

II. Verbos irregulares propiamente dichos

La siguiente lista trata de recoger todos los verbos irregulares de nuestra lengua, remitidos a su modelo, que se halla en la misma lista, en su lugar alfabético correspondiente.

ABARSE: defect.; sólo se usa en el infinitivo y en la segunda persona de singular y plural del imperativo.

abastecer: *agradecer*

abducir: *conducir*

ablandecer: *agradecer*

abnegar: *acertar*

ABOLIR: defect.; sólo se usa en las formas cuya desinencia comience con *i*: Ind. Pres.: *abolimos, abolís.* Imp.: *abolía, abolías,* etc. Pret. ind.: *abolí, aboliste,* etc. Fut. imp.: *aboliré, abolirás,* etc. Pot.: *aboliría, abolirías,* etc. Subj. Imp.: *aboliera* o *aboliese, abolieras* o *abolieses,* etc. Fut. imp.: *aboliere, abolieres,* etc. Part.: *abolido.* Ger.: *aboliendo.*

aborrecer: *agradecer*

absolver: *mover*

abstener(se): *tener*

abstraer: *traer*

abuñolar: *contar*

acaecer: en la acepción de «acontecer, ocurrir, suceder», sólo se usa en el infinitivo y en las terceras personas, y se conjuga como *agradecer.*

ACERTAR: conjugación. Ind. Pres.: *acierto, aciertas, acierta; acertamos, acertáis, aciertan.* Imp.: *acertaba, acertabas,* etc. Pret. ind.: *acerté, acertaste,* etc. Fut. imp.: *acertaré, acertarás,* etc. Pot.: *acertaría, acertarías,* etcé-

tera. Subj. Pres.: *acierte, aciertes, acierte; acertemos, acertéis, acierten.* Imp.: *acertara* o *acertase, acertaras* o *acertases,* etc. Imper.: *acierta, acierte; acertemos, acertad, acierten.* Part.: *acertado.* Ger.: *acertando.*

aclocar: *contar*

acollar: *contar*

acomedirse: *pedir*

acomendar: *acertar*

acontecer: sólo se usa en las terceras personas, y se conjuga como *agradecer.*

acordar: *contar*

acornar: *contar*

acostar: *contar*

acrecentar: *acertar*

acrecer: *agradecer*

adestrar: *acertar* (hoy se prefiere la forma regular *adiestrar*).

adherir: *sentir*

ADIR: sólo se usa en la frase *adir la herencia.*

adolecer: *agradecer*

adormecer: *agradecer*

adormir: *dormir*

ADQUIRIR: conjugación: Ind. Pres.: *adquiero, adquieres, adquiere; adquirimos, adquirís, adquieren.* Imp.: *adquiría, adquirías,* etc. Pret. ind.: *adquirí, adquiriste,* etc. Fut. imp.: *adquiriré, adquirirás,* etc. Pot.: *adquiriría, adquirirías,* etc. Subj. Pres.:

adquiera, adquieras, adquiera; adquiramos, adquiráis, adquieran. Imp.: adquiriera o adquiriese, adquirieras o adquirieses, etc. Fut. imp.: adquiriere, adquirieres, etc. Imper.: adquiere, adquiera; adquiramos, adquirid, adquieran. Part.: adquirido. Ger.: adquiriendo.

aducir: conducir

advenir: venir

advertir: sentir

afeblecerse: agradecer

aferrar: acertar (puede usarse también como regular).

afluir: huir

afollar: contar

aforar: es regular en la acepción de «dar o tomar aforos, hacer aforos». En el sentido de «dar fueros» es irregular, y se conjuga como contar.

agorar: contar

AGRADECER: conjugación: Ind. Pres.: agradezco, agradeces, agradece; agradecemos, agradecéis, agradecen. Imp.: agradecía, agradecías, etc. Pret. ind.: agradecí, agradeciste, etc. Fut. imp.: agradeceré, agradecerás, etc. Pot.: agradecería, agradecerías, etc. Subj. Pres.: agradezca, agradezcas, agradezca; agradezcamos, agradezcáis, agradezcan. Imp.: agradeciera o agradeciese, agradecieras o agradecieses, etc. Fut. imp.: agradeciere, agradecieres, etc. Imper.: agradece, agradezca; agradezcamos, agradeced, agradezcan. Part.: agradecido. Ger.: agradeciendo.

agravecer: agradecer

agredir: ha dejado de ser defectivo; puede, pues, conjugarse en todos sus tiempos.

aguerrir: defect.; sólo se usa

en los mismos tiempos y personas que abolir.

ajorar: contar

alebrarse: acertar

alendar: acertar

alentar: acertar

aliquebrar: acertar

almorzar: contar

alobreguecer: agradecer (es arcaísmo; se sustituye por lobreguecer).

alongar: contar

altivecer: agradecer

amanecer: agradecer

amarillecer: agradecer

amentar: acertar

amoblar: contar (hoy se usa más la forma amueblar, que es regular).

amodorrecer: agradecer

amohecer: agradecer

amolar: contar

amollar: contar

amorecer: agradecer

amortecer: agradecer

amover: mover

anacer: sólo se usa en las terceras personas.

ANDAR: conjugación: Ind. Pres.: ando, andas, anda; andamos, andáis, andan. Imp.: andaba, andabas, etc. Pret. ind.: anduve, anduviste, anduvo; anduvimos, anduvisteis, anduvieron. Fut. imp.: andaré, andarás, etc. Pot.: andaría, andarías, etc. Subj. Pres.: ande, andes, ande; andemos, andéis, anden. Imp.: anduviera o anduviese, anduvieras o anduvieses, etc. Fut. imp.: anduviere, anduvieres, etc. Imper.: anda, ande; andemos, andad, anden. Part.: andado. Ger.: andando.

aneblar: acertar

anochecer: agradecer

antedecir: *decir*

anteponer: *poner*

antevenir: *venir*

antever: *ver*

apacentar: *acertar*

aparecer: *agradecer*

apercollar: *contar*

apernar: *acertar*

apetecer: *agradecer*

aplacer: poco usado; se emplea con más frecuencia en las terceras personas de singular y plural del presente y pretérito imperfecto de indicativo; se sustituye por *placer*.

apostar: en la acepción de «situar personas o caballerías en lugar determinado» es regular; en la de «hacer apuestas», irregular, y se conjuga como *contar*.

apretar: *acertar*

aprevenir: *venir*

aprobar: *contar*

arbolecer: *agradecer*

arborecer: *agradecer*

argüir: *huir*

aridecer: *agradecer*

arrecir(se): defect.; sólo se usa en los mismos tiempos y personas que *abolir*.

arrendar: *acertar*

arrepentirse: *sentir*

ascender: *entender*

asentar: *acertar*

asentir: *sentir*

aserrar: *acertar*

ASIR: conjugación: Ind. Pres.: *asgo, ases, ase; asimos, asís, asen.* Imp.: *asía, asías,* etc. Pret. ind.: *así, asiste,* etc. Fut. imp.: *asiré, asirás,* etc. Pot.: *asiría, asirías,* etc. Subj. Pres.: *asga, asgas, asga; asgamos, asgáis, asgan.* Imp.: *asiera* o *asiese, asieras* o *asieses,* etc. Fut. imp.: *asiere, asieres,* etc. Imper.: *ase, asga;*

asgamos, asid, asgan. Part.: *asido.* Ger.: *asiendo.*

asolar: en la acepción de «echar a perder una cosecha el calor o la sequía» es regular; en la de «destruir, arrasar», irregular, y se conjuga como *contar*; tiene la misma irregularidad, e igual conjugación, la forma pronominal *asolarse* («posarse», tratándose de líquidos).

asoldar: *contar*

asonar: *contar*

asosegar: *acertar*

aspaventar: *acertar*

astreñir: *ceñir*

astriñir: *tañer*

atañer: sólo se usa en las terceras personas, sobre todo de indicativo.

atardecer: *agradecer*

atender: *entender*

atenerse: *tener*

atentar: en la acepción de «cometer atentado» es regular; en la anticuada de «tentar» y en la de «atentarse», irregular, y se conjuga como *acertar*.

aterecerse: *agradecer*

aterirse: defect.; sólo se usa en los mismos tiempos y personas que *abolir*.

aterrar: en la acepción de «causar terror» es regular; en las de «derribar», «cubrir con tierra» y «llegar a tierra», irregular, y se conjuga como *acertar*.

atestar: en la acepción de «testimoniar» es regular; en la de «llenar a presión» puede ser regular e irregular, y en este caso se conjuga como *acertar*.

atorar: en la acepción de «atascar, obstruir», es regular; en la de «partir leña en tueros», irregular, y se conjuga como *contar*.

atraer: *traer*
atravesar: *acertar*
atribuir: *huir*
atronar: *contar*
avanecerse: *agradecer*
avenir(se): *venir*
aventar: *acertar*
avergonzar: *contar*
azolar: *contar*

balbucir: no suele usarse en los tiempos en que los verbos de esta irregularidad toman la z antes de la o: *balbuzo, balbuzas*; por consiguiente, no se usa en la primera persona del singular del presente de indicativo ni en el presente de subjuntivo; se usa en el presente de indicativo y en algunas de las formas que en su desinencia tienen i: *balbucía, balbucieron*, pero puede sustituirse en todos los casos por el verbo *balbucear*, hoy más usado.

beldar: *acertar*
bendecir: *decir* (excepto en el futuro, potencial y segunda persona del singular del imperativo, que son regulares).
bienquerer: *entender*
bistraer: *traer*
blandir: según muchos gramáticos, defectivo, y sólo se usa en los mismos tiempos y personas que *abolir;* su conjugación se completa con la de *blandear.*
blanquecer: *agradecer*
bruñir: *mullir.*
buir: no es verbo académico; para unos gramáticos es defectivo, y sólo se usa en el infinitivo y en el participio, mientras para otros se usa en los mismos tiempos y personas que *abolir.*
bullir: *mullir.*

CABER: conjugación: Ind. Pres.: *quepo, cabes, cabe; cabemos, cabéis, caben.* Imp.: *cabía, cabías,* etc. Pret. ind.: *cupe, cupiste, cupo; cupimos, cupisteis, cupieron.* Fut. imp.: *cabré, cabrás, cabrá; cabremos, cabréis, cabrán.* Subj. Pres.: *quepa, quepas, quepa; quepamos, quepáis, quepan.* Imp.: *cupiera* o *cupiese, cupieras* o *cupieses,* etc. Fut. imp.: *cupiere, cupieres,* etc. Imper.: *cabe, quepa; quepamos, cabed, quepan.* Part.: *cabido.* Ger.: *cabiendo.*
CAER: conjugación: Ind. Pres.: *caigo, caes, cae; caemos, caéis, caen.* Imp.: *caía, caías,* etc. Fut. imp.: *caeré, caerás,* etc. Pot.: *caería, caerías,* etc. Subj. Pres.: *caiga, caigas,* etc. Imp.: *cayera* o *cayese, cayeras* o *cayeses,* etc. Fut. imp.: *cayere, cayeres,* etc. Imper.: *cae, caiga; caigamos, caed, caigan.* Part.: *caído.* Ger.: *cayendo.*
calecer(se): *agradecer*
calentar: *acertar*
carecer: *agradecer*
cegar: *acertar*
CEÑIR: conjugación: Ind. Pres.: *ciño, ciñes, ciñe; ceñimos, ceñís, ciñen.* Pret. imp.: *ceñía, ceñías,* etc. Pret. ind.: *ceñí, ceñiste, ciñó; ceñimos, ceñisteis, ciñeron.* Fut. imp.: *ceñiré, ceñirás,* etc. Pot.: *ceñiría, ceñirías,* etc. Subj. Pres.: *ciña, ciñas, ciña; ciñamos, ciñáis, ciñan.* Imp.: *ciñera* o *ciñese, ciñeras* o *ciñeses,* etc. Fut. imp.: *ciñere, ciñeres,* etc. Imper.: *ciñe, ciña; ciñamos, ceñid, ciñan.* Part.: *ceñido.* Ger.: *ciñendo.*
cerner: *entender*
cernir: *sentir*
cerrar: *acertar*

cimentar: *acertar* (hoy se conjuga como regular).

circuir: *huir*

circunceñir: *ceñir*

circunferir: *sentir*

circunvolar: *contar*

clarecer: *agradecer*

clocar: *contar*

coadquirir: *adquirir*

coarrendar: *acertar*

cocer: *mover*

coextenderse: *entender*

colar: *contar*

colegir: *pedir*

colgar: *contar*

colicuecer: *agradecer*

comedir(se): *pedir*

comenzar: *acertar*

compadecer: *agradecer*

comparecer: *agradecer*

competir: *pedir*

complacer: *agradecer*

componer: *poner*

comprobar: *contar*

concebir: *pedir*

concernir: sólo se usa en las terceras personas, en el gerundio y en el participio activo; los tiempos más usuales son los presentes de indicativo y subjuntivo y el pretérito imperfecto de indicativo.

concertar: *acertar*

concluir: *huir*

concordar: *contar*

condecir: *decir*

condescender: *entender*

condolecerse: *agradecer*

condoler(se): *mover*

C O N D U C I R : conjugación: Ind. Pres.: *conduzco, conduces, conduce; conducimos, conducís, conducen.* Imp.: *conducía, conducías,* etc. Pret. ind.: *conduje, condujiste, condujo; condujimos, condujisteis, condujeron.* Fut. imp.: *conduciré, con-* *ducirás,* etc. Pot.: *conduciría, conducirías,* etc. Subj. Pres.: *conduzca, conduzcas, conduzca; conduzcamos, conduzcáis, conduzcan.* Imp.: *condujera* o *condujese, condujeras* o *condujeses,* etc. Fut. imp.: *conduje-re, condujeres,* etc. Imper.: *conduce, conduzca; conduzcamos, conducid, conduzcan.* Part.: *conducido.* Ger.: *conduciendo.*

conferir: *sentir*

confesar: *acertar*

confluir: *huir*

conmover: *mover*

CONOCER: conjugación: Ind. Pres.: *conozco, conoces, conoce; conocemos, conocéis, conocen.* Imp.: *conocía, conocías,* etc. Pret. ind.: *conocí, conociste,* etc. Fut. imp.: *conoceré, conocerás,* etc. Pot.: *conocería, conocerías,* etc. Subj. Pres.: *conozca, conozcas, conozca; conozcamos, conozcáis, conozcan.* Imp.: *conociera* o *conociese, conocieras* o *conocieses,* etcétera. Fut. imp.: *conociere, conocieres,* etc. Imper.: *conoce, conozca; conozcamos, conoced, conozcan.* Part.: *conocido.* Ger.: *conociendo.*

conseguir: *pedir*

consentir: *sentir*

consograr: *contar*

consolar: *contar*

consonar: *contar*

constituir: *huir*

constreñir: *ceñir*

construir: *huir*

CONTAR: conjugación: Ind. Pres.: *cuento, cuentas, cuenta; contamos, contáis, cuentan.* Imp.: *contaba, contabas,* etc. Pret. ind.: *conté, contaste,* etc. Fut. imp.: *contaré, contarás,* etc. Pot.: *contaría, contarías,* etc.

Subj. Pres.: *cuente, cuentes, cuente; contemos, contéis, cuenten.* Imp.: *contara* o *contase, contaras* o *contases,* etc. Futuro imp.: *contare, contares,* etcétera. Imper.: *cuenta, cuente; contemos, contad, cuenten.* Part.: *contado.* Ger.: *contando.*

contender: *entender*
contener: *tener*
contorcerse: *mover*
contradecir(se): *decir*
contraer: *traer*
contrahacer: *hacer*
contraponer: *poner*
contraprobar: *contar*
contrarrequerir: *sentir*
contravenir: *venir*
contribuir: *huir*
controvertir: *sentir*
convalecer: *agradecer*
convenir: *venir*
convertir: *sentir*
convolverse: *mover*
corregir: *regir*
corroer: *roer*
costar: *contar*
costreñir: *ceñir*
crecer: *agradecer*

DAR: conjugación: Ind. Pres.: *doy, das, da; damos, dais, dan.* Imp.: *daba, dabas,* etc. Pret. ind.: *di, diste, dio; dimos, disteis, dieron.* Fut. imp.: *daré, darás,* etc. Pot.: *daría, darías,* etc. Subj. Pres.: *dé, des, dé; demos, deis, den.* Imp.: *diera* o *diese, dieras* o *dieses,* etc. Fut. imp.: *diere, dieres,* etc. Imper.: *da, dé; demos, dad, den.* Part.: *dado.* Ger.: *dando.*

decaer: *caer*
decentar: *acertar*
DECIR: conjugación: Ind. Pres.: *digo, dices, dice; decimos, decid, dicen.* Imp.: *decía, decías,* etc. Pret. ind.: *dije, dijiste, dijo; dijimos, dijisteis, dijeron.* Fut. imp.: *diré, dirás,* etc. Pot.: *diría, dirías,* etc. Subj. Pres.: *diga, digas, diga; digamos, digáis, digan.* Imp.: *dijera* o *dijese, dijeras* o *dijeses,* etc. Fut. imp.: *dijere,* etc. Imper.: *di, diga; digamos, decid, digan.* Part.: *dicho.* Ger.: *diciendo.*

decrecer: *agradecer*
dedolar: *contar*
deducir: *conducir*
defender: *entender*
defenecer: *agradecer*
deferir: *adquirir*
degollar: *contar*
dementar: en el sentido de «causar demencia, hacer perder la razón», es regular; en el de «mencionar, recordar», irregular, y se conjuga como *acertar.*
demoler: *mover*
demostrar: *contar*
denegar: *acertar*
denegrecer: *agradecer*
denegrir: defect.; sólo se usa en los mismos tiempos y personas que *abolir.*
denostar: *contar*
dentar: *acertar*
deponer: *poner*
derrenegar: *acertar*
derrengar: *acertar* (hoy se usa como regular).
derretir: *pedir*
derrocar: *contar* (hoy se usa como regular).
derruir: *huir*
desabastecer: *agradecer*
desacertar: *acertar*
desacollar: *contar*
desacordar: *contar*
desadormecer: *agradecer*
desadvertir: *sentir*
desaferrar: *acertar* (hoy se conjuga como regular).

desaforar: *contar*
desagradecer: *agradecer*
desalentar: *acertar*
desamoblar: *contar* (hoy se usa más la forma regular *desamueblar*).
desamortecer: *agradecer*
desandar: *andar*
desanzolar: *contar*
desaparecer: *agradecer*
desapretar: *acertar*
desaprobar: *contar*
desarrendar: *acertar*
desasentar: *acertar*
desasir: *asir*
desasosegar: *acertar*
desatender: *entender*
desatentar: *acertar*
desaterirse: *v. aterirse;* tiene la misma irregularidad.
desaterrar: *acertar*
desatraer: *traer*
desatravesar: *acertar*
desavenir: *venir*
desbravecer: *agradecer*
descabullirse: *mullir*
descaecer: *agradecer*
descaer: *caer*
descalentarse: *acertar*
descender: *entender*
desceñir: *ceñir*
descerrar: *acertar*
descimentar: *acertar* (hoy se usa como regular).
descocer: *nacer*
descolgar: *contar*
descollar: *contar*
descomedirse: *pedir*
descomponer: *poner*
desconcertar: *acertar*
desconocer: *agradecer*
desconsentir: *sentir*
desconsolar: *contar*
descontar: *contar*
desconvenir: *venir*
descordar: *contar*
descornar: *contar*

descrecer: *agradecer*
desdar: *dar*
desdecir: *decir*
desdentar: *acertar*
desembebecerse: *agradecer*
desembellecer: *agradecer*
desembravecer: *agradecer*
desembrutecer: *agradecer*
desempedrar: *acertar*
desempobrecer: *agradecer*
desencarecer: *agradecer*
desencerrar: *acertar*
desencordar: *contar*
desencovar: *contar*
desenfurecer: *agradecer*
desengrosar: *contar* (*v.* ENGROSAR)
desenmohecer: *agradecer*
desenmudecer: *agradecer*
desensoberbecer: *agradecer*
desentenderse: *entender*
desenterrar: *acertar*
desentorpecer: *agradecer*
desentristecer: *agradecer*
desentumecer: *agradecer*
desenvolver: *mover*
deservir: *pedir*
desfallecer: *agradecer*
desfavorecer: *agradecer*
desferrar: *acertar*
desflocar: *contar*
desflorecer: *agradecer*
desfortalecer: *agradecer*
desforzarse: *contar*
desgobernar: *acertar*
desguarnecer: *agradecer*
deshacer: *hacer*
deshelar: *acertar*
desherbar: *acertar*
desherrar: *acertar*
deshumedecer: *agradecer*
desimponer: *poner*
desinvernar: *acertar*
desleír: *reír*
deslendrar: *acertar*
deslucir: *lucir*
desmajolar: *contar*
desmarriarse: defect.; **sólo se**

usa en los mismos tiempos y personas que *abolir*.

desmedirse: *pedir*

desmelar: *acertar*

desmembrar: *acertar*

desmentir: *sentir*

desmerecer: *agradecer*

desmoler: *mover*

desmorecerse: *agradecer*

desmullir: *mullir*

desnegar: *acertar*

desnevar: *acertar*

desobedecer: *agradecer*

desobstruir: *huir*

desoír: *oír*

desolar: *contar*

desoldar: *contar*

desollar: *contar*

desosar: *contar*, poniendo *h* delante del diptongo *ue* en los tiempos y personas que lo requieren; se puede sustituir por el verbo *deshuesar*, regular.

desaparecer: *agradecer*

despavorir: defect.; sólo se usa en los mismos tiempos y personas que *abolir*.

despedir: *pedir*

despedrar: *acertar*

desperecerse: *agradecer*

despernar: *acertar*

despertar: *acertar*

despezar: *acertar*

desplacer: *agradecer*

desplegar: *acertar* (a veces se ha usado como regular)

despoblar: *contar*

desproveer: su conjugación se considera regular, a pesar de admitir una *y* en algunos tiempos: *desproveyendo;* su participio es siempre irregular: *desprovisto*.

desquebrar: *acertar*

desquerer: *entender*

destender: *entender*

destentar: *acertar*

desteñir: *ceñir*

desterrar: *acertar*

destituir: *huir*

destorcer: *mover*

destostarse: *contar*

destrocar: *contar*

destruir: *huir*

destullecer: *agradecer*

desvaír: defect.; sólo se usa en los mismos tiempos y personas que *abolir*.

desvaler: *valer*

desvanecer: *agradecer*

desventar: *acertar*

desvergonzarse: *contar*

desvestir: *pedir*

desvolver: *mover*

deszocar: *contar*

detener: *tener*

detraer: *traer*

devenir: *venir*

devolver: *mover*

dezmar: *acertar* (hoy se usa más la forma regular *diezmar*)

diferir: *sentir*

difluir: *huir*

digerir: *sentir*

diluir: *huir*

diminuir: *huir*

dirruir: *huir*

DISCERNIR: conjugación: Ind. Pres.: *discierno, disciernes, discierne; discernimos, discernís, disciernen*. Imp.: *discernía, discernías*, etc. Pret. ind.: *discerní, discerniste, discernió*, etc. Fut. imp.: *discerniré, discernirás*, etc. Pot.: *discerniría, discernirías*, etc. Subj. Pres.: *discierna, disciernas, discierna; discirnamos, discirnáis, disciernan*. Imp.: *discirniera* o *discirniese*, etc. Fut. imp.: *discirniere, discirnieres*, etc. Imper.: *discierne, discierna; discirnamos, discernid, disciernan*. Part.: *discernido*. Ger.: *discirniendo*.

disconvenir: *venir*
discordar: *contar*
disentir: *sentir*
dismembrar: *acertar*
disminuir: *huir*
disolver: *mover*
disonar: *contar*
dispertar: *acertar*
displacer: *agradecer*
disponer: *poner*
distender: *entender*
distraer: *traer*
distribuir: *huir*
divertir: *sentir*
dolar: *contar*
doler: *mover*
DORMIR: conjugación: Ind. Pres.: *duermo, duermes, duerme; dormimos, dormís, duermen.* Imp.: *dormía, dormías,* etc. Pret. ind.: *dormí, dormiste, durmió; dormimos, dormisteis, durmieron.* Fut. imp.: *dormiré, dormirás,* etc. Pot.: *dormiría, dormirías,* etc. Subj. Pres.: *duerma, duermas, duerma; durmamos, durmáis, duerman.* Imp.: *durmiera o durmiese,* etc. Fut. imp.: *durmiere, durmieres,* etc. Imper.: *duerme, duerma; durmamos, dormid, duerman.* Part.: *dormido.* Ger.: *durmiendo.*

educir: *conducir*
eflorecerse: *agradecer*
elegir: *pedir*
embaír: defect.; sólo se usa en los mismos tiempos y personas que *abolir.*
embarbecer: *agradecer*
embarnecer: *agradecer*
embastecer: *agradecer*
embebecer: *agradecer*
embellaquecerse: *agradecer*
embellecer: *agradecer*
embermejecer: *agradecer*
embestir: *pedir*

emblandecer: *agradecer*
emblanquecer: *agradecer*
embobecer: *agradecer*
embosquecer: *agradecer*
embravecer: *agradecer*
embrutecer: *agradecer*
emolir: defect.; sólo se usa en los mismos tiempos y personas que *abolir.*
empajolar: *contar*
empalidecer: *agradecer*
emparentar: *acertar*
empecer: *agradecer*
empedernir: defect.; sólo se usa en los mismos tiempos y personas que *abolir*
empedrar: *acertar*
empeller: *tañer*
empequeñecer: *agradecer*
empezar: *acertar*
emplastecer: *agradecer*
emplebeyecer: *agradecer*
emplumecer: *agradecer*
empobrecer: *agradecer*
empodrecer: *agradecer*
empoltronecerse: *agradecer*
emporcar: *contar*
empretecer: *agradecer*
empuñir: *mullir*
enaltecer: *agradecer*
enamarillecer: *agradecer*
enardecer: *agradecer*
encabellecerse: *agradecer*
encalvecer: *agradecer*
encallecer: *agradecer*
encandecer: *agradecer*
encanecer: *agradecer*
encarecer: *agradecer*
encarnecer: *agradecer*
enceguecer: *agradecer*
encender: *entender*
encentar: *acertar*
encerrar: *acertar*
encetar: *acertar*
enclocar: *contar*
encloquecer: *agradecer*
encoclar: *contar*

encomendar: *acertar*
encontrar: *contar*
encorar: *contar*
encordar: *contar*
encorecer: *agradecer*
encornar: *contar*
encostarse: *contar*
encovar: *contar*
encrudecer: *agradecer*
encruelecer: *agradecer*
encubertar: *acertar*
endentar: *acertar*
endentecer: *agradecer*
endurecer: *agradecer*
enfierecerse: *agradecer*
enflaquecer: *agradecer*
enfranquecer: *agradecer*
enfurecer: *agradecer*
engerir: *sentir*
engorar: *contar*
engrandecer: *agradecer*
engravecer: *agradecer*
engreír: *reír*
engrosar: *contar* (en la acepción de «hacer más grueso» puede usarse la forma regular *engruesar*; en las restantes acepciones se tiende a conjugarlo como regular, pero ese uso no es académico).
engrumecerse: *agradecer*
engullir: *mullir*
enhestar: *acertar*
enlanguidecer: *agradecer*
enlenzar: *acertar*
enlobreguecer: *agradecer*
enloquecer: *agradecer*
enlucir: *lucir*
enlustrecer: *agradecer*
enlentecer: *agradecer*
enllocar: *contar*
enmagrecer: *agradecer*
enmalecer: *agradecer*
enmarillecerse: *agradecer*
enmelar: *acertar*
enmendar: *acertar*
enmohecer: *agradecer*

enmollecer: *agradecer*
enmudecer: *agradecer*
enmugrecer: *agradecer*
ennegrecer: *agradecer*
ennoblecer: *agradecer*
ennudecer: *agradecer*
enorgullecer: *agradecer*
enralecer: *agradecer*
enrarecer: *agradecer*
enrigidecer: *agradecer*
enriquecer: *agradecer*
enrocar: en la acepción de «cierto movimiento de piezas en el ajedrez» es regular; en la de «revolver en la rueca el copo», irregular, y se conjuga como *contar*.
enrodar: *contar*
enrojecer: *agradecer*
enronquecer: *agradecer*
enroñecer: *agradecer*
enrudecer: *agradecer*
enruinecer: *agradecer*
ensalmorar: *contar*
ensandecer: *agradecer*
ensangrentar: *acertar*
ensarmentar: *acertar*
ensarnecer: *agradecer*
ensilvecerse: *agradecer*
ensoberbecer: *agradecer*
ensolver: *mover*
ensombrecer: *agradecer*
ensoñar: *contar*
ensordecer: *agradecer*
entallecer: *agradecer*
ENTENDER: conjugación: Ind. Pres.: *entiendo, entiendes, entiende; entendemos, entendéis, entienden.* Imp.: *entendía, entendías,* etc. Pret. ind.: *entendí, entendiste,* etc. Fut. imp.: *entenderé,* etc. Pot.: *entendería,* etc. Subj. Pres.: *entienda, entiendas, entienda; entendamos, entendáis, entiendan.* Imp.: *entendiera* o *entendiese,* etc. Fut. imp.: *entendiere, entendieres,* etc. Im-

perativo: *entiende, entienda; entendamos, entended, entiendan.* Part.: *entendido.* Ger.: *entendiendo.*

entenebrecer: *agradecer*

enternecer: *agradecer*

enterrar: *acertar*

entesar: *acertar*

entestecer: *agradecer*

entigrecerse: *agradecer*

entontecer: *agradecer*

entorpecer: *agradecer*

entortar: *contar*

entrecerrar: *acertar*

entredecir: *decir*

entrehender: *entender*

entrelucir: *lucir*

entremorir: *dormir*

entreoír: *oír*

entreparecerse: *agradecer*

entrepernar: *acertar*

entretener: *tener*

entrever: *ver*

entristecer: *agradecer*

entullecer: *agradecer*

entumecer: *agradecer*

envanecer: *agradecer*

envejecer: *agradecer*

enverdecer: *agradecer*

envestir: *pedir*

envilecer: *agradecer*

envolver: *mover*

enzurdecer: *agradecer*

equivaler: *valer*

ERGUIR: conjugación: Ind. Pres.: *irgo* (o *yergo*), *irgues* (o *yergues*), *irgue* (o *yergue*); *erguimos, erguís, irguen* (o *yerguen*). Imp.: *erguía, erguías,* etc. Pret. ind.: *erguí, erguiste, irguió; erguimos, erguisteis, irguieron.* Fut. imp.: *erguiré,* etc. Pot.: *erguiría,* etc. Subj. Pres.: *irga* (o *yerga*), *irgas* (o *yergas*), *irga* (o *yerga*); *irgamos* (o *yergamos*), *irgáis* (o *yergáis*), *irgan* (o *yergan*). Imp.: *irguiera* o *irguie-*

se, etc. Fut. imp.; *irguiere,* etc. Imper.: *irgue* (o *yergue*), *irga* (o *yerga*); *irgamos* (o *yergamos*), *erguid, irgan* (o *yergan*). Part.: *erguido.* Ger.: *irguiendo.*

errar: *acertar* (la *i* inicial del diptongo *ie* se convierte en *y*: *yerro, yerras, yerra; yerran;* pero *erramos, erráis*).

escabullir(se): *mullir*

escaecer: *agradecer*

escalecer: *agradecer*

escalfecerse: *agradecer*

escarmentar: *acertar*

escarnecer: *agradecer*

esclarecer: *agradecer*

escocer: *mover*

escolar: *contar*

escribir: es irregular su participio: *escrito;* la forma *escribido* se usa sólo en la frase *leído y escribido.*

escullir: *mullir*

esforzar: *contar*

esmuir: *huir*

establecer: *agradecer*

ESTAR: conjugación: Ind. Pres.: *estoy, estás, está; estamos, estáis, están.* Imp.: *estaba,* etc. Pret. ind.: *estuve, estuviste, estuvo; estuvimos, estuvisteis, estuvieron.* Fut. imp.: *estaré,* etc. Pot.: *estaría,* etc. Subj. Pres.: *esté, estés, esté; estemos, estéis, estén.* Imp.: *estuviera* o *estuviese,* etc. Fut. imp.: *estuviere,* etc. Imper.: *está, esté; estemos, estad, estén.* Part.: *estado.* Ger.: *estando.*

estatuir: *huir*

estregar: *acertar* (también se ha conjugado como regular)

estremecer: *agradecer*

estreñir: *ceñir*

esturdecer: *agradecer*

evolar: *contar*

excandecer: *agradecer*
excluir: *huir*
expedir: *pedir*
exponer: *poner*
extender: *entender*
extraer: *traer*

fallecer: *agradecer*
favorecer: *agradecer*
fenecer: *agradecer*
ferrar: *acertar*
florecer: *agradecer*
fluir: *huir*
follar: en la acepción de «formar o componer algo en hojas», es regular; en la de «soplar con fuelle», irregular, y se conjuga como *contar*.
fornecer: *agradecer*
fortalecer: *agradecer*
forzar: *contar*
fosforecer: *agradecer*
fosforescer: *agradecer*
frañer: *tañer*
fregar: *acertar*
freír: *reír*
fruir: *huir*
frutecer: *agradecer*

gañir: *mullir*
garantir: defect.; sólo se usa en los mismos tiempos y personas que *abolir*.
gemir: *pedir*
gobernar: *contar*
grandisonar: *contar*
gruir: *huir*
gruñir: *mullir*
guañir: *mullir*
guarecer: *agradecer*
guarir: defect.; sólo se usa en los mismos tiempos y personas que *abolir*.
guarnecer: *agradecer*

HABER: conjugación: Ind. Pres.: *he, has, ha* (o *hay*); *hemos* (o habemos), *habéis, han.* Imp.: *había, habías,* etc. Pret. ind.: *hube, hubiste, hubo; hubimos, hubisteis, hubieron.* Fut. imp.; *habré, habrás, habrá; habremos, habréis, habrán.* Pot.: *habría, habrías, habría; habríamos, habríais, habrían.* Subj. Pres.: *haya, hayas, haya; hayamos, hayáis, hayan.* Imp.: *hubiera* o *hubiese, hubieras* o *hubieses, hubiera* o *hubiese; hubiéramos* o *hubiésemos, hubierais* o *hubieseis, hubieran* o *hubiesen.* Fut. imp.: *hubiere, hubieres, hubiere; hubiéremos, hubiereis, hubieren.* Imper.: *he, haya; hayamos, habed, hayan.* Part.: *habido.* Ger.: *habiendo.*
hacendar: *acertar*
HACER: conjugación: Ind. Pres.: *hago, haces, hace; hacemos, hacéis, hacen.* Imp.: *hacía, hacías,* etc. Pret. ind.: *hice, hiciste, hizo; hicimos, hicisteis, hicieron.* Fut. imp.: *haré, harás, hará; haremos, haréis, harán.* Pot.: *haría, harías, haría; haríamos, haríais, harían.* Subj. Pres.: *haga, hagas, haga; hagamos, hagáis, hagan.* Imp.: *hiciera* o *hiciese, hicieras* o *hicieses, hiciera* o *hiciese; hiciéramos* o *hiciésemos, hicierais* o *hicieseis, hicieran* o *hiciesen.* Fut. imp.: *hiciere, hicieres, hiciere; hiciéremos, hiciereis, hicieren.* Imper.: *haz, haga; hagamos, haced, hagan.* Part.: *hecho.* Ger.: *haciendo.*
heder: *entender*
helar: *acertar*
henchir: *pedir*
hender: *entender*
heñir: *ceñir*
hendir: *sentir*
herbar: *acertar*

herbecer: *agradecer*
herir: *sentir*
hermanecer: *agradecer*
herrar: *acertar*
herventar: *acertar*
herver: *entender*
hervir: *sentir*
holgar: *contar*
hollar: *contar*
HUIR: conjugación: Ind. Pres.:
*huyo, huyes, huye; huimos,
huís, huyen.* Imp.: *huía, huías,*
etc. Pret. ind.: *huí, huiste, hu-
yó; huimos, huisteis, huyeron.*
Fut. imp.: *huiré, huirás,* etc.
Pot.: *huiría, huirías,* etc. Subj.
Pres.: *huya, huyas, huya; huyamos, huyáis, huyan.* Imp.: *hu-
yera* o *huyese, huyeras* o *hu-
yeses,* etc. Fut. imp.: *huyere,
huyeres,* etc. Imper.: *huye, huya; huyamos, huid, huyan.*
Part.: *huido.* Ger.: *huyendo.*
humedecer: *agradecer*

imbuir: *huir*
impedir: *pedir*
impertir: *sentir* (se usa sólo la
forma regular *impartir*)
imponer: *poner*
improbar: *contar*
incensar: *acertar*
incluir: *huir*
indisponer: *poner*
inducir: *conducir*
inferir: *sentir*
infernar: *acertar*
influir: *huir*
ingerir: *sentir*
injerir: *sentir*
inhestar: *acertar*
inmiscuir: *huir* (también es correcto como regular [*inmiscúo,
inmiscúes, inmiscúe*], pero no
se usa).
inseguir: *pedir*
inserir: *sentir*

instituir: *huir*
instruir: *huir*
interdecir: *decir*
interponer: *poner*
intervenir: *venir*
introducir: *conducir*
intuir: *huir*
invernar: *acertar*
invertir: *sentir*
investir: *pedir*
IR: conjugación: Ind. Pres.: *voy,
vas, va; vamos, vais, van.* Imp.:
*iba, ibas, iba; íbamos, ibais,
iban.* Pret. ind.: *fui, fuiste, fue;
fuimos, fuisteis, fueron.* Fut.
imp.: *iré, irás, irá; iremos,
iréis, irán.* Pot.: *iría, irías,* etc.
Subj. Pres.: *vaya, vayas, vaya;
vayamos, vayáis, vayan.* Imp.:
fuera o *fuese, fueras* o *fueses,*
etc. Fut. imp.: *fuere, fueres,* etc.
Imper.: *ve, vaya; vayamos, id,
vayan.* Part.: *ido.* Ger.: *yendo.*
irruir: *huir*

jamerdar: *acertar*
jimenzar: *acertar*
JUGAR: conjugación: Ind. Pres.:
*juego, juegas, juega; jugamos,
jugáis, juegan.* Imp.: *jugaba,
jugabas,* etc. Pret. ind.: *jugué,
jugaste,* etc. Fut. imp.: *jugaré,
jugarás,* etc. Pot.: *jugaría, ju-
garías,* etc. Subj. Pres.: *juegue,
juegues, juegue; juguemos, ju-
guéis, jueguen.* Imp.: *jugara* o
jugase, jugaras o *jugases,* etc.
Fut. imp.: *jugare, jugares,* etc.
Imper.: *juega, juegue; juegue-
mos, jugad, jueguen.* Part.: *ju-
gado.* Ger.: *jugando.*

lagrimacer: *nacer*
languidecer: *agradecer*
lentecer: *agradecer*
licuefacer: *hacer*
lobreguecer: *agradecer*

LUCIR: conjugación: Ind. Pres.: *luzco, luces, luce; lucimos, lucís, lucen.* Imp.: *lucía, lucías,* etc. Pret. ind.: *lucí, luciste,* etc. Fut. imp.: *luciré, lucirás,* etc. Pot.: *luciría, lucirías,* etc. Subj. Pres.: *luzca, luzcas, luzca; luzcamos, luzcáis, luzcan.* Imp.: *luciera o luciese, lucieras o lucieses,* etc. Fut. imp.: *luciere, lucieres,* etc. Imper.: *luce, luzca; luzcamos, lucid, luzcan.* Part.: *lucido.* Ger.: *luciendo.*

luir: *huir*

llover: *mover*

majolar: *contar*

malcornar: *contar*

maldecir: *decir* (excepto en el futuro imperfecto de indicativo [*maldeciré*, etc.], en el potencial [*maldeciría, maldecirías,* etc.], imperativo [*maldice, maldecid*], que es regular).

malentender: *entender*

malherir: *sentir*

malquerer: *querer*

malsonar: *contar*

maltraer: *traer*

mancornar: *contar*

manferir: *sentir*

manifestar: *acertar*

manir: defect.; sólo se usa en los mismos tiempos y personas que *abolir.*

mantener: *tener*

manutener: *tener*

medir: *pedir*

melar: *acertar*

mentar: *acertar*

mentir: *sentir*

merecer: *agradecer*

merendar: *acertar*

moblar: *contar*

mohecer: *agradecer*

moler: *mover*

morder: *mover*

morir: *dormir*

mostrar: *contar*

MOVER: conjugación: Ind. Pres.: *muevo, mueves, mueve; movemos, movéis, mueven.* Imp.: *movía, movías,* etc. Pret. ind.: *moví, moviste,* etc. Fut. imp.: *moveré, moverás,* etc. Pot.: *movería, moverías,* etc. Subj. Pres.: *mueva, muevas, mueva; movamos, mováis, muevan.* Imp.: *moviera o moviese, movieras o movieses,* etc. Fut. imp.: *moviere, movieres,* etc. Imper.: *mueve, mueva; movamos, moved, muevan.* Part.: *movido.* Ger.: *moviendo.*

muir: *huir*

MULLIR: conjugación: Ind. Pres.: *mullo, mulles, mulle; mullimos, mullís, mullen.* Imp.: *mullía, mullías,* etc. Pret. ind.: *mullí, mulliste, mulló; mullimos, mullisteis, mulleron.* Fut. imp.: *mulliré, mullirás,* etc. Pot.: *mulliría, mullirías,* etc. Subj. Pres.: *mulla, mullas,* etc. Imp.: *mullera o mullese, mulleras o mulleses,* etc. Fut. imp.: *mullere, mulleres,* etc. Imper.: *mulle, mulla; mullamos, mullid, mullan.* Part.: *mullido.* Ger.: *mullendo.*

muñir: *mullir*

NACER: conjugación: Ind. Pres.: *nazco, naces, nace; nacemos, nacéis, nacen.* Imp.: *nacía, nacías,* etc. Pret. ind.: *nací, naciste,* etc. Fut. imp.: *naceré, nacerás,* etc. Pot.: *nacería, nacerías,* etc. Subj. Pres.: *nazca, nazcas, nazca; nazcamos, nazcáis, nazcan.* Imp.: *naciera o naciese, nacieras o nacieses,* etc. Fut. imp.: *naciere, nacie-*

res, etc. Imper.: *nace, nazca; nazcamos, naced, nazcan.* Part.: *nacido* y *nato.* Ger.: *naciendo.*

negar: *acertar*

negrecer: *agradecer*

nevar: unipersonal; sólo se usa en el presente de indicativo *(nieva)* y en el presente de subjuntivo *(nieve).*

obedecer: *agradecer*

obscurecer: *agradecer*

obstruir: *huir*

obtener: *tener*

ocluir: *huir*

ofrecer: *agradecer*

OÍR: conjugación: Ind. Pres.: *oigo, oyes, oye; oímos, oís, oyen.* Imp.: *oía, oías,* etc. Pret. ind.: *oí, oíste, oyó; oímos, oísteis, oyeron.* Fut. imp.: *oiré, oirás,* etc. Pot.: *oiría, oirías,* etc. Subj. Pres.: *oiga, oigas, oiga; oigamos, oigáis, oigan.* Imp.: *oyera* u *oyese, oyeras* u *oyeses, oyera* u *oyese; oyéramos* u *oyésemos, oyerais* u *oyeseis, oyeran* u *oyesen.* Fut. imp.: *oyere, oyeres, oyere; oyéremos, oyereis, oyeren.* Imper.: *oye, oiga; oigamos, oíd, oigan.* Part.: *oído.* Ger.: *oyendo.*

oler: *mover* (las formas que comienzan con *ue* se escriben con *h: huelo, hueles,* etc.)

onecer: *agradecer*

oponer: *poner*

orgullecer: *agradecer*

oscurecer: *agradecer*

pacer: *nacer*

padecer: *agradecer*

palidecer: *agradecer*

parecer: *agradecer*

patiquebrar: *acertar*

PEDIR: conjugación: Ind. Pres.:

pido, pides, pide; pedimos, pedís, piden: Imp.: *pedía, pedías,* etc. Pret. ind.: *pedí, pediste, pidió; pedimos, pedisteis, pidieron.* Fut. imp.: *pediré, pedirás,* etc. Pot.: *pediría, pedirías,* etcétera. Subj. Pres.: *pida, pidas, pida; pidamos, pidáis, pidan.* Imp.: *pidiera* o *pidiese, pidieras* o *pidieses, pidiera* o *pidiese; pidiéramos* o *pidiésemos, pidierais* o *pidieseis, pidieran* o *pidiesen.* Fut. imp.: *pidiere, pidieres, pidiere; pidiéremos, pidiereis, pidieren.* Imper.: *pide, pida; pidamos, pedid, pidan.* Part.: *pedido.* Ger.: *pidiendo.*

pensar: *acertar*

percollar: *contar*

perder: *entender*

perecer: *agradecer*

permanecer: *agradecer*

perniquebrar: *acertar*

perquirir: *adquirir*

perseguir: *decir*

pertenecer: *agradecer*

pervertir: *sentir*

pimpollecer: *agradecer*

PLACER: conjugación: Ind. Pres.: *plazco, places, place; placemos, placéis, placen.* Imp.: *placía, placías,* etc. Pret. ind.: *plací, placiste, plació* (o *plugo*); *placimos, placisteis, placieron* (o *pluguieron*). Fut. imp.: *placeré, placerás,* etc. Pot.: *placería, placerías,* etc. Subj. Pres.: *plazca, plazcas, plazca* (o *plegue* o *plega*); *plazcamos, plazcáis, plazcan.* Imp.: *placiera* o *placiese, placieras* o *placieses, placiera* o *placiese* (o *pluguiera* o *plugiese*); *placiéramos* o *placiésemos, placierais* o *placieseis, placieran* o *placiesen.* Fut. imp.: *placiere, placieres, placiere* (o *pluguiere*); *placiéremos, placie-*

reis, *placieren*. Imper.: *place,*
plazca; plazcamos, placed, plaz-
can. Part.: *placido.* Ger.: *pla-*
ciendo
plañir: *mullir*
plastecer: *agradecer*
plegar: *acertar*
poblar: *contar*
PODER: conjugación: Ind. Pres.:
puedo, puedes, puede; pode-
mos, podéis, pueden. Imp.: *po-*
día, podías, etc. Pret. ind.: *pu-*
de, pudiste, pudo; pudimos,
pudisteis, pudieron. Fut. imp.:
podré, podrás, etc. Pot.: *podría,*
podrías, podría; podríamos,
podríais, podrían. Subj. Pres.:
pueda, puedas, pueda; poda-
mos, podáis, puedan. Imp.: *pu-*
diera o *pudiese, pudierais* o
pudieseis, pudiera o *pudiese;*
pudiéramos o *pudiésemos, pu-*
dierais o *pudieseis, pudieran* o
pudiesen. Fut. imp.: *pudiere,*
pudieres, pudiere; pudiéremos,
pudiereis, pudieren. Imper.:
puede, pueda; podamos, poded,
puedan. Part.: *podido.* Ger.: *pu-*
diendo.
podrecer: *agradecer*
podrir: esta forma sólo es correcta en el presente de indicativo (junto con *pudrir*) y en
el participio, *podrido;* en los
demás casos se usa la forma
con *u: pudría, pudrías,* etc.
PONER: conjugación: Ind. Pres.:
pongo, pones, pone; ponemos,
ponéis, ponen. Imp.: *ponía, po-*
nías, etc. Pret. ind.: *puse, pu-*
siste, puso; pusimos, pusisteis,
pusieron. Fut. imp.: *pondré,*
pondrás, pondrá; pondremos,
pondréis, pondrán. Pot.: *pon-*
dría, pondrías, etc. Subj. Pres.:
ponga, pongas, ponga; ponga-
mos, pongáis, pongan. Imp.:

pusiera o *pusiese, pusieras* o
pusieses, pusiera o *pusiese; pu-*
siéramos o *pusiésemos, pusie-*
rais o *pusieseis, pusieran* o *pu-*
siesen. Fut. imp.: *pusiere, pu-*
sieres, pusiere; pusiéremos, pu-
siereis, pusieren. Imper.: *pon,*
ponga; pongamos, poned, pon-
gan. Part.: *puesto.* Ger.: *po-*
niendo.
poseer: *caer*
posponer: *poner*
preconcebir: *pedir*
preconocer: *conocer*
predecir: *decir*
predisponer: *poner*
preelegir: *pedir*
preestablecer: *agradecer*
preferir: *sentir*
prelucir: *lucir*
premorir: *dormir*
preponer: *poner*
presentir: *sentir*
presuponer: *poner*
preterir: defect.; sólo se usa en
los mismos tiempos y personas
que *abolir.*
prevalecer: *agradecer*
prevaler: *valer*
prevenir: *venir*
prever: *ver*
probar: *contar*
producir: *conducir*
proferir: *adquirir*
promover: *mover*
proponer: *poner*
proseguir: *decir*
prostituir: *huir*
proveer: *caer*
provenir: *venir*
PUDRIR: conjugación: Ind. Pres.:
pudro, pudres, pudre; pudri-
mos, pudrís, pudren. Imp.: *pu-*
dría, pudrías, etc. Pret. ind.:
pudrí, pudriste, etc. Fut. imp.:
pudriré, pudrirás, etc. Pot.: *pu-*
driría, pudrirías, etcétera. Subj.

Pres.: *pudra, pudras, pudra; pudramos, pudráis, pudran.* Imperfecto: *pudriera* o *pudriese, pudrieras* o *pudrieses,* etc. Fut. imp.: *pudiere, pudieres,* etcétera. Imper.: *pudre, pudra; pudramos, pudrid, pudran.* Part.: *podrido.* Ger.: *pudriendo.*

quebrar: *acertar*
QUERER: conjugación: Ind. Pres.: *quiero, quieres, quiere; queremos, queréis, quieren.* Imp.: *quería, querías,* etc. Pret. ind.: *quise, quisiste, quiso; quisimos, quisisteis, quisieron.* Futuro imp.: *querré, querrás, querrá; querremos, querréis, querrán.* Pot.: *querría, querrías, querría; querríamos, querríais, querrían.* Subj. Pres.: *quiera, quieras, quiera; queramos, queráis, quieran.* Imp.: *quisiera* o *quisiese, quisieras* o *quisieses, quisiera* o *quisiese; quisiéramos* o *quisiésemos, quisierais* o *quisieseis, quisieran* o *quisiesen.* Fut. imp.: *quisiere, quisieres, quisiere; quisiéremos, quisiereis, quisieren.* Imper.: *quiere, quiera; queramos, quered, quieran.* Part.: *querido.* Ger.: *queriendo.*

raer: *traer* (aunque los tiempos *raigo, raigas, raiga,* se han conjugado como *rayo, rayas, raya,* estas formas no son habituales).
rarefacer: *hacer*
reagradecer: *agradecer*
reaparecer: *agradecer*
reapretar: *acertar*
reaventar: *acertar*
reblandecer: *agradecer*
rebruñir: *mullir*
rebullir: *mullir*

recaer: *caer*
recalentar: *acertar*
recentar: *acertar*
receñir: *ceñir*
recluir: *huir*
recocer: *mover*
recolar: *contar*
recolegir: *pedir*
recomendar: *acertar*
recomponer: *poner*
reconducir: *conducir*
reconocer: *conocer*
reconstituir: *huir*
reconstruir: *huir*
recontar: *contar*
reconvalecer: *agradecer*
reconvenir: *venir*
reconvertir: *sentir*
recordar: *contar*
recostar: *contar*
recrecer: *agradecer*
recrudecer: *agradecer*
redargüir: *huir*
redecir: *decir*
redoler: *mover*
reducir: *conducir*
reelegir: *pedir*
reexpedir: *pedir*
referir: *sentir*
reflorecer: *agradecer*
refluir: *huir*
reforzar: *contar*
refregar: *acertar*
refreír: *reír*
regañir: *mullir*
regar: *acertar*
regimentar: *acertar*
regir: *pedir*
regoldar: *contar*
regrosar: *contar*
regruñir: *mullir*
rehacer: *hacer*
rehenchir: *ceñir*
rehender: *entender*
reherir: *sentir*
reherrar: *acertar*
rehollar: *contar*

414

rehuir: *huir*
rehumedecer: *agradecer*
reinvertir: *sentir*
REÍR: conjugación: Ind. Pres.:
río, ríes, ríe; reímos, reís, ríen.
Imp.: *reía, reías,* etc. Pretérito
ind.: *reí, reíste, rió; reímos,*
reísteis, rieron. Fut. imp.: *rei-*
ré, reirás, etc. Pot.: *reiría, rei-*
rías, etc. Subj. Pres.: *ría, rías,*
ría; riamos, ridis, rían. Imp.:
riera o riese, rieras o rieses,
riera o riese; riéramos o riése-
mos, rierais o rieseis, rieran o
riesen. Fut. imp.: *riere, rieres,*
riere; riéremos, riereis, rieren.
Imper.: *ríe, ría; riamos, reíd,*
rían. Part.: *reído.* Ger.: *riendo.*
rejuvenecer: *agradecer*
relentecer: *agradecer*
relucir: *lucir*
remanecer: *agradecer*
remedir: *pedir*
remendar: *acertar*
remolar: *contar*
remoler: *mover*
remorder: *mover*
remostecerse: *agradecer*
remover: *mover*
remullir: *mullir*
renacer: *nacer*
rendir: *pedir*
renegar: *acertar*
renovar: *contar*
reñir: *ceñir*
repacer: *nacer*
repensar: *acertar*
repetir: *pedir*
replegar: *acertar*
repoblar: *contar*
repodrir: *podrir*
reponer: *poner*
reprobar: *contar*
reproducir: *conducir*
repudrir: *pudrir*
requebrar: *acertar*
requerir: *sentir*

resaber: *saber*
resalir: *salir*
rescontar: *contar*
resegar: *acertar*
reseguir: *decir*
resembrar: *acertar*
resentirse: *sentir*
resoltarse: *contar*
resolver: *mover*
resollar: *contar*
resonar: *contar*
resplandecer: *agradecer*
resquebrar: *acertar*
restablecer: *agradecer*
restituir: *huir*
restregar: *acertar*
restriñir: *mullir*
retallecer: *agradecer*
retemblar: *acertar*
retener: *tener*
retentar: *acertar*
reteñir: *ceñir*
retiñir: *mullir*
retoñecer: *conocer*
retorcer: *mover*
retostar: *contar*
retraducir: *conducir*
retraer: *traer*
retribuir: *huir*
retronar: *contar*
retrotraer: *traer*
revejecer: *agradecer*
revenir(se): *venir*
reventar: *acertar*
rever: *ver*
reverdecer: *agradecer*
reverter: *entender*
revertir: *sentir*
revestir: *pedir*
revolar: *contar*
revolcar: *contar*
revolver: *mover*
robustecer: *agradecer*
rodar: *contar*
ROER: conjugación: Ind. Pres.:
roo (o roigo o royo), roes, roe;
roemos, roéis, roen. Imp.: *roía,*

roías, etc. Pret. ind.: *roí, roís-*
te, royó; roímos, roísteis, ro-
yeron. Fut imp.: *roeré, roerás,*
etc. Pot.: *roería, roerías,* etcétera. Subj. Pres.: *roa* (o *roiga* o
roya), roas (o *roigas* o *royas),*
roa (o *roiga* o *roya*); *roamos*
(o *roigamos* o *royamos), roáis*
(o *roigáis* o *royáis), roan* (o
roigan o *royan*). Imp.: *royera*
o *royese, royeras* o *royeses, ro-*
yera o *royese; royéramos* o
royésemos, royerais o *royeseis,*
royeran o *royesen.* Fut. imp.:
royere, royeres, royere; royére-
mos, royereis, royeren. Imper.:
roe, roa (o *roiga* o *roya*); *roa-*
mos (o *roigamos* o *royamos),*
roed, roan (o *roigan* o *royan*).
Part.: *roído.* Ger.: *royendo.*

rogar: *contar*

SABER: conjugación: Ind. Pres.:
sé, sabes, sabe; sabemos, sabéis,
saben. Imp.: *sabía, sabías,* etcétera. Pret. ind.: *supe, supiste,*
supo; supimos, supisteis, supie-
ron. Fut. imp.: *sabré, sabrás,*
sabrá; sabremos, sabréis, sa-
brán. Pot.: *sabría, sabrías, sa-*
bría; sabríamos, sabríais, sa-
brían. Subj. Pres.: *sepa, sepas,*
sepa; sepamos, sepáis, sepan.
Imp.: *supiera* o *supiese, supie-*
rais o *supieseis, supiera* o *su-*
piese; supiéramos o *supiése-*
mos, supierais o *supieseis, su-*
pieran o *supiesen.* Fut. imp.:
supiere, supieres, supiere; su-
piéremos, supiereis, supieren.
Imper.: *sabes, sepa; sepamos,*
sabed, sepan. Part.: *sabido.*
Ger.: *sabiendo.*

SALIR: conjugación: Ind. Pres.:
salgo, sales, sale; salimos, sa-
lís, salen. Imp.: *salía, salías,*
etc. Pret. ind.: *salí, saliste,* et-

cétera. Fut. imp.: *saldré, sal-*
drás, saldrá; saldremos, sal-
dréis, saldrán. Pot.: *saldría,*
saldrías, saldría; saldríamos,
saldríais, saldrían. Subj. Presente: *salga, salgas, salga; sal-*
gamos, salgáis, salgan. Imp.:
saliera o *saliese, salieras* o *sa-*
lieses, etc. Fut. imp.: *saliere,*
salieres, etc. Imper.: *sal, sal-*
ga; salgamos, salid, salgan.
Part.: *salido.* Ger.: *saliendo.*

salpimentar: *acertar*
salpullir: *mullir*
sarmentar: *acertar*
sarpullir: *mullir*
satisfacer: *hacer* (la segunda persona del singular del imperativo tiene dos formas: *satisfaz*
y *satisface*).

seducir: *conducir*
segar: *acertar*
seguir: *pedir*
sembrar: *acertar*
sementar: *acertar*
sentar: *acertar*
SENTIR: conjugación: Ind. Pres.:
siento, sientes, siente; senti-
mos, sentís, sienten. Imp.: *sen-*
tía, sentías, etc. Pret. ind.: *sen-*
tí, sentiste, sintió; sentimos,
sentisteis, sintieron. Fut. imp.:
sentiré, sentirás, etc. Pot.: *sen-*
tiría, sentirías, etc. Subj. Presente: *sienta, sientas, sienta;*
sintamos, sintáis, sientan. Imp.:
sintiera o *sintiese, sintieras* o
sintieses, sintiera o *sintiese;*
sintiéramos o *sintiésemos, sin-*
tierais o *sintieseis, sintieran* o
sintiesen. Fut. imp.: *sintiere,*
sintieres, sintiere; sintiéremos,
sintiereis, sintieran. Imper.:
siente, sienta; sintamos, sentid,
sientan. Part.: *sentido.* Ger.:
sintiendo.

SER: conjugación: Ind. Pres.: *soy,*

eres, es; somos, sois, son. Imp.:
*era, eras, era; éramos, erais,
eran.* Pret. ind.: *fui, fuiste, fue;
fuimos, fuisteis, fueron.* Fut.
imp.: *seré, serás, será; seremos, seréis, serán.* Pot.: *sería,
serías,* etc. Subj. Pres.: *sea,
seas, sea; seamos, seáis, sean.*
Imp.: *fuera o fuese, fueras o
fueses, fuera o fuese; fuéramos o fuésemos, fuerais o fueseis, fueran o fuesen.* Fut. imp.:
*fuere, fueres, fuere; fuéremos
fuereis, fueren.* Imper.: *sé, sea;
seamos, sed, sean.* Part.: *sido.*
Ger.: *siendo.*

serrar: *acertar*
servir: *pedir*
sobrecrecer: *agradecer*
sobredar: *dar*
sobreentender: *entender*
sobreestar: *estar*
sobrentender: *entender*
sobreponer: *poner*
sobresalir: *salir*
sobresembrar: *acertar*
sobresolar: *contar*
sobrestar: *estar*
sobrevenir: *venir*
sobreverterse: *entender*
sobrevestir: *pedir*
sobrevolar: *contar*
socollar: *contar*
sofregar: *acertar*
sofreír: *reír*
solar: *contar*
soldar: *contar*
soler: *mover* (sólo en el presente
[*suelo*], pretérito imperfecto
[*solía*] y pretérito indefinido
[*solí*] de indicativo, y presente
de subjuntivo [*suela*]; pretérito perfecto de indicativo [*he
solido*]; participio [*solido*], y
gerundio [*soliendo*]). Es defectivo.
soltar: *contar*

solver: *mover*
sonar: *contar*
sonreír: *reír*
sonrodarse: *contar*
soñar: *contar*
sorregar: *acertar*
sosegar: *acertar*
sostener: *tener*
sostituir: *huir*
soterrar: *acertar*
subarrendar: *acertar*
subentender: *entender*
subripuir: *huir*
subseguir: *pedir*
substituir: *huir*
substraer: *traer*
subtender: *entender*
subvenir: *venir*
subvertir: *sentir*
sugerir: *sentir*
superentender: *entender*
superponer: *poner*
supervenir: *venir*
suponer: *poner*
sustituir: *huir*
sustraer: *traer*

tallecer: *agradecer*
TAÑER: conjugación: Ind. Pres.:
taño, tañes, tañe; tañemos, tañéis, tañen. Imp.: *tañía, tañías,*
etc. Pret. ind.: *tañí, tañiste, tañó; tañimos, tañisteis, tañeron.*
Fut. imp.: *tañiré, tañirás,* etcétera. Pot.: *tañería, tañerías,* etcétera. Subj. Pres.: *taña, tañas,
taña; tañamos, tañáis, tañan.*
Imp.: *tañera o tañese, tañeras
o tañeses,* etc. Fut. imp.: *tañere, tañeres,* etc. Imper.: *tañe,
taña; tañamos, tañed; tañan.*
Part.: *tañido.* Ger.: *tañendo.*
tardecer: *agradecer*
temblar: *acertar*
tender: *entender*
TENER: conjugación: Ind. Pres.:
tengo, tienes, tiene; tenemos,

tenéis, tienen. Imp.: *tenía, te-*
nías, etc. Pret. ind.: *tuve, tuvis-*
te, tuvo; tuvimos, tuvisteis, tu-
vieron. Fut. imp.: *tendré, ten-*
drás, tendrá; tendremos, ten-
dréis, tendrán. Pot.: *tendría,*
tendrías, tendría; tendríamos,
tendríais, tendrían. Subj. Pres.:
tenga, tengas, tenga; tengamos,
tengáis, tengan. Imp.: *tuviera*
o *tuviese, tuvieras* o *tuvieses,*
tuviera o *tuviese; tuviéramos* o
tuviésemos, tuvierais o *tuvie-*
seis, tuvieran o *tuviesen.* Fut.
imp.: *tuviere, tuvieres, tuviere;*
tuviéremos, tuviereis, tuvieren.
Imper.: *ten, tenga; tengamos,*
tened, tengan. Part.: *tenido.*
Ger.: *teniendo.*
tentar: *acertar*
teñir: *ceñir*
terrecer: *agradecer*
tonar: *contar*
torcer: *mover*
tostar: *contar*
traducir: *conducir*
TRAER: conjugación: Ind. Pres.:
traigo, traes, trae; traemos
traéis, traen. Imp.: *traía, traías,*
etc. Pret. ind.: *traje, trajiste,*
trajo; trajimos, trajisteis, tra-
jeron. Fut. imp.: *traeré, trae-*
rás, etc. Pot.: *traería, traerías,*
etc. Subj. Pres.: *traiga, traigas,*
traiga; traigamos, traigáis, trai-
gan. Imp.: *trajera* o *trajese,*
trajeras o *trajeses, trajera* o
trajese; trajéramos o *trajése-*
mos, trajerais o *trajeseis, tra-*
jeran o *trajesen.* Fut. imp.: *tra-*
jere, trajeres, trajere; trajére-
mos, trajereis, trajeren. Imper.:
trae, traiga; traigamos, traed,
traigan. Part.: *traído.* Ger.: *tra-*
yendo.
transcender: *entender*
transferir: *sentir*

transfregar: *acertar*
transgredir: *abolir*
transponer: *poner*
transvertir: *sentir*
trascender: *entender*
trascolar: *contar*
trascordarse: *contar*
trasegar: *acertar*
trasferir: *sentir*
trasfregar: *acertar*
trasgredir: *agredir*
traslucirse: *lucir*
trasoír: *oír*
trasoñar: *contar*
trasponer: *poner*
trastocar: *contar*
trastrocar: *contar*
trasver: *ver*
trasverter: *entender*
trasvolar: *contar*
travesar: *acertar*
travestir: *pedir*
travolcar: *contar*
tribuir: *huir*
trocar: *contar*
tronar: *contar*
tropezar: *acertar*
tullecer: *agradecer*
tullir: *mullir*

usucapir: defect.; sólo se usa en
el infinitivo.

VALER: conjugación: Ind. Pres.:
valgo, vales, vale; valemos, va-
léis, valen. Imp.: *valía, valías,*
etc. Pret. ind.: *valí, valiste,* etc.
Fut. imp.: *valdré, valdrás, val-*
drá; valdremos, valdréis, val-
drán. Pot.: *valdría, valdrías,*
valdría; valdríamos, valdríais,
valdrían. Subj. Pres.: *valga, val-*
gas, valga; valgamos, valgáis,
valgan. Imp.: *valiera* o *valiese,*
valieras o *valieses, valiera* o *va-*
liese; valiéramos o *valiésemos,*
valierais o *valieseis, valieran* o

valiesen. Fut. imp.: *valiere, va-
lieres, valiere; valiéremos, va-
liereis, valieren.* Imper.: *vale,
valga; valgamos, valed, valgan.*
Part.: *valido.* Ger.: *valiendo.*
VENIR: conjugación: Ind. Pres.:
*vengo, vienes, viene; venimos,
venís, vienen.* Imp.: *venía, ve-
nías,* etc. Pret. ind.: *vine, vinis-
te, vino; vinimos, vinisteis, vinieron.* Fut. imp.: *vendré, ven-
drás, vendrá; vendremos, ven-
dréis, vendrán.* Pot.: *vendría,
vendrías, vendría; vendríamos,
vendríais, vendrían.* Subj. Presente: *venga, vengas, venga;
vengamos, vengáis, vengan.*
Imp.: *viniera o viniese, vinieras
o vinieses, viniera o viniese;
viniéramos o viniésemos, vinie-
rais o vinieseis, vinieran o vi-
niesen.* Fut. imp.: *viniere, vinie-
res, viniere; viniéremos, vinie-
reis, vinieren.* Imper.: *ven, venga; vengamos, venid, vengan.*
Part.: *venido.* Ger.: *viniendo.*
ventar: *acertar*
VER: conjugación: Ind. Pres.: *veo,
ves, ve; vemos, veis, ven.* Imp.:
veía, veías, etc. Pret. ind.: *vi,
viste, vio; vimos, visteis, vieron.* Fut. Imp.: *veré, verás,* etc.
Pot.: *vería, verías,* etc. Subj.
Pres.: *vea, veas, vea; veamos,
veáis, vean.* Imp.: *viera o vie-
se, vieras o vieses,* etc. Fut.

imp.: *viere, vieres,* etc. Imper.:
ve, vea; veamos, ved, vean.
Part.: *visto.* Ger.: *viendo.*
verdecer: *agradecer*
verter: *entender*
vestir: *pedir*
volar: *contar*
volcar: *contar*
volver: *mover*

YACER: conjugación: Ind. Pres.:
*yazco (o yazgo o yago), yaces,
yace; yacemos, yacéis, yacen.*
Imp.: *yacía, yacías,* etc. Pret.
ind.: *yací, yaciste,* etc. Fut.
imp.: *yaceré, yacerás,* etc. Pot.:
yacería, yacerías, etc. Subj. Presente: *yazca (o yazga o yaga),
yazcas (o yazgas o yagas), yazca (o yazga o yaga); yazcamos
(o yazgamos o yagamos), yaz-
cáis (o yazgáis o yagáis), yazcan
(o yazgan o yagan).* Imp.: *ya-
ciera o yaciese, yacieras o ya-
cieses,* etc. Fut. imp.: *yaciere,
yacieres,* etc. Imper.: *yace (o
yaz), yazca (o yazga o yaga);
yazcamos (o yazgamos o yagamos), yaced, yazcan (o yazgan
o yagan).* Part.: *yacido.* Ger.:
yaciendo.
yuxtaponer: *poner*

zabullir: *mullir*
zaherir: *sentir*
zambullir: *mullir*

APÉNDICE

CORRESPONDENCIAS DE MEDIDAS Y PESOS

Dado el carácter eminentemente práctico que hemos querido comunicar a la presente obra, nos ha parecido oportuno y conveniente incluir esta lista de correspondencias de pesos y medidas, especialmente referida a los del sistema métrico decimal y los utilizados en el mundo anglosajón, por ser los que más a menudo suelen aparecer en los textos.

1 acre = 4,840 yardas cuadradas; = 0,40468 hectáreas.

1 angström = 10^{-8} milímetros.

1 área = 100 metros cuadrados; = 19,59926 yardas cuadradas.

1 atmósfera (presión) = 1,033 kilogramos por centímetro cuadrado.

1 bar = 10^6 dinas por centímetro cuadrado.

1 braza = 1,6718 metros (España); = 1,624 metros (Francia); = 1,829 metros (Inglaterra); = 1,883 metros (Holanda); = 2,134 metros (Rusia).

1 bushel = 8 galones; = 3,6366 decalitros.

1 caballo de vapor = 75 kilográmetros por segundo; = 0,736 kilovatios.

1 caballo de vapor por hora = 270.000 kilográmetros.

1 caloría = 4,1873 julios.

1 cental = 100 libras; = 45,36 kilogramos.

1 centigramo = 0,15432 granos.

1 centilitro = 0,07039 gill.

1 centímetro = 0,3937 pulgadas; = 10^4 micras; = 10^8 angströms.

1 centímetro cuadrado = 0,155 pulgadas cuadradas.

1 centímetro cúbico = 0,61 pulgadas cúbicas.

1 centímetro de mercurio = 13.332,2 dinas por centímetro cuadrado; = 0,19337 libras por pulgada cuadrada; = 13,3322 milibares.

1 centímetro por segundo = 1,97 pies por minuto.

1 chain = 22 yardas; = 20,11678 metros.

1 decagramo = 5,64383 drams.

1 decalitro = 2,19981 galones.

1 decámetro = 10,93614 yardas.

1 decigramo = 1,54324 granos.

1 decilitro = 0,17598 pintas.
1 decímetro = 3,93701 pulgadas.
1 decímetro cuadrado = 15,50006 pulgadas cuadradas.
1 dina = 2,2481 × 10^{-6} libras.
1 dina por centímetro cuadrado = 1,4504 × 10^{-5} libras por pulgada cuadrada; = 2,9530 × 10^{-5} pulgadas de mercurio; = 7,5006 × 10^{-5} centímetros de mercurio.
1 drachm (farm.) = 3 scruples; = 3,88794 gramos.
1 dram (avdp) = 27,34 granos; = 1,7785 gramos.

1 estadio (furlong) = 220 yardas; = 201,16778 metros.

1 fluid drachm (farm.) = 60 minims; = 3,55145 mililitros.
1 fluid ounze (farm.) = 8 drachms; = 2,84123 centilitros.

1 galón estadounidense = 3,785 litros; = 4 quarts.
1 galón (farm.) = 8 pintas; = 160 fluid ounzes.
1 galón imperial inglés = 4,54596 litros.
1 gill = 1,42058 decilitros.
1 grado Celsio = 0,8 °R; = 1,8 °F.

Fórmulas de conversión:

$$\frac{°F - 32}{180} = \frac{°C}{100};$$

$$°K = °C + 273$$

1 gramo = 0,035 onzas; = 0,03215 onzas (Troy); = 15,43236 granos (Troy); = 0,25721 drachms (farm.); = 0,77162 scruple (farm.); = 15,43236 granos (farmacia).

1 grano (grain) (avdp) = 0,0648 gramos.

1 hectárea = 100 áreas; = 10.000 metros cuadrados.
1 hectogramo = 3,52740 onzas.
1 hectolitro = 2,74976 bushels.
1 hectolitro por hectárea = 1,1130 bushels ingleses por acre.
1 hectómetro = 109,3614 yardas.
1 horse power (HP) = 1,01385 caballos de vapor; = 0,746 kilovatios; = 746 voltios.
1 hundredweight (cwt) (avdp) = 112 libras; = 50,80235 kilogramos.

1 julio por segundo = 1 vatio.

1 kilográmetro = 9,18 × 10^7 ergios.
1 kilográmetro por segundo = 9,81 julios por segundo; = 9,8 vatios.
1 kilogramo = 2,2046223 libras.
1 kilolitro = 3,43720 quarters.
1 kilómetro = 0,62137 millas terrestres; = 0,540 millas náuticas.
1 kilómetro cuadrado = 0,386 millas terrestres cuadradas; = 0,292 millas náuticas cuadradas.
1 kilómetro cúbico = 0,24 millas terrestres cúbicas.
1 kilómetro por hora = 0,278 metros por segundo.
1 kilovatio = 1.000 vatios; = 10^{10} ergios por segundo.
1 kilovatio por hora = 367.000 kilográmetros.

1 libra = 4,442 × 10^5 dinas.
1 libra castellana = 460 gramos.
1 libra inglesa = 453,592 gramos.
1 libra por pie = 0,1383 kilográmetros.

1 libra por pie cuadrado = 4,882 kilogramos por metro cuadrado.

1 libra por pulgada cuadrada = 0,07031 kilogramos por centímetro cuadrado; = 68,947 milibares; = 2,0360 pulgadas de mercurio; = 5,1715 centímetros de mercurio; = 68.947 dinas por centímetro cuadrado.

1 libra por yarda = 0,4961 kilogramos por metro.

1 litro = 10^3 centímetros cúbicos; = 1,06 cuartos de galón.

1 metro = 3,2808 pies; = 39,370 pulgadas; = 1,093611 yardas; = 0,547 brazas.

1 metro cuadrado = 1 centiárea cuadrada; = 10,76393 pies cuadrados; = 1,19599 yardas cuadradas.

1 metro cúbico = 10^3 litros; = 35,31477 pies cúbicos; = 1,307954 yardas cúbicas; = 264 galones estadounidenses.

1 metro por segundo = 3,6 kilómetros por hora; = 2,2369 millas terrestres por hora; = 1,94 nudos.

1 micra = 1/1.000 milímetros; = 0,0001 centímetros.

1 milibar = 1.000 dinas por centímetro cuadrado; = 1,4504 × 10^{-2} libras por pulgada cuadrada; = 2,9530 × 10^{-2} pulgadas de mercurio: = 7,5006 × 10^{-2} centímetros de mercurio; = 0,750 milímetros de mercurio.

1 miligramo = 0,01543 granos.

1 mililitro = 0,00704 gill.

1 milímetro = 0,039737 pulgadas.

1 milla inglesa = 0,8684 millas náuticas; = 5.280 pies; = 63.360 pulgadas; = 1.760 yardas; = 1,60934 kilómetros.

1 milla cuadrada = 640 acres; = 2,5899 kilómetros cuadrados; = 258,99824 hectáreas.

1 milla náutica = 1,1515 millas inglesas; = 6.080 pies; = 72.960 pulgadas; = 2.026,7 yardas.

1 milla náutica inglesa = 1,8532 kilómetros.

1 milla náutica internacional = 1,852 kilómetros.

1 milla terrestre = 1,6093 kilómetros; = 5.280 pies.

1 milla por hora = 1,6093 kilómetros por hora; = 0,447 metros por segundo; = 0,8684 nudos.

1 miriagramo = 22,04622 libras.

1 miriámetro = 6,21372 millas.

1 nudo = 1 milla náutica por hora; = 1.853,2 metros por hora; = 0,5148 metros por segundo; = 1,1516 millas terrestres por hora.

1 onza (ounze) (avdp) = 16 drams; = 28,34953 gramos.

1 onza (farm.) = 8 drachms; = 31,10348 gramos.

1 onza (Troy) = 480 granos (avdp); = 31,10348 gramos.

1 peck = 2 galones = 9,0917 litros.

1 pennyweight (Troy) = 24 granos; = 1,55517 gramos.

1 pértiga (perch) = 30,25 yardas cuadradas; = 25,29280 metros cuadrados.

1 pie inglés = 0,3048 metros; = 12 pulgadas; = 0,3333 yardas.

1 pie cuadrado = 144 pulgadas cuadradas; = 9,29028 decímetros cuadrados.

1 pie cúbico = 1.728 pulgadas cúbicas; = 0,02832 metros cúbicos.

1 pinta (pint) = 4 gills; = 0,56823 litros.

1 pole = 5,50 yardas; = 5,02919 metros.

1 poncelet = 100 kilográmetros por segundo.

1 pound (avdp) = 16 onzas; = 0,45359237 kilogramos.

1 pulgada inglesa = 25,3999 milímetros; = 0,0833 pies; = 0,0278 yardas.

1 pulgada cuadrada = 6,45159 centímetros cuadrados.

1 pulgada cúbica = 16,3870 centímetros cúbicos.

1 pulgada de mercurio = 0,49116 libras por pulgada cuadrada; = 33.863,9 dinas por centímetro cuadrado; = 33,8639 milibares.

1 quart = 2 pintas; = 1,13646 litros.

1 quarter = 8 bushels; = 2,90935 hectolitros.

1 quilate = 191,7 miligramos (Alejandría); = 205 miligramos (España y Francia); = 200 miligramos (internacional, llamado *quilate métrico*); = 254,6 miligramos (Arabia).

1 quintal = 4 arrobas; = 46 kilogramos.

1 quintal métrico = 100 kilogramos.

1 rood = 0,25 acres cuadrados; = 40 pértigas; = 10,11712 áreas.

1 scruple (farm.) = 20 granos; = 1,29598 gramos.

1 stone (avdp) = 14 libras; = 6,35029 kilogramos.

1 tonelada = 1.000 kilogramos; = 2.205 libras estadounidenses.

1 tonelada corta = 0,9071 toneladas.

1 tonelada larga = 1,0160 toneladas.

1 tonelada (avdp) = 20 hundredweight; = 1,01604 toneladas.

1 unidad térmica inglesa = 0,2519 calorías kilogramo; = 251,98 calorías; = 0,293 vatios por hora.

1 vatio por hora = 860 calorías.

1 yarda = 0,9144 metros; = 3 pies; = 36 pulgadas.

1 yarda cuadrada = 9 pies cuadrados; = 0,836126 metros cuadrados.

1 yarda cúbica = 27 pies cúbicos; = 0,764553 metros cúbicos.

BIBLIOGRAFÍA

ACADEMIA ESPAÑOLA DE LA LENGUA, *Esbozo de una nueva Gramática de la lengua española*, Madrid, Espasa-Calpe, 1973.

ALARCOS LLORACH, EMILIO, *Fonología española*, Madrid, Gredos, 1965.

ALEMÁN, MATEO, *Ortografía castellana*, México, El Colegio de México, 1950.

ALFARO, RICARDO J., *Diccionario de anglicismos*, Madrid, Gredos, 1964.

ALONSO, AMADO, Y HENRÍQUEZ UREÑA, PEDRO, *Gramática castellana*, Buenos Aires, Losada, 1964.

ALONSO, MARTÍN, *Evolución sintáctica del español*, Madrid, 1964.

— *Ciencia del lenguaje y arte del estilo*, Madrid, 1967.

— *Diccionario ortográfico*, Madrid, 1968.

— *Gramática del español contemporáneo*, Madrid, Guadarrama, 1968.

BARALT, RAFAEL MARÍA, *Diccionario de galicismos*, Madrid, Impr. Nacional, 1855; 2.ª ed., Madrid, 1890.

BELLO, ANDRÉS, Y CUERVO, RUFINO JOSÉ, *Gramática de la lengua castellana*, Buenos Aires, Sopena, 1945; Buenos Aires, 1952.

BENOT, EDUARDO, *Diccionario de ideas y elementos de tecnología*, Buenos Aires, 1942.

CAPDEVILA, ARTURO, *Babel y el castellano*, Buenos Aires, 1940.

— *Despeñaderos del habla*, Buenos Aires, 1952.

CARDONA DE GIBERT, ÁNGELES, *Manual de ortografía moderna*, Barcelona, Bruguera, 1972.

CARNICER, RAMÓN, *Sobre el lenguaje de hoy*, Madrid, Prensa Española, 1969.

CARRERA, ÓSCAR G., *El barbarismo en medicina*, México, 1960.

CARRIEGOS, RAMÓN C., *Minucias gramaticales*, Tandil, 1910.

CASARES, JULIO, *Nuevo concepto del diccionario de la lengua*, Madrid, Espasa-Calpe, 1941.

— *Cosas del lenguaje*, Madrid, 1943.

— *Introducción a la lexicología moderna*, Madrid, S. Aguirre, 1950.

— *Cosas del lenguaje, etimología, lexicología, semántica*, Madrid, Espasa-Calpe, 1961.

— *Novedades en el Diccionario académico*, Madrid, Aguilar, 1963.

— *Diccionario ideológico de la lengua española*, Barcelona, Gustavo Gili, 1963.

CAVIA, MARIANO DE, *Limpia y fija*, Madrid, Renacimiento, s. a. [1923?].

COROMINAS, JOAN, *Breve diccionario etimológico de la lengua castellana*, Madrid, Gredos, 1961.

— *Diccionario crítico-etimológico de la lengua castellana*, Madrid, Gredos, 1961.

CORRIPIO, FERNANDO, *Gran diccionario de sinónimos*, Barcelona, Bruguera, 1971.

Criado de Val, Manuel, *Fisonomía del idioma español*, Madrid, Aguilar, 1954.

Cuervo, Rufino José, *Apuntaciones críticas sobre el lenguaje bogotano*, París, 1914.

— *Disquisiciones sobre filología castellana*, Buenos Aires, "El Ateneo", 1948; Bogotá, 1950.

Fentanes, Benito, *Tesoro del idioma castellano*, Madrid, 1927.

Fernández, Salvador, *Gramática española* (1.ª parte: "Los sonidos"), Madrid, Revista de Occidente, 1951.

Flórez, Luis, *Lengua española*, Bogotá, Instituto Caro y Cuervo, 1953.

— *Temas de castellano*, Bogotá, 1958.

García de Diego, Vicente, *Gramática histórica española*, Madrid, Gredos, 1951.

García Elorrio, Aurelio, *Diccionario de la conjugación. Los 12.000 verbos castellanos*, Buenos Aires, Kapelusz, 1946.

García Hoz, María Nieves, *La enseñanza sistemática de la ortografía*, Madrid, Rialp, 1963.

Gardo, José, *Curso práctico de ortografía*, Barcelona, Miguel, 1963.

Gili y Gaya, Samuel, *Curso superior de sintaxis española*, Barcelona, Spes, 1951.

— *Nociones de gramática histórica española*, Barcelona, Spes, 1952.

— *Resumen práctico de gramática española*, Barcelona, 1952.

— *Elementos de fonética general*, Madrid, Gredos, 1953.

— *Diccionario de sinónimos*, Barcelona, 1958.

Hanssen, Federico, *Gramática histórica de la lengua castellana*, Buenos Aires, "El Ateneo", 1945.

Herrero Mayor, Avelino, *Apuntaciones lexicográficas y gramaticales*, Buenos Aires, Kapelusz, 1947.

Laín Entralgo, Pedro, "Patología del lenguaje médico", en *El médico en la historia*, Madrid, 1958.

Lapesa, Rafael, *Historia de la lengua española*, Madrid, Escelicer, 1955.

Lázaro-Carreter, Fernando, *Diccionario de términos filológicos*, Madrid, Gredos, 1962.

López Ibor, Juan José, *El lenguaje subterráneo*, Madrid, 1962.

Lozano Ribas, Miguel, *Gramática castellana para uso de tipógrafos*, Barcelona, Mateu, s. a.

Malaret, Augusto, *Diccionario de americanismos*, Buenos Aires, 1946.

Marsá, Francisco, *Gramática y redacción*, Barcelona, De Gassó, 1970.

Martínez Abellán, *Rarezas de la lengua española*, Buenos Aires, 1946.

Menéndez Pidal, Ramón, *Manual de gramática histórica española*, Madrid, Espasa-Calpe, 1949.

— *Orígenes del español*, Madrid, Espasa-Calpe, 1950.

Mir y Noguera, Juan, *Prontuario de hispanismo y barbarismo*, Madrid, 1908.

Morales, Raimundo, *Crítica del lenguaje*, Santiago de Chile, 1953.

Muñoz Cortés, Manuel, *El español vulgar*, Madrid, 1959.

Navarro Tomás, Tomás, *Manual de pronunciación española*, Madrid, CSIC, 1959.

Oliver Rodríguez, Enrique, *Prontuario del idioma*, Barcelona, s. a.

Restrepo, Roberto, *Apuntaciones idiomáticas y correcciones de lenguaje*, Bogotá, 1955.

Roca Pons, José, *Introducción a la gramática*, Barcelona, Vergara, 1960.

Rosenblat, Ángel, *Buenas y malas palabras en el castellano de Venezuela*, Caracas-Madrid, 1956 y 1960.

— *El castellano de España y el castellano de América. Unidad y diferenciación*, Caracas, Universidad Central de Venezuela, 1962.

— *Nuestra lengua en ambos mundos*, Barcelona, Salvat, 1971.

Santamaría, Andrés, *Diccionario de incorrecciones de lenguaje*, CYS, Madrid, 1956.

Santamaría, Francisco J., *Diccionario general de americanismos*, México, 1942.

Seco, Manuel, *Gramática esencial del español*, Madrid, Aguilar, 1972.

Seco, Rafael, *Manual de gramática española*, Madrid, Aguilar, 1965.

Selva, Juan B., *Guía del buen decir*, Buenos Aires, 1944.

ÍNDICE ANALÍTICO

430